CONTROLE
EXTERNO

O GEN | Grupo Editorial Nacional – maior plataforma editorial brasileira no segmento científico, técnico e profissional – publica conteúdos nas áreas de concursos, ciências jurídicas, humanas, exatas, da saúde e sociais aplicadas, além de prover serviços direcionados à educação continuada.

As editoras que integram o GEN, das mais respeitadas no mercado editorial, construíram catálogos inigualáveis, com obras decisivas para a formação acadêmica e o aperfeiçoamento de várias gerações de profissionais e estudantes, tendo se tornado sinônimo de qualidade e seriedade.

A missão do GEN e dos núcleos de conteúdo que o compõem é prover a melhor informação científica e distribuí-la de maneira flexível e conveniente, a preços justos, gerando benefícios e servindo a autores, docentes, livreiros, funcionários, colaboradores e acionistas.

Nosso comportamento ético incondicional e nossa responsabilidade social e ambiental são reforçados pela natureza educacional de nossa atividade e dão sustentabilidade ao crescimento contínuo e à rentabilidade do grupo.

LUIZ HENRIQUE LIMA

CONTROLE EXTERNO

Teoria e Jurisprudência para os Tribunais de Contas

11.ª edição revista, atualizada e ampliada

- O autor deste livro e a editora empenharam seus melhores esforços para assegurar que as informações e os procedimentos apresentados no texto estejam em acordo com os padrões aceitos à época da publicação, e todos os dados foram atualizados pelo autor até a data de fechamento do livro. Entretanto, tendo em conta a evolução das ciências, as atualizações legislativas, as mudanças regulamentares governamentais e o constante fluxo de novas informações sobre os temas que constam do livro, recomendamos enfaticamente que os leitores consultem sempre outras fontes fidedignas, de modo a se certificarem de que as informações contidas no texto estão corretas e de que não houve alterações nas recomendações ou na legislação regulamentadora.

- Fechamento desta edição: *02.04.2025*

- O autor e a editora se empenharam para citar adequadamente e dar o devido crédito a todos os detentores de direitos autorais de qualquer material utilizado neste livro, dispondo-se a possíveis acertos posteriores caso, inadvertida e involuntariamente, a identificação de algum deles tenha sido omitida.

- **Atendimento ao cliente: (11) 5080-0751 | faleconosco@grupogen.com.br**

- Direitos exclusivos para a língua portuguesa
  Copyright © 2025 by
  Editora Forense Ltda.
  Uma editora integrante do GEN | Grupo Editorial Nacional
  Travessa do Ouvidor, 11 – Térreo e 6º andar
  Rio de Janeiro – RJ – 20040-040
  www.grupogen.com.br

- Reservados todos os direitos. É proibida a duplicação ou reprodução deste volume, no todo ou em parte, em quaisquer formas ou por quaisquer meios (eletrônico, mecânico, gravação, fotocópia, distribuição pela Internet ou outros), sem permissão, por escrito, da Editora Forense Ltda.

- Capa: Aurélio Corrêa

- **CIP – BRASIL. CATALOGAÇÃO NA FONTE.**
  SINDICATO NACIONAL DOS EDITORES DE LIVROS, RJ.

L698c
11. ed.

Lima, Luiz Henrique
Controle externo: teoria e jurisprudência para os tribunais de contas / Luiz Henrique Lima. – 11. ed., rev., atual. e ampl. – Rio de Janeiro: Forense, 2025.
552 p.; 23 cm.

Inclui bibliografia
"Inclui mini glossário"
ISBN 978-85-3099-723-6

1. Tribunais de contas – Brasil. 2. Serviço Público - Brasil – Concursos. I. Título.

25-96928.0   CDU: 342.56:35.073.52(81)

Meri Gleice Rodrigues de Souza – Bibliotecária – CRB-7/6439

Consideramos todo aquele que não participa da vida do cidadão não como alguém que se ocupa apenas dos próprios negócios, mas como um indivíduo inútil.
Péricles, citado por Tucídides em *A Guerra do Peloponeso*

Article 15 – La société a le droit de demander compte à tout agent public de son administration.
Déclaration des droits de l'homme et du citoyen, Paris, 1789

Se os homens fossem anjos, nenhuma espécie de governo seria necessária. Se fossem os anjos a governar os homens, não seriam necessários controlos externos nem internos sobre o governo.
James Madison, *O Federalista* nº 51, 1788

After climbing a great hill, one only finds that there are many more hills to climb.
Nelson Mandela

*Para
Maria Cândida,
Maria Vitória,
Francisco Henrique,
Vilma
e Porthos.*

Agradecimentos

Registro minha especial gratidão àqueles que há mais de vinte anos me estimularam e abriram oportunidades para a atividade docente. Igualmente, aos meus editores, que sempre apoiaram as sucessivas edições desta obra.

Da mesma forma, aos meus queridos alunos, que reconheço como coautores deste livro, porque suas dúvidas e seus questionamentos constituíram a matéria-prima original, e suas críticas e avaliações, a revisão final do trabalho. Muitos deles hoje são profissionais de destaque em suas instituições, inclusive presidentes de Tribunais de Contas e Procuradores-Gerais, bem como doutores e mestres, autores de importantes trabalhos doutrinários, mas guardam a simplicidade das salas de estudo e a humildade de quem se apaixona pela interminável aventura da busca do conhecimento.

Não conheço maior alegria profissional que o reconhecimento por parte daqueles a quem você dedicou o seu trabalho.

Muito agradecido a todos, pelas mensagens, pelos abraços, pelas orações e pelas empadinhas.

O Autor

Apresentação

O objetivo deste livro é proporcionar uma abordagem extensa e aprofundada do controle externo no Brasil. Destina-se a ser uma ferramenta de estudo para os candidatos em concursos públicos para os Tribunais de Contas e órgãos de controle interno, bem como instrumento de consulta para os profissionais dessas instituições, gestores públicos, advogados, cidadãos e ONGs engajados em movimentos pelo aprimoramento da gestão pública e demais interessados no tema.

A abordagem inclui todos os itens relativos à matéria dos editais de concursos para o Tribunal de Contas da União e Tribunais de Contas dos Estados e Municípios, bem como de Controladorias-Gerais nos últimos anos.

A obra contempla desde os aspectos históricos associados à origem das instituições de controle externo aos dispositivos da Constituição Federal, da Lei Orgânica e do Regimento Interno do TCU. São também examinados os dispositivos da Lei de Responsabilidade Fiscal, da legislação de licitações e contratos e diversas normas infraconstitucionais relacionadas ao controle externo. Sempre que cabível, são acrescentadas informações sobre as peculiaridades dos Tribunais de Contas dos Estados e dos Municípios, destacando-se que há significativa diversidade de normas relativas a organização e processos nas 33 Leis Orgânicas e Regimentos Internos das Cortes de Contas brasileiras.

Os comentários sobre a legislação foram enriquecidos com a doutrina dos principais autores brasileiros especialistas no tema, bem como com manifestações dos Ministros do TCU e do Supremo Tribunal Federal.

Foi incluída extensa pesquisa acerca da jurisprudência do STF envolvendo Ações Diretas de Inconstitucionalidade e Mandados de Segurança em causas acerca da composição, da competência, da jurisdição entre outras envolvendo os Tribunais de Contas no País.

Ao longo do texto, são destacados pontos importantes, apresentadas e solucionadas dúvidas frequentes e discutidas questões polêmicas. Ao final de cada capítulo, são propostos exercícios dissertativos para a fixação do conteúdo, assim como indicações de leitura ou referências para pesquisa mais aprofundada acerca dos tópicos abordados. Capítulo específico é dedicado à realização de provas discursivas.

Para cada um dos principais tópicos, é apresentado pelo menos um exemplo de deliberação recente de algum Tribunal de Contas, no intuito de familiarizar com a dinâmica da "vida real" o leitor que toma contato com a teoria e as normas. A fixação do conhecimento por exemplos práticos pode ser de grande utilidade na preparação para provas discursivas ou orais.

Ressalte-se que todos os exemplos apresentados de deliberações das Cortes de Contas são de domínio público, tendo sido publicados na Imprensa Oficial e disponibilizados nas páginas que as respectivas instituições mantêm na Internet. É possível, todavia, que algumas dessas deliberações ainda venham a ser alteradas por via recursal, mas isso em nada afetaria a substância ou a utilidade pedagógica do exemplo, caracterizador de uma situação concreta.

O livro também inclui um miniglossário de expressões do controle externo, bastante útil para os que iniciam seus estudos da disciplina e recomendado para a preparação para provas discursivas.

Finalmente, às referências bibliográficas foram acrescentadas referências aos atos normativos citados no texto, disponíveis nos portais eletrônicos das respectivas instituições.

Mediante a leitura dos *QR-Codes* situados em cada capítulo, o leitor terá acesso a pequenos vídeos disponíveis na Internet, nos quais apresento comentários a aspectos relevantes da matéria em estudo. Outros vídeos e mensagens com dicas e soluções para dúvidas frequentes podem ser encontrados no meu perfil no Instagram (/luizhlima) meu canal do YouTube: Professor Luiz Henrique Lima Controle Externo. Ademais, meus artigos sobre controle externo e outros temas são publicados no Portal GEN Jurídico (genjuridico.com.br/luizhenriquelima) e no meu perfil no Instagram (@luizhlima), entre outros portais.

Agradeço quaisquer comentários e/ou sugestões para o aprimoramento deste trabalho.

Desejo aos leitores, tanto aos estudantes como aos colegas que já atuam no controle externo e interno, que encontrem neste livro, além de respostas para suas indagações, motivação e estímulo para aprofundarem seu conhecimento em tão relevante matéria. E sucesso nas provas e na vida.

O Autor

Nota à 11ª Edição

Chegar à 11ª edição da minha obra deixa o meu coração repleto de felicidade e gratidão. Ao longo desses anos, este livro auxiliou a preparação e a aprovação de milhares de auditores de controle externo e interno, no TCU, na CGU, em TCs subnacionais e em órgãos de controle interno em todo o País. Muitos dos meus leitores e alunos hoje são Conselheiros, Conselheiros Substitutos, Procuradores de Contas e Controladores-gerais. Tenho grande orgulho do trabalho que desenvolvem e dos resultados alcançados. E isso é um grande estímulo para aprimorar e atualizar *Controle Externo*.

Hoje a sociedade humana passa por acelerado e complexo processo de transformação, caracterizado, entre outros elementos, pela revolução tecnológica, pelas mudanças climáticas globais e pela instabilidade geopolítica, com sucessivas ameaças à democracia e aos direitos humanos. Tais circunstâncias afetam profundamente todos os aspectos da vida humana em todo o planeta, nas esferas política, econômica, social, cultural etc.

Da mesma forma, produzem impactos na governança pública e na atuação dos órgãos de controle externo, deflagrando um acelerado processo de mutação no Direito Público brasileiro, que se acentuou após a pandemia da Covid-19.[1]

Neste novo marco jurídico foram aprovadas e editadas Emendas Constitucionais, leis complementares e ordinárias, decretos e outros normativos. Foram substituídas ou significativamente alteradas algumas das mais importantes leis do Direito Público, como as de licitações e contratos, improbidade administrativa e responsabilidade fiscal. Ademais, novos diplomas foram editados, como a lei que regulamenta a reforma tributária ou a lei que cria o Sistema Brasileiro de Comércio de Emissões de Gases de Efeito Estufa.

De igual modo, o Supremo Tribunal Federal (STF) proferiu diversas decisões de grande impacto para o exercício do controle externo.

---

[1] LIMA, Luiz Henrique. Direito público de emergência e controle externo na pandemia da Covid-19: lições para o futuro? In: LIMA, Luiz Henrique; GODINHO, Heloísa Helena Antonacio M.; SARQUIS, Alexandre Manir Figueiredo (coord.). *Os desafios do Controle Externo diante da pandemia da Covid-19*: estudos de ministros e conselheiros substitutos dos Tribunais de Contas. Belo Horizonte: Fórum, 2021a. p. 17-101.

Por sua vez, o Tribunal de Contas da União também promoveu relevantes alterações em diversos normativos, como a disciplina da tomada de contas especial.

Assim, nesta 11ª edição de *Controle Externo* foram incorporadas as referidas alterações, bem como outras resultantes da evolução legislativa, jurisprudencial, normativa e doutrinária.

Em outra vertente, eliminei menções a normativos ultrapassados e busquei enxugar o texto de informações supérfluas ou redundantes, visando aprimorar o estilo e tornar a leitura mais concisa e amigável.

Em relação à edição anterior, foram incluídas novas seções abordando temas emergentes no controle externo.

No Capítulo 1, acrescentei comentários sobre o conceito e a importância da participação cidadã.

No Capítulo 2, foram atualizadas as observações acerca da não inclusão da OAB entre as entidades que devem prestar contas ao TCU (Tema nº 1.054). Acrescentei anotação relativa à decisão do STF na ADI 5.254, relativa à autonomia administrativa e orçamentária dos Ministérios Públicos de Contas nos TCs subnacionais. Aprimorei o quadro-resumo sobre os princípios constitucionais contantes nos arts. 37 e 70 atendendo sugestão de um estimado colega do TCU.

Finalmente, introduzi uma nova seção relativa à Reforma Tributária e seu impacto na atuação dos órgãos de controle externo (Emenda Constitucional nº 132/2023 e Lei Complementar nº 214/2025).

No Capítulo 3, atualizei o entendimento do STF no Tema nº 642, acerca da competência para ajuizar a cobrança executiva das multas impostas pelos tribunais de contas.

No Capítulo 4, introduzi comentários acerca da decisão do STF na ADI 7.002, em que se discutiu quais são os órgãos de controle responsáveis por fiscalizar recursos transferidos do Fundo Penitenciário Nacional.

No Capítulo 5, optei por excluir os anteriores itens 5.5 e 5.11, relativos, respectivamente, à antiga disciplina de licitações e contratos (Lei nº 8.666/1993) e às competências dos órgãos de controle decorrentes da legislação provisória para o enfrentamento da emergência de saúde pública (Covid-19). Também suprimi o item relativo à contribuição sindical. Foi atualizado o item 5.6, relativo ao controle incidental de constitucionalidade pelos tribunais de contas, a partir do julgamento definitivo pelo STF do MS 25.888. Atualizei os dispositivos relacionados à fiscalização de obras, constantes do item 5.8.

Foram incluídas duas novas seções. Uma trata das competências atribuídas ao TCU e demais cortes de contas em decorrência da reforma tributária, a partir da LC nº 214/2025, que instituiu o Imposto sobre Bens e Serviços (IBS), a Contribuição Social sobre Bens e Serviços (CBS) e o Imposto Seletivo (IS); criou o Comitê Gestor do IBS e alterou a legislação tributária. Outra descreve as competências para o controle externo advindas da LC 212/2025, que instituiu o Programa de Pleno Pagamento de Dívidas dos Estados e previu a instituição de um Fundo de Equalização Federativa, em favor dos Estados.

Ademais, sistematizei a evolução da jurisprudência do STF nos Temas de Repercussão Geral nºs 157, 835, 1.287 e 1.305 e na ADPF 982.

No Capítulo 6, as principais alterações foram motivadas por novas decisões do STF acerca da necessidade de atribuir aos Conselheiros Substitutos a judicatura de contas (ADI 5.530) e sobre a autonomia funcional do Ministério Público de Contas (AG.REG. no Recurso Extraordinário 1.391.296).

Por sua vez, no Capítulo 7 foram incorporadas as mudanças promovidas pela Resolução TCU nº 360/2023 acerca das comunicações processuais.

O Capítulo 9 sofreu importantes alterações, tendo em vista a edição da IN TCU nº 98/2024, que dispõe sobre a instauração, a organização e o encaminhamento ao Tribunal de Contas da União dos processos de tomada de contas especial, e a consequente revogação completa da anterior IN TCU nº 71/2012. Foi incluído o item 9.2.7 tratando de solução consensual.

No Capítulo 10, acrescentei o tema da desconsideração da personalidade jurídica (10.6.2).

No Capítulo 11, a edição do Decreto nº 11.531/2023 e a revogação do anterior Decreto nº 6.170/2007 conduziram à revisão completa do item 11.7, referente à fiscalização de convênios e instrumentos congêneres. Além disso, expliquei melhor o controle externo sobre as agências reguladoras (item 11.10.7). Acrescentei um quadro-resumo sobre as transferências voluntárias da União.

No Capítulo 12, foram acrescidos comentários sobre os Decretos nº 11.528/2023, nº 11.529/2023 e nº 12.304/2024, bem como sobre as INs TCU nº 94/2024 e nº 95/2024.

No Capítulo 13, atualizei informações sobre a Resolução TCU nº 358/2023, bem como o quadro-resumo que trata das hipóteses em que não cabe apresentação de recurso. Ademais, introduzi dados sobre a IN TCU nº 98/2024.

No Capítulo 14, acrescentei um item sobre a aplicação pelo TCU da Teoria do Disgorgement (14.6.1), bem como trouxe explicações sobre a Resolução TCU nº 370/2024.

Ao longo do texto, procurei enriquecer a exposição com exemplos da jurisprudência e com referências da produção acadêmica e doutrinária mais recente. O miniglossário e as referências também sofreram acréscimos e atualizações.

Ao todo, foram quase duzentas alterações que alcançaram todos os capítulos e anexos.

Em breve síntese, foram considerados e incluídos comentários acerca das seguintes decisões e normas:

Decisões do STF: ADI 3.804; ADI 4.872; ADI 5.069; ADI 5.254; ADI 5.530; ADI 5.689; ADI 7.002; ADI 7.177; ADI 7.236; ADPF 982; ADPF 1.011; AG.REG. no Recurso Extraordinário 1.391.296 ARE 1.436.197 (Tema nº 1.287), ADPF 1.011 (Tema nº 642); MS 39.264; MS 39.821; RE 1.182.189/BA (Tema nº 1.054); RE 1.459.224 (Tema nº 1.304).

Decisão do STJ: RMS 13.399.

Decretos: 11.528/2023; 11.529/2023; 11.531/2023; 11.824/2023 11.845/2023; 12.304/2024.

Emendas Constitucionais: 132/2023.

Instruções Normativas TCU: 92/2023; 93/2024; 94/2024; 95/2024; 96/2024; 97/2024; 98/2024.

Leis Complementares: 212/2025; 214/2025.

Leis: 14.600/2023; 14.804/2024; 15.080/2024 (LDO).

Portarias Conjuntas MGI/MF/CGU: 33/2023; 29/2024.

Portaria Segecex: 24/2023.

Portarias TCU: 85/2024; 14/2025.

Resoluções TCU: 353/2023; 358/2023; 360/2023; 367/2024; 370/2024; 372/2024; 373/2024.

Observem a dimensão e a complexidade da atualização efetuada nesta 11ª edição: 1 Emenda Constitucional, 2 Leis Complementares, 9 leis e decretos nacionais, 19 decisões do STF e do STJ e 19 atos normativos do TCU e da CGU! Houve também a atualização de dados constantes nos quadros-resumos e nos exemplos de jurisprudência.

Novamente, reafirmo o compromisso não apenas com a necessária atualização, mas também com o aprimoramento do texto, a qualidade da exposição e o aprofundamento dos temas mais complexos e polêmicos.

Espero que, com essas mudanças, a obra continue cumprindo sua finalidade de auxiliar os estudos e as pesquisas na área do controle externo, sendo útil para estudantes e professores de graduação e pós-graduação, candidatos em concursos públicos, profissionais envolvidos com a gestão pública e cidadãos interessados em tão relevante disciplina.

Comparando esta nova edição com a primeira, de 2007, observo que o livro, a exemplo de uma árvore, sofre os efeitos do tempo, crescendo, enraizando-se, amadurecendo e se renovando, perdendo alguns galhos e gerando novos brotos, mas mantendo a sua essência.

Por fim, agradeço aos leitores, professores e estudantes que, com seus comentários e sugestões, têm colaborado para o aprimoramento desta obra.

Como costumo dizer aos meus alunos, estudar sempre e aprender todos os dias é indispensável a quem queira estar bem-preparado no seu campo de estudos ou de atuação profissional.

O Autor

Prefácio à 1ª Edição (2007)

Com alegria escrevo o prefácio do livro *Controle Externo*, de autoria de Luiz Henrique Lima, qualificado analista do Tribunal de Contas da União, cujo talento pode facilmente ser mensurado no manuseio da obra, que aprecia teoria, legislação, jurisprudência e questões de concursos.

Discorre sobre a matéria mercê do conhecimento, do estudo e da pesquisa, num processo constante de atualização, aliada à vivência prática do labor diário, instruindo processos, emitindo pareceres, enfim, socializando seu saber em favor de quantos buscam orientações acerca da matéria.

Ao abordar tema de tamanha relevância e de discussão obrigatória na sociedade contemporânea, trouxe o pensamento de Mileski, que conceitua e esgota o que seja controle, ao afirmar: "O controle é corolário de Estado Democrático de Direito, obstando o abuso de poder por parte da autoridade administrativa, fazendo com que esta paute sua atuação em defesa do interesse coletivo, mediante uma fiscalização orientadora, corretiva e até punitiva."

Vai à Inglaterra e à França, procurando as raízes do controle nos meados dos séculos XII e XV, até chegar à organização do primeiro Tribunal de Contas, como modelo de Tribunal Administrativo para os Estados modernos, obra de Napoleão Bonaparte, em 1807.

Explicita com clareza o surgimento da Corte de Contas no Brasil e a forma como foi tratada nas diversas Constituições brasileiras.

Discorre sobre os Tribunais de Contas estaduais e municipais, as entidades de controle internacionais e nacionais, o controle social, as diversas formas de fiscalização, similaridade de suas atribuições com a dos tribunais que integram o Poder Judiciário, composição, competências; enfim, consegue, de forma didática e precisa, ser analítico e sintético, em assunto da maior complexidade.

O trabalho de Luiz Henrique é obra de consulta obrigatória por quantos militam na pública administração. É motivo de gáudio para os que integram o Tribunal de Contas da União, ao expor a face da qualidade intelectual de seus servidores. Revela a preocupação que norteia os membros da Corte de Contas na atuação preventiva e pedagógica. Conduz seus leitores a raciocinar acerca da necessidade de adquirirmos normas constitucionais que assegurem maior tempestividade e eficácia dos julgados, o acesso aos sigilos bancário e fiscal, bem como a autoexecutoriedade de nossas decisões.

Esgota com propriedade o processo de julgamento de contas, a fase recursal, o direito de defesa, as sanções, a jurisprudência e a legislação aplicável.

Li a obra e, confesso, gostaria de ter sido o autor. Contenta-me, todavia, ser o leitor e tê-la como fonte de orientação. É com esse sentimento que a recomendo aos leitores que, sei, serão muitos. Mais não falo, para que o prazer da leitura se manifeste no compulsar das páginas.

Ubiratan Aguiar
Ministro do Tribunal de Contas da União

Guia de Leitura e Estudo

Para o leitor que dispõe de tempo e deseja um conhecimento mais sólido da disciplina, recomenda-se a leitura completa da obra, na sua sequência de exposição.

Para aquele que necessita apenas de uma informação básica sobre o papel do Tribunal de Contas da União, é indispensável a leitura atenta dos Capítulos 1, 2 e 5. Também nesse sentido, são especialmente importantes os Capítulos 10 e 11.

No caso de uma pesquisa sobre um tema específico – como controle interno, recursos, sanções ou tomada de contas especial – é suficiente a leitura do Capítulo a ele dedicado.

Os Capítulos de 1 a 5 contêm informações relacionadas a todas as Cortes de Contas brasileiras. A partir do Capítulo 6, a ênfase é colocada nos dispositivos legais e regimentais próprios do TCU, e, no Capítulo 12, dedicado ao controle interno, na atuação da CGU. Assim, caso o interesse fundamental do leitor seja um determinado Tribunal de Contas subnacional, sugere-se que a leitura do livro seja feita em conjunto com a respectiva Lei Orgânica e Regimento Interno. Na maior parte dos casos, haverá coincidência das normas, prazos etc., mas, inevitavelmente, se registrará alguma peculiaridade que merecerá atenção do estudante.

Se houver necessidade de aprofundamento em algum tema específico, será muito útil a leitura completa dos relatórios e votos constantes dos acórdãos citados como exemplos de jurisprudência. Todos podem ser facilmente consultados na Internet nas páginas dos respectivos tribunais (STF, STJ, TCU etc.).

Para o candidato a um concurso público, a sugestão é começar sempre pelos Capítulos 1 e 2 e depois seguir a trilha comparando os itens constantes do edital com os títulos dos capítulos e seções constantes no sumário.

Boa leitura e bons estudos!

O Autor

Lista de Abreviaturas e Siglas Utilizadas

Ac.	–	Acórdão
ADC	–	Ação declaratória de Constitucionalidade
ADI	–	Ação Direta de Inconstitucionalidade
AGU	–	Advocacia-Geral da União
ANA	–	Agência Nacional de Águas
ANP	–	Agência Nacional do Petróleo
AO	–	Ação Originária
Ap. Cível	–	Apelação Cível
APO	–	Autoridade Pública Olímpica
Art.	–	Artigo
Atricon	–	Associação dos Membros dos Tribunais de Contas do Brasil
Audicon	–	Associação dos Ministros e Conselheiros Substitutos dos Tribunais de Contas
AUFC	–	Auditor Federal de Controle Externo
Bacen	–	Banco Central do Brasil
BDI	–	Benefícios e Despesas Indiretas
BGU	–	Balanço Geral da União
BNDES	–	Banco Nacional de Desenvolvimento Econômico e Social
BTN	–	Bônus do Tesouro Nacional
Cadin	–	Cadastro Informativo dos Créditos Não Quitados do Setor Público Federal
CAE	–	Conselho de Alimentação Escolar
CBS	–	Contribuição Social sobre Bens e Serviços
CC	–	Código Civil

c/c	–	combinado com
Cebraspe	–	Centro Brasileiro de Pesquisa em Avaliação e Seleção e de Promoção de Eventos
Cepal	–	Comissão Econômica para a América Latina e o Caribe
Cespe	–	Centro de Seleção e de Promoção de Eventos
CCESTCU	–	Código de Conduta Ética dos Servidores do TCU
CF	–	Constituição da República Federativa do Brasil de 1988
CGU	–	Controladoria-Geral da União
Cide	–	Contribuição de Intervenção no Domínio Econômico
Ciset	–	Controle Interno Setorial
CLT	–	Consolidação das Leis do Trabalho
CMO	–	Comissão Mista de Planos, Orçamentos Públicos e Fiscalização
CN	–	Congresso Nacional
CNJ	–	Conselho Nacional de Justiça
CNMP	–	Conselho Nacional do Ministério Público
COB	–	Comitê Olímpico Brasileiro
Conama	–	Conselho Nacional de Meio Ambiente
CPB	–	Comitê Paralímpico Brasileiro
CPC	–	Código de Processo Civil
CPI	–	Comissão Parlamentar de Inquérito
CPMI	–	Comissão Parlamentar Mista de Inquérito
DJU	–	*Diário da Justiça da União*
DN	–	Decisão Normativa
DPE	–	Direito Público de Emergência
DOU	–	*Diário Oficial da União*
EC	–	Emenda Constitucional
EFPC	–	Entidades Fechadas de Previdência Complementar
EFS	–	Entidade Fiscalizadora Superior
EIA	–	Estudo de Impacto Ambiental
Esaf	–	Escola Superior de Administração Fazendária
et al.	–	*et alii* (e outros)
FCC	–	Fundação Carlos Chagas
FGV	–	Fundação Getulio Vargas
FISC	–	Relatório sistêmico de fiscalização
FMI	–	Fundo Monetário Internacional
FNAS	–	Fundo Nacional de Assistência Social

FNDE	–	Fundo Nacional de Desenvolvimento da Educação
FNMA	–	Fundo Nacional de Meio Ambiente
FPE	–	Fundo de Participação dos Estados e do Distrito Federal
FPM	–	Fundo de Participação dos Municípios
Fundeb	–	Fundo de Manutenção e Desenvolvimento da Educação Básica e de Valorização dos Profissionais da Educação
Fundef	–	Fundo de Manutenção e Desenvolvimento do Ensino Fundamental e de Valorização do Magistério
Funpen	–	Fundo Penitenciário Nacional
Ibama	–	Instituto Brasileiro do Meio Ambiente e dos Recursos Naturais Renováveis
IBGE	–	Fundação Instituto Brasileiro de Geografia e Estatística
IBS	–	Imposto sobre Bens e Serviços
ICMS	–	Imposto sobre operações relativas à circulação de mercadorias e sobre prestações de serviços de transporte interestadual e intermunicipal e de comunicação
Ifes	–	Instituição Federal de Ensino Superior
IFI	–	Instituição Fiscal Independente
IGC	–	Indício de irregularidade grave que não prejudique a continuidade da obra
IGP	–	Indício de irregularidade graves com recomendação de paralisação
IGR	–	Indício de irregularidade grave com recomendação de retenção parcial de valores
IN	–	Instrução Normativa
Inc.	–	Inciso
Inf. STF	–	Informativo do Supremo Tribunal Federal
INSS	–	Instituto Nacional da Seguridade Social
Intosai	–	International Organization of Supreme Audit Institutions
Ipea	–	Instituto de Pesquisa Econômica Aplicada
IPI	–	Imposto sobre Produtos Industrializados
IPVA	–	Imposto sobre a Propriedade de Veículos Automotores
IR	–	Imposto sobre renda e proventos de qualquer natureza
ISC	–	Instituição Superior de Controle
ISSAI	–	Normas Internacionais das Entidades Fiscalizadoras Superiores
ITD	–	Imposto sobre Transmissão *causa mortis* e Doação de quaisquer bens ou direitos
ITR	–	Imposto sobre a Propriedade Territorial Rural

LAA	–	Lei de Abuso de Autoridade
LAI	–	Lei de Acesso à Informação
LC	–	Lei Complementar
LDB	–	Lei de Diretrizes e Bases da educação nacional
LDO	–	Lei de Diretrizes Orçamentárias
LINDB	–	Lei de Introdução às Normas do Direito Brasileiro
LO	–	Lei Orgânica
LOA	–	Lei de Orçamento Anual
LOTCU	–	Lei Orgânica do Tribunal de Contas da União (Lei nº 8.443/1992)
LRF	–	Lei de Responsabilidade Fiscal (Lei Complementar nº 101/2000)
Min.	–	Ministro
MMA	–	Ministério do Meio Ambiente
MP	–	Ministério Público
MPC	–	Ministério Público de Contas
MPTCU	–	Ministério Público junto ao TCU
MPU	–	Ministério Público da União
MPV	–	Medida Provisória
MS	–	Mandado de Segurança
NAT	–	Normas de Auditoria do TCU
NBASP	–	Normas Brasileiras de Auditoria no Setor Público
NBC	–	Normas Brasileiras de Contabilidade
NCE	–	Núcleo de Computação Eletrônica
NLL	–	Nova Lei de Licitações e Contratos Administrativos
OAB	–	Ordem dos Advogados do Brasil
OCDE	–	Organização de Cooperação e Desenvolvimento Econômico
Olacefs	–	Organization of Latin American and Caribbean Supreme Audit Institutions
ONG	–	Organização Não Governamental
ONU	–	Organização das Nações Unidas
Op. cit.	–	Obra citada
OS	–	Organização Social
OSC	–	Organização da Sociedade Civil
Oscip	–	Organização da Sociedade Civil de Interesse Público
P.	–	Página
PAC	–	Programa de Aceleração do Crescimento
PAD	–	Processo Administrativo Disciplinar

Par.	–	Parágrafo
PC	–	Prestação de Contas
PCPR	–	Prestação de Contas do Presidente da República
PDDE	–	Programa Dinheiro Direto na Escola
Petrobras	–	Petróleo Brasileiro S.A.
PIB	–	Produto Interno Bruto
PL	–	Projeto de Lei
PNAE	–	Programa Nacional de Alimentação Escolar
PNB	–	Produto Nacional Bruto
PNMA	–	Política Nacional de Meio Ambiente
PNUD	–	Programa das Nações Unidas para o Desenvolvimento
PPA	–	Plano Plurianual
PPP	–	Parceria Público-Privada
PR	–	Presidente da República
PROPAG	–	Programa de Pleno Pagamento de Dívidas dos Estados
PT	–	Programa de Trabalho
Rcl	–	Reclamação
RDA	–	*Revista de Direito Administrativo*
RDC	–	Regime Diferenciado de Contratações Públicas
RE	–	Recurso Extraordinário
Rel.	–	Relator
RePP	–	Relatório de Fiscalizações em Políticas e Programas de Governo
REsp	–	Recurso Especial
RHC	–	Recurso Ordinário em *Habeas Corpus*
Rima	–	Relatório de Impacto Ambiental
RITCU	–	Regimento Interno do Tribunal de Contas da União
RJSTJ	–	Revista de Jurisprudência do Superior Tribunal de Justiça
RJU	–	Regime Jurídico Único
RMS	–	Recurso Ordinário em Mandado de Segurança
RT	–	Revista dos Tribunais
RTJ	–	Revista Trimestral de Jurisprudência do Supremo Tribunal Federal
Segecex	–	Secretaria-Geral de Controle Externo do TCU
Siafi	–	Sistema Integrado de Administração Financeira do Governo Federal
Siasg	–	Sistema Integrado de Administração de Serviços Gerais
Siconfi	–	Sistema de Informações Contábeis e Fiscais do Setor Público Brasileiro

Sisnama	–	Sistema Nacional de Meio Ambiente
STF	–	Supremo Tribunal Federal
STJ	–	Superior Tribunal de Justiça
STN	–	Secretaria do Tesouro Nacional
SUS	–	Sistema Único de Saúde
SV	–	Súmula Vinculante
TAG	–	Termo de Ajustamento de Gestão
TC	–	Tomada de Contas/Tribunal de Contas
TCDF	–	Tribunal de Contas do Distrito Federal
TCE	–	Tomada de Contas Especial
TCE-yy	–	Tribunal de Contas do Estado de yy
TCM-yy	–	Tribunal de Contas do Município de yy
TCU	–	Tribunal de Contas da União
TJ	–	Tribunal de Justiça
TMS	–	Temas de maior significância
TRF	–	Tribunal Regional Federal
TSE	–	Tribunal Superior Eleitoral
UAC	–	Unidade Apresentadora de Contas
Ufir	–	Unidade Fiscal de Referência
UFMT	–	Universidade Federal de Mato Grosso
Unicef	–	Fundo das Nações Unidas para a Infância
UO	–	Unidade Orçamentária
UPC	–	Unidade Prestadora de Contas
Vol.	–	Volume

Atos normativos do TCU

No intuito de facilitar a pesquisa e estudo complementares relacionam-se No intuito de facilitar a pesquisa e estudo complementares relacionam-se a seguir os atos normativos do TCU citados no texto e vigentes à época da elaboração desta edição. Todos podem ser consultados no Portal do TCU na Internet.

Instruções Normativas nos 28/1999; 48/2004; 49/2005; 59/2009; 60/2009; 64/2010; 71/2012; 73/2014; 75/2015; 76/2016; 78/2018; 79/2018; 80/2018; 81/2018; 82/2018; 83/2018; 84/2020; 85/2020; 86/2020; 87/2020; 88/2020; 89/2021; 90/2021; 91/2022; 92/2023; 93/2024; 94/2024; 95/2024; 96/2024; 97/2024; 98/2024.

Decisões Normativas nos 57/2004; 81/2006; 85/2007; 155/2016; 189/2020; 198/2022.

Resoluções nos 36/1995; 142/2001; 178/2005; 207/2007; 213/2008; 215/2008; 233/2010; 241/2011; 242/2011; 246/2011; 248/2012; 249/2012; 258/2013; 259/2014; 277/2016; 278/2016; 280/2016; 291/2017; 292/2018; 301/2018; 307/2019; 308/2019; 310/2019; 311/2020; 312/2020; 313/2020; 314/2020; 315/2020; 316/2020; 324/2020; 326/2021; 330/2021; 332/2021; 334/2021; 339/2022; 344/2022; 345/2022; 346/2022; 349/2022; 350/2022; e 351/2022. 353/2023; 358/2023 367/2024; 372/2024; 373/2024.

Portarias TCU nos 280/2010; 168/2011; 85/2012; 35/2014; 185/2020; 15/2021; 4/2022; 70/2022; 112/2022; 174/2022; 189/2022; 196/2022; 203/2022; 7/2024; 85/2024; 14/2025.

Portaria Segecex nos 12/2006; 27/2009; 27/2017; 19/2019; 18/2020; 5/2021; 7/2021; 24/2023.

Sumário

Índice de Quadros-Resumos		**XLV**

Capítulo 1	**Controle Externo – Origens, Conceitos, Sistemas**	**1**
1.1.	Antecedentes..	1
1.2.	Democracia e controle externo..	3
1.3.	Conceitos de controle..	3
	1.3.1. Controle na ciência da Administração................	4
	1.3.2. Controle quanto ao objeto.................................	5
	1.3.3. Controle quanto ao momento de sua realização	5
	1.3.4. Controle quanto ao posicionamento do órgão controlador..	7
	1.3.5. Outras classificações..	9
	1.3.6. Conceito de controle externo...........................	9
1.4.	Sistemas de Controle Externo e Instituições Superiores de Controle – ISC..	10
	1.4.1. Sistema de Auditoria ou Controladoria-Geral...	12
	1.4.2. Sistema de Tribunal de Contas..........................	13
	1.4.3. Outras classificações..	14
1.5.	Tribunais de Contas no Brasil..	15
1.6.	TCU nas diversas Constituições brasileiras.....................	17
1.7.	Tribunais de Contas estaduais e municipais...................	20

1.8.	Intosai e as Declarações de Lima, do México e de Moscou	20
1.9.	ISSAI 20 – Princípios de Transparência e *Accountability*	22
1.10.	Olacefs	24
1.11.	Atricon e Audicon	24
1.12.	Novos desafios do controle externo	24
1.13.	Controle social e participação cidadã	25
1.14.	Para saber mais	29

Capítulo 2 Normas Constitucionais sobre o Controle Externo 31

2.1.	A topografia do controle externo na Constituição Federal	32
2.2.	Abrangência do controle externo (CF: art. 70, *caput*)	33
2.2.1.	Fiscalização contábil, financeira, orçamentária e patrimonial	34
2.2.2.	Fiscalização operacional	35
2.2.3.	Legalidade e legitimidade	35
2.2.4.	Economicidade	37
2.2.5.	Aplicação das subvenções e renúncia das receitas	40
2.3.	Quem deve prestar contas (CF: art. 70, parágrafo único)	42
2.4.	Competências constitucionais do TCU (CF: art. 71, *caput* e incisos I a XI)	47
2.4.1.	Apreciar as contas anuais do Presidente da República (CF: art. 71, I)	48
2.4.2.	Julgar as contas dos administradores e demais responsáveis por dinheiro, bens e valores públicos (CF: art. 71, II)	50
2.4.3.	Apreciar a legalidade dos atos de admissão de pessoal e de concessão de aposentadorias, reformas e pensões civis e militares (CF: art. 71, III)	53
2.4.4.	Realizar inspeções e auditorias por iniciativa própria ou por solicitação do Congresso Nacional (CF: art. 71, IV)	56
2.4.5.	Fiscalizar as contas nacionais das empresas supranacionais (CF: art. 71, V)	57
2.4.6.	Fiscalizar a aplicação de recursos da União repassados a estados, ao Distrito Federal ou a municípios (CF: art. 71, VI)	58
2.4.7.	Prestar informações ao Congresso Nacional sobre fiscalizações realizadas (CF: art. 71, VII)	58

	2.4.8.	Aplicar sanções e determinar a correção de ilegalidades e irregularidades em atos e contratos (CF: art. 71, VIII, IX e XI)	60
2.5.	Sustação de atos e contratos (CF: art. 71, X e §§ 1º e 2º)		61
2.6.	Eficácia das decisões do TCU (CF: art. 71, § 3º)		64
2.7.	Relatórios ao Congresso Nacional (CF: art. 71, § 4º)		64
2.8.	Atuação da Comissão Mista (CF: art. 72)		64
2.9.	Composição do TCU (CF: art. 73)		65
	2.9.1.	Requisitos para a nomeação de Ministro (CF: art. 73, § 1º)	67
	2.9.2.	Processo de escolha de Ministros do TCU (CF: art. 73, § 2º)	68
	2.9.3.	Prerrogativas dos Ministros (CF: art. 73, § 3º)	70
	2.9.4.	Garantias dos Auditores/Ministros Substitutos (CF: art. 73, § 4º)	71
2.10.	Controle interno (CF: art. 74)		73
2.11.	Apuração de denúncias apresentadas por qualquer cidadão, partido político, associação ou sindicato sobre irregularidades ou ilegalidades (CF: art. 74, § 2º)		74
2.12.	Organização dos Tribunais de Contas dos estados, Distrito Federal e municípios (CF: art. 75)		74
2.13.	Fiscalização nos municípios (CF: art. 31)		76
2.14.	Parecer prévio sobre as contas de Governo de Território (CF: art. 33, § 2º)		79
2.15.	Intervenção da União nos estados e no Distrito Federal (CF: art. 34, VII, d)		80
2.16.	Intervenção em município (CF: art. 35, II)		80
2.17.	Competência exclusiva do Congresso Nacional (CF: art. 49, IX, X e XIII)		81
2.18.	Competência privativa da Câmara dos Deputados (CF: art. 51, II)		82
2.19.	Competência privativa do Senado Federal (CF: art. 52, III, b)		83
2.20.	Competência privativa do Presidente da República (CF: art. 84, XV e XXIV)		84
2.21.	Competência do Supremo Tribunal Federal (CF: art. 102, I, c, d, i e q)		84
2.22.	Competência do Superior Tribunal de Justiça (CF: art. 105, I, a)		85
2.23.	Competências do Conselho Nacional de Justiça e do Conselho Nacional do Ministério Público (CF: arts. 103-B, § 4º, e 130-A)		85
2.24.	Ministério Público junto aos Tribunais de Contas (CF: art. 130)		87

2.25. Cálculo dos Fundos de Participação (CF: art. 161, parágrafo único) 89
2.26. Lei Complementar sobre fiscalização financeira (CF: art. 163, V) 91
2.27. Emenda Constitucional nº 103/2019 (Reforma Previdenciária) 91
2.28. Emenda Constitucional nº 105/2019 (emendas impositivas)............... 91
2.29. Emenda Constitucional nº 106/2020 (regime extraordinário fiscal).... 92
2.30. Emenda Constitucional nº 108/2020 (novo Fundeb)............................ 93
2.31. Emenda Constitucional nº 109/2021 (declaração sobre ajuste fiscal) 94
2.32. Emenda Constitucional nº 114/2021 (precatórios)................................ 94
2.33. Emenda Constitucional nº 132/2023 (Reforma Tributária) 94
2.34. Disposições constitucionais gerais (CF: art. 235, III e X)...................... 95
2.35. Para saber mais 95

Capítulo 3 — Tribunais de Contas – Funções, Natureza Jurídica e Eficácia das Decisões — 97

3.1. Funções dos Tribunais de Contas 97
    3.1.1. Função fiscalizadora 98
    3.1.2. Função opinativa.. 99
    3.1.3. Função judicante 99
    3.1.4. Função sancionadora 99
    3.1.5. Função corretiva 100
    3.1.6. Função consultiva 100
    3.1.7. Função informativa.. 100
    3.1.8. Função ouvidora 101
    3.1.9. Função normativa 102
    3.1.10. Inovações no Direito Público e novas funções das Cortes de Contas.. 102
3.2. Natureza jurídica das Cortes de Contas 103
3.3. Eficácia das decisões dos Tribunais de Contas...................................... 109
3.4. Revisão judicial das decisões dos Tribunais de Contas........................ 111
3.5. Coisa julgada administrativa 113
3.6. Para saber mais 115

Capítulo 4 — Jurisdição dos Tribunais de Contas — 117

4.1. Polêmica sobre a jurisdição dos Tribunais de Contas 117
4.2. Jurisdição do TCU.. 123

4.2.1.	Responsável (LOTCU: art. 5º, I)		123
4.2.2.	Dano ao erário (LOTCU: art. 5º, II)		124
4.2.3.	Dirigentes ou liquidantes (LOTCU: art. 5º, III)		124
4.2.4.	Empresas supranacionais (LOTCU: art. 5º, IV)		124
4.2.5.	Serviços sociais (LOTCU: art. 5º, V)		124
4.2.6.	Demais sujeitos à fiscalização (LOTCU: art. 5º, VI)		125
4.2.7.	Recursos repassados (LOTCU: art. 5º, VII)		125
4.2.8.	Sucessores (LOTCU: art. 5º, VIII)		126
4.2.9.	Representantes na assembleia (LOTCU: art. 5º, IX)		127
4.2.10.	Empresas públicas e sociedades de economia mista (RITCU: art. 5º, III)		127
4.3.	Jurisdição dos Tribunais de Contas estaduais e municipais		128
4.4.	Conflitos de jurisdição entre Tribunais de Contas		129
4.4.1.	O caso dos *royalties* e participações especiais		132
4.5.	Para saber mais		135

Capítulo 5 — Competências Infraconstitucionais das Cortes de Contas — 137

5.1.	Introdução		137
5.2.	Competências atribuídas pela Lei Orgânica do TCU		138
5.2.1.	Fiscalização (LOTCU: art. 1º, II)		138
5.2.2.	Acompanhamento da receita (LOTCU: art. 1º, IV)		138
5.2.3.	Representar sobre irregularidades (LOTCU: art. 1º, VIII)		139
5.2.4.	Atos de administração interna (LOTCU: art. 1º, X a XV)		140
5.2.5.	Decidir sobre consulta acerca da aplicação de dispositivos legais e regulamentares (LOTCU: art. 1º, XVII)		141
5.2.6.	Poder regulamentar (LOTCU: art. 3º)		142
5.2.7.	Requisitar serviços técnicos especializados (LOTCU: art. 101)		143
5.3.	Competências previstas em normativos do TCU		144
5.3.1.	Emitir pronunciamento conclusivo (RITCU: art. 1º, IV)		144
5.3.2.	Auditar projetos e programas (RITCU: art. 1º, V)		144
5.3.3.	Fiscalizar a aplicação da LRF (RITCU: art. 1º, XIII)		144
5.3.4.	Acompanhar, fiscalizar e avaliar os processos de desestatização (RITCU: art. 1º, XV)		145

	5.3.5. Deliberar sobre proposta de solução consensual de controvérsia relevante (IN TCU nº 91/2022 e alterações)...	145
5.4.	Competências atribuídas pela Lei de Responsabilidade Fiscal e pela Lei nº 10.028/2000	145
5.5.	Competências atribuídas pela Lei nº 14.133/2021 – Nova Lei de Licitações e Contratos Administrativos	149
5.6.	Competência para o controle de constitucionalidade	152
5.7.	Competências atribuídas por diversos normativos..................	155
	5.7.1. Lista dos inelegíveis (Lei Complementar nº 64/1990 e Lei Complementar nº 135/2010 – Lei da Ficha Limpa)..................	155
	5.7.1.1. As decisões do STF nos Temas de Repercussão Geral nº 157, 835, 1.287 e 1.305 e na ADPF 982..................	156
	5.7.2. Acompanhamento dos processos de improbidade administrativa e apuração do dano (Lei nº 8.429/1992, alterada pela Lei nº 14.230/2021)	160
	5.7.3. Controle das declarações de bens e rendas (Lei nº 8.730/1993)..................	161
	5.7.4. Fiscalização dos recursos do SUS (Decreto nº 1.232/1994 e Lei Complementar nº 141/2012)..................	162
	5.7.5. Apoio à Justiça Eleitoral (Lei nº 9.096/1995 e Lei nº 9.504/1997)..................	164
	5.7.6. Fiscalização da LDB (Lei nº 9.394/1996) e do Fundeb (Lei nº 14.113/2020)..................	165
	5.7.7. Fiscalização dos regimes próprios de previdência social (Lei nº 9.717/1998)	167
	5.7.8. Apoio às Câmaras Municipais (Lei nº 9.452/1997)..................	168
	5.7.9. Criação de página na Internet (Lei nº 9.755/1998)	168
	5.7.10. Fiscalização da aplicação dos recursos repassados ao Comitê Olímpico Brasileiro e ao Comitê Paralímpico Brasileiro (Lei nº 10.264/2001)	169
	5.7.11. Lei das Agências de Águas (Lei nº 10.881/2004)	169
	5.7.12. Concessão de Florestas (IN TCU nº 50/2006)..................	169
	5.7.13. Lei do PAC (Lei nº 11.578/2007)..................	170
	5.7.14. Fiscalização dos recursos do Programa Nacional de Alimentação Escolar – PNAE (Lei nº 11.947/2009)	171

5.7.15.	Fiscalização dos recursos transferidos para prevenção em áreas de risco e de resposta e recuperação em áreas atingidas por desastres (Lei nº 12.983/2014)	172
5.7.16.	Lei de Mediação (Lei nº 13.140/2015)	172
5.7.17.	Estatuto das Estatais (Lei nº 13.303/2016)	172
5.7.18.	Lei de Recuperação Fiscal (Lei Complementar nº 159/2017)	174
5.7.19.	Lei do Fundo Nacional de Segurança Pública (Lei nº 13.756/2018)	174
5.7.20.	Lei do Programa de Pleno Pagamento de Dívidas dos Estados (Lei Complementar nº 212/2025)	175
5.8.	Competências relacionadas com a fiscalização de obras públicas e políticas e programas de governo	176
5.9.	Medidas cautelares relativas a atos administrativos	181
5.10.	Competências decorrentes da Reforma Tributária (LC nº 214/2025)	184
5.11.	Competências não previstas para o TCU	187
5.12.	Para saber mais	189

Capítulo 6   Organização do Tribunal de Contas da União   191

6.1.	Plenário	191
	6.1.1. Matérias de maior complexidade e relevância	192
	6.1.2. Relacionamento com o Congresso Nacional e os Poderes da República	192
	6.1.3. Assuntos de natureza institucional	193
	6.1.4. Sanções de maior gravidade	193
	6.1.5. Recursos	194
	6.1.6. Deliberações de caráter geral	194
6.2.	Câmaras	195
	6.2.1. Presidente de Câmara	196
	6.2.2. Empate nas votações de Câmara	196
6.3.	Presidência	198
	6.3.1. Eleição	198
	6.3.2. Competências do Presidente	199
6.4.	Vice-Presidência	201
6.5.	Corregedoria	201
6.6.	Ministros	201

6.7.	Ministros Substitutos (Auditores)		203
6.8.	Ministério Público junto ao Tribunal de Contas		206
	6.8.1.	Composição	206
	6.8.2.	Procurador-Geral	207
	6.8.3.	Competências	208
	6.8.4.	Ministério Público de Contas nos TCEs e TCMs	211
6.9.	Elaboração de lista tríplice		211
6.10.	Secretaria do Tribunal		212
6.11.	Ouvidoria		214
6.12.	Comissões		215
6.13.	Código de Conduta Ética dos Servidores do TCU		215
6.14.	Para saber mais		219

Capítulo 7 — Processos e Deliberações — 221

7.1.	Processos		221
	7.1.1.	Especificidades dos processos de controle externo	221
	7.1.2.	Tipos de processos	223
	7.1.3.	Relator	224
	7.1.4.	Distribuição dos processos	225
	7.1.5.	Etapas do processo	227
	7.1.6.	Partes e ingresso de interessados	228
	7.1.7.	Solicitação de informações ou de cópia	229
	7.1.8.	Processos urgentes e sigilosos	229
	7.1.9.	Processos de alto risco e relevância	230
	7.1.10.	Arquivamento	230
	7.1.11.	Nulidades	231
7.2.	Deliberações		232
	7.2.1.	Formas de deliberação	232
	7.2.2.	Elaboração, aprovação e alteração de atos normativos	234
	7.2.3.	Jurisprudência	234
	7.2.4.	Incidente de uniformização de jurisprudência	235
7.3.	Sessões		235
	7.3.1.	Sessões telepresenciais	237
	7.3.2.	Sessões virtuais	237

	7.3.3.	Pauta das sessões	238
	7.3.4.	Relação	240
7.4.	Processo de votação		242
7.5.	Outros dispositivos		246
	7.5.1.	Contagem de prazos	246
	7.5.2.	Comunicações processuais	247
	7.5.3.	Publicações	248
	7.5.4.	Acesso a informações	248
	7.5.5.	Aplicação do Código de Processo Civil	249
7.6.	Lei de Abuso de Autoridade (Lei nº 13.869/2019)		249
7.7.	Para saber mais		251

Capítulo 8 — Processos de Contas — 253

8.1.	Dever de prestar contas		253
8.2.	Normas legais sobre contas		255
	8.2.1.	Normas previstas na Lei nº 4.320/1964	256
	8.2.2.	Normas previstas na LOTCU e no RITCU	256
	8.2.3.	Normas da LRF sobre escrituração das contas	257
8.3.	A IN TCU nº 84/2020 e a nova disciplina nos processos de contas		258
	8.3.1.	Prestação de contas e tomada de contas: novos conceitos	258
8.4.	Normas específicas sobre prestações de contas		260
	8.4.1.	Finalidades e princípios	260
	8.4.2.	Unidades Prestadoras de Contas, Unidades Apresentadoras de Contas e Rol de Responsáveis	262
	8.4.3.	Conteúdo, forma, divulgação e prazos da prestação de contas	263
8.5.	Tomadas de contas		267
8.6.	Decisões em processos de contas		268
	8.6.1.	Sobrestamento de contas	269
	8.6.2.	Contas diferidas	270
8.7.	Para saber mais		270

Capítulo 9 — Tomadas de Contas Especiais — 271

9.1.	Conceito		271

9.2.	Hipóteses de instauração de TCE		273
	9.2.1.	Omissão no dever de prestar contas	274
	9.2.2.	Não comprovação da aplicação dos recursos	276
	9.2.3.	Ocorrência de desfalque ou desvio de dinheiros, bens ou valores públicos	277
	9.2.4.	Prática de ato ilegal, ilegítimo ou antieconômico com dano ao erário	278
	9.2.5.	Determinação pelo TCU	279
	9.2.6.	Dispensa de instauração de TCE	280
	9.2.7.	Solução consensual	282
9.3.	Procedimentos		282
	9.3.1.	Responsáveis pela instauração da TCE	282
	9.3.2.	Pressupostos para instauração de TCE	283
	9.3.3.	Prazo de instauração da TCE	283
	9.3.4.	Etapas de instauração da TCE	284
	9.3.5.	Notificação	285
	9.3.6.	Peças básicas de uma TCE	285
	9.3.7.	Valor mínimo e prazo máximo para instauração de TCE	287
	9.3.8.	Arquivamento de TCE	288
9.4.	Encaminhamento da TCE ao Tribunal de Contas da União		288
9.5.	Julgamento das TCEs		290
9.6.	Regras para a quantificação e a atualização de débitos		292
	9.6.1.	Recolhimento do débito	292
9.7.	Responsabilidade solidária do ente político		293
9.8.	Para saber mais		293

Capítulo 10   Julgamento das Contas   295

10.1.	Critérios de julgamento	295
	10.1.1. Elementos de responsabilização	297
	10.1.2. O erro grosseiro	298
10.2.	Contas regulares	299
10.3.	Contas regulares com ressalvas	299
10.4.	Contas irregulares	300
10.5.	Consequências de irregularidade	303
10.6.	Fixação da responsabilidade solidária	304

		10.6.1.	Responsabilidade solidária do parecerista jurídico	305
		10.6.2.	Desconsideração da personalidade jurídica	307
	10.7.	Liquidação tempestiva do débito		307
	10.8.	Arquivamento sem julgamento de mérito		309
	10.9.	Reabertura de contas		310
	10.10.	Julgamento pelo TCU e controle jurisdicional		311
	10.11.	Revisão do julgamento pelo TCU		311
	10.12.	Execução das decisões		312
	10.13.	Para saber mais		314

Capítulo 11	Fiscalização a Cargo do Tribunal de Contas e Exercício do Controle Externo			315
	11.1.	Evolução da fiscalização nos Tribunais de Contas		315
	11.2.	Instrumentos de fiscalização		316
		11.2.1.	Levantamento (RITCU: art. 238)	317
		11.2.2.	Auditoria (RITCU: art. 239)	318
		11.2.3.	Inspeção (RITCU: art. 240)	319
		11.2.4.	Acompanhamento (RITCU: arts. 241 e 242)	320
		11.2.5.	Monitoramento (RITCU: art. 243)	321
		11.2.6.	Auditorias coordenadas e Relatórios Sistêmicos de Fiscalização – FISC	322
	11.3.	Execução da fiscalização		322
	11.4.	Contas do Presidente da República		326
		11.4.1.	Normas de apresentação	326
		11.4.2.	Exame pelo TCU	328
		11.4.3.	Consequências da rejeição das contas	331
		11.4.4.	Divulgação	332
	11.5.	Atos sujeitos a registro		333
		11.5.1.	Súmula Vinculante nº 3 do STF	337
		11.5.2.	Tema nº 445 de Repercussão Geral – STF	339
	11.6.	Fiscalização de atos e contratos		339
	11.7.	Fiscalização de convênios e instrumentos congêneres		341
	11.8.	Fiscalização de obras		344
	11.9.	Fiscalização da desestatização		345

11.10. Fiscalização do terceiro setor, serviços sociais, consórcios públicos, parcerias público-privadas e fundações de apoio a instituições federais de ensino 346

    11.10.1. Organizações da Sociedade Civil de Interesse Público – Oscips 346

    11.10.2. Organizações Sociais 347

    11.10.3. Organizações da Sociedade Civil 348

    11.10.4. Sistema S 350

    11.10.5. Consórcios públicos 351

    11.10.6. Parcerias Público-Privadas 351

    11.10.7. Agências reguladoras 352

    11.10.8. Fundações de apoio a instituições federais de ensino 353

11.11. Apuração de denúncias e representações 355

    11.11.1. Denúncias 355

    11.11.2. Representações 356

11.12. Fiscalização em políticas e programas de governo 357

11.13. Outras fiscalizações 358

    11.13.1. Benefícios fiscais 358

    11.13.2. Declarações de bens e sigilo 359

    11.13.3. Entidades Fechadas de Previdência Privada 359

    11.13.4. Fiscalização de serventias extrajudiciais 360

11.14. Limites ao poder de fiscalização dos Tribunais de Contas 361

    11.14.1. Sigilo bancário e fiscal 361

11.15. Consequências da fiscalização exercida pelos Tribunais de Contas 368

11.16. Para saber mais 369

Capítulo 12   Controle Interno   371

12.1. Conceito 371

12.2. Princípios do controle interno 373

12.3. Evolução do controle interno 374

12.4. LRF e o controle interno 376

12.5. Organização do controle interno no Governo Federal 376

    12.5.1. Competências legais do controle interno 380

    12.5.2. Objetivos do controle interno 386

    12.5.3. Prerrogativas do controle interno 386

	12.5.4.	Normas relativas a servidores do controle interno	387
	12.5.5.	Controle interno dos Poderes Legislativo e Judiciário e do Ministério Público	388
	12.5.6.	Controle interno no Estatuto das Estatais (Lei nº 13.303/2016)	388
12.6.	Referencial técnico da atividade de auditoria interna governamental		389
	12.6.1.	Inovações da IN CGU nº 3/2017: as linhas de defesa da gestão	389
	12.6.2.	Princípios e requisitos éticos	390
	12.6.3.	Técnicas de auditoria	391
12.7.	Atuação do controle interno em processos de contas e tomadas de contas especiais		392
	12.7.1.	Auditoria nas contas	392
	12.7.2.	Certificação das contas	394
	12.7.3.	Remessa das contas ao TCU	397
12.8.	Obrigatoriedade da estruturação do controle interno nos estados e municípios		399
12.9.	Controle interno e auditorias privadas		399
12.10.	CGU e o acesso a informações (Lei nº 12.527/2011)		400
12.11.	CGU e o conflito de interesses (Lei nº 12.813/2013)		400
12.12.	CGU e a Lei Anticorrupção (Lei nº 12.846/2013)		402
12.13.	Governança e controle interno (Decreto nº 9.203/2017)		406
12.14.	LINDB e controle interno – Termos de ajustamento de gestão (Decreto nº 9.830/2019)		408
12.15.	CGU e compartilhamento de informações (Decreto nº 10.209/2020)		408
12.16.	Controle interno na Lei do Governo Digital (Lei nº 14.129/2021)		409
12.17.	Controle interno na nova Lei de Licitações e Contratos Administrativos (Lei nº 14.133/2021)		410
12.18.	Para saber mais		411

Capítulo 13   Direito de Defesa e Recursos   413

13.1.	Fundamentos constitucionais e princípios	413
13.2.	Audiência	419
13.3.	Citação	420
13.4.	Oitiva	421

13.5.	Revelia		422
13.6.	Procedimentos legais e regimentais		423
	13.6.1.	Pedido de vista	423
	13.6.2.	Juntada de documentos	424
13.7.	Modalidades recursais		425
13.8.	Recurso de reconsideração		425
13.9.	Pedido de reexame		426
13.10.	Embargos de declaração		427
13.11.	Recurso de revisão		428
13.12.	Agravo		430
13.13.	Exame de admissibilidade		432
13.14.	Outros recursos previstos em normas específicas		434
13.15.	Sustentação oral		435
13.16.	Prescrição		436
	13.16.1.	Decisão do STF no RE 636.886 – Tema nº 899 de Repercussão Geral	437
	13.16.2.	Resolução TCU nº 344/2022	438
13.17.	Decadência		442
13.18.	Para saber mais		445

Capítulo 14   Sanções Aplicáveis pelos Tribunais de Contas   447

14.1.	Sanções em processos de contas		447
	14.1.1.	Multa proporcional ao débito (LOTCU: art. 57)	448
	14.1.2.	Multa (LOTCU: art. 58)	449
	14.1.3.	Encaminhamento dos autos ao Ministério Público da União (LOTCU: art. 16, § 3º)	454
14.2.	Sanções em ações de fiscalização		455
	14.2.1.	Multa por sonegação de documentos ou informações (LOTCU: art. 42)	455
	14.2.2.	Multa por irregularidade constatada (LOTCU: art. 43)	456
	14.2.3.	Inabilitação (LOTCU: art. 60 e RITCU: art. 270)	456
14.3.	Sanções relativas a licitações e contratos		457
	14.3.1.	Declaração de inidoneidade (LOTCU, art. 46)	457
14.4.	Sanções relativas a infrações administrativas contra as finanças públicas (LRF e Lei nº 10.028/2000)		461

14.5.	Outras multas	463
14.6.	Determinações, ciências e recomendações	464
	14.6.1. Aplicação da teoria do *disgorgement* (produto bruto mitigado)	466
14.7.	Medidas cautelares que afetam diretamente os gestores e responsáveis	467
	14.7.1. Afastamento temporário do responsável (LOTCU: art. 44)	467
	14.7.2. Indisponibilidade dos bens (LOTCU: art. 44, § 2º)	468
	14.7.3. Arresto dos bens (LOTCU: art. 61)	471
14.8.	Independência das instâncias	472
14.9.	Responsável falecido	475
14.10.	Para saber mais	475

Palavras Finais — 477

Miniglossário — 479

Referências — 491

Índice de Quadros-Resumos

Quadro-resumo do papel das instituições de controle 7
Quadro-resumo de diferenças entre as Controladorias e as Cortes de Contas 13
Quadro-resumo dos modelos de controle externo segundo Gualazzi 14
Quadro-resumo dos modelos de controle externo segundo Willeman 15
Quadro-resumo de princípios da ISSAI 20 sobre transparência e *accountability* das ISC 23
Quadro-resumo da ligação entre os critérios do controle externo e os princípios da administração pública 40
Quadro-resumo das competências constitucionais do TCU 48
Quadro-resumo das diferenças entre contas de governo e contas de gestão 53
Quadro-resumo dos procedimentos para sustação de atos e contratos 63
Quadro-resumo dos procedimentos do art. 72 da Constituição 65
Quadro-resumo das indicações de Ministro do TCU 69
Quadro-resumo da responsabilidade pelo controle externo 77
Quadro-resumo da repartição constitucional de funções de controle externo 83
Quadro-resumo das funções das Cortes de Contas 102
Quadro-resumo das competências atribuídas pela LRF às Cortes de Contas 148
Quadro-resumo das competências do TCU em relação a recursos repassados a estados, DF e municípios 171
Quadro-resumo da fiscalização de obras pelo TCU conforme a LDO 179
Quadro-resumo de medidas cautelares adotadas pelo TCU 184
Quadro-resumo das principais competências do Plenário e das Câmaras 197
Quadro-resumo de votações especiais e quóruns qualificados 245
Níveis de materialidade conforme o Anexo II da IN TCU nº 84/2020 268

Quadro-resumo de diferenças entre as TCEs e os demais processos de contas	272
Quadro-resumo de diferenças entre as TCEs e os PADs	273
Quadro-resumo de julgamento das contas	310
Quadro-resumo dos instrumentos de fiscalização	322
Quadro-resumo das transferências voluntárias da União	343
Quadro-resumo da fiscalização em entidades paraestatais e no terceiro setor	354
Quadro-resumo do direito de defesa anterior ao julgamento	422
Quadro-resumo dos recursos	431
Quadro-resumo das hipóteses em que não se admite recurso	434
Quadro-resumo da gradação da multa do art. 58 da LOTCU (art. 268 do RITCU)	453
Quadro-resumo da inidoneidade na LOTCU e na Lei nº 14.133/2021	457
Quadro-resumo das sanções e cautelares	472

Capítulo **1**

Controle Externo – Origens, Conceitos, Sistemas

Acesse o *QR Code* e assista ao vídeo explicativo sobre este assunto.

> http://uqr.to/202aw

O que é Controle Externo? Quais são as suas origens? Quais são os sistemas de controle externo existentes no mundo? Quais são as diferenças entre Controladorias e Tribunais de Contas? O que são as Instituições Superiores de Controle – ISC? Quando foi criado o TCU? Quantos Tribunais de Contas existem no Brasil? Existe controle prévio pelos Tribunais de Contas no Brasil? O que é controle social? Como denunciar uma irregularidade ao Tribunal de Contas?

1.1. ANTECEDENTES

Os historiadores não lograram ainda um consenso quanto à identificação das primeiras instituições e atividades associadas com o controle das riquezas do Estado.

É certo que com os primeiros embriões de organização humana em cidades-Estado surgiu a necessidade da arrecadação, estocagem e gerenciamento de víveres, materiais e, posteriormente, numerário, de modo a assegurar atividades de defesa e de conquista ante as comunidades vizinhas. À medida que tais montantes tornaram-se expressivos, cresceu também a importância de sua adequada gestão. Em nenhum regime – monarquia absolutista ou democracia social – os detentores do poder admitem desvios, desperdício ou subtração dos recursos de que pretendem dispor para atingir suas finalidades.

Há quem veja exemplos de atuação do controle na organização dos faraós do antigo Egito,[1] entre os hindus, chineses e os sumérios, ou em instituições presentes na Atenas do Século de Ouro (V a.C.). De acordo com Paulino,[2] na capital grega havia uma Corte de Contas, composta de dez oficiais eleitos anualmente pela assembleia geral do povo (Eclésia, que se reunia na Ágira), que tomava as contas dos arcontes, estrategas, embaixadores, sacerdotes e a todos quantos giravam com dinheiros públicos. Aristóteles, em "Política", sustentou a necessidade de prestação de contas quanto à aplicação dos recursos públicos e de punição para responsáveis por fraudes ou desvios e defendeu a existência de um tribunal dedicado às contas e gastos públicos, para evitar que os cargos públicos enriqueçam aqueles que os ocupem.[3] Em seu estudo, Scliar analisa as origens do controle na fala de profetas do Velho Testamento e nas repúblicas romana e ateniense.[4]

Sabe-se com certeza que a expressão auditoria tem origem no vocábulo latino *auditor*, aquele que ouve. Os primeiros auditores atuaram, portanto, na República Romana.

A ideia de uma Corte de Contas pode ser localizada no final da Idade Média, em países como a Inglaterra, a França e a Espanha. Speck[5] aponta como pioneira a criação do *Tribunal de Cuentas* espanhol no século XV. A seu turno, Mileski[6] destaca a instituição do *Exchequer* inglês no século XII.

Portugal situa a origem de seu Tribunal de Contas, criado em 1849, na Casa dos Contos, cujo regimento data de 1389, e que tinha repartições subordinadas no Brasil Colônia nas cidades do Rio de Janeiro, Salvador, São Luís e Ouro Preto, utilizando o sistema de partidas simples.[7]

Foi, todavia, como em tantas outras áreas, a gloriosa Revolução Francesa que consagrou o princípio da separação dos poderes, idealizado por Montesquieu. Somente com a distinção de atribuições entre Executivo, Legislativo e Judiciário, pode-se, a rigor, falar de um controle externo.

A Declaração dos Direitos do Homem e do Cidadão, proclamada em Paris em agosto de 1789, no seu artigo 15, consagrou o direito da sociedade de "pedir contas" a

---

[1] No famoso *Neues Museum* em Berlim, no setor de antiguidades egípcias, há um luxuoso sarcófago em granito negro identificado como sendo de Djehapimu, "auditor do faraó", datado entre os séculos IV e VIII a.C.
[2] *Curso de Direito Constitucional*. 3. ed. Rio de Janeiro: Forense, 1961 apud SANT'ANNA, Aspectos do Direito Público no Tribunal de Contas, TCE-RJ, 1992, p. 318-319.
[3] "Considerando, porém, que muitas, para não dizer todas, dessas funções (de governo) movimentam grandes somas de dinheiro, existe a necessidade de que um outro órgão cuide da prestação de contas e da auditoria deles, não tendo nenhuma outra função além dessa. Estes funcionários são conhecidos como examinadores, auditores, contadores, controladores". Aristóteles. *Política*. São Paulo: Martin Claret, 2010, p. 231.
[4] *Tribunal de Contas: do controle na Antiguidade à instituição independente do Estado Democrático de Direito*. 2014. Tese (Doutorado em Direito) – Faculdade de Direito, PUCRS, Porto Alegre, 2014.
[5] *Inovação e rotina no Tribunal de Contas da União*. São Paulo: Fundação Konrad Adenauer, 2000, p. 28.
[6] *O Controle da Gestão Pública*. São Paulo: Revista dos Tribunais, 2003, p. 176.
[7] De acordo com Pompeu e Costa (coords.). *Histórico do controle de contas em Portugal e no Brasil: do século XIII ao XIX*. Brasília, TCU, 2014.

todo agente público de sua administração. O corolário desse direito é o dever de prestar contas imposto a todos aqueles responsáveis pela aplicação e gerência de bens e recursos públicos. O exame de tais prestações de contas constitui um dos principais objetos do controle externo.

O controle é externo porque realizado, de forma independente, por outro poder, distinto daquele responsável pela execução das atividades administrativas suscetíveis de controle. Como veremos adiante, o controle externo é atribuído ora ao Poder Legislativo, ora ao Poder Judiciário, de vez que as principais funções estatais de realização de políticas públicas são de responsabilidade do Poder Executivo.

A organização do primeiro Tribunal de Contas com características próximas às atuais foi obra de Napoleão Bonaparte que, em 1807, criou a *Cour des Comptes* francesa, como modelo de tribunal administrativo para os Estados modernos, inclusive com a presença de um Ministério Público especializado.[8] A *Cour des Comptes* presta assistência ao Parlamento e ao Poder Executivo, atuando como autoridade judicial.

1.2. DEMOCRACIA E CONTROLE EXTERNO

Não existe democracia sem controle. Na democracia, todo governante, gestor público, parlamentar, magistrado, enfim, todo agente detentor de parcela do poder estatal tem sua atividade sujeita a múltiplos controles. A organização do estado democrático prevê inúmeros mecanismos mediante os quais o poder é controlado e a atuação de seus titulares é limitada. Como destaca Scapin, os eleitos para representar o povo assumem responsabilidades que devem ser controladas, seja pelo próprio povo, seja por instituições do Estado especialmente constituídas para exercer tal controle.[9] Ao longo de nosso estudo, examinaremos as diversas formas pelas quais é exercido esse controle, especialmente o controle externo. Por ora, fixemos a ideia de que o controle externo é essencial à vida democrática.

1.3. CONCEITOS DE CONTROLE

A pesquisa de Guerra[10] indica que a palavra controle originou-se do termo francês *contre-rôle*, assim como do latim medieval *contrarotulus*, com o significado de "contralista":

> (...), isto é, segundo exemplar do catálogo de contribuintes, com base no qual se verificava a operação do cobrador de tributos, designando um segundo registro, organizado para verificar o primeiro. O termo evoluiu, a partir de 1611, para sua acepção mais próxima do atual, aproximando-se da acepção de domínio, governo, fiscalização, verificação.

---

[8] *La Cours des Comptes*. Paris: La Documentation Française, 2014, p. 20.
[9] *A expedição de provimentos provisórios pelos Tribunais de Contas: das medidas cautelares à técnica antecipatória no controle externo brasileiro*. Dissertação apresentada como requisito para obtenção do título de Mestre em Direito pela Universidade Federal do Rio Grande do Sul – UFRGS, Porto Alegre, 2016.
[10] *Os Controles Externo e Interno da Administração Pública*. 2. ed. Belo Horizonte: Fórum, 2005, p. 89.

Segundo o Dicionário Houaiss, a primeira acepção do vocábulo é: monitoração, fiscalização ou exame minucioso, que obedece a determinadas expectativas, normas, convenções etc.

Na dicção de Rocha,[11] o escopo do controle é assegurar a correspondência entre determinadas atividades e certas normas ou princípios.

1.3.1. Controle na ciência da Administração

Na ciência da Administração, o controle é reconhecido como uma das funções administrativas essenciais. Na Escola Clássica, de Taylor e Fayol, o ciclo da administração compreendia planejar, organizar, dirigir e controlar. Para Chiavenato,[12] o controle consiste na "função administrativa que monitora e avalia as atividades e os resultados alcançados para assegurar que o planejamento, a organização e a direção sejam bem-sucedidos". Esse autor identifica as seguintes fases do controle:

- estabelecimento de metas;
- observação do desempenho;
- comparação do desempenho com as metas estabelecidas; e
- ação corretiva.

A Declaração de Lima, um dos principais documentos da *International Organization of Supreme Audit Institutions* – Intosai –, afirma que o controle não representa um fim em si mesmo, mas uma parcela imprescindível de um mecanismo regular que deve assinalar oportunamente os desvios normativos e as infrações aos princípios da legalidade, rentabilidade, utilidade e racionalidade das operações financeiras.

Na Administração Pública, segundo Mileski,[13] o controle é corolário do Estado Democrático de Direito, obstando o abuso de poder por parte da autoridade administrativa, fazendo com que esta paute a sua atuação em defesa do interesse coletivo, mediante uma fiscalização orientadora, corretiva e até punitiva.

Como assinala Guerra:[14]

> Controle, como entendemos hoje, é a fiscalização, quer dizer, inspeção, exame, acompanhamento, verificação, exercida sobre determinado alvo, de acordo com certos aspectos, visando averiguar o cumprimento do que já foi predeterminado ou evidenciar eventuais desvios com fincas de correção, decidindo acerca da regularidade ou irregularidade do ato praticado. Então, controlar é fiscalizar emitindo um juízo de valor.

---

[11] A função controle na administração pública orçamentária. *O novo Tribunal de Contas: órgão protetor dos direitos fundamentais.* 2. ed. ampl. Belo Horizonte: Fórum, 2004, p. 124.
[12] *Administração Geral e Pública.* Rio de Janeiro: Elsevier, 2006, p. 447.
[13] Op. cit., p. 148.
[14] *Os Controles Externo e Interno da Administração Pública.* 2. ed. Belo Horizonte: Fórum, 2005, p. 90.

1.3.2. Controle quanto ao objeto

Quanto ao seu objeto, o controle pode ser classificado em:

- de legalidade;
- de mérito; e
- de gestão.

O **controle de legalidade** tem o seu foco na verificação da conformidade dos procedimentos administrativos com normas e padrões preestabelecidos.

O **controle de mérito** procede a uma avaliação da conveniência e da oportunidade das ações administrativas.

O **controle de gestão** examina os resultados alcançados e os processos e recursos empregados, contrastando-os com as metas estipuladas à luz de critérios como eficiência, eficácia, efetividade e economicidade.[15]

A professora Di Pietro[16] também distingue o controle de fidelidade funcional dos agentes da administração responsáveis por bens e valores públicos.

1.3.3. Controle quanto ao momento de sua realização

No que concerne ao tempo de sua realização, o controle pode ser:

- prévio ou *ex ante* ou perspectivo;
- concomitante ou *pari-passu* ou prospectivo; e
- subsequente ou *a posteriori* ou retrospectivo.

O **controle prévio** tem finalidade preventiva e é, essencialmente, realizado pela auditoria interna ou pelos sistemas de controle interno da organização que orientam os gestores e agentes a corrigir falhas e adotar os procedimentos recomendáveis[17].

O **controle concomitante** é exercido, via de regra, por provocações externas à organização: denúncias, representações, auditorias, solicitações dos órgãos de controle e do Ministério Público.

O **controle subsequente** tem o objetivo de proceder a avaliações periódicas, como nas prestações anuais de contas, e possui conteúdo corretivo e, eventualmente, sancionador.

QUESTÃO POLÊMICA

No concurso público para AUFC do TCU em 2006, foi proposto como tema da prova dissertativa argumentar se o controle exercido pelas Cortes de Contas poderia ser caracterizado como prévio,

---

[15] O Miniglossário ao final deste livro traz o conceito de cada um desses critérios.
[16] *Direito Administrativo*. 19. ed. São Paulo: Atlas, 2006, p. 709.
[17] Nos termos do § 1º do art. 13 do Decreto nº 9.830/2019, a atuação de órgãos de controle privilegiará ações de prevenção antes de processos sancionadores.

concomitante ou *a posteriori*. Surgiram, então, debates muito intensos quanto à possibilidade de os Tribunais de Contas realizarem o chamado controle prévio ou preventivo.
Para muitos doutrinadores, essa possibilidade – que envolvia o registro prévio de despesas, até a Constituição de 1946 – não mais existe. Segundo essa visão, o controle exercido, por exemplo, nos certames licitatórios é de natureza concomitante.
Assim exprimiu-se Hely Lopes Meirelles:[18]
Toda atuação dos Tribunais de Contas deve ser *a posteriori*, não tendo apoio constitucional qualquer controle prévio sobre atos ou contratos da Administração (...), salvo as inspeções e auditorias in loco, que podem ser realizadas a qualquer tempo.
Todavia, vozes autorizadas, como o Min. Benjamin Zymler,[19] argumentam que o controle prévio é utilizado em eventos especiais, como no exame prévio de editais e procedimentos em casos de grande relevância econômica e social como as Parcerias Público-Privadas – PPPs – e outras hipóteses de privatização e concessão de serviços públicos. Ademais, acentuam que o controle efetuado sobre um edital de licitação acarreta o controle prévio do contrato a ser firmado.
Já para os que consideram os atos de concessão de aposentadorias como atos complexos, a etapa de registro pelos Tribunais de Contas constituiria uma modalidade de controle prévio. Essa, por exemplo, é a posição de Santos.[20]

Na jurisprudência do TCU, colhem-se diversos exemplos de exercício do controle prévio.

EXEMPLO DE CONTROLE PRÉVIO PELO TCU

Acórdão nº 1.379/2006 – Plenário
Entidade: Companhia das Docas do Estado da Bahia S.A. (Codeba)
Relator: Min. Augusto Nardes
SUMÁRIO: SOLICITAÇÃO DO CONGRESSO NACIONAL PARA REALIZAÇÃO DE FISCALIZAÇÃO EM CERTAME LICITATÓRIO. LEGITIMIDADE DO AUTOR. ATENDIMENTO. AUSÊNCIA DE LICENCIAMENTO AMBIENTAL PRÉVIO À ABERTURA DO CERTAME LICITATÓRIO. EDITAL DE CONCORRÊNCIA COM CLÁUSULAS RESTRITIVAS AO CARÁTER COMPETITIVO DA LICITAÇÃO. INFRINGÊNCIA A PRINCÍPIOS CONSTITUCIONAIS E LEGAIS RELATIVOS A LICITAÇÕES E CONTRATOS. INOBSERVÂNCIA DAS NORMAS LEGAIS RELATIVAS AO PROCESSO DE OUTORGA DE CONCESSÃO DE SERVIÇOS PÚBLICOS. INADEQUABILIDADE DOS ESTUDOS DE VIABILIDADE. PRESENÇA DOS REQUISITOS QUE JUSTIFICAM A ADOÇÃO DE MEDIDA CAUTELAR PARA SUSPENSÃO DA EXECUÇÃO DO CONTRATO.
3. Os processos de arrendamento de áreas e instalações portuárias cujos valores gerem receita mensal superior a R$ 50.000,00 sujeitam-se à fiscalização, prévia ou concomitante, do Tribunal de Contas da União, nos moldes previstos na IN nº TCU 27/1998, alterada pela IN TCU nº 40/2002, ante o disposto no Decreto nº 4.391/2002.

Registre-se que o Tribunal de Contas de Portugal possui competência explícita para o controle prévio, realizado mediante os "processos de vistos".

---

[18] *Direito Administrativo Brasileiro*. 22. ed. atual. São Paulo: Malheiros, 1997, p. 609.
[19] *O Controle Externo das Concessões de Serviços Públicos e das Parcerias Público-Privadas*. Belo Horizonte: Fórum, 2005, p. 116.
[20] O controle da Administração Pública. *Revista do TCU*, nº 74, out./dez. 1997, p. 17-26.

1.3.4. Controle quanto ao posicionamento do órgão controlador

Com respeito ao posicionamento do órgão controlador, o controle classifica-se em:

- interno; ou
- externo.

Define-se como **interno**, quando o agente controlador integra a própria administração objeto do controle. O posicionamento interno pode referir-se tanto ao sistema de controle interno propriamente dito, previsto na CF, como aos controles administrativos, que incluem os recursos administrativos e o controle hierárquico, entre outros. O controle interno será abordado no Capítulo 12 deste livro.

A situação de exterioridade caracteriza três hipóteses de controle:

- o jurisdicional;
- o político; e
- o técnico.

O **controle jurisdicional** da Administração é exercido pelos Poderes Judiciários (Federal e Estaduais) em obediência ao direito fundamental prescrito no art. 5º, XXXV, da CF: "a lei não excluirá da apreciação do Poder Judiciário lesão ou ameaça a direito". Os instrumentos para o seu exercício são: a ação popular, a ação civil pública, o mandado de segurança, o mandado de injunção, o *habeas corpus* e o *habeas data*. Tais instrumentos encontram-se previstos nos incisos LXVIII, LXIX, LXXI, LXXII e LXXIII do art. 5º e no inciso III do art. 129 da Constituição da República.

O **controle político** é de competência do Poder Legislativo e é característico do regime democrático de governo. Entre os seus instrumentos mais conhecidos encontram-se as comissões parlamentares de inquérito – CPIs –, as convocações de autoridades, os requerimentos de informações e a sustação de atos do Poder Executivo que exorbitem do poder regulamentar ou dos limites de delegação legislativa (CF: art. 49, V).

Finalmente, o **controle técnico** é o exercido pelos órgãos de controle externo, em auxílio aos órgãos legislativos, nas três instâncias de governo e pelos órgãos do sistema de controle interno.

Quadro-resumo do papel das instituições de controle[21]

Executivo	Legislativo	Judiciário
Controle sobre atos da própria administração	Controle sobre atos e agentes dos poderes estatais	Controle sobre atos ilegais de qualquer dos Poderes

---

[21] Adaptado de Bugarin, Vieira e Garcia. *Controle dos gastos públicos no Brasil: instituições oficiais, controle social e um mecanismo para ampliar o envolvimento da sociedade*. Rio de Janeiro: Konrad-Adenauer-Stiftung, 2003, p. 29.

Executivo		Legislativo		Judiciário
Controles internos da administração		Controle externo da administração		Controle jurisdicional
Controle interno administrativo	Controle interno gerencial	Controle político	Controle técnico	Habeas corpus Habeas data Mandado de injunção Mandado de segurança Ação Popular Outros
Objeto		Objeto		
Atos de gestão da entidade		Decisões políticas do Poder Executivo	Atos de gestão dos recursos públicos	
Quem exerce?				
A própria entidade	Controladorias, Auditorias Gerais, sistemas de controle interno	Casas Legislativas	Cortes de Contas e Comissões Orçamentárias e de Fiscalização	Tribunais e Juízes

Para Santos,[22] também merece destaque o **controle social**, que é uma modalidade de controle externo cujo agente controlador é a sociedade civil organizada ou o cidadão, individualmente, manifestando-se na participação em audiências públicas e em órgãos colegiados, tais como conselhos gestores de políticas públicas, além da utilização de instrumentos legais como as denúncias e representações dirigidas às Cortes de Contas, as ações populares etc.

A Figura 1, a seguir, representa as diversas modalidades de controle incidentes sobre a gestão pública.

Figura 1 – Controles Incidentes sobre a Gestão Pública

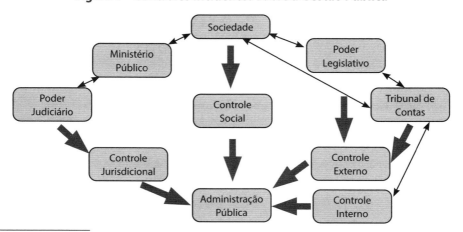

---

[22] O TCU e os controles estatal e social da Administração Pública. *Revista do TCU*, nº 94, out./dez. 2002, p. 18.

Assinale-se que a multiplicidade de controles não é garantia de sua efetividade. Controlar bem não é controlar tudo, mas controlar o essencial.

Como observa Alves,[23] é imprescindível que a atuação dos órgãos de controle seja coordenada e complementar, de modo a evitar a superdosagem, a redundância ou a presença de lacunas graves.

1.3.5. Outras classificações

Outras classificações para as modalidades de controle são:

I – quanto à forma de instauração da ação de controle:
- de ofício;
- por provocação; e
- compulsório ou periódico, a exemplo da prestação anual de contas.

II – quanto à amplitude do controle:
- controle do ato administrativo; e
- controle da atividade ou do programa ou política pública setorial.

1.3.6. Conceito de controle externo

Para Meirelles,[24] controle externo é o que se realiza por órgão estranho à Administração responsável pelo ato controlado e visa a comprovar a probidade da Administração e a regularidade da guarda e do emprego dos bens, valores e dinheiros públicos, bem como a fiel execução do orçamento.

Rocha[25] entende o controle como constituído de um juízo, seguido, em caso negativo, de eventual medida, com forma impeditiva (ineficácia do ato), extintiva (anulação do ato) ou reparativa (sanção aos responsáveis).

Pardini,[26] por sua vez, preleciona:

> Controle externo sobre as atividades da Administração, em sentido orgânico e técnico, é, em resumo, todo controle exercido por um Poder ou órgão sobre a administração de outros. Nesse sentido, é controle externo o que o Judiciário efetua sobre os atos dos demais Poderes. É controle externo o que a administração direta realiza sobre as entidades da administração indireta. É controle externo o que o Legislativo exerce sobre a administração direta e indireta dos demais Poderes. Na terminologia adotada pela Constituição, apenas este último é que recebe a denominação jurídico-constitucional de controle externo (CF arts. 31 e 70 a 74),

---

[23] *Múltiplas Chibatas? Institucionalização da política de controle da gestão pública federal 1998-2008.* Brasília: UnB, 2009, p. 111.
[24] *Direito Administrativo Brasileiro.* 22. ed. atual. São Paulo: Malheiros, 1997, p. 577 e 608.
[25] *Op. cit.*, p. 124.
[26] *Apud* Bugarin, *O princípio constitucional da economicidade na jurisprudência do Tribunal de Contas da União.* Belo Horizonte: Fórum, 2004, p. 40.

denominação esta repetida especificamente em outros textos infraconstitucionais, como, por exemplo, a Lei nº 8.443/1992.

O mesmo autor explica suas características:[27]

a) é externo porque é exercido pelo Parlamento sobre a administração pública direta e indireta e sobre as atividades de particulares que venham a ocasionar perda, extravio ou dano ao patrimônio público (...);

b) é controle porque lhe compete examinar, da forma mais ampla possível, a correção e a regularidade e a consonância dos atos de Administração com a lei e com os planos e programas;

c) é múltiplo, pois examina, simultaneamente, a legalidade, a legitimidade e a economicidade dos atos que lhe compete controlar;

d) tem múltiplas incidências, pois são submetidos ao controle externo os aspectos contábil, financeiro, orçamentário, operacional e patrimonial;

e) atua em momentos diversos. Embora a regra geral seja a do controle posterior, pode, também, ser prévio, concomitante ou misto;

f) efetua-se por dois órgãos distintos e autônomos: o Parlamento e o Tribunal de Contas; (...)

O objeto do controle externo são os atos administrativos em todos os poderes constituídos nas três esferas de governo e atos de gestão de bens e valores públicos.

O controle externo da Administração Pública, realizado pelas instituições a quem a Constituição atribuiu essa missão, é exigência e condição do regime democrático, devendo, cada vez mais, capacitar-se tecnicamente e converter-se em eficaz instrumento da cidadania, contribuindo para o aprimoramento da gestão pública.

Assim, conclui-se que controle externo é a atividade essencial ao regime democrático de fiscalização sobre a gestão dos recursos públicos, tanto no que concerne à execução das despesas como na arrecadação de receitas e na avaliação dos resultados alcançados na implementação das políticas públicas, realizada por um órgão dotado de autonomia e independência em relação aos fiscalizados.

1.4. SISTEMAS DE CONTROLE EXTERNO E INSTITUIÇÕES SUPERIORES DE CONTROLE – ISC

Jacoby Fernandes[28] conceitua sistema de controle externo como "o conjunto de ações de controle desenvolvidas por uma estrutura organizacional, com procedimentos,

---

[27] *Tribunal de Contas da União: órgão de destaque constitucional*. Tese apresentada no Curso de Doutorado da Faculdade de Direito da Universidade Federal de Minas Gerais. Belo Horizonte: Faculdade de Direito da UFMG, 1997, p. 103-104.

[28] *Tribunais de Contas do Brasil – Jurisdição e Competência*. 2. ed. rev., atual. e ampl. Belo Horizonte: Fórum, 2005, p. 30.

atividades e recursos próprios, não integrados na estrutura controlada, visando fiscalização, verificação e correção dos atos".

Embora cada nação apresente suas peculiaridades, resultantes de sua história, tradições, características políticas, administrativas, étnicas e religiosas, a doutrina costuma identificar dois sistemas principais de controle externo. São os sistemas de Cortes de Contas ou de Auditorias Gerais.

De modo geral, as Instituições Superiores de Controle – ISC,[29] órgãos de controle externo com jurisdição sobre estados nacionais, podem ser classificadas em um desses sistemas.

Historicamente, as Cortes de Contas deram maior ênfase a aspectos relacionados à legalidade, ao passo que as Auditorias Gerais focavam sua atuação no desempenho dos auditados. Hoje, os Tribunais de Contas adotam técnicas de aferição de desempenho – como as auditorias operacionais – similares às das Auditorias Gerais.

Malgrado as especificidades que os diferenciam, muitos aspectos são comuns a ambos os sistemas:

- tanto os Tribunais de Contas como as Auditorias Gerais são órgãos integrados ao aparelho do Estado, em geral com previsão constitucional;
- são órgãos com elevado grau de independência, mesmo nas hipóteses em que há um vínculo estreito com o Legislativo;
- possuem a função precípua do exercício do controle externo; e
- usualmente o conteúdo de suas decisões não se encontra sujeito a revisão por outro órgão ou instância.

Adotam o sistema de Corte de Contas, entre outros, os seguintes países: Alemanha, Brasil, Espanha, França, Grécia, Holanda, Japão, Portugal e Uruguai.

São exemplos do sistema de Auditorias Gerais: Argentina, África do Sul, Austrália, Bolívia, Canadá, Colômbia, Cuba, Estados Unidos, Índia, Jordânia, México, Paraguai, Reino Unido, Suécia, Venezuela. Saliente-se que na Argentina as províncias adotaram o sistema de Tribunais de Contas, diferentemente da opção federal pela *Auditoria General de la Nación*.

No processo de constituição da União Europeia, foi adotado o sistema de Tribunal de Contas para o controle externo da administração comunitária, criando-se o Tribunal de Contas Europeu, com sede em Luxemburgo, com um membro de cada país da União Europeia, nomeado para um mandato de seis anos. A missão do TC europeu é auditar com independência a cobrança das receitas e a utilização dos fundos da União Europeia e, assim, avaliar a forma como as instituições comunitárias desempenham suas funções.

---

[29] Em inglês: Supreme Audit Institutions – SAI.

Segundo Barreto,[30] das 182 ISC filiadas à Intosai, 50 adotam o sistema Tribunal de Contas e 132 o de Controladoria ou Auditoria-Geral.

Em geral, tanto as Cortes de Contas como as Auditorias Gerais estão vinculadas ao Parlamento. Há, contudo, exceções.

A Constituição portuguesa situa o Tribunal de Contas no seu Título V – Tribunais, colocando-o no âmbito do Poder Judiciário, como "o órgão supremo de fiscalização da legalidade das despesas públicas e de julgamento das contas que a lei mandar submeter--lhe". Também na Grécia o Tribunal de Contas compõe o Poder Judiciário. Na França, a *Cour des Comptes* não está vinculada a nenhum dos poderes.

Em Cuba, o Tribunal de Contas teve uma curta existência, de 1952 a 1960, extinto pela Lei Fundamental da Revolução Cubana, que o acusou de não cumprir suas obrigações e de ter seus principais dirigentes envolvidos com a corrupção do regime anterior. Em 1961, foi aprovada a Lei de Comprovação dos Gastos do Estado, que originou a criação, em 1995, do Escritório Nacional de Auditoria, posteriormente, Ministério de Auditoria e Controle. Desse modo, o órgão superior de fiscalização cubano encontra-se na esfera do Poder Executivo.

Também são órgãos do Poder Executivo as Controladorias Gerais do Paraguai, Bolívia, Suécia e Jordânia. A extensa pesquisa de Ribeiro[31] não identificou nenhum Tribunal de Contas ligado ao Poder Executivo.

Em alguns países, as Controladorias Gerais foram desvinculadas de todos os Poderes. São os casos de Chile, Colômbia, Panamá e Peru.

1.4.1. Sistema de Auditoria ou Controladoria-Geral

O sistema de Auditoria-Geral, em muitos países chamada de Controladoria-Geral, caracteriza-se por ser, usualmente, um controle de caráter essencialmente opinativo ou consultivo, sem dispor de poderes jurisdicionais e coercitivos. Suas manifestações adotam a forma de pareceres ou recomendações e são subscritas de forma monocrática ou singular pelo Auditor ou Controlador Geral, nomeado pelo Parlamento, para um mandato previamente fixado.

As três instituições mais conhecidas são o *National Audit Office*, do Reino Unido (www.nao.org.uk), o *Government Accountability Office*, dos Estados Unidos (www.gao.gov) e o *Office of the Auditor General*, do Canadá (www.oag-bvg.gc.ca). Tais instituições têm sido líderes no desenvolvimento e no emprego de técnicas de fiscalização mais modernas, inspiradas em conceitos e metodologias desenvolvidas para o setor privado.

Em 2004, após 83 anos de existência, a Entidade de Fiscalização Superior dos Estados Unidos passou por uma profunda reestruturação alterando sua denominação de *General Accounting Office* para *Government Accountability Office*. Tal mudança refletiu

---

[30] *O Sistema Tribunais de Contas e instituições equivalentes – um estudo comparativo entre o modelo brasileiro e o da União Europeia*. Rio de Janeiro: Renovar, 2004, p. 76-77.
[31] *Controle Externo da Administração Pública Federal no Brasil*. Rio de Janeiro: América Jurídica, 2002, p. 17-18.

a evolução da própria concepção da amplitude do controle, não limitado ao aspecto contábil (*accounting*), mas envolvendo múltiplas dimensões das ações estatais (*government accountability*).

1.4.2. Sistema de Tribunal de Contas

As duas particularidades marcantes do sistema de Tribunal de Contas são o caráter colegiado de suas decisões e o seu poder coercitivo de impor sanções, pecuniárias ou não.

Tais características afetam profundamente sua organização e formas de atuação. De fato, ao revestir-se de natureza jurisdicional, o controle externo é obrigado a atribuir maior ênfase ao processo, tendo procedimentos de fiscalização mais acentuadamente formais e legalistas.

Em diversos países, procura-se assegurar a independência dos Tribunais de Contas conferindo vitaliciedade aos Ministros ou Conselheiros. Em outros, como a Espanha, há mandatos, cuja duração, em geral, ultrapassa uma legislatura, além de serem passíveis de recondução.

Em conhecido estudo, Cretella[32] identificou três modelos de Tribunais de Contas: o francês, o italiano e o belga, classificando o TCU como um "tipo ecléctico".

Para o administrativista, o modelo francês caracteriza-se pelo fato de o controle realizar-se *a posteriori* e as responsabilidades pelos pagamentos indevidos são atribuídas aos funcionários pagadores e não aos ordenadores.

A característica do modelo italiano é a fiscalização *a priori* da legalidade dos atos de despesa, com a possibilidade de veto absoluto.

Por sua vez, o modelo belga distingue-se pela possibilidade do exame com veto relativo e registro sob protesto. O Tribunal de Contas belga, instituído em 1846, exerce o controle mediante visto preliminar aposto em toda ordem de pagamento, tendo, a exemplo das Cortes italiana e francesa, competências jurisdicionais.

Registre-se a existência de Tribunais de Contas sem poderes jurisdicionais como na Alemanha, Áustria, Holanda e o Tribunal de Contas Europeu.

Quadro-resumo de diferenças entre as Controladorias e as Cortes de Contas

Controladorias	Cortes de Contas
Decisões monocráticas	Decisões colegiadas
Recomendações sem caráter coercitivo	Poder sancionatório
Mandatos dos titulares	Mandatos ou Vitaliciedade dos Membros
Função fiscalizadora	Função fiscalizadora e jurisdicional

---

[32] *Curso de Direito Administrativo*. 11. ed. rev. e atual. Rio de Janeiro: Forense, 1991, p. 107-111.

1.4.3. Outras classificações

Zymler e Almeida,[33] na esteira de Gualazzi,[34] identificam cinco modelos, conforme o quadro a seguir.

Quadro-resumo dos modelos de controle externo segundo Gualazzi

Modelo	Órgão	Países que o adotam	Características
Anglo-saxônico	Auditoria-Geral ou Controladoria-Geral	Reino Unido, Estados Unidos, Irlanda, países anglófonos da África e Ásia	Dirigente goza de garantias de magistrado, indicado pelo Parlamento e a ele se reporta
Latino	Tribunal de Contas	França, Itália, Bélgica, Romênia, países francófonos africanos	Funções de controle e jurisdicionais
Germânico	Tribunal de Contas	Alemanha e Áustria	Funções de controle e consultivas
Escandinavo	Diversos órgãos entre os quais revisores parlamentares e o ofício de revisão	Países escandinavos	Funções de controle e consultivas
Latino-americano	Tribunal de Contas ou Auditoria-Geral ou Controladoria-Geral	Países latino--americanos	Funções de controle e consultivas ou para-jurisdicionais (Brasil)

Todavia, tal classificação, eminentemente geográfica, carece de maior profundidade.

Algumas obras recentes têm apresentado uma classificação em três sistemas: o de Westminster, o napoleônico e o colegiado. Para Willeman,[35] o modelo de Westminster corresponde à formatação de auditoria ou controladoria-geral monocrática; o napoleônico guarda paridade com o sistema judicial ou quase judicial das Cortes de Contas; e o colegiado de auditoria ou controladoria-geral consiste em uma variação do modelo de Westminster, exceto pela composição colegiada das instâncias dirigentes.

---

[33] *O controle externo das concessões de serviços públicos e das parcerias público-privadas.* Belo Horizonte: Fórum, 2005, p. 123-125.
[34] *Regime jurídico dos Tribunais de Contas.* São Paulo: Revista dos Tribunais, 1992.
[35] Accountability *democrática e o desenho institucional dos Tribunais de Contas no Brasil.* Belo Horizonte: Fórum, 2017, p. 102.

Quadro-resumo dos modelos de controle externo segundo Willeman[36]

	Corte de contas (modelo napoleônico)	Auditoria-Geral (modelo de Westminster)	Colégio de auditores (*board model*)
Posição no quadro dos poderes orgânicos estatais	Órgão independente, mas com significativa interação com o Parlamento e, em casos raros, com o Judiciário.	Agência de apoio à supervisão parlamentar das atividades do Poder Executivo.	Agência de apoio à supervisão parlamentar das atividades do Poder Executivo.
Competências funcionais	Funções de julgamento de natureza judicial ou quase judicial.	Não emite julgamentos. Adota recomendações a serem consideradas pelo Legislativo.	Não emite julgamentos. Adota recomendações a serem consideradas pelo Legislativo.
Capacidade de enforcement	Exerce competências sancionatórias e de responsabilização autonomamente.	Depende do Poder Legislativo para o *follow-up* de suas recomendações.	Depende do Poder Legislativo para o *follow-up* de suas recomendações.
Vínculo funcional das instâncias de direção	Instância colegiada. Magistrados com estabilidade ou vitaliciedade.	Instância monocrática. Dirigente exerce mandato a termo fixo.	Instância colegiada. Dirigentes exercem mandato a termo fixo.
Formação profissional prevalecente no staff	Interdisciplinaridade, com predomínio da formação jurídica.	Interdisciplinaridade, com predomínio da formação em contabilidade e economia.	Interdisciplinaridade, com predomínio da formação em contabilidade e economia.
Tipo de auditoria enfatizada	Conformidade / legalidade	*Performance* / auditoria operacional	*Performance* / auditoria operacional
Países representativos	Países de tradição românica – França, Espanha, Itália, Portugal, Brasil.	Estados Unidos, Reino Unido, Canadá, Chile, México.	Alemanha, Holanda, Suécia, Argentina.

1.5. TRIBUNAIS DE CONTAS NO BRASIL

A primeira notícia de que se tem conhecimento sobre a instituição de um órgão fiscalizador das contas públicas no Brasil data do início do século XIX, com a criação do Erário Régio, por ato do Príncipe Regente, Dom João VI, consolidado no alvará de 28 de junho de 1808.

---

[36] *Op. cit.*, p. 108.

Por seu turno, Scliar[37] observa que, durante a ocupação holandesa do Nordeste brasileiro no século XVII, Maurício de Nassau instituiu um "órgão adequado à fiscalização e tomada de contas de sua gestão, composto de cinco pessoas de muita idoneidade".

Como leciona Cretella,[38] ainda nos albores da Independência, em 1826, os senadores do Império, Visconde de Barbacena e José Inácio Borges, apresentaram projeto visando à criação de uma Corte de Contas no Brasil, sofrendo, contudo, a renhida oposição do Conde de Baependi.

A proposta de criação do Tribunal de Contas constitui, juntamente com o debate acerca da abolição da escravatura, uma das polêmicas de maior duração na história do Parlamento brasileiro, tendo atravessado todo o Império, só logrando êxito após a proclamação da República.

Sob a inspiração de Ruy Barbosa, Ministro da Fazenda do Governo Provisório, o Presidente Deodoro da Fonseca assinou o Decreto nº 966-A, de 7 de novembro de 1890, criando "um Tribunal de Contas para o exame, revisão e julgamento dos atos concernentes à receita e despesas da República". Conforme o art. 1º desse diploma: "É instituído um Tribunal de Contas, ao qual incumbirá o exame, a revisão e o julgamento de todas as operações concernentes à receita e despesa da República". Por sua vez, o art. 2º estipulava:

> Todos os decretos do Poder Executivo, ordens ou avisos dos diferentes Ministérios, susceptíveis de criar despesa, ou interessar as finanças da República, para poderem ter publicidade e execução, serão sujeitos primeiro ao Tribunal de Contas, que os registrará, pondo-lhes o seu "visto", quando reconheça que não violam disposição de lei, nem excedem os créditos votados pelo Poder Legislativo.

É famosa a exposição de motivos apresentada por Ruy Barbosa,[39] definindo com maestria o papel da instituição:

> (...) corpo de magistratura intermediário à administração e à legislatura, que, colocado em posição autônoma, com atribuições de revisão e julgamento, cercado de garantias contra quaisquer ameaças, possa exercer as suas funções vitais no organismo constitucional, sem risco de converter-se em instituição de ornato aparatoso e inútil.
>
> (...) Convém levantar, entre o poder que autoriza periodicamente a despesa e o poder que quotidianamente a executa, um mediador independente, auxiliar de um e de outro, que, comunicando com a legislatura, e intervindo na administração, seja não só o vigia, como a mão forte da primeira sobre a segunda, obstando a perpetração das infrações orçamentárias, por um veto oportuno aos atos do executivo,

---

[37] *Democracia e controle externo da administração pública*. Dissertação (Mestrado) – Faculdade Direito, PUCRS, Porto Alegre, 2007.
[38] *Op. cit.*, p. 112.
[39] *Apud* Silva: Rui Barbosa e as finanças públicas brasileiras. In: *Rui Barbosa, uma visão do controle do dinheiro público*, TCU, 2000, p. 51.

que direta ou indireta, próxima ou remotamente, discrepem da linha rigorosa das leis de finanças.

(...) Nada teremos feito, em tão melindroso assunto, o de mais alto interesse, entre todos, para o nosso futuro, enquanto não erguermos a sentinela dessa magistratura especial, envolta nas maiores garantias de honorabilidade, ao pé de cada abuso, de cada germe ou possibilidade eventual dele.

A Constituição de 1891, também sob forte influência de Ruy Barbosa, institucionalizou o Tribunal de Contas, prevendo, no art. 89, que a Corte deveria liquidar as contas da receita e despesa e verificar a sua legalidade, antes de serem prestadas ao Congresso.

A instalação efetiva do Tribunal só foi ocorrer em 1893, na gestão do Ministro Serzedello Corrêa. Esse Ministro foi protagonista de um notável episódio, que o engrandeceu para a posteridade, mas cujo exemplo, lamentavelmente, não foi adotado por muitos de seus sucessores. Logo após sua instalação, o Tribunal de Contas entrou em choque com o Presidente Floriano Peixoto, considerando ilegal a nomeação de um parente do ex-Presidente Deodoro da Fonseca. Floriano mandou redigir decretos retirando competências do Tribunal, contra o que se insurgiu Serzedello Corrêa, que se demitiu do Ministério, em memorável documento no qual afirmou:

> Esses decretos anulam o Tribunal, o reduzem a simples Ministério da Fazenda, tiram-lhe toda a independência e autonomia, deturpam os fins da instituição, e permitirão ao Governo a prática de todos os abusos e vós o sabeis – é preciso antes de tudo legislar para o futuro. Se a função do Tribunal no espírito da Constituição é apenas a de liquidar as contas e verificar a sua legalidade depois de feitas, o que eu contesto, eu vos declaro que esse Tribunal é mais um meio de aumentar o funcionalismo, de avolumar a despesa, sem vantagens para a moralidade da administração.
>
> Se, porém, ele é um Tribunal de exação como já o queria Alves Branco e como têm a Itália e a França, precisamos resignarmo-nos a não gastar senão o que for autorizado em lei e gastar sempre bem, pois para os casos urgentes a lei estabelece o recurso.
>
> Os governos nobilitam-se, Marechal, obedecendo a essa soberania suprema da lei e só dentro dela mantêm-se e são verdadeiramente independentes.
>
> Pelo que venho de expor, não posso, pois Marechal, concordar e menos referendar os decretos a que acima me refiro e por isso rogo vos digneis de conceder-me a exoneração do cargo de Ministro da Fazenda, indicando-me sucessor.

1.6. TCU NAS DIVERSAS CONSTITUIÇÕES BRASILEIRAS

Examinando o tratamento que as diferentes Constituições conferiram ao Tribunal de Contas, constata-se que o prestígio da instituição está diretamente associado com as liberdades democráticas. De fato, por duas vezes suas atribuições foram reduzidas: nas Cartas ditatoriais de 1937 (Estado Novo) e 1967 (ditadura militar). E por duas vezes, com a redemocratização, recuperou e ampliou suas atribuições nas Constituições democráticas de 1946 e 1988. Examinemos essa trajetória.

Na primeira Constituição Republicana, de 1891, o art. 89, além de estipular a função do Tribunal de Contas, definia que os seus membros seriam nomeados pelo Presidente da República com aprovação do Senado, e somente perderiam os seus lugares por sentença.

Na Constituição de 1934, o Tribunal de Contas "é mantido" no art. 99, e pela primeira vez é empregada a expressão "julgar as contas dos responsáveis por dinheiros ou bens públicos". Nesse diploma, o TC foi situado no Capítulo VI, intitulado "Dos órgãos de cooperação nas atividades governamentais", ao lado do Ministério Público e de Conselhos Técnicos junto a cada Ministério. O critério de nomeação foi mantido, mas asseguraram-se aos Ministros do Tribunal de Contas as mesmas garantias dos Ministros da Corte Suprema. Também se concedeu ao TC as mesmas atribuições dos Tribunais Judiciários no que concerne à organização do seu Regimento Interno e da sua Secretaria.

O art. 101 estipulou que os contratos que, por qualquer modo, interessassem imediatamente à receita ou à despesa, só se reputariam perfeitos e acabados, quando registrados pelo Tribunal de Contas. A recusa do registro suspenderia a execução do contrato até o pronunciamento do Poder Legislativo. Qualquer ato de Administração Pública, de que resultasse obrigação de pagamento pelo Tesouro Nacional, ou por conta deste, estaria sujeito ao registro prévio do Tribunal de Contas.

Outra inovação da Carta de 1934 foi a previsão, no art. 102, do parecer prévio do TC, no prazo de trinta dias, sobre as contas que o Presidente da República deve anualmente prestar à Câmara dos Deputados.

O estatuto do Estado Novo, em 1937, retirou a competência de elaboração do parecer prévio e limitou ao art. 114 as disposições acerca do Tribunal de Contas, incumbido de acompanhar a execução orçamentária, julgar das contas dos responsáveis por dinheiros ou bens públicos e da legalidade dos contratos celebrados pela União, e cujos membros seriam nomeados pelo Presidente da República, com a aprovação do Conselho Federal, assegurando-se aos Ministros do Tribunal de Contas as mesmas garantias dos Ministros do Supremo Tribunal Federal.

A Carta de 1946 foi mais extensa. No art. 76 estabeleceu que o Tribunal de Contas tem a sua sede na Capital da República e jurisdição em todo o território nacional, devendo seus Ministros serem nomeados pelo Presidente da República, depois de aprovada a escolha pelo Senado Federal, usufruindo dos mesmos direitos, garantias, prerrogativas e vencimentos dos Juízes do Tribunal Federal de Recursos.

No art. 77, fixaram-se as seguintes competências para o TC:

I – acompanhar e fiscalizar diretamente, ou por delegações criadas em lei, a execução do orçamento;

II – julgar as contas dos responsáveis por dinheiros e outros bens públicos, e as dos administradores das entidades autárquicas; e

III – julgar da legalidade dos contratos e das aposentadorias, reformas e pensões.

Foram retomadas as disposições acerca do registro prévio de contratos e da emissão de parecer prévio sobre as contas do Presidente da República, com um prazo de sessenta dias.

A Constituição de 1967 atribuiu ao Congresso Nacional o controle externo, a ser exercido com o auxílio do TC. Essa norma trouxe algumas inovações:

- pela primeira vez foi mencionado o sistema de controle interno, embora restrito ao Poder Executivo;
- introduziu a expressão "auditorias financeiras e orçamentárias" a ser exercida sobre as contas das unidades administrativas dos três Poderes da União, que, para esse fim, deverão remeter demonstrações contábeis ao Tribunal de Contas, a quem caberá realizar as inspeções que considerar necessárias;
- estipulou-se que o julgamento da regularidade das contas dos administradores e demais responsáveis seria baseado em levantamentos contábeis, certificados de auditoria e pronunciamentos das autoridades administrativas, sem prejuízo das mencionadas inspeções;
- explicitou-se que as normas de fiscalização financeira e orçamentária aplicam-se às autarquias; e
- foi estabelecido que os Ministros do Tribunal de Contas seriam escolhidos dentre brasileiros, maiores de trinta e cinco anos, de idoneidade moral e notórios conhecimentos jurídicos, econômicos, financeiros ou de administração pública.

Manteve-se a emissão do parecer prévio, no mesmo prazo de sessenta dias, mas eliminou-se o registro prévio de contratos. Deixou-se de julgar a legalidade das aposentadorias, reformas e pensões, passando o Tribunal a apreciá-las para fins de registro.

Embora o § 5º do art. 73 tenha previsto a hipótese de sustação de atos pelo TC, em caso de não atendimento das determinações corretivas, atribuiu ao Presidente da República o poder de ordenar a execução do ato sustado, *ad referendum* do Congresso Nacional.

As normas da Constituição de 1988, vigente, serão estudadas no Capítulo 2, registrando-se, por ora, que nela, pela primeira vez, é empregada a denominação Tribunal de Contas da União, para assinalar sua distinção em relação aos Tribunais de Contas estaduais e municipais. Por enquanto, vale frisar que a Carta marcou a ampliação do âmbito de atuação da Corte de Contas, introduziu novos critérios de controle e alterou os critérios de indicação de Ministros, entre outras relevantes mudanças. De fato, como ressalta Pardini,[40] a partir da Carta de 1988 e de sua Lei Orgânica, o TCU alcançou, sob o aspecto legal, um grau de relevância e amplitude de competências sem paralelo, combinando atribuições judicantes com instrumentos típicos das Auditorias Gerais. Ribeiro[41] caracteriza tal modelo como híbrido e único no mundo.

---

[40] *Tribunal de Contas da União: órgão de destaque constitucional.* Tese apresentada no Curso de Doutorado da Faculdade de Direito da Universidade Federal de Minas Gerais. Belo Horizonte: Faculdade de Direito da UFMG, 1997, p. 66.

[41] *Controle Externo da Administração Pública Federal no Brasil.* Rio de Janeiro: América Jurídica, 2002, p. 94.

1.7. TRIBUNAIS DE CONTAS ESTADUAIS E MUNICIPAIS

O primeiro Tribunal de Contas estadual foi o do Piauí, em 1899, seguido pela Bahia, em 1915, São Paulo, em 1924, Rio Grande do Sul e Minas Gerais, em 1935, e Rio de Janeiro, em 1936. Durante o Estado Novo, foram extintos os Tribunais de Contas gaúcho, mineiro, cearense e baiano, que retomaram suas atividades após a redemocratização de 1945.

Com a Constituição de 1946, cada estado pôde instituir a sua própria Corte de Contas. O mais recente é o de Tocantins, instalado em 1989.

Em três estados, além do Tribunal de Contas do Estado, cuja jurisdição alcança apenas a administração pública estadual, existe também um Tribunal de Contas dos Municípios – no plural – responsável pelo controle externo das administrações de todos os municípios do estado. São eles: Bahia, Goiás e Pará.[42]

Nos demais estados, o TCE atua na fiscalização tanto da administração estadual, como das municipais, excetuando-se no caso do TCE-RJ e do TCE-SP as respectivas capitais.

O Tribunal de Contas do Município do Rio de Janeiro herdou as atribuições das antigas Cortes de Contas do Distrito Federal e do Estado da Guanabara. Além do Rio de Janeiro, somente o Município de São Paulo dispõe de uma Corte própria.

1.8. INTOSAI E AS DECLARAÇÕES DE LIMA, DO MÉXICO E DE MOSCOU

A Organização Internacional de Entidades Fiscalizadoras Superiores (*International Organization of Supreme Audit Institutions* – Intosai, em inglês) foi fundada em 1953 por 34 países, entre eles o Brasil, contando hoje com mais de 170 membros. Suas principais diretrizes estão expressas na "Declaração de Lima sobre Preceitos de Auditoria" (1977) e na "Declaração do México sobre a Independência das ISC" (2007).

Após a realização do seu XXIV Congresso no Rio de Janeiro, em 2022, o Brasil exerceu a presidência da Intosai até 2025. Ademais, a partir de 2024, o TCU passou a integrar o Conselho de Auditores da Organização das Nações Unidas – ONU, sendo essa atuação regida pela Lei nº 14.804/2024.

Entre outros aspectos, a Declaração de Lima proclama que o estado de direito e a democracia são premissas essenciais para uma auditoria governamental efetivamente independente.

A Declaração de Lima formula requisitos relativos à independência financeira das instituições de controle, à independência de seus membros, às relações com o Parlamento, o governo e a administração, aos poderes de investigação, aos métodos e procedimentos de auditoria, aos métodos para elaboração e apresentação de relatórios, entre outros.

---

[42] Até 2017 o Ceará dispunha de um Tribunal de Contas dos Municípios. O mesmo foi extinto pela Emenda Constitucional estadual nº 92/2017 e suas atribuições foram transferidas ao TCE-CE. A extinção foi considerada constitucional pelo STF nos autos da ADI 5.763.

Segundo a Declaração de Lima, o controle não é um fim em si mesmo, mas um elemento indispensável de um sistema regulatório cujo objetivo é revelar desvios das normas e violações dos princípios da legalidade, eficiência, eficácia e economia na gestão financeira com a tempestividade necessária para que medidas corretivas possam ser tomadas em casos individuais, para fazer com que os responsáveis por esses desvios assumam a responsabilidade por eles, para obter o devido ressarcimento ou para adotar medidas para impedir ou pelo menos dificultar a ocorrência dessas violações.

Por sua vez, a Declaração do México é um documento aprovado pelo XIX Congresso da Intosai, realizado na capital mexicana em 2007. Ele aprofunda e atualiza conceitos contidos na Declaração de Lima acerca da independência das ISC, a exemplo do TCU no Brasil.

A Declaração do México proclama oito princípios relacionados à independência das ISC.

O primeiro diz respeito à existência de um **arcabouço constitucional/legal** que assegure a independência da ISC. No Brasil, este princípio está assegurado nos arts. 71 a 73 da CF.

O segundo é relacionado às **garantias e salvaguardas de seus dirigentes** (no caso de Controladorias/Auditorias) ou membros (no caso de órgãos colegiados como o TCU). No Brasil, os Ministros do TCU têm as mesmas garantias, prerrogativas, impedimentos, vencimentos e vantagens dos Ministros do STJ (CF, art. 73, § 3º), incluindo a vitaliciedade, a inamovibilidade e a irredutibilidade de subsídio (CF: art. 95, *caput*).

O terceiro diz respeito às **competências e independência de atuação** das ISC, envolvendo o controle dos recursos e do patrimônio público, a capacidade de selecionar e programar as áreas a serem auditadas, bem como a autonomia administrativa do órgão. O TCU goza de tais prerrogativas.

O quarto exige que as ISC tenham **acesso irrestrito às informações** necessárias ao seu trabalho. No Brasil, há restrições quanto ao acesso do TCU a determinados dados, sob o argumento de proteção do sigilo bancário/fiscal/comercial.[43]

O quinto proclama o **direito e a obrigação de publicar os resultados de seus trabalhos de fiscalização**. No Brasil, o TCU deve enviar trimestralmente ao Congresso Nacional relatório de suas atividades (CF: art. 71, § 4º), bem como não enfrenta restrições para divulgar seus relatórios e decisões.

O sexto concerne à **liberdade de decidir o conteúdo e a oportunidade dos relatórios de auditoria**, bem como sua publicação e divulgação. Isso significa que seus trabalhos não podem ser objeto de censura ou sofrer restrições de circulação. O TCU goza de tal liberdade.

O sétimo prevê a existência de **mecanismos de monitoramento (*follow-up*) das recomendações emitidas** pelas ISC. No Brasil, o TCU desenvolve trabalhos de monitoramento das recomendações resultantes de suas auditorias operacionais.

---

[43] O tema é desenvolvido no Capítulo 11.

O oitavo diz respeito à **autonomia administrativa/gerencial e a disponibilidade de recursos humanos e financeiros suficientes para o desempenho de suas atribuições**. No Brasil, quanto a esse aspecto a situação do TCU não é a ideal, mas é satisfatória, o mesmo não se podendo dizer de algumas Cortes de Contas estaduais e municipais.

A Declaração de Moscou (2019), documento conclusivo do XXIII Congresso Internacional das Entidades Fiscalizadoras Superiores,[44] apresenta recomendações para assegurar a relevância contínua dos órgãos de controle externo como instituições de grande valor para a sociedade. Realizado antes da pandemia, o Congresso identificou múltiplos desafios resultantes de uma governança em transformação, em cenários impactados pela revolução digital e avanços tecnológicos, bem como pela agudização das crises políticas, econômicas e sociais associadas a fenômenos como as mudanças climáticas globais e as desigualdades.

O novo ambiente exige a adoção de novas técnicas e metodologias de fiscalização de políticas públicas focando na sua qualidade e no alcance dos objetivos de desenvolvimento sustentável – ODS adotados pelos países-membros das Nações Unidas, com o monitoramento da Agenda 2030. Isso implica um redirecionamento estratégico para que os TCs possam ser ágeis, efetivos e relevantes e para que a sua atuação independente agregue valor à sociedade.

Assim, além do incremento na *accountability* e na realização de auditorias financeiras, operacionais e de conformidade, o controle externo deverá também reforçar a capacidade de inovação; compartilhar conhecimento e gerar previsões, reforçando a cooperação e comunicação com a comunidade acadêmica e o público em geral e contribuindo para a boa governança.

As atividades da Intosai envolvem o intercâmbio, a disseminação e o aprimoramento de técnicas de fiscalização, objetivando a indução de melhorias na gestão pública, a exemplo das Normas Internacionais de Auditoria das Entidades de Fiscalização Superior (ISSAI).

Seu portal na Internet é: www.intosai.org.

1.9. ISSAI 20 – PRINCÍPIOS DE TRANSPARÊNCIA E *ACCOUNTABILITY*

Pela sua relevância, merece destaque a ISSAI 20,[45] cujo propósito é promover os princípios de transparência e responsabilização das próprias ISC, de modo a ajudá-las a liderarem pelo exemplo de sua própria governança e de suas práticas. Preconiza que as informações sobre as ISC devem ser imediatamente acessíveis e pertinentes; seus processos de trabalho, atividades e produtos devem ser transparentes e, também, dialogar abertamente com os meios de comunicação e outras partes interessadas, além de serem visíveis na esfera pública.

---

[44] XXIII CONGRESSO INTERNACIONAL DAS ENTIDADES FISCALIZADORAS SUPERIORES (INCOSAI). Declaração de Moscou. 2019. Disponível em: https://irbcontas.org.br/a-declaracao-de-moscou-2019-e-os-desafios-para-o-controle-externo-brasileiro/ Acesso em: 9 ago. 2020.

[45] Disponível em: https://portal.tcu.gov.br/fiscalizacao-e-controle/auditoria/normas-internacionais-das-entidades-fiscalizadores-superiores-issai/. Acesso em: 1 nov. 2021.

Reconhecendo que é difícil diferenciá-los, a ISSAI 20 apresenta os conceitos de transparência e *accountability*.

De acordo com a norma, o conceito de **accountability** refere-se à estrutura jurídica e de comunicação, à estrutura organizacional e estratégia, aos procedimentos e às ações para garantir que:

- as ISC cumpram as obrigações legais do seu mandato de auditoria e produção de relatórios necessários dentro de seu orçamento;
- as ISC avaliem e monitorem o seu próprio desempenho, bem como o impacto da sua auditoria;
- as ISC produzam relatórios sobre a regularidade e a eficiência do uso de recursos públicos, inclusive suas próprias ações e atividades e o uso dos recursos da ISC.
- o dirigente da ISC, os membros, no caso de instituições colegiadas, e os servidores da ISC possam ser responsabilizados pelos seus atos.

Por sua vez, **transparência** refere-se à informação pública tempestiva, confiável, clara e relevante da ISC sobre sua situação, seu mandato, sua estratégia, suas atividades, sua gestão financeira, suas operações e seus resultados. Além disso, inclui a obrigação de informação pública sobre as constatações e conclusões das auditorias e o acesso público a informações sobre a ISC.

Desta forma, a ISSAI 20 descreve nove princípios que devem nortear as ISC para atuarem com transparência e *accountability*.

Quadro-resumo de princípios da ISSAI 20 sobre transparência e *accountability* das ISC

Princípio 1	As ISC exercem suas funções no âmbito de uma estrutura legal que prevê a *accountability* e a transparência.
Princípio 2	As ISC tornam públicos seu mandato, suas responsabilidades, sua missão e sua estratégia.
Princípio 3	As ISC adotam normas, processos e métodos de auditoria que são objetivos e transparentes.
Princípio 4	As ISC aplicam altos padrões de integridade e ética para os funcionários de todos os níveis.
Princípio 5	As ISC garantem que esses princípios de *accountability* e transparência não sejam comprometidos quando terceirizam suas atividades.
Princípio 6	As ISC gerenciam suas operações com economicidade, de forma eficiente, efetiva e em conformidade com as leis e regulamentos, e relatam publicamente essas questões.
Princípio 7	As ISC relatam publicamente os resultados de suas auditorias e suas conclusões sobre as atividades gerais do governo.
Princípio 8	As ISC comunicam tempestiva e amplamente suas atividades e resultados da auditoria por intermédio da mídia, sites da Internet e outros meios.
Princípio 9	As ISC fazem uso de assessoria externa e independente para melhorar a qualidade e a credibilidade do seu trabalho.

1.10. OLACEFS

A Organização Latino-americana e do Caribe de Entidades Fiscalizadoras Superiores (Olacefs) é um organismo internacional, autônomo, independente, apolítico e de caráter permanente.

O Brasil foi um dos países que participaram da criação da entidade em 1990 em Assembleia Extraordinária realizada em Buenos Aires/Argentina. Tem como principal finalidade facilitar a cooperação entre as ISC do subcontinente. A organização incentiva a pesquisa científica especializada e desenvolve atividades de estudo, capacitação, especialização, assessoria e assistência técnica, informação e coordenação – tudo isso com o objetivo de fomentar o desenvolvimento e o aperfeiçoamento das ISC-membros.

Atualmente conta com 23 países-membros e seu portal na Internet é: www.olacefs.net.

Assinale-se que o Tribunal de Contas da União integra a Organização das ISC dos Países do Mercosul, Bolívia e Chile e a Organização das Instituições Supremas de Controle da Comunidade de Países de Língua Portuguesa – CPLP.

1.11. ATRICON E AUDICON

A Associação dos Membros dos Tribunais de Contas do Brasil – Atricon é a entidade que congrega Ministros e Ministros Substitutos do Tribunal de Contas da União, Conselheiros e Conselheiros Substitutos dos Tribunais de Contas dos Estados, do Distrito Federal, além dos Tribunais de Contas dos Municípios. Tem por objetivos: promover a cooperação; manter intercâmbio de informações e experiências sobre aperfeiçoamentos científicos e técnicos; promover a realização de conferências e congressos; estudar e sugerir a órgãos e autoridades públicas diretrizes para o aperfeiçoamento de normas de gestão financeira, orçamentária e patrimonial da Administração Pública; entre outros.

Por sua vez, a Audicon é a Associação Nacional dos Ministros e Conselheiros Substitutos dos Tribunais de Contas que se propõe a defender o controle externo exercido pelas Cortes de Contas, pugnando pelo desenvolvimento e uniformização de procedimentos, respeitadas as peculiaridades de cada jurisdição, bem como defender os direitos e aspirações dos Auditores (Ministros e Conselheiros Substitutos) dos Tribunais de Contas, buscando o aprimoramento das funções de judicatura desempenhadas por seus associados, segundo o modelo constitucionalmente delineado. Como será visto no item 2.9.4, os ministros e conselheiros substitutos são selecionados exclusivamente mediante concurso público de provas e títulos, considerados dos mais difíceis do Brasil, por exigirem conhecimento aprofundado não apenas de várias disciplinas de Direito, mas também de Economia, Administração Pública, Contabilidade Pública, entre outras.

Os respectivos portais na Internet são: www.atricon.org.br e www.audicon.org.br.

1.12. NOVOS DESAFIOS DO CONTROLE EXTERNO

As aceleradas mudanças características da sociedade da informação têm produzido fortes impactos na Administração Pública de todos os países e, consequentemente, imposto transformações e adaptações na atuação do Controle Externo. Como sublinha Ribeiro,[46] o controle evolui no mesmo sentido do objeto controlado.

Essencialmente, exige-se do Controle Externo cada vez maior agilidade e objetividade, substituindo preocupações ritualísticas por prioridades finalísticas. Nas sociedades democráticas, aumentam as pressões populares por maior transparência e eficiência na atuação do Poder Público e na gestão financeira do Estado. Crescem, em igual proporção, as cobranças do Parlamento e as responsabilidades das instituições e profissionais do controle externo.

No Brasil, novas formas de organização do setor público, desconhecidas ou incipientes quando da promulgação da Carta de 1988 – como as agências reguladoras e executivas, as organizações sociais, as organizações da sociedade civil de interesse público, as concessões de serviços anteriormente monopolizados pelo Estado, os contratos de gestão e termos de parceria etc. –, exigem o desenvolvimento de metodologias e procedimentos específicos de controle, com utilização mais intensa de ferramentas de tecnologia da informação.

Ademais, os grandes desafios ambientais contemporâneos, como as mudanças climáticas globais, a necessidade de sábia gestão dos recursos hídricos, a proteção do patrimônio genético e da diversidade biológica e as múltiplas dimensões da sustentabilidade, exigem das Cortes de Contas ações sistemáticas e proativas em defesa do meio ambiente, considerado como patrimônio de todos os brasileiros.[47]

Entre as conclusões da CPMI dos Correios, em 2006, recomendou-se o fortalecimento das instituições que combatem a corrupção no país e a articulação de um sistema nacional de controle, coordenado pelo TCU, envolvendo as Cortes de Contas estaduais e municipais, o controle interno, a Polícia Federal, a Receita Federal, o Banco Central etc.

Outro importante debate diz respeito à elaboração de uma lei orgânica nacional comum a todos os Tribunais de Contas estaduais e municipais, sistematizando e uniformizando competências, prerrogativas e procedimentos.

De igual modo, encontra-se em discussão no Congresso Nacional proposta de Emenda à Constituição criando o Conselho Nacional dos Tribunais de Contas, que teria atribuições análogas às dos Conselhos Nacionais de Justiça e do Ministério Público.

1.13. CONTROLE SOCIAL E PARTICIPAÇÃO CIDADÃ

Numa democracia, o controle social é exercido desde o processo de elaboração das políticas públicas, por exemplo, mediante consultas e audiências públicas, até o acompanhamento e monitoramento de sua execução. Transparência e participação na

---

[46] *Controle Externo da Administração Pública Federal no Brasil*. Rio de Janeiro: América Jurídica, 2002, p. 44.
[47] Diversos temas relacionados aos novos desafios do controle externo constam dos livros *Sementes Republicanas* (Lima, 2014), *Construtores de Catedrais* (Lima, 2017) e Controle Externo contemporâneo: reflexões, debates e polêmicas sobre o futuro dos Tribunais de Contas no Estado Democrático (Lima, 2021).

gestão pública são fatores determinantes para o controle efetivo da sociedade sobre a gestão pública.

Nos termos da Lei da Política Nacional de Resíduos Sólidos (Lei nº 12.305/2010), controle social pode ser conceituado como o conjunto de mecanismos e procedimentos que garantam à sociedade informações e participação nos processos de formulação, implementação e avaliação das políticas públicas.

A partir da Constituição de 1988, multiplicaram-se os instrumentos de controle social previstos em diversas normas legais.

Um dos mais importantes – e que será examinado em detalhe mais adiante – diz respeito à possibilidade de qualquer cidadão, partido político, associação ou sindicato denunciar irregularidades ou ilegalidades aos órgãos de controle externo (CF: art. 74, § 2º).

Ademais, qualquer cidadão é parte legítima para propor ação popular que vise anular ato lesivo ao patrimônio público e à moralidade administrativa (CF: art. 5º, LXXIII).

Outro dispositivo constitucional prevê que as contas dos municípios ficarão, durante 60 dias, anualmente, à disposição de qualquer contribuinte, para exame e apreciação, o qual poderá questionar-lhes a legitimidade, nos termos da Lei (CF: art. 31, § 3º). Posteriormente, a Lei de Responsabilidade Fiscal, em seu art. 49, ampliou a norma:

- para alcançar todas as esferas de governo;
- para vigorar durante todo o exercício;
- para que as contas estejam disponíveis no respectivo Poder Legislativo e no órgão técnico responsável pela sua elaboração; e
- para consulta e apreciação pelos cidadãos e instituições da sociedade.

A Emenda Constitucional nº 29/2000 previu que os recursos dos estados, do Distrito Federal e dos Municípios destinados a ações e serviços públicos de saúde e os transferidos pela União para a mesma finalidade serão aplicados por meio de Fundo de Saúde que será acompanhado e fiscalizado por Conselho de Saúde, sem prejuízo do controle interno previsto no art. 74 da Constituição Federal.

Por seu turno, a Emenda Constitucional nº 108/2020 acrescentou parágrafo único ao art. 193 da Constituição prevendo que o Estado exercerá a função de planejamento das políticas sociais, assegurada, na forma da lei, a participação da sociedade nos processos de formulação, de monitoramento, de controle e de avaliação dessas políticas.

Destacam-se entre as mais promissoras e efetivas formas de controle social os conselhos de controle e acompanhamento de programas de governo, a exemplo dos Conselhos de Saúde, de Alimentação Escolar, do Fundeb, de Assistência Social etc.

Além disso, podemos mencionar também:

- as ouvidorias implantadas por diversos Tribunais de Contas;
- o orçamento participativo adotado por alguns estados e municípios, que permite a entidades representativas da sociedade decidir sobre a aplicação de parte do orçamento;

- a divulgação no programa Voz do Brasil e na Internet de informações sobre os recursos federais repassados aos municípios;
- as audiências públicas requeridas em licitações de grande porte em processos de licenciamento ambiental, na LRF, entre outros diplomas legais; e
- a liberação ao pleno conhecimento e acompanhamento da sociedade, em tempo real, de informações pormenorizadas sobre a execução orçamentária e financeira, em meios eletrônicos de acesso público (LC nº 131/2009).

A Lei de Acesso à Informação – LAI (Lei nº 12.527/2011) ampliou de forma significativa as possibilidades de controle social, fixando procedimentos para garantir o acesso dos cidadãos a informações previsto no inciso XXXIII do art. 5º, no inciso II do § 3º do art. 37 e no § 2º do art. 216 da Constituição Federal, inclusive as relativas ao resultado de inspeções, auditorias, prestações e tomadas de contas realizadas pelos órgãos de controle interno e externo, incluindo prestações de contas relativas a exercícios anteriores. Note-se que as Cortes de Contas também estão submetidas à LAI e devem disponibilizar as informações conforme previsto. O TCU editou a Resolução nº 249/2012 que disciplina a aplicação da LAI no âmbito de sua gestão.

A Lei nº 14.113/2020, que regulamentou o novo Fundo de Manutenção e Desenvolvimento da Educação Básica e de Valorização dos Profissionais da Educação – Fundeb –, instituído pela EC nº 108/2020, previu a existência de conselhos de acompanhamento e controle social com importantes funções de fiscalização dos recursos aplicados na manutenção e no desenvolvimento do ensino, inclusive a requisição de documentos, a convocação de autoridades para prestar esclarecimentos e a elaboração de parecer sobre as prestações de contas dos recursos do Fundeb.

Por sua vez, a Nova Lei de Licitações e Contratos (Lei nº 14.133/2021) inovou ao estabelecer, no caput do art. 169, que as contratações públicas estão subordinadas ao controle social. Tal controle será exercido, por exemplo, para impugnar edital de licitação por irregularidade na aplicação da Lei de Licitações ou para solicitar esclarecimento sobre os seus termos (art. 164, caput), ou, ainda, para representar aos órgãos de controle interno ou ao tribunal de contas competente contra irregularidades na aplicação da Lei (art. 170, § 4º).

É desejável, no entanto, como assinala Santos,[48] que o controle social não fique restrito ao discurso de gestores ou a segmentos muito qualificados que, frequentemente, não são representativos dos setores sociais mais atingidos pelo programa ou projeto em debate.

Santos[49] caracteriza o controle social como controle público não estatal, que atua de fora para dentro do Estado, como exercício do direito de fiscalização da atividade

---

[48] Parcerias público-privadas – o controle externo atuando em críticas e polêmicas fronteiras. *Revista do TCM-RJ*, nº 32, abr. 2006, p. 65.
[49] O TCU e os controles estatal e social da administração pública. *Revista do TCU*, nº 94, out./dez. 2002, p. 13-47.

pública, complementar ao estatal, sustentando que a efetividade da atuação do TCU converge para a ampliação da participação popular no exercício do controle.

Malgrado sua relevância, cumpre esclarecer, como faz Mileski:[50]

> O controle social exercido pelo cidadão não se esgota em si mesmo, nem possui a função de substituir o controle oficial regulado constitucionalmente. O controle social é complementar ao controle oficial e depende deste último para ter eficácia. O controle social, para fazer valer as suas constatações contra irregularidades praticadas pelo Poder Público, deve buscar a própria Administração para correção das falhas encontradas, representar aos integrantes do sistema de controle interno, denunciar os fatos ao Tribunal de Contas ou representante do Ministério Público.

Nesse sentido, Zymler e Almeida[51] preconizam que a eficácia do controle social dependerá do estabelecimento de vínculos sistêmicos entre a sociedade civil organizada e os entes estatais encarregados do controle.

De outro lado, as novas tecnologias de informação e comunicação, com destaque para a internet e as redes sociais, têm potencializado as possibilidades de controle social, inclusive com o desenvolvimento de aplicativos específicos.[52]

EXEMPLO DE DELIBERAÇÃO ACERCA DE DENÚNCIA

Acórdão nº 1.356/2006 – Plenário
Órgão: Ministério da Saúde
Relator: Min. Benjamin Zymler.
VISTOS, relatados e discutidos estes autos de denúncia acerca de supostas irregularidades perpetradas no âmbito do Ministério da Saúde;
ACORDAM os Ministros do Tribunal de Contas da União, reunidos em Sessão do Plenário, ante as razões expostas pelo Relator, em:
9.1. conhecer da presente denúncia, com base no art. 74, § 2º, da Constituição Federal, no art. 53 da Lei nº 8.443/1992 e no art. 234 do Regimento Interno desta Corte de Contas, para, no mérito, considerá-la procedente;
9.2. aplicar, com base no inciso II do art. 58 da Lei nº 8.443/1992, multa no valor de R$ 13.000,00 (treze mil reais) ao Sr. HCSL e de R$ 5.000,00 (cinco mil reais) ao Sr. LPD;
9.3. autorizar, desde logo, nos termos do art. 28, inciso II, da Lei nº 8.443/1992, a cobrança judicial das dívidas atualizadas monetariamente, a partir do dia seguinte ao término do prazo ora estabelecido, até a data do recolhimento, caso não atendida a notificação, na forma da legislação em vigor;
9.4. determinar ao Ministério da Saúde que, por ocasião da publicidade de suas ações, programas e serviços, observe fielmente o disposto no § 1º do art. 37 da Constituição Federal, e no parágrafo único do art. 1º do Decreto nº 2.004/1996, omitindo nomes, símbolos ou imagens de autoridade ou servidor público que caracterizem promoção pessoal, em atenção ao princípio da impessoalidade.

---

[50] Controle social: um aliado do controle oficial. Revista *Interesse Público*, nº 36, 2006, p. 85-98.
[51] *O Controle Externo das Concessões de Serviços Públicos e das Parcerias Público-Privadas*. Belo Horizonte: Fórum, 2005, p. 216.
[52] LIMA, Luiz Henrique. As novas tecnologias e as contas públicas. In: FEITOSA, Gustavo. *Curso controle cidadão*. Fortaleza: Fundação Demócrito Rocha/Universidade Aberta do Nordeste, 2015, p. 113-128.

O TCU editou a Portaria Segecex nº 24/2023 instituindo diretrizes sobre participação cidadã, com objetivo de ampliar o relacionamento institucional com a sociedade em todas as fases das ações de controle externo do TCU, bem como em painéis, diálogos públicos e outros eventos.

Já em 2025, lançou o documento Referencial de Participação Cidadã no âmbito do controle externo. Ali se define participação cidadã como o envolvimento da população no controle das políticas públicas para impulsionar a melhoria dos serviços prestados à sociedade. Entre os benefícios esperados da participação cidadã, destacam-se:

a) melhoria da qualidade das decisões;
b) aumento da confiança e legitimidade;
c) fortalecimento da coesão social;
d) promoção da inclusão e da equidade;
e) melhoria da eficiência e da eficácia das políticas públicas;
f) fortalecimento da democracia;
g) desenvolvimento de capacidades cívicas; e
h) aumento da responsabilidade e transparência.

1.14. PARA SABER MAIS

O Instituto Serzedello Corrêa, do TCU, publicou livro com as monografias vencedoras do Prêmio Serzedello Corrêa de 1998, cujo tema foi a história do TCU. O documento encontra-se disponível no portal do TCU: www.tcu.gov.br.

Um abrangente panorama histórico consta da Tese de Doutorado de Scliar (2014), intitulada *Tribunal de Contas: do controle na Antiguidade à instituição independente do Estado Democrático de Direito*.

Capítulo **2**

Normas Constitucionais sobre o Controle Externo

 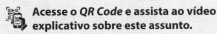

Acesse o *QR Code* e assista ao vídeo explicativo sobre este assunto.

> http://uqr.to/202ax

Quais as competências constitucionais do TCU? Qual o papel do Congresso Nacional no controle externo? O que são contas? Quem deve prestar contas ao TCU? Qual a diferença entre contas de governo e contas de gestão? Quem julga as contas dos Tribunais de Contas? Pode o TCU negar registro a um ato praticado de acordo com determinação judicial? Como são indicados os Ministros do TCU? Pode o Senado Federal recusar aprovação a um nome indicado pelo Presidente da República para o cargo de Ministro do TCU? O TCU efetua o cálculo dos valores relativos ao FPE e FPM a serem repassados a estados e municípios? Existem atos de gestão legais, mas ilegítimos? O que é um ato antieconômico de gestão? Qual a diferença entre sustação de atos e sustação de contratos? Como se organizam os Tribunais de Contas dos Estados e dos Municípios?

Todo o estudo de nossa disciplina tem como base as normas constitucionais que dispõem sobre o controle externo. É a partir delas que foram estruturadas as normas das Constituições Estaduais e Leis Orgânicas dos Municípios. É com fundamento em tais alicerces que foram elaboradas a Lei Orgânica do TCU (Lei nº 8.443/1992) e os diplomas equivalentes nos estados, municípios e Distrito Federal. Desse modo, é indispensável ao estudioso do tema conhecê-las com minúcia e analisá-las com profundidade. Em concursos públicos, o candidato que dominar tão somente os dispositivos constitucionais relativos à atuação dos Tribunais de Contas terá condições de responder satisfatoriamente cerca de 50% das questões de controle externo de uma prova objetiva de múltipla escolha.

O primeiro aspecto a ser destacado é que não basta apenas estudar os arts. 70 a 75 da Carta Magna, constantes da Seção IX – Da Fiscalização Contábil, Financeira e Orçamentária, do Capítulo 1 – Do Poder Legislativo, do Título IV – Da Organização do Estado. Com efeito, embora tais artigos constituam o núcleo de nossa disciplina, em numerosos outros dispositivos constitucionais encontram-se normas de capital importância para a organização e o funcionamento dos Tribunais de Contas em nosso país.

De igual modo, veremos no Capítulo 5 que, além da Lei Orgânica do TCU, muitos outros diplomas legais posteriores vêm atribuindo crescentes responsabilidades para a atuação do controle externo. Destacam-se, nesse particular, a Lei de Licitações e Contratos Administrativos (Lei nº 14.133/2021), a Lei de Responsabilidade Fiscal (Lei Complementar nº 101/2000) e a Lei de Crimes Fiscais (Lei nº 10.028/2000).

É nosso objetivo, então, estudar o conjunto dessas normas constitucionais e legais da forma mais completa possível.

PRINCIPAL LEGISLAÇÃO DE REFERÊNCIA

Constituição da República: Arts. 31; 33, § 2º; 34, VII, *d*; 35, II; 37, *caput*; 49, IX, X e XIII; 51, II; 52, III, *b*; 57, *caput*; 70 a 75; 84, XV e XXIV; 102, I, *d* e *q*; 105, I, *a*; 161, parágrafo único.
Lei Orgânica e Regimento Interno do TCU: íntegra
Lei nº 14.133/2021: arts. 169 a 173.
LRF: arts. 1º, 20, 48 a 59, 73-A.

2.1. A TOPOGRAFIA DO CONTROLE EXTERNO NA CONSTITUIÇÃO FEDERAL

Na Carta de 1988, as principais disposições relativas ao controle externo situam-se no Título IV – Da Organização dos Poderes, no Capítulo I – Do Poder Legislativo, na Seção IX – Da Fiscalização Contábil, Financeira e Orçamentária.

Tal posicionamento é deveras esclarecedor do propósito do constituinte com respeito ao controle externo. O controle externo não foi situado no Título referente à Organização do Estado, por exemplo, no capítulo da Administração Pública (Título III, Capítulo IV) nem entre as normas referentes às finanças públicas (Capítulo II do Título VI). Com efeito, a relevância do controle externo não se restringe aos aspectos concernentes à eficiente gestão das finanças ou à adequada gerência administrativa do setor público. Bem mais que isso, é matéria que envolve o equilíbrio entre os Poderes na organização do Estado de Direito democrático.

Sua vinculação ao Poder Legislativo corresponde à tradicional e nobre missão do Parlamento de fiscalizar o bom emprego, pelo Executivo, dos recursos oriundos da sociedade. Como visto no capítulo anterior, na maioria dos países as instituições de controle externo encontram-se ligadas ao Legislativo, e no Brasil tal opção remonta à primeira Constituição Republicana.

Sublinhe-se, contudo, o fato de nosso tema de estudo constar de uma Seção própria dentro do Capítulo dedicado ao Poder Legislativo; não constituindo uma subseção dos tópicos dedicados ao Congresso Nacional, à Câmara dos Deputados e ao Senado Federal. Assim, a própria organização do texto constitucional indica que o Tribunal de Contas da União, órgão técnico que auxilia o Congresso Nacional na função do controle externo, não lhe é subordinado, constituindo, conforme a doutrina de Diogo de Figueiredo Moreira Neto[1] e do Ministro Ayres Britto,[2] um "órgão constitucional autônomo", conceito mais adiante esmiuçado.

IMPORTANTE

Neste capítulo iremos verificar que a Constituição prevê em relação ao controle externo:
- funções exercidas isoladamente pelo Congresso Nacional;
- funções exercidas isoladamente pelo Tribunal de Contas da União; e
- funções exercidas em conjunto pelo CN e pelo TCU.

2.2. ABRANGÊNCIA DO CONTROLE EXTERNO (CF: ART. 70, *CAPUT*)

No início da Seção IX, dispõe o art. 70 que a fiscalização contábil, financeira, orçamentária, operacional e patrimonial da União e das entidades da administração direta e indireta, quanto a legalidade, legitimidade, economicidade, aplicação das subvenções e renúncia de receitas, será exercida pelo Congresso Nacional, mediante controle externo, e pelo sistema de controle interno de cada Poder. Na análise do respeitado José Afonso da Silva:[3]

> O controle externo é, pois, função do Poder Legislativo, sendo de competência do Congresso Nacional no âmbito federal, das Assembleias Legislativas nos estados, da Câmara Legislativa no Distrito Federal e das Câmaras Municipais nos municípios com o auxílio dos respectivos Tribunais de Contas. Consiste, assim, na atuação da função fiscalizadora do povo, através de seus representantes, sobre a administração financeira e orçamentária. É, portanto, um controle de natureza política, no Brasil, mas sujeito à prévia apreciação técnico-administrativa do Tribunal de Contas competente, que, assim, se apresenta como órgão técnico, e suas decisões são administrativas, não jurisdicionais (...).

As características desse controle externo são assim examinadas pelo professor Celso Antônio Bandeira de Mello:[4]

> (...) a missão de efetuar um apurado controle sobre a legitimidade dos atos administrativos conducentes à despesa pública é, obviamente, uma missão teórica – técnico-jurídica e, portanto, dificilmente poderia ser desempenhada a contento por um corpo legislativo, sem que contasse com o auxílio de um organismo especializado ao qual incumba esta apreciação técnica, que irá iluminar a posterior decisão política do legislativo na apreciação da gestão dos recursos públicos.

---

[1] O Parlamento e a Sociedade como destinatários do trabalho dos Tribunais de Contas. *Revista do TCE-SC*, jul. 2004, p. 113-146.
[2] O Regime Constitucional dos Tribunais de Contas. *Revista Diálogo Jurídico*, Salvador, v. I, nº 9, dez. 2001.
[3] *Curso de Direito Constitucional Positivo*. 24. ed. São Paulo: Malheiros, 2004, p. 752-753.
[4] Funções do Tribunal de Contas. *Revista de Direito Público, ano XVII*, nº 72, out./dez. 1984, p. 136.

No magistério de Luciano Ferraz:[5]

> Em síntese, o Controle Externo é um gênero que abarca duas espécies: Controle Parlamentar Indireto, que é realizado pelo Parlamento com auxílio do Tribunal, e Controle diretamente exercido pelo Tribunal de Contas, que este exerce, ele mesmo, sem qualquer interferência do Poder Legislativo ou de qualquer outro órgão estatal.

> **IMPORTANTE**
>
> Quando a CF, no art. 129, VII, atribui ao Ministério Público a competência de exercer o "controle externo" da atividade policial, refere-se não à fiscalização contábil, orçamentária, financeira, operacional e patrimonial – que permanece como competência do Congresso Nacional, com o auxílio do TCU –, mas ao respeito aos fundamentos do Estado Democrático de Direito, aos objetivos fundamentais da República Federativa do Brasil, aos princípios informadores das relações internacionais, bem como aos direitos assegurados na Constituição Federal e na lei; e, ainda, à preservação da ordem pública, da incolumidade das pessoas e do patrimônio público; à prevenção e à correção de ilegalidade ou de abuso de poder; à indisponibilidade da persecução penal; e à competência dos órgãos incumbidos da segurança pública, conforme o art. 3º da Lei Complementar nº 75/1993.

2.2.1. Fiscalização contábil, financeira, orçamentária e patrimonial

Essas quatro dimensões da fiscalização correspondem às atividades tradicionais das auditorias internas e compõem já há décadas o elenco de atividades das Cortes de Contas do país. Cuida-se aqui, essencialmente, de verificações de conformidade e legalidade com respeito aos lançamentos e escrituração contábil, execução orçamentária, gerência financeira e guarda e administração patrimonial, inclusive os aspectos relacionados a licitações e contratos administrativos, planejamento e execução de obras públicas, arrecadação das receitas e execução das despesas entre outros. Em grande medida, tais verificações ainda se encontram reguladas pela Lei nº 4.320/1964, que estatui normas gerais de direito financeiro para elaboração e controle dos orçamentos e balanços da União, dos estados, dos municípios e do Distrito Federal, em especial de seu Título VIII, Do Controle da Execução Orçamentária.

> **EXEMPLOS DE FISCALIZAÇÃO**
>
> Contábil: verificação quanto à exatidão dos lançamentos contábeis.
> Orçamentária: verificação quanto à legalidade da abertura de créditos adicionais.
> Financeira: verificação quanto à correção dos pagamentos e saques.
> Patrimonial: verificação quanto à exatidão do inventário de bens.
> Operacional: avaliação quanto aos possíveis impactos das mudanças climáticas globais na zona costeira brasileira.

---

[5] Controle pelos Tribunais de Contas da Eficiência e Eficácia dos Serviços Concedidos, Palestra no III Seminário de Direito Administrativo do TCM-SP.

2.2.2. Fiscalização operacional

Trata-se da uma importante inovação da Carta de 1988[6]. Corresponde à introdução das modernas técnicas de auditorias de programas, buscando avaliar a efetividade da gestão pública. Esse singular vocábulo, quando integrado ao texto constitucional, legitimou e desencadeou profundas alterações nos métodos de atuação das Cortes de Contas brasileiras, sob a liderança e inspiração do TCU.

Assim, desde a promulgação da nova Constituição, os Tribunais de Contas passaram a atuar com significativos resultados em áreas de enorme relevância, tais como auditorias operacionais, auditorias de sistemas informatizados da administração pública, auditorias ambientais entre outras.

A auditoria operacional permite a avaliação sistemática de políticas, programas, projetos, atividades e sistemas governamentais ou de órgãos e unidades jurisdicionados ao Tribunal de Contas, dividindo-se em duas modalidades: auditoria de desempenho operacional e auditoria de avaliação de programa.

2.2.3. Legalidade e legitimidade

Não se deve confundir os conceitos de legalidade e legitimidade.

Legalidade, no *caput* do art. 70 da CF, refere-se ao controle da obediência das normas legais pelo responsável fiscalizado. O controle da legalidade verifica a obediência às formalidades e aos preceitos previstos no ordenamento jurídico positivo.

Ao distinguir os princípios da legitimidade e da legalidade, o constituinte assinalou o entendimento de que o exame daquela ultrapassa a simples verificação das formalidades legais e dos requisitos materiais dos atos de gestão, envolvendo os valores e as crenças de uma determinada sociedade em determinado momento. Afinal, as normas legais, por mais detalhadas e minuciosas que sejam, não conseguem prever todas as situações possíveis de ocorrer na vida real. Os fatos concretos então devem ser examinados.

Para Mileski:[7]

> Legitimidade seria então estar conforme à lei e ao Direito. Contudo, deixa de encerrar apenas uma conformação de natureza legislativa, indo mais além, na medida em que se estrutura em fundamentos de moralidade, identificando-se com os valores, princípios e fins que regem a ação administrativa, na consecução dos objetivos estatais – o interesse público.

E Jacoby Fernandes pontifica:[8]

> O desvio de finalidade é uma das expressões do ato ilegítimo.

---

[6] O texto original elaborado pela Comissão de Sistematização não contemplava as fiscalizações operacional e patrimonial, que foram introduzidas a partir de emenda do deputado constituinte Messias Góis, de Sergipe.
[7] *O controle da gestão pública*. São Paulo: Revista dos Tribunais, 2003, p. 249.
[8] *Tribunais de Contas do Brasil – Jurisdição e Competência*. 2. ed. rev., atual. e ampl. Belo Horizonte: Fórum, 2005, p. 49.

Por sua vez, observa Pardini:[9]

> A legitimidade situa-se na motivação do ato (razão do início) e no seu alcance social (fim a atingir).

Na expressão de Silva,[10] o princípio da legalidade, num Estado Democrático de Direito, funda-se no princípio da legitimidade, senão o Estado não será tal, pois os regimes ditatoriais também atuam mediante leis.

Furtado,[11] por sua vez, associa o controle da legitimidade à fiscalização do atendimento da vontade popular, como uma consequência do princípio democrático. Assim, a legitimidade dos dispêndios correlaciona-se à satisfação dos anseios da sociedade. Para o autor, o exame da legitimidade requer investigar, a fundo, a finalidade apresentada e a motivação oferecida.

É símile o entendimento de Ferreira Filho:[12]

> A legitimidade não observa apenas as formas prescritas ou não defesas pela lei, mas também se sua substância se ajusta a esta, assim como aos princípios não jurídicos da boa administração.

Finalmente, esclarece Bandeira de Mello:[13]

> Segue-se que a legitimidade da conduta do administrador não se decide em abstrato, mas resulta do confronto com o caso concreto (...) Se uma despesa resulta de um comportamento cuja falta de razoabilidade evidencia, para além de qualquer dúvida possível ou imaginável, óbvio descompasso com o sentido da lei, dadas as circunstâncias concretas do caso, o Tribunal de Contas deveria fulminá-la sem receio de estar ingressando no mérito do ato.

Apreciar um ato de gestão quanto à sua legitimidade envolve, portanto, inquestionavelmente, a formulação de um juízo de valor, uma avaliação das circunstâncias em que o ato foi praticado, uma ponderação da prioridade relativa entre a despesa efetuada e as outras necessidades da comunidade. Como acentua Nagata[14]:

> (...) diante de uma infinidade de carências em contraste com a limitação dos recursos públicos, a decisão governamental legítima é aquela que partilha os recursos

---

[9] Tribunal de Contas da União: órgão de destaque constitucional. Tese apresentada no Curso de Doutorado da Faculdade de Direito da Universidade Federal de Minas Gerais. Belo Horizonte: Faculdade de Direito da UFMG, 1997, p. 129.
[10] *Curso de Direito Constitucional Positivo.* 24. ed. rev. e atual. São Paulo: Malheiros, 2004, p. 424.
[11] O controle da legitimidade do gasto público. *Fórum de Contratação e Gestão Pública – FCGP*, Belo Horizonte, ano 5, nº 54, jun. 2006, p. 7.298-7.301.
[12] *Comentários à Constituição Brasileira de 1988.* São Paulo: Saraiva, 1990, v. II, p. 128.
[13] Funções do Tribunal de Contas. *Revista de Direito Público*, ano XVII, nº 72, out./dez. 1984, p. 148.
[14] A limitação da discricionariedade em matéria orçamentária pelos princípios da legalidade, legitimidade e economicidade. In: Conti, José Maurício; Scaff, Fernando Facury (coord.). *Orçamentos Públicos e Direito Financeiro.* São Paulo: Revista dos Tribunais, 2011. p. 378.

públicos de acordo com um juízo de ponderação sobre as prioridades elementares do ser humano.

Assim, a legitimidade mitiga a discricionariedade em matéria orçamentária, impondo aos gestores públicos uma atuação conforme aos padrões éticos indeclináveis (...)

Via de regra, os atos que podem ser inquinados de ilegítimos são também ilegais. Todavia, pode suceder de um ato formalmente legal vir a ser considerado ilegítimo.

EXEMPLOS DE ATOS LEGAIS, MAS ILEGÍTIMOS

1. A aquisição de produtos para uma creche obedeceu rigorosamente aos ditames da legislação de licitações e contratos. Referido certame atendeu ao princípio da legalidade. Verificou-se, no entanto, que entre os produtos adquiridos, havia grande quantidade de bebidas alcoólicas destiladas. Tal circunstância macula a legitimidade do ato.
2. Uma Prefeitura de município paupérrimo, cuja população sofre os efeitos de prolongada seca, e cujo Prefeito, em vez de optar por reparar a única ambulância disponível para atendimentos de urgência, decide adquirir nova e luxuosa viatura para uso de representação. A aquisição pode ter sido legal, desde que houvesse previsão orçamentária, e desde que respeitados os procedimentos licitatórios pertinentes. Não obstante, a despesa terá sido ilegítima, eis que claramente afrontosa a um dos direitos sociais da cidadania – a saúde –, ofendendo o bom senso e o princípio da moralidade administrativa.

Uma extensa discussão doutrinária pode ser suscitada quanto aos limites entre o controle de legitimidade e o juízo de discricionariedade de um gestor. O aprofundamento do tema foge ao escopo desta obra. Todavia, é oportuno advertir-se que, no exercício do controle externo, a invocação do princípio da legitimidade deve ser feita sempre com ponderação e equilíbrio, despindo-se de preconceitos ou preferências subjetivas.

2.2.4. Economicidade

Segundo o Glossário de Termos de Controle Externo do TCU[15], economicidade é a "minimização dos custos dos recursos utilizados na consecução de uma atividade, sem comprometimento dos padrões de qualidade". Os recursos usados devem estar disponíveis tempestivamente, em quantidade suficiente, na qualidade apropriada e com o melhor preço (ISSAI 300).

Assim, também o exame da economicidade implica uma avaliação qualitativa, que será feita sopesando-se os custos e os resultados, para o conjunto da sociedade, tendo em vista as alternativas disponíveis no momento da decisão quanto à alocação dos recursos.

Como assinala Freitas:[16]

> Não aparece, no controle à luz da economicidade, nenhum traço de invasão do espaço da discricionariedade, pois se é certo que esta precisa ser preservada, não

---

[15] Portaria Segecex nº 27/2017.
[16] *O controle dos atos administrativos e os princípios fundamentais*. 3. ed. rev. e ampl. São Paulo: Malheiros, 2004, p. 74.

menos certo que qualquer discricionariedade legítima somente o será se guardar vinculação com os imperativos da sensatez, incompatível com qualquer desperdício.

A economicidade deve ser analisada de forma concomitante com os princípios da eficiência e da razoabilidade. Não se trata de buscar o menor custo ou de gastar menos. Cuida-se de gastar bem, atendendo às necessidades a um custo razoável. É nesse sentido o comentário de Ferreira Filho (1997):[17]

> Economicidade. Aqui se autoriza a apreciação se o ato foi realizado, de modo a obter o resultado a custo adequado, razoável, não necessariamente ao menor custo possível.

Para Torres:[18]

> O conceito de economicidade, originário da linguagem dos economistas, corresponde, no discurso jurídico, ao de justiça. (...) O controle da economicidade entende com o exame e fiscalização material da execução orçamentária, em contraponto com o formal, que é o da legalidade.

Por seu turno, Furtado[19] sustenta que:

> (...) o princípio da economicidade impõe ao administrador público o dever constitucional de evitar soluções absurdamente ineficientes e que a não observância desse princípio importa em nulidade do ato por meio do qual mencionada solução tiver sido implementada.

No nosso livro *Controle do Patrimônio Ambiental Brasileiro*,[20] propusemos a seguinte classificação para os atos antieconômicos:

a) **ato antieconômico por sobrepreço ou superfaturamento:** a compra de bens ou a contratação de obras ou serviços por um preço superior ao do mercado ou, na ausência de um parâmetro seguro, superior ao razoável; ou, ainda, o pagamento por serviços não prestados ou bens não fornecidos;

b) **ato antieconômico por desnecessidade:** a compra de bens ou a contratação de obras ou serviços, ainda que por preços de mercado ou razoáveis, em quantidade desnecessária ou em momento inadequado, gerando desperdício; e

c) **ato antieconômico por omissão ou por má gestão:** a ausência da compra de bens ou da contratação de obras ou serviços nas quantidades necessárias ou nos momentos adequados; ou, ainda, a sua execução inadequada ou incompleta, a sua utilização imprópria ou a sua não utilização, gerando diversas disfunções na administração.

---

[17] *Comentários à Constituição Brasileira de 1988*. São Paulo: Saraiva, 1992, vol. 2 (arts. 44 a 103), p. 126.
[18] *Tratado de Direito Constitucional Financeiro e Tributário*. 2. ed. 2000, vol. V, p. 278.
[19] *Curso de Direito Administrativo*. 4. ed. rev. e atual. 2013, p. 872.
[20] Editora da Uerj, 2001, p. 48.

Bugarin,[21] em estudo dedicado ao tema concluiu que:

> (...) o princípio constitucional da economicidade da gestão de recursos e bens públicos autoriza o órgão técnico encarregado do específico e peculiar afazer hermenêutico constitucional – *in casu*, o TCU –, ao exame, em especial, *pari passu*, dos **elementos de fato** informadores dos diversos processos **subjetivos** de tomadas de decisão de gastos/investimentos públicos *vis-à-vis* o conjunto **objetivo** dos resultados alcançáveis, qualificando-os, efetiva ou potencialmente, como ganhos ou perdas sociais, evitando-se, deste modo, a despesa pública antieconômica e a consequente perpetração do, muitas vezes irremediável, prejuízo social (grifos no original).

Observe-se, no entanto, como fazem Bugarin, Vieira e Garcia,[22] que a incompetência gerencial, como fenômeno humano, não caracteriza por si própria uma ilicitude, devendo-se procurar distinguir os erros resultantes de comportamento omisso, negligente, fraudulento ou corrupto daqueles oriundos do desconhecimento, despreparo, imperícia ou equívocos.

EXEMPLOS DE ATOS ANTIECONÔMICOS

O Acórdão nº 2.011/2010 – Plenário considerou como ato de gestão antieconômico a contratação de obra rodoviária com sobrepreço decorrente de excesso de quantitativo de serviços.
O Acórdão nº 342/2011 – Primeira Câmara declarou antieconômico o pagamento antecipado de despesas sem a efetiva entrega dos bens, assim como a inobservância das regras de aplicação de recursos federais no mercado financeiro, no caso a indevida aplicação financeira de recurso público federal em fundo de curto prazo, quando deveria obrigatoriamente aplicá-lo em caderneta de poupança, se a previsão de seu uso for igual ou superior a um mês (art. 116, § 4º, da Lei nº 8.666/1993).
O Acórdão nº 410/2013 – Plenário identificou a inserção indevida de despesas na taxa de BDI em procedimentos licitatórios da Petrobras. Neste aresto fixou-se entendimento que:
A identificação de circunstância potencialmente lesiva ao erário autoriza o Tribunal a expedir determinação saneadora fundamentada no princípio constitucional da economicidade, não havendo necessidade de embasar sua deliberação em dispositivos legais específicos.
Acórdão nº 1.895/2021 – Plenário (Representação, Relator Ministro-Substituto Marcos Bemquerer)
> Licitação. Edital de licitação. Vedação. Incompatibilidade. Economicidade. Princípio da moralidade. Pregão.
> A previsão de itens de luxo em edital de pregão realizado com base na Lei nº 10.520/2002, sem a devida justificativa acerca da necessidade e incompatíveis com a finalidade da contratação, contraria os princípios da economicidade e da moralidade administrativa.

Outras hipóteses:
1. a aquisição de vacinas em quantidade excessiva, tornando inviável sua aplicação antes do vencimento do prazo de validade;
2. a aquisição de vacinas, desacompanhadas dos equipamentos necessários ao seu adequado condicionamento e proteção térmica, multiplicando o risco de perda de validade;
3. a aquisição de vacinas em quantidade insuficiente, deixando desassistida significativa parcela da população-alvo; e
4. a aquisição de vacinas com especificação inadequada para as necessidades da população-alvo.

---

[21] *O princípio constitucional da economicidade na jurisprudência do Tribunal de Contas da União*. Belo Horizonte: Fórum, 2004, p. 140.
[22] *Controle dos gastos públicos no Brasil: instituições oficiais, controle social e um mecanismo para ampliar o envolvimento da sociedade*. Rio de Janeiro: Konrad-Adenauer-Stiftung, 2003, p. 52.

É possível estabelecer uma ligação entre os critérios utilizados pelo controle externo e os princípios da administração pública constantes do *caput* do art. 37 da Constituição da República.

Quadro-resumo da ligação entre os critérios do controle externo e os princípios da administração pública

Critérios do controle externo (art. 70, *caput*)	Princípios da administração pública (art. 37, *caput*)	Natureza da fiscalização (art. 70, *caput*)[23]
Legalidade	Legalidade	Contábil Financeira Orçamentária Patrimonial
Legitimidade	Impessoalidade	
Legitimidade	Moralidade	
Legitimidade	Publicidade	
Economicidade	Eficiência	Operacional

2.2.5. Aplicação das subvenções e renúncia das receitas

A determinação constitucional do exame da aplicação das subvenções e da renúncia de receitas também se reveste de singular importância.

Por subvenção se compreende o conceito expresso no § 3º do art. 12 da Lei nº 4.320/1964, a saber, as transferências de recursos orçamentários destinadas a cobrir despesas de custeio das entidades beneficiadas, distinguindo-se como subvenções sociais, as que se destinem a instituições públicas ou privadas de caráter assistencial ou cultural, sem finalidade lucrativa; e subvenções econômicas, as que se destinem a empresas públicas ou privadas de caráter industrial, comercial, agrícola ou pastoril. Assim, os beneficiários deverão prestar contas da aplicação das subvenções recebidas, sujeitando-se à devida fiscalização.

Naquela lei que estabeleceu normas de direito financeiro, a possibilidade de concessão das subvenções sociais foi condicionada à prestação de serviços essenciais de assistência social, médica e educacional, sempre que a suplementação de recursos de origem privada aplicados a esses objetivos se demonstrar mais econômica, calculando-se, sempre que possível, o valor das subvenções, com base em unidades de serviços efetivamente prestados ou postos à disposição dos interessados, obedecidos os padrões mínimos de eficiência previamente fixados. Quanto às subvenções econômicas, sua principal finalidade, nos termos da Lei nº 4.320/1964, era a cobertura dos déficits de manutenção das empresas públicas, devendo estar expressamente previstas nos orçamentos; bem como cumprir o papel de cobrir a diferença entre os preços de mercado e os preços de revenda, pelo Governo, de gêneros alimentícios ou outros materiais; ou ainda, destinar-se ao pagamento de bonificações a produtores de determinados gêneros ou materiais. Atualmente, tal elemento

---

[23] Essa coluna, inexistente nas edições anteriores, foi inspirada pelo trabalho de Thomas (2023).

de despesa, embora previsto nos normativos de Contabilidade Pública, não consta mais do orçamento, prevalecendo a regra da LRF, no art. 26 e parágrafos, que estabelece que a destinação de recursos para, direta ou indiretamente, cobrir necessidades de pessoas físicas ou déficits de pessoas jurídicas deverá ser autorizada por lei específica, atender às condições estabelecidas na lei de diretrizes orçamentárias e estar prevista no orçamento ou em seus créditos adicionais. Um exemplo de lei específica é a Lei nº 12.096/2009 que autoriza a concessão de subvenção econômica ao Banco Nacional de Desenvolvimento Econômico e Social – BNDES, em operações de financiamento destinadas à aquisição e produção de bens de capital e à inovação tecnológica.

A renúncia de receitas, para Torres,[24] abrange todos os mecanismos fiscais em que se podem converter os itens de despesa pública consubstanciados nas subvenções, nos subsídios e nas restituições, isenções, créditos fiscais dos impostos diretos, créditos incentivo de impostos não cumulativos e deduções.

A renúncia de receitas é tratada com destaque na Lei de Responsabilidade Fiscal, que exigiu que:

a) conste da LDO um demonstrativo da estimativa e compensação da renúncia de receita;

b) conste da LOA, além do demonstrativo regionalizado do efeito, sobre as receitas e despesas, decorrente de isenções, anistias, remissões, subsídios e benefícios de natureza financeira, tributária e creditícia, previsto no § 6º do art. 165 da CF, informações sobre as medidas de compensação a renúncias de receita; e

c) toda medida que implique concessão ou ampliação de incentivo ou benefício de natureza tributária da qual decorra renúncia de receita deverá estar acompanhada de estimativa do impacto orçamentário-financeiro no exercício em que deva iniciar sua vigência e nos dois seguintes, atender à LDO e a pelo menos uma das seguintes condições:

   I. demonstração pelo proponente de que a renúncia foi considerada na estimativa de receita da lei orçamentária, e de que não afetará as metas de resultados fiscais previstas no anexo próprio da LDO;

   II. estar acompanhada de medidas de compensação, no período mencionado no *caput*, por meio do aumento de receita, proveniente da elevação de alíquotas, ampliação da base de cálculo, majoração ou criação de tributo ou contribuição.

A norma especifica que a renúncia compreende anistia, remissão, subsídio, crédito presumido, concessão de isenção em caráter não geral, alteração de alíquota ou modificação de base de cálculo que implique redução discriminada de tributos ou contribuições, e outros benefícios que correspondam a tratamento diferenciado.

A fiscalização da renúncia de receita é realizada pelo TCU nos órgãos e entidades supervisores, bancos operadores, fundos e demais entidades que tenham atribuição de

---

[24] *O Orçamento na Constituição*. Rio de Janeiro: Renovar, 1995, p. 242.

conceder, gerenciar, fiscalizar ou utilizar recursos decorrentes de renúncia de receita, objetivando, dentre outros aspectos, verificar a eficiência, a eficácia e a economicidade de suas ações, bem como o real benefício socioeconômico dessas renúncias.

Em 2022, foi editada a Portaria TCU nº 174 que aprova o Referencial de Controle de Benefícios Tributários.

> **EXEMPLO DE FISCALIZAÇÃO DE RENÚNCIA DE RECEITAS**
> Acórdão nº 1.549/2007 – Plenário
> Relator: Ministro-Substituto Marcos Bemquerer
> SUMÁRIO: ACOMPANHAMENTO. RENÚNCIA DE RECEITAS DECORRENTE DA APLICAÇÃO DA LEI DE INFORMÁTICA. CRIAÇÃO DE ÓRGÃO ADMINISTRATIVO POR MEIO DE DECRETO. POSSIBILIDADE. ILEGALIDADE NA DESTINAÇÃO DE RECURSOS PARA FINS DIVERSOS DO PRECONIZADO NO DIPLOMA LEGAL. AUDIÊNCIA. INTERVENÇÃO DE INSTITUTO DE DIREITO PRIVADO EM CONVÊNIOS FIRMADOS ENTRE AS EMPRESAS BENEFICIADAS PELA LEI DE INFORMÁTICA E ENTIDADES/INSTITUTOS DE PESQUISA. ILEGALIDADE. DETERMINAÇÕES. ANÁLISE DO PRAZO DECADENCIAL PARA LANÇAMENTO DE CRÉDITOS TRIBUTÁRIOS.

2.3. QUEM DEVE PRESTAR CONTAS (CF: ART. 70, PARÁGRAFO ÚNICO)

Conforme o parágrafo único do art. 70, com a redação dada pela EC nº 19/1998, prestará contas qualquer pessoa física ou jurídica, pública ou privada, que utilize, arrecade, guarde, gerencie ou administre dinheiros, bens e valores públicos ou pelos quais a União responda, ou que, em nome desta, assuma obrigações de natureza pecuniária.

A Figura 2, a seguir, inspirada em Furtado,[25] esquematiza a previsão constitucional.

Figura 2 – Dever constitucional de prestar contas

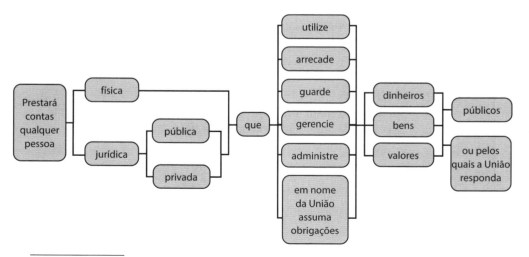

---
[25] Os regimes de contas públicas: contas de governo e contas de gestão. *Revista do TCU*, nº 109, maio/ago. 2007, p. 61-89.

O raciocínio subjacente é: onde houver bens e recursos públicos envolvidos, há necessidade de controle e de prestação de contas à sociedade. Trata-se de uma exigência fundamental do regime democrático. Na dicção de Hely Lopes Meirelles,[26] o dever de prestar contas é um dos característicos do gestor público, ao lado dos deveres de eficiência e de probidade e do poder-dever de agir.

Na dicção de Furtado:[27]

> Não existe responsabilidade por administração de recurso alheio sem o respectivo dever de prestar contas; assim como não há o dever de prestar contas sem a correlativa responsabilidade por gerência de recurso alheio. Como são institutos jurídicos absolutamente dependentes um do outro, indissociáveis, correlatos, é fácil concluir que o agente que gerencia interesses de terceiros – o responsável – será sempre o mesmo que estará obrigado a prestar contas, ou seja, o titular da prestação de contas.

Como sintetizam as Normas de Auditoria do TCU:[28]

> A delegação de recursos e poderes recebida da sociedade, por intermédio do Parlamento, implica, por parte do gestor público, a obrigação constante de prestação de contas quanto ao alinhamento de suas ações às diretrizes fixadas pelo poder público e, portanto, a obrigação de informar deve estar associada à obrigação de que os atos sejam devidamente justificados.

DÚVIDA FREQUENTE

O que são contas?
Mais adiante no livro, iremos esmiuçar e qualificar esse conceito. Por ora, ficamos com a definição a seguir.
"Contas" é o conjunto de informações que se possa obter, direta ou indiretamente, a respeito de uma dada gestão em certo período, desde que garantida a sua confiabilidade (veracidade e representatividade) e permitida a avaliação da legalidade, legitimidade, eficácia, eficiência, efetividade e economicidade dessa gestão.
Tais informações não são restritas a demonstrativos contábeis, mas também envolvem relatórios de gestão, indicadores de desempenho etc. Portanto, "contas" é muito mais que um conceito contábil ou aritmético.

Assim, o controle externo irá alcançar, entre outros, o exame das contas de:
- todas as entidades da administração indireta, sejam as que recebem dotações do orçamento fiscal, sejam as que constam apenas do orçamento de investimento das empresas estatais; ou, na classificação introduzida pela LRF, tanto as estatais dependentes, como as não dependentes; ou, ainda, na

---

[26] *Direito Administrativo Brasileiro*. 22. ed. atual. São Paulo: Malheiros, 1997.
[27] Os regimes de contas públicas: contas de governo e contas de gestão. *Revista do TCU*, nº 109, maio/ago. 2007, p. 61-89.
[28] TCU, 2010, p. 11.

classificação da Reforma Administrativa, sejam as entidades prestadoras de serviço público, sejam aquelas que são exploradoras de atividade econômica;
- fundos constitucionais, de investimento e os outros fundos cujo controle se enquadre como competência do TCU, incluindo órgãos e entidades supervisores ou gestores e os bancos operadores desses fundos;
- Organizações Sociais – OS, Organizações da Sociedade Civil de Interesse Público – OSCIPs, e Organizações da Sociedade Civil – OSC, disciplinadas, respectivamente pelas Leis nº 9.637/1998, nº 9.790/1999 e nº 13.019/2014, quanto aos recursos públicos recebidos;
- Conselhos de regulamentação profissional;
- renúncia de receitas, inclusive beneficiários de incentivos fiscais, a exemplo da Lei do Audiovisual e da Lei de Incentivo à Cultura (Lei nº 8.685/1993 e Lei nº 8.313/1991, respectivamente);
- serviços sociais autônomos (Sebrae, Senai, Sesi, Sesc, Senac, Sest, Senat, Senar e Sescoop); e
- projetos de pesquisa e bolsas acadêmicas patrocinados pelo Conselho Nacional de Desenvolvimento Científico e Tecnológico – CNPq – e pela Coordenação de Aperfeiçoamento de Pessoal de Nível Superior – Capes.

MUITO IMPORTANTE

Mudança no entendimento do STF!
Em 2004, ao julgar o MS 23.875, o STF manteve o entendimento de que não caberia ao TCU julgar as contas de administradores de entidades de direito privado, ainda que com capital majoritário do Estado.
Em 2005, memorável voto do Min. Carlos Velloso ao relatar o MS 25.092 fixou entendimento quanto à competência do TCU para fiscalizar as empresas públicas e as sociedades de economia mista, integrantes da administração indireta. A seguir, resumo das decisões:

> O TCU não tem competência para julgar as contas dos administradores de entidades de direito privado. A participação majoritária do Estado na composição do capital não transmuda seus bens em públicos. Os bens e valores questionados não são os da administração pública, mas os geridos considerando-se a atividade bancária por depósitos de terceiros e administrados pelo banco comercialmente. Atividade tipicamente privada, desenvolvida por entidade cujo controle acionário é da União. (MS 23.875, Rel. Min. Nelson Jobim, DJ 30/04/2004)

TCU: *Tomada de Contas Especial e Sociedade de Economia Mista*

"O Tribunal de Contas da União, por força do disposto no art. 71, II, da CF, tem competência para proceder à tomada de contas especial de administradores e demais responsáveis por dinheiros, bens e valores públicos das entidades integrantes da administração indireta, não importando se prestadoras de serviço público ou exploradoras de atividade econômica. Com base nesse entendimento, o Tribunal denegou mandado de segurança impetrado contra ato do TCU que, em processo de tomada de contas especial envolvendo sociedade de economia mista federal, condenara o impetrante, causídico desta, ao pagamento de multa por não ter ele interposto recurso de apelação contra sentença proferida em ação ordinária de cumprimento de contrato, o que teria causado prejuízo à entidade. Preliminarmente, o Tribunal resolveu questão de ordem formulada pelo Min. Marco Aurélio e decidiu que o

Consultor Jurídico do TCU pode, em nome deste, sustentar oralmente as razões da Corte de Contas, quando esteja em causa controvérsia acerca da competência desta. No mérito, afirmou-se que, em razão de a sociedade de economia mista constituir-se de capitais do Estado, em sua maioria, a lesão ao patrimônio da entidade atingiria, além do capital privado, o erário. Ressaltou-se, ademais, que as entidades da administração indireta não se sujeitam somente ao direito privado, já que seu regime é híbrido, mas também, e em muitos aspectos, ao direito público, tendo em vista notadamente a necessidade de prevalência da vontade do ente estatal que as criou, visando ao interesse público." (MS 25.092/DF, rel. Min. Carlos Velloso, 10/11/2005)

Quanto aos Conselhos de regulamentação profissional, malgrado muitos questionamentos, a jurisprudência sempre foi clara no sentido da obrigatoriedade de prestarem contas[29]:

> Natureza autárquica do Conselho Federal e dos Conselhos Regionais de Odontologia. Obrigatoriedade de prestar contas ao Tribunal de Contas da União. (MS 21.797, Rel. Min. Carlos Velloso, DJ 18/05/2001)

IMPORTANTE

Além dos Conselhos Federais, também os Conselhos Regionais são autarquias federais sujeitas à fiscalização do TCU e não dos Tribunais de Contas dos Estados (v. MS 22.643, Rel.: Min. Moreira Alves).

Até 2013, as entidades de fiscalização do exercício profissional eram dispensadas da apresentação anual da prestação de contas. Desde então estão sujeitas à apresentação de relatório de gestão e à constituição de processo de contas.

QUESTÃO POLÊMICA

A Ordem dos Advogados do Brasil, enquanto entidade de regulamentação do exercício profissional dos advogados e arrecadadora de receitas parafiscais, deve prestar contas ao TCU? Paradoxalmente, não.
A questão foi objeto de uma longa polêmica, iniciada com uma decisão, de 1951, do extinto Tribunal Federal de Recursos, rediscutida pelo Acórdão nº 1.765/2003 – Plenário e complementada no julgamento da ADI 3026-4, no qual o STF entendeu que a OAB não é uma entidade da Administração Indireta da União, não se sujeitando a controle da Administração ou à realização de concursos públicos.
Em 2018, o TCU mudou o seu entendimento por meio do Acórdão nº 2.573/2018-Plenário para incluir a OAB entre as unidades que devem prestar contas ao TCU.
Contra o Acórdão do TCU, em 2019, a OAB ingressou no STF com a Reclamação 32.924 e o MS 36.376.
Em 2019, a ministra Rosa Weber, do STF, deferiu liminar para suspender a eficácia do Acórdão nº 2.573/2018, de modo a desobrigar a OAB a prestar contas e a se submeter à fiscalização do TCU até o julgamento final do MS 36.376.

---

[29] Com a singular exceção da Ordem dos Advogados do Brasil – OAB, cujas peculiaridades serão adiante discutidas.

O tema foi analisado com repercussão geral do RE 1.182.189/BA (Tema nº 1.054), sagrando-se vitorioso o voto do ministro Edson Fachin, fixando a tese: "O Conselho Federal e os Conselhos Seccionais da Ordem dos Advogados do Brasil não estão obrigados a prestar contas ao Tribunal de Contas da União nem a qualquer outra entidade externa".
Uma curiosidade: a Ordem dos Músicos do Brasil também não presta contas ao TCU, pois, nos autos do RE 555.320 AgR/SC, o STF considerou que ela não é entidade fiscalizadora do exercício profissional.

JURISPRUDÊNCIA DO TCU

Acórdão nº 3.006/2015 Segunda Câmara (Monitoramento, Relator Ministro Substituto André de Carvalho)
Competência do TCU. Fundos. FGTS.
Os gestores do Fundo de Garantia por Tempo de Serviço (FGTS) devem prestar contas ao TCU acerca da utilização dos recursos do fundo, uma vez que os valores ali acumulados estão em custódia pública, sob a administração e a responsabilidade da União.

A omissão na prestação de contas é fato ensejador de instauração de tomada de contas especial, além de caracterizar-se como ato de improbidade administrativa que atenta contra os princípios da Administração Pública, previsto no art. 11, VI, da Lei nº 8.429/1992.[30] Ademais, não prestar contas é crime de responsabilidade previsto na Lei nº 1.079, de 1950.

Art. 9º São crimes de responsabilidade contra a probidade na administração:

(...) 2 – não prestar ao Congresso Nacional dentro de sessenta dias após a abertura da sessão legislativa, as contas relativas ao exercício anterior;

Dispositivo semelhante consta do art. 1º, VI e VII, do Decreto-lei nº 201/1967.

De outro lado, o art. 25, § 1º, IV, a, da LRF estabelece como exigência para a realização de transferência voluntária, além das estabelecidas na lei de diretrizes orçamentárias, a comprovação, por parte do beneficiário, de que se acha em dia quanto ao pagamento de tributos, empréstimos e financiamentos devidos ao ente transferidor, bem como quanto à prestação de contas de recursos anteriormente dele recebidos.

Em outro dispositivo (art. 51, § 2º), a LRF impede que o ente da Federação que não encaminhe suas contas ao Poder Executivo da União, para fins de consolidação e divulgação, venha a receber transferências voluntárias e contrate operações de crédito, exceto as destinadas ao refinanciamento do principal atualizado da dívida mobiliária.

Finalmente, nos termos do Decreto nº 9.203/2017, a prestação de contas é considerada um princípio da governança pública.

---

[30] O dispositivo recebeu nova redação dada pela Lei nº 14.230/2021, passando a conduta a ser descrita como "deixar de prestar contas quando esteja obrigado a fazê-lo, desde que disponha das condições para isso, com vistas a ocultar irregularidades".

Nos itens 2.15 e 2.16, estudaremos como a omissão na prestação de contas pode ensejar a intervenção da União nos Estados e no Distrito Federal ou dos Estados nos Municípios.

DÚVIDA FREQUENTE

O art. 6º da LOTCU e o art. 188 do RITCU, que tratam da mesma matéria, apresentam uma diferença.

LOTCU: Art. 6º Estão sujeitas à tomada de contas e, ressalvado o disposto no inciso XXXV do art. 5º da Constituição Federal, só por decisão do Tribunal de Contas da União podem ser liberadas dessa responsabilidade as pessoas indicadas **nos incisos I a VI do art. 5º** desta lei.

RITCU: Art. 188. Têm o dever de prestar contas e, ressalvado o disposto no inciso XXXV do art. 5º da Constituição Federal, só por decisão do Tribunal de Contas da União podem ser liberadas dessa responsabilidade, as pessoas indicadas **nos incisos I e III a VII do art. 5º deste Regimento**. [Grifo do autor]

Notem que no Regimento Interno, exclui-se o inciso II; e que na Lei Orgânica, não estão alcançadas as pessoas constantes do inciso III do art. 5º do Regimento Interno.
Então, numa questão de prova, respondemos com base no RI ou na LO?
A meu ver, a questão se resolve da seguinte forma.
Na LO, fala-se: "estão sujeitos à TC..."
No RI, "têm o dever de prestar contas..."
A conclusão é que as pessoas citadas no inciso II não têm o dever de prestar contas, mas estão sujeitas a fazê-lo.
O processo de julgamento das contas poderá ter a forma de tomada ou prestação de contas, que poderão ser ordinárias, extraordinárias ou especiais.

2.4. COMPETÊNCIAS CONSTITUCIONAIS DO TCU (CF: ART. 71, *CAPUT* E INCISOS I A XI)

O art. 71 da CF precisou que o controle externo, a cargo do Congresso Nacional, será exercido com o auxílio do TCU, ao qual atribui onze competências, sem prejuízo de outras constantes no próprio texto constitucional (art. 33, § 1º; art. 72, § 1º; art. 74, § 2º; art. 161, parágrafo único), na LOTCU, na LRF e em diversos outros diplomas legais, os quais serão analisados no Capítulo 5 deste livro.

Assim, a titularidade do controle externo é do Poder Legislativo, mas numerosas atribuições típicas desse mister são de exclusiva competência da Corte de Contas. Nas palavras do Ministro Ayres Britto, do STF:[31]

> Tudo fica mais claro quando se faz a distinção entre competências e função. A função de que nos ocupamos é a mesma, pois outra não é senão o controle externo. As competências, no entanto, descoincidem. As do Congresso Nacional estão arroladas nos incisos IX e X do art. 49 da Constituição, enquanto as do TCU são as que *desfilam pela comprida passarela* do art. 71 da mesma Carta Magna. Valendo anotar que parte dessas competências a Corte Federal de Contas desempenha como

---

[31] *Op. cit.*

forma de auxílio ao Congresso Nacional, enquanto a outra parte sequer é exercida sob esse regime de obrigatória atuação conjugada.

Quadro-resumo das competências constitucionais do TCU

Competência	Dispositivo
Apreciar as contas anuais do Presidente da República.	art. 71, I
Julgar as contas dos administradores e demais responsáveis por dinheiros, bens e valores públicos.	art. 71, II
Apreciar a legalidade dos atos de admissão de pessoal e de concessão de aposentadorias, reformas e pensões civis e militares.	art. 71, III
Realizar inspeções e auditorias por iniciativa própria ou por solicitação do Congresso Nacional.	art. 71, IV
Fiscalizar as contas nacionais das empresas supranacionais.	art. 71, V
Fiscalizar a aplicação de recursos da União repassados a estados, ao Distrito Federal ou a municípios.	art. 71, VI
Prestar informações ao Congresso Nacional sobre fiscalizações realizadas.	art. 71, VII
Aplicar sanções e determinar a correção de ilegalidades e irregularidades em atos e contratos.	art. 71, VIII, IX e XI
Sustar, se não atendido, a execução do ato impugnado, comunicando a decisão à Câmara dos Deputados e ao Senado Federal.	art. 71, X
Emitir pronunciamento conclusivo, por solicitação da Comissão Mista Permanente de Senadores e Deputados, sobre despesas realizadas sem autorização.	art. 72, § 1º
Apurar denúncias apresentadas por qualquer cidadão, partido político, associação ou sindicato sobre irregularidades ou ilegalidades.	art. 74, § 2º
Fixar os coeficientes dos fundos de participação dos estados, do Distrito Federal e dos municípios e fiscalizar a entrega dos recursos aos governos estaduais e às prefeituras municipais.	art. 161, parágrafo único
Elaborar parecer prévio sobre as contas de governo de território.	art. 33, § 2º

2.4.1. Apreciar as contas anuais do Presidente da República (CF: art. 71, I)

A Constituição atribuiu à Corte de Contas a competência de apreciar as contas anuais do Presidente da República, mediante parecer prévio, a ser emitido em até sessenta dias a partir do seu recebimento. Assim, o procedimento é o seguinte:

1. o Presidente da República apresenta ao Congresso, no prazo de sessenta dias após a abertura da sessão legislativa, as contas relativas ao exercício anterior;
2. o CN, de imediato, envia as contas para a análise do TCU;
3. no prazo de sessenta dias, o TCU aprecia as contas, na forma de um parecer prévio, aprovado pelo Plenário, que é enviado ao CN;

4. no Congresso, o relatório e o parecer prévio do TCU são considerados pela Comissão Mista de Planos, Orçamento e Fiscalização – CMOPF[32] na elaboração do seu parecer, que conclui por Projeto de Decreto Legislativo; e
5. o CN julga as contas do Presidente da República ao deliberar sobre o Projeto de Decreto Legislativo.

O parecer prévio poderá ser pela aprovação das contas, com ou sem ressalvas e recomendações, ou pela sua rejeição.

As características do exame das contas pelo TCU estão descritas no Capítulo 11, item 11.4.

É de grande importância assinalar que a LRF introduziu regras complementares a esse processo, ao dispor, no art. 56, que as contas prestadas pelos Chefes do Poder Executivo incluirão, além das suas próprias, as dos Presidentes dos órgãos dos Poderes Legislativo e Judiciário e do Chefe do Ministério Público, as quais receberão parecer prévio, separadamente, do respectivo Tribunal de Contas. Assim, há uma pluralidade de pareceres prévios pelas Cortes de Contas, aos quais corresponderão outros tantos pareceres e projetos de decretos legislativos das comissões permanentes do Poder Legislativo.

Em 2020, o *caput* do art. 56 foi julgado inconstitucional pelo STF nos autos da ADI 2.238. Assim, voltou-se ao *status quo ante*, com um único parecer prévio.

QUESTÃO POLÊMICA

Quem julga as contas dos Tribunais de Contas?
Esse tema ainda não foi inteiramente pacificado.
Anteriormente à vigência da Lei de Responsabilidade Fiscal, o próprio TCU julgava as suas contas. Considerava-se que a sua fiscalização contábil, financeira, orçamentária, operacional e patrimonial era de titularidade do Congresso Nacional (LOTCU: art. 90), mas satisfeita pelo encaminhamento, trimestral e anual, de relatório de atividades do TCU, sendo que no documento anual o Tribunal deveria apresentar análise da evolução dos custos de controle e de sua eficiência, eficácia e economicidade.
Com o advento da LRF e a previsão no § 2º de seu art. 56 de que as contas do TCU deveriam ser encaminhadas à Comissão Mista de Planos, Orçamento e Fiscalização do Congresso Nacional para parecer, surgiram duas interpretações.
A primeira, no sentido de que, tal como ocorre com as contas do Presidente, o parecer da CMO sobre as contas do TCU seria submetido à deliberação do Plenário do CN, mediante Projeto de Decreto Legislativo.
A segunda, de que tal parecer deveria ser encaminhado para julgamento pelo próprio TCU. Nesse caso, o argumento é de que a CF prevê que o TCU julgará as contas dos demais responsáveis, à exceção do Presidente da República, cujas contas são julgadas pelo CN. Não caberia a uma lei complementar, como é o caso da LRF, alterar uma norma constitucional.
A questão foi dirimida em 2020 com o julgamento da ADI 2.324 (Rel. Min. Alexandre de Moraes), que entendeu inexistir no § 2º do art. 56 da LRF qualquer subtração da competência dos Tribunais de Contas de julgamento das próprias contas, mas previsão de atuação opinativa da Comissão Mista de Orçamento.

---
[32] Mais conhecida como Comissão Mista de Orçamento – CMO.

> Na prática, as tomadas de contas dos ordenadores de despesas e demais responsáveis do TCU continuam sendo julgadas pelo próprio Tribunal. A deliberação referente ao exercício de 2018 consta do Acórdão nº 1.194/2020 – Plenário (Rel. Min. Ana Arraes), que julgou tais contas regulares. No que concerne aos TCEs e TCMs, a Corte Constitucional julgou improcedente ADI que questionou dispositivo da Lei Orgânica do DF que atribuiu à Câmara Legislativa do DF a competência privativa de apreciar e julgar as contas do TCDF:
>
>> Entendeu-se, tendo em conta o princípio constitucional que impõe a prestação de contas no âmbito da Administração Pública direta e indireta, que os Tribunais de Contas, embora detenham autonomia, como ordenadores de despesas, possuem o dever de prestar contas a outro órgão, e, ainda, que o crivo feito pelo Poder Legislativo harmoniza-se com a Constituição Federal. Vencidos os Ministros Carlos Velloso, relator, que entendia caracterizada a afronta ao art. 75, o qual estende aos Tribunais de Contas dos Estados e dos Municípios o modelo de organização, composição e fiscalização do Tribunal de Contas da União, cuja observância é obrigatória, bem como ao art. 71, ambos da CF, e Carlos Britto, para quem a omissão legislativa, quanto à competência do Congresso Nacional para apreciar as contas do Tribunal de Contas da União, fora voluntária, para que este não prestasse contas a nenhum órgão. (ADI 1175, Rel. Min. Marco Aurélio, Informativo 355)
>
> No mesmo sentido:
>
>> Legitimidade da competência da Assembleia Legislativa para julgar as contas do Tribunal de Contas do Estado. Reveste-se de plena legitimidade constitucional a norma inscrita na Carta Política do Estado-Membro que atribui, à Assembleia Legislativa, competência para efetuar, em sede de fiscalização financeira, orçamentária, contábil, operacional e patrimonial, o controle externo das contas do respectivo Tribunal de Contas. Doutrina. Precedentes. O Tribunal de Contas está obrigado, por expressa determinação constitucional (CF, art. 71, § 4º), aplicável ao plano local (CF, art. 75), a encaminhar, ao Poder Legislativo a que se acha institucionalmente vinculado, tanto relatórios trimestrais quanto anuais de suas próprias atividades, pois tais relatórios, além de permitirem o exame parlamentar do desempenho, pela Corte de Contas, de suas atribuições fiscalizadoras, também se destinam a expor, ao Legislativo, a situação das finanças públicas administradas pelos órgãos e entidades governamentais, em ordem a conferir um grau de maior eficácia ao exercício, pela instituição parlamentar, do seu poder de controle externo. Precedente. (ADI 687, Rel. Min. Celso de Mello, DJ 10/02/2006)
>
> A tendência, portanto, é o julgamento pelo Poder Legislativo das contas de TCEs e TCMs. No Rio de Janeiro, a Assembleia Legislativa e a Câmara Municipal têm julgado, mediante Decretos Legislativos, as contas do TCE-RJ e do TCM-RJ, respectivamente.

2.4.2. Julgar as contas dos administradores e demais responsáveis por dinheiro, bens e valores públicos (CF: art. 71, II)

O termo julgamento, introduzido na Constituição de 1934, tem provocado intenso debate na doutrina, conforme será examinado no Capítulo 4.

O comando atinge tanto os administradores como os demais responsáveis por dinheiros, bens e valores públicos e, ainda, aqueles que derem causa a perda, extravio ou outra irregularidade de que resulte prejuízo ao erário público. Nesse último caso, fundamentam-se as hipóteses de instauração de tomadas de contas especiais contra agentes públicos que, mesmo não sendo administradores ou responsáveis possam ter contribuído, por ação ou omissão, para a ocorrência de perda, extravio ou outra irregularidade de que resulte prejuízo ao tesouro. Também aí, encontra-se fundamento constitucional para responsabilizar empresas ou instituições privadas cuja ação ou omissão tenha provocado prejuízo ao tesouro, por exemplo, superfaturando uma relação contratual com o poder público.

O conceito de responsáveis é amplo, alcançando, além dos dirigentes:

- os membros das comissões de licitação, os pregoeiros e respectivas equipes de apoios;
- os membros dos conselhos fiscal, de administração, deliberativo ou curador, se for o caso;
- os membros de órgão colegiado, que por definição legal, regimental ou estatutária, seja responsável por atos de gestão;
- o dirigente de unidade administrativa ou gerente responsável pela gestão patrimonial;
- o dirigente de unidade administrativa ou gerente responsável pela gestão de valores mobiliários da União;
- o ordenador de despesas;
- o ordenador de restituição de receitas;
- o encarregado pelo controle de operações de crédito, avais, garantias e direitos da União;
- o encarregado da gestão orçamentária e financeira ou outro corresponsável por atos de gestão; e
- o liquidante, o inventariante ou o interventor, se for o caso.

A norma é destinada a toda a administração pública, sem exceção, alcançando todos os Poderes e órgãos e todas as entidades da administração indireta.

Nas seguintes decisões do STF, ficou assentado que, inclusive, as contas relativas à gestão administrativa-orçamentária das Casas legislativas, de responsabilidade de suas respectivas Mesas Diretoras, estarão sujeitas ao julgamento do Tribunal de Contas competente.

> Tribunal de Contas dos Estados: competência: observância compulsória do modelo federal: inconstitucionalidade de subtração ao Tribunal de Contas da competência do julgamento das contas da Mesa da Assembleia Legislativa; compreendidas na previsão do art. 71, II, da Constituição Federal, para submetê-las ao regime do art. 71, c/c. art. 49, IX, que é exclusivo da prestação de contas do Chefe do Poder Executivo. (ADI 849, Rel. Min. Sepúlveda Pertence, DJ 23/4/1999)
>
> Inconstitucionalidade de subtração ao Tribunal de Contas da competência do julgamento das contas das Mesas das Câmaras Municipais — compreendidas na previsão do art. 71, II, da Constituição Federal, para submetê-las ao regime do art. 71, c/c art. 49, IX, que é exclusivo da prestação de contas do Chefe do Poder Executivo local (CF, art. 31, § 2º): precedente (ADI 849, 11/2/1999, Pertence). (ADI 1.964-MC, Rel. Min. Sepúlveda Pertence, DJ 7/5/1999)

De igual modo, o Excelso Pretório já pacificou o entendimento quanto à prestação de contas por pessoas jurídicas de direito privado.

Embora a entidade seja de direito privado, sujeita-se à fiscalização do Estado, pois recebe recursos de origem estatal, e seus dirigentes hão de prestar contas dos valores recebidos; quem gera dinheiro público ou administra bens ou interesses da comunidade deve contas ao órgão competente para a fiscalização. (MS 21.644, Rel. Min. Néri da Silveira, DJ 8/11/1996)

DÚVIDA FREQUENTE

Qual a diferença entre contas de governo e contas de gestão?

A doutrina e alguns atos normativos têm consagrado o uso dessas expressões para distinguir duas possibilidades de avaliação da gestão governamental.

Pessoalmente, prefiro a terminologia "contas institucionais" e "contas administrativas". Todavia, neste livro cumpre-me seguir a terminologia consagrada na doutrina e empregada pelas bancas examinadoras.

Assim, a partir das definições contidas na Resolução Normativa nº 10/2008 do TCE-MT, entende-se que as contas anuais de governo demonstram a conduta do Presidente, do Governador ou do Prefeito no exercício das funções políticas de planejamento, organização, direção e controle das políticas públicas; e as contas anuais de gestão evidenciam os atos de administração e gerência de recursos públicos praticados pelos administradores e demais responsáveis por dinheiros, bens e valores dos órgãos e entidades.

De outro modo: as contas de governo propiciam uma avaliação "macro", de natureza política, verificando-se, por exemplo, se foram cumpridos os valores mínimos constitucionalmente previstos para aplicação em saúde e na manutenção e no desenvolvimento do ensino (CF: arts. 198, §§ 1º, 2º e 3º, e 212); já as contas de gestão proporcionam uma avaliação "micro", eminentemente técnica, examinando-se os aspectos da legalidade, legitimidade e economicidade ao nível de um determinado contrato ou ordem de pagamento.

Para Furtado,[33] no exame das contas de governo,

> (...) perdem importância as formalidades legais em favor do exame da eficácia, eficiência e efetividade das ações governamentais. Importa a avaliação do desempenho do chefe do Executivo, que se reflete no resultado da gestão orçamentária, financeira e patrimonial.

Cada espécie de contas submete-se a um regime próprio. Consoante o entendimento do STJ no RMS 11060:

> O conteúdo das contas globais prestadas pelo Chefe do Executivo é diverso do conteúdo das contas dos administradores e gestores de recurso público. As primeiras demonstram o retrato da situação das finanças da unidade federativa (União, estados, DF e municípios). Revelam o cumprir do orçamento, dos planos de governo, dos programas governamentais, demonstram os níveis de endividamento, o atender aos limites de gasto mínimo e máximo previstos no ordenamento para saúde, educação, gastos com pessoal. Consubstanciam-se, enfim, nos Balanços Gerais prescritos pela Lei nº 4.320/1964. Por isso, é que se submetem ao parecer prévio do Tribunal de Contas e ao julgamento pelo Parlamento (art. 71, I, c./c. 49, IX, da CF/1988).
> As segundas – contas de administradores e gestores públicos, dizem respeito ao dever de prestar (contas) de todos aqueles que lidam com recursos públicos, captam receitas, ordenam despesas (art. 70, parágrafo único, da CF/1988). Submetem-se a julgamento direto pelos Tribunais de Contas, podendo gerar imputação de débito e multa (art. 71, II e § 3º, da CF/1988).

---

[33] Os regimes de contas públicas: contas de governo e contas de gestão. *Revista do TCU*, nº 109, maio/ago. 2007, p. 61-89.

Destarte, se o Prefeito Municipal assume a dupla função, política e administrativa, respectivamente, a tarefa de executar orçamento e o encargo de captar receitas e ordenar despesas, submete-se a duplo julgamento. Um político, perante o Parlamento precedido de parecer prévio; o outro técnico, a cargo da Corte de Contas.

Na ADI 849, pronunciou-se o STF:

> A diversidade entre as duas competências, além de manifesta, é tradicional, sempre restrita a competência do Poder Legislativo para o julgamento às contas gerais da responsabilidade do Chefe do Poder Executivo, precedidas de parecer prévio do Tribunal de Contas: cuida-se de sistema especial adstrito às contas do Chefe do Governo, que não as presta unicamente como chefe de um dos Poderes, mas como responsável geral pela execução orçamentária: tanto assim que a aprovação política das contas presidenciais não libera do julgamento de suas contas específicas os responsáveis diretos pela gestão financeira das inúmeras unidades orçamentárias do próprio Poder Executivo, entregue a decisão definitiva ao Tribunal de Contas. (Rel.: Min. Sepúlveda Pertence)

Atenção! Decisões posteriores do STF modificaram significativamente esse entendimento no que concerne aos Prefeitos municipais, como será visto na seção 5.8.1.1.

Quadro-resumo das diferenças entre contas de governo e contas de gestão

	Contas de Governo	Contas de gestão
Responsável	Chefe do Poder Executivo	Ministro, Secretário, Comandante, Reitor, Presidente de estatal etc.
Procedimento do Tribunal de Contas	Apreciar (quem julga é o Poder Legislativo)	Julgar
Deliberação	Parecer prévio	Acórdão
Quantidade	Uma por exercício	Várias por exercício[34]
Exemplos de aspectos examinados	Observância dos limites constitucionais e da LRF	Regularidade de licitações, contratos, concursos públicos etc.

2.4.3. Apreciar a legalidade dos atos de admissão de pessoal e de concessão de aposentadorias, reformas e pensões civis e militares (CF: art. 71, III)

A confusa redação do inciso III costuma gerar dúvidas. A norma constitucional pode assim ser sistematizada: o TCU

a) aprecia a legalidade dos atos de admissão de pessoal, a qualquer título, na administração direta e indireta (incluindo as fundações instituídas e mantidas pelo poder público);

b) aprecia a legalidade das concessões de aposentadorias, reformas e pensões civis e militares;

---
[34] Considerando os vários ministérios, autarquias, fundações etc.

c) não aprecia as nomeações para cargo de provimento em comissão; e

d) não aprecia as melhorias posteriores das aposentadorias, reformas e pensões que tiverem o mesmo fundamento legal do ato concessório.

O dispositivo alcança os servidores públicos federais, civis e militares ou seus beneficiários.

A apreciação consiste em conceder ou negar o registro do ato. Os procedimentos específicos desse exame pelo TCU serão expostos no Capítulo 11, no item 11.5.

> No exercício da sua função constitucional de controle, o Tribunal de Contas da União procede, dentre outras atribuições, a verificação da legalidade da aposentadoria, e determina; tal seja a situação jurídica emergente do respectivo ato concessivo; a efetivação, ou não, de seu registro. O Tribunal de Contas da União, no desempenho dessa específica atribuição, não dispõe de competência para proceder a qualquer inovação no título jurídico de aposentação submetido a seu exame. Constatada a ocorrência de vício de legalidade no ato concessivo de aposentadoria, torna-se lícito ao Tribunal de Contas da União, especialmente ante a ampliação do espaço institucional de sua atuação fiscalizadora, recomendar ao órgão ou entidade competente que adote as medidas necessárias ao exato cumprimento da lei, evitando, desse modo, a medida radical da recusa de registro. Se o órgão de que proveio o ato juridicamente viciado, agindo nos limites de sua esfera de atribuições, recusar-se a dar execução a diligência recomendada pelo Tribunal de Contas da União, reafirmando, assim, o seu entendimento quanto à plena legalidade da concessão da aposentadoria, caberá à Corte de Contas, então, pronunciar-se, definitivamente, sobre a efetivação do registro. (MS 21.466, Rel. Min. Celso de Mello, DJ 6/5/1994)

Quando o dispositivo menciona atos de admissão a qualquer título inclui também no âmbito do controle as admissões em caráter temporário previstas na Lei nº 8.745/1993 que regula as contratações por tempo determinado para atender à necessidade temporária de excepcional interesse público.

A esse respeito, registre-se o entendimento da Súmula nº 231 do TCU, segundo o qual a exigência de concurso público para admissão de pessoal se estende a toda a Administração Indireta, nela compreendidas as Autarquias, as Fundações instituídas e mantidas pelo Poder Público, as Sociedades de Economia Mista, as Empresas Públicas e, ainda, as demais entidades controladas direta ou indiretamente pela União, mesmo que visem a objetivos estritamente econômicos, em regime de competitividade com a iniciativa privada.

Quanto às aposentadorias, é relevante registrar que a apreciação de seu registro pelas Cortes de Contas alcança apenas as dos servidores estatutários, não incluindo as de contratados pelo regime celetista. Estas são concedidas e pagas pela Previdência Social, obedecendo a regime próprio.

Entre as melhorias posteriores que não alteram o fundamento legal do ato concessório pode-se citar a extensão aos inativos e pensionistas de determinada gratificação concedida aos servidores ativos.

Finalmente, esclareça-se que, de acordo com a IN TCU nº 78/2018, constituem alteração do fundamento legal do ato concessório:

a) modificações do fundamento legal;
b) revisões de tempo de serviço ou contribuição que impliquem alteração no valor dos proventos;
c) revisões de tempo de serviço ou contribuição que, mesmo não implicando alteração do valor dos proventos, modificarem a natureza dos tempos averbados do ato inicial;
d) melhorias posteriores decorrentes de inclusão ou majoração de parcelas, gratificações ou vantagens de qualquer natureza, que tenham caráter pessoal;
e) novos critérios ou bases de cálculo dos componentes do benefício, quando tais melhorias se caracterizarem como vantagem pessoal do servidor público civil ou militar e não tiverem sido previstas no ato concessório originalmente submetido à apreciação do Tribunal;
f) inclusão de novo beneficiário;
g) alteração do enquadramento legal do pensionista;
h) modificação da proporcionalidade da concessão;
i) alteração da forma de cálculo do benefício.

Assim, não se encontra sujeito a registro, e, portanto, não deve ser remetido ao Tribunal, ato de alteração no valor dos proventos decorrente de acréscimo de novas parcelas, gratificações ou vantagens concedidas em caráter geral ao funcionalismo ou introduzidas por novos planos de carreira.

Na jurisprudência do STF, a concessão de uma aposentadoria é um ato administrativo complexo que somente se aperfeiçoa com o registro pelo Tribunal de Contas (MS 19.973-DF, Relator Ministro Bilac Pinto).

Ao negar provimento ao RE 576.920 – Tema 047 de Repercussão Geral, sob relatoria do Ministro Edson Fachin, o STF precisou que a Câmara Municipal não detém competência para rever o ato do Tribunal de Contas do Estado que nega o registro de admissão de pessoal, fixando a seguinte tese:

> A competência técnica do Tribunal de Contas do Estado, ao negar registro de admissão de pessoal, não se subordina à revisão pelo Poder Legislativo respectivo.

DÚVIDA FREQUENTE

Pode o TCU negar registro a um ato praticado de acordo com determinação judicial?
Sim. A hipótese já ocorreu, havendo entendimentos do STF e do próprio TCU. O que o TCU não pode é determinar ao órgão que descumpra a determinação judicial, ainda que para corrigir flagrante ilegalidade.

Vantagem pecuniária incluída nos proventos de aposentadoria de servidor público federal, por força de decisão judicial transitada em julgado. Impossibilidade de o Tribunal de Contas da

> União impor à autoridade administrativa sujeita à sua fiscalização a suspensão do respectivo pagamento. Ato que se afasta da competência reservada à Corte de Contas. (MS 23.665, Rel. Min. Maurício Corrêa, DJ 20/09/2002)
>
> Vantagem pecuniária incorporada aos proventos de aposentadoria de servidor público, por força de decisão judicial transitada em julgado: não pode o Tribunal de Contas, em caso assim, determinar a supressão de tal vantagem, por isso que a situação jurídica coberta pela coisa julgada somente pode ser modificada pela via da ação rescisória. (MS 25.460, Rel. Min. Carlos Velloso, DJ 10/02/2006)
>
> Em homenagem ao princípio da intangibilidade da coisa julgada, no caso de a decisão judicial dispor expressamente sobre a permanência das verbas consideradas indevidas pelo TCU, nega-se registro ao ato, abstendo-se de determinar a suspensão do pagamento. (Acórdão TCU nº 2.191/2006 – Primeira Câmara, Rel.: Min. Augusto Nardes)
>
> Por outro lado, se a determinação judicial é posterior à deliberação do TCU, este não se encontra vinculado ao seu cumprimento.
>
> Tribunal de Contas: registro de aposentadoria: mandado de segurança posterior para compelir a autoridade administrativa a alterar o ato concessivo já registrado não impõe ao Tribunal de Contas deferir o registro da alteração: aplicação da Súmula nº 6/STF, não elidida pela circunstância de o ato administrativo subsequente ao registro ter derivado do deferimento de mandado de segurança para ordenar a sua prática à autoridade competente retificar a aposentadoria que concedera, mas não para desconstituir a decisão anterior do Tribunal de Contas. (MS 22.658, Rel. Min. Sepúlveda Pertence, DJ 27/03/1998)

2.4.4. Realizar inspeções e auditorias por iniciativa própria ou por solicitação do Congresso Nacional (CF: art. 71, IV)

As inspeções e auditorias do TCU poderão ter duas origens:

- Por iniciativa própria (aprovadas na forma do Regimento Interno); e
- Por solicitação do Congresso Nacional.

Nessa última hipótese, somente quem pode dirigir a solicitação ao TCU são as seguintes autoridades:

- Presidente do Senado Federal;
- Presidente da Câmara dos Deputados;
- Presidente de comissão técnica ou de inquérito do Congresso Nacional, do Senado Federal ou da Câmara dos Deputados, quando por ela aprovada; e
- Presidente de comissão do Congresso Nacional, do Senado Federal ou da Câmara dos Deputados, quando por ela aprovada.

Tais atividades de fiscalização poderão ser de natureza contábil, financeira, orçamentária, operacional e patrimonial, e ocorrer nas unidades administrativas dos Poderes Legislativo, Executivo e Judiciário, bem como nas entidades da administração indireta, incluídas as fundações e sociedades instituídas e mantidas pelo Poder Público federal.

Essa definição constitucional é de suma importância. Fica clara a possibilidade, por exemplo, de fiscalizar o próprio Senado, ou alguma de suas unidades administrativas como o Centro Gráfico; de fiscalizar Tribunais Regionais e Superiores; de fiscalizar unidades militares ou unidades de produção como refinarias de petróleo, usinas de geração elétrica, entre outras. Não é estabelecida nenhuma exceção ou imunidade em relação à competência fiscalizatória do TCU.

A distinção entre inspeções e auditorias e os demais instrumentos de fiscalização do TCU constam do Capítulo 11, item 11.2.

2.4.5. Fiscalizar as contas nacionais das empresas supranacionais (CF: art. 71, V)

A principal empresa supranacional, de cujo capital social a União participa, é a Itaipu Binacional. Ademais, devem ser mencionados o Banco Brasileiro Iraquiano S.A. – BBI (extinto) e a Companhia de Promoção Agrícola – CPA, que foram constituídos a partir de acordos celebrados, respectivamente, com os Governos do Iraque e do Japão.

O dispositivo prevê que, na gestão da empresa, a parcela identificável como "contas nacionais", nos termos do tratado constitutivo, estará sujeita à fiscalização do TCU. Por muito tempo prevaleceu o entendimento da Decisão nº 278/1995 – Plenário, segundo a qual os termos do tratado constitutivo entre o Brasil e o Paraguai não viabilizam a ocorrência dessa fiscalização.

A jurisprudência do TCU evoluiu e no Voto condutor do Acórdão nº 1.014/2015 (Rel.: Min. Raimundo Carreiro) considerou-se que a eventual impossibilidade de identificar nas demonstrações contábeis de Itaipu Binacional registros específicos que possam ser classificados como "contas nacionais" em nada impede que o controle externo aplique, *in casu*, o conceito de "contas nacionais" como o conjunto de informações relevantes à boa governança da empresa no que tange aos interesses da Sociedade e do Estado brasileiros, à luz dos princípios insertos nos arts. 70 e 37 da Constituição Federal (legalidade, legitimidade, impessoalidade, moralidade, publicidade, economicidade e eficiência). Destarte, foi determinada a realização de levantamento de auditoria na Itaipu Binacional.

É importante observar que a competência do TCU não atinge toda a gestão dessas empresas, mas apenas as suas "contas nacionais", o que é coerente com a seguinte manifestação do STJ:

> Os contratos de Itaipu com pessoas físicas e jurídicas brasileiras sujeitam-se às leis brasileiras. (STJ REsp 215.989/PR)

Em 2020, no julgamento da ACO 1.905, o plenário do STF, por unanimidade, acompanhou o relator, Ministro Marco Aurélio, segundo o qual, no caso de Itaipu, o tratado e seus anexos, segundo o relator, não deixam dúvidas da natureza unitária da diretoria da empresa, sendo incabível qualquer tentativa de cisão. Para o relator, eventual fiscalização pelo TCU só poderá ocorrer nos termos acordados com a República do Paraguai e materializados em instrumento diplomaticamente firmado entre os dois Estados soberanos. Há negociações diplomáticas visando a criação da Comissão Binacional de Contas para exercer o controle externo da empresa.

2.4.6. Fiscalizar a aplicação de recursos da União repassados a estados, ao Distrito Federal ou a municípios (CF: art. 71, VI)

O inciso VI atribui ao TCU fiscalizar a aplicação de quaisquer recursos repassados pela União mediante convênio, acordo, ajuste ou outros instrumentos congêneres, a estado, ao Distrito Federal ou a município. Assim, não se cuida da totalidade dos recursos repassados aos entes federados, mas sim daqueles efetuados mediante transferências voluntárias, por intermédio de convênios ou outros instrumentos congêneres.

Como será visto adiante, no item 2.25, no que concerne às transferências constitucionais, como o FPE e o FPM, que, malgrado serem compostos por tributos arrecadados pela União, constituem receitas originárias dos entes federados, a competência do TCU será fiscalizar o repasse dos recursos, mas não a sua aplicação.

Por sua vez, no que concerne aos recursos do SUS, a Decisão nº 506/1997 – Plenário firmou o entendimento de que os recursos repassados pelo Sistema Único de Saúde – SUS, aos estados, ao Distrito Federal e aos municípios, constituem recursos federais e que, dessa forma, estão sujeitos à fiscalização desta Corte as ações e os serviços de saúde pagos à conta desses recursos, quer sejam os mesmos transferidos pela União mediante convênio, quer sejam repassados com base em outro instrumento ou ato legal.[35]

As principais normas que disciplinam a celebração de convênios com recursos federais são o Decreto nº 11.531/2023, a Portaria Conjunta MGI/MF/CGU nº 33/2023 e as suas respectivas alterações.

Tais normas conceituam como convênio, instrumento qualquer que discipline a transferência de recursos financeiros provenientes do Orçamento Fiscal e da Seguridade Social da União, para a execução de programas, projetos e atividades de interesse recíproco e em regime de mútua colaboração.

A propósito do julgamento de contas de recursos federais recebidos por municípios, inclusive com a eventual cominação de sanções a Prefeitos, é interessante observar a jurisprudência do STJ.

SÚMULA Nº 208 DO STJ

Compete à Justiça Federal processar e julgar Prefeito Municipal por desvio de verba sujeita à prestação de contas perante órgão federal.

Desta forma, sendo federais os recursos, o controle externo compete ao TCU, e a jurisdição penal à Justiça Federal.

2.4.7. Prestar informações ao Congresso Nacional sobre fiscalizações realizadas (CF: art. 71, VII)

Cumpre ao TCU prestar as informações solicitadas pelo Congresso Nacional, por qualquer de suas Casas, ou por qualquer das respectivas Comissões, sobre a

---

[35] A fiscalização dos recursos do SUS é objeto do item 5.7.4.

fiscalização contábil, financeira, orçamentária, operacional e patrimonial e sobre resultados de auditorias e inspeções realizadas. A solicitação é formalizada por expediente dirigido ao Presidente do TCU e assinado pelo presidente das instituições e comissões habilitadas.

Observe-se que no inciso VII a referência é a "qualquer das respectivas comissões", ao passo que no inciso IV, do mesmo art. 71 da CF, a remissão é a "comissão técnica ou de inquérito". A redação do inciso VII é mais abrangente, pois inclui eventuais comissões temporárias ou especiais que não sejam classificadas como técnicas ou de inquérito. Na LOTCU, o art. 1º, II, estende a todas as comissões do Congresso Nacional e de suas casas a faculdade de solicitarem ao TCU a fiscalização contábil, orçamentária, financeira, operacional e patrimonial de seus órgãos e entidades jurisdicionadas.

Mediante a Resolução nº 215/2008,[36] o TCU disciplinou o tratamento de solicitações do Congresso Nacional, definidas como pedidos aprovados pelo Congresso Nacional, por suas Casas ou comissões técnicas ou de inquérito, não se confundindo com solicitações formuladas diretamente ao Tribunal por parlamentares, individualmente ou em grupo.

O art. 3º do normativo classifica as solicitações em:

> I – solicitação de fiscalização de natureza contábil, financeira, orçamentária, operacional e patrimonial, nas unidades administrativas dos Poderes Legislativo, Executivo e Judiciário e demais entidades da Administração Pública, nos termos do art. 71, inciso IV, da Constituição Federal;
>
> II – solicitação de informação sobre fiscalização contábil, financeira, orçamentária, operacional e patrimonial e sobre resultados de inspeções e auditorias realizadas, nos termos do art. 71, inciso VII, da Constituição Federal;
>
> III – solicitação de pronunciamento conclusivo sobre regularidade de despesa, nos termos do art. 72, *caput* e § 1º, da Constituição Federal; e
>
> IV – solicitação de providências em relação às conclusões de relatório de comissão parlamentar de inquérito, nos termos dos arts. 1º e 2º da Lei nº 10.001/2000.

Nas solicitações amparadas nos incisos IV e VII do art. 71 da Constituição, a legitimidade para solicitar em nome do CN é dos presidentes do CN, do Senado, da Câmara ou de comissões técnicas ou de inquérito, quando por elas aprovada a solicitação.

No caso de pronunciamento conclusivo sobre regularidade de despesa, na hipótese do art. 72 da CF, a legitimidade para solicitar é exclusiva do presidente da comissão mista de que trata o art. 166, § 1º, da Constituição Federal, quando por ela aprovada a solicitação.

Finalmente, na hipótese de solicitação de providências em relação às conclusões de relatório de comissão parlamentar de inquérito, têm legitimidade os presidentes do Congresso Nacional, do Senado Federal ou da Câmara dos Deputados, por meio da resolução que aprova e encaminha o relatório da comissão respectiva.

---

[36] Parcialmente alterada pelas Resoluções nº 248/2012 e nº 277/2016.

> **DÚVIDA FREQUENTE**
>
> É possível ao TCU negar atendimento a uma solicitação do Congresso Nacional?
> Não diretamente.
> Nos termos da Resolução TCU nº 215/2008 as solicitações do CN têm natureza urgente, tramitação preferencial e são apreciadas exclusivamente pelo Plenário do TCU, sendo vedado o encerramento do processo antes do atendimento integral do pedido.
> Quando houver necessidade de melhor definição do objeto, da abrangência, do prazo e da forma de atendimento de solicitação do CN, a unidade técnica deve sugerir ao relator da solicitação o esclarecimento de tais questões junto ao colegiado solicitante.
> Todavia, pode ocorrer impossibilidade de atendimento, por refugir à competência constitucional ou legal do Tribunal; ou inviabilidade técnica ou jurídica de atendimento da solicitação.

> **EXEMPLO DE INFORMAÇÕES SOLICITADAS PELO CONGRESSO NACIONAL**
>
> ACÓRDÃO nº 2.130/2017 – PLENÁRIO
> Relator: AROLDO CEDRAZ
> Sumário: SOLICITAÇÃO DO CONGRESSO NACIONAL. SENADO FEDERAL. AUDITORIA DE CONFORMIDADE NO REPASSE DE RECURSOS AO FUNDO CONSTITUCIONAL DO DISTRITO FEDERAL (FCDF) E NA REGULARIDADE DE SUA APLICAÇÃO (EXERCÍCIOS DE 2011 A 2014). REGULARIDADE DOS REPASSES. QUESTÕES SUPERVENIENTES TRAZIDAS PELO DISTRITO FEDERAL. ANÁLISE DE ASPECTOS DA GESTÃO FINANCEIRA E ORÇAMENTÁRIA DO FCDF, REFERENTES AO DESTINO DOS SALDOS APURADOS NO FINAL DO EXERCÍCIO. QUESTIONAMENTO SOBRE A LEGALIDADE DO USO DE RECURSOS DO FCDF NO PAGAMENTO DE INATIVOS E PENSIONISTAS DAS ÁREAS DE SAÚDE E EDUCAÇÃO DO DF. MATÉRIA SOB ANÁLISE NO PROCESSO TC 022.651/2014-4. SOLICITAÇÃO INTEGRALMENTE ATENDIDA. CIÊNCIA AOS ÓRGÃOS INTERESSADOS E AO SENADO FEDERAL. ARQUIVAMENTO. NOVOS ELEMENTOS OFERTADOS PELO MP-TCDF. REMESSA PARA ADMISSIBILIDADE.

Por intermédio da IN TCU nº 59/2009, alterada pela IN TCU nº 73/2014, o TCU estabeleceu normas específicas para tramitação e acompanhamento das solicitações do Senado Federal acerca das resoluções de autorização das operações de crédito externo dos estados, do Distrito Federal e dos municípios, com garantia da União.

2.4.8. Aplicar sanções e determinar a correção de ilegalidades e irregularidades em atos e contratos (CF: art. 71, VIII, IX e XI)

Por esses dispositivos, compete ao TCU aplicar aos responsáveis, em caso de ilegalidade de despesa ou irregularidade de contas, as sanções previstas em lei, que estabelecerá, entre outras cominações, multa proporcional ao dano causado ao erário (inciso VIII); bem como fixar prazo para que o órgão ou entidade adote as providências necessárias ao exato cumprimento da lei, se verificada ilegalidade (inciso IX); e, ainda, representar ao Poder competente sobre irregularidades ou abusos apurados (inciso XI).

> **IMPORTANTE**
>
> A lei em referência no inciso VIII do art. 71 da CF não é apenas a LOTCU, embora dela conste um conjunto de sanções, inclusive, no art. 57, a possibilidade de uma multa de cem por cento do valor atualizado do dano causado ao Erário. É que outros diplomas legais também atribuem ao TCU a possibilidade de aplicar sanções, a exemplo da Lei nº 10.028/2000.

O capítulo 14 trata da aplicação de multas e outras sanções.

> **EXEMPLOS DE DELIBERAÇÃO PARA CORREÇÃO DE ILEGALIDADES**
>
> Acórdão nº 953/2012 – Plenário
> Relator: Ministro Substituto Weder de Oliveira
>
> (...) Cabe, assim, a este Tribunal de Contas, no cumprimento de seu mandato constitucional, assinar prazo razoável, que proponho seja de 180 dias, para que o TJDFT dê exato cumprimento à lei e assuma as funções de registro da distribuição dos feitos aos diversos juízos e a emissão das certidões pertinentes, as quais atualmente estão sendo exercidas pelo Cartório de Distribuição Ruy Barbosa, ilegal e inconstitucionalmente. (...)
>
> 9.2.1. no prazo de 60 (sessenta) dias, adote as medidas administrativas a seu cargo para o fornecimento gratuito de certidões cíveis e criminais em cumprimento ao que determina a Constituição da República, no art. 5º, XXXIV, b, dando amplo conhecimento desse direito à população do Distrito Federal, pelos meios que julgar pertinentes;
>
> 9.2.2. no prazo de 180 (cento e oitenta) dias, assuma as funções de registro da distribuição dos feitos aos diversos juízos e a emissão das certidões pertinentes, em cumprimento ao que dispõe o art. 68 da Lei nº 11.697/2008 e o art. 31 do ADCT.
>
> Acórdão nº 1.735/2022 – Plenário
> Redator: Ministro Benjamin Zymler
> Competência do TCU. Acesso à informação. Abrangência. Classificação da informação. Informação sigilosa.
>
> Não compete ao TCU reclassificar o nível de acesso a informações qualificadas como sigilosas por órgão jurisdicionado, tampouco atuar como instância recursal de pedidos de acesso à informação. Todavia, em caso de ilegalidade na prática do ato de classificação da informação ou de inobservância de procedimento prescrito em lei, pode o Tribunal assinar prazo para anulação do ato (art. 71, inciso IX, da Constituição Federal).

É com amparo no inciso IX do art. 71 da CF que diversos TCEs têm celebrado Termos de Ajustamento de Gestão – TAG com seus jurisdicionados.

> **EXEMPLO DE REPRESENTAÇÃO**
>
> Acórdão nº 2.551/2018 – Plenário
> Relator: Min. José Múcio Monteiro
> "(...) 1.9. Encaminhar cópia desta deliberação:
> 1.9.1. ao Ministério Público Federal e à Secretaria da Receita Federal do Brasil, para que adotem as medidas que julgarem oportunas e convenientes em relação aos indícios de que a Fundação Banco do Brasil não utilizava integralmente os valores doados pelo Banco do Brasil na realização de objetivos sociais, podendo estar descumprindo as declarações que foram emitidas nos termos da Instrução Normativa SRF nº 87, de 31/12/1996, com fundamento no art. 71, XI, da Constituição Federal; (...)".

2.5. SUSTAÇÃO DE ATOS E CONTRATOS (CF: ART. 71, X E §§ 1º E 2º)

Dispõe o inciso X do art. 71 que compete ao TCU sustar, se não atendido, a execução do ato impugnado, comunicando a decisão à Câmara dos Deputados e ao Senado Federal. Por seu turno, estipulam os §§ 1º e 2º do mesmo dispositivo que no caso de contrato, o ato de sustação será adotado diretamente pelo Congresso Nacional, que solicitará, de imediato, ao Poder Executivo as medidas cabíveis. Todavia, se o Congresso Nacional ou o Poder Executivo, no prazo de noventa dias, não efetivar as medidas previstas no parágrafo anterior, o Tribunal decidirá a respeito.

Assim, pela norma constitucional, a sustação de ato difere substancialmente da sustação de contrato.

Em ambos os casos, há uma etapa preliminar, a determinação ao jurisdicionado para a sustação. Se o gestor atender à determinação, encerra-se a atuação da Corte de Contas. O art. 45 da LOTCU indica que, verificada a ilegalidade de ato ou contrato em execução, o Tribunal assinará prazo para que o responsável adote as providências necessárias ao exato cumprimento da lei, fazendo indicação expressa dos dispositivos a serem observados.

Todavia, se não for atendido, caberá ao TCU sustar, diretamente, a execução do ato impugnado, comunicando a decisão à Câmara dos Deputados e ao Senado Federal, e aplicando multa ao responsável, no próprio processo de fiscalização.

Na hipótese de contrato, o ato de sustação será adotado diretamente, mediante decreto legislativo, pelo Congresso Nacional, que solicitará, de imediato, ao Poder Executivo as medidas cabíveis. Preleciona Jacoby Fernandes que tais medidas envolvem a defesa da Fazenda e incluem ações de indenização, arresto de bens, assunção da obra no estado em que se encontra, entre outras.

EXEMPLO DE SUSTAÇÃO DE CONTRATO PELO CONGRESSO NACIONAL

DECRETO LEGISLATIVO Nº 106, DE 1995
Susta a execução do contrato firmado entre a FUFMS – Fundação Universidade Federal de Mato Grosso do Sul – e a AME – Assistência ao Menor Enfermo –, por encontrar-se eivado de irregularidade, contrariando os ditames das Leis nºs 6.019, de 1974, e 7.102, de 1983, bem como do Decreto-lei nº 2.300, de 1986.
O Congresso Nacional resolve:
Art. 1º Com fundamento no § 2º do art. 45 da Lei nº 8.443, de 1992, é sustada a execução do contrato firmado entre a Fundação Universidade Federal de Mato Grosso do Sul – FUFMS – e a Assistência ao Menor Enfermo – AME, por encontrar-se eivado de irregularidade, contrariando os ditames das Leis nºs 6.019, de 1974, e 7.102, de 1983, bem como do Decreto-lei nº 2.300, de 1986, nos termos da Decisão nº 554, de 1994, adotada pelo Tribunal de Contas da União na Sessão Ordinária do Plenário de 31 de agosto de 1994.
Art. 2º Este Decreto Legislativo entra em vigor na data de sua publicação, cabendo ao Poder Executivo as providências necessárias para a sua execução, na forma da parte final do § 2º do art. 45 da Lei nº 8.443, de 1992.
Senado Federal, em 31 de agosto de 1995

E se, no prazo de noventa dias, o Congresso Nacional ou o Poder Executivo não efetivarem tais medidas, prevê a CF que o Tribunal decidirá a respeito. Na LOTCU, especifica-se que o Tribunal decidirá a respeito da sustação do contrato (art. 45, § 3º).

Verificada essa hipótese e se decidir sustar o contrato, o Tribunal determinará ao responsável que, no prazo de quinze dias, adote as medidas necessárias ao cumprimento da decisão e comunicará o decidido ao Congresso Nacional e à autoridade de nível ministerial competente (RITCU: art. 251, § 4º).[37] Conforme frisa Bim,[38] diferentemente do regime constitucional pretérito, o Poder Legislativo e o Executivo não são mais senhores do destino do contrato; não poderão chancelar a injuridicidade apontada pelo Tribunal de Contas por omissão (inércia) ou por ação (ato declaratório ou pretensamente homologatório etc.).

No magistério de Jacoby Fernandes,[39] sustar um contrato significa retirar-lhe a eficácia, a produção dos efeitos financeiros – pagamento, por exemplo – e executivos, realização do objeto. Assim, prossegue o eminente autor, sustação não é sinônimo de rescisão, cabendo à autoridade que recebe a comunicação avaliar os efeitos da sustação na vida do contrato.

Acerca do tema, assim se posicionou o STF:

> O Tribunal de Contas da União, embora não tenha poder para anular ou sustar contratos administrativos, tem competência, conforme o art. 71, IX, para determinar à autoridade administrativa que promova a anulação do contrato e, se for o caso, da licitação de que se originou. (MS 23.550, Rel. Min. Sepúlveda Pertence, DJ 31/10/2001)

O quadro a seguir resume tais regras.

Quadro-resumo dos procedimentos para sustação de atos e contratos

Procedimentos	Ato	Contrato
1º passo	TC constata a ilegalidade.	TC constata a ilegalidade.
2º passo	TC assina prazo para que o órgão ou entidade adote as providências necessárias ao exato cumprimento da lei.	TC assina prazo para que o órgão ou entidade adote as providências necessárias ao exato cumprimento da lei.
3º passo	Se atendido, encerra o procedimento.	Se atendido, encerra o procedimento.
4º passo	Se não atendido, o TC susta a execução do ato impugnado, comunicando a decisão ao Poder Legislativo.	Se não atendido, o TC comunica os fatos ao Poder Legislativo.

---

[37] Contra tal conclusão se insurge a professora Di Pietro (DI PIETRO, Maria Sylvia Zanella. O papel dos Tribunais de Contas no controle dos contratos administrativos. *Interesse Público – IP*, Belo Horizonte, ano 15, nº 82, nov./dez. 2013, p. 15-48).

[38] O poder geral de cautela dos Tribunais de Contas nas licitações e contratos administrativos. *Revista Interesse Público*, nº 36, 2006, p. 379.

[39] Sustação de Contratos Administrativos pelos Tribunais de Contas, *Revista Interesse Público*, ano VI, 2005, nº 29, p. 303-308.

Procedimentos	Ato	Contrato
5º passo		O Poder Legislativo adota diretamente a sustação do contrato e solicita, de imediato, ao Poder Executivo as medidas cabíveis.
6º passo		Se o Poder Legislativo ou o Poder Executivo, no prazo de noventa dias, não efetivar as medidas previstas no parágrafo anterior, o Tribunal decidirá a respeito da sustação do contrato.

IMPORTANTE

Sustar significa impedir de continuar, fazer parar, interromper, sobrestar, suspender. Portanto, não se confunde com anular, revogar ou invalidar, que são conceitos jurídicos distintos. Em cinco momentos a Constituição Federal utiliza a expressão sustação:

a) de atos impugnados: competência do TCU, segundo o art. 71, X;

b) de contratos: competência do Congresso Nacional, nos termos do art. 71, §§ 1º e 2º;

c) de despesa irregular: competência do Congresso Nacional, mediante proposta da CMO, ouvido o TCU, na forma do art. 72 e seus parágrafos;

d) os atos normativos do Poder Executivo que exorbitem do poder regulamentar ou dos limites de delegação legislativa: competência do Congresso Nacional, de acordo com o art. 49, V; e

e) de ações no STF relativas a crimes de Deputados e Senadores: competência da Casa respectiva, segundo o art. 53, §§ 3º, 4º e 5º.

2.6. EFICÁCIA DAS DECISÕES DO TCU (CF: ART. 71, § 3º)

Segundo o dispositivo, as decisões do Tribunal de que resulte imputação de débito ou multa terão eficácia de título executivo. O tema será aprofundado no Capítulo 3, item 3.3.

2.7. RELATÓRIOS AO CONGRESSO NACIONAL (CF: ART. 71, § 4º)

Trimestral e anualmente, o Tribunal deverá encaminhar ao Congresso Nacional relatório de suas atividades. Conforme o § 2º do art. 90 da LOTCU, no relatório anual o Tribunal apresentará análise da evolução dos custos de controle e de sua eficiência, eficácia e economicidade. Os relatórios encontram-se disponíveis no portal do TCU na Internet.

2.8. ATUAÇÃO DA COMISSÃO MISTA (CF: ART. 72)

A Comissão mista permanente a que se refere o art. 166, § 1º, é a Comissão Mista de Planos, Orçamentos Públicos e Fiscalização – CMO, mais conhecida como Comissão Mista de Orçamento, que poderá, diante de indícios de despesas não autorizadas, ainda que sob a forma de investimentos não programados ou de subsídios não aprovados, solicitar à autoridade governamental responsável que, no prazo de cinco dias, preste os esclarecimentos necessários.

Se tais esclarecimentos não forem prestados ou se a CMO os considerar insuficientes, será solicitado ao Tribunal de Contas pronunciamento conclusivo sobre a matéria, no prazo de trinta dias. Entendendo o Tribunal irregular a despesa, a Comissão, se julgar que o gasto possa causar dano irreparável ou grave lesão à economia pública, proporá ao Congresso Nacional sua sustação.

Assim, o dispositivo prevê uma atuação complementar da Corte de Contas e do Congresso, que é sintetizada no quadro a seguir.

Quadro-resumo dos procedimentos do art. 72 da Constituição

Pressuposto: indícios de despesas não autorizadas, ainda que sob a forma de investimentos não programados ou de subsídios não aprovados		
Etapas	Descrição	Responsável
1º passo	Solicitar à autoridade governamental responsável que, em 5 dias, preste os esclarecimentos necessários.	CMO
2º passo	Exame dos esclarecimentos.	CMO
3º passo	Se os esclarecimentos não forem prestados ou se considerados insuficientes, solicitar ao TCU pronunciamento conclusivo sobre a matéria em 30 dias.	CMO
4º passo	Emitir pronunciamento conclusivo.	TCU
5º passo	Se o TCU entender que a despesa é irregular, julgar se o gasto pode causar dano irreparável ou grave lesão à economia pública.	CMO
6º passo	Em caso afirmativo, propor ao Congresso Nacional a sustação da despesa.	CMO
7º passo	Deliberar acerca da sustação da despesa.	Congresso Nacional

Nos termos da Resolução TCU nº 215/2008, apenas o presidente da CMO tem legitimidade para solicitar pronunciamento conclusivo ao Tribunal.

A doutrina chama este processo de veto absoluto proibitivo que, segundo Torres,[40] "tornou-se importante na ausência do registro prévio de despesa".

Trata-se de uma hipótese bastante rara. Não temos notícia de nenhuma situação em que a norma tenha sido aplicada desde a promulgação da Constituição.

2.9. COMPOSIÇÃO DO TCU (CF: ART. 73)

O Tribunal de Contas da União é integrado por nove Ministros e tem sede no Distrito Federal, possuindo quadro próprio de pessoal e jurisdição em todo o território nacional.

---

[40] *Tratado de Direito Constitucional Financeiro e Tributário.* 2. ed. Rio de Janeiro: Renovar, 2000, vol. V, p. 321.

Ademais, o *caput* do art. 73 prevê que o TCU exercerá, no que couber, as atribuições previstas no art. 96 da CF. São as competências privativas dos tribunais, que lhes asseguram autonomia administrativa, tais como:

- eleger seus órgãos diretivos e elaborar seus regimentos internos, com observância das normas de processo e das garantias processuais das partes, dispondo sobre a competência e o funcionamento dos respectivos órgãos jurisdicionais e administrativos;
- organizar suas secretarias e serviços auxiliares, velando pelo exercício da atividade correcional respectiva;
- prover, por concurso público de provas, ou de provas e títulos, os cargos necessários à sua administração, exceto os de confiança assim definidos em lei;
- conceder licença, férias e outros afastamentos a seus membros e aos Ministros e servidores que lhes forem imediatamente vinculados; e
- propor ao Poder Legislativo a criação, a extinção de cargos e a remuneração dos seus serviços auxiliares, bem como a fixação do subsídio de seus membros.

Em alguns Estados foram votadas emendas constitucionais e leis de iniciativa de parlamentares dispondo sobre o funcionamento dos TCs, ferindo a sua autonomia. Tais normas têm sido declaradas inconstitucionais pelo STF, a exemplo de:

ADI 4418 (Rel.: Min. Dias Toffoli):

> Ação direta de inconstitucionalidade. Lei estadual nº 2.351, de 11 de maio de 2010, de Tocantins, que alterou e revogou dispositivos da Lei estadual nº 1.284, de 17 de dezembro de 2001 (Lei Orgânica do Tribunal de Contas do Estado do Tocantins). Lei originária de proposição parlamentar. Interferência do Poder Legislativo no poder de autogoverno e na autonomia do Tribunal de Contas do Estado. Vício de iniciativa. Inconstitucionalidade formal. Medida cautelar deferida. Procedência da ação.
>
> 1. As cortes de contas seguem o exemplo dos tribunais judiciários no que concerne às garantias de independência, sendo também detentoras de autonomia funcional, administrativa e financeira, das quais decorre, essencialmente, a iniciativa reservada para instaurar processo legislativo que pretenda alterar sua organização e funcionamento, conforme interpretação sistemática dos arts. 73, 75 e 96, II, d, da Constituição Federal.
>
> 2. A jurisprudência do Supremo Tribunal Federal tem se orientado no sentido de reconhecer a inconstitucionalidade formal, por vício de iniciativa, das disposições que, sendo oriundas de proposição parlamentar ou mesmo de emenda parlamentar, impliquem alteração na organização, na estrutura interna ou no funcionamento dos tribunais de contas. Precedentes: ADI 3.223, de minha relatoria, Tribunal Pleno, DJe de 2/2/15; ADI 1.994/ES, Rel. Min. Eros Grau, DJ de 8/9/06; ADI 789/DF, Rel. Min. Celso de Mello, DJ de 19/12/94.
>
> 3. A Lei nº 1.284/2010 é formalmente inconstitucional, por vício de iniciativa, pois, embora resultante de projeto de iniciativa parlamentar, dispôs sobre forma de atuação, competências, garantias, deveres e organização do Tribunal de Contas estadual.

ADI 5453 (Rel.: Min. Marco Aurélio):

> A prerrogativa para instaurar o processo legislativo, conferida ao Tribunal de Contas, tem por finalidade preservar sua autonomia funcional, administrativa e financeira. Os projetos apresentados ao Legislativo consubstanciam o instrumento formal do exercício do poder de iniciativa, consistente na escolha dos interesses a serem juridicamente tutelados.
>
> Segundo o entendimento deste Tribunal, são admitidas emendas aditivas aos projetos de lei de iniciativa restrita, desde que: (i) seja guardada a pertinência temática, isto é, não são aceitáveis emendas que desfigurem a proposição inicial ou que nela insiram matéria diversa e (ii) não importem aumento de despesa, ressalvado o disposto nos parágrafos 3º e 4º do artigo 166 da Carta de 1988, conforme preconiza o artigo 63 – Ação Direta de Inconstitucionalidade nº 3.114, relator ministro Carlos Ayres Britto, acórdão publicado no Diário da Justiça de 7 de abril de 2006.
>
> Modificações, supressões e acréscimos desprovidos de pertinência temática acabam por solapar, ainda que de forma indireta, a competência para deflagrar o procedimento de produção normativa, atingindo, por conseguinte, a própria autonomia constitucionalmente assegurada. Daí a impropriedade de serem introduzidos, por meio de emendas parlamentares, em se tratando de matéria de iniciativa reservada, conteúdos distintos daqueles constantes da proposta original. Consoante fiz ver no julgamento da Ação Direta de Inconstitucionalidade nº 3.926/SC, de minha relatoria, admitir que o legislador possa livremente alterar os projetos de iniciativa reservada é fazer tábula rasa da norma constitucional, no que prevê controle recíproco em favor do postulado da separação de Poderes.

ADI 5323 (Rel.: Min. Rosa Weber):

> Por unanimidade, o Plenário julgou parcialmente procedente a ação para declarar a inconstitucionalidade formal de dispositivos da Constituição do Rio Grande do Norte que tratam da organização e do funcionamento do Tribunal de Contas do estado. A Ministra Rosa Weber, relatora, observou que há violação da prerrogativa de independência e autonomia dos tribunais de contas, asseguradas pela Constituição Federal, para deflagrar processo legislativo que tenha por objeto alterar sua organização ou funcionamento. "A promulgação de emenda à constituição estadual não constitui meio hábil para contornar a cláusula de iniciativa reservada", destacou a relatora, citando precedentes do STF nesse sentido. Ela também declarou a inconstitucionalidade material de alguns dispositivos por trazerem regras que não respeitam o modelo previsto na Constituição Federal para exercício do controle externo das contas públicas.

2.9.1. Requisitos para a nomeação de Ministro (CF: art. 73, § 1º)

São cinco os requisitos exigidos pela Carta Magna para a nomeação para Ministro do Tribunal de Contas da União:

- nacionalidade: ser brasileiro;
- idade: possuir mais de trinta e cinco e menos de setenta anos de idade;[41]
- idoneidade moral e reputação ilibada;
- formação: notórios conhecimentos jurídicos, contábeis, econômicos e financeiros ou de administração pública; e
- experiência: mais de dez anos de exercício de função ou de efetiva atividade profissional que exija os conhecimentos supramencionados.

Os requisitos de nacionalidade, idade e experiência são objetivos.

Já os de formação e, principalmente, de idoneidade moral e reputação ilibada têm suscitado acesos debates, mormente por ocasião de indicações polêmicas.[42] Foi o caso da escolha para Conselheiro do TCE-RJ, em vaga reservada à Assembleia, de parlamentar estadual que, pouco antes, na qualidade de Presidente daquela Casa, fora réu em Ação Popular julgada procedente com fulcro nos princípios da moralidade e da probidade da administração. Há poucos anos, assistiu-se à tentativa, felizmente frustrada, de indicar para o TCU parlamentar federal condenado pelo próprio TCU por mau uso de recursos públicos. Em 2014, o episódio se repetiu quando lideranças partidárias no Senado indicaram nome de senador já condenado por crimes contra a administração pública e posteriormente preso no âmbito da Operação Lava-Jato. Forte reação da opinião pública conduziu à renúncia da indicação. A Resolução TCU nº 334/2021 dispõe sobre a instituição de regras e procedimentos para a apreciação dos requisitos constitucionais de idoneidade moral e reputação ilibada, imprescindíveis para a posse no cargo de Ministro do TCU.

IMPORTANTE

Não há, entre as exigências do art. 73 da CF, distinção entre brasileiros natos ou naturalizados, devendo ser observadas as normas sobre nacionalidade constantes do art. 12 da Carta Magna, com as alterações introduzidas pela Emenda Constitucional nº 54/2007.

2.9.2. Processo de escolha de Ministros do TCU (CF: art. 73, § 2º)

A escolha de Ministros do TCU obedece a dois processos distintos:

a) dois terços são escolhidos pelo Congresso Nacional, na forma do Regimento Comum.

---

[41] A Emenda Constitucional nº 122/2022 alterou de sessenta e cinco para setenta anos o limite máximo de idade para nomeação no TCU e nos demais Tribunais de Contas brasileiros.

[42] Mesquita propõe parâmetros para a aferição desses requisitos: Conceitos jurídicos indeterminados e a escolha dos membros dos Tribunais de Contas brasileiros. Lições de Júlio César à pátria tupiniquim. *Jus Navigandi*, Teresina, ano 19, nº 3998, 12 jun. 2014.

Nesse caso, exige-se apenas o atendimento dos requisitos do § 1º do art. 73 da CF.

b) um terço pelo Presidente da República, com aprovação do Senado Federal, sendo dois alternadamente dentre auditores e membros do Ministério Público junto ao Tribunal, indicados em lista tríplice pelo Tribunal, segundo os critérios de antiguidade e merecimento.

Aqui, há um rito específico e critérios adicionais. O nome indicado é submetido à aprovação do Senado em votação secreta, após arguição pública. Somente se confirmada a indicação, pode proceder-se à nomeação. Quanto aos critérios, além dos requisitos já descritos, um dos nomes deve ser escolhido a partir de lista tríplice de Auditores (Ministros Substitutos) do TCU, elaborada pelo Tribunal; outro será indicado a partir de lista tríplice de membros do Ministério Público junto ao Tribunal, também elaborada pelo TCU; e somente um nome será de livre escolha do Chefe do Poder Executivo.

O RITCU estipula, no seu art. 35, que, em caso de vacância, a competência para a escolha de Ministro do Tribunal de Contas da União será definida de modo que mantenha a composição prevista na CF. Assim, por exemplo, quando da aposentadoria de Ministro indicado pelo CN, a vaga será preenchida por indicação do CN; se a aposentadoria foi de Ministro indicado por livre escolha do Presidente da República, este terá o direito de indicar um nome para apreciação do Senado; e assim por diante. Mais adiante, apresenta-se decisão do STF nesse sentido.

Em todos os casos, a nomeação é feita pelo Presidente da República, mas quem dá posse é o Presidente do TCU.

Quadro-resumo das indicações de Ministro do TCU

Quem indica	Fração	Critério de escolha	Procedimentos
Presidente da República (CF: art. 73)	1/3 (um terço) = 3 Ministros	1 Ministro dentre os Auditores (Ministros Substitutos)	1) Elaboração da lista tríplice pelo TCU 2) Escolha pelo PR 3) Aprovação do Senado (CF: art. 52, III, b) 4) Nomeação pelo PR (CF: art. 84, XV)
		1 Ministro dentre os Membros do MPTCU	
		1 Ministro de livre escolha (CF: art. 73, § 1º, incisos I a IV)	1) Escolha pelo PR 2) Aprovação do Senado (CF: art. 52, III, b) 3) Nomeação pelo PR (CF: art. 84, XV)
Congresso Nacional (CF: art. 73, § 2º, II)	2/3 (dois terços) = 6 Ministros	Livre escolha (CF: art. 73, § 1º, incisos I a IV)	1) Escolha pelo CN 2) Nomeação pelo PR (CF: art. 84, XV)

Em reiteradas manifestações, o STF tem se posicionado no sentido de que, havendo uma vaga de Ministro do TCU ou de Conselheiro de TCE ou TCM, esta deve ser preenchida conforme a sua origem, ou seja, se a vaga era ocupada por alguém escolhido pelo Legislativo, o novo membro deverá ser escolhido pelo mesmo processo, e assim por diante.

> Tribunal de Contas da União. Composição. Vinculação de vagas. Inteligência e aplicação do art. 73, § 2º, incisos I e II, da Constituição Federal. Deferimento cautelar. O Tribunal de Contas da União é composto por nove Ministros, sendo dois terços escolhidos pelo Congresso Nacional e um terço pelo Presidente da República (CF, art. 73, § 2º, incisos I e II). **O preenchimento de suas vagas obedece ao critério de origem de cada um dos Ministros, vinculando-se cada uma delas à respectiva categoria a que pertencem.** A Constituição Federal ao estabelecer indicação mista para a composição do Tribunal de Contas da União não autoriza adoção de regra distinta da que instituiu. Inteligência e aplicação do art. 73, § 2º, incisos I e II, da Carta Federal. Composição e escolha: inexistência de diferença conceitual entre os vocábulos, que traduzem, no contexto, o mesmo significado jurídico. Suspensão da vigência do inciso III do art. 105 da Lei nº 8.443, de 16 de julho de 1992, e do inciso III do art. 280 do RITCU. (ADI 2.117-MC, Rel. Min. Maurício Corrêa, DJ 7.11.2003) (grifos nossos)

A ADI 2.117/DF foi julgada em definitivo em 2014 (Rel. Min Marco Aurélio), declarando a inconstitucionalidade do art. 105, III, da Lei nº 8.443/1992 – Lei Orgânica do TCU, que estabelecia um critério de preenchimento que não obedecia à origem da vaga em aberto.

No mesmo sentido a deliberação sobre o Tema 652 que fixou a tese:

> É inconstitucional a nomeação, pelo Chefe do Executivo, de membro do Ministério Público especial para preenchimento de cargo vago de Conselheiro de Tribunal de Contas local quando se tratar de vaga reservada à escolha da Assembleia Legislativa, devendo-se observar a regra constitucional de divisão proporcional das indicações entre os Poderes Legislativo e Executivo. (RE 717.242, Rel. Min. Marco Aurélio, j. 21.8.2014)

A primeira vaga a ser preenchida pela lista tríplice será a dos Auditores (Ministros ou Conselheiros-Substitutos); a segunda, a dos membros do Ministério Público de Contas (ADIs 2.209 e 2.596, Rel. Min. Maurício Corrêa; ADI 374, Rel. Min. Dias Toffoli). Em cada caso, a primeira lista tríplice será formada pelo critério de antiguidade e a segunda, pelo critério de merecimento.

Estudos sobre a jurisprudência do STF acerca do art. 73 da Constituição constam da pesquisa de Lima (2018).[43]

2.9.3. Prerrogativas dos Ministros (CF: art. 73, § 3º)

Os Ministros do TCU terão as mesmas garantias, prerrogativas, impedimentos, vencimentos e vantagens dos Ministros do Superior Tribunal de Justiça, aplicando-se-lhes, quanto à aposentadoria e pensão, as normas constantes do art. 40 da CF (regra geral para os servidores públicos). Entre tais garantias, destacam-se:

---

[43] Composição e funcionamento dos Tribunais de Contas: anotações à jurisprudência do Supremo Tribunal Federal. In: LIMA, Luiz Henrique (Coord.). *Tribunais de Contas*: temas polêmicos na visão de Ministros e Conselheiros Substitutos. 2. ed. rev. ampl. e atual. Belo Horizonte: Fórum, 2018, p. 87-115.

- vitaliciedade;[44]
- inamovibilidade; e
- irredutibilidade de vencimentos.

A Lei Orgânica do TCU explicita cada um desses pontos, conforme exposto no Capítulo 6.

2.9.4. Garantias dos Auditores/Ministros Substitutos (CF: art. 73, § 4º)

A CF previu a existência do cargo de Auditor, com a função de substituir os Ministros, nas suas férias, licenças, afastamentos legais, bem como nas hipóteses de vacância ou impedimentos. O Auditor, quando em substituição a Ministro, terá as mesmas garantias e impedimentos do titular e, quando no exercício das demais atribuições da judicatura, as de juiz de Tribunal Regional Federal. Nos TCEs e TCMs, quando em substituição a Conselheiro, o Auditor equipara-se a Desembargador do Tribunal de Justiça e, nas demais funções, a juiz de última entrância ou de entrância especial.

> O Tribunal julgou procedente pedido formulado em ação direta ajuizada pela Associação dos Membros dos Tribunais de Contas do Brasil – Atricon – para declarar a inconstitucionalidade do § 6º do art. 74 e do art. 279, ambos da Constituição do Estado do Espírito Santo, (...) que promoveu alterações na Lei Complementar nº 32/1993, ambas do referido Estado-membro, que extinguem o cargo de auditor junto ao Tribunal de Contas e criam o cargo de substituto de Conselheiro, dispondo sobre a forma de provimento deste e sua remuneração. Entendeu-se que as normas da Constituição estadual impugnadas divergem do modelo definido na Constituição Federal, de observância obrigatória pelos Estados-membros, concernente à organização, à composição e à fiscalização dos Tribunais de Contas estaduais, e criam nova forma de provimento de cargo sem concurso público, em ofensa ao art. 37, II, da CF. (ADI 1.994, Rel. Min. Eros Grau, Informativo 428)

DÚVIDA FREQUENTE

Por que o nome do cargo é Auditor?
Ao optar pela denominação Auditor para o cargo de substituto de Ministro do TCU, o constituinte de 1988 seguiu a tradição iniciada pelo Decreto nº 13.247/1918, que criou tais cargos. Por sua vez, a inspiração do Decreto foi a *Cour des Comptes* francesa, que designa como *Auditeur* o grau

---

[44] "Equiparação constitucional dos membros dos tribunais de contas à magistratura – garantia de vitaliciedade: impossibilidade de perda do cargo de conselheiro do Tribunal de Contas local, exceto mediante decisão emanada do Poder Judiciário. Os Conselheiros do Tribunal de Contas do Estado-membro dispõem dos mesmos predicamentos que protegem os magistrados, notadamente a prerrogativa jurídica da vitaliciedade (CF, art. 75 c/c o art. 73, § 3º), que representa garantia constitucional destinada a impedir a perda do cargo, exceto por sentença judicial transitada em julgado. (...) A Assembleia Legislativa do Estado-membro não tem poder para decretar, *ex propria auctoritate*, a perda do cargo de Conselheiro do Tribunal de Contas local, ainda que a pretexto de exercer, sobre referido agente público, uma (inexistente) jurisdição política" (ADI 4.190 MC-REF, P, Rel. Min. Celso de Mello, j. 10/3/2010, DJe 11/6/2010).

> inicial da magistratura de contas. Também na Itália, até 2007, o magistrado de início de carreira era denominado *Uditor*.
> Até hoje, no Brasil subsiste a denominação Juiz Auditor na Justiça Militar (CF: art. 123, parágrafo único, II).

Vale destacar a observação de Furtado,[45] para quem o cargo de Auditor Substituto de Ministro ou de Conselheiro constitui exceção única à sistemática de aquisição de vitaliciedade: a investidura no cargo pressupõe prévia aprovação em concurso público, mas a vitaliciedade dá-se com a posse.

Na lição de Jacoby Fernandes:[46]

> É importante notar que o constituinte foi muito criterioso ao definir as atribuições ordinárias do Auditor, qualificando-as, não sem motivo, de "judicatura", dada a feição judicialiforme das decisões proferidas pelos Tribunais de Contas. Esse argumento reforça o fato de os Ministros e Conselheiros, e do próprio Tribunal de Contas, exercerem funções jurisdicionais e outras funções. Assim, os Auditores, por força de dispositivo constitucional, têm atribuições ordinárias de judicatura, isto é, próprias de juiz, do exercício da magistratura.

Em 2022, ao julgar um conjunto de ADIs versando sobre normas estaduais, o STF, por unanimidade, consolidou importante entendimento acerca da relevância dos auditores constitucionais. Na ADI 6.939, o Ministro Roberto Barroso expressou que:

> Não estabelece equiparação remuneratória inconstitucional a norma que autoriza o auditor de contas a receber os mesmos vencimentos e vantagens do conselheiro, quando estiver atuando em sua substituição. Por se tratar do exercício temporário das mesmas funções, admite-se o pagamento da mesma remuneração, por critério de isonomia.
> Igualmente, não há inconstitucionalidade na norma que estabelece que auditores de contas, quando no exercício das demais atribuições da judicatura, devem receber os mesmos vencimentos de juízes de direito de entrância final. O art. 73, § 4º, da CF estabelece que, no exercício das demais atribuições da judicatura, o auditor terá as mesmas garantias de juiz do Tribunal Regional Federal, norma que deve ser aplicada por simetria aos Estados (art. 75 da CF). A manutenção do mesmo padrão remuneratório de magistrados é uma garantia de independência e imparcialidade no exercício da judicatura de contas.

Por sua vez, na ADI 6.941, o voto do Ministro Alexandre de Moraes destacou:

> O art. 73, § 4º, da CF, ao estabelecer a equiparação existente entre os Auditores (Ministros-Substitutos), categoria que exerce atribuições judicantes, e os Juízes do Tribunal Regional Federal, compreende também a equivalência do padrão remuneratório.

---

[45] FURTADO, Lucas Rocha. *Curso de Direito Administrativo*. Belo Horizonte: Fórum, 2007, p. 951.
[46] FERNANDES, Jorge Ulisses Jacoby. *Tribunais de Contas do Brasil – jurisdição e competência*. 3. ed. rev., atual. e ampl. Belo Horizonte: Fórum, 2012, p. 819.

Nos termos do art. 75 da Constituição, os Estados e o Distrito Federal devem adotar, no que couber, o modelo constitucional de organização, composição e fiscalização do Tribunal de Contas da União, como decorrência da aplicação do princípio da simetria. Precedentes da Corte.

Conforme o art. 3º da Lei nº 12.811/2013, também serão denominados Ministros--Substitutos os titulares do cargo de Auditor de que trata o § 4º do art. 73 da Constituição Federal, os quais, nos termos do texto constitucional, substituem os Ministros e exercem as demais atribuições da judicatura, presidindo processos e relatando-os com proposta de decisão, segundo o que dispõe o parágrafo único do art. 78 da Lei nº 8.443/1992.

Atualmente está consagrada a denominação Ministro Substituto, constante do RITCU e de todos os documentos oficiais do TCU, bem como na jurisprudência do STF. Em grande parte dos TCEs, as respectivas Leis Orgânicas alteraram a denominação de Auditor ou Auditor Substituto de Conselheiro para Conselheiro Substituto.

> **IMPORTANTE**
>
> Não há que se confundir o papel dos Auditores (Ministros Substitutos) com o dos Auditores Federais de Controle Externo – AUFCs. Apesar da semelhança na denominação do cargo, suas atribuições são bem distintas. Os AUFCs compõem o corpo técnico da Corte de Contas e desenvolvem, entre outras, atividades de fiscalização e instrução de processos. Os Auditores (Ministros Substitutos) compõem o Corpo Deliberativo, substituem os Ministros e desempenham funções de judicatura. Ao contrário dos AUFCs, os Auditores (Ministros Substitutos) não podem exercer funções ou comissões na Secretaria do Tribunal.
> Ao julgar a ADI 4.541 impetrada contra leis estaduais que permitiam a servidores do TCE-BA o desempenho de atividades típicas da carreira de auditor constitucional (conselheiro substituto), como as de substituição eventual dos conselheiros do TCE e julgamento de contas, a Ministra Cármen Lúcia, relatora, em seu voto assinalou que, a despeito da semelhança da terminologia adotada, o cargo de auditor, na legislação estadual, não equivale ao descrito na Constituição, uma vez que ele não tem a independência e a autonomia necessárias para o desempenho de atribuições constitucionais, equivalendo, na esfera federal, aos integrantes do quadro técnico administrativo do TCU.

2.10. CONTROLE INTERNO (CF: ART. 74)

O art. 74 estabeleceu a obrigatoriedade dos Poderes Legislativo, Executivo e Judiciário manterem, de forma integrada, sistema de controle interno com a finalidade de:

I – avaliar o cumprimento das metas previstas no plano plurianual, a execução dos programas de governo e dos orçamentos da União;

II – comprovar a legalidade e avaliar os resultados, quanto à eficácia e eficiência, da gestão orçamentária, financeira e patrimonial nos órgãos e entidades da administração federal, bem como da aplicação de recursos públicos por entidades de direito privado;

III – exercer o controle das operações de crédito, avais e garantias, bem como dos direitos e haveres da União;

IV – apoiar o controle externo no exercício de sua missão institucional.

Importante destacar que o controle interno é exercido por órgão interno a cada Poder. Assim, veremos que a Controladoria-Geral da União – CGU atua apenas no âmbito do Poder Executivo. O Senado Federal, a Câmara dos Deputados, o Supremo Tribunal Federal e o Ministério Público da União dispõem de seus próprios sistemas de controle interno.

Na forma do § 1º, os responsáveis pelo controle interno, ao tomarem conhecimento de qualquer irregularidade ou ilegalidade, dela darão ciência ao Tribunal de Contas da União, sob pena de responsabilidade solidária.

Recorde-se que, nos termos do art. 264 do Código Civil, a solidariedade ocorre quando na mesma obrigação concorre mais de um credor, ou mais de um devedor, cada um com direito, ou obrigação, à dívida toda. Por sua vez, o art. 265 do CC estipula que a solidariedade não se presume, resultando da lei ou da vontade das partes.

O controle interno é objeto do Capítulo 12 deste livro.

2.11. APURAÇÃO DE DENÚNCIAS APRESENTADAS POR QUALQUER CIDADÃO, PARTIDO POLÍTICO, ASSOCIAÇÃO OU SINDICATO SOBRE IRREGULARIDADES OU ILEGALIDADES (CF: ART. 74, § 2º)

Pelo dispositivo, qualquer cidadão, partido político, associação ou sindicato é parte legítima para, na forma da lei, denunciar irregularidades ou ilegalidades perante o Tribunal de Contas da União. A norma foi disciplinada pela LOTCU, nos arts. 53 a 55, e pelo RITCU, nos arts. 234 a 236. O tema será objeto de estudo no Capítulo 11, no item 11.11.

Anote-se, também, que, nos termos da LC nº 131/2009, qualquer cidadão, partido político, associação ou sindicato é parte legítima para denunciar ao respectivo Tribunal de Contas e ao órgão competente do Ministério Público o descumprimento das prescrições estabelecidas na Lei de Responsabilidade Fiscal.

2.12. ORGANIZAÇÃO DOS TRIBUNAIS DE CONTAS DOS ESTADOS, DISTRITO FEDERAL E MUNICÍPIOS (CF: ART. 75)

O art. 75 estipula que as normas estabelecidas para o controle externo na esfera federal aplicam-se, no que couber, à organização, composição e fiscalização dos Tribunais de Contas dos Estados e do Distrito Federal, bem como dos Tribunais e Conselhos de Contas dos Municípios. O parágrafo único orienta as Constituições estaduais a dispor sobre os Tribunais de Contas respectivos, que serão integrados por sete Conselheiros.

Na lição de Castro,[47] tal dispositivo consagra o princípio da simetria concêntrica ou simetrização.

---

[47] O novo Tribunal de Contas – visão sistêmica das Leis Orgânicas dos Tribunais de Contas dos Estados e Municípios do Brasil. *Revista do Tribunal de Contas do Estado de Minas Gerais*, ano XXI, nº 3, 2005.

> **IMPORTANTE**
>
> No caso dos Tribunais de Contas dos Estados, quando da elaboração das Constituições estaduais, em 1989, surgiu a seguinte dúvida: sendo 7 o número de Conselheiros, e não sendo 7 um número múltiplo de 3, como obedecer ao critério de indicação de dois terços pelo Legislativo e um terço pelo Executivo? De fato, dois terços de 7 são 4,7, e um terço são 2,3. Alguns estados optaram por atribuir 5 indicações ao Legislativo e 2 ao Executivo. Como era de se esperar, a controvérsia foi levada ao STF, que terminou por firmar jurisprudência, expressa na Súmula nº 653, segundo a qual nos Tribunais de Contas estaduais, quatro Conselheiros devem ser escolhidos pela Assembleia Legislativa e três pelo Chefe do Poder Executivo estadual, cabendo a este indicar um dentre auditores (Conselheiros Substitutos) e outro dentre membros do Ministério Público, e um terceiro a sua livre escolha.

Os Tribunais de Contas estaduais, por sua vez, não poderão, em sua composição, ter mais do que sete (7) Conselheiros. Trata-se de limite numérico que se impõe, por inultrapassável, aos Estados-Membros (CF, art. 75, parágrafo único). A dificuldade de adaptar-se, no âmbito dos Estados-Membros, à proporção estabelecida no plano federal, para efeito de composição do Tribunal de Contas da União, que possui nove integrantes, foi bem realçada pelo eminente Min. Ilmar Galvão, cujo voto, proferido no julgamento da ADI 585/AM, de que foi Relator (RTJ 155/43, 47/48), assim expôs essa questão: 'Acresça-se, no caso dos estados, a impossibilidade de efetuar-se a distribuição das vagas, em número de sete, entre o Governador do Estado e a Assembleia Legislativa, na proporção exata de 1/3 e 2/3, pela singela razão de não se tratar de número múltiplo de três. Acresça-se, mais, que uma distribuição de vagas entre os dois órgãos que viesse a favorecer, em razão das sobras, a Assembleia Legislativa (2 por 5), conduziria a um impasse, seja à impossibilidade de cumprir-se o mandamento contido no inc. I, do mencionado dispositivo da Constituição Federal (art. 73, § 2º), seja destinar-se uma vaga à livre escolha do Governador, uma a auditor e uma a membro do Ministério Público. Colhe-se, de todo o exposto, a convicção de que, do texto do art. 73, § 2º, e incisos, da CF/1988, o que resulta, como preceito insuscetível de ser ladeado pelo legislador, constituinte ou ordinário, dos estados, é o de que quatro das vagas dos Tribunais de Contas hão de assegurar-se às Assembleias Legislativas, cabendo ao Governador preencher as três restantes, duas delas por meio de nomes retirados, alternadamente, de listas tríplices elaboradas pelo Tribunal, segundo os critérios de antiguidade e merecimento, dentre os auditores e membros do Ministério Público. (ADI 2.884, voto do Min. Celso de Mello, DJ 20/5/2005)

Nos termos do Enunciado nº 653 da Súmula desta Corte, nos Tribunais de Contas estaduais, compostos por sete Conselheiros, três deles serão escolhidos pelo Governador do Estado, cabendo-lhe indicar um entre auditores e outro entre membros do Ministério Público Especial, o terceiro sendo da sua livre escolha. Os demais são escolhidos pela Assembleia Legislativa. Quanto aos dois primeiros, apenas os auditores e membros do Ministério Público junto ao Tribunal de Contas podem figurar entre os possíveis Conselheiros. (ADI 397, Rel. Min. Eros Grau, DJ 9/12/2005)

Constituição: princípio da efetividade máxima e transição. Na solução dos problemas de transição de um para outro modelo constitucional, deve prevalecer, sempre que possível, a interpretação que viabilize a implementação mais rápida do novo ordenamento. Tribunal de Contas dos Estados: implementação do modelo de composição heterogênea da Constituição de 1988. A Constituição de 1988 rompeu com a fórmula tradicional de exclusividade da livre indicação dos seus membros pelo Poder Executivo para, de um lado, impor a predominância do Legislativo e, de outro, vincular a clientela de duas das três vagas reservadas ao Chefe do Governo aos quadros técnicos dos Auditores e do Ministério Público especial. Para implementar, tão rapidamente quanto possível, o novo modelo constitucional nas primeiras vagas ocorridas a partir de sua vigência, a serem providas pelo chefe do Poder Executivo, a preferência deve caber às categorias dos auditores e membros do Ministério Público especial. (ADI 2.596, Rel. Min. Sepúlveda Pertence, DJ 2/5/2003)

O TCM de São Paulo ainda não atualizou sua estrutura conforme a Constituição de 1988 e apresenta a particularidade de contar com apenas cinco Conselheiros, sendo dois indicados pelo Poder Executivo e três pelo Poder Legislativo, o que será explicado na próxima seção.[48]

QUESTÃO POLÊMICA

Podem as Constituições estaduais atribuir competências às respectivas Cortes de Contas não previstas na Constituição Federal?
O STF tem tido uma interpretação bastante restritiva do tema, julgando inconstitucionais numerosos dispositivos de Cartas estaduais que objetivavam ampliar o alcance da atuação dos Tribunais de Contas, a exemplo da ADI 523 (PR) e da ADI 461 (BA).
Da mesma forma, foi considerada inconstitucional medida que restringia competências de TCE (ADI 3715/TO).
Em 2016, no julgamento da ADI 3077/SE, foi considerado inconstitucional dispositivo da Constituição sergipana que dispensava o parecer prévio do TCE no julgamento das contas dos prefeitos. Foi declarada, ainda, a inconstitucionalidade de artigo que atribuía o julgamento das contas do Poder Legislativo à própria Assembleia Legislativa. Segundo a argumentação trazida na ADI, esse julgamento cabe ao Tribunal de Contas.

2.13. FISCALIZAÇÃO NOS MUNICÍPIOS (CF: ART. 31)

No capítulo dedicado à organização dos municípios, a Constituição prevê que a fiscalização do município será exercida pelo Poder Legislativo Municipal, mediante controle externo, e pelos sistemas de controle interno do Poder Executivo Municipal, na forma da lei (CF: art. 31, *caput*).

---

[48] As peculiaridades do TCM-SP e do TCM-RJ são objeto do estudo de Sarquis e Costa (A composição dos Tribunais de Contas municipais de São Paulo e do Rio de Janeiro. In: LIMA, Luiz Henrique (Coord.). *Tribunais de Contas*: temas polêmicos na visão de Ministros e Conselheiros Substitutos. 2. ed. rev. ampl. e atual. Belo Horizonte: Fórum, 2018. p. 167-195, 171-201).

> **IMPORTANTE**
>
> Não há previsão constitucional para sistema de controle interno do Poder Legislativo Municipal. Todavia, tal exigência foi estabelecida pela Lei de Responsabilidade Fiscal (art. 54, parágrafo único e art. 59, *caput*).

De modo análogo à esfera federal, o controle externo da Câmara Municipal será exercido com o auxílio dos Tribunais de Contas dos Estados ou do Município ou dos Conselhos ou Tribunais de Contas dos Municípios, onde houver (CF: art. 31, § 1º). Existem hoje, a par de um Tribunal de Contas em cada estado e no Distrito Federal, três Tribunais de Contas dos Municípios, nos estados da Bahia, Goiás e Pará, bem como dois Tribunais de Contas de Município, nos municípios do Rio de Janeiro e São Paulo. O quadro-resumo a seguir apresenta a responsabilidade pelo controle externo.

Quadro-resumo da responsabilidade pelo controle externo

Esfera	Responsável pelo controle externo	Órgão de fiscalização
União	Congresso Nacional	TCU
Estados	Assembleias Legislativas	TCs Estaduais
Distrito Federal	Câmara Legislativa	TCDF
Municípios da BA, GO e PA	Câmaras Municipais	TCM dos estados
Municípios do Rio de Janeiro e São Paulo	Câmaras Municipais	TCM-RJ e TCM-SP
Demais Municípios	Câmaras Municipais	TCs Estaduais
Territórios	Congresso Nacional	TCU

> **IMPORTANTE**
>
> Uma peculiaridade muito importante do controle externo nos municípios é a norma que dispõe que o parecer prévio, emitido pelo órgão competente sobre as contas que o Prefeito deve anualmente prestar, só deixará de prevalecer por decisão de dois terços dos membros da Câmara Municipal (CF: art. 31, § 2º). Anote-se que quando a norma faz referência à decisão de dois terços, significa que não basta a presença de dois terços dos vereadores à sessão e à votação sobre o parecer, mas sim que é exigido que pelo menos dois terços dos vereadores votem contrariamente às conclusões do parecer prévio elaborado pelo respectivo Tribunal de Contas.
> Assim, a regra para os municípios diverge substancialmente daquelas vigentes para a União, estados e Distrito Federal. Com efeito, para essas esferas a maioria absoluta das Casas Legislativas é suficiente para aprovar o Decreto Legislativo relativo às contas do Chefe do Poder Executivo, esteja ou não o parecer da Comissão técnica em consonância com o parecer prévio encaminhado pela Corte de Contas.
> Pode-se concluir, como Mileski,[49] que, com relação às contas do Prefeito, o parecer prévio do Tribunal de Contas é quase vinculativo.

---

[49] *Op. cit.*, p. 273.

Há também a previsão de publicidade das contas dos governos municipais que deverão ficar, durante sessenta dias, anualmente, à disposição de qualquer contribuinte, para exame e apreciação, o qual poderá questionar-lhes a legitimidade, nos termos da lei (CF: art. 31, § 3º). Tal dispositivo foi ampliado com a edição da Lei de Responsabilidade Fiscal, cujo art. 49 estipulou que as contas apresentadas pelo Chefe do Poder Executivo ficarão disponíveis, durante todo o exercício, no respectivo Poder Legislativo e no órgão técnico responsável pela sua elaboração, para consulta e apreciação pelos cidadãos e instituições da sociedade. Adicionalmente, a preocupação com a transparência da gestão fiscal determinou que será dada ampla divulgação, inclusive em meios eletrônicos de acesso público, aos planos, orçamentos e leis de diretrizes orçamentárias; às prestações de contas e ao respectivo parecer prévio; ao Relatório Resumido da Execução Orçamentária e ao Relatório de Gestão Fiscal (LRF: art. 48, *caput*). A transparência será assegurada também mediante:

> I – incentivo à participação popular e realização de audiências públicas, durante os processos de elaboração e discussão dos planos, lei de diretrizes orçamentárias e orçamentos;
>
> II – liberação ao pleno conhecimento e acompanhamento da sociedade, em tempo real, de informações pormenorizadas sobre a execução orçamentária e financeira, em meios eletrônicos de acesso público; e
>
> III – adoção de sistema integrado de administração financeira e controle, que atenda a padrão mínimo de qualidade estabelecido pelo Poder Executivo da União e ao disposto no art. 48-A da LRF, com a redação da LC nº 131/2009.

Finalmente, o constituinte vedou a criação de novos Tribunais, Conselhos ou órgãos de Contas Municipais (CF: art. 31, § 4º). Desse modo, à exceção dos estados e municípios anteriormente citados, em todos os demais municípios brasileiros as ações de controle externo envolverão os Tribunais de Contas dos respectivos estados. A esse respeito, há esclarecedora manifestação do STF:

> Municípios e Tribunais de Contas. A Constituição da República impede que os municípios criem os seus próprios Tribunais, Conselhos ou órgãos de contas municipais (CF, art. 31, § 4º), mas permite que os Estados-membros, mediante autônoma deliberação, instituam órgão estadual denominado Conselho ou Tribunal de Contas dos Municípios (RTJ 135/457, Rel. Min. Octavio Gallotti – ADI 445/DF, Rel. Min. Néri da Silveira), incumbido de auxiliar as Câmaras Municipais no exercício de seu poder de controle externo (CF, art. 31, § 1º). Esses Conselhos ou Tribunais de Contas dos Municípios – embora qualificados como órgãos estaduais (CF, art. 31, § 1º) – atuam, onde tenham sido instituídos, como órgãos auxiliares e de cooperação técnica das Câmaras de Vereadores. A prestação de contas desses Tribunais de Contas dos Municípios, que são órgãos estaduais (CF, art. 31, § 1º), há de se fazer, por isso mesmo, perante o Tribunal de Contas do próprio estado, e não perante a Assembleia Legislativa do Estado-membro. Prevalência, na espécie, da competência genérica do Tribunal de Contas do Estado (CF, art. 71, II, c/c o art. 75). (ADI 687, Rel. Min. Celso de Mello, DJ 10/2/2006)

Em resumo, na interpretação do STF, nenhum município pode criar um Tribunal de Contas Municipal próprio, exclusivo, mas os estados podem criar Tribunais ou Conselhos de Contas Municipais, órgãos da administração estadual, cujas contas serão julgadas pelo Tribunal de Contas do respectivo Estado.

Quanto aos Tribunais de Contas do Município do Rio de Janeiro e do Município de São Paulo, foram criados sob a égide da Constituição de 1967 e mantidos tacitamente pela Carta de 1988, cujo § 1º do art. 31 faz menção a Tribunal de Contas de Município, onde houver.

> **DÚVIDAS FREQUENTES**
>
> Por que a exceção feita ao TCM-SP e ao TCM-RJ?
> A anterior Constituição de 1969 previa, no § 3º do art. 16, que somente poderiam instituir Tribunais de Contas os municípios com população superior a dois milhões de habitantes e renda tributária superior a quinhentos milhões de cruzeiros novos. À época, apenas os municípios do Rio de Janeiro e São Paulo satisfaziam tais condições. O TCM-SP tinha sido criado em 1968 e o TCM-RJ em 1980. A Carta Cidadã de 1988 optou por não extinguir essas duas Cortes, embora tenha expressamente vedado que outros municípios criassem seus TCMs.
> Porque o TCM-SP dispõe de apenas cinco Conselheiros?
> À época de sua criação, em 1968, cinco era o número máximo previsto na Constituição paulista anterior. O número foi confirmado pela Carta paulista de 1989 (art. 151) e pela Lei Orgânica do Município de São Paulo de 1990 (art. 49). Houve diversos questionamentos apontando a inconstitucionalidade dessa regra, com destaque para a Ação Direta de Constitucionalidade 4.776, que argumentou, entre outros aspectos, que a composição vigente não prevê a indicação para Conselheiro a partir de listas tríplices de Conselheiros Substitutos e de Procuradores de Contas. Em 2020, o STF julgou improcedente a ação, considerando constitucional a atual composição. O relator foi o Ministro Gilmar Mendes. Pessoalmente, divirjo de tal entendimento.

2.14. PARECER PRÉVIO SOBRE AS CONTAS DE GOVERNO DE TERRITÓRIO (CF: ART. 33, § 2º)

Uma vez que os Territórios não possuem Poder Legislativo[50] e são sustentados por recursos da União, é natural, na arquitetura institucional, que, na hipótese de serem criados Territórios, as contas de seu Governo recebam parecer prévio do TCU, no prazo de sessenta dias, a contar de seu recebimento, e sejam julgadas pelo Congresso Nacional, após parecer da CMO. Se esses novos Territórios vierem a ser divididos em municípios (CF: art. 33, § 1º), a titularidade do controle externo será das respectivas Câmaras Municipais, com auxílio de órgão técnico estadual competente sobre as contas municipais, ou seja, com auxílio de conselho de contas dos municípios, que deve ser instituído por meio de lei federal.

---

[50] Há previsão de uma lei que regularia as eleições para a Câmara Territorial e sua competência deliberativa nos Territórios com mais de cem mil habitantes (CF: art. 33, § 3º).

2.15. INTERVENÇÃO DA UNIÃO NOS ESTADOS E NO DISTRITO FEDERAL (CF: ART. 34, VII, *D*)

O instituto da prestação de contas da administração pública, direta e indireta, é de tal relevância que foi elevado pelos constituintes à categoria de um dos princípios constitucionais, cuja garantia de observância constitui um dos motivos que justificam a intervenção da União nos estados e no Distrito Federal. Os demais princípios mencionados no art. 34, VII, são: forma republicana, sistema representativo e regime democrático; direitos da pessoa humana; autonomia municipal; e aplicação do mínimo exigido da receita resultante de impostos estaduais, compreendida a proveniente de transferências, na manutenção e desenvolvimento do ensino e nas ações e serviços públicos de saúde.

A decretação da intervenção, nesta hipótese, dependerá de provimento pelo STF de representação do Procurador-Geral da República (CF: art. 36, III). O processo e o julgamento da representação interventiva são disciplinados pela Lei nº 12.562/2011.

Conclui-se que a prestação de contas constitui um princípio republicano de alta relevância.

> **QUESTÃO POLÊMICA**
>
> Quem julga as contas de interventor federal em estado ou de interventor estadual em município? O fato de interventor federal em estado ter sido nomeado pelo Presidente da República não altera a circunstância de os recursos sob sua gestão serem estaduais. Dessa forma, o julgamento de suas contas será da Assembleia Legislativa, após parecer prévio do TCE.
> O mesmo raciocínio se aplica ao interventor estadual em município.

2.16. INTERVENÇÃO EM MUNICÍPIO (CF: ART. 35, II)

De modo análogo ao item anterior, a não prestação das contas devidas, na forma da lei, será uma das quatro hipóteses constitucionalmente previstas para a intervenção do estado em seus municípios ou da União nos municípios localizados em Território Federal. Como já decidiu o STF, não cabe ao Tribunal de Contas requerer a intervenção nessa hipótese.

> É inconstitucional a atribuição conferida, pela Constituição do Pará, art. 85, I, ao Tribunal de Contas dos Municípios, para requerer ao Governador do Estado a intervenção em município. Caso em que o Tribunal de Contas age como auxiliar do legislativo municipal, a este cabendo formular a representação, se não rejeitar, por decisão de dois terços dos seus membros, o parecer prévio emitido pelo Tribunal (CF, art. 31, § 2º). (ADI 2.631, Rel. Min. Carlos Velloso, DJ 8/8/2003)
>
> Constituição do Estado do Maranhão. (...). Decretação da intervenção do estado em município, proposta pelo Tribunal de Contas (...). A tomada de contas do prefeito municipal, objeto principal do controle externo, é exercido pela Câmara Municipal com o auxílio do Tribunal de Contas, órgão a que cumpre emitir parecer prévio, no qual serão apontadas eventuais irregularidades encontradas e indicadas as providências de ordem corretiva considerados aplicáveis ao caso pela referida

casa legislativa, entre as quais a intervenção. Tratando-se, nessa última hipótese, de medida que implica séria interferência na autonomia municipal e grave restrição ao exercício do mandato do prefeito, não pode ser aplicada sem rigorosa observância do princípio do *due process of law*, razão pela qual o parecer opinativo do Tribunal de Contas será precedido de interpelação do prefeito, cabendo à Câmara de Vereadores apreciá-lo e, se for o caso, representar ao Governador do Estado pela efetivação da medida interventiva. (ADI 614-MC, Rel. Min. Ilmar Galvão, DJ 18/5/2001)

Apesar disso, em algumas Constituições estaduais permanece em vigor o dispositivo que permite ao Tribunal de Contas solicitar a intervenção em município em decorrência da omissão na prestação de contas. Isso porque referidos dispositivos ou não tiveram sua constitucionalidade questionada ou tal questionamento ainda não foi objeto de deliberação do STF.

2.17. COMPETÊNCIA EXCLUSIVA DO CONGRESSO NACIONAL (CF: ART. 49, IX, X E XIII)

Entre as competências exclusivas do Congresso Nacional, constantes do art. 49 da Carta Magna, destacam-se, para o estudo de nossa matéria, as constantes dos incisos IX, X e XIII:

> IX – julgar anualmente as contas prestadas pelo Presidente da República e apreciar os relatórios sobre a execução dos planos de governo; e
>
> X – fiscalizar e controlar, diretamente, ou por qualquer de suas Casas, os atos do Poder Executivo, incluídos os da administração indireta.
>
> XIII – escolher dois terços dos membros do Tribunal de Contas da União;

Na esfera estadual, competirá às Assembleias Legislativas julgar as contas do Governador do Estado – a Câmara Legislativa, no caso do Distrito Federal – e na esfera municipal será das Câmaras de Vereadores a atribuição do julgamento das contas dos Prefeitos.

O julgamento das contas do Presidente da República materializa-se na votação de um Projeto de Decreto Legislativo, de autoria da Comissão Mista de Planos, Orçamentos Públicos e Fiscalização, após aprovação do parecer sobre as contas, cuja elaboração considera os elementos presentes no Relatório e no Parecer Prévio aprovados pelo TCU. Não há prazo constitucional, legal ou regimental para tal julgamento. Durante muitos anos, o Congresso Nacional foi omisso no exercício dessa importante atribuição, deixando pendentes de julgamento as Contas do Presidente da República relativas a mais de doze exercícios desde 1990, panorama que foi alterado a partir de 2015.

Conforme decisão do STF, no MS 33.729 (Rel. Min. Roberto Barroso), o julgamento das contas do Presidente da República deve ser realizado em sessão conjunta de ambas as Casas:

> Direito constitucional. Mandado de segurança. Medida liminar. Julgamento das Contas Anuais do Presidente da República. Competência do Congresso Nacional, em sessão conjunta de ambas as casas.

1. Decorre do sistema constitucional a conclusão de que o julgamento das contas do Presidente da República deve ser feito pelo Congresso Nacional em sessão conjunta de ambas as Casas, e não em sessões separadas.

2. Tal interpretação se extrai do seguinte conjunto de argumentos constitucionais: (i) caráter exemplificativo do rol de hipóteses de sessões conjuntas (CF, art. 57, § 3º); (ii) natureza mista da comissão incumbida do parecer sobre as contas (CF, art. 161, § 1º); (iii) reserva da matéria ao regimento comum, que disciplina as sessões conjuntas (CF, art. 161, *caput* e § 2º), nas quais ambas as Casas se manifestam de maneira simultânea; (iv) quando a Constituição desejou a atuação separada de uma das Casas em matéria de contas presidenciais, instituiu previsão expressa (CF, art. 51, II); e (v) simetria entre a forma de deliberação das leis orçamentárias e a de verificação do respectivo cumprimento.

3. Essa compreensão, longe de invadir matéria *interna corporis* do Parlamento, constitui fixação do devido processo legislativo em um de seus aspectos constitucionais mais importantes – a definição do órgão competente para o julgamento das contas anuais do Presidente da República –, matéria sensível ao equilíbrio entre os Poderes e da qual o Supremo Tribunal Federal, como guardião da Constituição (CF, art. 102, *caput*), não pode se demitir. Ademais, a interpretação ora adotada não contraria, e sim prestigia aquela acolhida em normas internas do próprio Congresso.

4. Há, no entanto, uma prática estabelecida em sentido diverso. Por essa razão, deixo de conceder liminar para suspender os efeitos das votações já realizadas. É necessário, porém, que os futuros julgamentos de contas presidenciais anuais sejam feitos em sessão conjunta do Congresso Nacional.

Na esfera municipal, chegou a ser formulada a tese de que, em caso de omissão da Câmara Municipal no julgamento das Contas de Governo dos Prefeitos, prevaleceria o Parecer Prévio do respectivo TCE ou TCM. Todavia, esse entendimento foi fulminado pelo STF no julgamento do RE 729.744/MG (Tema nº 157), que, por maioria, considerou que o parecer técnico elaborado pelo Tribunal de Contas tem natureza meramente opinativa, competindo exclusivamente à Câmara de Vereadores o julgamento das contas anuais do Chefe do Poder Executivo local, sendo incabível o julgamento ficto das contas por decurso de prazo (Rel. Min. Gilmar Mendes).

2.18. COMPETÊNCIA PRIVATIVA DA CÂMARA DOS DEPUTADOS (CF: ART. 51, II)

Na hipótese de não apresentação das contas ao Congresso Nacional, no prazo de sessenta dias após a abertura da sessão legislativa, é competência privativa da Câmara dos Deputados proceder à tomada de contas do Presidente da República.

A matéria é disciplinada no Regimento Interno da Câmara dos Deputados, segundo o qual incumbe à Comissão de Fiscalização Financeira e Controle daquela Casa legislativa proceder à tomada de contas do Presidente da República, quando não apresentadas ao Congresso Nacional dentro de sessenta dias após a abertura da sessão legislativa. A Comissão aguardará, para pronunciamento definitivo, a organização das contas do exercício, que deverá ser feita por uma Subcomissão Especial, com o auxílio do Tribunal de Contas da União, dentro de sessenta sessões. Referida Subcomissão Especial poderá convocar os responsáveis pelo sistema de controle interno e todos os ordenadores de despesa da Administração Pública direta, indireta e fundacional dos três Poderes, para comprovar, no prazo que estabelecer, as contas do exercício findo, na conformidade da respectiva lei orçamentária e das alterações havidas na sua execução. O parecer da Comissão de Fiscalização Financeira e Controle será encaminhado, por intermédio da Mesa da Câmara, ao Congresso Nacional, com a proposta de medidas legais e outras providências cabíveis. A prestação de contas pelo Presidente da República, após iniciada a tomada de contas, não será óbice à adoção e continuidade das providências relativas ao processo por crime de responsabilidade nos termos da legislação especial.

IMPORTANTE

A partir da Emenda Constitucional nº 50/2006, que alterou o *caput* do art. 57 da CF, a abertura anual da sessão legislativa passou a ser em 2 de fevereiro. É a partir dessa data que é computado o prazo de sessenta dias para apresentação das contas.
Nos estados e municípios que ainda não alteraram suas respectivas Constituições Estaduais e Leis Orgânicas, o prazo continua sendo contado a partir de 15 de fevereiro.

2.19. COMPETÊNCIA PRIVATIVA DO SENADO FEDERAL (CF: ART. 52, III, *B*)

Os Ministros do Tribunal de Contas da União indicados pelo Presidente da República, conforme a regra do art. 73, §§ 1º e 2º, da CF, deverão ser aprovados previamente pelo Senado Federal, por voto secreto e após arguição pública. Desse modo, o constituinte estabeleceu um rito especial para a apreciação pelo Senado dos nomes indicados pelo Chefe do Poder Executivo para o cargo de Ministro do TCU. Após ser comunicado da aprovação, poderá o Presidente da República efetuar a nomeação.

Quadro-resumo da repartição constitucional de funções de controle externo

Funções exercidas isoladamente pelo Congresso Nacional	Julgar as contas do PR (CF: art. 49, IX); fiscalizar e controlar, diretamente, ou por qualquer de suas Casas, os atos do Poder Executivo, incluídos os da administração indireta (CF: art. 49, X); e escolher dois terços (= seis) dos Ministros do TCU (CF: art. 49, XIII).
Funções exercidas isoladamente pelo Senado	Apreciar, mediante votação secreta, após arguição pública, as indicações de nomes para Ministro do TCU feitas pelo PR (CF: art. 52, III, b).
Funções exercidas isoladamente pela Câmara dos Deputados	Tomar as contas do PR, caso não apresentadas no prazo (CF: art. 51, II).
Funções exercidas isoladamente pelo Tribunal de Contas da União	Apreciar, mediante parecer prévio as contas do PR; e julgar as contas dos demais administradores e demais competências previstas no art. 71 e em outros dispositivos constitucionais.
Funções exercidas em conjunto pelo CN e pelo TCU	Sustar despesas não autorizadas (CF: art. 72) e contratos (CF: art. 71, X e §§ 1º e 2º).

> **DÚVIDA FREQUENTE**
>
> Pode o Senado Federal recusar aprovação a um nome indicado pelo Presidente da República para o cargo de Ministro do TCU?
> Sim. Da mesma forma que em relação a outras autoridades – como embaixadores ou dirigentes de agências reguladoras – o exame da indicação pelo Senado não é formal, mas político, sendo possível rejeitar o nome indicado.
> Inversamente, já ocorreu, no Município do Rio de Janeiro, que um Prefeito não quis assinar a nomeação de um Conselheiro do TCM-RJ, indicado pela Câmara Municipal. Foi necessário aguardar o término do seu mandato e a posse do sucessor para que a nomeação fosse realizada.

2.20. COMPETÊNCIA PRIVATIVA DO PRESIDENTE DA REPÚBLICA (CF: ART. 84, XV E XXIV)

Entre as competências privativas atribuídas pela Constituição ao Presidente da República releva destacar para o nosso estudo as constantes dos incisos XV e XXIV:

> XV – nomear, observado o disposto no art. 73, os Ministros do Tribunal de Contas da União; e
>
> XXIV – prestar, anualmente, ao Congresso Nacional, dentro de sessenta dias após a abertura da sessão legislativa, as contas referentes ao exercício anterior.

Sublinhe-se que o Presidente nomeia todos os Ministros do TCU, não apenas aqueles que ele indicou. Também nomeia os Auditores (Ministros-Substitutos), aprovados em concurso público, assim como os procuradores do MPTCU.

2.21. COMPETÊNCIA DO SUPREMO TRIBUNAL FEDERAL (CF: ART. 102, I, C, D, I E Q)

A Constituição conferiu ao STF processar e julgar, originariamente:

- nas infrações penais comuns e nos crimes de responsabilidade os membros do Tribunal de Contas da União;
- o *habeas corpus*, sendo paciente membro do Tribunal de Contas da União;
- o mandado de segurança contra atos do Tribunal de Contas da União;
- o *habeas data* contra atos do Tribunal de Contas da União;
- o mandado de injunção, quando a elaboração da norma regulamentadora for atribuição do Tribunal de Contas da União; e
- o *habeas corpus*, quando o coator for o Tribunal de Contas da União.

A compreensão do significado de "infrações penais comuns" é facilitada pela passagem:

> A jurisprudência do Supremo Tribunal Federal firmou-se no sentido de definir a locução constitucional *crimes comuns* como expressão abrangente a todas as

modalidades de infrações penais, estendendo-se aos delitos eleitorais e alcançando, até mesmo, as próprias contravenções penais. (Rcl 511, Rel. Min. Celso de Mello, DJ 15/9/1995)

Por seu turno, "membros do Tribunal de Contas da União" é expressão que alcança os Ministros do TCU e os Ministros-Substitutos quando no exercício de substituição.[51]

A propósito do mandado de segurança, há jurisprudência do STF reconhecendo que essa competência não é apenas contra atos do Presidente ou do Plenário do TCU, mas também de suas Câmaras.

> O Tribunal de Contas da União é parte legítima para figurar no polo passivo do mandado de segurança, quando sua decisão está revestida de caráter impositivo. (MS 21.548, Rel. Min. Maurício Corrêa, DJ 25/6/1999)
>
> O Presidente da 1ª Câmara do Tribunal de Contas da União é parte legítima para figurar no polo passivo de mandado de segurança quando o ato impugnado reveste-se de caráter impositivo. Precedente (MS 24.001, Relator Maurício Corrêa, DJ 20/5/2002). (MS 24.997, Rel. Min. Eros Grau, DJ 1/4/2005)

2.22. COMPETÊNCIA DO SUPERIOR TRIBUNAL DE JUSTIÇA (CF: ART. 105, I, *A*)

Conforme o art. 105, I, *a*, da CF, compete ao Superior Tribunal de Justiça processar e julgar, originariamente, nos crimes comuns e nos de responsabilidade os membros dos Tribunais de Contas dos Estados e do Distrito Federal e os membros dos Conselhos ou Tribunais de Contas dos Municípios.

Também os Ministros Substitutos do TCU se enquadram nessa hipótese, pois possuem as mesmas garantias dos membros dos Tribunais Regionais Federais.

Quanto a mandados de segurança e *habeas data* contra atos dos Tribunais de Contas dos Estados e TCMs, a competência é do Tribunal de Justiça dos Estados.

2.23. COMPETÊNCIAS DO CONSELHO NACIONAL DE JUSTIÇA E DO CONSELHO NACIONAL DO MINISTÉRIO PÚBLICO (CF: ARTS. 103-B, § 4º, E 130-A)

O Conselho Nacional de Justiça foi instituído pela Emenda Constitucional nº 45/2004. De acordo com o § 4º do art. 103-B da Constituição é de sua competência o controle da atuação administrativa e financeira do Poder Judiciário e do cumprimento dos deveres funcionais dos juízes, cabendo-lhe, além de outras atribuições que lhe forem conferidas pelo Estatuto da Magistratura, a prevista no inciso II daquele parágrafo: zelar pela observância do art. 37 da CF e apreciar, de ofício ou mediante provocação, a legalidade dos atos administrativos praticados por membros ou órgãos do Poder Judiciário,

---

[51] Para efeito da Lei 12.618/2012, que dispõe sobre o regime de previdência complementar federal, consideram-se membros do TCU os Ministros, Ministros-Substitutos, Subprocuradores-Gerais e Procuradores do Ministério Público junto ao TCU.

podendo desconstituí-los, revê-los ou fixar prazo para que se adotem as providências necessárias ao exato cumprimento da lei, sem prejuízo da competência do Tribunal de Contas da União.

Registre-se que o CNJ não realiza controle externo, pois é um órgão integrante do Poder Judiciário, conforme seu Regimento Interno (art. 1º). Como assinala Teixeira,[52] o CNJ exerce, ao mesmo tempo, um controle interno de toda estrutura do Poder Judiciário, paralelamente, mas num patamar superior, ao exercido pelos controles internos/auditorias internas dos órgãos do referido poder, com tarefas/funções concorrentes ao controle externo. Por seu turno, Barroso Filho[53] esclarece:

> Não há (...) conflito de competência entre os órgãos. Cada um atua no espaço que o poder constitucional derivado lhes confiou. O que existe são áreas de atuação comum, mas que, como controle interno e administrativo, as deliberações do Conselho devem observar as adotadas pelo TCU.

JURISPRUDÊNCIA DO TCU

Acórdão nº 442/2014 Plenário (Representação, Relator Ministro Raimundo Carreiro)
Competência do TCU. Administração Pública Federal. Abrangência.
Considerando as competências constitucionais conferidas ao Congresso Nacional, em sede de controle externo, exercidas com o auxílio do Tribunal de Contas da União, os acórdãos da Corte de Contas têm prevalência sobre as orientações normativas de outros órgãos da Administração Pública Federal, inclusive sobre as do Conselho Nacional de Justiça (CNJ).
Acórdão nº 1.055/2017 Plenário (Representação, Relator Ministro Augusto Nardes)
Competência do TCU. Princípio da independência das instâncias. CNJ. Poder Judiciário. Divergência.
As deliberações do TCU, em matérias de sua competência, devem ser adotadas pelos órgãos do Poder Judiciário mesmo em caso de eventual conflito com o Conselho Nacional de Justiça, conforme preconiza textualmente o art. 103-B, § 4º, inciso II, *in fine*, da Constituição Federal.

Nada obstante, em 2024, a Segunda Turma do STF referendou medida cautelar no MS nº 39.821 declarando a incompetência do TCU para fiscalizar a destinação de recursos oriundos de prestações pecuniárias pagas em virtude de condenações criminais, que havia sido objeto de deliberação do CNJ.

> (...) 3. A Resolução nº 558/2024/CNJ, que substituiu a de nº 154/2012/CNJ, estabelece diretrizes para gestão e destinação de valores e bens oriundos de pena de multa, perdimento de bens e valores e prestações pecuniárias decorrentes de condenações criminais, colaboração premiada, acordos de leniência e acordos de cooperação internacional no âmbito do Judiciário. A Resolução nº 295/2014/CJF,

---

[52] *Competências do Conselho Nacional de Justiça – CNJ vis-à-vis as do Tribunal de Contas da União – TCU*. Rio de Janeiro: Mimeo, 2007.
[53] O Controle Externo versus o Controle Interno e Administrativo: análise do suposto conflito de competência, *Revista do TCU*, nº 139, agosto 2017, p. 67.

por sua vez, regulamenta o manejo dos recursos advindos da aplicação da sanção de prestação pecuniária.

4. O Tribunal de Contas da União, ao avançar na fiscalização da destinação de recursos oriundos de prestações pecuniárias pagas em virtude de condenações criminais, surgidas da atuação jurisdicional, viola as garantias de autonomia administrativa e financeira do Poder Judiciário (CF, arts. 96 e 99), que possui normas legais regulamentadoras da matéria em discussão.

5. Em juízo de cognição sumária, tem-se caracterizada situação de plausibilidade jurídica e possibilidade de lesão irreparável ou de difícil reparação, uma vez que a decisão colegiada do Tribunal de Contas da União acessa competências próprias do Judiciário, por meio do Conselho Nacional de Justiça e do Conselho da Justiça Federal, relativamente aos atos de fiscalização e controle daquele Poder.

6. Medida cautelar referendada. (Referendo em Medida Cautelar em Mandado de Segurança nº 39.821, STF, 2ª Turma, Rel. Min. Nunes Marques, j. 23.8.2024, DJ 2.10.2024)

No mesmo sentido, a decisão no MS nº 39.264 (Rel. Min. Dias Toffoli), que cassou o Acórdão nº 800/3023, proferido pelo Plenário do TCU, bem como para extinguir os procedimentos TC nº 030.305/2022-5 e seu apensado TC nº 030.301/2022-0.

Por seu turno, o § 4º do art. 130-A, também incluído pela EC nº 45/2004, atribui ao Conselho Nacional do Ministério Público competências similares às do Conselho Nacional de Justiça.

IMPORTANTE

Por que não existe o Conselho Nacional dos Tribunais de Contas?
As Cortes de Contas não dispõem de um Conselho Nacional que, a exemplo do Conselho Nacional de Justiça e do Conselho Nacional do Ministério Público, atue na uniformização de procedimentos, fixação de metas e indicadores de desempenho e prevenção e correição de falhas institucionais ou desvios funcionais por parte de seus membros. Embora haja Tribunais de Contas que realizem trabalhos notáveis e inovadores, gerando importantes benefícios para a sociedade e contribuindo para o aprimoramento das políticas públicas, registram-se também exemplos negativos em que alguma Corte de Contas atua com atraso, de modo insuficiente, com técnicas obsoletas ou com decisões complacentes com o mau uso dos recursos públicos. Falta um órgão que dissemine as boas práticas e exerça uma corregedoria nacional sobre denúncias contra ministros e conselheiros. Há em tramitação no Congresso Nacional a Proposta de Emenda à Constituição nº 22/2017, que institui o Conselho Nacional dos Tribunais de Contas – CNTC, cujo conteúdo é merecedor de aprimoramentos, mas que deve ser incluída na pauta de reformas necessárias para o país.

2.24. MINISTÉRIO PÚBLICO JUNTO AOS TRIBUNAIS DE CONTAS (CF: ART. 130)

A Carta Magna prevê a existência de um Ministério Público junto aos Tribunais de Contas, a cujos membros aplicam-se as disposições pertinentes a direitos, vedações e forma de investidura dos membros do Ministério Público. Todavia, esse Ministério Público que a doutrina costuma denominar Ministério Público de Contas não integra o Ministério Público da União. Assim, sua composição e organização são disciplinadas, via de regra, nas leis orgânicas dos Tribunais de Contas.

Analisando o tema, assim manifestou-se o Supremo Tribunal Federal, em votação unânime:

> ADI – Lei nº 8.443/1992 – Ministério Público junto ao TCU – Instituição que não integra o Ministério Público da União – Taxatividade do rol inscrito no art. 128, I, da Constituição – Vinculação administrativa a Corte de Contas – Competência do TCU para fazer instaurar o processo legislativo concernente a estruturação orgânica do Ministério Público que perante ele atua (CF, art. 73, *caput, in fine*) – Matéria sujeita ao domínio normativo da legislação ordinária – Enumeração exaustiva das hipóteses constitucionais de regramento mediante lei complementar – Inteligência da norma inscrita no art. 130 da Constituição – Ação direta improcedente. – O Ministério Público que atua perante o TCU qualifica-se como órgão de extração constitucional, eis que a sua existência jurídica resulta de expressa previsão normativa constante da Carta Política (art. 73, § 2º, I, e art. 130), sendo indiferente, para efeito de sua configuração jurídico-institucional, a circunstância de não constar do rol taxativo inscrito no art. 128, I, da Constituição, que define a estrutura orgânica do Ministério Público da União. – O Ministério Público junto ao TCU não dispõe de fisionomia institucional própria e, não obstante as expressivas garantias de ordem subjetiva concedidas aos seus Procuradores pela própria Constituição (art. 130), encontra-se consolidado na "intimidade estrutural" dessa Corte de Contas, que se acha investida – até mesmo em função do poder de autogoverno que lhe confere a Carta Política (art. 73, *caput, in fine*) – da prerrogativa de fazer instaurar o processo legislativo concernente a sua organização, a sua estruturação interna, a definição do seu quadro de pessoal e a criação dos cargos respectivos. – Só cabe lei complementar, no sistema de direito positivo brasileiro, quando formalmente reclamada a sua edição por norma constitucional explícita. A especificidade do Ministério Público que atua perante o TCU, e cuja existência se projeta num domínio institucional absolutamente diverso daquele em que se insere o Ministério Público da União, faz com que a regulação de sua organização, a discriminação de suas atribuições e a definição de seu estatuto sejam passíveis de veiculação mediante simples lei ordinária, eis que a edição de lei complementar é reclamada, no que concerne ao Parquet, tão somente para a disciplinação normativa do Ministério Público comum (CF, art. 128, § 5º). – A cláusula de garantia inscrita no art. 130 da Constituição não se reveste de conteúdo orgânico-institucional. Acha-se vocacionada, no âmbito de sua destinação tutelar, a proteger os membros do Ministério Público especial no relevante desempenho de suas funções perante os Tribunais de Contas. Esse preceito da Lei Fundamental da República submete os integrantes do MP junto aos Tribunais de Contas ao mesmo estatuto jurídico que rege, no que concerne a direitos, vedações e forma de investidura no cargo, os membros do Ministério Público comum (grifos nossos). (ADI 789-DF, oferecida pelo Procurador-Geral da República, DJ de 19/12/94, p. 35180, Relator Ministro Celso de Mello)

No mesmo sentido:

> Segundo precedentes do STF, o ministério público atuante junto a tribunal de contas não detém a prerrogativa de fazer instaurar processo legislativo concernente a sua própria organização e estruturação. Embora seja uma instituição especial, com previsão constitucional expressa, não tem fisionomia institucional própria, encontrando-se intrinsecamente vinculada à estrutura da respectiva corte de contas. (ADI 3.804, Rel. Min. Dias Toffoli, j. 6.12.2021)

Em 2024, ao julgar a ADI 5.254, o STF fixou a seguinte tese de julgamento: "É inconstitucional, por violação aos arts. 130 e 75 da CF/1988, norma estadual que confere autonomia administrativa e orçamentária ao Ministério Público Estadual junto ao Tribunal de Contas, garantida a independência funcional de seus membros e os meios necessários para o desempenho da função".

2.25. CÁLCULO DOS FUNDOS DE PARTICIPAÇÃO (CF: ART. 161, PARÁGRAFO ÚNICO)

Dispõe o parágrafo único do art. 161 da CF que o Tribunal de Contas da União efetuará o cálculo das quotas referentes à entrega dos recursos de que trata o art. 159, cujas normas e critérios de rateio serão estabelecidos em Lei Complementar,[54] objetivando promover o equilíbrio socioeconômico entre estados e entre municípios. Tais recursos são os que constituem o Fundo de Participação dos Estados e do Distrito Federal, o Fundo de Participação dos Municípios e os chamados Fundos Constitucionais das Regiões Norte, Nordeste e Centro-Oeste. Ademais, competência análoga foi conferida ao TCU em relação à participação dos estados e do Distrito Federal no produto da arrecadação do Imposto sobre Produtos Industrializados IPI, e da contribuição de intervenção no domínio econômico – Cide-combustíveis. Os critérios e procedimentos relativos à distribuição desses recursos encontram-se regulamentados pelas Leis Complementares nº 61/1989, nº 62/1989, nº 65/1991, nº 91/1997, nº 106/2001 e nº 143/2013[55] e pela Lei nº 10.866/2004. Anote-se que a Emenda Constitucional nº 55/2007 acrescentou 1% do produto da arrecadação pela União dos impostos sobre renda e proventos de qualquer natureza e sobre produtos industrializados ao FPM, a ser entregue no primeiro decêndio do mês de dezembro de cada ano (alínea *d* do inciso I do art. 159 da CF). Posteriormente, as ECs nº 84/2014 e nº 112/2021 acrescentaram cada uma mais 1% a ser entregue nos primeiros decêndios dos meses de julho e setembro, respectivamente (alíneas *e* e *f* do inciso I do art. 159 da CF).

---

[54] Lei Complementar 62/1989 (FPE) e Lei Complementar 91/1997 (FPM) e respectivas alterações.
[55] Anote-se que a LC 143/2013 alterou o *caput* e revogou os §§ 1º e 2º do art. 102 da LOTCU. Ademais, no julgamento da ADI 5.069, o STF declarou a inconstitucionalidade dos incisos II e III e do § 2º do art. 2º da LC nº 62/1989, alterados pela LC nº 143/2013, sem pronúncia de nulidade, mantendo-se a aplicação desses dispositivos legais até 31.12.2025 ou até a superveniência de nova legislação sobre a matéria.

Tal competência é exercida mediante a edição anual de Decisões Normativas, que fixam os coeficientes individuais de participação dos estados, do Distrito Federal e dos municípios, do FPE e do FPM, do IPI-exportação e da CIDE-combustíveis. Tais DNs são elaboradas em obediência aos preceitos legais e considerando informações relativas à população fornecidas pelo IBGE. As DNs do FPE e do FPM devem ser editadas até o último dia útil de cada exercício para vigorarem no exercício subsequente, e as relativas ao IPI-exportação até o último dia do mês de julho para vigorarem nos doze meses seguintes. É direito dos estados e municípios, no prazo de 30 dias, contestar os resultados e apresentar recurso contra as deliberações do TCU, devendo este manifestar-se sobre a contestação mencionada no prazo de 30 dias, contados da data do seu recebimento.

Para a Cide-combustíveis, o prazo para publicação pelo TCU dos percentuais individuais é 15 de fevereiro, havendo previsão legal de apresentação pelas unidades federadas de um recurso para retificação, em prazo de quinze dias. Até o último dia útil de março, o TCU deverá republicar os percentuais com as eventuais alterações decorrentes da aceitação de recurso.

Compete ao TCU, também, fiscalizar a entrega dos recursos aos governos estaduais e às prefeituras (LOTCU, art. 1º, VI). Verifica-se se a entrega está sendo feita nos valores e nos prazos legalmente previstos e se as receitas que constituem a base de cálculo estão sendo adequadamente classificadas. Os procedimentos relativos ao exercício pelo TCU dessa competência constitucional são disciplinados pela IN TCU nº 75/2015[56].

Registre-se, igualmente, a distinção entre o FPE e o FPM, de um lado; e o FCO, FNO e FNE, de outro. Os recursos dos primeiros são integralmente repassados aos estados, DF e municípios. Os dos últimos são geridos por instituições financeiras federais de caráter regional, tais como o Banco da Amazônia e o Banco do Nordeste do Brasil, encontrando-se sob a jurisdição plena do TCU.

DÚVIDA FREQUENTE

O TCU efetua o cálculo dos valores relativos ao FPE e FPM a serem repassados a estados e municípios?

Não. Esse cálculo é realizado mensalmente pela Secretaria do Tesouro Nacional – STN, com base nos dados da arrecadação do período anterior e aplicando os coeficientes fixados pelo TCU em Decisão Normativa.

O que o TCU faz é:
1) fixar os coeficientes individuais de participação;
2) fiscalizar a entrega dos recursos (montante e prazo);
3) acompanhar a classificação das receitas originárias; e
4) receber e processar reclamações em caso de repasse efetuado a menor ou com atraso.

---

[56] Alterada pela IN TCU nº 80/2018.

2.26. LEI COMPLEMENTAR SOBRE FISCALIZAÇÃO FINANCEIRA (CF: ART. 163, V)

A Emenda Constitucional nº 40/2003 alterou o inciso V do art. 163 que previa a necessidade de uma lei complementar dispondo sobre a fiscalização das instituições financeiras. A nova redação prevê que uma lei complementar disporá sobre a fiscalização financeira da Administração Pública direta e indireta. Referida lei ainda não foi editada. Supõe-se, todavia, que não poderá colidir com os dispositivos constantes dos arts. 70 a 75 da Constituição que disciplinam a fiscalização contábil, financeira, orçamentária, operacional e patrimonial da União, incluindo a Administração Pública direta e indireta.

2.27. EMENDA CONSTITUCIONAL Nº 103/2019 (REFORMA PREVIDENCIÁRIA)

A Emenda Constitucional nº 103/2019 promoveu novas alterações na Previdência Social. Foi acrescentado ao art. 40 da Constituição o § 22, prevendo que lei complementar federal estabelecerá, para os regimes próprios de previdência já existentes, normas gerais de organização, de funcionamento e de responsabilidade em sua gestão, dispondo, entre outros aspectos, sobre fiscalização pela União e controle externo e social (inciso III) e estruturação do órgão ou entidade gestora do regime, observados os princípios relacionados com governança, controle interno e transparência (inciso VII).

2.28. EMENDA CONSTITUCIONAL Nº 105/2019 (EMENDAS IMPOSITIVAS)

A Emenda Constitucional nº 105/2019 acrescentou o art. 166-A à Constituição, para autorizar a transferência de recursos federais a Estados, ao Distrito Federal e a Municípios mediante emendas parlamentares individuais impositivas ao projeto de lei orçamentária anual. Tais transferências são de duas naturezas: especiais ou com finalidade definida.

Nas transferências especiais, os recursos serão repassados diretamente ao ente federado beneficiado, independentemente de celebração de convênio ou de instrumento congênere; pertencerão ao ente federado no ato da efetiva transferência financeira; e serão aplicados em programações finalísticas das áreas de competência do Poder Executivo do ente federado beneficiado.

Por sua vez, nas transferências com finalidade definida, os recursos serão vinculados à programação estabelecida na emenda parlamentar; e aplicados nas áreas de competência constitucional da União.

Em edições anteriores, expus o meu entendimento de que a fiscalização dos recursos das transferências com finalidade definida é de competência do TCU e a dos recursos das transferências especiais é de competência dos TCs aos quais os entes beneficiários são jurisdicionados. Tal interpretação foi confirmada pelo TCU em sede de consulta oriunda da Câmara dos Deputados:

Acórdão nº 518/2023 – Plenário

Relator: Min. Vital do Rêgo

Sumário: Consulta. Transferências especiais. Emendas ao orçamento da União. Art. 166-a da constituição federal. Remessa direta de recursos a entes federados sem exigência de convênio. Modelo de fiscalização. Recursos que passam a pertencer aos beneficiários a partir do momento da transferência financeira. Determinação constitucional. Competência dos sistemas de controle locais para fiscalização das despesas com a aplicação dos recursos. Competência da União para fiscalizar o cumprimento das condicionantes que legitimam a transferência. Necessidade de inclusão de informações e documentos nas plataformas eletrônicas de transparência e controle. Regulamentação por instrução normativa a ser editada. Conveniência de que seja firmada parceria entre o TCU e os Tribunais de Contas dos estados e dos municípios para fortalecimento da fiscalização.

Acerca do tema, o TCU editou a Instrução Normativa nº 93/2024, que dispõe sobre a fiscalização, pelo Tribunal de Contas da União, de recursos alocados aos estados, Distrito Federal e municípios por meio de transferências especiais, conforme previsto no inciso I do art. 166-A da Constituição Federal. Segundo o normativo, a fiscalização do TCU será exercida sobre o cumprimento das condicionantes orçamentárias e financeiras que legitimam as transferências especiais e caso constatados o descumprimento de qualquer condicionante e/ou a omissão no dever de disponibilizar elementos e/ou adotar procedimentos necessários à sua verificação conforme prazos e formas estabelecidos e, ainda, a não finalização da execução do objeto nos prazos definidos, o TCU fixará prazo para que o ente federado beneficiado regularize as pendências.

2.29. EMENDA CONSTITUCIONAL Nº 106/2020 (REGIME EXTRAORDINÁRIO FISCAL)

A Emenda Constitucional nº 106/2020 institui para a União regime extraordinário fiscal, financeiro e de contratações para atender às necessidades decorrentes do estado de calamidade pública para vigorar durante a vigência de estado de calamidade pública nacional reconhecido pelo Congresso Nacional em razão de emergência de saúde pública de importância internacional decorrente de pandemia, para atender às necessidades dele decorrentes, somente naquilo em que a urgência for incompatível com o regime regular. Todavia, alguns dos seus dispositivos são também aplicáveis para os entes subnacionais, conforme explicitado na decisão do STF na apreciação da ADI nº 6.357.

A norma impacta regras relativas à gestão fiscal, orçamentária e de contratação de pessoal, obras, serviços e compras sujeitas à fiscalização dos TCs.

Entre outros pontos, merece destaque o art. 3º, que dispensa a observância das limitações legais quanto à criação, à expansão ou ao aperfeiçoamento de ação governamental que acarrete aumento de despesa e à concessão ou à ampliação de incentivo ou benefício de natureza tributária da qual decorra renúncia de receita. Tais limitações constam dos arts. 14 e 16 da LRF, objeto da decisão cautelar na ADI nº 6.357. A referida dispensa é condicionada às proposições legislativas e aos atos do Poder Executivo com propósito exclusivo de enfrentar a calamidade e suas consequências sociais e econômicas, com vigência e efeitos restritos à sua duração, desde que não impliquem despesa permanente.

De igual modo, o art. 4º, que dispensa a observância do inc. III do *caput* do art. 167 da Constituição durante a integralidade do exercício financeiro em que vigore a calamidade pública nacional. O mencionado dispositivo é o que muitos doutrinadores denominaram "regra de ouro", consistindo na proibição de endividamento público para custear despesas correntes, salvo autorização prévia por maioria absoluta do Poder Legislativo, mediante créditos suplementares ou especiais com finalidade precisa. Importa sublinhar que, nesse caso, a dispensa vigora por todo o exercício financeiro de 2020; ao passo que, nos dispositivos anteriormente citados, a vigência é fixada para o período de duração do estado de calamidade pública.

O art. 5º exige que as autorizações de despesas relacionadas ao enfrentamento da pandemia e de seus efeitos sociais e econômicos constem de programações orçamentárias específicas ou tenham marcadores que as identifiquem e sejam avaliadas separadamente na prestação de contas do Presidente da República e evidenciadas até 30 (trinta) dias após o encerramento de cada bimestre no relatório resumido da execução orçamentária. Portanto, infere-se que na análise pelo Tribunal de Contas da União – TCU das contas do Governo da República constará um capítulo específico com essa avaliação.

Os arts. 6º, 7º e 8º dizem respeito à gestão da dívida mobiliária e a operações do Banco Central, cabendo destacar que o § 3º do art. 7º prevê que o Presidente do Banco Central do Brasil prestará contas ao Congresso Nacional, a cada 30 (trinta) dias, do conjunto das operações previstas no artigo (compra e venda de ativos e títulos de emissão do Tesouro Nacional, nos mercados secundários nacional e internacional).

De acordo com o art. 9º, em caso de irregularidade ou de descumprimento dos limites desta emenda constitucional, o Congresso Nacional poderá sustar, por decreto legislativo, qualquer decisão de órgão ou entidade do Poder Executivo relacionada às medidas autorizadas por esta emenda constitucional. Tanto nesse caso quanto na prestação de contas mencionada no parágrafo anterior, o controle externo será exercido diretamente pelo Poder Legislativo.

2.30. EMENDA CONSTITUCIONAL Nº 108/2020 (NOVO FUNDEB)

A Emenda Constitucional nº 108/2020 tornou permanente o Fundo de Manutenção e Desenvolvimento da Educação Básica e de Valorização dos Profissionais da Educação – Fundeb, instituído pela EC nº 53/2006 para vigorar por 14 anos, em substituição ao extinto Fundo de Manutenção e Desenvolvimento do Ensino Fundamental e de Valorização do Magistério – Fundef.

Cabe, no entanto, destacar que a EC nº 108/2020 acrescentou ao art. 212 da Constituição o § 9º, prevendo que a lei disporá sobre normas de fiscalização, de avaliação e de controle das despesas com educação nas esferas estadual, distrital e municipal. Da mesma forma, o § 7º vedou a utilização de recursos destinados à manutenção e desenvolvimento do ensino no pagamento de aposentadorias e pensões.

A EC nº 108/2020 foi regulamentada pela Lei nº 14.113/2020, estudada no item 5.8.6.

2.31. EMENDA CONSTITUCIONAL Nº 109/2021 (DECLARAÇÃO SOBRE AJUSTE FISCAL)

Entre outros dispositivos relevantes, esta Emenda Constitucional previu que, na hipótese de, no período de 12 meses, a relação entre despesas correntes e receitas correntes superar 95%, no âmbito dos Estados, do Distrito Federal e dos Municípios, será vedada:

> I – a concessão, por qualquer outro ente da Federação, de garantias ao ente envolvido;
>
> II – a tomada de operação de crédito por parte do ente envolvido com outro ente da Federação, diretamente ou por intermédio de seus fundos, autarquias, fundações ou empresas estatais dependentes, ainda que sob a forma de novação, refinanciamento ou postergação de dívida contraída anteriormente, ressalvados os financiamentos destinados a projetos específicos celebrados na forma de operações típicas das agências financeiras oficiais de fomento.

Tal vedação permanecerá até que o Tribunal de Contas competente emita declaração de que todas as medidas de ajuste fiscal previstas no *caput* do art. 167-A tenham sido adotadas por todos os Poderes e órgãos do referido ente.

2.32. EMENDA CONSTITUCIONAL Nº 114/2021 (PRECATÓRIOS)

A Emenda Constitucional nº 114/2021 previu que, no prazo de um ano a contar de sua promulgação em dezembro de 2021, o Congresso Nacional promoverá, por meio de comissão mista, exame analítico dos atos, dos fatos e das políticas públicas com maior potencial gerador de precatórios e de sentenças judiciais contrárias à Fazenda Pública da União (art. 6º). Tal comissão atuará em cooperação com o Conselho Nacional de Justiça e com o auxílio do Tribunal de Contas da União e poderá requisitar informações e documentos de órgãos e entidades da administração pública direta e indireta de qualquer dos Poderes da União, dos Estados, do Distrito Federal e dos Municípios, buscando identificar medidas legislativas a serem adotadas com vistas a trazer maior segurança jurídica no âmbito federal. Apurados os resultados, o Congresso Nacional encaminhará suas conclusões aos presidentes do Supremo Tribunal Federal e do Superior Tribunal de Justiça, para a adoção de medidas de sua competência.

2.33. EMENDA CONSTITUCIONAL Nº 132/2023 (REFORMA TRIBUTÁRIA)

A Emenda Constitucional nº 132/2023 alterou profundamente o Sistema Tributário Nacional. Entre outras disposições, foi prevista no art. 156-A a instituição, mediante lei complementar do imposto sobre bens e serviços – IBS, de competência compartilhada entre Estados, Distrito Federal e Municípios. No art. 156-B, previu-se a criação do Comitê Gestor do Imposto sobre Bens e Serviços, entidade pública sob regime especial, com independência técnica, administrativa, orçamentária e financeira, cujo controle externo será exercido pelos Estados, pelo Distrito Federal e pelos Municípios, nos termos de lei complementar (art. 156-B, § 2º, IV).

Referida lei complementar foi editada em 2025 (LC nº 214/2025) e é comentada no Capítulo 5, item 5.10.

2.34. DISPOSIÇÕES CONSTITUCIONAIS GERAIS (CF: ART. 235, III E X)

A Constituição da República prevê, no art. 235, III, que, na hipótese de criação de novo Estado, nos primeiros dez anos de sua existência, o seu Tribunal de Contas terá três membros, nomeados, pelo Governador eleito, dentre brasileiros de comprovada idoneidade e notório saber. O inciso X do mesmo artigo estipula que as nomeações que se seguirem àquelas primeiras serão disciplinadas na Constituição Estadual.

Observa-se, nesse caso, notável exceção ao princípio da simetria definido no art. 75:

- quanto ao número de Conselheiros;
- quanto ao critério de nomeação; e
- quanto aos requisitos para exercício do cargo.

2.35. PARA SABER MAIS

Recomenda-se a leitura do livro do professor Jacoby Fernandes *Tribunais de Contas no Brasil – jurisdição e competência* (Fórum, 2012), bem como as demais referências bibliográficas.

Capítulo **3**

Tribunais de Contas – Funções, Natureza Jurídica e Eficácia das Decisões

 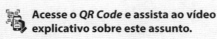

 Quais são as funções dos Tribunais de Contas? Qual é a sua natureza jurídica? Os Tribunais de Contas estão subordinados ao Legislativo? O TCU está jurisdicionado ao Conselho Nacional de Justiça? Qual é a eficácia das decisões dos Tribunais de Contas? Pode-se recorrer ao Judiciário contra decisões dos Tribunais de Contas?

3.1. FUNÇÕES DOS TRIBUNAIS DE CONTAS

A doutrina costuma sistematizar as diversas funções das Cortes de Contas. No magistério de Jorge Miranda,[1] função possui as seguintes acepções:

- fim, tarefa ou incumbência; ou
- atividade com características próprias.

---

[1] *Teoria do Estado e da Constituição*. Rio de Janeiro: Forense, 2002.

Nagel[2] identifica sete grupos de funções e atribuições: opinativa, consultiva e informativa; investigatórias; corretivas e cautelares; jurisdicionais; declaratórias; e punitivas. A professora Di Pietro[3] classifica em outras sete as funções dos órgãos de controle externo: fiscalização financeira; de consulta; de informação; de julgamento; sancionatórias; corretivas; e de ouvidor. Hely Lopes Meirelles[4] reduz sua análise a quatro categorias: técnico-opinativas, verificadoras, assessoradoras e jurisdicionais administrativas. Quatro também, porém distintas, são as espécies de funções classificadas por Guerra:[5] fiscalizadora, jurisdicional, sancionadora ou corretiva e consultiva, informadora ou opinativa. A seu turno, Zymler e Almeida[6] consideram nove grandes grupos: fiscalizadora, judicante, sancionadora, pedagógica, consultiva, informativa, normativa, de ouvidoria e corretiva.

Optamos por uma classificação própria, a seguir apresentada.

3.1.1. Função fiscalizadora

Essa função compreende as ações relativas ao exame e à realização de diligências, auditorias e outras atividades de fiscalização relativas a:

- atos de admissão de pessoal e de concessão de aposentadorias e pensões;
- convênios celebrados entre a União, estados, municípios e DF;
- renúncias de receitas;
- entrega aos entes federados das cotas do FPE, do FPM, do IPI – exportações e da Cide;
- contas nacionais de empresas supranacionais;
- desestatização, concessões, consórcios públicos e parcerias público-privadas;
- parcerias com entidades do terceiro setor;
- avaliação de programas e políticas públicas;
- controle da responsabilidade fiscal;
- despesas com pessoal (inclusive cálculo de limites), endividamento público e receita;
- alcance de metas fiscais e de metas físicas de programas;
- limites e condições de operações de crédito e de inscrição em Restos a Pagar;
- medidas para retorno aos limites das despesas com pessoal e endividamento;
- recursos de alienação de ativos; e
- relatórios de Gestão Fiscal e Relatórios Resumidos da Execução Orçamentária.

---

[2] A fisionomia distorcida do controle externo. *Revista do TCE-MG*, nº 4, 2000.
[3] *Direito Administrativo*. 19. ed. São Paulo: Atlas, 2006, p. 709-710.
[4] *Direito Administrativo Brasileiro*. 22. ed. atual. São Paulo: Malheiros, 1997, p. 609.
[5] *Os Controles Externo e Interno da Administração Pública*. 2. ed. Belo Horizonte: Fórum, 2005, p. 115.
[6] *O Controle Externo das Concessões de Serviços Públicos e das Parecerias Público-Privadas*. Belo Horizonte: Fórum, 2005, p. 144.

Di Pietro descreve-a como de fiscalização financeira, o que não alcança os aspectos contábeis, orçamentários, patrimoniais e operacionais previstos na Carta Magna. José Nagel, por sua vez, denomina tais funções de investigatórias.

3.1.2. Função opinativa

Situam-se nesta categoria as atribuições do TCU de apresentar:

- parecer prévio sobre contas do Presidente da República e dos Chefes dos Poderes Legislativo e Judiciário e do Ministério Público; e
- parecer prévio sobre contas de Território Federal.

Tais pareceres prévios, embora constituam preciosas contribuições à análise, pelo Congresso Nacional, da gestão pública em âmbito federal, não se revestem de conteúdo vinculativo, representando tão somente uma manifestação de caráter eminentemente técnico, a ser considerada pelo Parlamento, quando do julgamento final das Contas do Governo, em conjunto com outros elementos de natureza política.

3.1.3. Função judicante

Tal função é expressa quando as Cortes de Contas procedem aos julgamentos das:

- contas dos responsáveis por bens e valores públicos;
- contas dos responsáveis por prejuízos ao Erário;
- outras matérias passíveis de julgamento, como denúncias e representações; e
- infrações decorrentes da não publicação de Relatório de Gestão Fiscal, da elaboração de anteprojeto de LDO sem metas fiscais, da inobservância de limitação de empenho ou movimentação financeira ou da falta de adoção de medidas para redução de despesas de pessoal (Lei nº 10.028/2000).

No próximo capítulo será examinada a polêmica quanto à existência ou não de uma jurisdição própria dos Tribunais de Contas. Por ora, basta fixar que, como a Constituição prevê que as contas sejam julgadas, as Cortes de Contas exercem funções de julgamento.

3.1.4. Função sancionadora

Como será detalhado em capítulo específico, numerosas são as hipóteses legais de aplicação de sanções pelos Tribunais de Contas. As mais destacadas são:

- determinação de recolhimento de débito para ressarcimento ao erário;
- multa proporcional ao débito imputado;
- multa por irregularidade, por descumprimento de determinação ou por obstrução a auditoria ou inspeção;
- multa por infrações administrativas às leis de finanças públicas;
- declaração de inidoneidade para licitar;
- declaração de inabilitação para exercício de função comissionada;

- afastamento provisório do cargo por obstrução a auditoria ou inspeção; e
- decretação da indisponibilidade de bens.

Naturalmente, ao impor qualquer sanção o Tribunal de Contas deverá observar o devido processo legal, permitindo o contraditório e o amplo direito de defesa dos jurisdicionados e responsáveis.

3.1.5. Função corretiva

Trata-se de uma das mais relevantes funções dentro da missão do TCU de "contribuir para o aperfeiçoamento da gestão pública em benefício da sociedade". São:

- emissão de determinações e recomendações aos órgãos jurisdicionados;
- fixação de prazo para adoção de providências;
- sustação de atos irregulares; e
- adoção de medidas cautelares.

Embora com as qualificações examinadas em tópico próprio no Capítulo 5, pode-se incluir neste grupo a atuação do TCU ao negar a aplicação de lei ou ato normativo considerado inconstitucional.

3.1.6. Função consultiva

A função consultiva ocorre em duas hipóteses:

- consultas sobre assuntos de competência do Tribunal; e
- parecer sobre regularidade de despesas, por solicitação da Comissão Mista de Planos, Orçamentos Públicos e Fiscalização.

Ambas as situações se revestem de peculiar importância. Em sede de consulta, a deliberação do Tribunal de Contas assume caráter normativo para o universo de seus jurisdicionados. Por sua vez, o pronunciamento conclusivo acerca de regularidade de despesa é previsto na CF, em seu art. 72 e parágrafos.

3.1.7. Função informativa

A função de prestar informações acerca de trabalhos realizados, cálculos e dados consolidados, elementos e documentos a que tenha tido acesso tem como principais destinatários:

I. O Congresso Nacional com:
   - informações sobre fiscalizações efetuadas;
   - relatórios de atividades para o Congresso Nacional;
   - informação à Comissão Mista de Orçamento sobre possibilidade de frustração de previsão de receita; e

- informações previstas na LDO a respeito da execução físico-financeira de obras custeadas com recursos federais.
II. A Justiça Eleitoral, acerca da lista de responsáveis que tiveram suas contas julgadas irregulares, para fins de aplicação da norma de inelegibilidade.
III. O Ministério Público da União, com a remessa de documentação pertinente a irregularidades, quando houver indícios de crimes, para fins de ajuizamento das ações civis e penais cabíveis.
IV. Os órgãos e poderes da União, por meio de:
- alertas sobre ultrapassagem de 90% dos limites de gastos com pessoal, endividamento, operações de crédito e concessão de garantias;
- alerta sobre ultrapassagem do limite de gastos com inativos e pensionistas;
- alertas sobre fatos que comprometam custos ou resultados de programas e indícios de irregularidades; e
- alertas sobre possibilidade de limitação de empenho e de movimentação financeira em decorrência de frustração de receita.
V. Os órgãos e poderes de todas as esferas, por intermédio de representação sobre irregularidades.
VI. A sociedade e os meios de comunicação, mediante:
- publicação de matérias na internet e em redes sociais;
- disponibilização na internet de relatórios e documentos sobre suas fiscalizações, julgamentos e atividades;
- manutenção de página na Internet sobre contas públicas; e
- informações previstas na Lei de Acesso à Informação.
VII. O cidadão interessado, mediante a expedição de atestados e certidões.

Tal função adquire maior relevo e destaque à medida que os trabalhos do Tribunal de Contas são reconhecidos pela sua qualidade técnica e imparcialidade em relação a facções políticas. Em última instância, todas as informações elencadas anteriormente têm caráter público, via de regra sendo divulgadas pela Internet e outros meios, convertendo as Cortes de Contas em importantes e fidedignas fontes de consulta para a cidadania.

3.1.8. Função ouvidora

Na função de ouvidor, o Tribunal de Contas recebe e processa:
- a denúncia feita por cidadão, partido político, associação civil ou sindicato;
- a representação feita pelo controle interno.
- a representação sobre irregularidade em licitação ou contrato administrativo; e
- a representação feita pela Câmara de Vereadores sobre ausência de divulgação de transferência voluntária federal.

3.1.9. Função normativa

A função normativa ou regulamentar é prevista no art. 3º da LOTCU, segundo o qual ao Tribunal de Contas da União, no âmbito de sua competência e jurisdição, assiste o poder regulamentar, podendo, em consequência, expedir atos e instruções normativas sobre matéria de suas atribuições e sobre a organização dos processos que lhe devam ser submetidos, obrigando ao seu cumprimento, sob pena de responsabilidade.

Também se inclui nesta função a fixação de coeficientes de distribuição de recursos do FPE, do FPM, do IPI – exportações e da Cide.

Quadro-resumo das funções das Cortes de Contas

Função	Previsão na Constituição e na Lei Orgânica
fiscalizadora	CF: art. 71, IV, V, VI e XI
opinativa	CF: art. 71, I
judicante	CF: art. 71, II, III
sancionadora	CF: art. 71, VIII
corretiva	CF, art. 71, IX e X
consultiva	LOTCU: art. 1º, XVII
informativa	CF: art. 71, VII
ouvidora	CF: art. 74, § 2º
normativa	LOTCU: art. 3º

Diversas outras atribuições dos Tribunais de Contas, descritas no Capítulo 5, poderão ser incluídas nas categorias apresentadas.

3.1.10. Inovações no Direito Público e novas funções das Cortes de Contas

O Direito Público é uma disciplina em constante evolução, o que foi acentuado a partir do profundo impacto que a pandemia da Covid-19 provocou na sociedade e na gestão pública. Como reflexo das inovações presentes na Nova Lei de Licitações e Contratos (Lei nº 14.133/2021), bem como das importantes alterações que a Lei nº 14.230/2021 trouxe para a Lei de Improbidade Administrativa (Lei nº 8.429/1992), entre outras, alguns estudiosos passaram a identificar novas funções exercidas pelos Tribunais de Contas. É o caso de Motta e Godinho,[7] que vislumbraram as funções articuladora, indutora, colaborativa e educadora.

---

[7] Processo de modernização e novas funções dos Tribunais de Contas. *Revista Consultor Jurídico*, 4 ago. 2022.

Para os autores, a **função articuladora** consiste na coordenação de instâncias interinstitucionais de diálogo e na atuação conjunta dos diversos atores envolvidos no ciclo das políticas públicas, com a finalidade de incrementar a eficiência e garantir a atuação coerente e confiável da Administração Pública.

Por seu turno, a **função indutora** ocorre quando o Tribunal de Contas promove incentivos à criação de evidências para a melhoria do processo de escolhas públicas – fornecendo elementos para a tomada de decisão – e para a eficiência nas políticas públicas; ao aprimoramento e à difusão de boas práticas, como a implantação e o desenvolvimento da transparência, da governança, do planejamento, da integridade e da gestão de riscos.

A **função colaborativa** diz respeito à produção de dados que colaborem com a administração no planejamento e execução das políticas públicas, e no abastecimento de informações destinadas ao controle social, com amparo na Lei do Governo Digital (Lei nº 14.129/2021).

A **função educadora**, que os autores distinguem da função pedagógica, de índole processual, materializa-se na atuação dos Tribunais por meio de suas escolas próprias, com vistas a difundir o conhecimento e profissionalizar a gestão pública, capacitando gestores, servidores e cidadãos, conforme expressa previsão do art. 173 da Lei nº 14.133/2021.

Além das novas funções sugeridas pelos eminentes autores, pode-se distinguir também uma **função orientadora**, exercida, por exemplo, mediante a emissão de Termos de Alerta, em que o órgão de controle recomenda a adoção de determinadas providências visando a evitar a ocorrência de falhas e a fomentar a adoção de boas práticas para o melhor desempenho da gestão pública (Lima, 2022).[8]

3.2. NATUREZA JURÍDICA DAS CORTES DE CONTAS

O Tribunal de Contas tem o nome de Tribunal e possui a competência, conferida pela Carta Magna, de julgar contas e aplicar sanções, mas não pertence ao Poder Judiciário. Vincula-se, para efeitos orçamentários e de responsabilidade fiscal, ao Poder Legislativo, mas possui total independência em relação ao Congresso e às suas Casas, inclusive realizando fiscalizações e julgando as contas de seus gestores. Como classificar e interpretar a sua natureza jurídica?

De modo geral, a doutrina apresenta duas visões:

- o TCU como órgão do Poder Legislativo; e
- o TCU como órgão autônomo e independente.

---

[8] Quem alerta amigo é. Disponível em: https://www.audicon.org.br/site/quem-alerta-amigo-e-por--luiz-henrique-lima/. Acesso em: 6 dez. 2022.

Os principais argumentos a favor da primeira tese são:

- na Constituição Federal, o TCU está posicionado no capítulo do Poder Legislativo;[9]
- na Lei de Responsabilidade Fiscal, os gastos com pessoal dos Tribunais de Contas são incluídos nos limites estabelecidos para o Poder Legislativo (art. 20); e
- nas LOAs, as dotações para os Tribunais de Contas estão incluídas no orçamento do Poder Legislativo.

Por seu lado, argumenta a outra corrente que os TCs seriam autônomos e independentes tendo em vista que:

- fiscalizam todos os Poderes;
- não têm subordinação a nenhum Poder;
- suas decisões não podem ser reformadas (apenas anuladas); e
- possuem iniciativa legislativa e autonomia administrativa.

A exemplo de outras polêmicas, tal discussão atravessa décadas. Apresenta-se a seguir, breve resenha sobre o tema.

Há muito, tem sido questionada a interpretação rígida da teoria da tripartição de poder formulada por Montesquieu, superada já, em muitos aspectos, por sucessivas alterações na organização estatal.

No *caput* do art. 1º da LOTCU, a Corte de Contas é referida como "órgão de controle externo".

Sua missão institucional é assim definida: aprimorar a administração pública em benefício da sociedade por meio do controle externo.

A expressão auxílio, presente no *caput* do art. 71 da CF – "O controle externo, a cargo do Congresso Nacional, será exercido com o auxílio do TCU..." – tem provocado extenso debate doutrinário. De modo geral, os principais autores rejeitam a interpretação de que a Corte de Contas seria um órgão auxiliar do Congresso Nacional.

Nesse sentido, pronunciou-se o STF na ADI 1140-5, Rel. Min. Sydney Sanches:

> Não são, entretanto, as Cortes de Contas órgãos subordinados ou dependentes do Poder Legislativo, tendo em vista que dispõem de autonomia administrativa e financeira, nos termos do art. 73, *caput*, da Constituição Federal, que lhes confere as atribuições previstas em seu art. 96, relativas ao Poder Judiciário.

---

[9] A Emenda Constitucional nº 95/2016, que estabeleceu limites individualizados para despesas primárias (alcunhada Teto dos Gastos), posicionou o TCU no âmbito do Poder Legislativo (art. 107, III, do Ato das Disposições Constitucionais Transitórias).

O entendimento foi repisado pela Corte Constitucional na ADI 4190, Rel. Min. Celso de Mello:

> Os Tribunais de Contas ostentam posição eminente na estrutura constitucional brasileira, não se achando subordinados, por qualquer vínculo de ordem hierárquica, ao Poder Legislativo, de que não são órgãos delegatários nem organismos de mero assessoramento técnico. A competência institucional dos Tribunais de Contas não deriva, por isso mesmo, de delegação dos órgãos do Poder Legislativo, mas traduz emanação que resulta, primariamente, da própria Constituição da República.

Como observa Jarbas Maranhão:[10]

> O mais adequado seria dizer-se, como preferem aliás a legislação francesa e outras, que, ao invés de auxiliarem elas assistem o parlamento e o governo, para deixar claro a sua exata posição em face dos Poderes, pois, tendo em vista a própria natureza das tarefas que lhes cabem cumprir, haveria a Constituição de assegurar-lhes a necessária independência.

Na oportuna análise de Costa:[11]

> (...) este auxílio não é de subalternidade, mas de necessariedade. Não há como exercer o controle externo sem a indispensável participação das Cortes de Contas que são órgãos tecnicamente preparados para essa atividade estatal.

Para Fernando Jayme:[12]

> A definição mais apropriada é a de Frederico Pardini, que o define como "órgão **especial de destaque constitucional**". O Tribunal de Contas não está subordinado a nenhum dos Poderes do Estado, gozando de autonomia administrativa e funcional, com competências exclusivas, constitucionalmente estabelecidas. O vínculo existente entre o Tribunal de Contas e o Poder Legislativo é apenas operacional, de apoio à fiscalização política.

Na dicção de Pardini:[13]

> O Tribunal de Contas, como órgão híbrido, de fiscalização e controle externo e, simultaneamente, de jurisdição especializada de contas, tornou-se uma conquista

---

[10] Heraclio Salles e o Tribunal de Contas. *Revista de Informação Legislativa*, a. 38, nº 149, jan./mar. 2001.
[11] *Tribunal de Contas – Evolução e Principais Atribuições no Estado Democrático de Direito*. Belo Horizonte: Fórum, 2006, p. 68.
[12] Tribunal de Contas: jurisdição especial e a prova no procedimento de julgamento de contas. *Revista do TCE-MG*, ano XVII, 1999, vol. 3.
[13] Tribunal de Contas da União: órgão de destaque constitucional. Tese apresentada no Curso de Doutorado da Faculdade de Direito da Universidade Federal de Minas Gerais. Belo Horizonte: Faculdade de Direito da UFMG, 1997, p. 151.

instrumental do Estado Democrático de Direito, gozando de garantia de absoluta independência hierárquica, completa autonomia funcional e administrativa e qualificação científica e profissional de seus membros.

É no mesmo sentido a lição de Gualazzi:[14]

> (...) portanto, o órgão de controle externo, embora possa **formalmente** inserir-se no âmbito de um dos Poderes do Estado (em regra, no legislativo), **materialmente** mantém com todos os Poderes estatais relações jurídico-administrativas de **coordenação**, horizontais, no tocante a suas incumbências constitucionais de controle externo, *stricto sensu*.

Preleciona o Mestre Aliomar Baleeiro,[15]

> O Tribunal de Contas, no sistema de freios e contrapesos da Constituição, é instrumento técnico do Congresso.

Importa reproduzir, pela precisão e clareza, a exegese do Ministro Carlos Ayres Britto,[16] do STF, que advoga a tese, à qual nos filiamos, de que o TCU constitui um órgão constitucional autônomo.

> O Tribunal de Contas da União **não é órgão do Congresso Nacional, não é órgão do Poder Legislativo**. Quem assim me autoriza a falar é a Constituição Federal, com todas as letras do seu art. 44, *litteris*: "O Poder Legislativo é exercido pelo Congresso Nacional, **que se compõe da Câmara dos Deputados e do Senado Federal**" (negrito à parte). Logo, o Parlamento brasileiro não se compõe do Tribunal de Contas da União. Além de não ser órgão do Poder Legislativo, o Tribunal de Contas da União **não é órgão auxiliar do Parlamento Nacional**, naquele sentido de inferioridade hierárquica ou subalternidade funcional. O TCU se posta é como órgão da pessoa jurídica União, **diretamente**, sem pertencer a nenhum dos três Poderes Federais. Exatamente como sucede com o Ministério Público.

Para o eminente jurista,[17]

> As Casas de Contas se constituem em tribunais de tomo político e administrativo a um só tempo. Político, nos termos da Constituição; administrativo, nos termos da lei. (...)
>
> Os processos instaurados pelos Tribunais de Contas têm sua própria ontologia. São *processos de contas*, e não processos parlamentares, nem judiciais, nem administrativos. Que não sejam processos parlamentares nem judiciais, já ficou anotado e até justificado (relembrando, apenas, que os Parlamentos decidem por critério de oportunidade e conveniência). Que também não sejam processos administrativos,

---

[14] *Regime Jurídico dos Tribunais de Contas*. São Paulo: Revista dos Tribunais, 1992.
[15] *Uma Introdução à Ciência das Finanças*. 16. ed. Rio de Janeiro: Forense, 2003, p. 426.
[16] O regime constitucional dos Tribunais de Contas. *Revista Diálogo Jurídico*, ano I, nº 9, dez. 2001.
[17] Idem.

basta evidenciar que as Instituições de Contas não julgam da própria atividade (quem assim procede são os órgãos administrativos), mas da atividade de outros órgãos, outros agentes públicos, outras pessoas, enfim.

Analisando o tema sob a ótica das funções tradicionais (legislativa, executiva e judiciária), Decomain[18] sustenta que as funções dos TCs não possuem natureza legislativa, jurisdicional ou administrativa, mas de "atividades de controle".

É símile a abordagem de Ricardo Lobo Torres:[19]

> O Tribunal de Contas é uma das garantias institucionais da liberdade no Estado Liberal. Juntamente com outros órgãos, como o Banco Central, garante os direitos fundamentais mercê de sua posição singular no quadro institucional do País. O rígido sistema de separação de poderes já não serve para lhe explicar a independência e a responsabilidade. Mesmo sem aderir ao extremismo das doutrinas que o consideram um quarto Poder, o certo é que desborda ele os limites estreitos da separação dos poderes, para se situar simultaneamente como órgão auxiliar do Legislativo, da Administração e do Judiciário.

Para Cretella Jr.,[20] a Corte de Contas é uma corporação administrativa autônoma. Bandeira de Mello[21] o denomina "conjunto orgânico perfeitamente autônomo" e "órgão controlador da atividade administrativa do Estado".

A professora Odete Medauar[22] identifica o Tribunal de Contas como uma instituição estatal independente, desvinculada da estrutura de qualquer dos três poderes, é órgão técnico, não jurisdicional.

Na dicção de Diogo de Figueiredo Moreira Neto,[23] o Tribunal de Contas constitui:

> Órgão constitucional plural e onímodo de toda a administração financeiro-orçamentária, não se subsumindo a qualquer um dos Poderes do Estado no desempenho de sua função.
>
> (...) órgão garantidor dos valores político-constitucionais do Estado democrático de Direito, uma vez que exerce funções indispensáveis ao funcionamento dos princípios republicano e democrático, no tocante a um dos mais delicados aspectos de qualquer complexo juspolítico, que é, desde a Magna carta, a gestão fiscal.

Para o professor Moreira Neto, há uma relação de complementaridade entre o Parlamento e a Corte de Contas no exercício da função de Controle Externo. Ademais,

---

[18] *Tribunais de Contas no Brasil*. São Paulo: Dialética, 2006.
[19] *O Orçamento na Constituição*. Rio de Janeiro: Renovar, 1995, p. 279.
[20] *Curso de Direito Administrativo*. 11. ed. rev. e atual. Rio de Janeiro: Forense, 1991, p. 126.
[21] Funções do Tribunal de Contas. Revista de Direito Público, ano XVII, nº 72, out./dez. 1984, p. 136-137.
[22] *Direito Administrativo Moderno*. 6. ed. rev. e atual. São Paulo: Revista dos Tribunais, 2002, p. 473.
[23] O Parlamento e a Sociedade como destinatários do trabalho dos Tribunais de Contas. *Revista do TCE-SC*, jul. 2004, p. 113-146.

encontra-se superada a tradicional visão da tripartição dos poderes, pela ideia do policentrismo institucional.

Finalmente, cabe recordar as palavras de Ruy Barbosa:[24]

> Não é o Tribunal de Contas criação de ordem legislativa; é uma instituição constitucional da mesma importância dos outros órgãos pelos quais a nossa Constituição buscou assegurar o exercício efetivo das garantias de moralidade e justiça do sistema republicano.

Em síntese, podemos sublinhar que o TCU não possui subordinação hierárquica a nenhum outro órgão ou poder, sendo, portanto, inadequada e imprópria a expressão "órgão auxiliar do Poder Legislativo", que não consta em parte nenhuma na Constituição.

Tal entendimento foi reafirmado pelo Ministro Edson Fachin, do STF, no julgamento do RE 576.920 – Tema 047 de Repercussão Geral, ao afirmar:

> No complexo feixe de atribuições fixadas ao controle externo, a competência desempenhada pelo Tribunal de Contas não é, necessariamente, a de mero auxiliar do Poder Legislativo.

Ressalte-se, no entanto, que, para efeito da classificação funcional orçamentária, a subfunção controle externo encontra-se associada à função legislativa. De igual modo, nas leis orçamentárias, as dotações relativas ao TCU constam do orçamento do Poder Legislativo e, para o cálculo dos limites de despesas de pessoal previstos na LRF, as Cortes de Contas são incluídas no âmbito dos Poderes Legislativos. Também na Emenda Constitucional nº 95/2016, que instituiu o Novo Regime Fiscal ("Teto de gastos"), foi acrescentado ao Ato das Disposições Constitucionais Transitórias o art. 107, que estabeleceu limites individualizados para as despesas primárias e cujo inciso III situou o Tribunal de Contas da União no âmbito do Poder Legislativo, ao lado do Senado Federal e da Câmara dos Deputados. Finalmente, na Lei de Acesso à Informação – Lei nº 12.527/2011 –, o inciso I do parágrafo único do art. 1º menciona as Cortes de Contas como integrantes do Poder Legislativo.

DÚVIDA FREQUENTE

O TCU está jurisdicionado ao Conselho Nacional de Justiça?
Não. A questão já foi enfrentada no próprio CNJ.
O Conselho Nacional de Justiça não tem competência para regular matéria relacionada aos Tribunais de Contas. Essa foi a decisão do conselho durante análise do Pedido de Providências (PP 248) encaminhado pela Federação Nacional das Entidades dos Servidores dos Tribunais de Contas do Brasil (FENASTC). A Federação pedia consulta ao Conselho a respeito dos limites da aplicação da Resolução nº 7, do CNJ, que proibiu a prática de nepotismo no Judiciário.

---

[24] *Apud* Guimarães. Rui: uma visão do controle do dinheiro público – uma análise contemporânea. TCU – Rui Barbosa – uma visão do controle do dinheiro público, 2000, p. 113.

> O conselheiro-relator, Joaquim Falcão, entendeu que os Tribunais de Contas não integram a estrutura do Judiciário. Por isso, o CNJ não tem competência para regular matéria de Tribunais de Contas. Dessa forma, Falcão afirmou caber ao conselho analisar somente assuntos que dizem respeito aos órgãos que integram o Poder Judiciário. Assim, por unanimidade, os conselheiros votaram no mesmo sentido e rejeitaram o pedido. (fonte: www.cnj.org.br)
> Existe em tramitação no CN uma Proposta de Emenda Constitucional, que, entre outras medidas, propõe a criação do Conselho Nacional dos Tribunais de Contas, órgão externo de controle das Cortes de Contas.

3.3. EFICÁCIA DAS DECISÕES DOS TRIBUNAIS DE CONTAS

Como visto no item 2.6, a CF estabeleceu no seu art. 71, § 3º, que as decisões do TCU de que resulte imputação de débito ou multa terão eficácia de título executivo. Em obediência ao princípio da simetria, iguais características terão as decisões dos Tribunais de Contas dos Estados e dos TCMs.

Todavia, não compete às Cortes de Contas proceder à execução de suas decisões. Assim já decidiu o STF, ao declarar a inconstitucionalidade do inciso XI do art. 68 da Constituição do Estado de Sergipe, que atribuía ao Tribunal de Contas estadual a competência para "executar suas próprias decisões que impliquem imputação de débito ou multa":

> Tribunal de Contas do Estado de Sergipe. Competência para executar suas próprias decisões: impossibilidade. Norma permissiva contida na Carta estadual. Inconstitucionalidade. As decisões das Cortes de Contas que impõem condenação patrimonial aos responsáveis por irregularidades no uso de bens públicos têm eficácia de título executivo (CF, art. 71, § 3º). Não podem, contudo, ser executadas por iniciativa do próprio Tribunal de Contas, seja diretamente ou por meio do Ministério Público que atua perante ele. Ausência de titularidade, legitimidade e interesse imediato e concreto. A ação de cobrança somente pode ser proposta pelo ente público beneficiário da condenação imposta pelo Tribunal de Contas, por intermédio de seus procuradores que atuam junto ao órgão jurisdicional competente. Norma inserida na Constituição do Estado de Sergipe, que permite ao Tribunal de Contas local executar suas próprias decisões (CE, art. 68, XI). Competência não contemplada no modelo federal. Declaração de inconstitucionalidade, *incidenter tantum*, por violação ao princípio da simetria (CF, art. 75). (RE 223.037-SE, Rel. Min. Maurício Corrêa, DJ 2/8/2002)

Com esse entendimento, o Pretório Excelso manteve acórdão do Tribunal de Justiça estadual que reconhecera a ilegitimidade ativa do Tribunal de Contas estadual para propor a ação de execução contra ex-prefeito municipal, fundada em título executivo extrajudicial oriundo de decisão proferida pela própria Corte de Contas.

Assim, o título executivo extrajudicial, oriundo de decisão condenatória proferida pelas Cortes de Contas, deve ser executado pelos órgãos próprios da Administração Pública, como a Advocacia-Geral da União e as Procuradorias dos estados e municípios.

Lamentavelmente, tem sido constatada a reduzida efetividade das procuradorias dos estados e municípios, bem como da Advocacia-Geral da União, na recuperação para o Tesouro dos valores inquinados como débitos e multas pecuniárias. Mileski[25] chega a sugerir a promoção, pelos Ministérios Públicos, de ações de improbidade "pelo descuro praticado com as decisões do Tribunal de Contas, uma vez que este resulta em prejuízo ao erário".

DÚVIDA FREQUENTE

No caso de imputação de ressarcimento decorrente de dano ao erário, a titularidade da execução é incontroversa: pertence ao ente que sofreu o dano. Mas e no caso de multa, por exemplo, por sonegação de informações?

Por ocasião do julgamento do AgRg no REsp 1.181.122/RS (Revisor: Min. Mauro Campbell Marques), o STJ alterou seu entendimento, considerando que as multas têm por escopo fortalecer a fiscalização desincumbida pela própria Corte de Contas, que certamente perderia em sua efetividade caso não houvesse a previsão de tal instrumento sancionador. Em decorrência dessa distinção essencial entre ambos – imputação de débito e multa – é que se merece conferir tratamento distinto. A solução adequada é proporcionar ao próprio ente estatal ao qual esteja vinculada a Corte de Contas a titularidade do crédito decorrente da cominação da multa por ela aplicada no exercício de seu mister.

A decisão cita o entendimento do TCU, por meio da Portaria-SEGECEX nº 9/2006, relativa ao Manual de Cobrança Executiva:[26] a multa é sempre recolhida aos cofres da União ou Tesouro Nacional e sua execução judicial está sob a responsabilidade da Procuradoria-Geral da União/AGU. Logo, mesmo nos casos em que a Corte de Contas da União fiscaliza outros entes que não a própria União, a multa eventualmente aplicada é revertida sempre à União – pessoa jurídica à qual está vinculada –, e não à entidade objeto da fiscalização.

Em alguns estados, a legislação local estabelece que as multas devem ser recolhidas a fundos específicos.

IMPORTANTE

O entendimento do STJ ora mencionado foi inicialmente alterado com o julgamento em 2021 pelo STF do RE 1.003.433/RJ, Tema 642 de Repercussão Geral, que aprovou a tese no sentido de que "o município prejudicado é o legitimado para a execução de crédito decorrente de multa aplicada por Tribunal de Contas estadual a agente público municipal, em razão de danos causados ao erário municipal".

Todavia, em 2024, a tese foi alterada por ocasião do julgamento da ADPF 1.011, passando a ter o seguinte enunciado: "1. O Município prejudicado é o legitimado para a execução de crédito decorrente de multa aplicada por Tribunal de Contas estadual a agente público municipal, em razão de danos causados ao erário municipal. 2. Compete ao Estado-membro a execução de crédito decorrente de multas simples, aplicadas por Tribunais de Contas estaduais a agentes públicos municipais, em razão da inobservância das normas de Direito Financeiro ou, ainda, do descumprimento dos deveres de colaboração impostos, pela legislação, aos agentes públicos fiscalizados". (Rel. Min Gilmar Mendes, sessão virtual de 21.6.2024 a 28.6.2024).

---

[25] *O controle da gestão pública.* São Paulo: Revista dos Tribunais, 2003, p. 370.
[26] A versão atual consta da Portaria SEGECEX nº 7/2021.

O STJ reconhece também a legitimidade do Ministério Público para propor ação de execução de título extrajudicial oriundo de Tribunal de Contas Estadual.

> PROCESSUAL CIVIL. MINISTÉRIO PÚBLICO. LEGITIMIDADE ATIVA. AÇÃO DE EXECUÇÃO. TÍTULO EXTRAJUDICIAL. CERTIDÃO DE DÉBITO EXPEDIDA POR TRIBUNAL DE CONTAS ESTADUAL.
>
> 1. O Ministério Público ostenta legitimidade para a propositura de ação de execução de título extrajudicial oriundo de Tribunal de Contas Estadual. REsp 996031/MG, PRIMEIRA TURMA, DJ de 28/04/2008 e REsp 678969/PB, PRIMEIRA TURMA, DJ 13/02/2006.
>
> 2. É que a decisão de Tribunal de Contas Estadual, que, impõe débito ou multa, possui eficácia de título executivo, a teor do que dispõe o art. 71, § 3º, da Constituição Federal de 1988.
>
> (...)
>
> 7. Recurso Especial provido para reconhecer a legitimidade do Ministério Público do Estado de Sergipe, para a propositura de execução de título originário de Tribunal de Contas Estadual.
>
> REsp. 1.109.433-SE, Primeira Turma, Rel.: Min. Luiz Fux, DJe: 27/05/2009.

É diverso, no entanto, o entendimento do STF. No julgamento do RE 687.756, o Ministro Teori Zavascki reafirmou a jurisprudência da Corte no sentido de que Ministério Público não possui legitimidade para executar penalidades impostas por Tribunal de Contas, citando o julgamento do ARE 823.347 (Tema 768 – Rel. Min. Gilmar Mendes), cuja ementa é:

> Recurso extraordinário com agravo. Repercussão geral da questão constitucional reconhecida. Reafirmação de jurisprudência. 2. Direito Constitucional e Direito Processual Civil. Execução das decisões de condenação patrimonial proferidas pelos Tribunais de Contas. Legitimidade para propositura da ação executiva pelo ente público beneficiário. 3. Ilegitimidade ativa do Ministério Público, atuante ou não junto às Cortes de Contas, seja federal, seja estadual. Recurso não provido.

3.4. REVISÃO JUDICIAL DAS DECISÕES DOS TRIBUNAIS DE CONTAS

Pode-se recorrer ao Judiciário contra decisões dos Tribunais de Contas?

Sim. Como dispõe o art. 5º, XXXV, da CF, "a lei não excluirá da apreciação do Poder Judiciário lesão ou ameaça a direito".

Contudo, compete ao Judiciário apenas verificar se foi observado o devido processo legal e se não houve violação de direito individual. O Judiciário não revisa decisões dos Tribunais de Contas, por exemplo, declarando regulares contas que haviam sido julgadas irregulares ou vice-versa.

Em suma, o Judiciário não apreciará o mérito, mas a legalidade e a formalidade das decisões dos Tribunais de Contas, competindo ao STF o processo e o julgamento de *habeas corpus*, mandado de segurança e *habeas data* contra atos do TCU. Em relação aos atos dos demais Tribunais de Contas, a competência originária para julgamento de mandados de segurança e *habeas data* pertence aos Tribunais de Justiça dos estados e do Distrito Federal. Para o julgamento de *habeas corpus*, quando o coator ou paciente for membro das Cortes de Contas, a competência é do STJ.

Na jurisprudência do STF:

> No julgamento das contas de responsáveis por haveres públicos, a competência é exclusiva dos Tribunais de Contas, "salvo nulidade por irregularidade formal grave ou manifesta ilegalidade".[27]

Conforme esclarece o Ministro Ayres Britto do STF:[28]

> O Tribunal de Contas tal como o Poder Judiciário julga. E, naquela matéria de sua competência, o mérito não pode ser revisto pelo Poder Judiciário. A Constituição aquinhoa o Tribunal de Contas com competências que não são do Congresso Nacional e com competências que não são do Poder Judiciário. O Poder Judiciário tem a força da revisibilidade das decisões do Tribunal de Contas, porém, num plano meramente formal, para saber se o devido processo legal foi observado, se direitos e garantias individuais foram ou não respeitados. Porém o mérito da decisão, o controle, que é próprio do Tribunal de Contas, orçamentário, contábil, financeiro, operacional e patrimonial, logo o mérito da decisão é insindicável pelo Poder Judiciário.

Em síntese, o STF somente apreciará o *error in procedendo* do TCU; jamais o *error in judicando*.

Tem sido frequente o recurso ao STF, pela via de mandados de segurança, por responsáveis ou beneficiários de atos de concessão de aposentadorias, reformas e pensões, inconformados com decisões do TCU. Por vezes, tais solicitações encontram guarida na Suprema Corte Constitucional.

EXEMPLO DE DELIBERAÇÃO DO STF

COMUNICAÇÕES DA PRESIDÊNCIA
O Presidente, Ministro Adylson Motta, fez em Plenário as seguintes comunicações:
Senhores Ministros,
Senhor Procurador-Geral,
Comunico a Vossas Excelências que, na Sessão Plenária de 2/2/2005, o Supremo Tribunal Federal concedeu a segurança nos Mandados de Segurança 25.036, 25.095, 24.958, 25.090, 25.015, 24.997 e 25.037, determinando a cassação dos Acórdãos da Primeira Câmara n°s 1.443/2004, 1.530/2003, 1.852/2003, 3.093/ 2003, 1.877/2004, 2.853/2003 e 1.210/2004, por meio dos quais o TCU julgou os atos de aposentadoria dos impetrantes na Agência Brasileira de Inteligência (ABIN) ilegais e negou-lhes registro, ante à acumulação de proventos decorrentes de cargos inacumuláveis na atividade, e determinou ao órgão concedente a suspensão do respectivo pagamento.

---

[27] RTJ, 43: 151.
[28] *Apud* Castro: Os Tribunais de Contas e sua jurisdição. *Revista do TCE-MG*, nº 1, 2005.

> Nas referidas ações mandamentais, discutiu-se a possibilidade de militares inativos que ingressaram novamente no serviço público acumularem proventos decorrentes da reforma com proventos de aposentadorias oriundas dos cargos ocupados na ABIN, tendo o STF entendido que a acumulação de proventos militares com proventos civis não está abarcada pela proibição de acumulação de proventos constante da Emenda Constitucional nº 20/1998, que vedaria tão somente acumulação de proventos civis. (Ata nº 42/2005 – Plenário)

No entendimento do STJ, as decisões do TCU, dentro de suas atribuições constitucionais, possuem caráter impositivo e vinculante para a Administração (RE 464.633/SE; Rel. Min. Felix Fischer).

Ao apurar o alcance dos responsáveis pelos dinheiros públicos, o Tribunal de Contas pratica ato insusceptível de revisão na via judicial a não ser quanto ao seu aspecto formal ou tisna de ilegalidade manifesta. Mandado de Segurança não conhecido (MS 7.280, Rel. Min. Henrique d'Ávila, j. 20/6/1960).

IMPORTANTE: CAPACIDADE POSTULATÓRIA DO TCU

Em novembro de 2005, o STF resolveu questão de ordem formulada pelo Min. Marco Aurélio e decidiu que o Consultor Jurídico do TCU pode, em nome deste, sustentar oralmente as razões da Corte de Contas, quando esteja em causa controvérsia acerca da competência desta (Inf. STF nº 408 – MS 25.092).

No entanto, é entendimento do STJ que os Tribunais de Contas não têm personalidade jurídica ou legitimidade processual para recorrer dos julgados do Poder Judiciário que reformem suas decisões administrativas. Eles não são pessoas naturais ou jurídicas, razão pela qual não são titulares de direitos, pois integram a estrutura da União ou dos estados e, excepcionalmente, dos municípios. Aquela Corte firmou compreensão segundo a qual os Tribunais Federais, Estaduais ou de Contas somente poderão estar em Juízo, excepcionalmente, para a defesa das prerrogativas institucionais, concernentes à sua organização e ao seu funcionamento (AgRg no REsp 700.136).

O entendimento foi confirmado no julgamento da ADI 7.177, no qual o STF firmou a seguinte tese:

> "É constitucional a criação de órgão para assessoramento e consultoria jurídica de Tribunal de Contas, podendo, todavia, realizar a representação judicial da Corte exclusivamente nos casos em que discutidas prerrogativas institucionais ou a autonomia do TCE". (Rel. Min. Roberto Barroso, sessão virtual de 28.6.2024 a 6.8.2024).

3.5. COISA JULGADA ADMINISTRATIVA

É comum ouvir referências a que as decisões do TCU, embora passíveis de serem submetidas ao Judiciário, constituiriam coisa julgada administrativa. Candeia[29] é um dos que subscreve tal posição.

Coisa julgada administrativa é a decisão da esfera administrativa da qual não cabe mais recurso.

---

[29] *Convênios celebrados com a União e suas prestações de contas*. São Paulo: Editora NDJ, 2005, p. 170.

Segundo Carvalho Filho:[30]

> A coisa julgada administrativa, desse modo, significa tão somente que determinado assunto decidido na via administrativa não mais poderá sofrer alteração nessa mesma via administrativa, embora possa sê-lo na via judicial.

O professor Celso Antônio Bandeira de Mello[31] refere-se a coisa julgada administrativa como "a situação sucessiva a algum ato administrativo em decorrência do qual a Administração fica impedida não só de retratar-se dele na esfera administrativa, mas também de questioná-lo judicialmente". Segundo o autor, trata-se de instituto que cumpre uma função de garantia dos administrados e que concerne ao tema da segurança jurídica estratificada já na própria órbita da Administração. E conclui:[32]

> Toda vez que a Administração decidir um dado assunto em última instância, de modo contencioso, ocorrerá a chamada "coisa julgada administrativa".

Como preleciona Jacoby Fernandes,[33] a decisão administrativa, mesmo irrecorrível, é passível de ser modificada, seja pelo princípio de autotutela da Administração (Súmula nº 473 do STF), seja pelo recurso ao Poder Judiciário.

Recorde-se que, nos termos do art. 502 do Código de Processo Civil, denomina-se coisa julgada material a autoridade que torna imutável e indiscutível a decisão de mérito não mais sujeita a recurso.

Para Maria Sylvia Zanella Di Pietro,[34] a expressão coisa julgada em Direito Administrativo significa tão somente que a decisão se tornou irretratável pela própria Administração, inclusive nas hipóteses de atos que não podem ser revogados.

A ilustre doutrinadora[35] destaca que:

> (...) não se pode colocar a decisão proferida pelo Tribunal de Contas no mesmo nível que uma decisão proferida por órgão integrado na Administração Pública. Não teria sentido que os atos controlados tivessem a mesma força dos atos de controle.
>
> Pode-se afirmar que a decisão do Tribunal de Contas, se não se iguala à decisão jurisdicional, porque está também sujeita a controle pelo Poder Judiciário, também não se identifica com a função puramente administrativa. Ela se coloca a meio caminho entre uma e outra. Ela tem fundamento constitucional e se sobrepõe à decisão das autoridades administrativas qualquer que seja o nível em que se insiram

---

[30] *Manual de Direito Administrativo.* 14. ed. rev. e ampl. Rio de Janeiro: Lumen Juris, 2005, p. 774.
[31] *Curso de Direito Administrativo.* 20. ed. São Paulo: Malheiros, 2006, p. 427.
[32] *Op. cit.*, p. 448.
[33] *Tomada de Contas Especial – processo e procedimento nos Tribunais de Contas e na administração pública.* 2. ed. atual., rev. e ampl. Brasília: Brasília Jurídica, 2004, p. 413.
[34] *Direito Administrativo.* 19. ed. São Paulo: Atlas, 2006, p. 703.
[35] Coisa julgada – aplicabilidade a decisões do Tribunal de Contas da União. *Revista do TCU,* nº 70, p. 23-36, out./dez. 1996.

na hierarquia da Administração Pública, mesmo no nível máximo da Chefia do Poder Executivo.

Para a professora Di Pietro, as decisões do Tribunal de Contas não fazem coisa julgada material, mas fazem coisa julgada formal.

Em minucioso estudo,[36] Jacoby Fernandes distingue as decisões derivadas de julgamento de contas, inclusive especiais, daquelas relativas a outros processos de controle externo, para afinal concluir que somente os processos de contas podem ensejar a constituição de título executivo, tendo como efeito a produção de coisa julgada.

Por sua vez, Mukai[37] entende que as decisões do Tribunal de Contas fazem coisa julgada administrativa, após a tramitação de todos os recursos cabíveis previstos nos seus Regimentos Internos. Neste sentido:

> Os apelantes, ambos servidores de agência da ECT, tiveram suas contas como irregulares pelo TCU em decisão transitada em julgado. O TCU só formalmente não é órgão do Poder Judiciário. Suas decisões transitam em julgado e têm, portanto, natureza prejudicial para o juízo não especializado (TRF 1ª Região, Ap. Cível 87.01.23993-0/MG, Terceira Turma, Rel. Juiz Adhemar Maciel, DJU 14/9/1992, p. 28.119).

Marques Oliveira,[38] por seu turno, formula o conceito de "coisa controlada":

> Assim como o produto final da função jurisdicional é a coisa julgada, "*res judicata*", para a função controle teremos a coisa controlada, "*res veredicta*".

A expressão coisa julgada administrativa consta do RITCU no § 2º do art. 260, referindo-se à apreciação de atos de admissão de pessoal ou de concessão de aposentadoria, reforma ou pensão:

> § 2º O acórdão que considerar legal o ato e determinar o seu registro não faz coisa julgada administrativa e poderá ser revisto de ofício pelo Tribunal, com a oitiva do Ministério Público e do beneficiário do ato, dentro do prazo de cinco anos da apreciação, se verificado que o ato viola a ordem jurídica, ou a qualquer tempo, no caso de comprovada má-fé.

Em síntese, a doutrina não está pacificada quanto ao tema, recomendando-se prudência aos candidatos a concursos públicos, especialmente em provas discursivas e orais.

3.6. PARA SABER MAIS

Recomenda-se a leitura dos autores e artigos citados.

---

[36] Limites à revisibilidade judicial das decisões dos Tribunais de Contas. *Revista do TCU*, nº 70, out./dez. 1996, p. 39-71.
[37] Os Tribunais de Contas no Brasil e a coisa julgada. *Revista do TCU*, nº 70, out./dez. 1996, p. 83-86.
[38] O Tribunal de Contas, os limites da "*res veredicta*" e o contencioso administrativo. *Revista de Informação Legislativa*, jul./set. 1982, p. 201. Apud Gualazzi, 1992, p. 202-203.

Capítulo **4**

Jurisdição dos Tribunais de Contas

Acesse o *QR Code* e assista ao vídeo explicativo sobre este assunto.

> http://uqr.to/202az

Os Tribunais de Contas possuem jurisdição? Quem não está sujeito ao controle externo? Subsidiárias de empresas estatais são obrigadas a prestar contas individualmente, mesmo tendo sede no exterior? Na hipótese de um convênio, com aporte de 40% dos recursos pelo governo federal e os 60% restantes por governo local de quem é a responsabilidade pela fiscalização?

4.1. POLÊMICA SOBRE A JURISDIÇÃO DOS TRIBUNAIS DE CONTAS

Em seu *Dicionário Técnico Jurídico*, Guimarães define jurisdição como o poder de dizer o direito que a Constituição dá aos órgãos; função do Estado exercida através do juiz dentro de um processo para solução de um litígio, podendo ser definida em função da área geográfica ou da matéria.[1]

Segundo o art. 4º da LOTCU, a jurisdição do TCU é própria e privativa, em todo o território nacional, sobre as pessoas e matérias sujeitas à sua competência. Assim, o TCU exerce a sua jurisdição independentemente das demais jurisdições (civil, penal, trabalhista etc.).

---

[1] *Dicionário Técnico Jurídico*. 8. ed. São Paulo: Rideel, 2006.

Conforme bem sintetizado por Jacoby Fernandes,[2] a doutrina consolidou duas visões antagônicas a propósito do tema: uma reconhecendo e delimitando a jurisdição dos Tribunais de Contas; outra negando a sua existência.

Essa última corrente é representada por Cretella,[3] para quem há impropriedade na expressão julgar constante do texto constitucional:

> **Julgar as contas** é examiná-las, conferir-lhes a exatidão, ver se estão certas ou erradas, traduzindo o resultado num parecer da mais alta valia, mas que nada tem de sentença judiciária. É função matemática, contabilística, nada mais.
> **O Tribunal de Contas julga as contas, não o responsável**. (...)
> Por sua vez, o Poder Judiciário não tem função no exame de tais contas, não tem autoridade para revê-las, não interfere na apuração do *quantum* do alcance. (...)
> As questões decididas pelos Tribunais de Contas, na apreciação das contas dos responsáveis pelos dinheiros ou bens públicos, são simples **questões prévias**; são **questões prejudiciais** (...). (grifo no original)

Gualazzi[4] filia-se à visão de Cretella: para ele, os Tribunais de Contas no Brasil têm natureza exclusivamente administrativa; não se tratam de órgãos jurisdicionais, judiciais ou judicantes.

No mesmo diapasão preleciona a professora di Pietro:[5]

> (...) embora o dispositivo fale em "julgar" (inciso I do art. 71), não se trata de função jurisdicional, porque o Tribunal apenas examina as contas, tecnicamente, e não aprecia a responsabilidade do agente político, que é de competência exclusiva do Poder Judiciário, por isso se diz que o julgamento das contas é uma questão prévia, preliminar, de competência do Tribunal de Contas, que antecede o julgamento do responsável pelo Poder Judiciário.

Para o ilustre constitucionalista Silva,[6] o TCU é órgão técnico, não jurisdicional.

> Não se trata de função jurisdicional, pois não julga pessoas nem dirime conflitos de interesses, mas apenas exerce um julgamento técnico das contas.

Castro[7] contesta tal perspectiva:

> Outros, como nós, não conseguem dissociar o termo técnico-jurídico julgar do termo jurisdição, pois esta é, obrigatoriamente, espécie daquele, que é gênero! Quem julga diz o direito, exerce jurisdição.

---

[2] *Tribunais de Contas do Brasil – Jurisdição e Competência*. 2. ed. rev., atual. e ampl. Belo Horizonte: Fórum, 2005, p. 147.
[3] *Curso de Direito Administrativo*. 11. ed. rev. e atual. Rio de Janeiro: Forense, 1991, p. 121.
[4] *Regime Jurídico dos Tribunais de Contas*. São Paulo: Revista dos Tribunais, 1992, p. 185.
[5] *Direito Administrativo*. 19. ed. São Paulo: Atlas, 2006, p. 710.
[6] *Curso de Direito Constitucional Positivo*. 24. ed. rev. e atual. São Paulo: Malheiros, 2005, p. 755.
[7] Os Tribunais de Contas e sua jurisdição. *Revista do TCE-MG*, nº 1, 2005.

Aqui cabe uma breve reflexão, sem querer, contudo, imiscuir-me em questões acadêmicas ou na posição de alguns doutrinadores que, em prejuízo do Direito, desconhecem e não aceitam a jurisdição das Casas de Contas, para saber se quem julga tem jurisdição. E mais, ao julgar as contas dos gestores públicos, esta decisão, quanto ao mérito, é intocável ou susceptível de apreciação pelo Judiciário.

Observa-se que, relativamente ao *meritum causae*, ninguém, nem mesmo o Judiciário, tem competência para determinar que a Corte de Contas, prolatora do *decisum*, emita outro em substituição ao anterior.

Então, não há como sustentar que os Tribunais de Contas, constitucionalmente criados para controlar os gastos da República, são falecidos de jurisdição, justamente porque eles julgam e o fazem com definitividade. E assim tem que ser, pois, do contrário, seria um absurdo constituir uma instituição, atribuir-lhe competência e, uma vez exercitada, permitir que outro, não técnico e nem constitucionalmente preparado para o mister a ele incumbido, *exempli gratia*, o Judiciário, possa vir e desconstituir o seu julgado.

Jacoby Fernandes assume posição peremptória:[8]

> O julgamento sobre contas, decidindo a regularidade ou irregularidade, é soberano, privativo e definitivo.

De fato, a decisão definitiva do TCU em processo de contas não se submete a nenhuma outra instância revisional e é indelegável.

Tese semelhante é sustentada por Pardini:[9]

> Mas, também diante dessas expressas disposições constitucionais e legais, o Tribunal de Contas, em sede de atividade jurisdicional de contas, deve ser considerado um órgão jurisdicional especial, destacado dos demais por determinação da Lei Maior? A resposta a esta questão somente pode ser afirmativa.

O professor Seabra Fagundes[10] reconhece um parcial exercício da função judicante:

> Não pelo emprego da palavra julgamento, mas sim pelo sentido definitivo da manifestação da Corte, pois se a regularidade das contas pudesse dar lugar a nova apreciação (pelo Poder Judiciário), o seu pronunciamento resultaria em mero e inútil formalismo. Sob esse aspecto restrito (o criminal fica à Justiça da União), a Corte de Contas decide conclusivamente. Os órgãos do Poder Judiciário carecem de jurisdição para examiná-lo.

---

[8] *Tomada de Contas Especial – processo e procedimento nos Tribunais de Contas e na administração pública*. 2. ed. atual., rev. e ampl. Brasília: Brasília Jurídica, 2004, p. 29.

[9] Tribunal de Contas da União: órgão de destaque constitucional. Tese apresentada no Curso de Doutorado da Faculdade de Direito da Universidade Federal de Minas Gerais. Belo Horizonte: Faculdade de Direito da UFMG, 1997, p. 260-261.

[10] *O controle dos atos administrativos pelo Poder Judiciário*. 4. ed. Rio de Janeiro: Forense, 1967, p. 142.

É esse mesmo douto autor quem identifica a existência de duas jurisdições anômalas ou extravagantes no texto constitucional: a que atribui ao Congresso o julgamento dos crimes de responsabilidade do Presidente da República, dos Ministros de Estado, quando conexos com os daquele, e dos Ministros do Supremo Tribunal Federal; e a que confere ao Tribunal de Contas o julgamento da regularidade das contas dos administradores e demais responsáveis pela guarda ou aplicação de bens ou fundos públicos.

E no magistério de Pontes de Miranda:[11]

> Tal jurisdição excluía a intromissão de qualquer juiz na apreciação da situação em que se acham, *ex hypothesi*, tais responsáveis para com a Fazenda Pública.

É semelhante a dicção de Hely Lopes Meirelles:[12]

> O TCU (...) desempenha atribuições jurisdicionais administrativas, relacionadas com a fiscalização de execução orçamentária, com a aplicação dos dinheiros públicos, com a legalidade dos contratos, aposentadorias e pensões.

Torres[13] argumenta que:

> (...) não há dúvida de que o Tribunal de Contas, autorizado pela CF a elaborar o seu regimento com a mesma autonomia do Poder Judiciário, exerce alguns atos típicos da função jurisdicional em **sentido material**, eis que julga as contas dos administradores e responsáveis com todos os requisitos materiais da jurisdição: independência, imparcialidade, igualdade processual, ampla defesa, produção plena das provas e direito a recurso. Mas do ponto de vista **formal**, não detém qualquer parcela da função jurisdicional, tendo em vista que as suas decisões não produzem a coisa julgada e podem ser revistas pelo Judiciário, ainda quando versem sobre matéria contábil.

Acerca das características da jurisdição do TCU, impende recorrer-se novamente às lições do Min. Ayres Britto:[14]

> Fica evidenciado que os Tribunais de Contas não exercem a chamada função jurisdicional do Estado. A função jurisdicional do Estado é exclusiva do Poder Judiciário e é por isso que as Cortes de Contas: a) não fazem parte da relação dos órgãos componenciais desse Poder (o Judiciário), como se vê da simples leitura do art. 92 da *Lex Legum*; b) também não se integram no rol das instituições que foram categorizadas como instituições essenciais a tal função (a jurisdicional), a partir do art. 127 do mesmo Código Político de 1988.

> Note-se que os julgamentos a cargo dos Tribunais de Contas não se caracterizam pelo seu impulso externo ou *non-ex-officio*. Deles não participam advogados,

---

[11] *Comentários à Constituição de 1967*. 2. ed. rev. São Paulo: Revista dos Tribunais, 1970, t. III, p. 251.
[12] *Direito Administrativo Brasileiro*. 22. ed. atual. São Paulo: Malheiros, 1997, p. 663.
[13] *Curso de Direito Financeiro e Tributário*. 14. ed. Rio de Janeiro: Renovar, 2007, p. 209.
[14] O regime constitucional dos Tribunais de Contas. *Revista Diálogo Jurídico*, ano I, nº 9, dez. 2001.

necessariamente, porque a indispensabilidade dessa participação apenas se dá ao nível do processo judiciário (art. 133 da CF). Inexiste a figura dos "litigantes" a que se refere o inciso LV do art. 5º da Constituição. E o "devido processo legal" que os informa somente ganha os contornos de um devido processo legal (ou seja, com as vestes do contraditório e da ampla defesa), se alguém passa à condição de sujeito passivo ou acusado, propriamente.

Algumas características da jurisdição, no entanto, permeiam os julgamentos a cargo dos Tribunais de Contas. Primeiramente, porque os TC's julgam sob critério exclusivamente objetivo ou da própria técnica jurídica (subsunção de fatos e pessoas à objetividade das normas constitucionais e legais). Segundamente, porque o fazem com a força ou a irretratabilidade que é própria das decisões judiciais com trânsito em julgado.

Zymler[15] apresenta uma posição de equilíbrio entre os extremos:

> Em verdade, os que se posicionam extremadamente – equiparando as deliberações do TCU a sentenças judiciais ou entendendo-as como mero exame formal de contas – desconhecem o real escopo da moderna processualidade administrativa que, fazendo atuar o processo, inspirada pelos princípios da ampla defesa e do contraditório, permite ao Tribunal de Contas da União estabelecer juízo de mérito sobre os atos dos agentes públicos responsáveis por bens e dinheiros públicos.
>
> Para a consecução desse mister, nada obsta que o TCU possa avaliar os elementos objetivos e subjetivos da atuação do agente, de sorte a julgar suas contas, não mediante mera atestação da regularidade formal de um elenco de demonstrações contábeis, mas, sim, apreciando, em sua plenitude, sob o prisma da legalidade, legitimidade e economicidade (*caput* do art. 70, CF), o conjunto de atos administrativos praticados pelos responsáveis durante o exercício financeiro (prestação ou tomada de contas anual) ou associados a determinada ocorrência (tomada de contas especial).

No mesmo diapasão é bastante feliz Almeida[16] ao conceituar o papel do TCU como parajudicial.

Mileski[17] também se posiciona de forma intermediária:

> Portanto, não sendo de natureza judicial as funções do Tribunal de Contas, também não podem ser consideradas meramente administrativas. São de caráter administrativo, mas com a qualificação do poder jurisdicional administrativo, que derivam de competência constitucional expressamente estabelecida, com a delimitação do poder de conhecer e julgar as contas prestadas pelos administradores públicos.

---

[15] *Direito Administrativo e Controle*. Belo Horizonte: Fórum, 2005, p. 430.
[16] *Lei Orgânica do Tribunal de Contas da União Anotada*. Belo Horizonte: Fórum, 2006, p. 17.
[17] *O Controle da Gestão Pública*. São Paulo: Revista dos Tribunais, 2003, p. 212.

O Ministro Raimundo Carreiro qualificou a jurisdição do TCU como "jurisdição constitucional especializada" (Acórdão nº 495/2008 – Plenário). É no mesmo sentido a manifestação de Athos Gusmão Carneiro, citado por Guerra:[18]

> A Constituição admite dois casos de "jurisdições anômalas", exercidas por órgãos alheios ao Poder Judiciário. O primeiro diz respeito aos processos de *impeachment* (...) Em segundo lugar, o Tribunal de Contas, órgão colegiado, (...) quando "julga" as contas "dos administradores e demais responsáveis por bens e valores públicos", tal julgamento impõe-se ao Poder Judiciário no que concerne ao aspecto contábil, sobre a regularidade da própria conta; o julgado do Tribunal de Contas constitui prejudicial no juízo penal, como apuração, da qual o juiz não pode se afastar; de elemento de fato necessário à tipicidade do crime. Da mesma forma, tal "julgado" impõe-se na ação de ressarcimento promovida contra o responsável pelo alcance.

Filiamo-nos ao entendimento da existência de uma jurisdição própria e privativa do TCU, alicerçada em previsão expressa da Carta Maior, no *caput* do art. 73: "**O TCU, integrado por nove Ministros, tem** sede no Distrito Federal, quadro próprio de pessoal e **jurisdição em todo o território nacional** (...)" (grifei). Afinal, como assinala Godinho[19]:

> A clássica ideia de jurisdição una está atrelada à compreensão de tripartição do poder, com nítida separação de funções legislativas, executivas e judiciais, bem como de classificação entre funções típicas e atípicas de cada um. Contudo, a divisão de poderes, concebida por Montesquieu, restou superada com o advento do Estado democrático.

Como acentua Pardini,[20] tal dispositivo apresenta inquestionável paralelismo com o parágrafo único do art. 92, segundo o qual "o STF e os Tribunais Superiores têm sede na Capital Federal e jurisdição em todo o território nacional"[21].

IMPORTANTE

Há exceções, previstas no Código Civil, ao princípio de independência das jurisdições. O tema foi enfrentado no TCU nos autos do TC-575.082/1997-6, Acórdão nº 1.391/2003 – Plenário, Ministro-Relator Augusto Sherman Cavalcanti:

> (...) Com efeito, os arts. 1.525 e 935 dos Códigos Civis de 1916 e de 2002, respectivamente, afirmam que "a responsabilidade civil é independente da criminal", e que "não se poderá, porém, questionar mais sobre a existência do fato ou quem seja seu autor, quando estas questões

---

[18] Op. cit., p. 127.
[19] *Disfuncionalidade do processo de julgamento das contas anuais de gestão pelos Tribunais de Contas*. Dissertação apresentada como requisito para obtenção do grau de Mestre, pelo Programa de Mestrado Profissional em Políticas Públicas e Gestão Governamental do IDP/DF. Brasília IDP, 2018, p. 87.
[20] Tribunal de Contas da União: órgão de destaque constitucional. Tese apresentada no Curso de Doutorado da Faculdade de Direito da Universidade Federal de Minas Gerais. Belo Horizonte: Faculdade de Direito da UFMG, 1997.
[21] Após a EC nº 45/2004, o § 1º do art. 92 tem o seguinte teor: "O Supremo Tribunal Federal, o Conselho Nacional de Justiça e os Tribunais Superiores têm sede na Capital Federal".

se acharem decididas no juízo criminal" (utilizo a redação constante no art. 935 do Código Civil vigente). Entretanto, e conforme apontado pelo próprio Recorrente, esse dispositivo deve ser conjugado com o art. 66 do Código de Processo Penal, que assim estabelece: "Não obstante a sentença absolutória no juízo criminal, a ação civil poderá ser proposta quando não tiver sido, categoricamente, reconhecida a inexistência material do fato.

Combinando os dois dispositivos, temos que a sentença penal impedirá a propositura de ação no âmbito civil, e, por extensão, no administrativo, primeiro, se for 'absolutória', e, segundo, se afirmar 'categoricamente' a inexistência do fato."

4.2. JURISDIÇÃO DO TCU

O art. 5º da LOTCU especifica a abrangência da jurisdição da Corte de Contas brasileira, enumerando as espécies de jurisdicionados.

4.2.1. Responsável (LOTCU: art. 5º, I)

I – qualquer pessoa física, órgão dos poderes da União ou entidade da administração indireta, incluídas as fundações e sociedades instituídas e mantidas pelo poder público federal, que utilize, arrecade, guarde, gerencie ou administre dinheiros, bens e valores públicos ou pelos quais a União responda, ou que, em nome desta assuma obrigações de natureza pecuniária;

A definição corresponde ao elenco de responsáveis por prestar contas, previsto no parágrafo único do art. 70 da CF. Anote-se que a EC nº 19/1998, posterior à LOTCU, acrescentou ao dispositivo também a obrigatoriedade da prestação de contas de pessoas jurídicas, inclusive privadas. É assim que a matéria está referida no art. 5º, I do RITCU.

Ademais, as sucessivas Leis de Diretrizes Orçamentárias têm estabelecido como condição para a transferência de recursos a entidades privadas sem fins lucrativos a apresentação da prestação de contas de recursos anteriormente recebidos, nos prazos e nas condições fixados na legislação e a inexistência de prestação de contas rejeitada (Lei nº 13.408/2016: art. 77, V).

Na forma do art. 2º da LOTCU, para o desempenho de suas competências, o Tribunal receberá, em cada exercício, o rol de responsáveis e suas alterações, e outros documentos ou informações que considerar necessários, inclusive podendo solicitar ao Ministro de Estado supervisor da área, ou à autoridade de nível hierárquico equivalente, outros elementos indispensáveis ao exercício de sua competência.

JURISPRUDÊNCIA DO TCU

Acórdão nº 7.482/2014 – Primeira Câmara (Tomada de Contas Especial, Relator Ministro Walton Alencar Rodrigues)
Competência do TCU. Empréstimo internacional. Abrangência.
A jurisdição do TCU alcança a aplicação de recursos financeiros oriundos de acordo de empréstimo entre a República Federativa do Brasil e organismo internacional, porquanto constitui obrigação de natureza pecuniária pela qual a União responde perante credor externo.

4.2.2. Dano ao erário (LOTCU: art. 5º, II)

> II – aqueles que derem causa a perda, extravio ou outra irregularidade de que resulte dano ao erário;

O dispositivo amplia o universo jurisdicional alcançando também aos que, sem serem responsáveis pela gestão orçamentária, financeira ou patrimonial, provocarem fato ou situação ensejadora de perda, extravio ou outra irregularidade de que resulte dano ao erário. Por exemplo: o desaparecimento de bens (*notebooks*, aparelhos de telefonia celular, obras de arte) ou valores (numerário, selos) pertencentes a órgão ou entidade da administração pública. Outro exemplo: o desvio de finalidade de recursos repassados mediante convênio a entes subnacionais.

4.2.3. Dirigentes ou liquidantes (LOTCU: art. 5º, III)

> III – os dirigentes ou liquidantes das empresas encampadas ou sob intervenção ou que de qualquer modo venham a integrar, provisória ou permanentemente, o patrimônio da União ou de outra entidade pública federal;

A possibilidade de a Administração Pública intervir no domínio econômico é expressa na CF pelos preceitos da função social da propriedade e da supremacia do interesse público. As hipóteses mais comuns de intervenção e encampação referem-se às concessionárias de serviços públicos, estando regidas pela Lei nº 8.987/1995. O art. 34 daquela norma estipula que, cessada a intervenção, se não for extinta a concessão, a administração do serviço será devolvida à concessionária, precedida de prestação de contas pelo interventor, que responderá pelos atos praticados durante a sua gestão.

Assim, o dispositivo em análise precisa que, ainda que a titularidade do poder público seja de natureza transitória, prevalece o princípio da prestação de contas.

4.2.4. Empresas supranacionais (LOTCU: art. 5º, IV)

> IV – os responsáveis pelas contas nacionais das empresas supranacionais de cujo capital social a União participe, de forma direta ou indireta, nos termos do tratado constitutivo;

A inclusão de tais responsáveis na jurisdição do TCU decorre da competência de fiscalização atribuída no art. 71, V, da CF. Sublinhe-se que a jurisdição alcança somente os responsáveis pelas "contas nacionais" de tais empresas.

4.2.5. Serviços sociais (LOTCU: art. 5º, V)

> V – os responsáveis por entidades dotadas de personalidade jurídica de direito privado que recebam contribuições parafiscais e prestem serviço de interesse público ou social;

Cuida-se aqui dos dirigentes das instituições do chamado "Sistema S": Senai, Sesi, Sesc, Senac, Sebrae, Sest, Senat, Senar e Sescoop. Note-se que mesmo as suas representações regionais, tais como o SENAI-RJ ou o SESC-SP, são jurisdicionadas ao TCU e não aos TCEs.

4.2.6. Demais sujeitos à fiscalização (LOTCU: art. 5º, VI)

> VI – todos aqueles que lhe devam prestar contas ou cujos atos estejam sujeitos à sua fiscalização por expressa disposição de lei;

Além da obrigatoriedade de prestação de contas prevista no parágrafo único do art. 70 da CF, estudaremos no Capítulo 5 diversos exemplos de normas legais que atribuem ao TCU expressas competências de fiscalização, ampliando o universo de seus jurisdicionados.

Uma questão interessante diz respeito à chamada contribuição sindical. Na Decisão nº 632/1998 – Plenário (Ministro-Relator Bento Bugarin) ficou decidido:

> 8.2. informar ao Sindicato dos Metalúrgicos de Manaus que a contribuição sindical tem natureza tributária e que, em consequência, a competência fiscalizadora desta Corte pode ser acionada por meio de denúncias que preencham os requisitos de admissibilidade previstos nos arts. 212 e 213 do Regimento Interno do TCU, como foi o caso desta, que deu origem à presente fiscalização;

O posicionamento foi reafirmado no Acórdão nº 719/2010 – Plenário (Ministro-Relator Augusto Sherman).

EXEMPLO DE QUEM NÃO ESTÁ SUJEITO AO CONTROLE EXTERNO

Acórdão nº 1.527/2006 – Plenário
Rel.: Min. Benjamin Zymler
Operação de crédito entre o BNDES e municípios não se sujeitam ao controle externo exercido pelo TCU, pois possuem natureza de contrato oneroso de operação de crédito.
Observação: nesse caso, a competência seria do respectivo TCE ou TCM, pois os recursos envolvidos compõem o orçamento municipal.

4.2.7. Recursos repassados (LOTCU: art. 5º, VII)

> VII – os responsáveis pela aplicação de quaisquer recursos repassados pela União, mediante convênio, acordo, ajuste ou outros instrumentos congêneres, a estado, ao Distrito Federal ou a município;

Tal jurisdição alcança as chamadas transferências voluntárias de recursos, distinta das transferências constitucionais e legais. No exame da prestação de contas serão examinados, além de outros aspectos relacionados à legalidade, legitimidade e economicidade, se os recursos foram aplicados em conformidade com o objeto do convênio. O

RITCU, no inc. VIII do art. 5º, precisa que também são jurisdicionados os responsáveis pela aplicação de recursos federais repassados a qualquer outra pessoa física ou jurídica, pública ou privada.

> **IMPORTANTE**
>
> Consoante o disposto na Decisão TCU nº 180/1998 – 1ª Câmara, são agentes políticos apenas o Presidente da República, os Governadores e os Prefeitos Municipais (nesse último caso, quando assinam convênios, mas não são seus executores diretos).

Bandeira de Mello[22] apresenta definição mais abrangente:

> Agentes políticos são os titulares de cargos estruturais à organização política do País, ou seja, ocupantes dos que integram o arcabouço constitucional do Estado, o esquema fundamental do Poder. Daí que se constituem nos formadores da vontade superior do Estado. São agentes políticos apenas o presidente da República, os Governadores, Prefeitos e respectivos vices, os auxiliares imediatos dos Chefes do Executivo, isto é, Ministros e Secretários das diversas Pastas, bem como os Senadores, Deputados federais e estaduais e Vereadores.

> **JURISPRUDÊNCIA DO TCU**
>
> Acórdão nº 2.922/2013 – Plenário (Relator Ministro José Jorge)
> Convênio. Embargos de Declaração. Responsabilidade do agente político.
> A imputação de responsabilidade a agente político é possível, razoável e necessária nos casos em que tenha contribuído de alguma forma para as irregularidades, em que delas tinha conhecimento, ou, ainda, em que houve alguma omissão grave de sua parte.

> **JURISPRUDÊNCIA DO TCU**
>
> Acórdão nº 1.429/2014 – Plenário (Relator Ministro Marcos Bemquerer)
> Convênio e Congêneres. Responsabilidade do convenente. Agente político.
> Quando não há a prática de atos administrativos de gestão, via de regra, não cabe imputação de responsabilidade a agentes políticos, salvo se as irregularidades tiverem caráter de tal amplitude e relevância que, no mínimo, fique caracterizada grave omissão no desempenho de suas atribuições de supervisão hierárquica.

4.2.8. Sucessores (LOTCU: art. 5º, VIII)

> VIII – os sucessores dos administradores e responsáveis a que se refere este artigo, até o limite do valor do patrimônio transferido, nos termos do inciso XLV do art. 5º da Constituição Federal;

---

[22] *Curso de Direito Administrativo*. 17. ed. São Paulo: Malheiros, p. 230.

A esse propósito, sublinhe-se que a responsabilidade dos sucessores abrange apenas o débito. As contas continuam em nome do responsável. Na hipótese de condenação, o responsável-sucessor ficará sujeito ao recolhimento do débito, mas não à aplicação de multa, que é personalíssima.

Por exemplo: o ex-gestor JMB é apontado como responsável pelo débito de R$ 1 milhão, mas falece antes do proferimento da decisão definitiva. Seu único sucessor, JMB Jr., recebeu uma herança de R$ 100 mil. Ainda que a decisão definitiva aponte que o débito efetivo foi de R$ 1 milhão e de responsabilidade de JMB, seu sucessor somente poderá ser condenado à restituição de R$ 100 mil, que foi o valor do patrimônio por ele recebido.

4.2.9. Representantes na assembleia (LOTCU: art. 5º, IX)

> IX – os representantes da União ou do poder público federal na assembleia geral das empresas estatais e sociedades anônimas de cujo capital as referidas pessoas jurídicas participem, solidariamente com os membros dos conselhos fiscal e de administração, pela prática de atos de gestão ruinosa ou liberalidade à custa das respectivas sociedades;

As referidas empresas encontram-se sujeitas à Lei nº 6.404/1976, que dispõe sobre as sociedades por ações. O art. 121 desse diploma prevê que a assembleia geral tem poderes para decidir todos os negócios relativos ao objeto da companhia. Assim, as deliberações dos representantes da União podem causar sérias repercussões no patrimônio da instituição, bem como as decisões adotadas no âmbito dos Conselhos Fiscal e de Administração. Justifica-se, portanto, a inclusão de tais responsáveis entre os jurisdicionados ao TCU.

No conhecido caso da aquisição pela Petrobras de uma refinaria em Pasadena no Texas, o Acórdão nº 2.284/2017 (Rel. Min. Vital do Rêgo) incluiu como responsáveis os membros do Conselho de Administração.

4.2.10. Empresas públicas e sociedades de economia mista (RITCU: art. 5º, III)

Além das espécies anteriores, previstas na LOTCU, o inciso III do art. 5º do RITCU acrescentou a seguinte espécie de jurisdicionados:

> III – os dirigentes de empresas públicas e sociedades de economia mista constituídas com recursos da União;

A inclusão teve o objetivo de explicitar a responsabilidade de tais dirigentes, em consonância com a jurisprudência do STF, mencionada no Capítulo 2, item 2.3.

Registre-se que, conforme Leal,[23] o entendimento do TCU é de que mesmo as empresas controladas direta ou indiretamente por sociedade de economia mista, ainda

---

[23] Os limites do controle externo da União sobre as empresas controladas direta ou indiretamente por sociedades de economia mista. TCU, 2006, p. 106.

que não tenham sido criadas por lei autorizativa específica, possuem a mesma natureza jurídica destas e encontram-se sujeitas à plena fiscalização pela Corte de Contas.

> **JURISPRUDÊNCIA DO TCU**
>
> **Sociedades de propósito específico com recursos federais devem ser fiscalizadas pelo TCU**
> Acórdão nº 1.344/2015 Plenário (Levantamento de Auditoria, Relator Ministro Substituto André de Carvalho)
> Competência do TCU. Sociedade de propósito específico. Abrangência.
> A jurisdição do TCU alcança as sociedades de propósito específico (SPE) em que haja aplicação direta ou indireta de recursos da União. Os limites do controle externo a ser exercido sobre essas entidades devem ser avaliados no caso concreto, de acordo com as especificidades do empreendimento, em especial se as garantias oferecidas para a consecução do negócio configuram risco para a União e se existem vínculos fáticos a identificar a predominância do interesse e do controle da empresa estatal, caracterizando relação em que a SPE figura na condição de mera controlada, independentemente da formalização jurídica adotada.

4.3. JURISDIÇÃO DOS TRIBUNAIS DE CONTAS ESTADUAIS E MUNICIPAIS

Em diversas leis orgânicas de Tribunais de Contas estaduais, constam definições mais detalhadas do elenco de jurisdicionados. É o caso do TCE-RJ, cujo art. 6º da Lei Complementar RJ nº 63/1990 explicita, além dos elementos constantes na LOTCU, as seguintes categorias:

> (...) III – os responsáveis pela aplicação dos recursos provenientes de compensações financeiras ou indenizações recebidas pelo estado, resultantes do aproveitamento, por terceiros, de seus recursos hídricos, para fins de geração de energia elétrica e minerais, bem como da exploração do petróleo, do xisto betuminoso e do gás natural da bacia sedimentar terrestre e da plataforma continental;
>
> IV – os responsáveis pela aplicação dos recursos tributários arrecadados pela União e entregues ao estado, nos termos do art. 159, incisos I e II, da Constituição Federal, dos recursos de outra natureza, exceto dos repassados pela União ao estado, mediante convênio, acordo, ajuste ou outros instrumentos congêneres, consoante o disposto no art. 71, inciso VI, da Constituição Federal;
>
> VIII – os responsáveis pela execução dos convênios, acordos, convenções coletivas ou contratos celebrados, com aprovação da Assembleia Legislativa, pelo Poder Executivo do Estado com os governos federal, estadual ou municipal, entidades de direito público, privado, ou particulares, de que resultem para o estado quaisquer encargos não estabelecidos na lei orçamentária;
>
> X – os responsáveis pela aplicação de adiantamento, quando as respectivas contas foram impugnadas pelo ordenador da despesa;
>
> XI – os responsáveis pela administração da dívida pública;
>
> XII – os responsáveis pelo registro e escrituração das operações de gestão dos negócios públicos nas entidades mencionadas no art. 1º, inciso I, desta lei, bem como pela fiscalização da execução e da exação dos registros procedidos;

XIII – os administradores de entidades de direito privado que recebam auxílio ou subvenção dos cofres públicos, com referência aos recursos recebidos;

XIV – os administradores de fundos;

XV – os fiadores e representantes dos responsáveis;

XVI – os que ordenem, autorizem ou ratifiquem despesas, promovam a respectiva liquidação ou efetivem seu pagamento;

XVII – os responsáveis pela elaboração dos editais de licitação e dos convites, os participantes das comissões julgadoras dos atos licitatórios, bem como os responsáveis e ratificadores dos atos de dispensa e de inexigibilidade;

IMPORTANTE

No Poder Judiciário, é comum que decisões da Justiça estadual sejam objeto de recurso junto ao Superior Tribunal de Justiça ou ao Supremo Tribunal Federal. Isso não acontece no mundo do controle externo. Ao contrário do que o leigo imagina, o TCU não julga recursos contra decisões de TCEs ou TCMs. Isso ocorre porque cada Tribunal de Contas possui a sua jurisdição específica.

4.4. CONFLITOS DE JURISDIÇÃO ENTRE TRIBUNAIS DE CONTAS

Conquanto não seja usual, há registros de ocorrência de conflitos de jurisdição entre Tribunais de Contas, nos quais se discute de qual órgão é a competência para determinada fiscalização. Um dos casos mais notáveis, decidido pelo STF, envolveu o TCU e o TCDF.

Tomada de Contas Especial e TERRACAP – 1

EMENTA: 1. TERRACAP. 2. Determinação de Tomada de Contas Especial pelo Tribunal de Contas da União. Suposta "grilagem" de terras. 3. Ato de decretação da indisponibilidade dos bens de dirigentes da TERRACAP. 4. Preliminar de decadência rejeitada. 5. Incompetência do TCU para a fiscalização da TERRACAP. Sociedade de economia mista sob controle acionário de ente da federação distinto da União. 6. Ordem deferida.

O Tribunal iniciou julgamento de mandado de segurança impetrado pela Procuradoria do Distrito Federal contra ato praticado pelo TCU, que determinara a instauração de tomada de contas especial no âmbito da Companhia Imobiliária de Brasília – TERRACAP, e decretara a indisponibilidade de bens de vários ex--dirigentes da empresa. Preliminarmente, rejeitou-se a alegação de decadência. No mérito, o Min. Gilmar Mendes, relator, deferiu a segurança. Entendeu que, embora a referida empresa pública seja constituída com capital pertencente à União (49%) e ao Distrito Federal (51%), a sua administração, nos termos da Lei nº 5.861/1972 (arts. 2º e 3º), cabe ao Governo do Distrito Federal. Assim, asseverou tratar-se de ente da administração local. Em consequência desta titularidade do controle societário e da autonomia político-gerencial, considerou impertinente a aplicação, na espécie, do art. 70, *caput*, da CF. Também entendeu inaplicável o parágrafo único deste artigo, porquanto a TERRACAP, legal ou ordinariamente, não utiliza, arrecada, guarda, gerencia ou administra dinheiros, bens ou valores públicos da União, nem esta responde ou assume as obrigações de natureza pecuniária daquela.

O relator repeliu, de igual modo, a maioria das disposições do art. 71, da CF, por não versar sobre aprovação das contas do Presidente da República (inciso I), fiscalização em unidade administrativa direta ou indireta da União, em qualquer de seus Poderes (inciso IV), ou repasse de recursos pela União, mediante convênio, acordo, ajuste ou outros instrumentos congêneres. Ressaltou, ainda, que a interpretação da parte final do inciso II do citado art. 71 ("... contas daqueles que derem causa a perda, extravio ou outra irregularidade de que resulte prejuízo ao erário público;") deve ser realizada em consonância com o disposto no art. 70 e seu parágrafo único, da CF, no sentido de se atribuir competência ao TCU quando houver, especificamente, responsabilidade de administradores e responsáveis dos órgãos da administração pública, direta e indireta, no âmbito da utilização de recursos públicos federais. Desse modo, não obstante o patrimônio da TERRACAP esteja destinado ao cumprimento de finalidades de interesse público, isto não afasta o fato de que ela é uma sociedade de economia mista sob o controle acionário de ente da federação distinto da União. Por fim, afirmou que a hipótese não se refere à delimitação sobre a abrangência, objetiva e subjetiva, da competência fiscalizatória do TCU, relativamente aos órgãos, entidades, sociedades ou recursos da União, mas sim à matéria estritamente federativa, porque não se pode anuir com a adoção de medidas invasivas da União sobre órgãos, entidades ou sociedades sob o controle de Poder Público estadual ou municipal. Após, pediu vista o Min. Ricardo Lewandowski. Prosseguindo no julgamento, o Tribunal, por unanimidade e nos termos do voto do Relator, Ministro Gilmar Mendes (Presidente), deferiu a segurança. Não participou da votação o Senhor Ministro Menezes Direito. Ausentes, justificadamente, o Senhor Ministro Celso de Mello e a Senhora Ministra Ellen Gracie. Plenário, 10/09/2008. (MS 24423/DF, rel. Min. Gilmar Mendes)

Uma peculiaridade merecedora de atenção diz respeito ao Distrito Federal. Nos termos dos incisos XIII e XIV do art. 21 da Constituição, compete à União organizar e manter o Poder Judiciário, o Ministério Público do Distrito Federal e dos Territórios e a Defensoria Pública dos Territórios, bem como a polícia civil, a polícia militar e o corpo de bombeiros militar do Distrito Federal. Dessa forma, tais instituições devem prestar contas ao TCU, pois são mantidas com recursos federais.

EXEMPLO DE DELIBERAÇÃO DO TCU SOBRE ÓRGÃOS DO DF

Acórdão nº 168/2007 – Plenário
Relator: Min. Marcos Vilaça
Sumário: REPRESENTAÇÃO. COMPETÊNCIA DO TCU PARA FISCALIZAR OS FUNDOS DE SAÚDE DA POLÍCIA MILITAR E DO CORPO DE BOMBEIROS MILITAR DO DISTRITO FEDERAL. CONHECIMENTO. PROCEDÊNCIA. DETERMINAÇÕES.

Assim, a regra geral é de que a origem dos recursos determina a jurisdição de controle externo.

Todavia, no que concerne à apreciação da legalidade das admissões e concessões de aposentadorias, reformas e pensões relacionadas ao pessoal da Polícia Militar, da Polícia Civil, do Corpo de Bombeiros Militar e das Secretarias de Estado de Saúde e de Educação do Distrito Federal, a competência é do Tribunal de Contas do Distrito Federal.

JURISPRUDÊNCIA DO TCU

Acórdão nº 1.776/2018 – TCU – Plenário
Relator: Min. Bruno Dantas
Sumário: REPRESENTAÇÃO. APRECIAÇÃO, PARA FINS DE REGISTRO, DA LEGALIDADE DE ADMISSÕES, APOSENTADORIAS, REFORMAS E PENSÕES RELACIONADAS A SERVIDORES REMUNERADOS COM RECURSOS ORIUNDOS DO FUNDO CONSTITUCIONAL DO DISTRITO FEDERAL (FCDF). COMPETÊNCIA DO TCDF. FIXAÇÃO DE ENTENDIMENTO. CIÊNCIA.
1. Não compete ao Tribunal de Contas da União apreciar, para fins de registro, a legalidade das admissões e concessões de aposentadorias, reformas e pensões relacionadas ao pessoal da Polícia Militar, da Polícia Civil, do Corpo de Bombeiros Militar e das Secretarias de Estado de Saúde e de Educação do Distrito Federal, remunerados com recursos oriundos do Fundo Constitucional do Distrito Federal, sem prejuízo do exercício da competência, por parte desta Corte de Contas, de fiscalizar os gastos decorrentes daquele Fundo Constitucional, com fundamento no art. 71, inciso VI, da Constituição Federal.

Outra notável exceção diz respeito aos recursos do Sistema Único de Saúde – SUS. Como será visto no item 5.8.4, a jurisprudência do TCU entende que na fiscalização no âmbito do SUS os órgãos de controle federal e locais devem atuar de forma complementar e concomitante (Acórdãos nº 2.492/2013 – Plenário – e nº 1.505/2018 – Primeira Câmara). A mesma compreensão foi esposada pelo STJ.

JURISPRUDÊNCIA DO STJ

RMS 61.997-DF, Rel. Min. Benedito Gonçalves, Primeira Turma, por unanimidade, julgado em 16/6/2020, DJe 18/6/2020
RAMO DO DIREITO ADMINISTRATIVO, DIREITO CONSTITUCIONAL
TEMA: Serviços Públicos de Saúde. Repasse de verba federal. Fiscalização externa realizada pelo Tribunal de Contas da União e pelo Tribunal de Contas do Distrito Federal. Possibilidade.
DESTAQUE: O Tribunal de Contas do Distrito Federal tem competência para fiscalizar a aplicação de recursos federais repassados ao Distrito Federal.
INFORMAÇÕES DO INTEIRO TEOR: A Constituição Federal em seu art. 75 determina que a competência do Tribunal de Contas da União não afasta a competência dos Tribunais de Contas dos Estados ou do Distrito Federal na hipótese em que esta vem delineada nas Constituições Estaduais ou na Lei Orgânica do Distrito Federal. De fato, o inciso VII do art. 78 da Lei Orgânica do Distrito Federal é expresso em atribuir a competência ao Tribunal de Contas do Distrito Federal para "fiscalizar a aplicação de quaisquer recursos repassados ao Distrito Federal ou pelo mesmo, mediante convênio, acordo, ajuste ou outros instrumentos congêneres". Nesse contexto, considerada a autonomia própria dos entes federados, a fiscalização, pelo Tribunal de Contas da União, dos recursos federais repassados ao Distrito Federal não impede a realização de fiscalização, pelo Tribunal de Contas do Distrito Federal, na aplicação

> desses mesmos recursos no âmbito deste ente, que, inclusive, tem pleno e legítimo interesse na regular prestação dos serviços de saúde no seu território. Assim, desinfluente o fato de os serviços prestados terem sido pagos com recursos federais e/ou distritais, ou somente com recursos federais repassados, pois, em qualquer caso, pode a fiscalização externa do Tribunal de Contas do DF apreciar a aplicação regular desses recursos, mormente na área de serviços públicos de saúde. (STJ, Informativo nº 674)

Mais um caso interessante diz respeito ao Fundo Penitenciário Nacional – Funpen instituído pela Lei Complementar nº 79/1994 e alterado pela Lei nº 13.500/2017. O texto legal previa a transferência de recursos do Funpen à organização da sociedade civil que administre estabelecimento penal destinado a receber condenados a pena privativa de liberdade, desde que houvesse aprovação do projeto pelo Tribunal de Contas da unidade federativa em que desenvolveria as suas atividades; bem como prestação de contas a este TC subnacional. Ambos os requisitos foram declarados inconstitucionais pelo STF no julgamento da ADI 7.002 (Rel. Min. Roberto Barroso, sessão virtual de 14.4.2023 a 24.4.2023), assentando que:

> 1. É inconstitucional, por ausência de simetria com as competências do TCU e por afronta à separação de poderes, lei que condicione genericamente o repasse de recursos federais à prévia aprovação de projeto pelo Tribunal de Contas da unidade federativa destinatária das verbas. 2. É inconstitucional, por contrariedade ao art. 70 e incisos da CF/88 e por desrespeito à autonomia federativa, lei federal que atribua aos tribunais de contas estaduais competência para analisar contas relativas à aplicação de recursos federais.

No mesmo sentido, a decisão do STF na ADI 1.934:

> 1. É inconstitucional o art. 1º da Lei n 9.604/98, que fixou a competência dos Tribunais de Contas Estaduais e de Câmara Municipais para análise da prestação de contas da aplicação de recursos financeiros oriundos do Fundo Nacional de Assistência Social repassados a Estados e Municípios. A competência para o controle da prestação de contas de recursos federais é do Tribunal de Contas da União. (Rel. Min. Roberto Barroso, j. 7.2.2019).

4.4.1. O caso dos *royalties* e participações especiais

Nos termos da legislação vigente, são de natureza pública os recursos provenientes da compensação financeira (*royalties* e participações especiais) pela exploração do petróleo, do xisto betuminoso e do gás natural, portanto sujeitos ao controle externo. Tais recursos são recolhidos pelos concessionários, sob supervisão da Agência Nacional do Petróleo – ANP, nos termos da Lei nº 9.478/1997.

Por decisão do STF, em MS de iniciativa do TCE-RJ, os recursos dos *royalties* repassados aos estados e municípios estão sujeitos à fiscalização dos respectivos Tribunais de Contas. Compete ao TCU, assim, fiscalizar apenas a parcela da compensação financeira recolhida a entidades da União (Comando da Marinha e Ministérios do Meio Ambiente, da Ciência e Tecnologia e de Minas e Energia).

> O STF deferiu mandado de segurança impetrado pelo Tribunal de Contas do Estado do Rio de Janeiro, contra decisão do Tribunal de Contas da União – que proclamara ser da competência exclusiva deste último a fiscalização da aplicação dos recursos recebidos a título de *royalties*, decorrentes da extração de petróleo, xisto betuminoso e gás natural, pelos estados e municípios – e declarou a inconstitucionalidade do art. 1º, inciso XI, e do art. 198, II, ambos do então Regimento Interno do TCU e do art. 25, parte final, do Decreto nº 1/91. Considerou-se ser da competência do Tribunal de Contas estadual, e não do TCU, a fiscalização da aplicação dos citados recursos, tendo em conta que o art. 20, § 1º, da CF qualificou os *royalties* como receita própria dos estados, Distrito Federal e municípios, devida pela União àqueles a título de compensação financeira. Entendeu-se também, não se tratar, no caso, de repasse voluntário, não havendo enquadramento nas hipóteses previstas pelo art. 71, VI, da CF que atribui ao Tribunal de Contas da União a fiscalização da aplicação de quaisquer recursos repassados pela União mediante convênio, acordo, ajuste ou outros instrumentos congêneres, a estado, ao Distrito Federal ou a município. (Inf. STF 298, de 17-21.02.2003)
>
> Embora os recursos naturais da plataforma continental e os recursos minerais sejam bens da União (CF, art. 20, V e IX), a participação ou compensação aos estados, Distrito Federal e municípios no resultado da exploração de petróleo, xisto betuminoso e gás natural são receitas originárias destes últimos entes federativos (CF, art. 20, § 1º). É inaplicável, ao caso, o disposto no art. 71, VI, da Carta Magna que se refere, especificamente, ao repasse efetuado pela União; mediante convênio, acordo ou ajuste; de recursos originariamente federais. (MS 24.312, Rel. Min. Ellen Gracie, DJ 19/12/2003)

Nessa decisão de 2003, o STF fez referência a dispositivos do antigo Regimento Interno do TCU. No Regimento atual tais dispositivos foram suprimidos.

Em síntese, remanesce a competência fiscalizatória do TCU somente no que concerne aos *royalties* e participações especiais pagos pelas empresas a órgãos federais como o Comando da Marinha e os Ministérios do Meio Ambiente, de Ciência e Tecnologia e de Minas e Energia. O maior montante dos recursos – pago a estados, DF e municípios – passou à jurisdição dos TCEs e TCMs.

O mesmo princípio é aplicável no que concerne aos recursos:

- da compensação financeira pela exploração de recursos minerais – CFEM, prevista no art. 20, § 1º, da Constituição Federal e regulada pelas Leis nº 8.001/1990 e nº 9.993/2000; e
- da compensação financeira pela exploração de recursos hídricos – CFURH, instituída pela Lei nº 9.984/2000.

DÚVIDA FREQUENTE

Na hipótese de um convênio, com aporte de 40% dos recursos pelo governo federal e os 60% restantes por governo local jurisdicionado ao TCM, é deste e não do TCU a responsabilidade pela fiscalização?

Incorreto. A responsabilidade é de ambos: o TCU, quanto aos recursos federais; o TCM, com respeito aos recursos locais.

Suponhamos que houve desvio de 100% dos recursos. O TCU poderá apurar o conjunto da irregularidade, mas só poderá exigir o ressarcimento do débito até o limite dos recursos federais repassados, devendo comunicar seus achados ao TCM, para que este adote as providências que lhe competem quanto aos recursos locais.

JURISPRUDÊNCIA DO TCU

Acórdão nº 660/2016 Segunda Câmara (Relator Ministro Marcos Bemquerer)
A aprovação das contas do gestor no âmbito do controle externo estadual ou municipal não gera impacto ou vincula a atuação do TCU, em razão da independência de atuação do Tribunal e sua jurisdição sobre os recursos da União, outorgadas pela Constituição Federal.

Acórdão nº 2.251/2013 – Plenário (Relator Ministro Marcos Bemquerer)
Solicitação do Congresso Nacional. Aplicação de recursos oriundos de operação de crédito externo obtidos pelo Estado do Tocantins com garantia da União. Avaliação do cumprimento das condições para que a União preste garantia na operação de crédito. Encaminhamento de informações ao solicitante.
A competência deste Tribunal, no tocante às operações de crédito externo celebradas por pessoas jurídicas de direito público interno, com garantia da União, limita-se à fiscalização e ao controle dessas garantias, sem interferência direta nas aplicações dos recursos pelo ente contratante, em homenagem ao princípio federalista e à autonomia político-administrativa insculpida no art. 18, *caput*, da Constituição Federal.

Acórdão nº 919/2022 – Plenário (Solicitação do Congresso Nacional, Relator Ministro Vital do Rêgo)
Competência do TCU. Operação de crédito. Abrangência. Ente da Federação. Tribunal de Contas estadual. Tribunal de Contas do Distrito Federal. Tribunal de Contas municipal.
A competência para fiscalizar a utilização de recursos oriundos de operação de crédito efetuada junto a banco oficial da União por outro ente da Federação é do respectivo tribunal de contas estadual, municipal ou do Distrito Federal, pois tais recursos passam a integrar o patrimônio do ente que assumiu o compromisso financeiro.

Acórdão nº 2.006/2022 – Plenário (Administrativo, Relator Ministro-Substituto Marcos Bemquerer)
Competência do TCU. Administração federal. Abrangência. Loteria. Concurso de prognóstico. Estado-membro. DISTRITO FEDERAL.
Compete ao TCU fiscalizar a aplicação dos recursos de fomento ao desporto, oriundos do produto da arrecadação da loteria de prognósticos numéricos e transferidos, com base nos arts. 6º e 7º da Lei nº 9.615/1998 c/c o art. 16, § 2º, inciso I, alínea "b"; e inciso II, alínea "b", da Lei nº 13.756/2018, às secretarias de esporte ou órgãos equivalentes dos estados e do Distrito Federal, tendo em vista que tais recursos têm a função de suprir os repasses sociais para implementação de políticas públicas e são destinados por lei ao Ministério do Esporte. O fato de a transferência aos órgãos subnacionais ocorrer de forma automática não altera a origem federal dos recursos.

4.5. PARA SABER MAIS

A principal obra de referência é *Tribunais de Contas do Brasil – Jurisdição e Competência*, de Jacoby Fernandes. Entre os trabalhos dos demais autores citados, sublinhe-se o artigo Os Tribunais de Contas e sua jurisdição, *Revista do TCE-MG*, 2005, nº 1, disponível em www.tce.mg.gov.br.

Capítulo **5**

Competências Infraconstitucionais das Cortes de Contas

 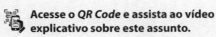

Acesse o *QR Code* e assista ao vídeo explicativo sobre este assunto.

> http://uqr.to/202b0

Quais são as atribuições conferidas ao TCU pela LRF e pela Lei de Licitações? Podem os Tribunais de Contas exercer controle de constitucionalidade? Qual é o papel dos Tribunais de Contas na declaração de inelegibilidade de candidatos em pleitos eleitorais? Quais são as competências do TCU em relação a recursos repassados pela União a estados, DF e municípios? Os Tribunais de Contas estão sujeitos aos limites da LRF?

5.1. INTRODUÇÃO

Na definição de Silva,[1] "competência é a faculdade juridicamente atribuída a uma entidade, ou a um órgão ou agente do Poder Público para emitir decisões".

Como esclarece Luciano Ferraz,[2]

---

[1] *Curso de direito constitucional positivo*. 5. ed. São Paulo: RT, 1989, p. 413.
[2] Poder de coerção e poder de sanção dos Tribunais de Contas, competência normativa e devido processo legal. *Revista Diálogo Jurídico*, nº 13, abr./maio 2002.

As competências dos Tribunais de Contas estão dispostas, basicamente, nos arts. 71 e 72 da Constituição. Estas competências, conquanto não possam ser mitigadas pela legislação infraconstitucional, podem ser ampliadas por esta via.

Mileski[3] destaca que as competências dos Tribunais de Contas são próprias, exclusivas e indelegáveis.

Neste capítulo, serão abordadas as principais normas legais que atribuíram competências e responsabilidades ao TCU e, por vezes, às demais Cortes de Contas estaduais e municipais, posteriormente à Constituição de 1988.

5.2. COMPETÊNCIAS ATRIBUÍDAS PELA LEI ORGÂNICA DO TCU

O art. 1º da LOTCU, que elenca as competências da Corte de Contas, possui dezessete incisos, muitos deles coincidentes com dispositivos da CF. Examinaremos aqui as competências não estudadas no Capítulo 2.

5.2.1. Fiscalização (LOTCU: art. 1º, II)

II – proceder, por iniciativa própria ou por solicitação do Congresso Nacional, de suas Casas ou das respectivas Comissões, à fiscalização contábil, financeira, orçamentária, operacional e patrimonial das unidades dos poderes da União e das demais entidades referidas no inciso anterior;

Embora o texto seja praticamente idêntico ao do inciso IV do art. 71 da CF, vale registrar uma sutil diferença. Enquanto o texto constitucional refere-se a "inspeções e auditorias", a LOTCU faz menção a "fiscalização". Como será visto no Capítulo 11, item 11.2, inspeções e auditorias são modalidades de fiscalização, a exemplo dos levantamentos, monitoramentos e acompanhamentos. Desse modo, a expressão fiscalização tem um caráter mais amplo e genérico que inspeções e auditorias.

5.2.2. Acompanhamento da receita (LOTCU: art. 1º, IV)

O inciso IV prevê o acompanhamento da arrecadação da receita a cargo da União e das entidades da administração indireta, incluídas as fundações e sociedades instituídas e mantidas pelo poder público federal, e das demais instituições sob sua jurisdição, mediante fiscalizações, ou por meio de demonstrativos próprios.

Essa competência envolve a fiscalização da eficiência e da correção dos procedimentos adotados na arrecadação tributária e não tributária (receitas administrativas, vendas de produtos e serviços etc.), bem como na concessão de benefícios fiscais, especialmente a renúncia de receitas, referida no art. 1º, § 1º, *in fine*, da LOTCU.

Compreende-se receita pública como toda entrada de recursos, legalmente autorizada, que represente aumento patrimonial da Administração Pública, direta e indireta.

---

[3] *O controle da gestão pública*. São Paulo: RT, 2003, p. 255.

Conforme enfatiza Almeida,[4] a renúncia à receita pública constitui uma política de governo, necessariamente estabelecida pela CF ou por leis, destinada a promover o suporte necessário à realização de programas, projetos e atividades de interesse da sociedade, bem como ao equilíbrio entre as diferentes regiões do país e ao desenvolvimento de segmentos econômicos estratégicos e o favorecimento a determinados grupos de contribuintes.

EXEMPLO DE ATUAÇÃO SOBRE RENÚNCIA DE RECEITA

Acórdão nº 2.198/2020 – Plenário (Representação, Relator Ministro Vital do Rêgo).
Finanças Públicas. Renúncia de receita. Requisito. Meta fiscal. Eficácia da lei. Responsabilidade fiscal. Entendimento.
As leis e demais normativos que instituírem benefícios tributários e outros que tenham o potencial de impactar as metas fiscais somente podem ser aplicados se forem satisfeitas as condicionantes constitucionais e legais, considerando o disposto no art. 167, inciso II, da Constituição Federal, no art. 113 do ADCT e nos arts. 14 a 16 da LRF.

5.2.3. Representar sobre irregularidades (LOTCU: art. 1º, VIII)

> VIII – representar ao poder competente sobre irregularidades ou abusos apurados, indicando o ato inquinado e definindo responsabilidades, inclusive as de Ministro de Estado ou autoridade de nível hierárquico equivalente;

Na LOTCU, essa competência foi explicitada de modo mais completo que no inciso XI do art. 71 da CF, sublinhando a necessidade de que a representação indique o ato apontado como irregular ou abusivo, bem como defina os responsáveis, inclusive Ministros de Estado ou autoridades de nível hierárquico equivalente.

A representação consiste em expediente oficial, acompanhado da documentação comprobatória pertinente, comunicando a quem de direito acerca de irregularidades e abusos de que o TCU tomou conhecimento no exercício de suas atividades, mas cujo processamento refoge à sua competência, situando-se, por exemplo, nas esferas penal, cível, administrativo-disciplinar ou na jurisdição de outra Corte de Contas.

IMPORTANTE

Não se deve confundir a representação feita **pelo TCU**, com a representação feita **ao TCU**. Essa consiste numa espécie de denúncia qualificada. São autuados como representação os expedientes originários de órgãos e autoridades legitimados que comuniquem a ocorrência de irregularidades cuja apuração esteja inserida na competência do TCU e das quais tiveram notícia em virtude do exercício de cargo ou função.
Tal representação difere da denúncia em dois aspectos essenciais. A denúncia pode ser formulada por qualquer cidadão; a representação apenas pelas pessoas legitimadas para tanto. A denúncia é um direito; a representação é um dever (Lei nº 8.112, art. 116).

---

[4] Uma abordagem estruturada da renúncia de receita pública federal. *Revista do TCU*, nº 84, abr./jun. 2000, p. 19-62.

> Têm legitimidade para representar ao TCU:
> - o Ministério Público da União e os Ministérios Públicos Estaduais;
> - os órgãos de controle interno;
> - os Senadores da República, Deputados Federais, Estaduais e Distritais, Juízes, servidores públicos ou outras autoridades que comuniquem a ocorrência de irregularidades de que tenham conhecimento em virtude do cargo que ocupem;
> - os Tribunais de Contas dos Estados, do Distrito Federal, de Município ou dos Municípios;
> - as Câmaras Municipais;
> - as equipes de inspeção ou de auditoria, nos termos do art. 246 do Regimento Interno;
> - as unidades técnicas do Tribunal; e
> - outros órgãos, entidades ou pessoas que detenham essa prerrogativa por força de lei específica, como no caso do art. 170, § 4º, da Lei nº 14.133/2021, segundo o qual qualquer licitante, contratado ou pessoa física ou jurídica poderá representar ao Tribunal de Contas competente ou aos órgãos de controle interno contra irregularidades nas licitações e contratos da administração pública.

5.2.4. Atos de administração interna (LOTCU: art. 1º, X a XV)

Tais competências decorrem da autonomia institucional do TCU e compreendem:

X – elaborar e alterar seu Regimento Interno;

XI – eleger seu Presidente e seu Vice-Presidente, e dar-lhes posse;

XII – conceder licença, férias e outros afastamentos aos Ministros, auditores (Ministros Substitutos) e membros do Ministério Público junto ao Tribunal, dependendo de inspeção por junta médica a licença para tratamento de saúde por prazo superior a seis meses;

XIII – propor ao Congresso Nacional a fixação de vencimentos dos Ministros, auditores (Ministros Substitutos) e membros do Ministério Público junto ao Tribunal;

XIV – organizar sua Secretaria, na forma estabelecida no Regimento Interno, e prover-lhe os cargos e empregos, observada a legislação pertinente; e

XV – propor ao Congresso Nacional a criação, transformação e extinção de cargos, empregos e funções do Quadro de Pessoal de sua Secretaria, bem como a fixação da respectiva remuneração.

> **DÚVIDA FREQUENTE**
>
> Os Tribunais de Contas estão sujeitos aos limites da LRF?
> Sim. Apesar de sua autonomia administrativa, as Cortes de Contas estão sujeitas às normas de finanças públicas, inclusive o limite para gastos com pessoal expressamente previsto no art. 20 da LRF, bem como a apresentação dos Relatórios de Gestão Fiscal, entre outras medidas. Todavia, esse limite não é igual em todos os estados. De fato, conforme o § 1º do referido art. 20, o limite relativo ao Poder Legislativo dos Estados será repartido entre seus órgãos – Assembleia Legislativa e TCs – de forma proporcional à média das despesas com pessoal, em percentual da receita corrente líquida, verificadas nos três exercícios financeiros imediatamente anteriores a 2000, quando foi editada a LRF.

5.2.5. Decidir sobre consulta acerca da aplicação de dispositivos legais e regulamentares (LOTCU: art. 1º, XVII)

Compete ao TCU decidir sobre consulta que lhe seja formulada por autoridade competente, a respeito de dúvida suscitada na aplicação de dispositivos legais e regulamentares concernentes à matéria de sua competência, na forma estabelecida no Regimento Interno.

São competentes para formular consultas (RITCU: art. 264):

> I – presidentes da República, do Senado Federal, da Câmara dos Deputados e do Supremo Tribunal Federal;
>
> II – Procurador-Geral da República;
>
> III – Advogado-Geral da União;
>
> IV – presidente de comissão do Congresso Nacional ou de suas casas;
>
> V – presidentes de tribunais superiores;
>
> VI – Ministros de Estado ou autoridades do Poder Executivo federal de nível hierárquico equivalente; e
>
> VII – comandantes das Forças Armadas.

A consulta deverá versar acerca de dúvida suscitada na aplicação de dispositivos legais e regulamentares concernentes à matéria de competência do Tribunal e deve conter a indicação precisa do seu objeto, ser formulada articuladamente e instruída, sempre que possível, com parecer do órgão de assistência técnica ou jurídica da autoridade consulente. Sublinhe-se que, à exceção das autoridades mencionadas nos incisos I a III, *supra*, as demais deverão demonstrar a pertinência temática da consulta às respectivas áreas de atribuição das instituições que representam. O Relator ou o Tribunal não conhecerá de consulta que verse apenas sobre caso concreto, devendo o processo ser arquivado após comunicação ao consulente.

Nos termos do § 2º do art. 1º da LOTCU, a resposta à consulta tem caráter normativo e constitui prejulgamento da tese, mas não do fato ou caso concreto.

A jurisprudência do STF tem confirmado essa condição:

> As decisões do Tribunal de Contas da União proferidas em consultas têm caráter normativo e constituem prejulgamento da tese, nos termos do § 2º do art. 1º da Lei nº 8.443/1992. São, portanto, atos normativos. Relevância da arguição de inconstitucionalidade da acumulação de proventos e vencimentos, quando a acumulação de vencimentos não é permitida na atividade. Precedentes do Plenário do STF. (ADI 1.691-MC, Rel. Min. Moreira Alves, DJ 12/12/1997)

O caráter normativo da resposta à consulta significa que, no caso concreto, o gestor não poderá dar interpretação diversa ao que foi estabelecido. Nesse sentido, a resposta é vinculante.

A resposta à consulta poderá ser combatida por meio de ADI, configurando controle concentrado de constitucionalidade. Poderá, também, na esfera federal, ser objeto de Ação Declaratória de Constitucionalidade – ADC. Não pode ser objeto de controle difuso, exatamente porque não cuida de casos concretos, mas de situações em tese.

A decisão sobre processo de consulta somente será tomada se presentes na sessão pelo menos sete Ministros, incluindo Ministros Substitutos convocados, além do Presidente (RITCU: art. 264, § 4º).

EXEMPLO DE CONSULTA

Acórdão nº 2.984/2018 – Plenário (Consulta, Relator Ministro Vital do Rêgo)
Finanças Públicas. Responsabilidade fiscal. Despesa com pessoal. Limite. Remanejamento. Consulta.
É possível ao Presidente da República, por meio de decreto, alterar os percentuais inicialmente estipulados pelo Decreto nº 3.917/2001, com vistas ao remanejamento de parcelas decorrentes do limite estabelecido para as despesas com pessoal entre os órgãos e entes alcançados pelo art. 20, inciso I, alínea c, da LC nº 101/2000 (Lei de Responsabilidade Fiscal), de modo a harmonizar os percentuais fixados em decorrência da repartição com as reais necessidades da Administração, observado sempre, e em qualquer caso, o limite global de 3%. Ao efetuar esse remanejamento, o Poder Executivo Federal deve definir, em conjunto com os órgãos e entes alcançados pelo mencionado dispositivo legal, a distribuição mais adequada e consentânea do percentual fixo de 3% estipulado pela Lei de Responsabilidade Fiscal.

Acórdão nº 169/2021 – Plenário
Relator: Min. Raimundo Carreiro
Direito Processual. Consulta. Admissibilidade. Autoridade. Legitimidade. Ausência.
É possível, em caráter excepcional, conhecer de consulta formulada por autoridade não legitimada pelo Regimento Interno do TCU quando se tratar de matéria de interesse geral, com potencial de impacto em toda a Administração Pública.

Nos Tribunais de Contas estaduais e municipais, as decisões acerca de consultas podem assumir outras denominações como "Prejulgados" em Santa Catarina.

5.2.6. Poder regulamentar (LOTCU: art. 3º)

A LOTCU também atribui ao TCU, no âmbito de sua competência e jurisdição, o poder regulamentar, podendo, em consequência, expedir atos e instruções normativas sobre matéria de suas atribuições e sobre a organização dos processos que lhe devam ser submetidos, obrigando ao seu cumprimento, sob pena de responsabilidade.

É com amparo nesse dispositivo que o TCU expede Instruções Normativas dispondo, por exemplo, sobre a organização e os prazos a serem observados pelos jurisdicionados para a apresentação dos processos de contas; ou ainda, fixando, para cada exercício, os coeficientes a que fazem jus as unidades da Federação na repartição do FPE e do FPM.

Registre-se, no entanto, que o eminente professor Luiz Roberto Barroso[5] afirmou:

---

[5] Tribunais de Contas: algumas incompetências. *Revista de Direito Administrativo*, nº 203, 1996, p. 131-140 *apud* Carvalho Filho, p. 805-806.

(...) não é facultado ao Tribunal de Contas exercer o poder regulamentar por ser este privativo do Executivo; as regras que editar, portanto, não podem ser gerais e abstratas como as da lei ou dos atos regulamentares típicos, porque invadem as funções dos demais Poderes.

Castro[6] adota posição semelhante.

Nada obstante, outros autores reconhecem a legalidade de tal competência, a exemplo de Carvalho Filho[7] e de Ferraz[8] que, embora reconheçam que o limite para a competência normativa é a própria lei a ser regulamentada, entendem que há hipóteses em que as leis orgânicas não minudenciam todos os aspectos necessários a que os responsáveis pelas prestações de contas possam adimplir sua obrigação, cabendo, assim, aos Tribunais de Contas editarem atos normativos definindo regras procedimentais e orientando os jurisdicionados. Esclarece Ferraz:

As hipóteses em que a regulamentação, por intermédio de atos normativos, têm lugar se apresentam quando o texto da lei se mostra insuficiente, incompleto, sendo necessário: a) desdobrar seu conteúdo sintético; b) limitar a discricionariedade administrativa definindo regras procedimentais para a Administração ou caracterizando fatos, situações ou comportamentos enunciados na lei, mediante conceitos legais vagos, os quais, para a exata definição, envolvam critérios técnicos (normas administrativas em branco).

No mesmo sentido decidiu o STF no julgamento da ADI 4.872:[9]

6. Exercício do poder de controle externo dos Tribunais de Contas. Relação instrumental com deveres de transparência, probidade e eficiência previstos na própria Constituição Federal, na Lei de Responsabilidade Fiscal e na legislação estadual que regula o funcionamento do controle externo. Competência regulamentar para explicitar deveres legais em matéria de procedimentos e documentação. Constitucionalidade. Pedidos julgados improcedentes. (Red. p/ Acórdão Min. Gilmar Mendes, j. 15.2.2023)

5.2.7. Requisitar serviços técnicos especializados (LOTCU: art. 101)

Segundo o dispositivo, poderá o TCU, para o exercício de sua competência institucional, requisitar aos órgãos e entidades federais, sem quaisquer ônus, a prestação de serviços técnicos especializados, a serem executados por prazo previamente fixado, sob pena de aplicação de multa. A previsão decorre do fato de que, em certas circunstâncias, os trabalhos de fiscalização poderão demandar pareceres acerca de temas muito

---

[6] *Direito municipal positivo*. 5. ed. rev., ampl. e atual. Belo Horizonte: Del Rey, 2001, p. 454.
[7] *Manual de direito administrativo*. 16. ed. Rio de Janeiro: Lumen Juris, 2007, p. 44-45.
[8] Poder de coerção e poder de sanção dos Tribunais de Contas – competência normativa e devido processo legal. *Revista Diálogo Jurídico*, Salvador: Centro de Atualização Jurídica – CAJ, nº 13, abr./maio 2002.
[9] Na fundamentação do voto do Min. Luiz Fux é feita citação de trecho da 9ª edição desta obra.

especializados, por exemplo, em áreas científicas e tecnológicas, tornando-se recomendável que o Tribunal recorra à cooperação de quem detenha esses conhecimentos específicos.

> **EXEMPLO DE REQUISIÇÃO DE SERVIÇOS TÉCNICOS ESPECIALIZADOS**
>
> Acórdão nº 411/2008 – Plenário
> Relator: Min. Augusto Sherman
> ... 9.1. com fundamento no art. 101 da Lei nº 8.443/92 c/c o art. 297 do Regimento Interno/TCU, requisitar os serviços técnicos especializados da Caixa Econômica Federal com a finalidade de obter, no prazo de 60 dias, parecer conclusivo a respeito da regularidade e da adequação técnica das espécies e dos quantitativos dos serviços constantes da nova planilha orçamentária do Loteamento Nova Bananeira (Contrato de Repasse 0192792-16/2006), conforme formalizado no Termo Aditivo ao Contrato 55/2006, acompanhado das devidas memórias de cálculo e dos projetos utilizados nas análises, com explicitação destacada dos resultados relativos aos serviços cujos preços unitários apresentam-se acima da mediana do Sinapi e indicação do nome completo e o número do registro no Crea do profissional responsável pelo trabalho;

5.3. COMPETÊNCIAS PREVISTAS EM NORMATIVOS DO TCU

5.3.1. Emitir pronunciamento conclusivo (RITCU: art. 1º, IV)

A redação do dispositivo difere do art. 72, *caput*, e § 1º da CF, que se refere apenas a pronunciamento diante de indícios de despesas não autorizadas. No RITCU, a competência é ampliada para a emissão de pronunciamento conclusivo sobre matéria que seja submetida a sua apreciação pela comissão mista permanente de senadores e deputados referida no § 1º do art. 166 da CF.

5.3.2. Auditar projetos e programas (RITCU: art. 1º, V)

O inciso prevê a realização de auditoria, por solicitação da Comissão Mista de Orçamento ou de comissão técnica da Câmara ou do Senado, de projetos e programas autorizados na lei orçamentária anual, avaliando os seus resultados quanto a eficácia, eficiência, efetividade e economicidade. Trata-se de uma vertente contemporânea na atuação do controle externo, com menos foco no formalismo e mais nos resultados da ação governamental.

No exercício dessa competência, o TCU tem efetuado avaliações de programas governamentais e produzido relatórios sistêmicos de fiscalização – Fisc sobre áreas e funções de governo relevantes para a sociedade, como saúde, previdência, educação etc. Publicações com as conclusões de cada fiscalização encontram-se disponíveis no portal do TCU na Internet.

5.3.3. Fiscalizar a aplicação da LRF (RITCU: art. 1º, XIII)

O TCU também possui competência para fiscalizar, no âmbito de suas atribuições, o cumprimento, por parte dos órgãos e entidades da União, das normas da Lei Complementar nº 101, de 4 de maio de 2000 – Lei de Responsabilidade Fiscal. O tema é objeto do item 5.4.

5.3.4. Acompanhar, fiscalizar e avaliar os processos de desestatização (RITCU: art. 1º, XV)

Tal competência compreende não apenas as privatizações de empresas, incluindo instituições financeiras, mas também as concessões, permissões e autorizações de serviço público, nos termos do art. 175 da CF e das normas legais pertinentes.

5.3.5. Deliberar sobre proposta de solução consensual de controvérsia relevante (IN TCU nº 91/2022 e alterações)

Considerando que a Lei nº 13.140/2015, dispõe sobre a possibilidade de utilização da autocomposição de conflitos no âmbito da administração pública e que o art. 13, § 1º, do Decreto nº 9.830/2019, prevê que a atuação de órgãos de controle privilegiará ações de prevenção antes de processos sancionadores, o TCU editou a Instrução Normativa nº 91/2022[10] para disciplinar os procedimentos voltados para a solução consensual de controvérsias relevantes e prevenção de conflitos afetos a órgãos e entidades da Administração Pública Federal, em matéria sujeita à competência do TCU.

Entre outras disposições, a solicitação de solução consensual deverá indicar precisamente o seu objeto, com a discriminação da materialidade, do risco e da relevância da situação apresentada, bem como da manifestação de interesse na solução consensual dos órgãos e entidades da administração pública federal envolvidos na controvérsia.

O Plenário, por meio de acórdão, deliberará acerca de proposta de solução elaborada pela Comissão de Solução Consensual, composta de servidores do TCU e representantes dos órgãos ou entidades que tenham manifestado interesse na solução.

A formalização da solução será realizada por meio de termo a ser firmado pelo Presidente do TCU e pelo respectivo dirigente máximo dos órgãos e entidades interessados, e a verificação do seu cumprimento será realizada por meio de monitoramento.

5.4. COMPETÊNCIAS ATRIBUÍDAS PELA LEI DE RESPONSABILIDADE FISCAL E PELA LEI Nº 10.028/2000

Diversas novas responsabilidades foram cometidas ao TCU pela LRF. Mediante a Resolução TCU nº 142/2001, alterada pela Resolução nº 278/2016, tais competências foram sistematizadas.

Assim, nos termos do art. 59 da LRF, compete ao Tribunal de Contas da União:

I – verificar o cálculo dos limites da despesa total com pessoal na esfera federal, compreendendo os Poderes e órgãos.

II – alertar aos Poderes ou órgãos referidos, quando constatar:

---

[10] Alterada pelas IN TCU nº 92/2023 e 97/2024.

a) a possibilidade de limitação de empenho e movimentação financeira, prevista pelo art. 9º da Lei de Responsabilidade Fiscal;

b) que o montante da despesa total com pessoal ultrapassou 90% do limite;

c) que os montantes das dívidas consolidada e mobiliária, das operações de crédito e da concessão de garantia encontram-se acima de 90% dos respectivos limites;

d) que os gastos com inativos e pensionistas encontram-se acima do limite definido em lei;

e) a ocorrência de fatos que comprometam os custos ou os resultados dos programas ou indícios de irregularidades na gestão orçamentária;

III – acompanhar as operações do Banco Central do Brasil referentes à dívida pública, nos termos dos §§ 2º, 3º e 4º do art. 39 da LRF.

EXEMPLOS DE ALERTA PREVISTO PELA LRF

Acórdão nº 1.616/2020 – Plenário
Relator: Ministro Vital do Rêgo
Sumário: Acompanhamento. Avaliação da governança do centro de governo estabelecido para implementação de ações de enfrentamento à pandemia de Covid-19. Ausência de diretrizes estratégicas capazes de estabelecer objetivos a serem perseguidos pelos diversos entes envolvidos. Ausência de modelo de identificação e gerenciamento de risco. Inexistência de plano de comunicação das ações adotadas. Não previsão de assento permanente, tanto no comitê de crise, instância decisória, quanto no centro de coordenação de operações do comitê de crise, instância executiva, de profissionais de saúde. Necessidade de ampla divulgação das decisões adotadas pelos entes colegiados que integram o centro de governo. Expedição de alerta à Casa Civil da Presidência da República, nos termos do art. 59, § 1º, inciso V, da LRF. Recomendação.

Ademais, cumpre ao TCU auxiliar o Poder Legislativo a fiscalizar o cumprimento das normas da Lei de Responsabilidade Fiscal, com ênfase no que se refere a:

I – alcance das metas físicas e fiscais estabelecidas na Lei de Diretrizes Orçamentárias;

II – limites e condições para realização das operações de crédito;

III – condições para inscrição em restos a pagar;

IV – medidas para o retorno da despesa total com pessoal ao respectivo limite, a teor do disposto nos arts. 22 e 23 da LRF;

V – providências tomadas para recondução dos montantes das dívidas consolidada e mobiliária aos respectivos limites, conforme o disposto no art. 31 da LRF;

VI – destinação de recursos obtidos com a alienação de ativos, de acordo com o disposto no art. 44 da LRF.

Nos termos do § 3º do art. 142 da Lei nº 15.080/2024 (LDO para 2025), para fins de atendimento ao disposto no inciso I do § 1º do art. 59 da Lei de Responsabilidade Fiscal, o Tribunal de Contas da União deve enviar subsídios à Comissão Mista a que se refere o art. 166 da Constituição acerca de fatos e situações que possam comprometer a gestão fiscal e o atingimento das metas previstas nesta Lei, em especial a necessidade de limitação de empenho e pagamento de que trata o art. 9º da referida Lei.

Finalmente, é atribuição do TCU processar e julgar as infrações administrativas tipificadas no art. 5º da Lei nº 10.028/2000 (Lei dos Crimes Fiscais), com vistas à aplicação da penalidade cominada no seu § 1º (multa de 30% dos vencimentos anuais do agente que lhe der causa, sendo o pagamento da multa de sua responsabilidade pessoal). Tais infrações são:

I. deixar de divulgar ou de enviar ao Poder Legislativo e ao Tribunal de Contas o relatório de gestão fiscal, nos prazos e condições estabelecidos em lei;

II. propor lei de diretrizes orçamentárias anual que não contenha as metas fiscais na forma da lei;

III. deixar de expedir ato determinando limitação de empenho e movimentação financeira, nos casos e condições estabelecidos em lei;

IV. deixar de ordenar ou de promover, na forma e nos prazos da lei, a execução de medida para a redução do montante da despesa total com pessoal que houver excedido a repartição por Poder do limite máximo.

Acrescente-se que, a partir da Resolução nº 18/2001, do Senado Federal, é responsabilidade do Tribunal de Contas competente a expedição de certidão, necessária à instrução de pleitos de empréstimos por estados, Distrito Federal e municípios, ou por suas autarquias e fundações, atestando que o pleiteante cumpre as condições estabelecidas na Lei Complementar nº 101/2000, para realização de operações de crédito.

A Lei Complementar nº 131/2009 acrescentou dispositivos à LRF a fim de determinar a disponibilização, em tempo real, de informações pormenorizadas sobre a execução orçamentária e financeira da União, dos estados, do Distrito Federal e dos municípios. Foram estabelecidos prazos para que os entes adotem medidas quanto à transparência administrativa e à disponibilização de informações relevantes sobre suas receitas e despesas. O art. 73-A da nova redação da LRF prevê que qualquer cidadão, partido político, associação ou sindicato é parte legítima para denunciar ao respectivo Tribunal de Contas e ao órgão competente do Ministério Público o descumprimento das prescrições estabelecidas na própria LRF.

Por derradeiro, a Lei Complementar nº 160/2017, no § 3º do seu artigo 6º, atribuiu ao TCU a competência de verificar a aplicação, pela União, da sanção prevista nos incisos I, II e III do § 3º do artigo 23 da LRF.

Quadro-resumo das competências atribuídas pela LRF às Cortes de Contas

Objeto de fiscalização	Competência	Dispositivo LRF
Concessões: de recursos públicos ao setor privado; de empréstimos com recursos dos orçamentos fiscal e da seguridade social; e de crédito a ente da Federação	TCU, TCE, TCM	26 e 27
Publicidade: Relatórios Resumidos da Execução Orçamentária e Relatórios de Gestão Fiscal	TCU, TCE, TCM	52 a 56; e art. 5º da Lei nº 10.028/2000
Planejamento: cumprimento de metas da LDO; inclusão de novos projetos na LOA; previsão, arrecadação e renúncia de receitas	TCU, TCE, TCM	59, I; e 59, § 1º, I
Endividamento: limites e condições, medidas para retorno ao limite, garantias e contragarantias, operações de crédito e restos a pagar	TCU, TCE, TCM	59, II; 59, IV; e 59, § 1º, III
Pessoal: limites, medidas para retorno ao limite e serviços de terceiros	TCU, TCE, TCM	59, III; 59, § 1º, II e IV
Receitas oriundas da alienação de bens	TCU, TCE, TCM	59, V
Limite de gastos com Legislativo municipal	TCE, TCM	59, VI
Cálculo da Receita Corrente Líquida	TCU, TCE, TCM	59, § 2º
Banco Central: não emissão de títulos, operações de dívida pública e intercâmbio de recursos com o Tesouro	TCU	59, § 3º
Fatos que comprometam os custos ou os resultados dos programas ou indícios de irregularidades na gestão orçamentária	TCU, TCE, TCM	59, § 1º, V
Descumprimento das prescrições estabelecidas na LRF	TCU, TCE, TCM	73-A

A Resolução nº 42/2016, do Senado Federal, criou, no âmbito daquela Casa Legislativa, a Instituição Fiscal Independente – IFI, com a finalidade de:

I – divulgar suas estimativas de parâmetros e variáveis relevantes para a construção de cenários fiscais e orçamentários;

II – analisar a aderência do desempenho de indicadores fiscais e orçamentários às metas definidas na legislação pertinente;

III – mensurar o impacto de eventos fiscais relevantes, especialmente os decorrentes de decisões dos Poderes da República, incluindo os custos das políticas monetária, creditícia e cambial;

IV – projetar a evolução de variáveis fiscais determinantes para o equilíbrio de longo prazo do setor público.

A norma esclarece que as competências previstas para a IFI não excluem nem limitam aquelas atribuídas a órgãos jurisdicionais, normativos ou de controle.

O controle externo da responsabilidade fiscal tem sido objeto de vários estudos, com destaque para Lima, Oliveira e Camargo.[11] As recentes alterações da LRF foram examinadas no estudo de Lima (2021c).[12]

5.5. COMPETÊNCIAS ATRIBUÍDAS PELA LEI Nº 14.133/2021 – NOVA LEI DE LICITAÇÕES E CONTRATOS ADMINISTRATIVOS

Após anos de tramitação legislativa, em 2021 foi aprovada a Lei nº 14.133/2021, a Nova Lei de Licitações e Contratos Administrativos – NLL. Esse novo regime buscou unificar dispositivos presentes em vários diplomas anteriores e introduziu diversas inovações, principalmente em relação à Lei nº 8.666/1993, à Lei do Pregão (Lei nº 10.520/2002) e a parte da Lei do Regime Diferenciado de Contratações – RDC (Lei nº 12.462/2011).

Em relação ao controle externo, o primeiro aspecto a se destacar na NLL é que o texto trata do assunto em seu Título IV – "Das Irregularidades", posicionado no Capítulo III – "Controle das Contratações", após os capítulos relativos a "infrações e sanções administrativas" e "impugnações, pedidos de esclarecimento e recursos". Ora, considerando que controlar é muito mais do que apontar irregularidades e aplicar sanções, é possível afirmar que a organização topográfica da norma não foi feliz nesse ponto.

Quanto aos tribunais de contas, a Lei nº 14.133/2021 classifica-os como "terceira linha de defesa" no controle das contratações públicas, ao lado do órgão central de controle interno. Nos termos do art. 169, os órgãos de controle deverão ter acesso irrestrito aos documentos e às informações necessárias à realização dos trabalhos, ficando responsáveis pela manutenção do sigilo de eventuais informações assim classificadas. Assim, para os tribunais de contas, não prevalecerá o sigilo nos orçamentos estimados (art. 24, I).

Ainda segundo a NLL, ao constatarem simples impropriedade formal, os tribunais de contas adotarão medidas para o seu saneamento e para a mitigação de riscos de nova ocorrência (art. 169, § 3º, I). Quando configurado dano à Administração, deverão adotar providências para a apuração das infrações administrativas e a remessa ao Ministério Público de cópias dos documentos cabíveis para a apuração dos ilícitos de sua competência (art. 169, § 3º, II).

Na sequência, o art. 170 define que, na fiscalização das contratações, os órgãos de controle adotarão critérios de oportunidade, materialidade, relevância e risco e considerarão as razões apresentadas pelos órgãos e entidades responsáveis e os resultados obtidos com a contratação.

Em comparação com a antiga lei, nesse ponto, verifica-se um retrocesso da Lei nº 14.133/2021, que suprimiu quase integralmente as disposições constantes do art. 113 da

---

[11] *Contas governamentais e responsabilidade fiscal: desafios para o controle externo* – estudos de ministros e conselheiros substitutos dos Tribunais de Contas. Belo Horizonte: Fórum, 2017.

[12] Lei de responsabilidade fiscal: alterações de natureza permanente e provisória efetuadas pelas Leis Complementares nº 173/2020 e nº 176/2021 e seus impactos na atuação dos Tribunais de Contas. In: LIMA, Edilberto Carlos Pontes (coord.). Os Tribunais de Contas, a pandemia e o futuro do controle. Belo Horizonte: Fórum, 2021, p. 357-379.

Lei nº 8.666/1993. Da redação desse dispositivo, a NLL manteve apenas o § 1º, o qual previa que qualquer licitante, contratado ou pessoa física ou jurídica poderia representar ao Tribunal de Contas ou aos órgãos integrantes do sistema de controle interno contra irregularidades na aplicação da Lei. Na Lei nº 14.133/2021, essa disposição se encontra no § 4º do art. 170.

Já o *caput* e o § 2º do art. 113 da Lei nº 8.666/1993 foram totalmente suprimidos. Segundo o art. 113, caput, da Lei nº 8.666/1993, o controle das despesas decorrentes dos contratos e demais instrumentos por ela regidos seria feito pelo Tribunal de Contas competente, ficando os órgãos interessados da Administração responsáveis pela demonstração da legalidade e regularidade da despesa e execução, nos termos da Constituição e sem prejuízo do sistema de controle interno nela previsto. Essa disposição na Lei nº 8.666/1993 representava a inversão do ônus da prova, ou seja, a delegação ao gestor do dever de evidenciar que os recursos públicos a ele confiados foram corretamente empregados.

Por sua vez, o § 2º do art. 113 previa que os tribunais de contas e os órgãos integrantes do sistema de controle interno poderiam solicitar para exame, até o dia útil imediatamente anterior à data de recebimento das propostas, cópia de edital de licitação já publicado, obrigando-se os órgãos ou entidades da Administração interessada à adoção de medidas corretivas pertinentes que, em função desse exame, lhes fossem determinadas. Assim, havia compulsoriedade da correção de procedimentos, quando determinada pelos órgãos de controle.

É possível considerar essas supressões na NLL como um retrocesso em relação à Lei nº 8.666/1993. Isso porque, com base no art. 113 da Lei nº 8.666/1993, os tribunais de contas brasileiros promoveram a correção de inúmeras falhas em procedimentos licitatórios e na execução dos contratos deles decorrentes, evitando substanciais danos ao erário, da ordem de bilhões de reais anualmente, e assegurando a observância de princípios fundamentais da administração pública. Além disso, o silêncio da NLL em relação à inversão do ônus da prova e à compulsoriedade da adoção de medidas corretivas quando determinadas pelos órgãos de controle poderá ensejar acirradas polêmicas e judicialização de muitos processos de fiscalização.

Por sua vez, o art. 171 da NLL estabelece parâmetros para que na fiscalização seja assegurado o contraditório aos gestores, perseguido o custo-benefício das proposições dos órgãos de controle, bem como a objetividade e imparcialidade dos relatórios técnicos, em conformidade com as normas e padrões de auditoria. Ademais, deverá ser perquirida a conformidade do preço global com os parâmetros de mercado para o objeto contratado nos regimes de empreitada por preço global, empreitada integral, contratação semi-integrada e contratação integrada.

Ainda em relação ao art. 171, os §§ 1º a 4º merecem análise mais aprofundada, uma vez que são de duvidosa constitucionalidade por regularem procedimentos processuais internos dos tribunais de contas na hipótese de suspensão cautelar de processo licitatório, inclusive definindo prazos e requisitos para os fundamentos da decisão cautelar e do julgamento de mérito. O referido trecho dispõe:

Art. 171. (...)

§ 1º Ao suspender cautelarmente o processo licitatório, o tribunal de contas deverá pronunciar-se definitivamente sobre o mérito da irregularidade que tenha dado causa à suspensão no prazo de 25 (vinte e cinco) dias úteis, contado da data do recebimento das informações a que se refere o § 2º deste artigo, prorrogável por igual período uma única vez, e definirá objetivamente:

I – as causas da ordem de suspensão;

II – o modo como será garantido o atendimento do interesse público obstado pela suspensão da licitação, no caso de objetos essenciais ou de contratação por emergência.

§ 2º Ao ser intimado da ordem de suspensão do processo licitatório, o órgão ou entidade deverá, no prazo de 10 (dez) dias úteis, admitida a prorrogação:

I – informar as medidas adotadas para cumprimento da decisão;

II – prestar todas as informações cabíveis;

III – proceder à apuração de responsabilidade, se for o caso.

§ 3º A decisão que examinar o mérito da medida cautelar a que se refere o § 1º deste artigo deverá definir as medidas necessárias e adequadas, em face das alternativas possíveis, para o saneamento do processo licitatório, ou determinar a sua anulação.

§ 4º O descumprimento do disposto no § 2º deste artigo ensejará a apuração de responsabilidade e a obrigação de reparação do prejuízo causado ao erário.

Pela nossa experiência, em contratações de maior vulto e cujo objeto envolva grande complexidade técnica, os prazos previstos são impraticáveis, não assegurando que a instrução processual seja concluída com informações e dados suficientes para conferir segurança na tomada de decisão pelos julgadores. Outra atecnia da norma é a imprevisão da hipótese de não cumprimento do prazo pelos tribunais de contas.

No momento em que escrevo essas linhas, diversos estudos já apontaram inconstitucionalidades nesses dispositivos, devendo em breve a questão ser submetida ao Supremo Tribunal Federal.

Quanto ao art. 172, o Congresso Nacional manteve o veto ao dispositivo que previa que os órgãos de controle, como os TCs subnacionais e as controladorias internas, deveriam orientar-se pelos enunciados das súmulas do Tribunal de Contas da União, de modo a garantir uniformidade de entendimentos e a propiciar segurança jurídica aos interessados.

O art. 173 prevê que os tribunais de contas deverão, por meio de suas escolas de contas, promover eventos de capacitação para os servidores efetivos e empregados públicos designados para o desempenho das funções essenciais à execução da Lei, incluídos cursos presenciais e a distância, redes de aprendizagem, seminários e congressos sobre contratações públicas. Na realidade, o dispositivo não apresenta inovação, uma vez que esse trabalho já tem sido feito de modo sistemático pela maioria das cortes de contas.

Os tribunais de contas também deverão ser comunicados das justificativas da administração para a não observância da ordem cronológica de pagamentos aos seus contratados (art. 141, § 1º), devendo a inobservância imotivada da referida ordem cronológica ensejar a apuração de responsabilidade, cabendo aos órgãos de controle a sua fiscalização (art. 141, § 2º).

Também será atribuição dos órgãos de controle expedir normas e orientações relativas à implantação ou ao aperfeiçoamento de programa de integridade, que serão considerados na aplicação de sanções pelas infrações administrativas (art. 156, § 1º, V). O desenvolvimento pelo licitante de programa de integridade conforme orientações dos órgãos de controle é um dos critérios de desempate previstos no art. 60 da NLL. O dispositivo representa uma efetiva inovação, uma vez que a elaboração de programas de integridade nunca foi objeto de ações do controle externo.

No que concerne ao controle interno, as inovações da Lei nº 14.133/2021 serão examinadas no Capítulo 12.

5.6. COMPETÊNCIA PARA O CONTROLE DE CONSTITUCIONALIDADE

Historicamente, o Supremo Tribunal Federal vinha reconhecendo a competência do Tribunal de Contas da União para exercer o controle de constitucionalidade difuso e incidental.

> **SÚMULA Nº 347 DO STF**
>
> O Tribunal de Contas, no exercício de suas atribuições, pode apreciar a constitucionalidade das leis e dos atos do Poder Público.

Tal posicionamento encontra amparo na doutrina de Pontes de Miranda:[13]

> Imaginemos ainda que, sem lei do Congresso Nacional, o Presidente da República expedisse decreto, que tivesse de ser invocado perante o Tribunal de Contas. Fora de tolerar-se que tal Tribunal se abstivesse do exame constitucional do ato do Presidente da República? De modo nenhum.

> **IMPORTANTE**
>
> Anote-se, contudo, que o enunciado da Súmula nº 347 menciona "apreciar" e não "declarar". A distinção tem sido muito explorada em questões de concursos públicos. Farias[14] esclarece que o termo deve ser compreendido com parcimônia, não devendo ser confundido com a capacidade de determinar a retirada da norma do ordenamento jurídico, mas com a redução de seu campo eficacial por aplicação da sobrenorma constitucional.

Um exemplo de aplicação desta Súmula é destacado por Ferreira:[15]

---

[13] *Comentários à Constituição de 1967*. 2. ed. rev. São Paulo: RT, 1970, t. III, p. 249.
[14] O poder dos Tribunais de Contas de examinar a constitucionalidade das leis e normas. *Boletim de Direito Administrativo*, ano XXII, nº 10, out. 2006, p. 1.137-1.144.
[15] FERREIRA, José Nunes. *Súmulas do Supremo Tribunal Federal*. São Paulo: Saraiva, 1977, p. 173.

Por ocasião do julgamento do MS 19.973, em 22/5/1974, Relator: Sr. Min. Bilac Pinto (RTJ, 77/29), a Suprema Corte declarou ilegal o ato do Sr. Presidente da República, que autorizou a execução de aposentadoria que o TCU julgara contrária à lei. No processo que deu origem à segurança impetrada, o TCU considerou inconstitucional o Decreto Legislativo nº 85/1971, referendário do ato do Sr. Presidente da República, que determinou a execução do decreto concessivo de aposentadoria.

O controle de constitucionalidade exercido pelo TCU é o chamado controle difuso ou incidental, ou repressivo, e com efeitos restritos às partes, relativas aos processos submetidos a sua apreciação, e em matérias de sua competência.

Conforme acentua Farias:[16]

> O controle de constitucionalidade que exerce o Tribunal de Contas insere-se na sua missão institucional e na sua competência constitucional de fiscalizar, a tempo, a aplicação de recursos públicos e a gestão do patrimônio público. Consiste em alertar o Chefe do Poder Executivo que, caso pratique atos com espeque em norma considerada verticalmente incompatível pelo Tribunal de Contas, a Corte considerará irregular o ato.

Na expressão do Ministro Roberto Rosas:

> Caso o ato esteja fundado em lei divergente da Constituição, o Tribunal de Contas pode negar-se à aplicação, porque 'há que distinguir entre declaração de inconstitucionalidade e não aplicação de leis inconstitucionais, pois esta é obrigação de qualquer tribunal ou órgão de qualquer dos Poderes do Estado (RMS 8.372, Rel. Min. Pedro Chaves, j. 11/12/1961).

EXEMPLOS DE CONTROLE DE CONSTITUCIONALIDADE

Em processo decorrente das apurações do chamado escândalo do "mensalão", o TCU considerou ilegal dispositivo referente à remuneração das agências de publicidade contratadas pela Administração Pública:
Acórdão nº 2.062/2006 – Plenário
Relator: Min. Ubiratan Aguiar
9.2 dar ciência à Presidência da República de que esta Corte considerou ilegal o Decreto nº 4.563/2002, recomendando-se a sua revogação;
9.3 alertar a Secretaria-Geral da Presidência da República de que os atos doravante praticados com base no Decreto nº 4.563/2002 serão considerados como irregulares por esta Corte e implicarão a responsabilização pessoal dos agentes que lhes derem causa.

Outra perspectiva conclui que a atuação dos Tribunais de Contas nesta matéria consiste em apreciar a compatibilidade constitucional dos atos administrativos e normativos *sub examine*, como preliminar ao exame de sua legalidade, legitimidade e economicidade.

---

[16] O controle de constitucionalidade nos Tribunais de Contas. *Revista Interesse Público*, nº 18, 2003, p. 201-206.

Essa competência é extensiva aos Tribunais de Contas dos Estados e dos Municípios, estando registrada, por exemplo, na Súmula nº 6 do TCE de São Paulo:

> Compete ao Tribunal de Contas negar cumprimento a leis inconstitucionais.

Para Jacoby Fernandes,[17] os Tribunais de Contas podem, inclusive, realizar o controle abstrato de qualquer preceito normativo, em sede de consulta. Todavia, tal posição é minoritária e não vem sendo adotada pelas Cortes de Contas.

Nos últimos anos, diversas decisões do STF revelam uma mudança de entendimento sobre o tema.

Na discussão do MS 25.888, a constitucionalidade da Súmula nº 347 foi contestada pelos advogados da Petrobras que sustentaram que a referida Súmula foi editada em 1963, tendo como base o art. 77 da Constituição de 1946, há muito revogado, e que as competências do TCU devem limitar-se àquelas previstas na Constituição. Na ocasião, o Relator Ministro Gilmar Mendes concedeu a liminar requerida pela empresa.

Por sua vez, o Ministro Alexandre de Moraes, em decisão cautelar no MS 35.410, considerou:

> (...) inconcebível (...) a hipótese do Tribunal de Contas da União, órgão sem qualquer função jurisdicional, permanecer a exercer controle difuso de constitucionalidade nos julgamentos de seus processos, sob o pretenso argumento de que lhe seja permitido em virtude do conteúdo da Súmula 347 do STF, editada em 1963, cuja subsistência, obviamente, ficou comprometida pela promulgação da Constituição Federal de 1988.

Em outra vertente, a Ministra Cármen Lúcia entendeu que, além do TCU, outros órgãos como o Conselho Nacional de Justiça podem deixar de aplicar lei por inconstitucionalidade (Pet. 4656/PB). No MS 34.987, o Ministro Edson Fachin estendeu o entendimento ao Conselho Nacional do Ministério Público.

Finalmente, em 2023, ao julgar agravo relativo ao MS nº 25.888, o STF condicionou o afastamento incidental da aplicação de leis e atos normativos em julgamento no âmbito de um tribunal de contas à existência de jurisprudência do próprio STF sobre a matéria. Dessa forma, entendeu que a Súmula 347 foi recepcionada pela Constituição de 1988 nas circunstâncias em que for caracterizada a violação a dispositivo da Constituição ou por contrariedade à jurisprudência do STF. Segundo o relator, Ministro Gilmar Mendes, "da corte de contas passa-se a esperar a postura de cobrar da administração pública a observância da constituição, mormente mediante a aplicação dos entendimentos exarados pelo Supremo Tribunal Federal em matérias relacionadas ao controle externo".

---

[17] *Tribunais de Contas do Brasil – jurisdição e competência*. 2. ed. rev., atual. e ampl. Belo Horizonte: Fórum, 2005, p. 324.

5.7. COMPETÊNCIAS ATRIBUÍDAS POR DIVERSOS NORMATIVOS

5.7.1. Lista dos inelegíveis (Lei Complementar nº 64/1990 e Lei Complementar nº 135/2010 – Lei da Ficha Limpa)

Em 2010, foi sancionada a chamada Lei da Ficha Limpa (LC nº 135/2010), oriunda de um projeto de lei de iniciativa popular, que impede o registro de candidaturas de pessoas condenadas por decisão de um colegiado de juízes. A nova lei ampliou "as hipóteses de inelegibilidade visando proteger a probidade administrativa e a moralidade no exercício do mandato".

No que concerne ao controle externo, a LC nº 135/2010 trouxe nova redação para o art. 1º, I, g, da anterior Lei Complementar nº 64/1990 fixando a inelegibilidade daqueles que

> tiverem suas contas relativas ao exercício de cargos ou funções públicas rejeitadas **por irregularidade insanável QUE CONFIGURE ATO DOLOSO DE IMPROBIDADE ADMINISTRATIVA, e por decisão irrecorrível do órgão competente**, salvo se esta houver sido suspensa ou anulada pelo Poder Judiciário, para as eleições que se realizarem nos **8 (oito) anos** seguintes, contados a partir da data da decisão, aplicando-se o disposto no inciso II do art. 71 da Constituição Federal, a todos os ordenadores de despesa, sem exclusão de mandatários que houverem agido nessa condição. (grifo nosso)

Em decorrência, condutas culposas, antes então suficientes para forjar uma situação de inelegibilidade, não mais se prestam para tal fim. Aqueles que tiverem suas contas rejeitadas por ato decorrente de negligência, imprudência ou imperícia estarão elegíveis, ainda que o vício daí decorrente seja insanável. Exige a lei, agora, um ato intencional (doloso) e, ainda mais, qualificado: que configure improbidade administrativa.

Outro importante aspecto é que na redação anteriormente vigente, bastava ao interessado submeter recurso ao Poder Judiciário contra a reprovação das contas para suspender o efeito da inelegibilidade. Com a LC nº 135/2010, torna-se necessário que a decisão tenha sido suspensa ou anulada pelo Poder Judiciário.

Além disso, o prazo de inelegibilidade foi estendido para oito anos e a parte final do dispositivo explicita seu alcance a todos os ordenadores de despesa, sem exclusão de mandatários que houverem agido nessa condição, isto é, incluindo expressamente, por exemplo, prefeitos e governadores que tenham atuado como ordenadores de despesas e fazendo remissão expressa à função julgadora das Cortes de Contas. Tal aspecto ganha relevo, pois a jurisprudência do TSE era sólida no sentido de que a inelegibilidade somente poderia decorrer de julgamento pelo Legislativo no sentido da irregularidade das contas (REE – 29535).

Todavia, a Lei Complementar nº 184/2021 mitigou o alcance da norma ao acrescentar ao art. 1º da LC nº 64/1990 o § 4º-A dispondo que a inelegibilidade prevista na alínea g do inciso I do caput daquele artigo não se aplica aos responsáveis que tenham tido suas contas julgadas irregulares sem imputação de débito e sancionados exclusivamente com o pagamento de multa. Para efetivar tal instrumento, prevê o art. 91 da LOTCU que o TCU enviará ao Ministério Público Eleitoral, em tempo hábil, o nome dos responsáveis cujas contas houverem sido julgadas irregulares nos cinco anos[18] imediatamente anteriores à realização de cada eleição. De igual modo, procedem os Tribunais de Contas dos Estados e TCMs.

Inelegibilidade: Contas Irregulares e Competência

O Tribunal denegou mandado de segurança impetrado contra decisão do Presidente do Tribunal de Contas da União – TCU – que determinara a inclusão do nome do impetrante, no respectivo *site*, na Relação de Responsáveis com Contas Julgadas Irregulares pelo TCU para Fins de Inelegibilidade, em face do art. 1º, I, *g*, da Lei Complementar nº 64/90. Alegava-se, na espécie, que referida anotação possibilitaria a impugnação da candidatura do impetrante ao cargo de prefeito e que ele já teria sanado a mencionada irregularidade, pois concluíra as obras que resultaram no processo de Tomada de Contas Especial, bem como recolhera a multa que lhe fora aplicada pelo TCU. Entendeu-se que a decisão hostilizada não incorrera em nenhuma ilegalidade, por ser de natureza meramente declaratória e não constituir penalidade. Ressaltou-se, também, ser incabível a análise do acórdão do TCU, tendo em conta orientação fixada pelo Supremo no sentido de ser da Justiça Eleitoral a competência para emitir juízo de valor a respeito das irregularidades apontadas pela Corte de Contas, e decidir se as mesmas configuram ou não inelegibilidade. Por fim, asseverou-se, com base em consulta ao Sistema de Divulgação de Dados de Candidatos, no *site* do Tribunal Superior Eleitoral, que o registro da candidatura do impetrante não fora prejudicado pela decisão do TCU. Precedente citado: MS 22.087/DF (DJU de 10/5/1996). MS 24.991/DF, rel. Min. Gilmar Mendes, 22/6/2006. (MS-24.991)

IMPORTANTE

Não é o TCU quem declara o responsável inelegível. Quem decide e declara a inelegibilidade é a Justiça Eleitoral, ao negar registro a um candidato. Os Tribunais de Contas se limitam a comunicar a relação dos responsáveis por contas irregulares, em época oportuna, ao Ministério Público Eleitoral e à sociedade.

A Resolução TCU nº 241/2011 estabeleceu procedimentos para o envio pelo TCU dessa relação de responsáveis que tiveram as contas julgadas irregulares, assegurando a divulgação na internet dessas informações.

5.7.1.1. *As decisões do STF nos Temas de Repercussão Geral nº 157, 835, 1.287 e 1.305 e na ADPF 982*

A inelegibilidade decorrente da rejeição de contas pelos TCs causou controvérsia no STF. Nesse sentido, cabe mencionar polêmicas decisões monocráticas em sede cautelar

---

[18] Com o advento da LC nº 135/2010 (Lei da Ficha Limpa), esse prazo foi ampliado para oito anos. Todavia, não houve alteração na letra da LOTCU.

do Ministro Gilmar Mendes que asseguraram o registro de candidatos ex-prefeitos cujas contas haviam sido rejeitadas por Tribunais de Contas, sob o argumento de que somente as Câmaras Municipais poderiam julgá-las (Rcl 10.616, Rcl 10.551, Rcl 10.493). No mesmo sentido, posicionou-se o Ministro Marco Aurélio (Rcl 10.499).

No julgamento com repercussão geral do RE 848.826 (Tema 835), o STF entendeu que os julgamentos pelos Tribunais de Contas pela irregularidade das contas de gestão de prefeitos não produzem efeito de inelegibilidade, como prescreve a Lei da Ficha Limpa. Para esse efeito, a apreciação das contas de prefeitos, tanto as de governo quanto as de gestão, será exercida pelas Câmaras Municipais, com o auxílio dos TCs competentes, cujo parecer prévio somente deixará de prevalecer por decisão de 2/3 dos vereadores.

> Para os fins do art. 1º, inciso I, alínea "g", da Lei Complementar 64, de 18 de maio de 1990, alterado pela Lei Complementar 135, de 4 de junho de 2010, a apreciação das contas de prefeitos, **tanto as de governo quanto as de gestão,**[19] será exercida pelas Câmaras Municipais, com o auxílio dos Tribunais de Contas competentes, cujo parecer prévio somente deixará de prevalecer por decisão de 2/3 dos vereadores. Essa a tese fixada por decisão majoritária do Plenário em conclusão de julgamento de recurso extraordinário no qual se discutia a definição do órgão competente para julgar as contas do chefe do Poder Executivo que age na qualidade de ordenador de despesas — v. Informativos 833 e 834. Vencidos os Ministros Luiz Fux e Rosa Weber. (RE 848.826/DF, rel. orig. Min. Roberto Barroso, red. p/ o acórdão Min. Ricardo Lewandowski, 17/8/2016) (grifos nossos)

O relator da matéria, Ministro Roberto Barroso, que foi voto vencido, explicitou que a condenação pela irregularidade das contas em julgamento colegiado das Cortes de Contas era, sim, motivo de inelegibilidade, seguindo a jurisprudência do próprio STF, que, ao apreciar a Ação Direta de Inconstitucionalidade – ADI 4.578 contra a Lei da Ficha Limpa, considerou a norma integralmente constitucional, mesmo resultado das Ações Declaratórias de Constitucionalidade – ADCs 29 e 30. Assim, a nova decisão é contraditória, não apenas com o julgamento das referidas ADI e ADCs, mas com diversas outras manifestações da Corte Suprema, a exemplo da ADI 3.715 e das Reclamações 13.965 e 15.902.

Com esse julgamento, frustrou-se em grande medida o espírito da Lei da Ficha Limpa, uma vez que, nas eleições de 2014, 84% das declarações de inelegibilidade pela Justiça Eleitoral foram motivadas pela reprovação das contas pelos TCs e, em sua maioria, em razão do descumprimento da Lei de Responsabilidade Fiscal. O temor de se tornar inelegível era um importante fator dissuasório às transgressões na gestão fiscal, que desapareceu após o novel entendimento jurisprudencial.

A decisão pode ensejar situações jurídicas inusitadas, como a do prefeito que geriu incorretamente um orçamento de 300 milhões de reais e foi condenado pelo TC estadual ou municipal nas contas de gestão e é elegível, mas outro, que aplicou indevidamente recursos de um convênio federal de R$ 300 mil, e por isso foi condenado pelo TCU,

---

[19] As tomadas de contas especiais são objeto do Tema 1.257, julgado em 2023 e adiante apresentado.

continua potencialmente inelegível, pois a decisão do STF menciona apenas as contas de gestão, e não as tomadas de contas especiais.[20]

Por sua vez, em decisão monocrática no RE 1.231.883, o Ministro Luiz Fux entendeu que o efeito do julgamento do citado RE nº 848.826 ultrapassa a seara eleitoral:

> [...] apesar de a tese firmada no Tema 835 da Repercussão Geral dizer "Para fins do art. 1º, inciso I, alínea g, da Lei Complementar 64, de 18 de maio de 1990, alterado pela Lei Complementar 135, de 4 de junho de 2010", a *ratio decidendi* do julgado não se restringe à seara eleitoral no que se refere aos Tribunais de Contas, pois não haveria razão para se atribuir a órgãos diversos o julgamento das contas de gestão dos prefeitos considerados seus efeitos eleitorais, civis ou administrativos, vez que se trata do mesmo objeto.
>
> Saliento que as consequências de ordem civil e administrativa advindas de eventuais irregularidades cometidas pelos Prefeitos na ordenação de despesas independem de deliberação das Câmaras Municipais, mas não podem ser impostas diretamente pelos Tribunais de Contas, havendo a necessidade de manejo das ações judiciais próprias.

Tal entendimento ensejou grande preocupação, uma vez que nas contas de gestão municipais é frequente a ocorrência de irregularidades cuja responsabilidade é atribuída solidariamente a vários agentes, podendo um deles ser o chefe do Executivo. Nessa hipótese, haveria tratamento diferenciado, sendo alguns responsáveis solidários sancionados pelos TCs e outros não, por estarem na chefia do Executivo? Ou a presença do prefeito entre os responsáveis solidários inviabilizaria a aplicação pelos TCs de sanções aos demais responsáveis? Nesse caso, caberia ao Judiciário julgar matéria de natureza contábil, orçamentária, administrativa, patrimonial e operacional, que a Constituição atribuiu à jurisdição especializada das cortes de contas?

IMPORTANTE

Ao julgar o Tema 1.287 (ARE 1.436.197), o STF firmou a tese: "No âmbito da tomada de contas especial, é possível a condenação administrativa de Chefes dos Poderes Executivos municipais, estaduais e distrital pelos Tribunais de Contas, quando identificada a responsabilidade pessoal em face de irregularidades no cumprimento de convênios interfederativos de repasse de verbas,

---

[20] O entendimento que apresentei na 7ª edição desta obra foi confirmado pelo Tribunal Superior Eleitoral no julgamento do RESPE 24020-TO, segundo o qual "Em se tratando de contas de convênio nas quais reconhecida irregularidade na aplicação de recursos repassados pela União, a competência para o julgamento é do respectivo Tribunal de Contas, inaplicável à hipótese o entendimento firmado pela Suprema Corte no julgamento dos REs nºs 848.826 e 729.744, cujo exame não ingressou no preciso aspecto das verbas oriundas de convênio".

De igual modo no AgR-RESPE 8993-SP: "Em se tratando de contas nas quais reconhecida irregularidade na aplicação de recursos repassados pela União ou pelo Estado (FUNDEB), a competência para o julgamento não é da Câmara de Vereadores, e sim do Tribunal de Contas respectivo, inaplicável o entendimento firmado pela Suprema Corte no julgamento dos REs nºs 848.826 e 729.744. Precedentes".

sem necessidade de posterior julgamento ou aprovação do ato pelo respectivo Poder Legislativo". (Rel. Min. Luiz Fux, j. 18.12.2023).

No julgamento do RMS 13.399 pelo STJ, essa evolução foi bem resumida:

> (...) 3. O Supremo Tribunal Federal, no julgamento do RE 29.744 (Tema 157), concluiu que compete à Câmara Municipal o julgamento das contas anuais do Prefeito. Na ocasião foi firmado o entendimento de que o Tribunal de Contas atua como auxiliar do Poder Legislativo, cabendo-lhe apenas a emissão de parecer técnico opinativo, sem força vinculante.
>
> 4. Posteriormente, no julgamento do RE 848.826 (Tema 835), a Suprema Corte decidiu que, para fins de aplicação da sanção de inelegibilidade prevista no art. 1.º, inciso I, alínea g, da LC 64/1990, alterado pela LC 135/2010, a exequibilidade da decisão da Corte de Contas local sobre as contas do Prefeito, tanto as anuais (de governo) como as de gestão, depende de expressa manifestação do Poder Legislativo municipal.
>
> 5. Mais recentemente, no julgamento do ARE 1.436.197, sob o rito da repercussão geral (Tema 1.287), o Supremo Tribunal Federal delimitou que a necessidade de manifestação expressa do Poder Legislativo local sobre a aprovação das contas do Chefe do Executivo municipal restringe-se às prestações de contas anuais, as chamadas contas de governo. No que se refere às contas de gestão, a deliberação da Câmara Municipal é exigida apenas nos casos em que é analisada a inelegibilidade, para fins de registro de candidatura.
>
> 6. Nos demais casos de atos de gestão de Prefeito, que não estejam relacionados com análise de inelegibilidade para fins de registro de candidatura (LC 64/1990, art. 1º, I, g), "permanece intacta – mesmo após o julgamento dos Temas 157 e 835 suprarreferidos – a competência geral dos Tribunais de Contas relativamente ao julgamento, fiscalização e aplicação de medidas cautelares, corretivas e sancionatórias, nos limites do art. 71 da Constituição, independentemente de posterior ratificação pelo Poder Legislativo" (ARE 1.436.197, trecho do voto do Rel. Min. Luiz Fux). (Rel. Min. Teodoro Silva Santos, j. 6.8.2024).

Em 2024, no julgamento do RE 1.459.224 (Tema 1.304), o STF reafirmou as jurisprudências citadas e fixou a tese que "É correta a interpretação conforme a Constituição no sentido de que o disposto no § 4º-A do art. 1º da LC 64/90 aplica-se apenas aos casos de julgamento de gestores públicos pelos Tribunais de Contas" (Rel. Min. Gilmar Mendes, sessão virtual de 6.9.2024 a 13.9.2024).

Contudo, em 2025, no julgamento da ADPF 982, houve uma nova interpretação, assim expressa na tese proposta pelo Rel. Min. Flávio Dino:

> (I) Prefeitos que ordenam despesas têm o dever de prestar contas, seja por atuarem como responsáveis por dinheiros, bens e valores públicos da administração, seja na eventualidade de darem causa a perda, extravio ou outra irregularidade que resulte em prejuízo ao erário;

(II) Compete aos Tribunais de Contas, nos termos do art. 71, II, da Constituição Federal de 1988, o julgamento das contas de Prefeitos que atuem na qualidade de ordenadores de despesas;

(III) A competência dos Tribunais de Contas, quando atestada a irregularidade de contas de gestão prestadas por Prefeitos ordenadores de despesa, se restringe à imputação de débito e à aplicação de sanções fora da esfera eleitoral, independentemente de ratificação pelas Câmaras Municipais, preservada a competência exclusiva destas para os fins do art. 1º, inciso I, alínea g, da Lei Complementar nº 64/1990. (sessão virtual de 14.2.2025 a 21.2.2025)

Considero que a nova tese pacifica a controvérsia.

5.7.2. Acompanhamento dos processos de improbidade administrativa e apuração do dano (Lei nº 8.429/1992, alterada pela Lei nº 14.230/2021)

O sistema de responsabilização por atos de improbidade administrativa tutelará a probidade na organização do Estado e no exercício de suas funções, como forma de assegurar a integridade do patrimônio público e social.

É relevante destacar que, entre as espécies de atos de improbidade administrativa, constantes dos arts. 10 e 11 da Lei nº 8.429/1992, estão "agir para a configuração de ilícito na celebração, na fiscalização e na análise das prestações de contas de parcerias firmadas pela administração pública com entidades privadas" e "descumprir as normas relativas à celebração, fiscalização e aprovação de contas de parcerias firmadas pela administração pública com entidades privadas", com as redações dadas, respectivamente, pelas Leis nº 14.230/2021 e nº 13.019/2014. De igual forma, "deixar de prestar contas quando esteja obrigado a fazê-lo, desde que disponha das condições para isso, com vistas a ocultar irregularidades".[21]

De outro lado, o § 8º do art. 1º da norma expressa que não configura improbidade a ação ou omissão decorrente de divergência interpretativa da lei, baseada em jurisprudência, ainda que não pacificada, mesmo que não venha a ser posteriormente prevalecente nas decisões dos órgãos de controle ou dos tribunais do Poder Judiciário.

Nos termos do art. 15, a comissão processante dará conhecimento ao Ministério Público e ao Tribunal ou Conselho de Contas da existência de procedimento administrativo para apurar a prática de ato de improbidade, podendo tais órgãos designar representante para acompanhar o procedimento administrativo.

Ainda, o art. 17-B, introduzido pela Lei nº 14.230/2021, previu que o Ministério Público poderá, conforme as circunstâncias do caso concreto, celebrar acordo de não persecução civil. Uma das condições do referido acordo é o integral ressarcimento do dano, para cuja apuração deverá ser realizada a oitiva do Tribunal de Contas competente, que se manifestará, com indicação dos parâmetros utilizados, no prazo de noventa dias. Essa oitiva, constante do § 3º do referido art. 17-B, teve a sua inconstitucionalidade declarada pelo STF em sede de medida cautelar na ADI 7.236 (Rel. Min. Alexandre de Moraes).

---

[21] Lei nº 8.429/1992: art. 11, VI, com a redação dada pela Lei nº 14.230/2021.

Por fim, prescreve o art. 21 que a aplicação das sanções previstas nessa lei independe da aprovação ou rejeição das contas pelo órgão de controle interno ou pelo Tribunal ou Conselho de Contas. Nada obstante, os atos do órgão de controle interno ou externo serão considerados pelo juiz quando tiverem servido de fundamento para a conduta do agente público e as provas produzidas perante os órgãos de controle e as correspondentes decisões deverão ser consideradas na formação da convicção do juiz, sem prejuízo da análise acerca do dolo na conduta do agente.

5.7.3. Controle das declarações de bens e rendas (Lei nº 8.730/1993)

A Lei nº 8.730/1993, no rastro do *impeachment* do ex-presidente Collor, instituiu a obrigatoriedade da apresentação de declaração de bens no momento da posse ou, inexistindo esta, na entrada em exercício de cargo, emprego ou função, bem como no final de cada exercício financeiro, no término da gestão ou mandato e nas hipóteses de exoneração, renúncia ou afastamento definitivo, por parte do Presidente e Vice-Presidente da República, Ministros de Estado, membros do Congresso Nacional, da Magistratura Federal, do Ministério Público da União e todos quantos exerçam cargos eletivos e cargos, empregos ou funções de confiança, na administração direta, indireta e fundacional, de qualquer dos Poderes da União. Uma cópia dessas declarações deverá ser remetida ao TCU para que este:

I. mantenha registro próprio dos bens e rendas do patrimônio privado de autoridades públicas;

II. exerça o controle da legalidade e legitimidade desses bens e rendas, com apoio nos sistemas de controle interno de cada Poder;

III. adote as providências inerentes às suas atribuições e, se for o caso, representar ao Poder competente sobre irregularidades ou abusos apurados;

IV. publique, periodicamente, no Diário Oficial da União, por extrato, dados e elementos constantes da declaração;

V. preste a qualquer das Câmaras do Congresso Nacional ou às respectivas Comissões informações solicitadas por escrito; e

VI. forneça certidões e informações requeridas por qualquer cidadão, para propor ação popular que vise a anular ato lesivo ao patrimônio público ou à moralidade administrativa, na forma da lei.

Ademais, prevê o § 7º do art. 2º da norma que o TCU poderá exigir, a qualquer tempo, a comprovação da legitimidade da procedência dos bens e rendas acrescidos ao patrimônio no período relativo à declaração. Também, segundo o § 2º do art. 4º, será lícito ao TCU utilizar as declarações de rendimentos e de bens, recebidas nos termos deste artigo, para proceder ao levantamento da evolução patrimonial do seu titular e ao exame de sua compatibilização com os recursos e as disponibilidades declarados. Os servidores do TCU obrigam-se ao dever de sigilo sobre informações de natureza fiscal que cheguem ao seu conhecimento em razão do ofício.

No TCU, a matéria é regulada pela IN TCU nº 87/2020, alterada pelas INs TCU nº 89/2021, 90/2021 e 96/2024.

5.7.4. Fiscalização dos recursos do SUS (Decreto nº 1.232/1994 e Lei Complementar nº 141/2012)

Conforme o Decreto nº 1.232/1994, que dispõe sobre as condições e a forma de repasse regular e automático de recursos do Fundo Nacional de Saúde para os fundos de saúde estaduais, municipais e do Distrito Federal, e dá outras providências, os recursos transferidos pelo Fundo Nacional de Saúde serão movimentados, em cada esfera de governo, sob a fiscalização do respectivo Conselho de Saúde, sem prejuízo da fiscalização exercida pelos órgãos do sistema de Controle Interno do Poder Executivo e do Tribunal de Contas da União. Há pacífico entendimento de que tais recursos são federais e de que, mesmo dispensadas da celebração de convênio específico, as transferências fundo a fundo constituem relação convenial entre a União e os demais entes federados.[22]

A Lei Complementar nº 141/2012 instituiu, entre outros, normas de fiscalização, avaliação e controle das despesas com saúde nas esferas federal, estadual, distrital e municipal.

De acordo com a norma, o Poder Executivo federal manterá os Conselhos de Saúde e os Tribunais de Contas de cada ente da Federação informados sobre o montante de recursos previsto para transferência da União para Estados, Distrito Federal e Municípios com base no Plano Nacional de Saúde, no termo de compromisso de gestão firmado entre a União, Estados e Municípios. De igual forma, no que concerne aos recursos transferidos dos Estados para os Municípios.

Ademais, a LC nº 141/2012 enfatiza que compete a cada Tribunal de Contas, no âmbito de suas atribuições, verificar a aplicação dos recursos mínimos em ações e serviços públicos de saúde de cada ente da Federação sob sua jurisdição.

Caso os Tribunais de Contas verifiquem que não estão sendo aplicados os valores mínimos previstos, medidas restritivas poderão ser adotadas, inclusive a retenção parcial das transferências do FPE e do FPM, que passarão a ser feitas diretamente para a conta do Fundo de saúde.

De outro lado, quando os órgãos de controle interno do ente beneficiário, do ente transferidor ou o Ministério da Saúde detectarem que os recursos para a saúde estão sendo utilizados em ações e serviços diversos dos definidos pela LC nº 141/2012, ou em objeto de saúde diverso do originalmente pactuado, darão ciência ao Tribunal de Contas e ao Ministério Público competentes, de acordo com a origem do recurso, com vistas:

I – à adoção das providências legais, no sentido de determinar a imediata devolução dos referidos recursos ao Fundo de Saúde do ente da Federação beneficiário, devidamente atualizados por índice oficial adotado pelo ente transferidor, visando ao cumprimento do objetivo do repasse;

II – à responsabilização nas esferas competentes.

---

[22] MAGALHÃES, Fernando. *Federalismo e o controle pelo TCU das transferências fundo a fundo*: o caso do Sistema Único de Saúde. Tribunal de Contas da União, 2006, p. 183.

O art. 38 da LC nº 141/2012 estipula que o Poder Legislativo, diretamente ou com o auxílio dos Tribunais de Contas, do sistema de auditoria do SUS, do órgão de controle interno e do Conselho de Saúde de cada ente da Federação, fiscalizará o cumprimento das normas nela fixadas, com ênfase no que diz respeito:

I – à elaboração e execução do Plano de Saúde Plurianual;
II – ao cumprimento das metas para a saúde estabelecidas na lei de diretrizes orçamentárias;
III – à aplicação dos recursos mínimos em ações e serviços públicos de saúde, observadas as regras previstas nesta Lei Complementar;
IV – às transferências dos recursos aos Fundos de Saúde;
V – à aplicação dos recursos vinculados ao SUS;
VI – à destinação dos recursos obtidos com a alienação de ativos adquiridos com recursos vinculados à saúde.

Os Poderes Executivos da União, dos Estados, do Distrito Federal e dos Municípios disponibilizarão, aos respectivos Tribunais de Contas, informações sobre o cumprimento da Lei Complementar, com a finalidade de subsidiar as ações de controle e fiscalização. Constatadas divergências entre os dados disponibilizados pelo Poder Executivo e os obtidos pelos Tribunais de Contas em seus procedimentos de fiscalização, será dado ciência ao Poder Executivo e à direção local do SUS, para que sejam adotadas as medidas cabíveis, sem prejuízo das sanções previstas em lei.

Ademais, o § 6º do art. 39 da LC nº 141/2012 prevê que o descumprimento do disposto na norma implicará a suspensão das transferências voluntárias entre os entes da Federação, observadas as normas estatuídas no art. 25 da Lei de Responsabilidade Fiscal.

Como exposto no item 4.4, no julgamento do RMS 61.997/DF, o STJ comungou com a jurisprudência do TCU, a seguir:

JURISPRUDÊNCIA DO TCU

Acórdão nº 2.942/2013 – Plenário (Relator Ministro Benjamin Zymler)
Competência do TCU. Embargos de Declaração. Sistema Único de Saúde (SUS).
Não há conflito de competência entre as diferentes jurisdições de controle (federal, estadual e municipal) no que se refere à fiscalização no âmbito do SUS, em razão da impossibilidade de se diferenciar a origem dos recursos. Os órgãos de controle federal e locais devem atuar de forma complementar e concomitante.
Acórdão nº 1.072/2017 – Plenário (Representação, Relator Ministro Bruno Dantas)
Convênio. SUS. Tomada de contas especial. Competência. Ministério da Saúde. Fundo Nacional de Saúde.
Os valores transferidos do Fundo Nacional de Saúde (FNS) aos demais entes federativos constituem recursos originários da União, competindo ao Ministério da Saúde a instauração de processos de tomada de contas especial e ao TCU, sua apreciação, ainda que o cofre credor seja o fundo de saúde do ente da Federação beneficiário.
Acórdão nº 1.505/2018 – Primeira Câmara (Tomada de Contas Especial, Relator Ministro Vital do Rêgo)

> Competência do TCU. SUS. Abrangência. Conta corrente específica. Legislação. Desobediência. Tribunal de Contas estadual. Tribunal de Contas municipal.
> Quando a aplicação de recursos do SUS for decorrente de financiamento tripartite e houver desobediência a normativos que determinam o uso de contas específicas para movimentação dos recursos, dificultando a identificação da origem dos valores aplicados, a competência para fiscalizar a utilização dos recursos públicos é dos tribunais de contas das três esferas da Federação.

5.7.5. Apoio à Justiça Eleitoral (Lei nº 9.096/1995 e Lei nº 9.504/1997)

A primeira norma dispõe sobre os partidos políticos e estipula, no art. 34, que a Justiça Eleitoral exerce a fiscalização sobre a prestação de contas do partido e das despesas de campanha eleitoral, devendo atestar se elas refletem adequadamente a real movimentação financeira, os dispêndios e os recursos aplicados nas campanhas eleitorais. O dispositivo está em consonância com o inciso III do art. 17 da CF.

O § 2º do dispositivo preceitua que, para efetuar os exames necessários à fiscalização, a Justiça Eleitoral pode requisitar técnicos do Tribunal de Contas da União ou dos Estados, pelo tempo que for necessário.

Por sua vez, a Lei nº 9.504/1997 que estabelece normas para as eleições, reafirma, no art. 30, que a Justiça Eleitoral examinará as prestações de contas das campanhas e decidirá acerca de sua regularidade, podendo requisitar o apoio de técnicos do TCU, Tribunais de Contas dos Estados, TCDF e TCMs.

IMPORTANTE

Não se deve confundir as prestações de contas do Fundo Partidário com as prestações de contas eleitorais.
As primeiras são prestadas anualmente pelos partidos políticos com registro definitivo acerca dos recursos recebidos do Fundo Partidário, originários do Orçamento Geral da União, conforme estabelece o inciso III do art. 17 da Constituição. São analisadas em primeira instância pela Justiça Eleitoral, na qualidade de órgão repassador. Nas contas prestadas ao TCU pelas unidades vinculadas à Justiça Eleitoral deverá constar expressa manifestação acerca da observância às normas legais e regulamentares, pelos partidos políticos, na aplicação dos recursos que compõem o Fundo Partidário.
As prestações de contas eleitorais ocorrem por ocasião dos pleitos eleitorais, são apresentadas pelos comitês financeiros dos candidatos, partidos e coligações, dizendo respeito aos recursos arrecadados mediante doações de simpatizantes ou em virtude de atividades de campanha, tais como jantares. Não dizem respeito, portanto, a recursos públicos e não são alcançadas pelo controle externo. São processadas e julgadas exclusivamente pela Justiça Eleitoral, nos termos da Resolução nº 23.604/2019 do Tribunal Superior Eleitoral.

JURISPRUDÊNCIA DO TCU

Acórdão nº 3.638/2022 – Primeira Câmara (Recurso de Reconsideração, Relator Ministro Benjamin Zymler)
Competência do TCU. Fundos. Fundo partidário. Tomada de contas especial. Instauração. Julgamento.

A partir da alteração da Lei 9.096/1995 pela Lei 12.034/2009, os órgãos da justiça eleitoral não têm a obrigação de instaurar e encaminhar ao TCU tomada de contas especial no caso de reprovação da prestação de contas de partido político, pois os processos relativos a estas contas passaram a ter natureza judicial e não mais administrativa. Isso, todavia, não impede o TCU de fiscalizar a gestão dos recursos do fundo partidário e, se for o caso, instaurar, analisar e julgar tomadas de contas especiais dos responsáveis por eventuais prejuízos na utilização desses recursos, inclusive no que se refere às instauradas anteriormente à referida modificação legislativa, tendo em vista que as alterações infraconstitucionais que passaram a disciplinar a prestação de contas dos partidos políticos não têm a faculdade de suprimir as competências de ordem constitucional do TCU.

5.7.6. Fiscalização da LDB (Lei nº 9.394/1996) e do Fundeb (Lei nº 14.113/2020)

Segundo a Lei de Diretrizes e Bases da educação nacional – LDB (Lei nº 9.394/1996), em seu art. 73, os órgãos fiscalizadores devem, prioritariamente, examinar, na prestação de contas de recursos públicos, o cumprimento do disposto no art. 212 da Constituição Federal, no art. 60 do Ato das Disposições Constitucionais Transitórias e na legislação concernente.

Como visto no item 2.30, a Emenda Constitucional nº 108/2020 tornou permanente o Fundo de Manutenção e Desenvolvimento da Educação Básica e de Valorização dos Profissionais da Educação – Fundeb.

O Fundeb se destina à manutenção e ao desenvolvimento da educação básica pública e à valorização dos trabalhadores em educação, incluindo sua condigna remuneração.

Os Fundos, no âmbito de cada Estado e do Distrito Federal, são compostos por 20% das seguintes receitas: ITD, ICMS, IPVA, parcela do produto da arrecadação do imposto que a União eventualmente instituir no exercício da competência que lhe é atribuída pelo inciso I do *caput* do art. 154 da CF, parcela do produto da arrecadação do ITR, parcelas do produto da arrecadação do IR e do IPI devidas ao FPE e ao FPM, parcela do IPI-Exportação e receitas da dívida ativa tributária relativa a tais impostos, bem como juros e multas eventualmente incidentes, adicional da alíquota de ICMS prevista no § 1º do art. 82 do Ato das Disposições Constitucionais Transitórias, além de complementação da União.

O Fundeb foi regulamentado pela Lei nº 14.113/2020, que, em seu art. 30, preceitua que a fiscalização e o controle referentes ao seu cumprimento e ao do disposto no art. 212 da Constituição Federal, especialmente em relação à aplicação da totalidade dos recursos dos Fundos, serão exercidos:

> I – pelo órgão de controle interno no âmbito da União e pelos órgãos de controle interno no âmbito dos Estados, do Distrito Federal e dos Municípios;
>
> II – pelos Tribunais de Contas dos Estados, do Distrito Federal e dos Municípios, perante os respectivos entes governamentais sob suas jurisdições;
>
> III – pelo Tribunal de Contas da União, no que tange às atribuições a cargo dos órgãos federais, especialmente em relação à complementação da União;
>
> IV – pelos respectivos conselhos de acompanhamento e controle social dos Fundos.

Assim, o acompanhamento e o controle social sobre a distribuição, a transferência e a aplicação dos recursos dos Fundos serão exercidos, perante os respectivos governos, no âmbito da União, dos Estados, do Distrito Federal e dos Municípios, por conselhos instituídos especificamente para esse fim. Os conselhos de âmbito estadual, distrital ou municipal poderão, sempre que julgarem conveniente, apresentar ao Poder Legislativo local e aos órgãos de controle interno e externo manifestação formal acerca dos registros contábeis e dos demonstrativos gerenciais do Fundo, dando ampla transparência ao documento em sítio da Internet.

Aos conselhos incumbe, ainda, entre outros, acompanhar a aplicação dos recursos federais transferidos às contas do Programa Nacional de Apoio ao Transporte do Escolar (PNATE) e do Programa de Apoio aos Sistemas de Ensino para Atendimento à Educação de Jovens e Adultos (PEJA), e, ainda, receber e analisar as prestações de contas referentes a esses programas, com a formulação de pareceres conclusivos acerca da aplicação desses recursos e o encaminhamento deles ao FNDE.

Os registros contábeis e os demonstrativos gerenciais mensais, atualizados, relativos aos recursos repassados e recebidos à conta dos Fundos, assim como os referentes às despesas realizadas, ficarão permanentemente à disposição dos conselhos responsáveis, bem como dos órgãos federais, estaduais e municipais de controle interno e externo, e ser-lhes-á dada ampla publicidade, inclusive por meio eletrônico.

Os Estados, o Distrito Federal e os Municípios prestarão contas dos recursos dos Fundos conforme os procedimentos adotados pelos Tribunais de Contas competentes, observada a legislação aplicável. As prestações de contas serão instruídas com parecer do conselho responsável, que deverá ser apresentado ao Poder Executivo respectivo em até trinta dias antes do vencimento do prazo para a apresentação da prestação de contas.

Ao julgar a ADI 5791, o STF considerou constitucional o art. 26 da Lei nº 11.494/2007, reproduzido no art. 30 da Lei nº 14.113/2020 no que concerne à competência do TCU na fiscalização dos recursos aportados ao Fundeb mediante complementação da União.

A fiscalização pelo TCU da aplicação dos recursos do Fundeb foi disciplinada pela IN TCU nº 60/2009. Esse normativo definiu que a fiscalização do cumprimento, pela União, da aplicação do mínimo de 18% da receita resultante de impostos federais na manutenção e desenvolvimento do ensino, prevista no art. 212 da Constituição Federal, bem como dos procedimentos sob responsabilidade dos órgãos federais para o cumprimento do art. 60 e seus parágrafos do Ato das Disposições Constitucionais Transitórias – ADCT –, e, ainda, da aplicação, no âmbito de cada Fundo de Manutenção e Desenvolvimento da Educação Básica e de Valorização dos Profissionais da Educação – Fundeb –, **de recursos federais oriundos da complementação da União**, será realizada mediante inspeções, auditorias e análise de demonstrativos próprios, relatórios, dados e informações pertinentes, inclusive com a possibilidade de instauração, se for o caso, de tomada de contas especial.

> **EXEMPLO DE DELIBERAÇÃO SOBRE O FUNDEB**
>
> Acórdão nº 1.347/2020 – Plenário
> Relator: Min.ª Ana Arraes
> A destinação, pelo ente municipal, de valores de precatórios relacionados a verbas do Fundef e do Fundeb para o pagamento de honorários advocatícios é inconstitucional, por ser incompatível com o art. 60 do ADCT, com a redação conferida pela EC 14/1996, bem como é ilegal, por estar em desacordo com as disposições da Lei 11.494/2007, devendo o município restituir à conta do Fundeb municipal, com recursos próprios, os valores utilizados irregularmente, sob pena de instauração de processo de tomada de contas especial.

Compete ao TCU em relação ao Fundeb:

- exame e revisão do cálculo de coeficientes;
- acompanhamento de repasses e da complementação federal;
- fiscalização da aplicação da complementação da União.

Além disso, os Estados, o Distrito Federal e os Municípios poderão, no prazo de 30 (trinta) dias da publicação dos dados do censo escolar no *Diário Oficial da União*, apresentar recursos para retificação dos dados publicados do censo escolar, que impactam a distribuição dos recursos do Fundeb. Tais recursos serão encaminhados ao Ministério da Educação, que decidirá conclusivamente.

No que concerne aos recursos oriundos do FPE e do FPM que, como já examinado, pertencem aos Estados e Municípios, a competência para fiscalizar sua aplicação é dos Tribunais de Contas estaduais e municipais.

> **JURISPRUDÊNCIA DO TCU**
>
> Acórdão nº 2.584/2014 Plenário (Monitoramento, Relator Ministro-Substituto Marcos Bemquerer)
> Competência do TCU. Fundos. Fundeb.
> A transferência de recursos da União a título de complementação das verbas do Fundeb municipal ou estadual atrai a competência do TCU para fiscalizar o cumprimento de todo o conjunto de obrigações impostas pelas normas de regência aos entes envolvidos no custeio e na operacionalização do Fundo, não se limitando o controle externo exercido pelo Tribunal aos aspectos financeiros da gestão.

A Emenda Constitucional nº 119/2022 acrescentou o art. 119 ao ADCT dispondo que, em decorrência do estado de calamidade pública provocado pela pandemia da Covid-19, os Estados, o Distrito Federal, os Municípios e os agentes públicos desses entes federados não poderão ser responsabilizados administrativa, civil ou criminalmente pelo descumprimento, exclusivamente nos exercícios financeiros de 2020 e 2021, do disposto no caput do art. 212 da Constituição Federal.

5.7.7. Fiscalização dos regimes próprios de previdência social (Lei nº 9.717/1998)

Nos termos da Lei nº 9.717/1998, os regimes próprios de previdência social dos servidores públicos da União, dos Estados, do Distrito Federal e dos Municípios, dos militares dos Estados e do Distrito Federal deverão ser organizados, baseados em normas gerais de contabilidade e atuária, de modo a garantir o seu equilíbrio financeiro e atuarial, observando, entre outros critérios, a sujeição às inspeções e auditorias de natureza atuarial, contábil, financeira, orçamentária e patrimonial dos órgãos de controle interno e externo.

As prestações de contas dos RPPS incluem não apenas os recursos empregados nas suas atividades de custeio administrativo (pessoal, serviços etc.), mas, principalmente, os recursos previdenciários sob sua guarda, patrimônio que deve assegurar o pagamento dos benefícios atuais e futuros previstos para os participantes.[23]

Nos termos do § 2º do art. 147 da Lei nº 15.080/2024 (LDO para 2025), para fins de elaboração de avaliação atuarial do Regime Próprio de Previdência Social dos Servidores Civis da União, a Câmara dos Deputados, o Senado Federal e o Tribunal de Contas da União, no exercício do controle externo, poderão solicitar, aos demais órgãos e poderes da União e às suas entidades vinculadas, informações cadastrais, funcionais e financeiras dos seus servidores, aposentados e pensionistas.

5.7.8. Apoio às Câmaras Municipais (Lei nº 9.452/1997)

A Lei nº 9.452/1997 determina que as Câmaras Municipais sejam obrigatoriamente notificadas da liberação de recursos federais para os respectivos Municípios e dá outras providências, podendo as Câmaras Municipais representar ao Tribunal de Contas da União em caso de descumprimento (art. 3º).

5.7.9. Criação de página na Internet (Lei nº 9.755/1998)

A Lei nº 9.755/1998 determinou ao TCU a criação de *homepage* na rede de computadores Internet, com o título "contas públicas", para divulgação dos seguintes dados e informações:

I. os montantes de cada um dos tributos arrecadados pela União, pelos Estados, pelo Distrito Federal e pelos Municípios, os recursos por eles recebidos, os valores de origem tributária entregues e a entregar e a expressão numérica dos critérios de rateio (*caput* do art. 162 da Constituição Federal);

II. os relatórios resumidos da execução orçamentária da União, dos Estados, do Distrito Federal e dos Municípios (§ 3º do art. 165 da Constituição Federal);

III. o balanço consolidado das contas da União, dos Estados, do Distrito Federal e dos Municípios, suas autarquias e outras entidades, bem como um quadro estruturalmente idêntico, baseado em dados orçamentários (art. 111 da Lei nº 4.320, de 17 de março de 1964);

---

[23] LIMA, Luiz Henrique; SARQUIS, Alexandre Manir Figueiredo (coord.). *Controle externo dos regimes próprios de previdência social*: estudos de ministros e conselheiros substitutos dos Tribunais de Contas. Belo Horizonte: Fórum, 2016.

IV. os orçamentos do exercício da União, dos Estados, do Distrito Federal e dos Municípios e os respectivos balanços do exercício anterior (art. 112 da Lei nº 4.320, de 1964);

V. os resumos dos instrumentos de contrato ou de seus aditivos e as comunicações ratificadas pela autoridade superior (*caput* do art. 26, parágrafo único do art. 61, § 3º do art. 62, arts. 116, 117, 119, 123 e 124 da Lei nº 8.666, de 21 de junho de 1993); e

VI. as relações mensais de todas as compras feitas pela Administração direta ou indireta (art. 16 da Lei nº 8.666, de 1993).

A norma foi regulamentada pela IN TCU nº 028/1999 e o endereço da página é: www.contaspublicas.gov.br.

5.7.10. Fiscalização da aplicação dos recursos repassados ao Comitê Olímpico Brasileiro e ao Comitê Paralímpico Brasileiro (Lei nº 10.264/2001)

A Lei nº 10.264/2001 atribui ao TCU a competência de fiscalizar a aplicação dos recursos próprios da União repassados ao Comitê Olímpico Brasileiro e ao Comitê Paralímpico Brasileiro em decorrência da Lei nº 9.615/1998 que instituiu normas gerais sobre desporto. Os procedimentos para o exercício dessa fiscalização foram estabelecidos pela IN TCU nº 48/2004.

Um exemplo dessa fiscalização foi o trabalho de acompanhamento dos preparativos para os Jogos Olímpicos de 2016 no Rio de Janeiro, assim como de exame das obras realizadas e dos contratos executados envolvendo recursos federais.

5.7.11. Lei das Agências de Águas (Lei nº 10.881/2004)

A Lei nº 10.881/2004 dispõe sobre os contratos de gestão entre a Agência Nacional de Águas – ANA – e entidades delegatárias das funções de Agências de Águas relativas à gestão de recursos hídricos de domínio da União e dá outras providências. Em seu art. 6º, a norma prevê que a ANA, ao tomar conhecimento de qualquer irregularidade ou ilegalidade na utilização de recursos ou bens de origem pública pela entidade delegatária, dela dará ciência ao Tribunal de Contas da União, sob pena de responsabilidade solidária de seus dirigentes. O tema é relevante porque, nos termos do art. 4º, às entidades delegatárias poderão ser destinados recursos orçamentários e o uso de bens públicos necessários ao cumprimento dos contratos de gestão, bem como são asseguradas as transferências da ANA provenientes das receitas da cobrança pelos usos de recursos hídricos em rios de domínio da União, arrecadadas na respectiva ou respectivas bacias hidrográficas, segundo a Política Nacional de Recursos Hídricos (Lei nº 9.433/1997).

5.7.12. Concessão de Florestas (IN TCU nº 50/2006)

A Lei nº 11.284/2006 estabeleceu critérios para a gestão de florestas públicas para produção sustentável, inclusive mediante concessões. Em novembro de 2006, o TCU editou a IN TCU nº 050/2006 na qual assume a competência para acompanhar, fiscalizar e avaliar a gestão de florestas públicas para a produção sustentável, sob domínio da União ou de suas entidades da administração indireta.

O art. 5º desse normativo define que o controle das concessões florestais será prévio e concomitante. São estabelecidos estágios de verificações e a obrigação do órgão gestor encaminhar à Corte de Contas documentos como o Plano Anual de Outorga Florestal; relação dos lotes e unidades de manejo que serão licitados e descrição dos critérios técnicos de divisão em tamanhos diversos; estudo que demonstre a viabilidade econômica, incluindo o inventário amostral, rol dos produtos e serviços florestais cuja exploração será autorizada e seus respectivos preços; licença prévia bem como o parecer do órgão ambiental sobre os estudos ambientais; resultado das contribuições das audiências públicas; editais de licitação e seus anexos; atas de abertura de licitações, relatório de julgamento, questionamentos, recursos, impugnações, respostas e decisões relativos às fases de habilitação e de julgamento das propostas; cópia dos contratos de concessão, para as unidades de manejo previamente indicadas pelo Tribunal; Licenças de Operação (LO) para as unidades de manejo previamente indicadas pelo Tribunal; relatório sintético contendo a relação das vistorias realizadas pelos órgãos ambiental e fundiário das unidades de manejo que tiveram contratos assinados, identificando as principais ocorrências assinaladas.

5.7.13. Lei do PAC (Lei nº 11.578/2007)

A Lei nº 11.578 de 2007, chamada de Lei do PAC – Programa de Aceleração do Crescimento, que dispõe sobre a transferência obrigatória de recursos financeiros para a execução pelos Estados, Distrito Federal e Municípios de ações do PAC mencionou o TCU em seu art. 7º:

> Art. 7º A fiscalização quanto à regularidade da **aplicação** dos recursos financeiros transferidos com base nesta Lei é de competência do Tribunal de Contas da União, da Controladoria-Geral da União e das unidades gestoras da União perante as quais forem apresentados os termos de compromisso.

Além disso, o § 4º do art. 6º também se refere ao TCU:

> Art. 6º No caso de irregularidades e descumprimento pelos Estados, Distrito Federal e Municípios das condições estabelecidas no termo de compromisso, a União, por intermédio de suas unidades gestoras, suspenderá a liberação das parcelas previstas, bem como determinará à instituição financeira oficial a suspensão do saque dos valores da conta vinculada do ente federado, até a regularização da pendência.
>
> (...) § 3º A União, por intermédio de suas unidades gestoras, notificará o ente federado cuja utilização dos recursos transferidos for considerada irregular, para que apresente justificativa no prazo de 30 (trinta) dias.
>
> § 4º Caso não aceitas as razões apresentadas pelo ente federado, a unidade gestora concederá prazo de 30 (trinta) dias para a devolução dos recursos, findo o qual encaminhará **denúncia ao Tribunal de Contas da União**.

Observe-se que o termo denúncia não é empregado no sentido preciso da denúncia prevista no § 2º do art. 74 da Constituição (qualquer cidadão, partido político, associação ou sindicato é parte legítima etc.), mas no sentido do que a LOTCU e o RITCU caracterizam como **representação**.

5.7.14. Fiscalização dos recursos do Programa Nacional de Alimentação Escolar – PNAE (Lei nº 11.947/2009)

O repasse dos recursos financeiros do Programa Nacional de Alimentação Escolar está disciplinado pela Lei nº 11.947/2009. Segundo o art. 8º da norma, os estados, o Distrito Federal e os municípios apresentarão prestação de contas do total dos recursos recebidos à conta do PNAE. O art. 10 estabelece que qualquer pessoa física ou jurídica poderá denunciar ao FNDE, ao TCU, aos órgãos de controle interno do Poder Executivo da União, ao Ministério Público e ao CAE as irregularidades eventualmente identificadas na aplicação dos recursos destinados à execução do PNAE.

O mesmo se aplica aos recursos do Programa Dinheiro Direto na Escola – PDDE, conforme os arts. 26[24] e 29.

Quadro-resumo das competências do TCU em relação a recursos repassados a estados, DF e municípios

Fiscaliza só o repasse	Fiscaliza o repasse e a aplicação
FPE/FPM	Convênios e outras transferências voluntárias
Fundeb (transferências constitucionais e legais de receitas originárias dos estados, municípios e do DF)	Fundeb (apenas a complementação da União)
IPI-exportação	Fundos Constitucionais do Norte, Nordeste e Centro-Oeste administrados por instituições federais
CIDE-combustíveis	SUS, FNAS[25]
Royalties e participações especiais	PNAE, PPDE
	Recursos transferidos ao DF com base no art. 21, XIV, da CF

---

[24] Com a redação dada pela Lei nº 12.695/2012.
[25] Em virtude da decisão do STF na ADI 1.934, suspendendo a execução e a aplicabilidade do art. 1º e seu parágrafo único da Lei nº 9.604/1998: "É inconstitucional o art. 1º da Lei nº 9.604/1998, que fixou a competência dos Tribunais de Contas Estaduais e de Câmaras Municipais para análise da prestação de contas da aplicação de recursos financeiros oriundos do Fundo Nacional de Assistência Social, repassados aos Estados e Municípios. A competência para o controle da prestação de contas da aplicação de recursos federais é do Tribunal de Contas da União, conforme o art. 70 e incisos da Constituição".

5.7.15. Fiscalização dos recursos transferidos para prevenção em áreas de risco e de resposta e recuperação em áreas atingidas por desastres (Lei nº 12.983/2014)

A Lei nº 12.983/2014 dispõe sobre as transferências de recursos da União aos órgãos e entidades dos Estados, Distrito Federal e Municípios para a execução de ações de prevenção em áreas de risco e de resposta e recuperação em áreas atingidas por desastres e sobre o Fundo Nacional para Calamidades Públicas, Proteção e Defesa Civil. Há previsão da necessidade dos Estados, do Distrito Federal e dos Municípios beneficiados por tais transferências prestarem contas das ações de prevenção, de resposta e de recuperação ao órgão responsável pela transferência de recursos e aos órgãos de controle competentes, devendo manter, pelo prazo de 5 (cinco) anos, contado da data de aprovação da prestação de contas, os documentos a ela referentes, inclusive os comprovantes de pagamentos efetuados com os recursos financeiros transferidos, sendo obrigados a disponibilizá-los, sempre que solicitado, ao órgão responsável pela transferência do recurso, ao Tribunal de Contas da União e ao Sistema de Controle Interno do Poder Executivo federal.

5.7.16. Lei de Mediação (Lei nº 13.140/2015)

A Lei nº 13.140/2015 dispõe sobre a mediação como meio de solução de controvérsias entre particulares e sobre a autocomposição de conflitos no âmbito da administração pública. O seu art. 36 dispõe sobre conflitos que envolvam controvérsia jurídica entre órgãos ou entidades de direito público que integram a administração pública federal, a Advocacia-Geral da União deverá realizar composição extrajudicial do conflito, observados os procedimentos previstos em ato do Advogado-Geral da União. Em seu § 4º, estipula-se que, quando a matéria objeto do litígio estiver sendo discutida em ação de improbidade administrativa ou sobre ela haja decisão do Tribunal de Contas da União, a referida conciliação dependerá da anuência expressa do juiz da causa ou do Ministro Relator.

Ademais, o seu art. 44 introduz alterações na Lei nº 9.649/1997, que trata da realização de acordos ou transações para prevenir ou terminar litígios, inclusive os judiciais, incluindo um novo § 4º no art. 1º daquela norma, prevendo que, quando o litígio envolver valores superiores aos fixados em regulamento, o acordo ou a transação, sob pena de nulidade, dependerá de prévia e expressa autorização do Advogado-Geral da União e do Ministro de Estado a cuja área de competência estiver afeto o assunto, ou, ainda, do Presidente da Câmara dos Deputados, do Senado Federal, do Tribunal de Contas da União, de Tribunal ou Conselho, ou do Procurador-Geral da República, no caso de interesse dos órgãos dos Poderes Legislativo e Judiciário ou do Ministério Público da União, excluídas as empresas públicas federais não dependentes, que necessitarão apenas de prévia e expressa autorização dos dirigentes de que trata o *caput*.

5.7.17. Estatuto das Estatais (Lei nº 13.303/2016)

A Lei nº 13.303/2016, cognominada Estatuto das Estatais, dispõe sobre o estatuto jurídico da empresa pública, da sociedade de economia mista e de suas subsidiárias, no âmbito da União, dos Estados, do Distrito Federal e dos Municípios. O Capítulo III da norma é dedicado à fiscalização pelo Estado e pela sociedade de tais entidades, inclusive aquelas domiciliadas no exterior, quanto à legitimidade, à economicidade e à eficácia da aplicação de seus recursos, sob o ponto de vista contábil, financeiro, operacional e patrimonial.

Os atos de fiscalização e controle aplicar-se-ão, também, às empresas públicas e às sociedades de economia mista de caráter e constituição transnacional no que se refere aos atos de gestão e aplicação do capital nacional, independentemente de estarem incluídos ou não em seus respectivos atos e acordos constitutivos.

Para a realização da atividade fiscalizatória, os órgãos de controle deverão ter acesso irrestrito aos documentos e às informações necessárias à realização dos trabalhos, inclusive aqueles classificados como sigilosos pela empresa pública ou pela sociedade de economia mista, nos termos da Lei nº 12.527/2011 (Lei da Transparência). O grau de confidencialidade será atribuído pelas empresas públicas e sociedades de economia mista no ato de entrega dos documentos e informações solicitados, tornando-se o órgão de controle com o qual foi compartilhada a informação sigilosa corresponsável pela manutenção do seu sigilo. As informações que sejam revestidas de sigilo bancário, estratégico, comercial ou industrial serão assim identificadas, respondendo o servidor administrativa, civil e penalmente pelos danos causados à empresa pública ou à sociedade de economia mista e a seus acionistas em razão de eventual divulgação indevida.

O art. 87 do Estatuto das Estatais é relevante para a atuação dos órgãos de controle:

> Art. 87. O controle das despesas decorrentes dos contratos e demais instrumentos regidos por esta Lei será feito pelos órgãos do sistema de controle interno e pelo tribunal de contas competente, na forma da legislação pertinente, ficando as empresas públicas e as sociedades de economia mista responsáveis pela demonstração da legalidade e da regularidade da despesa e da execução, nos termos da Constituição.
>
> § 1º Qualquer cidadão é parte legítima para impugnar edital de licitação por irregularidade na aplicação desta Lei, devendo protocolar o pedido até 5 (cinco) dias úteis antes da data fixada para a ocorrência do certame, devendo a entidade julgar e responder à impugnação em até 3 (três) dias úteis, sem prejuízo da faculdade prevista no § 2º.
>
> § 2º Qualquer licitante, contratado ou pessoa física ou jurídica poderá representar ao tribunal de contas ou aos órgãos integrantes do sistema de controle interno contra irregularidades na aplicação desta Lei, para os fins do disposto neste artigo.
>
> § 3º Os tribunais de contas e os órgãos integrantes do sistema de controle interno poderão solicitar para exame, a qualquer tempo, documentos de natureza contábil, financeira, orçamentária, patrimonial e operacional das empresas públicas, das sociedades de economia mista e de suas subsidiárias no Brasil e no exterior, obrigando-se, os jurisdicionados, à adoção das medidas corretivas pertinentes que, em função desse exame, lhes forem determinadas.

Por derradeiro, o art. 90 da norma preceitua que as ações e deliberações do órgão ou ente de controle não podem implicar interferência na gestão das empresas públicas e das sociedades de economia mista a ele submetidas nem ingerência no exercício de suas competências ou na definição de políticas públicas.

5.7.18. Lei de Recuperação Fiscal (Lei Complementar nº 159/2017)

A Lei Complementar nº 159/2017, alcunhada Lei de Recuperação Fiscal, instituiu o Regime de Recuperação Fiscal dos Estados e do Distrito Federal, orientado pelos princípios da sustentabilidade econômico-financeira, da equidade intergeracional, da transparência das contas públicas, da confiança nas demonstrações financeiras, da celeridade das decisões e da solidariedade entre os Poderes e os órgãos da administração pública.

A norma prevê a existência de um Conselho de Supervisão, cuja principal atribuição é apresentar e dar publicidade a relatório bimestral de monitoramento, com classificação de desempenho, do Regime de Recuperação Fiscal do Estado, bem como recomendar ao Estado e ao Ministério da Economia providências, alterações e atualizações financeiras no Plano de Recuperação. Referido Conselho de Supervisão será composto de:

I – 1 (um) membro indicado pelo Ministro de Estado da Fazenda;

II – 1 (um) membro, entre auditores federais de controle externo, indicado pelo Tribunal de Contas da União;

III – 1 (um) membro indicado pelo Estado em Regime de Recuperação Fiscal.

Os membros atuarão em regime de dedicação exclusiva.

As competências do Conselho de Supervisão não afastam ou substituem as competências legais dos órgãos federais e estaduais de controle interno e externo.

5.7.19. Lei do Fundo Nacional de Segurança Pública (Lei nº 13.756/2018)

Na dicção do art. 25 da Lei nº 13.756/2018,[26] que dispõe sobre o Fundo Nacional de Segurança Pública (FNSP), sobre a destinação do produto da arrecadação das loterias e sobre a promoção comercial e a modalidade lotérica denominada apostas de quota fixa e altera as leis que menciona, o Tribunal de Contas da União, sem prejuízo da análise das contas anuais de gestores de recursos públicos, fiscalizará a aplicação dos recursos destinados ao Comitê Olímpico Brasileiro, ao Comitê Paralímpico Brasileiro, ao Comitê Brasileiro de Clubes, ao Comitê Brasileiro de Clubes Paralímpicos, à Confederação Brasileira do Desporto Escolar, à Confederação Brasileira do Desporto Universitário e à Federação Nacional dos Clubes Esportivos.

JURISPRUDÊNCIA DO TCU

Acórdão nº 2014/2023 Segunda Câmara
Relator: Min. Augusto Nardes
Competência do TCU. Administração federal. Abrangência. Estado-membro. Loteria. Concurso de prognóstico. DISTRITO FEDERAL. Fiscalização. Concedente.
O TCU tem competência para fiscalizar a aplicação dos recursos de fomento ao desporto, oriundos do produto da arrecadação de loteria de prognósticos numéricos e transferidos às secretarias de esporte ou órgãos equivalentes dos estados e do Distrito Federal (arts. 6º e 7º da Lei 9.615/1998 c/c o art. 16, § 2º, inciso I, alínea b; e inciso II, alínea b, da Lei 13.756/2018). Todavia,

---

[26] Alterado pela Lei nº 14.073/2020.

a responsabilidade primária pela fiscalização desses recursos é do órgão concedente, que deve, em caso de não comprovação da correta aplicação, esgotar as medidas administrativas de sua alçada para a recomposição do erário e, caso necessário, instaurar processo de tomada de contas especial a ser posteriormente apreciado pelo Tribunal.

5.7.20. Lei do Programa de Pleno Pagamento de Dívidas dos Estados (Lei Complementar nº 212/2025)

A Lei Complementar nº 212/2025 instituiu o Programa de Pleno Pagamento de Dívidas dos Estados – Propag, destinado a promover a revisão dos termos das dívidas dos Estados e do Distrito Federal com a União. Ademais, previu a instituição de um Fundo de Equalização Federativa, em favor dos Estados, com o objetivo de criar condições estruturais de incremento de produtividade, enfrentamento das mudanças climáticas e melhoria da infraestrutura, segurança pública e educação, notadamente a relacionada à formação profissional da população.

De acordo com o art. 11, os recursos do Fundo de Equalização Federativa deverão ser distribuídos anualmente entre os Estados, conforme os seguintes critérios:

> I – inverso da relação entre Dívida Consolidada e Receita Corrente Líquida, ambas obtidas a partir do Relatório de Gestão Fiscal do fim do exercício anterior, com peso de 20% (vinte por cento); e
>
> II – coeficientes de participação no Fundo de Participação dos Estados (FPE) calculados pelo Tribunal de Contas da União para o exercício corrente, com peso de 80% (oitenta por cento).

Assim, os mesmos coeficientes calculados pelo TCU nos termos do parágrafo único do art. 161 da Constituição serão utilizados na repartição dos recursos do Fundo de Equalização Federativa.

Ademais, em 30 de janeiro e 30 de julho de cada exercício, os Estados que aderirem ao Propag deverão publicar balanço acerca da realização anual de investimentos em educação profissional técnica de nível médio, nas universidades estaduais, em infraestrutura para universalização do ensino infantil e educação em tempo integral, e em ações de infraestrutura de saneamento, habitação, adaptação às mudanças climáticas, transportes ou segurança pública e do recebimento de recursos do Fundo de Equalização Federativa, bem como do cumprimento das metas pactuadas e, no caso de não atingimento das metas, com as ações futuras para garantir o atingimento dos objetivos e metas do Propag. O documento de prestação de contas deverá ser submetido ao Tribunal de Contas e ao Poder Legislativo do ente e ser publicado no Diário Oficial ou em sítio eletrônico mantido pelo ente.

Por fim, o Tribunal de Contas responsável pela análise das contas do referido ente deverá emitir relatório de fiscalização semestral e parecer anual quanto à adequação do uso dos recursos nas finalidades previstas na LC nº 212/2025 e ao cumprimento dos objetivos e metas do Propag pelo ente, assim como emitir determinações para adoção de ações em caso de não cumprimento das metas pactuadas.

5.8. COMPETÊNCIAS RELACIONADAS COM A FISCALIZAÇÃO DE OBRAS PÚBLICAS E POLÍTICAS E PROGRAMAS DE GOVERNO

Desde 1995, com a conclusão da CPI das Obras Inacabadas, o Congresso Nacional, no processo de elaboração das leis orçamentárias, tem solicitado a manifestação do controle externo com respeito à regularidade das obras públicas financiadas com recursos da União, tanto aquelas em andamento, quanto as previstas ou em processo de contratação. Tal solicitação formaliza-se em dispositivos das Leis de Diretrizes Orçamentárias, cuja redação é aperfeiçoada a cada exercício desde 1997.

Prevê-se na LDO que a LOA conterá Anexo específico com a relação dos subtítulos relativos a obras e serviços com indícios de irregularidades graves, com base nas informações encaminhadas pelo Tribunal de Contas da União, permanecendo a execução orçamentária, física e financeira dos empreendimentos, contratos, convênios, etapas, parcelas ou subtrechos em que foram identificados os indícios condicionados à prévia deliberação da Comissão Mista de Planos, Orçamentos Públicos e Fiscalização do Congresso Nacional – CMO –, por meio de decreto legislativo e sem prejuízo da continuidade das ações de fiscalização e da apuração de responsabilidades dos gestores que lhes deram causa.

São considerados indícios de irregularidades graves que tornem recomendável à CMO a paralisação cautelar da obra ou serviço – IGP, os atos e fatos materialmente relevantes em relação ao valor total contratado que apresentem potencialidade de ocasionar prejuízos ao erário ou a terceiros e que:

a) possam ensejar nulidade de procedimento licitatório ou de contrato; ou

b) configurem graves desvios relativamente aos princípios constitucionais a que está submetida a administração pública federal.

Por sua vez, são considerados indícios de irregularidades graves com recomendação de retenção parcial de valores – IGR, aqueles que, embora atendam à conceituação anterior, permitem a continuidade da obra desde que o contratado autorize a retenção parcial de valores a receber ou apresente garantias suficientes para prevenir, até a decisão de mérito possíveis danos ao erário.

Finalmente, indício de irregularidade grave que não prejudique a continuidade – IGC é aquele que, embora o responsável esteja sujeito à citação ou à audiência, não atende à conceituação anterior, não se fazendo necessária a paralisação do empreendimento.

A classificação, pelo Tribunal de Contas da União, das constatações de fiscalização nas modalidades IGP e IGR, dar-se-á por decisão monocrática ou colegiada, que deve ser proferida no prazo máximo de quarenta dias contados da data de conclusão da auditoria pela unidade técnica, durante o qual deverá ser assegurada a oportunidade de manifestação preliminar, no prazo de quinze dias, aos órgãos e às entidades no âmbito dos quais foram identificadas obras e serviços com indícios de irregularidades graves. Tal classificação poderá ser revista a qualquer tempo mediante ulterior decisão monocrática ou colegiada do Tribunal de Contas da União, em face de novos elementos de fato e de direito apresentados pelos interessados.

Ademais, o TCU subsidiará a deliberação do Congresso Nacional com o envio de informações e avaliações acerca de potenciais prejuízos econômicos e sociais que possam advir da paralisação da execução física, orçamentária e financeira.

Também fica o TCU comprometido a enviar ao Ministério do Planejamento e Orçamento e aos órgãos setoriais do Sistema de Planejamento e de Orçamento Federal, até 1º de agosto de cada exercício, a relação das obras e dos serviços com indícios de irregularidades graves, com o correspondente banco de dados, especificando as classificações institucional, funcional e programática vigentes, com os respectivos números dos contratos e convênios, acrescida do custo global estimado de cada obra ou serviço listado e do estágio da execução física, com a data a que se referem essas informações; bem como à CMO, até cinquenta e cinco dias após o encaminhamento do projeto de lei orçamentária, a relação atualizada de empreendimentos, contratos, convênios, etapas, parcelas ou subtrechos relativos aos subtítulos nos quais forem identificados indícios de irregularidades graves, classificados como IGP, IGR ou IGC bem como a relação daqueles que, embora tenham tido recomendação de paralisação da equipe de auditoria, não tenham sido objeto de decisão no prazo de quarenta dias anteriormente mencionado, acompanhadas de cópias, em meio eletrônico, das decisões monocráticas e colegiadas, dos relatórios e votos que as fundamentarem e dos relatórios de auditoria nos quais os indícios foram apontados.

Ademais, o TCU e a CMO manterão as informações sobre obras e serviços com indícios de irregularidades graves atualizadas em seus sítios eletrônicos.

De igual forma, o TCU deve enviar subsídios à CMO acerca de fatos e situações que possam comprometer a gestão fiscal e o atingimento das metas previstas na LDO, em especial a limitação de empenho e pagamento de que trata o art. 9º da LRF.

As LDOs também estabelecem como critérios para seleção das obras e serviços a serem fiscalizados pelo TCU:

I – o valor autorizado e empenhado nos exercícios anterior e atual;

II – a regionalização do gasto;

III – o histórico de irregularidades pendentes obtido a partir de fiscalizações anteriores e a reincidência de irregularidades cometidas, tanto do órgão executor como do ente beneficiado; e

IV – as obras contidas no Anexo VI – Subtítulos relativos a Obras e Serviços com Indícios de Irregularidades Graves da Lei Orçamentária em vigor que não foram objeto de deliberação posterior do TCU pela regularidade.

O TCU deverá, adicionalmente, enviar informações sobre outras obras nas quais tenham sido constatados indícios de irregularidades graves em outros procedimentos fiscalizatórios realizados nos últimos 12 (doze) meses, contados da publicação da LDO.

As unidades orçamentárias responsáveis por obras e serviços que constem, em dois ou mais exercícios, do Anexo mencionado deverão informar à CMO, no prazo de até trinta dias após o encaminhamento do Projeto de Lei Orçamentária, as medidas adotadas para sanar as irregularidades apontadas em decisão do TCU da qual não caiba mais recurso perante aquela Corte.

Sempre que a informação encaminhada pelo TCU implicar reforma de deliberação anterior, deverão ser evidenciadas a decisão reformada e a correspondente decisão reformadora.

A CMO poderá realizar audiências públicas com vistas a subsidiar as deliberações acerca do bloqueio ou desbloqueio de empreendimentos, contratos, convênios, etapas, parcelas ou subtrechos relativos a subtítulos nos quais forem identificados indícios de irregularidades graves, devendo ser convidados os representantes do TCU e dos órgãos e das entidades envolvidos, que poderão expor as medidas saneadoras tomadas e as razões pelas quais as obras sob sua responsabilidade não devam ser paralisadas.

Ao longo do exercício, o TCU informará ao Congresso Nacional e ao órgão ou entidade fiscalizada, no prazo de até quinze dias da decisão ou Acórdão, informações relativas a novos indícios de irregularidades graves identificados em empreendimentos, contratos, convênios, etapas, parcelas ou subtrechos relativos a subtítulos constantes da Lei Orçamentária, inclusive com as informações relativas às execuções física, orçamentária e financeira, acompanhadas das manifestações dos órgãos e das entidades responsáveis pelas obras que permitam a análise da conveniência e oportunidade de bloqueio das execuções física, orçamentária e financeira. Para tanto, o TCU disponibilizará à CMO acesso ao seu sistema eletrônico de fiscalização de obras e serviços.

Os processos em tramitação no TCU relativos a obras ou serviços que possam ser objeto de bloqueio serão instruídos e apreciados prioritariamente, devendo a decisão indicar, de forma expressa, se as irregularidades inicialmente apontadas foram confirmadas e se o empreendimento questionado poderá ter continuidade sem risco de prejuízos significativos ao erário, no prazo de até quatro meses. A decisão deverá relacionar todas as medidas a serem adotadas pelos responsáveis, com vistas ao saneamento das irregularidades graves.

Após a manifestação do órgão ou da entidade responsável quanto à adoção das medidas corretivas, o TCU deverá se pronunciar sobre o efetivo cumprimento dos termos da decisão, no prazo de até três meses, contado da data de entrega da citada manifestação.

Na impossibilidade de cumprimento dos prazos acima estipulados, o TCU deverá informar e justificar ao Congresso Nacional as motivações do atraso.

Ademais, o TCU encaminhará à CMO, até 15 de maio de cada ano, relatório contendo as medidas saneadoras adotadas e as pendências relativas a obras e serviços com indícios de irregularidades graves.

Se houver despacho ou acórdão que adotar ou referendar medida cautelar fundamentada no art. 276 do RITCU, o TCU remeterá ao Congresso Nacional, no prazo de até trinta dias, cópia da decisão relativa à suspensão de execução de obra ou serviço de engenharia, acompanhada da oitiva do órgão ou da entidade responsável.

Para efetivar essa fiscalização, será assegurado aos membros e órgãos competentes dos Poderes da União, inclusive ao Tribunal de Contas da União, ao Ministério Público Federal e à Controladoria-Geral da União, o acesso irrestrito, para consulta, aos diversos sistemas ou informações, a exemplo do Siafi, do Siconfi e do Siasg, bem como o recebimento de seus dados em meio digital.

Como se observa, é grande a responsabilidade atribuída ao TCU. De fato, ao indicar que uma obra apresenta indícios de irregularidades graves, opinando pela sua paralisação cautelar, o TCU orienta o Congresso Nacional a determinar a suspensão da execução orçamentária, física e financeira dos contratos, convênios, parcelas ou subtrechos questionados.

O quadro-resumo a seguir sintetiza as atribuições cometidas ao TCU pelas sucessivas LDOs no que concerne à fiscalização de obras, sublinhando-se que as decisões definitivas são adotadas pelo Congresso Nacional.

Quadro-resumo da fiscalização de obras pelo TCU conforme a LDO

Etapa	Prazo
Realizar fiscalizações em obras.	Ao longo do exercício.
Adotar decisão monocrática ou colegiada contendo a classificação das irregularidades constatadas, assegurada a oportunidade de manifestação preliminar, no prazo de quinze dias, aos órgãos e às entidades nos quais os indícios foram apontados.	Quarenta dias contados da data da conclusão da auditoria pela unidade técnica.
Encaminhar à CMO relatório contendo as medidas saneadoras adotadas e as pendências relativas a obras e serviços com indícios de irregularidades graves.	Até 15 de maio.
Encaminhar ao Ministério do Planejamento e Orçamento e aos órgãos setoriais do Sistema de Planejamento e de Orçamento Federal a relação das obras e dos serviços com indícios de irregularidades graves, com o correspondente banco de dados, especificando as classificações institucional, funcional e programática vigentes, com os respectivos números dos contratos e convênios, acrescida do custo global estimado de cada obra ou serviço listado e do respectivo estágio da execução física, com a data a que se referem essas informações.	Até 1º de agosto.
Encaminhar à CMO quadro-resumo relativo à qualidade da implementação e ao alcance de metas e objetivos dos programas e ações governamentais objeto de auditorias operacionais realizadas, para subsidiar a discussão do Projeto de Lei Orçamentária.	Até trinta dias após o encaminhamento do Projeto de Lei Orçamentária.
Encaminhar à CMO a relação atualizada de empreendimentos, contratos, convênios, etapas, parcelas ou subtrechos relativos aos subtítulos nos quais forem identificados indícios de irregularidades graves, bem como a relação daqueles que, embora tenham tido recomendação de paralisação da equipe de auditoria, não foram objeto de decisão monocrática ou colegiada no prazo previsto.	Até cinquenta e cinco dias após o encaminhamento do Projeto de Lei Orçamentária.

Etapa	Prazo
Manter as informações sobre obras e serviços com indícios de irregularidades graves atualizadas no seu sítio eletrônico.	Tempo real.
Subsidiar a deliberação do Congresso Nacional, com o envio de informações e avaliações acerca de potenciais prejuízos econômicos e sociais que possam advir da paralisação da execução física, orçamentária e financeira de determinada obra ou serviço.	Ao longo do exercício.
Encaminhar informações à CMO nas quais constará pronunciamento conclusivo quanto a irregularidades graves que não se confirmaram ou ao seu saneamento.	Ao longo do exercício.
Disponibilizar à CMO acesso ao seu sistema eletrônico de fiscalização de obras e serviços.	Tempo real.
Remeter ao Congresso Nacional e ao órgão ou à entidade fiscalizada, no prazo de até quinze dias da decisão ou Acórdão, informações relativas a novos indícios de irregularidades graves identificados em empreendimentos, contratos, convênios, etapas, parcelas ou subtrechos relativos a subtítulos constantes da Lei Orçamentária, inclusive com as informações relativas às execuções física, orçamentária e financeira, acompanhadas das manifestações dos órgãos e das entidades responsáveis pelas obras que permitam a análise da conveniência e oportunidade de bloqueio das respectivas execuções física, orçamentária e financeira.	Ao longo do exercício.
Instruir e apreciar prioritariamente os processos relativos a obras ou serviços que possam ser objeto de bloqueio, devendo a decisão indicar, de forma expressa, se as irregularidades inicialmente apontadas foram confirmadas e se o empreendimento questionado poderá ter continuidade sem risco de prejuízos significativos ao erário.	Até quatro meses, contado da comunicação inicial ao Congresso Nacional.
Após a manifestação do órgão ou entidade responsável quanto à adoção das medidas corretivas, pronunciar-se sobre o efetivo cumprimento dos termos da decisão.	Até três meses, contado da data de entrega da citada manifestação.
Remeter ao Congresso Nacional cópia da decisão relativa à suspensão de execução de obra ou serviço de engenharia, acompanhada da oitiva do órgão ou da entidade responsável.	Até trinta dias, contado da data do despacho ou do acórdão que adotar ou referendar medida cautelar fundamentada no art. 276 do RITCU.

A partir de 2018, as sucessivas LDOs passaram a prever que, para subsidiar a discussão do Projeto de Lei Orçamentária para o exercício seguinte, no prazo de até trinta dias após o encaminhamento do Projeto de Lei, o TCU deverá enviar à CMO quadro-resumo relativo à qualidade da implementação e ao alcance de metas e os objetivos dos programas e das ações governamentais objeto de auditorias operacionais realizadas. A exigência gerou a edição do Relatório de Fiscalizações em Políticas e Programas de Governo – RePP, de periodicidade anual, cujo conteúdo será abordado na seção 11.12.

5.9. MEDIDAS CAUTELARES RELATIVAS A ATOS ADMINISTRATIVOS

O Plenário, o Relator, ou, excepcionalmente, o Presidente, em caso de urgência, de fundado receio de grave lesão ao erário, ao interesse público, ou de risco de ineficácia da decisão de mérito poderá, de ofício ou mediante provocação, adotar medida cautelar, com ou sem a prévia oitiva da parte, determinando, entre outras providências, a suspensão do ato ou do procedimento impugnado, até que o Tribunal decida sobre o mérito da questão suscitada.

A medida cautelar pode ser revista de ofício por quem a tiver adotado ou em resposta a requerimento da parte. O despacho do Relator ou do Presidente, bem como a revisão da cautelar concedida, será submetido ao Plenário na primeira sessão subsequente. Se o Plenário, o Presidente ou o relator entender que antes de ser adotada a medida cautelar deva o responsável ser ouvido, o prazo para a resposta será de até cinco dias úteis. A decisão do Plenário, do Presidente ou do relator que adotar a medida cautelar determinará também a oitiva da parte, para que se pronuncie em até quinze dias, salvo se tiver sido ouvida previamente. Recebidas eventuais manifestações das partes quanto às oitivas mencionadas, deverá a unidade técnica submeter à apreciação do relator análise e proposta tão somente quanto aos fundamentos e à manutenção da cautelar, salvo quando o estado do processo permitir a formulação imediata da proposta de mérito.

O poder de cautela do TCU não se encontra previsto na sua Lei Orgânica, mas é reconhecido pelo STF. Como bem expresso pelo Ministro Lincoln Magalhães da Rocha,[27] a função do provimento cautelar nasce da relação entre a necessidade de que seja emanada com urgência (*opinio necessitatis*) e a impossibilidade de aceleração do processo ordinário (*due process of law*).

> Mandado de Segurança 24.510
>
> Competência para prolatar decisões de natureza cautelar:
>
> PROCEDIMENTO LICITATÓRIO. IMPUGNAÇÃO. COMPETÊNCIA DO TCU. CAUTELARES. CONTRADITÓRIO. AUSÊNCIA DE INSTRUÇÃO.
>
> 1 – Os participantes de licitação têm direito à fiel observância do procedimento estabelecido na lei e podem impugná-lo administrativa ou judicialmente. Preliminar de ilegitimidade ativa rejeitada.
>
> 2 – Inexistência de direito líquido e certo. O Tribunal de Contas da União tem competência para fiscalizar procedimentos de licitação, determinar suspensão cautelar (arts. 4º e 113, §§ 1º e 2º da Lei nº 8.666/93), examinar editais de licitação publicados e, nos termos do art. 276 do seu Regimento Interno, possui legitimidade para a expedição de medidas cautelares para prevenir lesão ao erário e garantir a efetividade de suas decisões.
>
> 3 – A decisão encontra-se fundamentada nos documentos acostados aos autos da Representação e na legislação aplicável.

---

[27] Voto condutor da Decisão nº 26/2001 – Plenário.

4 – Violação ao contraditório e falta de instrução não caracterizadas. Denegada a ordem.

(Rel.: Min. Ellen Gracie)

Por sua vez, o Ministro Celso de Mello, do STF, ao relatar o MS 26.547, assim se manifestou:

> Com efeito, impende reconhecer, desde logo, que assiste, ao Tribunal de Contas, poder geral de cautela. Trata-se de prerrogativa institucional que decorre, por implicitude, das atribuições que a Constituição expressamente outorgou à Corte de Contas.
>
> Entendo, por isso mesmo, que o poder cautelar também compõe a esfera de atribuições institucionais do Tribunal de Contas, pois se acha instrumentalmente vocacionado a tornar efetivo o exercício, por essa Alta Corte, das múltiplas e relevantes competências que lhe foram diretamente outorgadas pelo próprio texto da Constituição da República.
>
> Isso significa que a atribuição de poderes explícitos, ao Tribunal de Contas, tais como enunciados no art. 71 da Lei Fundamental da República, supõe que se reconheça, a essa Corte, ainda que por implicitude, a possibilidade de conceder provimentos cautelares vocacionados a conferir real efetividade às suas deliberações finais, permitindo, assim, que se neutralizem situações de lesividade, atual ou iminente, ao erário.
>
> (...) Vale referir, ainda, que se revela processualmente lícito, ao Tribunal de Contas, conceder provimentos cautelares *inaudita altera parte*, sem que incida, com essa conduta, em desrespeito à garantia constitucional do contraditório.
>
> É que esse procedimento mostra-se consentâneo com a própria natureza da tutela cautelar, cujo deferimento, pelo Tribunal de Contas, sem a audiência da parte contrária, muitas vezes se justifica em situação de urgência ou de possível frustração da deliberação final dessa mesma Corte de Contas, com risco de grave comprometimento para o interesse público.
>
> Não se pode ignorar que os provimentos de natureza cautelar – em especial aqueles qualificados pela nota de urgência – acham-se instrumentalmente vocacionados a conferir efetividade ao julgamento final resultante do processo principal, assegurando-se, desse modo, não obstante em caráter provisório, plena eficácia e utilidade à tutela estatal a ser prestada pelo próprio Tribunal de Contas da União.

Outros julgados do STF confirmam tal orientação.

Mandado de Segurança nº 23.550

EMENTA: I. Tribunal de Contas: competência: contratos administrativos (CF, art. 71 IX e §§ 1º e 2º). O Tribunal de Contas da União – embora não tenha poder para anular ou sustar contratos administrativos – tem competência, conforme o art. 71, IX, para determinar à autoridade administrativa que promova a anulação do contrato e, se for o caso, da licitação de que se originou. (Rel.: Min. Marco Aurélio)

Ressalte-se que, nesse acórdão, o STF fixou a orientação de que, na hipótese de o TCU determinar a anulação de contrato administrativo, deve previamente ouvir a empresa contratada.

Em outra oportunidade, em 2007, decisão liminar no MS 26.925-1 (Rel.: Min. Ricardo Lewandowski) suspendeu os efeitos de medida cautelar em que o TCU determinava a suspensão de repasses para obra rodoviária com indícios de irregularidade, com o argumento de que seria necessária a prévia oitiva das partes.

> **EXEMPLO DE MEDIDAS CAUTELARES**
>
> Acórdão nº 112/2011 – Plenário
> Relator: Min. Aroldo Cedraz
> Sumário: REPRESENTAÇÃO. PREGÃO ELETRÔNICO. SERVIÇOS DE APOIO OPERACIONAL. EXIGÊNCIAS DE HABILITAÇÃO RESTRITIVAS. ADOÇÃO DE MEDIDA CAUTELAR. OITIVA. IMPROCEDÊNCIA DAS JUSTIFICATIVAS. MANUTENÇÃO DA CAUTELAR. AUDIÊNCIA PRÉVIA. DETERMINAÇÕES.

As medidas cautelares relativas a atos administrativos podem ser:

- suspensão de licitação;
- suspensão de repasse/pagamento a convênio;
- suspensão de contrato;
- retenção de valores em pagamento de contrato; e
- suspensão de concurso público/processo de seleção.

No Capítulo 14, item 14.7, estudaremos as medidas cautelares que afetam diretamente os gestores e responsáveis.

De acordo com a Portaria-Segecex nº 12/2016, a adoção de medidas cautelares decorrentes de denúncias e representações deve ser precedida de avaliação da presença dos seguintes requisitos:

I – plausibilidade jurídica; e

II – perigo da demora.

A plausibilidade jurídica é "a probabilidade de existência de grave infração à norma de natureza financeira, orçamentária, patrimonial, contábil ou operacional, incluindo o dano ao Erário, em matéria de competência do Tribunal de Contas da União", a exemplo de restrição à competitividade do certame licitatório, dano à lisura do procedimento licitatório e ato ilegítimo ou antieconômico.

O perigo da demora "corresponde ao risco de ineficácia da decisão de mérito do Tribunal, considerando o fim público a que ela deve atender, e não à possibilidade de que a decisão de mérito não seja útil ao interessado, denunciante ou representante".

Também deve ser ponderada a possibilidade de perigo da demora reverso que "corresponde à possibilidade de a adoção da medida cautelar causar dano irreparável (irreversibilidade dos efeitos da medida) ao patrimônio público, à administração pública e ao funcionamento dos serviços públicos, ou, ainda, prejuízo superior àquele que se pretende evitar".

Ademais, o TCU tem procurado adotar medidas cautelares alternativas que não impliquem na suspensão da execução contratual, tais como:

- continuidade da obra com retenção parcial de valores ou apresentação de garantias suficientes para prevenir o possível dano ao erário até a decisão de mérito;
- compensação de serviços;
- fixação de prazos para devolução de recursos;
- retenção ou glosa de itens específicos do contrato;
- repactuação de preços e quantitativos.

Quadro-resumo de medidas cautelares adotadas pelo TCU

Espécie / Ano	2021	2022	2023
Suspensão de contratos	12	3	4
Suspensão de licitação	51	34	15
Suspensão de repasse/pagamentos	8	14	2
Outras	11	8	11
Total	**82**	**59**	**32**

JURISPRUDÊNCIA DO TCU

Acórdão nº 2.528/2013 – Plenário (Relatório de Auditoria, Relator Ministro Walton Alencar Rodrigues)
Processual. Auditoria. Oportunidade da medida cautelar.
O dever-poder de cautela há de ser exercitado pelo Tribunal em qualquer etapa do processo, não se limitando à fase que antecede o exame do mérito. Pode a medida cautelar vir a ser deferida por ocasião do julgamento de mérito e, até mesmo, após essa deliberação.

5.10. COMPETÊNCIAS DECORRENTES DA REFORMA TRIBUTÁRIA (LC Nº 214/2025)

A Lei Complementar nº 214/2025 instituiu o Imposto sobre Bens e Serviços (IBS), a Contribuição Social sobre Bens e Serviços (CBS) e o Imposto Seletivo (IS); criou o Comitê Gestor do IBS e alterou a legislação tributária.

A norma trouxe inúmeras atribuições para o TCU.

Em relação às alíquotas de referência do IBS e da CBS que serão fixadas por resolução do Senado Federal (art. 18), qualquer ajuste decorrente de alteração na legislação federal que reduza ou eleve a arrecadação do IBS ou da CBS deverá ser estabelecido por resolução do Senado Federal, com base em cálculos elaborados pelo Comitê Gestor do IBS e pelo Poder Executivo da União e homologados pelo TCU (art. 19, § 1º, III). Para isso, os cálculos deverão ser enviados ao TCU, acompanhados da respectiva metodologia, no prazo de 60 (sessenta) dias após a promulgação da lei que reduzir ou elevar a arrecadação do IBS ou da CBS, podendo o TCU solicitar ajustes na metodologia ou nos cálculos, no prazo de 60 (sessenta) dias após seu recebimento (art. 19, § 2º, I e II). Nessa hipótese, o Comitê Gestor do IBS e o Poder Executivo da União terão até 30 (trinta) dias para ajustar a metodologia ou os cálculos, e o TCU decidirá de forma definitiva em relação aos cálculos e os encaminhará ao Senado Federal, no prazo de 30 (trinta) dias, cabendo ao Senado estabelecer o ajuste das alíquotas de referência, no prazo de 30 (trinta) dias (art. 19, § 2º, III, IV e V).

Ademais, considerando que os projetos de lei complementar que reduzam ou aumentem a arrecadação do IBS ou da CBS somente serão apreciados pelo Congresso Nacional se estiverem acompanhados de estimativa de impacto nas alíquotas de referência do IBS e da CBS, a Câmara dos Deputados, o Senado Federal, ou quaisquer de suas Comissões, poderão consultar o TCU que deverá apresentar a estimativa de impacto no prazo de 60 (sessenta) dias (art. 20).

No caso dos serviços financeiros, entre 2027 e 2033, as alíquotas do IBS e da CBS serão fixadas de modo a manter a carga tributária incidente sobre as operações de crédito das instituições financeiras bancárias, devendo a metodologia de cálculo para a sua fixação das alíquotas ser aprovada por ato conjunto do Ministro de Estado da Fazenda e do Comitê Gestor do IBS, após consulta e homologação pelo TCU em prazo não superior a 180 (cento e oitenta) dias (art. 233, § 4º).

No que respeita à transição para o novo regime tributário, resolução do Senado Federal fixará as alíquotas de referência da CBS e do IBS, bem como o redutor previsto no inc. III do art. 349, no ano anterior ao de sua vigência, com base em cálculos realizados pelo TCU, observado o seguinte (art. 349, §§ 1º, 2º e 3º):

I – o Tribunal de Contas da União enviará ao Senado Federal os cálculos a que se refere este parágrafo até o dia 15 de setembro do ano anterior ao de vigência das alíquotas de referência e do redutor;

II – o Senado Federal fixará as alíquotas de referência e o redutor até o dia 31 de outubro do ano anterior ao de sua vigência, não se aplicando o disposto no art. 150, inciso III, alínea *c*, da Constituição Federal.

Caso não ocorra a fixação das alíquotas pelo Senado Federal ou sua vigência até a data de 22 de dezembro do ano anterior ao de sua vigência serão utilizadas as alíquotas de referência calculadas pelo Tribunal de Contas da União, observadas as seguintes condições:

I – as alíquotas fixadas pelo Senado Federal vigerão a partir do início do segundo mês subsequente àquele em que ocorrer sua fixação;

II – deverá ser observado o disposto no art. 150, inciso III, alínea *b*, da Constituição Federal.

Os cálculos atribuídos ao TCU serão realizados com base em propostas encaminhadas:

I – pelo Poder Executivo da União, para os cálculos relativos à alíquota de referência da CBS;

II – pelo Comitê Gestor do IBS, para os cálculos relativos às alíquotas de referência do IBS;

III – em ato conjunto do Poder Executivo da União e do Comitê Gestor do IBS, para o redutor.

Referidas propostas deverão ser enviadas ao Tribunal de Contas da União até o dia 31 de julho do ano anterior ao da vigência das alíquotas de referência e do redutor e serão acompanhadas dos dados e informações necessários ao cálculo das alíquotas de referência e do redutor, que deverão ser complementados em tempo hábil, caso assim solicitado pelo TCU (art. 349, § 5º, II e III). Caso as propostas não sejam encaminhadas no prazo previsto, o TCU realizará os cálculos necessários à fixação das alíquotas de referência e do redutor com base nas informações a que tiver acesso (art. 349, § 6º).

A metodologia de cálculo será elaborada pelo Comitê Gestor do IBS e pelo Poder Executivo da União, no âmbito das respectivas competências, com base nos critérios constantes dos arts. 350 a 369 desta Lei Complementar e será homologada pelo TCU (art. 349, § 7º). O TCU e, no âmbito das respectivas competências, o Comitê Gestor do IBS e o Poder Executivo da União, poderão, de comum acordo, implementar ajustes posteriores na metodologia homologada (art. 349, § 10).

Os entes federativos e o Comitê Gestor do IBS fornecerão ao TCU as informações necessárias para a elaboração dos cálculos a que se refere este artigo (art. 349, § 11). O Poder Executivo da União e o Comitê Gestor do IBS fornecerão ao TCU todos os subsídios necessários à homologação da metodologia e à elaboração dos cálculos a que se refere este artigo, mediante compartilhamento de dados e informações (art. 349, § 12).

Mecanismo semelhante se aplica ao cálculo das receitas de referência, cuja metodologia também deverá ser homologada pelo TCU (art. 350, §§ 2º e 3º).

O funcionamento das normas relativas ao IBS e à CBS, enquanto políticas sociais, ambientais e de desenvolvimento econômico, será objeto de avaliação quinquenal pelo Poder Executivo da União e pelo Comitê Gestor do IBS com relação a sua eficiência, eficácia e efetividade, podendo o TCU e os Tribunais de Contas dos Estados e Municípios, em decorrência do exercício de suas competências, oferecer subsídios para a referida avaliação (art. 475, § 7º).

No que concerne ao valor da compensação devida pela União, a partir de 2027, de eventual redução no montante dos valores entregues nos termos do art. 159, incisos I e II, da Constituição Federal, em razão da substituição da arrecadação do IPI, pela arrecadação do Imposto Seletivo, o TCU publicará, até o último dia útil do mês subsequente ao da apuração, o respectivo valor de referência (arts. 477 e 478, § 3º).

O art. 480 instituiu o Comitê Gestor do Imposto sobre Bens e Serviços, entidade pública com caráter técnico e operacional sob regime especial, com sede e foro no Distrito Federal, dotado de independência técnica, administrativa, orçamentária e financeira.

Como há previsão de que a União custeie o funcionamento do Comitê Gestor do IBS em 2025, por meio de operação de crédito no valor de R$ 600.000.000,00 (seiscentos milhões de reais), o órgão sujeitar-se-á à fiscalização pelo Tribunal de Contas da União exclusivamente em relação a esses recursos (art. 484, *caput*, e § 6º).

5.11. COMPETÊNCIAS NÃO PREVISTAS PARA O TCU

Além das múltiplas competências anteriormente estudadas, existem situações em que o TCU é chamado a exercer competências não previstas em leis, decretos ou em seus normativos internos. Nessas situações, o TCU esclarece que não lhe cabe agir. Alguns exemplos dessas não competências são elencados na Portaria Segecex nº 12/2016.

Por exemplo, ressalvadas as solicitações formuladas pelo Congresso Nacional, ou por quaisquer de suas Casas ou Comissões nos termos dos arts. 71, VII, e 72, § 1º, da Constituição, não se insere entre as funções, competências e atribuições do Tribunal de Contas da União, estabelecidas na Constituição da República, em sua lei orgânica, em seu regimento interno e em leis esparsas, manifestar-se sobre documentos que lhe sejam encaminhados por outras instituições, para fins de instrução de inquérito ou outro procedimento administrativo (Acórdão nº 356/2010-TCU-Plenário).

Também não se inserem nas competências do Tribunal:

I – apreciar irregularidades na aplicação de recursos obtidos por estado ou município decorrentes de:

a. empréstimo ou financiamento perante instituição financeira federal, sem prejuízo da atuação do Tribunal na avaliação da legalidade e da legitimidade da operação financeira e da suficiência das garantias do contrato de financiamento (Acórdão nº 1.521/2011-TCU-Plenário);

b. operação de crédito externo garantida por aval da União, estando, nestes casos, a fiscalização e controle do Tribunal restritos às garantias prestadas pela União (Acórdão nº 2.668/2011-TCU-Plenário e Acórdão nº 2.328/2008-TCU-Plenário);

c. empréstimo concedido pela Caixa Econômica Federal com recursos do Fundo de Garantia por Tempo de Serviço (FGTS), para o qual foram oferecidas suficientes e exigíveis garantias (Acórdão nº 1.546/2010-TCU-Plenário);

d. repasse do Fundo de Manutenção e Desenvolvimento da Educação Básica e de Valorização dos Profissionais da Educação (Fundeb), sem que tenha havido complementação da União (Acórdão nº 3.686/2014-TCU-2ª Câmara, Acórdão nº 4.640/2012-TCU-1ª Câmara);

II – verificar as irregularidades relacionadas à composição dos conselhos do Fundeb dos entes federados, especialmente quanto à escolha ou duração de mandatos de conselheiros, devendo, nesse caso, a matéria ser remetida às instâncias estaduais e municipais competentes (Acórdão n° 2.873/2011-TCU-Plenário);

III – controlar os resultados de processos administrativos disciplinares, inclusive quanto a eventual morosidade dos respectivos procedimentos e decisões, podendo, entretanto, determinar aos gestores responsáveis, sob certas circunstâncias, a apuração de fatos e condutas de agentes públicos que sejam prejudiciais ao erário ou que configurem atos de gestão ilegais ou ilegítimos (Acórdão n° 2.052/2010-TCU-Plenário);

IV – fiscalizar diretamente as empresas concessionárias ou permissionárias de serviço público, sem prejuízo de examinar se o poder concedente está fiscalizando de forma adequada a execução dos contratos de concessão (Acórdão n° 2.527/2015-TCU-Plenário);

V – avaliar individualmente a relação jurídica entre consumidores e concessionária de energia elétrica, cabendo aos primeiros buscar junto ao Poder Judiciário a reparação de eventual lesão de direito (Acórdão n° 3.438/2012-TCU-Plenário);

VI – apurar danos a bens construídos ou adquiridos com recursos recebidos da União, em momento posterior a sua regular incorporação ao patrimônio da entidade pública convenente (Acórdão n° 3.744/2015-TCU-1ª Câmara);

VII – apurar prejuízo ao erário decorrente do não pagamento ou pagamento a menor de tributo, bem assim promover a interpretação final sobre as hipóteses de decadência e prescrição tributárias (Acórdão n° 1.456/2010-TCU-Plenário);

VIII – proceder à fiscalização do recolhimento de receitas de natureza tributária e previdenciária, razão por que, ao notar a ausência de retenção de valor a ser recolhido a título de contribuição social, a questão deve ser remetida ao órgão federal competente (Acórdão n° 798/2008-TCU-1ª Câmara);

IX – fiscalizar operação realizada no âmbito do Fundo Garantidor de Créditos (FGC) (Acórdão n° 160/2012-TCU-Plenário);

X – solucionar controvérsias instaladas no âmbito de contratos firmados entre seus jurisdicionados e terceiros ou a prolação de provimentos jurisdicionais reclamados por particulares para a salvaguarda de seus direitos e interesses subjetivos, salvo se, de forma reflexa, esses litígios atingirem o patrimônio público ou causarem prejuízo ao erário (Acórdão n° 3.154/2019-TCU-Plenário);

XI – responsabilizar organismo internacional, amparado pela imunidade de jurisdição, garantida por acordo internacional incorporado à ordem jurídica brasileira, por eventuais irregularidades praticadas por seus prepostos no âmbito de convênio ou instrumento congênere firmado com a União (Acórdão n° 3.115/2022-TCU-2ª Câmara).

Ainda, nos termos do art. 3º da Lei nº 11.417/2006, os Tribunais de Contas não estão legitimados para propor a edição, a revisão ou o cancelamento de enunciado de súmula vinculante:

> Art. 3º São legitimados a propor a edição, a revisão ou o cancelamento de enunciado de súmula vinculante:
>
> I – o Presidente da República;
>
> II – a Mesa do Senado Federal;
>
> III – a Mesa da Câmara dos Deputados;
>
> IV – o Procurador-Geral da República;
>
> V – o Conselho Federal da Ordem dos Advogados do Brasil;
>
> VI – o Defensor Público-Geral da União;
>
> VII – partido político com representação no Congresso Nacional;
>
> VIII – confederação sindical ou entidade de classe de âmbito nacional;
>
> IX – a Mesa de Assembleia Legislativa ou da Câmara Legislativa do Distrito Federal;
>
> X – o Governador de Estado ou do Distrito Federal;
>
> XI – os Tribunais Superiores, os Tribunais de Justiça de Estados ou do Distrito Federal e Territórios, os Tribunais Regionais Federais, os Tribunais Regionais do Trabalho, os Tribunais Regionais Eleitorais e os Tribunais Militares.

5.12. PARA SABER MAIS

Recomenda-se consultar a legislação, a doutrina e a jurisprudência citadas.

Capítulo **6**

Organização do Tribunal de Contas da União

 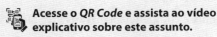

Acesse o *QR Code* e assista ao vídeo explicativo sobre este assunto.

> http://uqr.to/202b1

Quais são os órgãos do TCU? Quais são as principais competências do Plenário e das Câmaras? Quais são as competências do Presidente? Existe limite mínimo de idade para a posse como Ministro ou Conselheiro Substituto? Como é elaborada a lista tríplice para indicação de Ministro? Pode uma Câmara funcionar somente com Ministros Substitutos? O MPTCU integra o Ministério Público da União? Quantos integrantes possui o MPTCU? A exemplo do Presidente do TCU, que somente pode ser reeleito uma vez, o Procurador--Geral do MPTCU também só pode ser reconduzido uma vez? Em quais matérias não é obrigatória a audiência do MPTCU? Qual é o papel da Comissão de Ética?

São órgãos do Tribunal de Contas da União: o Plenário, a Primeira e a Segunda Câmaras, o Presidente, as comissões, de caráter permanente ou temporário, e a Corregedoria que colaborarão no desempenho de suas atribuições (RITCU: art. 7º). A Secretaria do Tribunal, em cujo Quadro de Pessoal se encontram os auditores (AUFCs) e técnicos de controle externo, não é considerada formalmente um órgão do TCU.

6.1. PLENÁRIO

O Plenário é composto pelos nove Ministros ou seus substitutos e dirigido pelo Presidente. Reúne-se ordinariamente às quartas-feiras e possui competências privativas, definidas nos arts. 15 e 16 do RITCU. Em síntese, tais competências envolvem as matérias de maior complexidade e relevância, as que dizem respeito ao relacionamento com o Congresso Nacional e os Poderes da República, a assuntos de natureza institucional e a sanções de maior gravidade. As matérias de competência privativa do Plenário não poderão ser objeto de deliberação das Câmaras (LOTCU: art. 67, § 1º).

6.1.1. Matérias de maior complexidade e relevância

É privativa do Plenário a apreciação, mediante parecer prévio, das Contas do Presidente da República.

Também são exclusivas do Plenário as deliberações acerca das auditorias operacionais, que avaliam de forma sistemática os programas, projetos e atividades governamentais, assim como os órgãos e entidades jurisdicionadas ao Tribunal, subdividindo-se em auditorias de avaliação de programa e auditorias de desempenho operacional.

O Plenário também delibera sobre incidente de uniformização de jurisprudência e conflito de lei ou de ato normativo do poder público com a Constituição Federal, em matéria de sua competência.

De igual modo, é competência privativa do Plenário a fixação de coeficientes:

a) destinados ao cálculo das parcelas a serem entregues aos estados, Distrito Federal e municípios, à conta dos recursos do Fundo de Participação dos Estados e do Distrito Federal (FPE) e do Fundo de Participação dos Municípios (FPM);

b) destinados ao cálculo das parcelas que deverão ser entregues aos estados e ao Distrito Federal, sobre o produto da arrecadação do imposto sobre produtos industrializados; e

c) destinados ao cálculo das parcelas que deverão ser entregues aos estados e ao Distrito Federal, sobre o produto da arrecadação da CIDE-combustíveis.

Naturalmente, também competirá ao Plenário deliberar sobre a contestação apresentada pelas unidades federadas dos cálculos desses coeficientes.

Todas as denúncias formuladas nos termos do art. 74, § 2º, da CF e que preencham os requisitos de admissibilidade, apuradas pelo TCU, serão apreciadas pelo Plenário.

6.1.2. Relacionamento com o Congresso Nacional e os Poderes da República

Compete ao Plenário deliberar acerca das solicitações do Congresso Nacional, incluindo:

a) pedido de informação ou solicitação sobre matéria da competência do Tribunal que lhe seja endereçado pelo Congresso Nacional, por qualquer de suas casas, ou por suas comissões;

b) solicitação de pronunciamento formulada pela comissão mista permanente de senadores e deputados referida no § 1º do art. 166 da CF, nos termos do § 1º do art. 72 da CF; e

c) relatório de auditoria e de inspeção realizadas em virtude de solicitação do Congresso Nacional, de suas casas e das respectivas comissões.

Também é restrito ao Plenário o exame de realização de fiscalizações em unidades do Poder Legislativo, do Supremo Tribunal Federal, dos Tribunais Superiores, da Presidência da República, do Tribunal de Contas da União, do Conselho Nacional de Justiça, do Conselho Nacional do Ministério Público, bem como do Ministério Público da União e da Advocacia-Geral da União.

As consultas sobre matéria da competência do Tribunal, formuladas pelas autoridades indicadas no art. 264 do RITCU, serão decididas no Plenário.

6.1.3. Assuntos de natureza institucional

Essa classificação inclui:

a) toda matéria regimental ou normativa;

b) conflito de competência entre relatores;

c) qualquer assunto não incluído expressamente na competência das câmaras;

d) representação de equipe de fiscalização quando, no curso de fiscalização, verificar procedimento de que possa resultar dano ao erário ou irregularidade grave;

e) proposta de acordo de cooperação e instrumento congênere, nas situações em que houver transferência de recursos financeiros;

f) planos de controle externo;

g) enunciados da Súmula da Jurisprudência do Tribunal;

h) propostas relativas a projeto de lei que o Tribunal deva encaminhar ao Poder Legislativo; e

i) deliberar sobre a lista tríplice dos Auditores (Ministros Substitutos) e dos membros do Ministério Público junto ao Tribunal, para preenchimento de cargo de Ministro.

6.1.4. Sanções de maior gravidade

Serão objeto de deliberação apenas pelo Plenário as propostas de sanções de maior gravidade, como as que determinam a inabilitação para o exercício de cargo em comissão ou função de confiança na Administração Pública; ou declaram a inidoneidade de licitante fraudador; ou ainda que solicitam à Advocacia-Geral da União o arresto de bens de responsável.

De igual modo, a adoção de medidas cautelares, resguardada, nesta última hipótese, a possibilidade de antecipação da medida pelo Relator ou pelo Presidente, para posterior submissão ao Plenário.

6.1.5. Recursos

Compete ainda ao Plenário deliberar acerca de todos os recursos contra suas decisões, dos recursos de revisão contra decisões das Câmaras e sobre os recursos contra decisões adotadas pelo Presidente acerca de matéria administrativa.

O Plenário também será o colegiado que decidirá nas situações de empate de votação nas Câmaras – regra geral – excetuando-se as hipóteses que serão apresentadas no item 6.2.2.

Acresce que o Plenário ainda poderá avocar processos em razão de sua relevância, por sugestão de Ministro ou de Ministro Substituto convocado submetida ao colegiado; e deliberar sobre processos remetidos pelo Relator ou pelas Câmaras, exceto nas hipóteses de pedido de reexame, recurso de reconsideração e embargos de declaração apresentados contra suas próprias deliberações, bem como agravo interposto a despacho decisório proferido em processo de sua competência.

6.1.6. Deliberações de caráter geral

A Resolução TCU nº 246/2011 acrescentou duas novas competências para o Plenário (inc. V e VI do art. 16 do RITCU):

- deliberar sobre propostas de fixação de entendimento de especial relevância para a Administração Pública, sobre questão de direito, que somente poderão ser aprovadas por 2/3 dos Ministros, inclusive Ministros Substitutos convocados.

- deliberar sobre propostas de determinações de caráter normativo, de estudos sobre procedimentos técnicos, bem como daqueles em que se entender necessário o exame incidental de inconstitucionalidade de lei ou de ato normativo do poder público.

Note-se que para a fixação de entendimento de especial relevância para a Administração Pública, sobre questão de direito, é exigido que a aprovação se dê por 2/3 dos Ministros (seis votos favoráveis), inclusive Ministros Substitutos convocados.

EXEMPLOS DE FIXAÇÃO DE ENTENDIMENTO

Acórdão n 1.234/2018 – Plenário
Relator: Min. José Múcio Monteiro
SUMÁRIO
REPRESENTAÇÃO CONVERTIDA DE PARECER DA AUDITORIA INTERNA. DISCUSSÃO A RESPEITO DA LEGALIDADE DA DISPENSA DE TERMO DE CONTRATO E DA UTILIZAÇÃO DE OUTROS DOCUMENTOS NAS HIPÓTESES DE COMPRAS COM ENTREGA IMEDIATA. FIXAÇÃO DE ENTENDIMENTO. POSSIBILIDADE DE DISPENSA DE TERMO CONTRATUAL.

Acórdão 2.492/2024 – Plenário
Relator: Min. Vital do Rêgo
VISTOS, relatados e discutidos estes autos de representação a respeito de irregularidades concernentes a erros no cálculo automático dos benefícios de aposentadoria com base na média das maiores remunerações, a exemplo de valores incorretos ou inexistência de dados nos registros que compõem a base de contribuições do servidor aposentado; (...)
9.3. estabelecer, como referência, os seguintes entendimentos, de modo a sistematizar e facilitar o trato do tema para a unidade jurisdicionada e para o universo de jurisdicionados, com fundamento no art. 16, inciso V, do RITCU, em vista de tratar-se de questão de especial relevância da Administração Pública: (...)

6.2. CÂMARAS

A LOTCU, em seu art. 67, prevê que o TCU poderá dividir-se em Câmaras, mediante deliberação da maioria absoluta de seus Ministros titulares. Atualmente existem duas Câmaras (RITCU: art. 7º).

Cada Câmara é composta por quatro Ministros, indicados pelo Presidente na primeira sessão ordinária de cada ano. O Presidente não participa de nenhuma Câmara, mas, ao deixar o cargo, passa a integrar a Câmara a que pertencia seu sucessor. Junto a cada Câmara atua um representante do MPTCU. O Ministro Substituto atua, em caráter permanente, junto à Câmara para a qual for designado pelo Presidente do Tribunal. (RITCU: arts. 11 e 13). Atualmente, há dois Ministros Substitutos designados para cada Câmara. O ministro, ao ser empossado, passa a integrar a Câmara onde exista vaga (RITCU: art. 14).

Uma Câmara é presidida pelo Vice-Presidente do TCU e a outra pelo Ministro mais antigo em exercício no cargo. Na hipótese de substituição de Presidente de Câmara, nas ausências e impedimentos, assumirá o Ministro mais antigo em exercício no cargo dentre os integrantes daquela Câmara (RITCU: art. 12).

São competências das Câmaras deliberar sobre (RITCU: art. 17):

I – prestação e tomada de contas, inclusive especial;

II – ato de admissão de pessoal da administração direta e indireta, incluídas as fundações instituídas e mantidas pelo poder público federal;

III – a legalidade, para fins de registro, de concessão de aposentadoria, reforma ou pensão a servidor público e a militar federal ou a seus beneficiários;

IV – representação, exceto a formulada por equipe de fiscalização que, com suporte em elementos concretos e convincentes, verifique a ocorrência de procedimento de que possa resultar dano ao erário ou irregularidade grave;

V – realização de inspeção, exceto em unidades do Poder Legislativo, do Supremo Tribunal Federal, dos Tribunais Superiores, da Presidência da República, do Tribunal de Contas da União, do Conselho Nacional de Justiça, do Conselho Nacional do Ministério Público, bem como do Ministério Público da União e da Advocacia-Geral da União;

VI – relatório de fiscalização, exceto de auditorias operacionais e as realizadas em virtude de solicitação do Congresso Nacional, de suas Casas e das respectivas comissões, além das hipóteses dos dois incisos anteriores (IV e V);

VII – pedido de reexame, recurso de reconsideração e embargos de declaração apresentados contra suas próprias deliberações, bem como agravo interposto a despacho decisório proferido em processo de sua competência.

Observe-se que as exceções nos itens IV, V e VI referem-se a matérias de competência privativa do Plenário.

Registre-se, ainda, que, sempre que a matéria for julgada relevante, os assuntos de competência das Câmaras poderão ser incluídos na pauta do Plenário, à exceção dos previstos no item VII acima (RITCU: art. 17, § 1º).

6.2.1. Presidente de Câmara

As atribuições do Presidente de Câmara são distintas das do Presidente do TCU e estão especificadas no art. 33 do RITCU. Além de presidir as sessões, o Presidente de Câmara deverá:

- convocar sessões extraordinárias;
- relatar os processos que lhe forem distribuídos;
- proferir voto nos processos submetidos à deliberação da respectiva Câmara;
- apresentar ao colegiado as questões de ordem e resolver os requerimentos que lhe sejam formulados, sem prejuízo de recurso para a respectiva Câmara;
- encaminhar ao Presidente do Tribunal os assuntos da atribuição deste, bem como as matérias da competência do Plenário;
- convocar Ministro Substituto para substituir Ministro nas sessões da Câmara;
- decidir sobre pedido de sustentação oral relativo a processo a ser submetido à respectiva Câmara;
- assinar as deliberações da Câmara;
- aprovar as atas da Câmara, submetendo o ato para homologação na próxima sessão ordinária; e
- cumprir e fazer cumprir as deliberações da Câmara.

6.2.2. Empate nas votações de Câmara

Em caso de empate nas votações de Câmara, os processos são – regra geral – encaminhados para deliberação pelo Plenário. Para tanto, deverá o Ministro ou Ministro Substituto convocado que tenha proferido em primeiro lugar o voto divergente ao do Relator formalizar sua declaração de voto.

As exceções previstas são: pedidos de reexame, recursos de reconsideração e embargos de declaração contra suas próprias deliberações, além de agravo interposto a despacho decisório proferido em processo de sua competência.

Nesses casos, o RITCU prevê que se aplicam as mesmas regras do empate em Plenário (§§ 1º, 2º e 3º do art. 124 do RITCU): a) voto de desempate pelo Presidente da Câmara; b) se o Presidente declarar impedimento ou suspeição no momento do desempate, a votação será reiniciada com a convocação de um Ministro Substituto presente à sessão, apenas para esse fim, observada a ordem de antiguidade no cargo; e c) se não for possível convocá-lo para a mesma sessão, o processo será incluído em pauta em nova data, reiniciando-se a votação a partir do ponto em que foi registrado o empate.

Todavia, a hipótese do § 1º conduziria a um duplo voto do Presidente da Câmara. Assim, a solução efetiva que tem sido adotada é a convocação de um Ministro Substituto.

IMPORTANTE

Em diversos Tribunais de Contas Estaduais e Municipais também existem Câmaras, compostas por três Conselheiros e um ou mais Conselheiros Substitutos.

Quadro-resumo das principais competências do Plenário e das Câmaras

Plenário	Câmaras
Contas do Presidente da República	Processos de contas e TCEs.
Solicitações do Congresso Nacional	Atos de admissão e concessão.
Constitucionalidade de leis ou atos normativos	Representação, exceto a formulada por equipe de fiscalização que verifique a ocorrência de procedimento de que possa resultar dano ao erário ou irregularidade grave.
Fixação de coeficientes do FPE/FPM	Realização de inspeção, exceto em unidades do Poder Legislativo, do STF, dos Tribunais Superiores, da Presidência da República, do TCU, do MPU, da AGU, do CNJ e do CNMP.
Auditorias operacionais	Relatório de fiscalização, exceto de auditorias operacionais e as realizadas em virtude de solicitação do Congresso Nacional, de suas Casas e das respectivas comissões.
Recursos de revisão contra decisões das Câmaras	Pedido de reexame, recurso de reconsideração e embargos de declaração apresentados contra suas próprias deliberações, bem como agravo interposto a despacho decisório proferido em processo de sua competência.

DÚVIDA FREQUENTE

Pode uma Câmara funcionar somente com Ministros Substitutos?
Sim. É uma hipótese de reduzida probabilidade, mas regimentalmente possível.
A Câmara é composta por quatro Ministros e o *quórum* para deliberar é de três Ministros ou Ministros Substitutos convocados. Quando um Ministro se afasta (férias etc.) é substituído por

> um Ministro Substituto convocado. O TCU tem quatro Ministros Substitutos. Assim, se houver afastamento simultâneo de três Ministros de uma Câmara, ela funcionará com um Ministro e três Ministros Substitutos. Se esse Ministro se ausentar de uma Sessão, ela poderá deliberar com quatro Ministros Substitutos.
> Já ocorreu no TCE de Rondônia uma sessão do Plenário realizada apenas com a presença de Conselheiros Substitutos, depois que todos os Conselheiros se declararam suspeitos ou impedidos em relação a determinados processos.
> Por sua vez, em 2017, durante o afastamento judicial de cinco Conselheiros do TCE-RJ e do TCE-MT, aqueles tribunais passaram a funcionar com uma maioria de Conselheiros Substitutos.

6.3. PRESIDÊNCIA

6.3.1. Eleição

O Presidente do TCU é eleito para mandato correspondente a um ano civil, permitida a reeleição apenas por um período de igual duração.

Somente votam os Ministros.

A eleição realizar-se-á em escrutínio secreto, na última sessão ordinária do mês de dezembro, ou, em caso de vaga eventual, na primeira sessão ordinária após sua ocorrência (LOTCU: art. 69, § 1º), exigida a presença de, pelo menos, cinco Ministros titulares, inclusive o que presidir o ato. Ainda que em gozo de licença, férias, ou ausentes com causa justificada, os Ministros poderão tomar parte nas eleições mediante envio de sobrecartas contendo seu voto. Considerar-se-á eleito o Ministro que obtiver a maioria dos votos. Não alcançada esta, proceder-se-á a novo escrutínio entre os dois mais votados, decidindo-se, afinal, entre estes, caso nenhum consiga a maioria dos votos, pelo que tiver maior antiguidade no cargo de Ministro do Tribunal.

A eleição será efetuada pelo sistema de cédula única, obedecidas as seguintes regras:

I. o ministro que estiver presidindo a sessão chamará, na ordem de antiguidade, os ministros, que colocarão na urna os seus votos, contidos em invólucros fechados;

II. o ministro que não comparecer à sessão poderá enviar à Presidência o seu voto, em sobrecarta fechada, na qual será declarada a sua destinação; e

III. as sobrecartas contendo os votos dos ministros ausentes serão depositadas na urna, pelo Presidente, sem quebra de sigilo.

A eleição do Presidente precede a do Vice-presidente.

Na hipótese de vaga, a eleição será realizada na primeira sessão ordinária após sua ocorrência (LOTCU: art. 69, § 1º; RITCU: art. 29, § 1º). O eleito para a vaga que ocorrer antes do término do mandato exercerá o cargo no período restante. Todavia, não se procederá a nova eleição se a vaga ocorrer dentro dos sessenta dias anteriores ao término do mandato.

A posse do Presidente e do Vice-Presidente do Tribunal, eleitos para entrarem em exercício a partir de 1º de janeiro do ano seguinte ao da eleição, será dada em sessão extraordinária a ser realizada até 16 de dezembro.

Por ocasião de suas ausências e impedimentos, por motivo de licença, férias ou outro afastamento legal, o Presidente será substituído pelo Vice-Presidente ou, na ausência ou impedimento deste, pelo Ministro mais antigo em exercício no cargo (RITCU: art. 8º, *caput* e § 1º).

IMPORTANTE

O Presidente é considerado órgão do Tribunal de Contas da União (RITCU: art. 7º).

6.3.2. Competências do Presidente

Ao Presidente do TCU são atribuídas competências de direção, de gestão e de representação. No art. 28, o RITCU estabelece as competências do Presidente em 44 incisos, dentre os quais, selecionamos:

I. **De direção**:
   a) dirigir os trabalhos e superintender a ordem e a disciplina do Tribunal e de sua Secretaria;
   b) presidir as sessões plenárias;
   c) convocar sessão extraordinária do Plenário;
   d) apresentar ao Plenário as questões de ordem e resolver os requerimentos que lhe sejam formulados, sem prejuízo de recurso ao Plenário;
   e) proferir voto de desempate em processo submetido ao Plenário;
   f) votar quando se apreciar inconstitucionalidade de lei ou de ato do poder público;
   g) votar quando se apreciarem processos que envolvam matéria administrativa e projetos de atos normativos;
   h) relatar e votar quando se apreciar agravo contra despacho decisório de sua autoria;
   i) submeter ao Plenário a proposta relativa a projeto de lei que o Tribunal deva encaminhar ao Poder Legislativo;
   j) despachar os processos e documentos urgentes e determinar a realização de inspeção na hipótese de afastamento legal do relator no período de recesso;
   k) decidir sobre pedidos de vista e de cópia de peça de processo formulados pelas partes interessadas;
   l) decidir sobre pedido de sustentação oral relativo a processo a ser submetido ao Plenário;

m) designar os presidentes das Câmaras e definir a sua composição;
n) designar os Ministros Substitutos para atuarem, em caráter permanente, junto às Câmaras;
o) convocar Ministro Substituto para substituir Ministro;
p) elaborar a lista tríplice segundo o critério de antiguidade dos Ministros Substitutos;
q) submeter ao Plenário projeto de ato normativo fixando o valor do dano ao erário a partir do qual a tomada de contas especial será, desde logo, encaminhada ao Tribunal para julgamento; e
r) designar ministro para exercer a função de Ministro-Ouvidor no Tribunal de Contas da União, para exercício por um ano civil, permitida a recondução.

II. **De gestão**:
a) dar posse aos Ministros, Ministros Substitutos, membros do Ministério Público junto ao Tribunal e dirigentes das unidades da Secretaria;
b) expedir atos de nomeação, admissão, exoneração, remoção, dispensa, aposentadoria e outros atos relativos aos servidores do Quadro de Pessoal da Secretaria, os quais serão publicados no DOU e no Boletim do Tribunal;
c) diretamente ou por delegação, movimentar as dotações e os créditos orçamentários próprios e praticar os atos de administração financeira, orçamentária e patrimonial necessários ao funcionamento do Tribunal.
d) decidir as questões administrativas;
e) cumprir e fazer cumprir as deliberações do Plenário;
f) expedir atos concernentes às relações jurídico-funcionais dos Ministros, Ministros Substitutos e membros do Ministério Público; e
g) efetuar as nomeações para cargos efetivos e em comissão e as designações para funções de confiança no quadro de pessoal da Secretaria do Tribunal, bem como as exonerações e dispensas;

III. **De representação**:
a) representar o Tribunal perante os Poderes da União, dos estados e municípios, e demais autoridades.

Ademais, em caráter excepcional e havendo urgência, o Presidente poderá decidir sobre matéria da competência do Tribunal, submetendo o ato à homologação do Plenário na primeira sessão ordinária subsequente (RITCU: art. 29).

Dos atos e decisões administrativas do Presidente caberá recurso ao Plenário (LOTCU: art. 30). Tal recurso tem natureza administrativa, não se confundindo com os recursos de natureza processual que serão apresentados no Capítulo 13, e será, no que couber, regulado pela Lei Geral do Processo Administrativo (Lei nº 9.784/1999).

> **IMPORTANTE**
>
> Há uma inconsistência entre o art. 70, II, da LOTCU e o art. 28, XXI, c/c art. 59, § 1º, do RITCU. Segundo o primeiro, compete ao Presidente dar posse aos membros do MPTCU; já o RITCU prevê que o Presidente dará posse ao Procurador-Geral do MPTCU e que os demais membros do MPTCU tomam posse perante o Procurador-Geral. Na prática, é esse último procedimento que tem sido adotado. Assim, o Presidente dá posse ao Procurador-Geral do MPTCU e este aos demais membros.

6.4. VICE-PRESIDÊNCIA

São competências do Vice-Presidente:

I. substituir o Presidente em suas ausências e impedimentos por motivo de licença, férias ou outro afastamento legal, e sucedê-lo, no caso de vaga;

II. presidir uma das Câmaras;

III. exercer as funções de Corregedor;

IV. colaborar com o Presidente no exercício de suas funções, quando solicitado.

O Vice-Presidente, em suas ausências e impedimentos, por motivo de licença, férias ou outro afastamento legal, será substituído nas funções de Corregedor pelo Ministro mais antigo em exercício no cargo (RITCU: art. 8º, § 2º).

6.5. CORREGEDORIA

O Corregedor tem a incumbência de exercer os encargos de inspeção e correição geral permanentes; relatar os processos administrativos referentes a deveres dos membros do Tribunal e dos servidores da Secretaria; auxiliar o Presidente nas funções de fiscalização e supervisão da ordem e da disciplina do Tribunal e de sua Secretaria; e apresentar ao Plenário, até a última sessão do mês de fevereiro do ano subsequente, relatório das atividades da Corregedoria (RITCU: art. 32). A atuação do Corregedor é objeto da Resolução TCU nº 372/2024.

> **IMPORTANTE**
>
> Em alguns Tribunais de Contas Estaduais e Municipais a função de Corregedor não é atribuída ao Vice-Presidente, mas a outro Conselheiro eleito especificamente para exercê-la. Em outros, existe também a função de Ouvidor.

6.6. MINISTROS

Demais das regras constitucionais referentes a critérios de escolha e requisitos de nomeação, assinale-se que os Ministros do TCU gozarão das seguintes garantias e prerrogativas:

I. **vitaliciedade**, não podendo perder o cargo senão por sentença judicial transitada em julgado;
II. **inamovibilidade**; e
III. **irredutibilidade de vencimentos**, observado, quanto à remuneração, o teto previsto na Constituição Federal.

> **IMPORTANTE**
> Com relação à aposentadoria dos Ministros, a norma prevista no *caput* e no inciso IV do parágrafo único do art. 73 da LOTCU foi revogada tacitamente pela EC nº 20/1998 que a incluiu dentro da regra geral de aposentadoria dos servidores públicos, fixada no art. 40 da CF.
> A última aposentadoria de Ministro apresentou como fundamento o art. 3º da Emenda Constitucional nº 47/2005.
> Além disso, o ato de aposentadoria de Ministro do TCU, assim como o de Ministro Substituto, é um decreto assinado pelo Presidente da República.

É vedado ao Ministro do Tribunal de Contas da União (LOTCU: art. 74):

I – exercer, ainda que em disponibilidade, outro cargo ou função, salvo uma de magistério;

II – exercer cargo técnico ou de direção de sociedade civil, associação ou fundação, de qualquer natureza ou finalidade, salvo de associação de classe, sem remuneração;

III – exercer comissão remunerada ou não, inclusive em órgãos de controle da administração direta ou indireta, ou em concessionárias de serviço público;

IV – exercer profissão liberal, emprego particular, comércio, ou participar de sociedade comercial, exceto como acionista ou cotista sem ingerência;

V – celebrar contrato com pessoa jurídica de direito público, empresa pública, sociedade de economia mista, fundação, sociedade instituída e mantida pelo poder público ou empresa concessionária de serviço público, salvo quando o contrato obedecer a normas uniformes para todo e qualquer contratante;

VI – dedicar-se à atividade político-partidária.

No art. 39, VII, do RITCU, acrescenta-se a seguinte vedação: manifestar, por qualquer meio de comunicação, opinião sobre processo pendente de julgamento, seu ou de outrem, ou emitir juízo depreciativo sobre despachos, votos ou sentenças de órgãos judiciais, ressalvada a crítica nos autos e em obras técnicas ou no exercício de magistério.

Nos Tribunais de Contas dos Estados e TCMs aplicam-se aos Conselheiros garantias, prerrogativas e vedações similares.

A LOTCU foi de certa forma pioneira na prevenção da grande praga nacional que é o nepotismo ao estipular, no art. 76, que não podem ocupar, simultaneamente, cargos de Ministro, parentes consanguíneos ou afins, na linha reta ou na colateral, até o segundo grau.

Também é vedado a Ministro, Ministro Substituto e membro do MPTCU intervir em processo de interesse próprio, de cônjuge ou de parente consanguíneo ou afim, na linha reta ou na colateral, até o segundo grau (LOTCU: art. 94), ou ainda de amigo íntimo ou inimigo capital, assim como em processo em que tenha funcionado como advogado, perito, representante do Ministério Público ou servidor da Secretaria do Tribunal ou do Controle Interno (RITCU: art. 39, VIII).

Por fim, segundo o inc. IX do art. 39 do RITCU, ao membro do Tribunal é vedado atuar em processo quando nele estiver postulando, como advogado da parte, o seu cônjuge ou qualquer parente seu, consanguíneo ou afim, em linha reta ou colateral, até o segundo grau. Nesse caso, o impedimento só se verifica quando o advogado já estava exercendo o patrocínio da causa; sendo, porém, vedado ao advogado pleitear no processo, a fim de criar o impedimento do ministro.

Nas suas ausências ou impedimentos por motivo de licença, férias ou outro afastamento legal, os Ministros serão substituídos, mediante convocação do Presidente do Tribunal, pelos Ministros Substitutos, observada a ordem de antiguidade no cargo, ou a maior idade, no caso de idêntica antiguidade (LOTCU: art. 63). Na hipótese de vacância de cargo de Ministro, em virtude de aposentadoria, morte, exoneração etc., o Presidente do Tribunal convocará Ministro Substituto para exercer as funções inerentes ao cargo vago, até novo provimento.

Além disso, os Ministros Substitutos serão também convocados para substituir Ministros, para efeito de *quorum*, sempre que os titulares comunicarem, ao Presidente do Tribunal ou da Câmara respectiva, a impossibilidade de comparecimento à sessão.

A antiguidade do Ministro será determinada consecutivamente pela posse, pela nomeação e pela idade (RITCU: art. 41).

Os Ministros, após um ano de exercício, terão direito a sessenta dias de férias por ano.

O TCU, por motivo de interesse público, poderá determinar a disponibilidade ou a aposentadoria de Ministro ou Ministro Substituto, nos termos do art. 50 do RITCU, assegurada a ampla defesa.

6.7. MINISTROS SUBSTITUTOS (AUDITORES)

Os Ministros Substitutos (Auditores), em número de quatro, serão nomeados pelo Presidente da República, dentre os cidadãos que satisfaçam os requisitos exigidos para o cargo de Ministro do TCU, mediante concurso público de provas e títulos, observada a ordem de classificação. Para esse concurso, será considerado título o exercício, por mais de dez anos, de cargo da carreira de Controle Externo do Quadro de Pessoal da Secretaria do Tribunal (LOTCU: art. 77, parágrafo único). Como visto no Capítulo 2, por força da Lei nº 12.811/2013, os Auditores do TCU passaram a ser chamados de Ministros Substitutos, designação que melhor corresponde às suas atribuições.

IMPORTANTE

O art. 77 da LOTCU previa o número de três Ministros Substitutos (Auditores) para o TCU. Em 2008, a Lei nº 11.854/2008 criou mais um cargo de Ministro Substituto, totalizando quatro e alterando, indiretamente, a LOTCU.

O Ministro Substituto, quando não convocado para substituir Ministro, presidirá à instrução dos processos que lhe forem distribuídos, relatando-os com proposta de decisão a ser votada pelos integrantes do Plenário ou da Câmara para a qual estiver designado. Nessa hipótese, embora seja o autor da proposta, não tem direito a voto.

Todavia, quando convocado, além de apresentar seu Relatório, o Ministro Substituto proferirá seu voto no Plenário ou nas Câmaras. Nas Atas do Tribunal, a distinção é feita enumerando-se os Ministros presentes, os Ministros Substitutos convocados e os Ministros Substitutos presentes.

> **DÚVIDA FREQUENTE**
>
> **O Ministro Substituto pode solicitar vista de processo?**
> Segundo o art. 53 do RITCU, o Ministro Substituto, quando em substituição a Ministro, terá as mesmas garantias, impedimentos e subsídio do titular, e gozará, no Plenário e na Câmara em que estiver atuando, dos direitos e prerrogativas a este assegurados. Por sua vez, dispõe o art. 112 que, na fase de discussão, qualquer Ministro ou Ministro Substituto convocado poderá pedir vista do processo.

Aplicam-se aos Ministros Substitutos as vedações previstas para os Ministros. Após sua posse, o Ministro Substituto somente perderá o cargo por sentença judicial transitada em julgado. Nos termos do § 3º do art. 4º da Lei nº 12.618/2012, os Ministros Substitutos (Auditores) são considerados membros do TCU.

Nos Tribunais de Contas dos Estados, o número de Auditores (Conselheiros Substitutos) varia bastante. São três em Minas Gerais e no Ceará, cinco em Santa Catarina, sete em São Paulo e no Paraná, nove em Pernambuco, quinze em Tocantins. A denominação do cargo também não é uniforme, sendo mais frequentes as de Conselheiro Substituto e Auditor Substituto de Conselheiro.

Alguns Estados, como Rio de Janeiro e Bahia, não previram nas suas Constituições ou Leis Orgânicas a existência de Substitutos dos Conselheiros. Somente em 2012 foi aprovada uma PEC à Constituição fluminense instituindo o cargo de Conselheiro Substituto no TCE-RJ. Tal omissão, a par de criar dificuldades operacionais para o funcionamento das Cortes, pela redução do *quorum* nas situações de vacância, férias e afastamento dos Conselheiros, produz uma distorção no processo de escolha: o Governador, dos três Conselheiros que lhe compete indicar, deveria escolher um entre os Conselheiros Substitutos do Tribunal de Contas, sendo outro dentre os membros do MP de Contas e o terceiro de livre escolha. Ora, em inexistindo o cargo de Conselheiro Substituto, a ser preenchido por concurso, passa o Governador a poder indicar dois nomes de sua livre escolha para o cargo de Conselheiro, rompendo o princípio de simetria que devem os Tribunais de Contas dos Estados e TCMs seguir em relação ao modelo federal. Tal anomalia já foi declarada inconstitucional pelo STF no exame de diversas ADIs. Alguns Estados, todavia, ainda relutam e procrastinam a adoção das necessárias medidas corretivas.

O Tribunal julgou procedente pedido formulado em ação direta ajuizada pelo Partido Democrático Trabalhista – PDT – contra o art. 2º da EC nº 54/2003, do Estado do Ceará e contra a alínea c do inciso II do § 2º do art. 79 da Constituição estadual que estabeleceram ser de livre escolha do governador o provimento de vaga, respectivamente, de Conselheiro do Tribunal de Contas do Estado e do Tribunal de Contas dos Municípios, na hipótese de falta de Auditor ou de membro do Ministério Público especial junto aos referidos tribunais de contas. Declarou-se a inconstitucionalidade por omissão em relação à criação das carreiras de Auditores e de membros do Ministério Público Especial junto ao Tribunal de Contas do Estado do Ceará, a impedir o atendimento do modelo federal (CF, art. 73, § 2º, e art. 75 – verbete 653 da Súmula do STF), bem como a inconstitucionalidade da alínea c do inciso II do § 2º do art. 79 da Constituição estadual, já que, não obstante a comprovada existência dos cargos no Tribunal de Contas dos Municípios, a possibilidade de livre escolha do governador para o provimento dos mesmos estaria em desconformidade com o citado modelo (ADI 3.276, Rel. Min. Eros Grau, Informativo 390).

É inconstitucional – por violar os arts. 73, § 4º e 75, *caput*, da CF/1988 (1) – norma estadual que veda a participação concomitante de mais de um auditor substituto no Órgão Pleno do Tribunal de Contas do Estado do Rio de Janeiro. (ADI 5.689, Rel. Min. Dias Toffoli, Informativo 1.103)

Os Tribunais de Contas dos Estados, Distrito Federal e Municípios devem instituir o cargo de auditor (conselheiro substituto) em sua estrutura e reproduzir o perfil constitucional do cargo (arts. 73, § 4º, e 75, *caput*, da Constituição). Isso significa conferir aos auditores o exercício da judicatura de contas, possibilitando-lhes o julgamento de contas públicas, a instrução e relatoria de processos, a apresentação de propostas de decisão e o assento no colegiado. (...)

Os Estados-membros e o Distrito Federal têm autonomia para fixar as atribuições dos auditores e podem, até mesmo, inovar em relação àquelas fixadas na lei orgânica do Tribunal de Contas da União; no entanto, devem obediência ao perfil judicante do cargo instituído pela Constituição da República. (ADI 5.530, Rel. Min. Roberto Barroso, j. 22.5.2023)

QUESTÃO POLÊMICA

Existe limite mínimo de idade para a posse como Ministro ou Conselheiro Substituto? No TCU, sim. Em alguns TCEs e TCMs, não.
Se o Auditor é o substituto potencial do Ministro do TCU ou do Conselheiro do TCE ou TCM, é certo que para o exercício da substituição deve satisfazer todos os requisitos exigidos do titular. No art. 77 da LOTCU, prevê-se que os Ministros Substitutos serão nomeados desde que satisfaçam os requisitos exigidos para o cargo de Ministro do TCU, inclusive a idade mínima de trinta e cinco anos. Todavia, em algumas Leis Orgânicas de TCEs e TCMs, essa exigência não é feita. A título de exemplo, na LO do TCE-SC (LC nº 202/2000), o tema é assim tratado:
Art. 98 – Os Auditores, em número de cinco, nomeados pelo Governador do Estado, após aprovação em concurso público de provas e títulos, entre bacharéis em Direito, ou Economia, ou Administração ou em Contabilidade, terão, quando em substituição a Conselheiro, os mesmos

> vencimentos, garantias e impedimentos do titular e, quando no exercício das demais atribuições da judicatura, as de Juiz de Direito da última entrância.
> Como se observa, não foi estabelecida restrição quanto à idade.
> O tema foi objeto de deliberação do STF:
>
>> EMENTA: Recurso extraordinário. Limite mínimo de idade para inscrição em concurso público de Auditor Substituto de Conselheiro do Tribunal de Contas do Estado. 2. Acórdão que entendeu ser ofensivo aos arts. 7º, XXX, e 39, § 2º, da Constituição Federal, estabelecimento de limite mínimo de idade para inscrição em concurso público de Auditor Substituto. 3. Inexistência de expressa referência na lei a limite mínimo de idade para investidura em cargo de Auditor. 4. A Lei Orgânica limita-se a definir em quais situações os Auditores substituirão os Conselheiros. Incabível, na espécie, restringir, no Edital do Concurso, o que a lei não limitou. 5. Recurso extraordinário não conhecido. (RE 182.432, 2ª T., Rel. Néri da Silveira, DJ 5/4/2002)
>
> Por conseguinte, se não houver previsão de limite mínimo de idade na respectiva Lei Orgânica, não poderá haver restrição de idade para a participação em concurso público e consequente posse no cargo de Conselheiro Substituto. Todavia, o Conselheiro Substituto somente poderá substituir efetivamente o Conselheiro, nas hipóteses legais previstas, após completar trinta e cinco anos de idade.

6.8. MINISTÉRIO PÚBLICO JUNTO AO TRIBUNAL DE CONTAS

6.8.1. Composição

O MP junto ao TCU, ao qual se aplicam os princípios institucionais da unidade, da indivisibilidade e da independência funcional, compõe-se de um Procurador-Geral, três subprocuradores-gerais e quatro procuradores, nomeados pelo Presidente da República, dentre brasileiros, bacharéis em Direito.

A carreira do Ministério Público junto ao Tribunal de Contas da União é constituída pelos cargos de subprocurador-geral e procurador. O ingresso na carreira far-se-á no cargo de procurador, mediante concurso público de provas e títulos, enquanto a promoção ao cargo de subprocurador-geral far-se-á, alternadamente, por antiguidade e merecimento. Caberá ao Procurador-Geral baixar o edital do concurso bem como homologar seu resultado final. Os membros do Ministério Público tomam posse perante o Procurador-Geral.

Aos membros do MPTCU aplicam-se, subsidiariamente, no que couber, as disposições da Lei Orgânica do Ministério Público da União, pertinentes a direitos, garantias, prerrogativas, vedações, regime disciplinar e forma de investidura no cargo inicial da carreira. Os membros do Ministério Público terão direito a sessenta dias de férias por ano, de acordo com escala aprovada pelo Procurador-Geral no mês de dezembro.

> **IMPORTANTE**
>
> Existem sete – e não oito – membros do MPTCU, uma vez que o Procurador-Geral é nomeado dentre os integrantes da carreira.

O MPTCU não dispõe de estrutura administrativa própria, contando com o apoio administrativo e de pessoal da Secretaria do Tribunal.

> **IMPORTANTE**
>
> Não se deve confundir as equivalências entre cargos de hierarquia semelhante.
> Ministro do TCU em relação a Ministro do STJ → mesmas garantias, prerrogativas, impedimentos, vencimentos e vantagens (CF).
> Auditor em relação a Ministro do TCU, quando em substituição → mesmas garantias, impedimentos (CF), vedações (LOTCU), subsídio, direitos e prerrogativas (RITCU).
> Membro do MPTCU em relação a membro do MP → mesmos direitos, vedações, forma de investidura (CF), garantias, prerrogativas e regime disciplinar (LOTCU).

6.8.2. Procurador-Geral

O Procurador-Geral do MPTCU será nomeado pelo Presidente da República, entre integrantes da carreira, para exercer mandato de dois anos, permitida a recondução, tendo tratamento protocolar, direitos e prerrogativas correspondentes aos de cargo de Ministro do Tribunal.

O Procurador-Geral toma posse em sessão extraordinária do Tribunal, podendo fazê-lo perante o Presidente, em período de recesso.

Em caso de vacância do cargo de Procurador-Geral, o Presidente do Tribunal encaminhará ao Presidente da República lista contendo o nome de todos os integrantes da carreira do Ministério Público, por ordem de antiguidade e com a indicação dos seus respectivos cargos. O Presidente da República pode escolher qualquer integrante da lista, até mesmo o de menor tempo na carreira.

Em caso de vacância e em suas ausências e impedimentos por motivo de licença, férias ou outro afastamento legal, o Procurador-Geral será substituído pelos subprocuradores-gerais e, na ausência destes, pelos procuradores, observada, em ambos os casos, a ordem de antiguidade da posse, da nomeação e de classificação no concurso público de ingresso na carreira, sucessivamente.

O Procurador-Geral baixará as instruções definindo as atribuições dos subprocuradores-gerais e procuradores, disciplinando os critérios de promoção dos procuradores e os serviços internos do Ministério Público junto ao Tribunal.

> **DÚVIDA FREQUENTE**
>
> A exemplo do Presidente do TCU, que somente pode ser reeleito uma vez, o Procurador-Geral do MPTCU também só pode ser reconduzido uma vez?
> Não. A matéria é disciplinada no § 1º do art. 58 do RITCU, que não estipula nenhuma restrição a sucessivas reconduções. Outra diferença significativa é que o mandato de Presidente do TCU é de um ano e o de Procurador-Geral do MPTCU, de dois anos.
> Há regras específicas para cada TCE ou TCM.

6.8.3. Competências

O art. 81 da LOTCU atribui competências ao Procurador-Geral do MPTCU, cuja missão é definida como de guarda da lei e fiscal de sua execução. As principais são as seguintes:

- promover a defesa da ordem jurídica, requerendo, perante o TCU as medidas de interesse da Justiça, da Administração e do Erário;
- comparecer às sessões do Tribunal e dizer de direito, verbalmente ou por escrito, em todos os assuntos sujeitos à decisão do Tribunal, sendo obrigatória sua audiência nos processos de tomada ou prestação de contas e nos concernentes aos atos de admissão de pessoal e de concessão de aposentadorias, reformas e pensões;
- promover junto à Advocacia-Geral da União ou, conforme o caso, perante os dirigentes das entidades jurisdicionadas do Tribunal de Contas da União, as medidas relativas à cobrança judicial da dívida e ao arresto de bens previstas na LOTCU, remetendo-lhes a documentação e instruções necessárias;
- interpor os recursos permitidos em lei e previstos no RITCU; e
- requerer as providências necessárias ao saneamento dos autos (LOTCU: art. 40) ou ao afastamento cautelar do responsável (LOTCU: art. 44).

O Procurador-Geral poderá conceder delegação aos subprocuradores-gerais e procuradores para exercer essas funções.

> **IMPORTANTE**
>
> O Ministério Público junto ao Tribunal de Contas da União não integra o Ministério Público Federal. O Ministério Público junto ao Tribunal de Contas de Estado ou dos Municípios não integra o respectivo Ministério Público Estadual.
> Nos termos do art. 128 da CF, o Ministério Público abrange:
> I. o Ministério Público da União, que compreende:
>   a) o Ministério Público Federal;
>   b) o Ministério Público do Trabalho;
>   c) o Ministério Público Militar;
>   d) o Ministério Público do Distrito Federal e Territórios.
> II. os Ministérios Públicos dos Estados.

A seguir, algumas relevantes deliberações do STF acerca do Ministério Público de Contas.

O Tribunal, por maioria, julgou procedente o pedido e declarou a inconstitucionalidade da expressão 'a que se aplicam as disposições sobre o Ministério

Público, relativas à autonomia administrativa e financeira, à escolha, nomeação e destituição do seu titular e à iniciativa de sua lei de organização', constante do referido dispositivo estadual, por entender que a Constituição Federal, a teor do disposto no art. 130, apenas estendeu aos membros do Ministério Público junto aos Tribunais de Contas as disposições pertinentes aos direitos, vedações e forma de investidura do Ministério Público comum. Considerou-se caracterizada, ainda, a ofensa ao art. 73, da CF, tendo em conta o fato de que, por integrar o Ministério Público junto aos Tribunais de Contas o próprio Tribunal de Contas, seria deste último a competência para a iniciativa das leis concernentes à estrutura orgânica do *parquet* que perante ele atua. Vencidos os Ministros Marco Aurélio e Carlos Britto, que consideravam que a autonomia conferida pela norma impugnada objetivou proporcionar a atuação independente do MP junto aos Tribunais de Contas, harmonizando-se com os arts. 25, 127 e 130, da CF (ADI 2.378, Rel. Min. Maurício Corrêa, Informativo 348).

O Tribunal julgou procedente pedido formulado em ação direta ajuizada pelo Procurador-Geral da República para declarar a inconstitucionalidade do (...) que preveem a atuação de Procuradores de Justiça estadual junto ao Tribunal de Contas estadual, em substituição aos membros do Ministério Público especial, estabelecem que os membros do Ministério Público junto ao Tribunal de Contas integrarão o quadro único do Ministério Público Estadual e criam cargos de Promotor de Justiça de Entrância Especial para exercício junto ao Tribunal de Contas (ADI 3.192, Rel. Min. Eros Grau, Informativo 428).

O Supremo Tribunal Federal, por maioria, reafirmou sua jurisprudência para reconhecer que o Ministério Público de Contas não tem legitimidade para impetrar mandado de segurança contra acórdão do Tribunal de Contas no qual atua. A decisão majoritária foi tomada pelo Plenário Virtual do STF no julgamento de mérito do RE 1.178.617, que teve repercussão geral reconhecida (Tema 1.044, Rel. Min. Alexandre de Moraes).

No que concerne à iniciativa do Ministério Público de Contas de promover a requisição autônoma de documentos, o STF não possui jurisprudência consolidada, conforme testemunham as decisões a seguir.

> Em juízo de delibação, entendo que assiste razão à parte requerente na tese de que a atuação de membro do Ministério Público junto ao Tribunal de Contas do Distrito Federal no sentido de promover o escrutínio de atos de gestão confunde-se com a ratio dos processos de fiscalização de contas públicas e de responsabilização de executores de recursos públicos, prerrogativas essas titularizadas pela Corte de Contas distrital, a teor da disciplina do art. 71, II e IV c/c art. 75, *caput*, da Constituição Federal (...)
>
> Por se tratar a promoção de fiscalização e julgamento das contas dos responsáveis pela gestão de recursos públicos de prerrogativa institucional da Corte de Contas; bem como considerando a compreensão firmada pelo Supremo Tribunal Federal no sentido de que o Ministério Público especial "encontra-se consolidado na 'intimidade estrutural' d[a] Corte de Contas" (ADI nº 789/DF,

Rel. Min. Celso de Mello, DJ 19/12/1994, grifei), entendo, em juízo provisório, que o acesso a informações sob custódia dos agentes públicos sujeitos a controle externo depende da instauração de procedimento devidamente regulamentado no âmbito do respectivo Tribunal de Contas, não se admitindo a requisição autônoma feita por membro do Ministério Público especial, sob pena de se admitir a usurpação de competências e a sobreposição de medidas de vigilância, dificultando ou, mesmo, inviabilizando o controle judicial de eventuais abusos ou irregularidades cometidos nesse exercício (SS 5416, Rel. Min. Dias Toffoli, DJe 3.8.2020).

Ag.Reg. no Recurso Extraordinário 1.391.296 Ceará

(Rel. Min. Cármen Lúcia)

Ementa: Agravo regimental no recurso extraordinário. Constitucional. Membros do Ministério Público junto aos Tribunais de Contas têm autonomia funcional para exercer suas atribuições constitucionais. Requisição de documentos e informações a órgãos públicos: desnecessidade de autorização do presidente do tribunal de contas. Precedentes. Agravo regimental desprovido. (Sessão virtual de 27.9.2024 a 4.10.2024)

Existe uma ativa organização que é a Associação Nacional do Ministério Público de Contas – AMPCON, cujo portal na Internet é www.ampcon.org.br, no qual podem ser pesquisados muitos dados adicionais acerca do tema.

DÚVIDA FREQUENTE

Em quais matérias não é obrigatória a audiência do MPTCU?
Segundo a LOTCU, é obrigatória a audiência do MPTCU nas seguintes matérias:

a) processos de contas; e

b) processos concernentes aos atos de admissão de pessoal e de concessão de aposentadorias, reformas e pensões.

Ademais, o RITCU precisa que, exceto nos embargos de declaração, no agravo e no pedido de reexame em processo de fiscalização de ato ou contrato, é obrigatória a audiência do Ministério Público em todos os recursos, ainda que o recorrente tenha sido ele próprio.
Assim, **não é** obrigatória a audiência do MPTCU nas seguintes matérias:

a) embargos de declaração, agravos e pedidos de reexame em processo de fiscalização de atos e contratos;

b) denúncias;

c) representações;

d) processos de fiscalização;

e) processos de consulta; e

f) processos relativos a solicitações do Congresso Nacional.

Todavia, nada impede que, mesmo não sendo obrigatória, essa audiência seja efetuada, a critério do Relator ou, ainda, no curso da discussão, por solicitação de qualquer Ministro ou Ministro Substituto.

Por fim, segundo o § 1º do art. 280 do RITCU, o Relator poderá deixar de encaminhar os autos ao Ministério Público, solicitando sua manifestação oral na sessão de julgamento quando, nos recursos, apresentar ao colegiado proposta de:

I – não conhecimento;

II – correção de erro material; e

III – evidente conteúdo de baixa complexidade que não envolva o mérito.

6.8.4. Ministério Público de Contas nos TCEs e TCMs

Há muita diversidade na organização dos Ministérios Públicos especializados que funcionam junto aos TCs estaduais e municipais, genericamente chamados de Ministério Público de Contas. O grau de autonomia orçamentária e administrativa varia bastante, assim como o número de integrantes e as regras de escolha do Procurador-Geral. A especificidade de cada MPC deve ser estudada na respectiva Lei Orgânica e Regimento Interno.

6.9. ELABORAÇÃO DE LISTA TRÍPLICE

O art. 36 do RITCU disciplina o processo de elaboração de lista tríplice, a ser encaminhada ao Presidente da República, na hipótese de ocorrência de vaga de cargo de Ministro a ser provida por Ministro Substituto ou por membro do Ministério Público junto ao Tribunal.

No prazo de quinze dias contados da data da ocorrência da vaga, o Presidente convocará sessão extraordinária para deliberar sobre a respectiva lista tríplice.

O *quorum* para deliberar sobre a lista tríplice será de, pelo menos, cinco Ministros, incluindo o que presidir o ato.

A lista tríplice obedecerá, alternadamente, ao critério de antiguidade e de merecimento.

Quando o preenchimento da vaga deva obedecer ao critério de antiguidade:

a) no caso de vaga a ser provida por Ministro Substituto, caberá ao Presidente elaborar a lista tríplice; e

b) se o provimento for destinado a membro do Ministério Público, a elaboração da lista caberá ao Procurador-Geral.

Em ambos os casos, as listas deverão ser submetidas ao Plenário. Em diversos TCs, as regras que definem os critérios de antiguidade geralmente constam em normativos internos.

Na hipótese de vaga a ser preenchida segundo o critério de merecimento, o Presidente apresentará ao Plenário, conforme o caso, a lista dos nomes dos Ministros Substitutos ou dos membros do Ministério Público que possuam os requisitos constitucionais, cabendo ao Procurador-Geral elaborar lista sêxtupla para os fins de formação da lista tríplice pelo Tribunal.

Cada Ministro escolherá três nomes, se houver, de Ministros Substitutos ou de membros do Ministério Público.

O Presidente chamará, na ordem de antiguidade, os Ministros, que colocarão na urna os votos contidos em invólucro fechado.

Os três nomes mais votados, se houver, constarão da lista tríplice a ser encaminhada ao Presidente da República. Em todas as hipóteses, o Presidente da República poderá escolher qualquer dos nomes constantes da lista tríplice, sendo sua escolha submetida à aprovação do Senado, nos termos do art. 73 da CF.

DÚVIDA FREQUENTE

E se não houver três nomes aptos a comporem a lista tríplice?
Neste caso, a lista será composta de um ou dois nomes, conforme o caso.
"Mandado de segurança. Elaboração de lista singular para preenchimento de cargo de ministro do TCU. Pedido de elaboração de nova lista tríplice. Limite objetivo de idade não admite exceções, CF, art. 73, § 1º. A lista deve ser tríplice quando houver candidatos aptos" (MS 23.968, Rel. Min. Gilmar Mendes, julgamento em 14/4/2008, Plenário, DJE de 13/6/2008.)

6.10. SECRETARIA DO TRIBUNAL

A Secretaria do Tribunal destina-se a atender às atividades de apoio técnico e administrativo da Corte (RITCU: art. 10), dispondo de quadro próprio de pessoal, organizado em plano de carreira, disciplinado pelas Leis nos 10.356/2001, 10.930/2004, 11.789/2008 e 12.776/2012. Além das unidades em Brasília, como a Secretaria Geral de Controle Externo, a Secretaria Geral de Administração, a Secretaria-Geral da Presidência e o Instituto Serzedello Corrêa, existem representações sediadas nas capitais dos estados.

O art. 86 da LOTCU estabelece como obrigações do servidor que exerce funções específicas de controle externo no Tribunal de Contas da União:

I. manter, no desempenho de suas tarefas, atitude de independência, serenidade e imparcialidade;

II. representar à chefia imediata contra os responsáveis pelos órgãos e entidades sob sua fiscalização, em casos de falhas e/ou irregularidades;

III. propor a aplicação de multas, nos casos previstos no Regimento Interno; e

IV. guardar sigilo sobre dados e informações obtidos em decorrência do exercício de suas funções e pertinentes aos assuntos sob sua fiscalização, utilizando-os, exclusivamente, para a elaboração de pareceres e relatórios destinados à chefia imediata.

A esses servidores, quando credenciados pelo Presidente do Tribunal ou, por delegação deste, pelos dirigentes das Unidades Técnicas da Secretaria do Tribunal, para desempenhar funções de Auditoria, de inspeções e diligências expressamente determinadas pelo Tribunal ou por sua Presidência, são asseguradas as seguintes prerrogativas:

I. livre ingresso em órgãos e entidades sujeitos à jurisdição do Tribunal de Contas da União;

II. acesso a todos os documentos e informações necessários à realização de seu trabalho; e

III. competência para requerer, nos termos do Regimento Interno, aos responsáveis pelos órgãos e entidades objeto de inspeções, Auditorias e diligências, as informações e os documentos necessários para instrução de processos e relatórios de cujo exame esteja expressamente encarregado por sua chefia imediata.

As atribuições dos Auditores Federais de Controle Externo – AUFCs – encontram-se definidas na Resolução nº 332/2021 e suas alterações. Conforme esse normativo, o exercício do cargo de AUFC na área de Controle Externo consiste em planejar, organizar, supervisionar, coordenar, avaliar e executar atividades relativas à fiscalização e ao controle externo da arrecadação, da aplicação e da gestão de recursos públicos da União, examinando a legalidade, a legitimidade, a economicidade, a eficiência e a efetividade, em seus aspectos financeiro, orçamentário, contábil, patrimonial e operacional, dos atos daqueles que devam prestar contas ao Tribunal. Para tanto, incumbe aos AUFCs:

I – coordenar e desenvolver trabalhos voltados para o planejamento, modernização e a transformação digital dos procedimentos e atividades de controle externo a cargo do Tribunal;

II – examinar, instruir, organizar e acompanhar processos, documentos e informações relativos a matérias de controle externo ou administrativa que lhe sejam distribuídos;

III – instruir processos relativos a contas, atos sujeitos a registro e fiscalização de atos e contratos que, por força de disposições constitucionais, legais ou regulamentares, são apresentados ao Tribunal;

IV – assessorar autoridades em assuntos e atribuições na área de controle externo;

V – coletar e analisar dados e informações, bem como desenvolver, implantar e utilizar algoritmos e modelos para detecção de anomalias e predição de resultados que deem suporte às atividades de controle externo a cargo do Tribunal;

VI – propor, planejar, executar e coordenar trabalhos de fiscalização, em suas diversas modalidades, nas unidades, áreas, programas projetos ou atividades vinculadas às competências do TCU, com a elaboração dos respectivos relatórios e exame de recursos;

VII – quando devidamente designado ou autorizado, colaborar com o Congresso Nacional ou suas Comissões, com o Poder Judiciário e outros órgãos da Administração, em matéria afeta ao Tribunal;

VIII – compor e, quando for o caso, coordenar comissão, equipe de fiscalização e grupo de trabalho ou de pesquisa instituídos no âmbito do Tribunal ou em decorrência de acordos de cooperação ou convênios firmados pelo TCU;

IX – efetuar o cálculo de débitos em processos de controle externo e administrativos e das quotas referentes aos Fundos de Participação dos Estados, do Distrito Federal e dos Municípios;

X – aplicar e contribuir para a disseminação de práticas e diretrizes recomendadas ou determinadas pelo Tribunal;

XI – participar de trabalhos na área administrativa em situações que requeiram especialização na sua área de conhecimento; e

XII – executar outros trabalhos da área de controle externo determinados por sua chefia.

Os AUFCs são servidores federais estatutários, aplicando-se-lhes as disposições da Lei nº 8.112/1990.

Na etapa de instrução dos processos aplica-se aos servidores do TCU o mesmo impedimento previsto para os Ministros no inciso VIII do art. 39 do RITCU: atuar em processo de interesse próprio, de cônjuge, de parente consanguíneo ou afim, na linha reta ou na colateral, até o segundo grau, ou de amigo íntimo ou inimigo capital, assim como em processo em que tenha funcionado como advogado, perito, representante do Ministério Público ou servidor da Secretaria do Tribunal ou do Controle Interno.

IMPORTANTE

O exercício de atividades finalísticas de controle externo não pode ser desempenhado por ocupantes de cargos em comissão, mas por servidores efetivos do Tribunal de Contas. Foi o que decidiu o STF no julgamento da ADI 6655 (Rel. Min. Edson Fachin, j. 9/5/2022).

6.11. OUVIDORIA

No TCU as ações de Ouvidoria estão no âmbito da Secretaria de Relações Institucionais, nos termos da Resolução TCU nº 373/2024.

Compete à Ouvidoria, entre outras atribuições, receber – tanto em relação a serviço prestado pelo Tribunal, como com respeito a ato de gestão ou ato administrativo praticado por agente público a ele jurisdicionado e do próprio TCU – sugestões de aprimoramento, críticas, reclamações ou informações, além de coordenar, no âmbito do TCU, a gestão dos pedidos de acesso à informação de que trata a Lei nº 12.527/2011, zelando pelo cumprimento dos prazos de atendimento.

Também é sua atribuição coordenar a aplicação no âmbito do TCU da Lei nº 12.527/2011 (Lei de Acesso à Informação – LAI) e da Lei nº 13.709/2018 (Lei Geral de Proteção de Dados Pessoais – LGPD).

Quando receber informação contendo indício de irregularidade ou ilegalidade praticada por autoridade ou servidor do Tribunal ou de agente público jurisdicionado ao TCU, a Ouvidoria, conforme o caso, comunicará ao Presidente, ao Corregedor ou ao setor competente do TCU para que determinem os procedimentos cabíveis.

Considerando a importância crescente da atuação do cidadão, objetivando o aperfeiçoamento da Administração Pública em benefício da sociedade; a necessidade de assegurar a participação da sociedade no processo de melhoria das atividades desempenhadas pelo TCU; a urgência de que se revestem as solicitações encaminhadas pela sociedade, nos termos da Lei nº 12.527/2011 – Lei de Acesso à Informação (LAI); e no intuito de fortalecimento das atividades de representação da ouvidoria, a Resolução TCU nº 258/2013 instituiu a função de Ministro Ouvidor, a ser exercida por ministro designado pelo Presidente do Tribunal de Contas da União, para exercício por um ano civil, permitida a recondução.

A Ouvidoria do TCU também observa as normas dos arts. 13 a 17 da Lei nº 13.460/2017, que dispõem sobre participação, proteção e defesa dos direitos do usuário dos serviços públicos da administração pública.

6.12. COMISSÕES

As comissões não estão previstas na LOTCU, mas apenas no RITCU (arts. 18 a 23). Destinam-se a colaborar com o desempenho das atribuições do TCU e podem ser temporárias ou permanentes.

Os integrantes das comissões são designados pelo Presidente entre os Ministros e Auditores do Tribunal e elas serão presididas pelo Ministro mais antigo de seus integrantes. As comissões permanentes compõem-se de três membros efetivos e um suplente, e as temporárias de dois ou mais membros.

São permanentes a Comissão de Regimento e a Comissão de Jurisprudência.

À Comissão de Regimento compete, essencialmente, cuidar da atualização do Regimento Interno, mediante a apresentação de projetos de alteração do texto em vigor, e a emissão de parecer sobre projeto apresentado por Ministro ou sugestão oferecida por Auditor ou representante do Ministério Público. Terá, necessariamente, a participação do Ministro mais antigo no exercício do cargo.

A Comissão de Jurisprudência tem como atribuições manter a atualização e a publicação da Súmula da Jurisprudência do Tribunal; superintender os serviços de sistematização e divulgação da jurisprudência predominante do TCU, sugerindo medidas que facilitem a pesquisa de julgados ou processos; e propor que seja compendiada em súmula a jurisprudência do Tribunal, quando verificar que o Plenário e as Câmaras não divergem em suas decisões sobre determinada matéria.

6.13. CÓDIGO DE CONDUTA ÉTICA DOS SERVIDORES DO TCU

A atual versão do Código de Conduta Ética dos Servidores do TCU (CCESTCU) foi instituída pela Resolução nº 330/2021 – que revogou a anterior Resolução nº 226/2009 –, e regulamentada pela Portaria nº 112/2022.

Nos considerandos, o TCU menciona sua missão institucional, assinalando que, para o seu cumprimento, os seus servidores devem ostentar elevados padrões de conduta e comportamento ético, pautados em valores incorporados e compartilhados por todos. Assim, o objetivo da Resolução é formalizar e publicizar tais padrões de conduta e comportamento, de modo a permitir que a sociedade e as demais entidades que se relacionem com o Tribunal possam assimilar e aferir a integridade e a lisura com que os servidores desempenham a sua função pública e realizam a missão da instituição.

A importância da formalização do CCESTCU reside no fato de que a ética de uma instituição é, essencialmente, reflexo da conduta de seus servidores, que devem seguir um conjunto de princípios e normas, consubstanciando um padrão de comportamento irrepreensível.

Os princípios e valores fundamentais a serem observados pelos servidores do Tribunal de Contas da União no exercício do seu cargo ou função são elencados no art. 4º:

I – o interesse público, a preservação e a defesa do patrimônio público;

II – a legalidade, a impessoalidade, a moralidade e a transparência;

III – a honestidade, a dignidade, o respeito e o decoro;

IV – a qualidade, a eficiência e a equidade dos serviços públicos;

V – a integridade;

VI – a independência, a objetividade e a imparcialidade;

VII – a neutralidade político-partidária, religiosa e ideológica;

VIII – o respeito ao sigilo profissional;

IX – a competência; e

X – o desenvolvimento profissional.

O art. 6º cuida dos deveres dos servidores do TCU, entre os quais:

- resguardar, em sua conduta pessoal, a integridade, a honra e a dignidade de sua função pública, agindo em harmonia com os compromissos éticos assumidos neste Código e os valores institucionais;
- proceder com honestidade, probidade e tempestividade, escolhendo sempre, quando estiver diante de mais de uma opção legal, a que melhor se coadunar com a ética e com o interesse público;
- representar imediatamente à chefia ou à unidade técnica competente todo e qualquer ato ou fato que seja contrário ao interesse público, prejudicial ao Tribunal ou à sua missão institucional, de que tenha tomado conhecimento em razão do cargo ou função;
- tratar autoridades, superiores, colegas de trabalho, subordinados e demais pessoas com quem se relacionar em função do trabalho, com urbanidade, cortesia, respeito, educação e consideração, inclusive quanto às possíveis limitações pessoais, sem qualquer distinção ou discriminação;

- evitar assumir posição de intransigência perante a chefia ou colegas de trabalho, respeitando os posicionamentos e as ideias divergentes, sem prejuízo de representar contra qualquer ato irregular;
- apresentar-se ao trabalho ou participar de reuniões telepresenciais com vestimentas adequadas ao exercício do cargo ou função, evitando o uso de vestuário e adereços que comprometam a boa apresentação pessoal, a imagem institucional ou a neutralidade profissional;
- evitar quaisquer ações ou relações conflitantes, ou potencialmente conflitantes, com suas responsabilidades profissionais, enviando à Comissão de Ética informações sobre relações, situação patrimonial, atividades econômicas ou profissionais que, real ou potencialmente, possam suscitar conflito de interesses, indicando o modo pelo qual pretende evitá-lo, na forma definida pela Comissão de Ética;
- resistir a pressões de superiores hierárquicos, de contratantes, interessados e outros que visem a obter quaisquer favores, benesses ou vantagens indevidas em decorrência de ações ou omissões imorais, ilegais ou antiéticas, e denunciá-las;
- manter-se afastado de quaisquer atividades que reduzam ou denotem reduzir sua autonomia e independência profissional;
- manter neutralidade no exercício profissional – tanto a real como a percebida – conservando sua independência em relação às influências político-partidária, religiosa ou ideológica, de modo a evitar que estas venham a afetar – ou parecer afetar – a sua capacidade de desempenhar com imparcialidade suas responsabilidades profissionais;
- realizar suas atividades particulares em caráter estritamente pessoal, incluídas as atividades político-partidárias, sem praticar atos que passem a ideia de que seriam atividades públicas inerentes ao exercício do cargo exercido no TCU;
- manter sob sigilo dados e informações de natureza confidencial obtidas no exercício de suas atividades ou, ainda, de natureza pessoal de outros servidores ou subordinados que só a eles digam respeito, aos quais, porventura, tenha acesso em decorrência do exercício profissional, informando à chefia imediata ou à autoridade responsável quando tomar conhecimento de que assuntos sigilosos estejam ou venham a ser revelados.

Entre as vedações prescritas pelo art. 7º, sublinhe-se:

- praticar ou compactuar, por ação ou omissão, direta ou indiretamente, ato contrário à ética e ao interesse público, mesmo que tal ato observe as formalidades legais e não cometa violação expressa à lei;
- discriminar colegas de trabalho, superiores, subordinados e demais pessoas com quem se relacionar em função do trabalho, em razão de preconceito

- ou distinção de raça, sexo, orientação sexual, nacionalidade, cor, idade, religião, tendência política, posição social ou quaisquer outras formas de discriminação;
- adotar qualquer conduta que interfira no desempenho do trabalho ou que crie ambiente hostil, ofensivo ou com intimidação, tais como ações tendenciosas geradas por simpatias, antipatias ou interesses de ordem pessoal, sobretudo e especialmente o assédio sexual de qualquer natureza ou o assédio moral, no sentido de desqualificar outros, por meio de palavras, gestos ou atitudes que ofendam a autoestima, a segurança, o profissionalismo ou a imagem;
- usar do cargo, da função ou de informação privilegiada em situações que configurem abuso de poder, práticas autoritárias ou que visem a quaisquer favores, benesses ou vantagens indevidas para si, para outros indivíduos, grupos de interesses ou entidades públicas ou privadas;
- divulgar ou facilitar a divulgação, por qualquer meio, de informações sigilosas obtidas por qualquer forma em razão do cargo ou função e, ainda, de relatórios, instruções e informações constantes em processos cujo objeto ainda não tenha sido apreciado, sem prévia autorização da autoridade competente;
- atuar nas redes sociais e em mídias alternativas de modo que possa comprometer a credibilidade, a isenção e a imagem do Tribunal de Contas da União e de seus agentes públicos, na forma disposta em regulamento, sem prejuízo do pensamento crítico e da liberdade de expressão;
- receber, para si ou para outrem, mesmo em ocasiões de festividade, qualquer tipo de ajuda financeira, gratificação, comissão, doação, presentes ou vantagens de qualquer natureza, de pessoa física ou jurídica interessada na atividade do servidor;
- apresentar-se sob efeito de álcool ou de quaisquer drogas ilegais no ambiente de trabalho ou, fora dele, em situações que comprometam a imagem pessoal, na forma disposta em regulamento, e, por via reflexa, a institucional;
- cooperar com qualquer organização que atente contra a dignidade da pessoa humana;
- utilizar sistemas e canais de comunicação do Tribunal para a propagação e divulgação de trotes, boatos, *fake news*, pornografia, propaganda comercial, religiosa ou político-partidária.

Durante os trabalhos de fiscalização a cargo do Tribunal, o servidor deverá entre outros:

- estar preparado para esclarecer questionamentos acerca das competências do Tribunal, bem como sobre normas regimentais pertinentes às ações de fiscalização;

- manter atitude de independência em relação ao fiscalizado, evitando postura de superioridade, inferioridade ou preconceito relativo a indivíduos, órgãos e entidades, projetos e programas;
- evitar que interesses pessoais e interpretações tendenciosas interfiram na apresentação e tratamento dos fatos levantados, bem como abster-se de emitir opinião preconcebida ou induzida por convicções político-partidária, religiosa ou ideológica;
- manter a necessária cautela no manuseio de papéis de trabalho, documentos extraídos de sistemas informatizados, exibição, gravação e transmissão de dados em meios eletrônicos, a fim de que deles não venham tomar ciência pessoas não autorizadas pelo Tribunal;
- evitar empreender caráter inquisitorial às indagações formuladas aos fiscalizados;
- manter-se neutro em relação às afirmações feitas pelos fiscalizados, no decorrer dos trabalhos de fiscalização, salvo para esclarecer dúvidas sobre os assuntos previstos no inciso I do art. 8º.

Nos termos do art. 12, o servidor deve evitar situações de conflitos de interesses reais, potenciais ou aparentes, e, quando for identificada tal situação, declarar-se impedido, na forma disposta em regulamento, de tomar decisão ou de participar de atividades, trabalhos ou tarefas para as quais tenha sido designado.

Por seu turno, o Capítulo IV do CCESTCU tem por tema a gestão da ética, dispondo sobre a comissão de ética, suas competências e funcionamento.

A Comissão de Ética é constituída de três membros e respectivos suplentes, todos servidores efetivos e estáveis, designados pelo Presidente do Tribunal, dentre aqueles que nunca sofreram punição administrativa ou penal, para mandato de dois anos, permitida a recondução. A Comissão de Ética tem por finalidade monitorar e propor aperfeiçoamentos no sistema de gestão da ética no TCU, implementar e gerir o CCESTCU, orientar sobre sua aplicação e apurar condutas em desacordo com este Código.

Ademais, como o TCU é filiado à INTOSAI, aos seus auditores e dirigentes aplicam-se as disposições da ISSAI 30 – Código de Ética.

6.14. PARA SABER MAIS

O conteúdo deste capítulo encontra-se regulado pelo RITCU, bem como por diversas Resoluções e Portarias.

Capítulo **7**

Processos e Deliberações

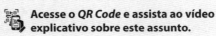

Acesse o *QR Code* e assista ao vídeo explicativo sobre este assunto.
> http://uqr.to/202b2

Quais os tipos de processos nos Tribunais de Contas? Quais são as formas de deliberação do TCU? Quais matérias exigem maioria absoluta ou quórum qualificado para aprovação? Qual a diferença entre Relator, Revisor e Redator? O que é Relação? Poderá o Ministro ou Ministro Substituto convocado abster-se de votar? O que significa voto médio? É indispensável a assistência de um advogado?

7.1. PROCESSOS

7.1.1. Especificidades dos processos de controle externo

Os processos de controle externo possuem especificidades que os distinguem tanto dos processos administrativos quanto dos judiciais. Nas palavras de Ayres Britto, "têm sua própria ontologia".[1]

Como em todo órgão da administração pública, tramitam nos Tribunais de Contas processos administrativos, envolvendo uma plêiade de assuntos regulados por normas

---

[1] BRITTO, Carlos Ayres. O Regime Constitucional dos Tribunais de Contas. *Revista Diálogo Jurídico*, Salvador, CAJ – Centro de Atualização Jurídica, v. I, nº 9, dez., 2001.

legais específicas, como, por exemplo, nomeações, aposentadorias, direitos funcionais, licitações e contratos, execução orçamentária, gestão patrimonial etc.

Não são esses o objeto de nosso estudo, mas apenas os processos de controle externo, definidos como aqueles típicos das atividades das Cortes de Contas, em especial de suas funções julgadora, fiscalizadora, opinativa, consultiva e ouvidora.

Cluny identifica nas Cortes de Contas:

> ... um autêntico regime processual autônomo adequado às especificidades da responsabilidade financeira e que, assim como outros sistemas adjetivos específicos, apenas em situações concretas e de maneira subsidiária se socorre de princípios e normas processuais em outros diplomas, notadamente o Código de Processos Civil.[2]

Ao introduzir alterações na Lei de Introdução às normas do Direito Brasileiro – LINDB, no intuito de incluir "disposições sobre segurança jurídica e eficiência na criação e na aplicação do direito público", a Lei nº 13.655/2018 explicitou a existência de processos em três distintas esferas: a administrativa, a controladora e a judicial, essa última compreendendo os processos civis e penais. Referida esfera controladora compreende o conjunto de processos de controle externo no âmbito dos Tribunais de Contas brasileiros, regidos por normas processuais próprias que os distinguem dos processos característicos das esferas judicial e administrativa.

Por força de regramento constitucional e de normas dele decorrentes, há princípios e regras cuja observância é comum tanto na esfera judicial quanto nos processos de contas, entre os quais cumpre destacar:

a) observância aos princípios da legalidade, impessoalidade, moralidade, publicidade e eficiência (CF: art. 37, *caput*);

b) observância aos princípios do contraditório e da ampla defesa, com os meios e recursos a ela inerentes (CF: art. 5º, LV);

c) respeito ao direito adquirido, ao ato jurídico perfeito e à coisa julgada (CF: art. 5º, XXXVI);

d) caráter personalíssimo das sanções, podendo a obrigação de reparar o dano e a decretação do perdimento de bens ser, nos termos da lei, estendidas aos sucessores e contra eles executadas, até o limite do valor do patrimônio transferido (CF: art. 5º, XLV);

e) inadmissibilidade de provas obtidas por meios ilícitos (CF: art. 5º, LVI); e

f) garantia da razoável duração do processo e dos meios que garantam a celeridade de sua tramitação (CF: art. 5º, LXXVIII).

---

[2] Responsabilidade Financeira e Tribunal de Contas: contributos para uma reflexão necessária. Coimbra: Coimbra, 2011, p. 199. Apud FERREIRA JÚNIOR, Adircélio de Moraes. O bom controle público e as cortes de Contas como Tribunais da boa governança. Dissertação apresentada ao Curso de Pós--graduação *Strictu Sensu* em Direito, Programa de Pós-graduação da Universidade Federal de Santa Catarina, como requisito à obtenção do título de Mestre em Direito. Florianópolis, 2015, p. 219.

Todavia, há importantes especificidades merecedoras desde logo de registro e aprofundadas adiante, tais como:

- ausência de lide;
- inaplicabilidade da inércia de jurisdição;
- inversão do ônus da prova;[3]
- não obrigatoriedade de representação por intermédio de advogado;
- inexistência de duplo grau de jurisdição;
- ausência de prova testemunhal;
- efeito da revelia; e
- limites da coisa julgada.

Assim, recomenda-se prudência àqueles habituados a atuar nas esferas cível, penal e administrativa quando convocados ao exame de questões pertinentes a processos de controle externo.[4] Outro fator relevante são as consideráveis distinções existentes nas regras processuais previstas nas 33 Leis Orgânicas e Regimentos Internos das Cortes de Contas brasileiras, circunstância que evoca a necessidade de uma lei nacional de processos de controle externo, ainda em etapa de debates preliminares.

7.1.2. Tipos de processos

O processo é definido no TCU como o conjunto de peças que documentam o exercício da atividade do Tribunal (Resolução nº 259/2014 e alterações posteriores). A autuação, a tramitação e a gestão documental e processual, no âmbito do TCU, serão realizadas em meio eletrônico, ressalvadas situações excepcionais previstas em normativo específico. Os processos classificam-se como:

- processos de contas;
- processos de fiscalização;
- processos de admissão e concessão de aposentadorias, reformas e pensões;
- processos de denúncia e representação;
- processos de consulta;
- processos relativos a solicitações do Congresso Nacional;
- processos de desestatização;
- processos de acordos de leniência;
- solicitações de solução consensual;

---

[3] Não se aplica aos processos de fiscalização, conforme o item 13.1.
[4] Sobre o tema, recomenda-se a leitura do livro *Processos de Controle Externo*: estudos de Ministros e Conselheiros Substitutos dos Tribunais de Contas. Belo Horizonte: Fórum, 2019.

- processos administrativos e projetos de atos normativos; e
- outros.[5]

Registre-se que todos os processos no TCU são gratuitos, ou seja, não há cobrança de custas ou de preparo.

7.1.3. Relator

Todo processo de controle externo possui um Relator, que poderá ser Ministro, com exceção do Presidente, ou Ministro-Substituto (Auditor) e presidirá a instrução do processo, determinando, mediante despacho singular, de ofício ou por provocação do órgão de instrução ou do Ministério Público junto ao Tribunal, o sobrestamento do julgamento, a citação ou a audiência dos responsáveis, ou outras providências consideradas necessárias ao saneamento dos autos, fixando prazo para o atendimento das diligências, após o que submeterá o feito ao Plenário ou à Câmara respectiva para decisão de mérito.

> **IMPORTANTE**
>
> Na forma do art. 13 da LOTCU, a decisão preliminar do Relator poderá, a seu critério, ser publicada no Diário Oficial da União. O art. 203 do RITCU ampliou o dispositivo para "órgãos oficiais". Assim, nem todas as decisões do TCU são obrigatoriamente publicadas na imprensa oficial.

> **DÚVIDA FREQUENTE**
>
> Qual a diferença entre Relator, Revisor e Redator?
> Todo processo tem um Relator, que apresenta uma proposta de Acórdão, ou outra modalidade de deliberação, conforme o caso.
> Ao ser submetido a discussão, um Ministro ou Ministro Substituto convocado poderá pedir vista do processo, tornando-se Revisor. Poderá haver mais de um Revisor.
> Se o Revisor apresentar um voto divergente do Relator, as propostas serão submetidas à votação do colegiado. Se a proposta do Relator for derrotada, caberá ao autor do primeiro voto vitorioso redigir o Acórdão resultante. Por isso, é chamado de Redator.
> Assim, nem todo Revisor torna-se Redator.
> Por outro lado, o Ministro ou Ministro Substituto convocado poderá propor conclusão distinta da do Relator sem necessariamente ter pedido vista. Se a proposta alternativa for vitoriosa, tornar-se-á Redator, sem ter sido Revisor.

---

[5] Compreendem, entre outros: solicitações de informação ou de cópia por órgãos ou autoridades legitimados; solicitações de informação para subsidiar ação judicial; solicitações de certidão; solicitações de acesso a informações para esclarecimentos de interesse particular, coletivo ou geral; solicitações de prorrogação de prazos para apresentação de prestação de contas; pedidos de partes relativos ao exercício da ampla defesa. solicitações de apuração de dano para fins de celebração de acordo de não persecução civil; e contestação de coeficientes de transferências obrigatórias.

7.1.4. Distribuição dos processos

A distribuição dos processos aos Ministros e Ministros Substitutos observará os princípios da publicidade, da alternatividade e do sorteio (LOTCU: art. 107; RITCU: art. 147). As Resoluções nº 345/2022 e nº 346/2022 alteraram a sistemática anterior que previa a existência de listas de unidades jurisdicionadas.

Os processos serão distribuídos para relatoria dos Ministros e Ministros Substitutos, por meio de sorteio eletrônico, automático e aleatório, que buscará assegurar a distribuição equânime da carga de trabalho, respeitando-se o princípio do juiz natural.

Aos Ministros e Ministros Substitutos serão sorteados os processos referentes a atos de admissão de pessoal e de concessão de aposentadoria, reforma ou pensão submetidos ao Tribunal para fins de registro, os processos de tomadas de contas especiais, cujo valor do dano atualizado na data de autuação seja inferior a limite anualmente estabelecido pela Presidência[6], os processos de representação e denúncia referentes a licitações promovidas por municípios, cujo valor global seja inferior ao mesmo limite, bem como os processos referentes a unidades jurisdicionadas da administração indireta constantes de lista a ser aprovada pelo Plenário até a primeira semana de dezembro de cada ano.

Aos Ministros serão sorteados todos os demais tipos de processos, cabendo-lhes em caráter exclusivo a relatoria de recursos, consultas, solicitações do Congresso Nacional, solicitações de solução consensual e desestatizações.

Em caso de manifesta desproporção da carga de trabalho entre Ministros e Ministros Substitutos, poderá o Presidente adotar medidas de equalização na distribuição dos processos.

O sorteio observará os critérios dispostos na Portaria TCU nº 203/2022 e será realizado pela Presidência tão logo ocorra a autuação do processo ou a conclusão do exame de admissibilidade dos recursos de reconsideração, de revisão ou de pedido de reexame.

O sorteio dos processos ocorrerá de forma independente para cada grupo de tipos processuais (atos de pessoal, fiscalizações, contas de governo, contas ordinárias, tomadas de contas especiais, denúncias e representações, solicitações do Congresso Nacional, consultas, desestatizações, acordos de leniência, administrativos e projetos de atos normativos e outros). O princípio da alternatividade e a distribuição equânime da carga de trabalho serão assegurados para cada grupo de tipos processuais. Os nomes dos relatores sorteados serão excluídos dos sorteios seguintes daquele grupo de tipos processuais, até que todos os demais Ministros ou Ministros Substitutos tenham sido contemplados em iguais condições.

O Ministro ou Ministro Substituto deverá declarar o seu impedimento nas hipóteses dos incisos VIII e IX do art. 39 do RITCU, podendo ainda alegar suspeição, por motivo íntimo. No caso de impedimento ou suspeição de Ministro ou Ministro Substituto sorteado, ou ocorrendo a impossibilidade do desempenho de suas funções, reconhecida pelo Plenário, será realizado novo sorteio, mediante a devida compensação, com vistas a garantir a distribuição equânime da carga de trabalho.

---

6   Para 2023, o valor foi fixado em R$ 5.700.000,00 pela Portaria TCU nº 189/2022.

Quanto às Contas do Presidente da República, o sorteio será realizado na primeira sessão ordinária do Plenário do mês de julho para as Contas relativas ao exercício subsequente. Assim, em 2024, foi sorteado o Relator das Contas do Governo do exercício de 2025, a serem apreciadas em 2026. Os nomes dos Relatores sorteados serão excluídos dos sorteios seguintes até que todos os demais Ministros tenham sido contemplados em iguais condições, exceto na hipótese de impedimento ou suspeição do Ministro sorteado. Serão distribuídas ao Relator das Contas do Presidente da República, por prevenção, as fiscalizações realizadas para subsidiar a elaboração do parecer prévio.

Os recursos de revisão serão sorteados entre os Ministros, excluído o autor do voto vencedor que fundamentou a deliberação original, bem como o dos eventuais recursos de reconsideração interpostos, observado o critério dos tipos processuais, com vistas à distribuição equânime da carga de trabalho entre os Ministros.

Os recursos de reconsideração ou os pedidos de reexame serão sorteados entre os Ministros do colegiado que houver proferido a deliberação, excluído o autor do voto vencedor que fundamentou a deliberação recorrida, observado o critério dos tipos processuais, com vistas à distribuição equânime da carga de trabalho entre os Ministros.

Os recursos de reconsideração, de revisão e os pedidos de reexame interpostos por diferentes interessados contra a mesma deliberação serão distribuídos ao Ministro sorteado como relator do primeiro deles.

Nos processos de solicitação de solução consensual, o sorteio de relator será realizado pela Presidência do TCU, entre os ministros, após a manifestação do Ministério Público junto ao TCU sobre a proposta de solução apresentada pela Comissão de Solução Consensual.[7]

Em caso de possível conexão ou continência, o Presidente do Tribunal poderá submeter ao Plenário, por iniciativa própria ou mediante provocação de Ministro, Ministro Substituto ou representante do Ministério Público, proposta de designação de um único Ministro ou Ministro Substituto para relatar os processos relacionados. Aprovada a prevenção pelo Plenário, os processos serão reunidos sob a relatoria do Ministro ou Ministro Substituto prevento, exceto quanto ao processo que já tiver sido apreciado.

O Ministro ou Ministro Substituto não ficará prevento em relação ao processo em que atuar em decorrência de vacância ou de afastamento legal, exceto quanto à apreciação de embargos de declaração e de agravo.

O Presidente do Tribunal, quando se mostrar conveniente para o melhor desenvolvimento dos trabalhos, por iniciativa própria ou mediante provocação de Ministro, Ministro Substituto ou de representante do Ministério Público, poderá submeter ao Plenário, devidamente fundamentada, proposta de distribuição de processo ou grupo de processos a um determinado relator, sem a observância das regras de distribuição definidas na Resolução nº 346/2022.

---

[7] Resolução TCU nº 351/2022.

7.1.5. Etapas do processo

As etapas do processo no TCU, inclusive dos recursos, são:

- a instrução;
- o parecer do Ministério Público junto ao TCU; e
- o julgamento ou a apreciação.

Nos processos relativos a atos sujeitos a registro e nos referentes à fiscalização de atos e contratos, a etapa de julgamento será denominada apreciação.

Os expedientes apresentados ao TCU, antes de serem convertidos em processos, serão objeto de exame de admissibilidade, com o objetivo de verificar se encontram-se presentes os requisitos relativos à matéria, de modo a permitir o seu conhecimento pelo Relator ou pelo colegiado.

A instrução do processo será presidida pelo Relator. Em regra, haverá uma instrução subscrita pelo AUFC, seguida da manifestação favorável ou discordante de suas chefias (*v.g.* titular da unidade técnica). Durante essa etapa, o Relator determinará, mediante despacho, de ofício ou por provocação da unidade de instrução ou do Ministério Público junto ao Tribunal, as providências necessárias ao saneamento dos autos, incluindo:

- o sobrestamento do julgamento ou da apreciação;
- a citação;
- a audiência dos responsáveis; ou
- outras.

À exceção do sobrestamento, tais providências poderão ser delegadas pelo Relator a titular de unidade técnica.

Até o término da etapa de instrução, é facultada à parte a juntada de documentos novos.

As provas que as partes quiserem produzir devem ser apresentadas, sempre, na forma documental.

Não são admitidas as provas obtidas por meios ilícitos (CF: art. 5º, inciso LVI). O Relator, em decisão fundamentada, negará a juntada de provas ilícitas, impertinentes, desnecessárias ou protelatórias (RITCU: art. 162, § 2º).

JURISPRUDÊNCIA DO STF

RE 934233 AgR/RS – Relator: Min. EDSON FACHIN
AGRAVO REGIMENTAL EM RECURSO EXTRAORDINÁRIO. DIREITO ADMINISTRATIVO. TRIBUNAL DE CONTAS DA UNIÃO. COMPETÊNCIA. CONCURSO MATERIAL. FRAUDE. SISTEMA ÚNICO DE SAÚDE. ADMINISTRADOR DE HOSPITAL. SIGILOS BANCÁRIO E FISCAL. PROVA EMPRESTADA. APLICAÇÃO RETROATIVA DE LEI. CARÁTER SANCIONADOR. (...) 2. É possível a utilização em processo administrativo de provas emprestadas de processo penal, quando haja conexão entre os feitos. (...)

A instrução é considerada terminada quando o titular da Unidade Técnica (Secretário) emite seu parecer.

Os atos processuais poderão se dar por meio eletrônico (RITCU: art. 157, § 5º). Ademais, a critério do relator e mediante delegação em portaria específica, o chefe de seu gabinete poderá efetuar despachos de mero expediente ou de simples encaminhamento de processos (RITCU: art. 157, § 6º).

7.1.6. Partes e ingresso de interessados

No TCU, são partes no processo o responsável e o interessado (RITCU: art. 144).

Responsável, nos termos da Resolução nº 36/1995, é aquele que figure no processo em razão da utilização, arrecadação, guarda, gerenciamento ou administração de dinheiros, bens e valores públicos, ou pelos quais a União responda, ou que, em nome desta, assuma obrigações de natureza pecuniária, ou por ter dado causa a perda, extravio ou outra irregularidade de que resulte prejuízo ao Erário.

Interessado, nos termos do RITCU (art. 144, § 2º) é aquele que, em qualquer etapa do processo, tenha reconhecida, pelo Relator ou pelo Tribunal, razão legítima para intervir no processo. Por sua vez, a Resolução nº 213/2008 define interessado como aquele que, em qualquer etapa do processo, seja assim reconhecido pelo Relator ou pelo Tribunal, em virtude da possibilidade de ter direito subjetivo próprio prejudicado pela decisão a ser exarada pelo Tribunal ou da existência de outra razão legítima para intervir no processo.

> **IMPORTANTE**
>
> Nos processos em tramitação no TCU não é obrigatório que a parte esteja representada por advogado. Conforme o art. 145 do RITCU, as partes podem praticar os atos processuais diretamente ou por intermédio de procurador regularmente constituído, ainda que não seja advogado. No entanto, segundo o § 1º do art. 165 do RITCU, as partes não poderão retirar processo das dependências do Tribunal, exceto por intermédio de advogado regularmente constituído, que poderá fazê-lo pelo prazo de cinco dias, sob a sua responsabilidade, na forma e nas condições definidas em ato normativo. A Resolução nº 259/2014 estipulou que tal atendimento será feito por meio de acesso aos autos eletrônicos, ou, na impossibilidade, pela concessão gratuita de cópia eletrônica armazenada em mídia digital.
>
> Em 2007, o STF concedeu liminar garantindo a um advogado o direito de acesso, mesmo sem procuração, aos autos de um processo de tomada de contas localizado nas dependências da Secex-GO (MS 26.772 – Rel.: Min. Ellen Gracie). A decisão da Ministra foi tomada com base no art. 7º, XIII, do Estatuto dos Advogados (Lei nº 8.906/1994), que assegura aos integrantes da categoria o direito de examinar autos de processos que não estejam sob sigilo, em qualquer órgão dos Poderes Judiciário, Legislativo ou da Administração Pública em geral.

A habilitação de interessado em processo será efetivada mediante o deferimento, pelo Relator, de pedido de ingresso formulado por escrito e devidamente fundamentado, explicitando, de forma clara e objetiva, razão legítima para intervir no processo ou a possibilidade de lesão a direito subjetivo próprio.

É facultado ao interessado, na mesma oportunidade em que solicitar sua habilitação em processo, requerer a juntada de documentos e manifestar a intenção de exercitar alguma faculdade processual.

Todavia o pedido de habilitação de interessado será indeferido quando formulado após a inclusão do processo em pauta. Nada obstante, o ingresso poderá ocorrer na fase de recurso.

> **JURISPRUDÊNCIA DO TCU**
>
> Acórdão nº 3.001/2015 – Segunda Câmara (Representação, Rel.: Min. Ana Arraes)
> Processual. Representação. Impulso Oficial.
> Os representantes e os denunciantes não são automaticamente considerados interessados nos processos resultantes de suas representações e denúncias, pois, em princípio, seu papel consiste apenas em provocar a ação fiscalizatória do TCU.

7.1.7. Solicitação de informações ou de cópia

De acordo com a Resolução TCU nº 259/2014 e suas alterações, são legitimados para solicitar informações ou cópia os órgãos e autoridades que detiverem a prerrogativa constitucional e/ou legal para solicitá-las, bem assim aqueles que, por dever de ofício, estejam tratando do mesmo objeto de processo em tramitação no TCU.

As soluções de tecnologia da informação pertinentes ao TCU devem possibilitar que advogados, delegados da Polícia Federal, procuradores e membros do Ministério Público credenciados, ainda que não vinculados a processo previamente identificado, possam acessar, de forma automática, processos eletrônicos, desde que demonstrado interesse para fins apenas de registro, salvo nos casos de processos ou peças classificados como sigilosos e observada a necessidade de registro, nas bases de dados do TCU, da identificação daquele que acessou, do conteúdo que foi acessado e de eventuais ações realizadas no processo durante o acesso.

7.1.8. Processos urgentes e sigilosos

São considerados urgentes, merecendo tramitação preferencial, os documentos e processos referentes a (RITCU: art. 159):

I – solicitação de realização de auditorias e inspeções formulada pelo Congresso Nacional, por qualquer de suas casas ou pelas respectivas comissões;

II – solicitação de informações e requisição de resultados de auditorias e inspeções, bem assim de pronunciamento conclusivo, a ser emitido no prazo de trinta dias do recebimento;

III – pedido de informação para instrução de mandado de segurança ou outro feito judicial;

IV – consulta que, pela sua natureza, exija imediata solução, a critério do Relator;

V – denúncia ou representação que indique a ocorrência de fato grave, a critério do Relator;

VI – medidas cautelares;

VII – caso em que o retardamento possa representar significativo dano ao erário;

VIII – recursos que tenham efeito suspensivo; e

IX – outros assuntos que, a critério do Plenário ou do Presidente, sejam entendidos como urgentes.

São considerados sigilosos os documentos, assuntos ou processos que, por natureza ou quando a preservação de direitos individuais (CF: art. 5º, X, XII e XIV) e o interesse público o exigirem, devam ser de conhecimento restrito.

Os atos relativos a despesas de natureza reservada legalmente autorizadas terão tramitação sigilosa (RITCU: art. 158).

Os procedimentos de segurança e salvaguarda na constituição, organização e tramitação de documentos e de processos que contenham informações com restrição de acesso estão previstos na Resolução nº 259/2014 e suas alterações.

7.1.9. Processos de alto risco e relevância

São considerados de alto risco e relevância os documentos e processos referentes à (Resolução TCU nº 349/2022):

I – contratação de concessões, permissões e autorizações de serviços públicos;

II – privatização de empresas estatais;

III – contratação de Parcerias Público-Privadas (PPP); e

IV – outorga de atividades econômicas reservadas ou monopolizadas pelo Estado.

O processo de alto risco e relevância tem natureza urgente e tramitação preferencial; é apreciado privativamente pelo Plenário do TCU; é apreciado, no mérito, exclusivamente de forma unitária.

A mencionada Resolução fixa prazos específicos para a tramitação desses processos, destacando-se o prazo de noventa dias a contar da data de autuação para a unidade responsável pela instrução de processo de alto risco e relevância promover seu saneamento e remeter proposta de mérito ao relator, o de trinta dias para manifestação do MPTCU e o de sessenta dias para o relator submetê-lo ao colegiado.

7.1.10. Arquivamento

O arquivamento de um processo pode ser determinado pelo Tribunal ou pelo Relator nos seguintes casos:

- quando houver decisão do relator ou de colegiado pelo apensamento definitivo a outro processo;

- quando houver decisão do relator, de colegiado ou da Presidência pelo seu encerramento, após efetuadas as comunicações determinadas e expirados os prazos dos recursos cabíveis dotados de efeito suspensivo;
- nos casos de decisões definitivas ou terminativas, após a adoção das providências nelas determinadas e a efetivação das competentes comunicações;
- após o registro do ato de admissão ou concessão de aposentadoria, reforma ou pensão;
- quando ausentes os pressupostos de constituição ou de desenvolvimento válido e regular do processo;
- para evitar que o custo da cobrança seja superior ao valor do ressarcimento;
- nos processos de denúncia e representação que não atendam aos requisitos de admissibilidade;
- em caso de requerimento diretamente dirigido ao Relator ou ao Tribunal por beneficiário de processo de admissão, concessão de aposentadoria, reforma ou pensão;
- em caso de consulta que não atenda aos requisitos previstos ou que verse sobre caso concreto; e
- quando o processo tiver cumprido o objetivo para o qual foi constituído.

7.1.11. Nulidades

As regras estipuladas no RITCU para as nulidades assemelham-se às do Código de Processo Civil (Lei nº 13.105/2015: arts. 276 a 283).

Nenhum ato será declarado nulo se do vício não resultar prejuízo para a parte, para o erário, para a apuração dos fatos pelo Tribunal ou para a deliberação adotada (RITCU: art. 171).

Quando puder decidir do mérito a favor da parte a quem aproveitaria a declaração de nulidade, o Tribunal não a pronunciará nem mandará repetir o ato ou suprir-lhe a falta (RITCU: art. 171, parágrafo único; CPC: art. 282, § 2º).

Não se tratando de nulidade absoluta, considerar-se-á válido o ato que, praticado de outra forma, tiver atingido o seu fim (RITCU: art. 172; CPC: art. 277).

A parte não poderá arguir nulidade a que haja dado causa ou para a qual tenha, de qualquer modo, concorrido (RITCU: art. 173; CPC: art. 276).

JURISPRUDÊNCIA DO TCU

Acórdão nº 939/2022 – Segunda Câmara (Embargos de Declaração, Relator Ministro Augusto Nardes)
Direito Processual. Acórdão. Anulação. Nulidade. Requerimento.
A arguição de nulidade independe da interposição de recurso, podendo ser formalizada mediante petição (art. 174 do Regimento Interno do TCU).

Conforme a competência para a prática do ato, o Tribunal ou o Relator declarará a nulidade de ofício, se absoluta, ou por provocação da parte ou do Ministério Público junto ao Tribunal, em qualquer caso (RITCU: art. 174).

A nulidade do ato, uma vez declarada, causará a dos atos subsequentes que dele dependam ou sejam consequência. A nulidade de uma parte do ato, porém, não prejudicará as outras que dela sejam independentes (RITCU: art. 175 e parágrafo único; CPC: art. 281).

O Relator ou o Tribunal, ao pronunciar a nulidade, declarará os atos a que ela se estende, ordenando as providências necessárias, a fim de que sejam repetidos ou retificados, se for o caso (RITCU: art. 176; CPC: art. 282).

Eventual incompetência do relator não é causa de nulidade dos atos por ele praticados (RITCU: art. 177).

Nos processos em que deva intervir, a falta de manifestação do Ministério Público implica a nulidade do processo a partir do momento em que esse órgão deveria ter-se pronunciado (RITCU: art. 178; CPC: art. 279). A manifestação posterior do MPTCU sana a nulidade do processo, se ocorrer antes da decisão definitiva de mérito do Tribunal, nas hipóteses em que expressamente anuir aos atos praticados anteriormente ao seu pronunciamento.

EXEMPLO DE NULIDADE

Acórdão nº 10.192/2020 – 1ª Câmara
Relator: Min. Weder de Oliveira
Sumário: TOMADA DE CONTAS ESPECIAL. CONVÊNIO. INEXECUÇÃO PARCIAL DO OBJETO. UTILIZAÇÃO DE RECURSOS EM FINALIDADES NÃO PREVISTAS NO PLANO DE TRABALHO. NÃO APROVAÇÃO DAS CONTAS. CITAÇÃO DO GESTOR E DA EMPRESA CONTRATADA. NULIDADE DA CITAÇÃO. INSUBSISTÊNCIA DO ACÓRDÃO 7132/102-TCU-PLENÁRIO. REFAZIMENTO DAS CITAÇÕES. APRESENTAÇÃO DE ALEGAÇÕES DE DEFESA. REJEIÇÃO. CONTAS IRREGULARES. DÉBITO E MULTA. COMUNICAÇÕES.

7.2. DELIBERAÇÕES

7.2.1. Formas de deliberação

O Tribunal de Contas pode formular deliberações colegiadas (Plenário e Câmaras) ou singulares/monocráticas (Presidente ou Relator: admissibilidade de denúncias e de recursos, medidas cautelares e providências interlocutórias).

As deliberações do Plenário e, no que couber, das Câmaras, terão a forma de:

- Instrução Normativa;
- Resolução;
- Decisão Normativa;
- Parecer; e
- Acórdão.

A Instrução Normativa será adotada quando se tratar de disciplinamento de matéria que envolva pessoa física, órgão ou entidade sujeita à jurisdição do Tribunal.

A Resolução será a forma apropriada quando se tratar de:

a) aprovação do Regimento Interno, de ato definidor da estrutura, atribuições e funcionamento do Tribunal, das unidades de sua Secretaria e demais serviços auxiliares; e

b) outras matérias de natureza administrativa interna que, a critério do Tribunal, devam revestir-se dessa forma.

Decisão Normativa será a forma própria para a fixação de critério ou orientação, e não se justificar a expedição de instrução normativa ou resolução.

Conforme o inc. IV do art. 67 do RITCU, para as Contas do Presidente da República e em outros casos em que, por lei, deva o Tribunal assim se manifestar, será emitido um Parecer. Registre-se que o termo preciso em relação às Contas do Presidente é Parecer Prévio. O Parecer Prévio relativo às Contas do Presidente da República será redigido pelo Relator e assinado por todos os Ministros e Ministros Substitutos convocados.

O Acórdão é a forma de deliberação mais frequente e utilizada quando se tratar de matéria da competência do Tribunal de Contas da União, não enquadrada nos casos anteriores.

Como dispõe o § 3º do art. 1º da LOTCU e o art. 69 do RITCU, será parte essencial das deliberações do Tribunal ou de suas Câmaras:

I – o relatório do Ministro-Relator, de que constarão, quando houver, o teor integral da parte dispositiva da deliberação recorrida quando se tratar de recurso, as conclusões da equipe de fiscalização, ou do servidor responsável pela análise do processo, bem como as conclusões dos pareceres das chefias da unidade técnica e do Ministério Público junto ao Tribunal, afora para os processos constantes de Relação;

II – fundamentação com que o Ministro-Relator analisará as questões de fato e de direito;

III – dispositivo com que o Ministro-Relator decidirá sobre o mérito do processo; e

IV – as ressalvas, quando feitas pelos votantes.

No que concerne à fundamentação, assinale-se que o art. 20 da LINDB,[8] estipula que nas esferas administrativa, controladora e judicial, não se decidirá com base em valores jurídicos abstratos sem que sejam consideradas as consequências práticas da decisão, sendo que a motivação demonstrará a necessidade e a adequação da medida imposta ou da invalidação de ato, contrato, ajuste, processo ou norma administrativa, inclusive em face das possíveis alternativas.

---

[8] Acrescentado pela Lei nº 13.655/2018.

Os acórdãos serão redigidos pelo Relator ou, se for o caso, pelo Redator, e assinados eletronicamente por um deles, pelo Presidente do respectivo colegiado e pelo representante do Ministério Público.

Nos casos em que o acórdão for proveniente de voto de desempate proferido pelo Presidente, será assinado apenas por este e pelo representante do Ministério Público.

As instruções normativas, resoluções e decisões normativas serão assinadas eletronicamente pelo Presidente, com a redação final aprovada pelo Plenário.

7.2.2. Elaboração, aprovação e alteração de atos normativos

O Regimento Interno somente poderá ser alterado mediante aprovação, pela maioria absoluta de seus Ministros, de projeto de resolução (RITCU: art. 72).

A apresentação de projeto concernente a enunciado de Súmula, Instrução Normativa, Resolução ou Decisão Normativa é de iniciativa do Presidente, dos Ministros e das comissões de Regimento e de Jurisprudência, podendo ser ainda sugerida por Ministro Substituto ou representante do MPTCU (RITCU: art. 73). Considerar-se-á aprovada a proposição que obtiver maioria absoluta de votos dos Ministros (RITCU: art. 81).

7.2.3. Jurisprudência

A Súmula da Jurisprudência será composta de princípios ou enunciados, resumindo teses, soluções, precedentes e entendimentos, adotados reiteradamente pelo TCU, ao deliberar sobre assuntos ou matérias de sua jurisdição e competência (RITCU: art. 85). A Súmula poderá ter um enunciado incluído, revisto, revogado ou restabelecido, mediante aprovação pela maioria absoluta dos Ministros de projeto específico.

O portal do TCU na Internet (www.tcu.gov.br) oferece um serviço de pesquisa de jurisprudência e síntese de jurisprudência selecionada sobre temas relevantes.

Acerca das súmulas do TCU, o STF já se pronunciou quanto à sua ausência de caráter normativo:

> ADI 5.899 AgR/DF – DISTRITO FEDERAL
>
> AG.REG. NA AÇÃO DIRETA DE INCONSTITUCIONALIDADE
>
> Relator(a): Min. ROBERTO BARROSO
>
> Julgamento: 13/06/2018 Órgão Julgador: Tribunal Pleno
>
> Ementa: Processo constitucional. Agravo regimental em ação direta de inconstitucionalidade. Súmula do Tribunal de Contas da União. Ausência de caráter normativo. Não cabimento. 1. Súmula do TCU é mero verbete desprovido de eficácia normativa, que tão somente consolida entendimento do Tribunal. Ato cujo questionamento não é viável por meio de ação direta de inconstitucionalidade. Precedente: ADI 1493, Rel. Min. Sydney Sanches. 2. Agravo regimental a que se nega provimento.

7.2.4. Incidente de uniformização de jurisprudência

Ao apreciar processo em que seja suscitada divergência entre deliberações anteriores do Tribunal, poderá o colegiado, por sugestão de Ministro, Ministro Substituto ou representante do Ministério Público, decidir pela apreciação preliminar da controvérsia, em anexo aos autos principais, retirando a matéria de pauta (RITCU: art. 91).

Se reconhecer a existência da divergência, o Relator solicitará a audiência do Ministério Público, submetendo em seguida a questão à deliberação do Plenário até a segunda sessão subsequente. O acórdão que resolver a divergência será remetido à Comissão de Jurisprudência para oportuna apreciação da necessidade de elaboração de enunciado de Súmula sobre a matéria.

Não sendo reconhecida pelo Relator a existência de divergência, levará seus fundamentos ao Plenário que, ao acolhê-los, prosseguirá na apreciação do mérito do processo, se matéria de sua competência, ou encaminhá-lo-á à Câmara originária. Se o Plenário, dissentindo do Relator, entender pela existência de divergência, prosseguirá na forma acima descrita, passando a funcionar como Revisor para o incidente o Ministro que primeiro proferir o voto dissidente.

O incidente tem a função de buscar a uniformização da jurisprudência, e substitui o antigo instituto do Embargo de Divergência, presente nos Regimentos Internos anteriores.

EXEMPLO DE INCIDENTE DE UNIFORMIZAÇÃO DE JURISPRUDÊNCIA

ACÓRDÃO nº 1.441/2016 – TCU – Plenário
Redator: Ministro Walton Alencar Rodrigues
Sumário: INCIDENTE DE UNIFORMIZAÇÃO DE JURISPRUDÊNCIA. PRAZO PRESCRICIONAL DAS SANÇÕES APLICADAS PELO TCU. SUBORDINAÇÃO AO PRAZO GERAL DE PRESCRIÇÃO INDICADO NO ART. 205 DO CÓDIGO CIVIL, CONTADO A PARTIR DA DATA DE OCORRÊNCIA DA IRREGULARIDADE SANCIONADA. INTERRUPÇÃO, POR UMA ÚNICA VEZ, COM A AUDIÊNCIA, CITAÇÃO OU OITIVA VÁLIDA. REINÍCIO DA CONTAGEM LOGO APÓS O ATO QUE INTERROMPEU A PRESCRIÇÃO. SUSPENSÃO DO PROCESSO QUANDO A MORA FOR IMPUTADA AO JURISDICIONADO.

7.3. SESSÕES

Nos termos do art. 68 da LOTCU, o Tribunal fixará, no Regimento Interno, os períodos de funcionamento das sessões do Plenário e das Câmaras e o recesso que entender conveniente, sem ocasionar a interrupção de seus trabalhos. Por sua vez, o § 2º do art. 57 da LRF estabelece que os Tribunais de Contas não entrarão em recesso enquanto existirem contas de Poder ou órgão pendentes de parecer prévio.

Assim, o art. 92 do RITCU prevê que as sessões do TCU ocorrem, anualmente, no Distrito Federal, no período de 17 de janeiro a 16 de dezembro. O recesso anual, compreendido no período de 17 de dezembro a 16 de janeiro, não ocasionará a paralisação dos trabalhos do Tribunal, nem a suspensão ou interrupção dos prazos processuais. A última sessão ordinária do Tribunal realizar-se-á na primeira quarta-feira do mês de dezembro (RITCU: art. 94, § 6º).

As sessões podem ser ordinárias e extraordinárias. As sessões ordinárias do Plenário ocorrem às quartas-feiras; as da Primeira e da Segunda Câmaras nas terças-feiras. Nos termos do § 7º do art. 94 do RITCU, o julgamento de mérito de determinadas matérias ou tipos de processo poderá também ser realizado por meio eletrônico, nos termos e condições definidos em resolução.

Nenhuma sessão poderá ser realizada sem a presença do representante do Ministério Público junto ao Tribunal, exceto nas hipóteses de posse ou de eventos (RITCU: art. 93, § 2º).

Serão públicas as sessões ordinárias do Tribunal de Contas da União (LOTCU: art. 108).

O Plenário e as Câmaras poderão realizar sessões extraordinárias de caráter reservado quando a preservação de direitos individuais e o interesse público o exigirem, bem como para julgar ou apreciar os processos que derem entrada ou se formarem no Tribunal com chancela de sigiloso. Tais sessões serão realizadas exclusivamente com a presença dos Ministros, Ministros Substitutos, representante do Ministério Público, das partes e de seus procuradores, quando a requererem, e de servidores do gabinete das autoridades e da unidade responsável pelo secretariado das sessões, autorizados pelo Presidente.

Nesta hipótese, os atos processuais terão o concurso das partes envolvidas, se assim desejarem seus advogados, podendo consultar os autos e pedir suas cópias de peças e certidões. Nenhuma sessão extraordinária de caráter reservado poderá ser realizada sem a presença obrigatória de representante do Ministério Público.

Todos os projetos referentes a atos normativos que afetem os jurisdicionados serão apreciados em sessão pública.

As sessões extraordinárias do Plenário serão destinadas a:

a) posse do Presidente e do Vice-Presidente;

b) apreciação das Contas do Presidente da República;

c) posse de Ministro, de Ministro Substituto e do Procurador-Geral do MPTCU;

d) eleição do Presidente ou do Vice-Presidente, na hipótese de vaga eventual e se não houver quórum em sessão ordinária;

e) deliberação acerca da lista tríplice dos Ministros Substitutos e dos membros do Ministério Público junto ao Tribunal, para preenchimento de cargo de Ministro;

f) julgamento e apreciação dos processos restantes da pauta de sessão ordinária ou extraordinária, ou que, pela sua urgência, sejam incluídos em pauta extraordinária; e

g) outros eventos, a critério do Plenário.

O quórum para a realização de sessões é de cinco Ministros, inclusive Substitutos, exclusive o Presidente, no caso do Plenário; e de três Ministros, inclusive Substitutos, e incluindo o Presidente da Câmara, para as Câmaras. Na impossibilidade de convocação de Ministros Substitutos, os Ministros poderão atuar em outra câmara de que não sejam membros efetivos, mediante designação do Presidente do Tribunal, por solicitação de Presidente de Câmara. Registre-se que o Presidente de Câmara sempre vota.

Nas sessões ordinárias, será observada, preferencialmente, a seguinte ordem de trabalho (RITCU: art. 95):

    I –   homologação da ata da sessão anterior;
    II –   sorteio dos relatores de processos;
    III – expediente;
    IV – apreciação das medidas cautelares adotadas pelos relatores ou pelo Presidente;
    V –   julgamento e apreciação dos processos constantes de Relação;
    VI – julgamento e apreciação dos processos incluídos em pauta.

7.3.1. Sessões telepresenciais

Em 2020, em virtude da necessidade de isolamento social em razão da pandemia de Covid-19, o TCU instituiu as sessões telepresenciais, aprovadas por meio da Resolução TCU nº 314/2020. Diga-se, desde logo, que as sessões telepresenciais não se confundem com as sessões virtuais, também instituídas em 2020, e que serão abordadas no próximo tópico.

A sessão telepresencial é a reunião deliberativa do TCU realizada por intermédio de qualquer meio de comunicação, inclusive pela internet, que permite a interação, mediante o uso de recursos de imagem e som, entre os ministros, ministros-substitutos e o representante do Ministério Público junto ao Tribunal.

Aplicam-se às sessões telepresenciais as normas constantes do RITCU, com as seguintes particularidades.

Os pedidos de sustentação oral referentes a processos incluídos em pauta de sessão telepresencial devem ser formulados na forma definida no RITCU até às 12 horas do dia útil anterior à realização da sessão. A parte ou o representante interessado em realizar sustentação oral deve fornecer endereço de e-mail válido para o recebimento do endereço eletrônico por meio do qual proferirá a sustentação. A manutenção da conexão com a internet durante a sustentação oral é de responsabilidade da parte ou do representante legal.

Os setores especializados da administração do TCU ficam responsáveis pelo provimento das ferramentas de Tecnologia da Informação necessárias para a realização das sessões telepresenciais, bem como pela transmissão de áudio e vídeo em canal público.

7.3.2. Sessões virtuais

As sessões virtuais foram instituídas por meio da Resolução TCU nº 311/2020, alterada pela Resolução TCU nº 313/2020. Consistem na apreciação de processos por meio eletrônico por órgão colegiado do TCU.

Os processos de competência do TCU poderão, a critério do Relator, ser examinados em sessão virtual convocada previamente pelo Presidente do Colegiado.

Aplicam-se aos processos incluídos em sessão virtual, no que couber, as normas constantes do RITCU, ressalvadas as seguintes peculiaridades.

As pautas das sessões virtuais observarão a forma e os prazos estabelecidos no Regimento Interno para as sessões presenciais.

Todavia, é facultado à parte opor-se, motivadamente, ao exame de processo em sessão virtual, mediante peticionamento dirigido ao Relator até às 10 horas e 30 minutos do dia do encerramento da sessão respectiva.

Também os ministros, os ministros-substitutos convocados ou o representante do Ministério Público poderão registrar oposição a que o processo pautado seja apreciado de forma virtual até o encerramento da sessão respectiva. Nesse caso, o processo ficará automaticamente excluído da pauta da sessão virtual.

Quanto à sustentação oral, os pedidos devem ser formulados na forma definida no Regimento Interno do TCU até às 12 horas do dia útil anterior à realização da sessão, acompanhados de arquivo eletrônico de áudio ou de vídeo, contendo as razões defendidas pelo requerente ou seu procurador, com a duração máxima de 10 minutos.

Se, ao final do período de votação, a proposta do Relator não obtiver o mínimo de votos para sua aprovação e o registro da ciência do Ministério Público, o processo será excluído da pauta da sessão virtual respectiva.

Em caso de empate na votação, o processo será automaticamente transferido para a pauta da sessão presencial subsequente, para reinício do julgamento ou apreciação.

7.3.3. Pauta das sessões

As pautas das sessões ordinárias e das extraordinárias serão organizadas pela unidade responsável pelo seu secretariado (Secretaria das Sessões), sob a supervisão do Presidente do respectivo colegiado, observadas a ordem de antiguidade dos relatores e a forma de apreciação dos processos (RITCU: art. 141).

Os processos poderão ser apreciados por Relação ou de forma unitária. Nos processos apreciados de forma unitária será observada a classificação em classes de assuntos.

A pauta do Plenário obedece à seguinte ordem:

- recursos;
- solicitações do Congresso;
- consultas;
- TCs e PCs;
- auditorias e inspeções;
- matérias remetidas pelo Relator ou pelas Câmaras; e
- denúncias, representações e outros assuntos de competência do Plenário.

A pauta das Câmaras é elaborada na seguinte ordenação de classes de assuntos:

- recursos;
- TCs e PCs;
- auditorias e inspeções e outras matérias concernentes a fiscalização;
- atos de admissão;
- concessão de aposentadorias, reformas e pensões; e
- representações.

Como visto no Capítulo 6, item 6.2, os Presidentes das Câmaras terão sempre direito a voto e relatarão os processos que lhes forem distribuídos.

Em regra, os processos são relatados segundo a ordem de antiguidade dos Relatores. No entanto, será dada preferência para julgamento ou apreciação ao processo incluído em pauta no qual deva ser produzida sustentação oral ou para o qual tenha sido aprovado pelo Colegiado pedido de preferência formulado por Ministro ou Ministro Substituto, oralmente, no início da sessão (RITCU: art. 105, §§ 1º e 2º).

Assim, primeiramente são apreciados os processos constantes de Relação, seguidos pelos que serão apreciados de forma unitária.

Para efeito de elaboração de pauta, os processos são divididos em dois grupos, mas essa informação não constará da pauta nem será tornada pública antes do julgamento:

- Grupo I – processos em que o relator acolhe em seu voto as conclusões dos pareceres coincidentes do titular da unidade técnica e do representante do Ministério Público, ou do único parecer emitido por um deles; e
- Grupo II – processos em que o relator discorda das conclusões de pelo menos um dos pareceres ou do único parecer emitido, bem como aqueles que não contêm parecer.

De acordo com o RITCU, as pautas das sessões serão divulgadas mediante a afixação em local próprio e acessível do edifício-sede do Tribunal, a publicação nos órgãos oficiais e a disponibilização no Portal do TCU na internet, até quarenta e oito horas antes da sessão, sendo que a divulgação da pauta ou de seu aditamento no Portal do TCU na internet e em excerto do Boletim do Tribunal de Contas da União, com a antecedência de até quarenta e oito horas da Sessão, suprirá a ausência de publicação nos órgãos oficiais. Considera-se intimada a parte ou seu advogado do dia e horário da sessão com a publicação da pauta ou de seu aditamento no Diário Oficial da União, com a antecedência mínima de quarenta e oito horas.

Prescinde de publicação em órgão oficial a inclusão em pauta de processos (RITCU, art. 141, § 14):

I – em que se esteja propondo a adoção de medida cautelar ou a realização de audiência da parte antes daquela providência;

II – que tratem da aprovação de atos normativos;

III – administrativos, se assim requerido pelo interessado;

IV – que tratem de solicitação de informações ou de cópia dos autos efetuada pelo Congresso Nacional; e

V – em que se esteja julgando embargos declaratórios ou agravo.

7.3.4. Relação

O Relator poderá organizar os processos em Relação para serem submetidos em conjunto ao Plenário e às Câmaras, conforme o caso, desde que observados os critérios previstos no art. 143 do RITCU.

A finalidade das Relações é conferir maior celeridade à apreciação das matérias nos colegiados do TCU.

As hipóteses de Relação são a seguir apresentadas.

Para os processos de prestação ou tomada de contas, mesmo especial, apenas aqueles cuja proposta de deliberação:

a) acolher os pareceres convergentes do titular da unidade técnica e do representante do Ministério Público, desde que se tenham pronunciado pela regularidade, pela regularidade com ressalva, pela quitação ao responsável ou pelo trancamento;

b) acolher um dos pareceres que, mesmo divergentes, não concluam pela irregularidade;

c) acolher pareceres convergentes dos quais conste proposta de rejeição das alegações de defesa ou de irregularidade, desde que o valor de ressarcimento, acrescido dos encargos legais, seja igual ou inferior ao valor fixado pelo Tribunal, a partir do qual a tomada de contas especial deverá ser imediatamente encaminhada para julgamento, hipótese em que o acórdão proferido conterá os considerandos nos quais estarão descritos todos os elementos e fatos indispensáveis ao juízo de mérito; e

d) for pela regularidade ou regularidade com ressalva nos processos em que se levantar o estado de diferimento, conforme exposto no Capítulo 8.

Para os processos de admissão e concessão de aposentadoria, reforma ou pensão, somente aqueles cuja proposta de deliberação acolher os pareceres convergentes do titular da unidade técnica e do representante do MPTCU, desde que se tenham pronunciado pela legalidade, ou ainda, que tenham sido pela ilegalidade, tratem exclusivamente de questão jurídica de solução já compendiada na Súmula da Jurisprudência.

No caso de processos referentes a auditorias e inspeções e outras matérias relativas à fiscalização de atos sujeitos a registro e de atos e contratos em que o Relator esteja de acordo com as conclusões do técnico responsável pela análise do processo, ou, quando houver, da equipe de fiscalização, e com os pareceres das chefias da unidade técnica e do Ministério Público, se existente, desde que estes não concluam pela ocorrência de ilegalidade ou irregularidade.

> **IMPORTANTE**
>
> Não poderão ser incluídos em Relação os processos referentes a:
> a) auditoria, inspeção ou acompanhamento realizado por solicitação do Congresso Nacional;
> b) auditoria, inspeção ou acompanhamento de obra pública determinado pela LDO ou pela LOA;
> c) auditoria operacional; e
> d) auditoria ou inspeção em que o Relator discorda das conclusões de pelo menos um dos pareceres ou do único parecer emitido.
>
> Também não poderão constar de Relação, além das mencionadas auditorias e fiscalizações, os processos que tratem de:
> a) proposta de aplicação de multa;
> b) proposta de fixação de entendimento prevista no art. 16, inciso V, de determinação de caráter normativo, de suspensão de pagamentos de parcelas de vencimentos, proventos e benefícios e de estudos sobre procedimentos técnicos;
> c) solicitação de qualquer natureza oriunda do Congresso Nacional, de suas casas ou comissões; e
> d) obra pública incluída em plano de fiscalização.

Quanto aos processos de recursos, poderão ser incluídos em Relação quando a proposta de deliberação acolher pareceres convergentes da unidade técnica e do MPTCU, quando existente, que concluírem pelo conhecimento e provimento total, quando a decisão recorrida tiver sido adotada em processos incluídos em Relação; ou pelo não conhecimento, hipótese em que o acórdão proferido conterá os considerandos nos quais estarão descritos todos os elementos e fatos indispensáveis ao juízo de mérito.

Finalmente, nas seguintes matérias, quando o Relator acolher pareceres convergentes ou, na inexistência destes, formular proposta de deliberação:

a) apensamento ou arquivamento de processos;

b) pedido de recolhimento parcelado de dívida ou pedido de prorrogação de prazo fixado pelo Tribunal que, se denegatório, conterá no acórdão proferido os considerandos nos quais estarão descritos todos os elementos e fatos indispensáveis ao juízo de mérito;

c) adoção de medida saneadora;

d) correção de erro material;

e) não conhecimento de embargos de declaração, observado o disposto na letra "b" supra; e

f) conversão de processo em tomada de contas especial.

> **EXEMPLO DE RELAÇÃO**
>
> Ata nº 01/2013 – Primeira Câmara
> PROCESSOS RELACIONADOS
> A Primeira Câmara aprovou as Relações de processos organizadas pelos respectivos Relatores, bem como os Acórdãos de nºs 1 a 290, conforme pauta nº 1/2013, a seguir transcritos (Regimento Interno, arts. 137, 138, 140, 141 e 143, e Resoluções TCU nºs 164/2003, 184/2005 e 195/2006):
> a) Ministro Valmir Campelo (Relação nº 1):
> ACÓRDÃO Nº 1/2013 – TCU – 1ª Câmara
> 1. Processo TC-042.524/2012-1 (APOSENTADORIA)
> 1.2. Órgão/Entidade: Banco Central do Brasil – MF

> ACÓRDÃO Nº 2/2013 – TCU – 1ª Câmara
> 1. Processo TC-042.554/2012-8 (APOSENTADORIA)
> 1.2. Órgão/Entidade: Superintendência de Administração do Ministério da Fazenda no Espírito Santo.
> (...) ACÓRDÃO Nº 24/2013 – TCU – 1ª Câmara
> 1. Processo TC-045.525/2012-9 (REPRESENTAÇÃO)
> 1.2. Órgão/Entidade: Superintendência de Administração do Ministério da Fazenda no Rio Grande do Norte

Qualquer Ministro, Ministro-Substituto ou representante do Ministério Público poderá requerer destaque de processo constante de Relação, para deliberação em separado.

7.4. PROCESSO DE VOTAÇÃO

Ao iniciar-se a discussão de uma matéria, o Relator apresenta o seu relatório. Poderão falar o interessado, caso tenha requerido sustentação oral (v. Capítulo 13), o representante do MPTCU e os Ministros – esses até 2 (duas) vezes para discutir e 2 (duas) para encaminhar a votação.

No curso da discussão, o Relator, qualquer Ministro ou Ministro Substituto poderá solicitar a audiência do Ministério Público junto ao Tribunal. O representante do MPTCU poderá, ainda, usar da palavra, a seu pedido, para prestar esclarecimentos, alegar ou requerer o que julgar oportuno.

Em qualquer fase da deliberação, quando um dos julgadores não se considerar habilitado a proferir imediatamente seu voto, poderá pedir vista dos autos em mesa ou na forma regimental, passando a atuar, neste último caso, como revisor.[9]

Tratando-se de vista em mesa, o julgamento dar-se-á na mesma sessão, tão logo o julgador que a requereu se declare habilitado a votar.

Tratando-se de vista na forma regimental, o julgamento ficará adiado pelo prazo improrrogável de até 20 (vinte) dias, após o qual o processo será automaticamente reincluído em pauta para ser julgado na sessão subsequente, com ou sem a devolução tempestiva dos autos, e independentemente de qualquer nova deliberação.

Excepcionalmente, dependendo da natureza e da complexidade da matéria, poderá o órgão colegiado, a pedido de qualquer julgador, fixar prazo distinto para a reinclusão do processo em pauta, que não poderá ser superior a 60 (sessenta) dias.

Faculta-se ao representante do Ministério Público pedir vista de qualquer processo até o término da fase de discussão, pelo prazo máximo de 20 (vinte) dias.

Requerida a vista por algum dos julgadores, o presidente do órgão julgador, na respectiva sessão, determinará a disponibilização eletrônica da integralidade dos autos para todos os demais julgadores até o término do julgamento do processo, implicando a franquia de vista coletiva para todos os integrantes do colegiado.

É vedada a concessão de mais de um pedido de vista no mesmo processo, na mesma fase processual.

---

[9] Nos termos da Resolução nº 310/2019.

Quando houver pedido de vista, qualquer julgador poderá antecipar o seu voto, desde que se declare esclarecido e habilitado para fazê-lo.

Se, apregoado o julgamento do processo, aquele que fez o pedido de vista ainda não se sentir habilitado a votar e não houver quórum, o presidente do órgão convocará ministro-substituto para proferir voto, na forma estabelecida neste regimento.

Voltando o processo à pauta para apreciação e julgamento, caberá ao presidente do órgão julgador apresentar breve resumo do curso do debate até então procedido, passando a palavra ao relator, que apresentará novamente a matéria, podendo falar, em seguida, o revisor e os demais membros do colegiado e o representante do Ministério Público. Reiniciado o julgamento, qualquer dos julgadores, dependendo da natureza e da complexidade da matéria, poderá solicitar a transferência do processo para a pauta da sessão seguinte uma única vez ou fixar prazo distinto para a reinclusão do processo em pauta.

Se o revisor deixar de proferir o seu voto ou, por qualquer motivo, não puder comparecer à sessão, será considerado desistente do pedido de vista anteriormente formulado, salvo, neste último caso, se houver prévia justificação dirigida ao presidente do colegiado. Nessa hipótese, acolhida pelo órgão julgador a justificação apresentada, o presidente do colegiado adiará o julgamento até a primeira sessão em que o revisor estiver presente, procedendo-se à publicação na pauta correspondente.

Se o relator não puder comparecer à sessão em que o julgamento for retomado, o processo será automaticamente incluído na pauta da primeira sessão em que ele estiver presente.

Na ocorrência de afastamento definitivo do relator sem que tenha proferido seu voto, a matéria será apresentada pelo ministro que o suceder ou, na persistência da vacância, por ministro-substituto convocado para substituí-lo, e, se o afastamento do relator se der após proferido seu voto, pelo ministro revisor.

Em caso de pedido de vista formulado por ministro-substituto convocado, caberá a este votar no lugar do ministro substituído, mesmo que cessada a convocação.

JURISPRUDÊNCIA DO TCU

Acórdão nº 1.140/2022 – Plenário (Embargos de Declaração, Relator Ministro-Substituto Augusto Sherman)
Direito Processual. Julgamento. Suspensão. Pedido de vista. Voto. Antecipação. Ministro substituto.
No caso de retomada de votação após pedido de vista, o voto proferido por ministro-substituto convocado na sessão que iniciou o julgamento do processo permanece válido e apto a compor o *quórum* da deliberação, mesmo que não se encontre mais em substituição, ficando o ministro então substituído impedido de participar da votação (arts. 112, § 16, e 118, § 3º, do Regimento Interno do TCU).

Acórdão nº 1.727/2022 – Plenário (Embargos de Declaração, Relator Ministro Augusto Nardes)
Direito Processual. Relator. Impedimento. Recurso. Duplo grau de jurisdição.
A participação do relator *a quo* no julgamento do recurso não ofende o princípio do duplo grau de jurisdição, pois a garantia constitucional, aplicada à processualística do TCU, importa o reexame completo do processo sob a condução de novo relator, mas não impede o relator da decisão recorrida de participar da apreciação do recurso.

Ao se dar prosseguimento à votação, serão computados os votos já proferidos pelos ministros ou ministros-substitutos convocados, ainda que não compareçam, não mais componham o órgão julgador ou hajam deixado o exercício do cargo.

A discussão também poderá ser adiada, por decisão do Plenário, mediante proposta fundamentada do Presidente, de qualquer Ministro ou de Ministro Substituto convocado, nos seguintes casos:

I. se a matéria requerer maior estudo;
II. para instrução complementar, por considerar-se incompleta;
III. se for solicitada a audiência do Ministério Público;
IV. se for requerida sua apreciação em sessão posterior.

Encerrada a discussão, o Presidente concederá a palavra ao Relator e, se for o caso, aos revisores, para apresentarem os seus votos, com as correspondentes minutas de acórdão. A seguir, solicitará a manifestação de voto dos demais na seguinte ordem: primeiramente dos Ministros Substitutos convocados e depois dos Ministros, observada a ordem crescente de antiguidade em ambos os casos, exceto na sessão que aprecia as Contas do Presidente da República, quando a ordem de tomada de declarações de votos será invertida.

Também antes do anúncio do resultado, o Ministro ou Ministro Substituto convocado poderá solicitar modificação do seu voto.

DÚVIDA FREQUENTE

Poderá o Ministro ou Ministro Substituto convocado abster-se de votar?
Não existe a possibilidade de abstenção. Todavia, o Ministro ou Ministro Substituto convocado poderá alegar impedimento ou suspeição, nas hipóteses apresentadas no item 6.6, e não participará da discussão e votação do processo. Também não participará da votação o Ministro ou Ministro Substituto convocado que esteve ausente por ocasião da apresentação e discussão do relatório, salvo se se der por esclarecido.

O resultado das votações pode ser por unanimidade, maioria simples, maioria absoluta, maioria de 2/3 dos Ministros, inclusive Ministros Substitutos convocados, ou desempate. Unanimidade e maioria são situações autoexplicativas. Na hipótese de empate em votação no Plenário, o Presidente ou o Ministro que estiver na Presidência do Plenário proferirá o voto de desempate. Se o Presidente ou o ministro que estiver na Presidência do Plenário declarar impedimento no momento do desempate, a votação será reiniciada com a convocação de um Ministro Substituto presente à sessão, apenas para esse fim, observada a ordem de antiguidade no cargo. Nas Câmaras, como visto anteriormente no item 6.2.2, a regra geral em caso de empate na votação é encaminhar o feito ao Plenário.

O Regimento Interno anterior previa o resultado por voto médio, hipótese que foi abolida a partir de 2012. Dispõe o art. 127 do RITCU que quando forem apresentadas mais de duas propostas de mérito, dar-se-á a apuração mediante votações sucessivas, das quais participarão todos os Ministros e Ministros Substitutos convocados que participaram da fase de discussão. Se na primeira votação uma proposta de mérito obtiver maioria, será desde logo declarada vencedora. Caso contrário, serão submetidas à votação as propostas que obtiverem o maior número de votos, até que uma delas alcance a maioria.

> **EXEMPLO DE VOTAÇÕES SUCESSIVAS**
>
> Suponha-se que um determinado tema foi colocado em votação no Plenário, tendo sido apresentadas quatro propostas: A, B, C e D.
> Na primeira votação, A recebeu três votos, B e C receberam dois votos e D recebeu um voto. O Presidente não votou.
> Desse modo, nenhuma proposta obteve maioria. Procede-se a nova votação, apenas com as propostas A, B e C. Desta feita, A e C receberam três votos e B dois votos.
> Ainda não foi obtida maioria. A votação seguinte envolve apenas as propostas A e C. Suponha-se que C obteve cinco votos e A três votos. Nesse caso, C será vencedora. Todavia, se nessa terceira votação A e C obtiverem quatro votos, o Presidente deverá apresentar voto de desempate.

Qualquer Ministro ou Ministro Substituto convocado poderá apresentar por escrito, no prazo de quarenta e oito horas, a sua declaração de voto, que será anexada ao processo, desde que faça comunicação nesse sentido, logo após a proclamação do resultado.

Qualquer Ministro ou Ministro Substituto convocado poderá pedir reexame de processo julgado na mesma sessão e com o mesmo quórum (RITCU: art. 129). Esse reexame não se confunde com o pedido de reexame, que é uma das modalidades recursais estudadas no Capítulo 13.

> **EXEMPLO DE VOTO DE DESEMPATE**
>
> Um exemplo de voto de desempate ocorreu na sessão de 13/6/2007 do Plenário (Acórdão nº 1.098/2007), relativa à representação contra certame licitatório proposto por Furnas Centrais Elétricas, quando três ministros acompanharam o voto do Relator e três o do Revisor, cabendo o desempate ao Presidente.

Quadro-resumo de votações especiais e quóruns qualificados

Matéria	Votação / Quórum	Previsão normativa
Propostas de fixação de entendimento de especial relevância para a Administração Pública, sobre questão de direito	Aprovação de 2/3 dos Ministros ou Ministros Substitutos convocados	RITCU: art. 16, V
Eleição para Presidente e Vice-Presidente	Sessão Secreta, presença de cinco Ministros titulares, inclusive o que presidir o ato	RITCU: art. 21, § 1º
Elaboração de lista tríplice em caso de vaga de cargo de Ministro a ser provida por Ministro Substituto ou por membro do MPTCU	Sessão Extraordinária, Presença de cinco Ministros titulares, inclusive o que presidir o ato, Votação secreta na hipótese de vaga pelo critério de merecimento	RITCU: art. 36 e §§ 1º a 7º
Decisão pela incapacidade de Ministro	Maioria absoluta dos membros	RITCU: art. 49

Matéria	Votação / Quórum	Previsão normativa
Disponibilidade ou aposentadoria de Ministro por motivo de interesse público	Maioria absoluta dos ministros efetivos do Tribunal, excluído o ministro processado	RITCU: art. 50, § 6º
Alteração do Regimento Interno	Maioria absoluta dos Ministros	RITCU: art. 72
Projeto concernente a enunciado da súmula, instrução normativa, resolução ou decisão normativa ou alterações	Maioria absoluta dos Ministros	RITCU: arts. 81 e 87
Resolução de consulta	Presença de sete Ministros ou Ministros Substitutos convocados, além do Presidente	RITCU: art. 264, § 4º
Aplicação de sanção de inabilitação de responsável	Maioria absoluta dos membros	RITCU: art. 270
Homenagem a ministros	Maioria absoluta	RITCU: art. 298-B, § 2º

DÚVIDA FREQUENTE

Qual a diferença entre maioria absoluta dos ministros e maioria absoluta dos membros?
A maioria absoluta dos ministros considera apenas os ministros titulares. A maioria absoluta dos membros considera os ministros e os ministros substitutos convocados.

7.5. OUTROS DISPOSITIVOS

7.5.1. Contagem de prazos

A LOTCU e o RITCU (art. 183) definem que a contagem de prazos neles previstos será efetuada a partir:

I – da consulta da comunicação ou do término do prazo para que a consulta se dê, quando da comunicação por meio eletrônico ou digital;

II – do documento que comprove a ciência do destinatário;

III – da entrega no endereço do destinatário constante do aviso de recebimento;

IV – da publicação, para as deliberações publicadas em Diário eletrônico;

V – da publicação de edital nos órgãos oficiais, quando a parte não for localizada.

Na contagem dos prazos, salvo disposição legal em contrário, excluir-se-á o dia do início e incluir-se-á o do vencimento. Se o vencimento recair em dia em que não houver expediente, o prazo será prorrogado até o primeiro dia útil imediato.

A prorrogação, quando cabível, contar-se-á a partir do término do prazo inicialmente concedido e independerá de notificação da parte.

Os acréscimos em publicação e as retificações, mesmo as relativas a citação, comunicação ou notificação, importam em devolver o prazo à parte.

O recesso do Tribunal não suspende nem interrompe os prazos para interposição de recursos e para apresentação de alegações de defesa, de razões de justificativa, de atendimento de diligência, de cumprimento de determinação do Tribunal, bem como os demais prazos fixados para a parte, em qualquer situação.

Decorrido o prazo fixado para a prática do ato, extingue-se, independentemente de declaração, o direito do jurisdicionado de praticá-lo ou alterá-lo, se já praticado, salvo comprovado justo motivo.

7.5.2. Comunicações processuais

As comunicações processuais são expedidas pela Unidade Técnica competente, por determinação do Relator, do Presidente, das Câmaras ou do Plenário.

São comunicações processuais:[10]

I – citação;

II – audiência;

III – oitiva prévia;

IV – oitiva;

V – diligência;

VI – notificação.

As comunicações processuais podem ser realizadas por meio de protocolos eletrônicos ou digitais, pessoa designada, carta registrada, publicação no Diário Eletrônico do TCU, em órgão oficial de imprensa, em rede mundial de computadores ou mediante outra forma autorizada, conforme o caso exigir.

> **DÚVIDA FREQUENTE**
>
> Como se procedem as comunicações processuais – citações, audiências etc. – em processos com uma multiplicidade de interessados não totalmente identificados?
> Segundo a Resolução nº 213/2008, consideram-se processos com conjunto de interessados ainda não quantificados e identificados nos autos aqueles nos quais a decisão que vier a ser exarada pelo Tribunal possua potencial lesivo a direito subjetivo de servidores e de empregados públicos alcançados pelos efeitos de ato administrativo julgado nulo ou ilegal, integral ou parcialmente, ou simplesmente modificado, que não tenham nome e endereço constantes dos autos. Nesses casos, para os interessados já identificados as comunicações processuais se darão na forma regimental e, para os demais, por edital. Nos casos em que a decisão que vier a ser exarada pelo Tribunal possua potencial lesivo a direito subjetivo de servidores e de empregados públicos que possuam associação representativa de notório conhecimento, a entidade deverá ser citada na forma regimental.

---

[10] Resolução TCU nº 360/2023.

No caso de adoção ou de revisão de medida cautelar, as comunicações e respostas serão efetivadas pelo meio mais célere possível, sempre com confirmação de recebimento, devendo conter os elementos indispensáveis ao cumprimento da medida.

> **IMPORTANTE**
>
> O STF reconheceu a validade da previsão, constante no RITCU, de efetivação da comunicação processual mediante o envio de carta registrada com aviso de recebimento, não sendo exigida a intimação pessoal.
> Ag. Reg. no MS 25.816-DF
> Relator: Min. Eros Grau
> AGRAVO REGIMENTAL. MANDADO DE SEGURANÇA. DESNECESSIDADE DE INTIMAÇÃO PESSOAL DAS DECISÕES DO TRIBUNAL DE CONTAS DA UNIÃO. ART. 179 DO REGIMENTO INTERNO DO TCU. INTIMAÇÃO DO ATO IMPUGNADO POR CARTA REGISTRADA, INICIADO O PRAZO DO ART. 18 DA LEI nº 1.533/1951 DA DATA CONSTANTE DO AVISO DE RECEBIMENTO. DECADÊNCIA RECONHECIDA. AGRAVO IMPROVIDO.
> 1. O envio de carta registrada com aviso de recebimento está expressamente enumerado entre os meios de comunicação de que dispõe o Tribunal de Contas da União para proceder às suas intimações.
> 2. O inciso II do art. 179 do Regimento Interno do TCU é claro ao exigir apenas a comprovação da entrega no endereço do destinatário, bastando o aviso de recebimento simples.
> 3. O prazo decadencial para a impetração do mandado de segurança conta-se da data constante do aviso de recebimento e não admite suspensão ou interrupção.
> 4. Agravo regimental a que se nega provimento.

Todos os atos, os termos, os documentos, as comunicações e as deliberações poderão ser produzidos, praticados, armazenados, transmitidos e assinados em meio eletrônico, na forma de norma elaborada pelo Tribunal, atendidos os requisitos previstos em lei.

7.5.3. Publicações

O TCU poderá criar diário eletrônico, disponibilizado no Portal do TCU, para publicação de atos processuais e administrativos próprios, bem como comunicações em geral, consoante o disposto no art. 4º da Lei nº 11.419/2006. A publicação no diário eletrônico substituirá qualquer outro meio e publicação oficial, para quaisquer efeitos legais, à exceção dos casos expressamente estabelecidos em lei. Ademais, a Resolução nº 233/2010[11] dispõe sobre o funcionamento do processo eletrônico e demais serviços eletrônicos ofertados por meio de solução denominada TCU-eletrônico (e-TCU).

7.5.4. Acesso a informações

Em obediência à LAI, o TCU editou a Resolução nº 249/2012. Segundo o normativo, as principais informações relativas à gestão do TCU e ao exercício do controle externo devem ser disponibilizadas no portal da instituição na internet, inclusive:

---

[11] Alterada pelas Resoluções nº 242/2011, nº 249/2012, nº 312/2020 e nº 326/2021.

a) competências e estrutura organizacional;
b) endereços e telefones de contato com as unidades do Tribunal, bem como respectivos horários de atendimento ao público externo;
c) instrumentos de cooperação;
d) concursos públicos;
e) relatórios institucionais estabelecidos em lei;
f) prestações de contas anuais;
g) licitações e contratos;
h) execução orçamentária e financeira;
i) dados gerais para acompanhamento de programas, ações, projetos e obras;
j) gestão de pessoas;
k) contratos de terceirização de mão de obra; e
l) deliberações dos Colegiados do TCU.

O Presidente ou os Relatores poderão, nos processos de sua competência, autorizar a divulgação total ou parcial das informações ou dos documentos utilizados como fundamento da tomada de decisão e do ato administrativo anteriormente à prolação do ato decisório. Isso inclui os relatórios das equipes de fiscalização e as instruções dos AUFCs.

Os pedidos de acesso à informação ao TCU devem ser dirigidos à Ouvidoria. Cabe ao TCU controlar o acesso e a divulgação de informações sigilosas por ele produzidas ou custodiadas, assegurando a devida proteção. No caso de indeferimento de acesso à informação ou às razões da negativa do acesso, poderá o interessado interpor recurso contra a decisão no prazo de 10 (dez) dias a contar da sua ciência. Caso a decisão denegatória tenha sido proferida pelo Presidente, Ministro ou Ministro Substituto do Tribunal, o recurso será encaminhado para sorteio de Relator, que deverá submeter a matéria ao Plenário em até 20 (vinte) dias.

7.5.5. Aplicação do Código de Processo Civil

A Súmula TCU nº 103 dispõe que, na falta de normas legais ou regimentais específicas, aplicam-se, analógica e subsidiariamente, no que couber, a juízo do Tribunal de Contas da União, as disposições do Código de Processo Civil. Por sua vez, preceitua o art. 298 do RITCU:

> Art. 298. Aplicam-se subsidiariamente no Tribunal as disposições das normas processuais em vigor, no que couber e desde que compatíveis com a Lei Orgânica.

7.6. LEI DE ABUSO DE AUTORIDADE (LEI Nº 13.869/2019)

A Lei nº 13.869/2019 dispõe sobre os crimes de abuso de autoridade e altera diversos outros diplomas legais. Conhecida como Lei de Abuso de Autoridade – LAA, seu estudo é importante porque diversos de seus dispositivos afetam diretamente os membros e os servidores dos TCs. Com efeito, o inciso VI do seu art. 2º da norma estabelece que os membros dos tribunais ou conselhos de contas entre os sujeitos ativos do crime de abuso de autoridade, assim como qualquer agente público, servidor ou não, da administração direta, indireta ou fundacional de qualquer dos Poderes da União, dos Estados, do Distrito Federal, dos Municípios e de Território, o que inclui todos os servidores que atuam no controle externo.

Assim, qualquer um desses agentes públicos que, no exercício de suas funções ou a pretexto de exercê-las, abuse do poder que lhe tenha sido atribuído, estará sujeito a responder por crime de abuso de autoridade (art. 1º, *caput*), quando sua conduta for praticada com a finalidade específica de prejudicar outrem ou de beneficiar a si mesmo ou a terceiro; ou, ainda, por mero capricho ou satisfação pessoal (art. 1º, § 1º). O § 2º do art. 1º pondera que a divergência na interpretação de lei ou na avaliação de fatos e provas não configura abuso de autoridade.

Nem todos os tipos penais previstos dizem respeito à área de atuação dos TCs, tratando, por exemplo, de situações relativas à prisão. Outros, contudo, podem eventualmente ocorrer no curso de processos de controle externo, a exemplo da conduta tipificada no art. 23 como "inovar artificiosamente, no curso de diligência, de investigação ou de processo, o estado de lugar, de coisa ou de pessoa, com o fim de eximir-se de responsabilidade ou de responsabilizar criminalmente alguém ou agravar-lhe a responsabilidade". Embora a expressão "criminalmente" possa sugerir que o dispositivo não é aplicável aos TCs, o parágrafo único e os incisos do art. 23 ampliam o alcance da norma, incluindo também quem pratica a conduta com o intuito de:

I – eximir-se de responsabilidade civil ou administrativa por excesso praticado no curso de diligência;

II – omitir dados ou informações ou divulgar dados ou informações incompletos para desviar o curso da investigação, da diligência ou do processo.

Neste caso, compreende-se que as expressões investigação, diligência e processo são plenamente aplicáveis aos processos de controle externo.

Outra hipótese consta do art. 33, a saber, exigir informação ou cumprimento de obrigação, inclusive o dever de fazer ou de não fazer, sem expresso amparo legal, incorrendo na mesma pena quem se utiliza de cargo ou função pública ou invoca a condição de agente público para se eximir de obrigação legal ou para obter vantagem ou privilégio indevido.

Também merece destaque, nesse rol não exaustivo, o crime tipificado no art. 37 da LAA: demorar demasiada e injustificadamente no exame de processo de que tenha requerido vista em órgão colegiado, com o intuito de procrastinar seu andamento ou retardar o julgamento. Nesse caso, podem ser agentes os ministros, conselheiros, ministros substitutos e conselheiros substitutos, bem como procuradores do Ministério Público de Contas.

Da mesma forma, o art. 38, cujo enunciado é "antecipar o responsável pelas investigações, por meio de comunicação, inclusive rede social, atribuição de culpa, antes de concluídas as apurações e formalizada a acusação".

São efeitos da condenação:

I – tornar certa a obrigação de indenizar o dano causado pelo crime, devendo o juiz, a requerimento do ofendido, fixar na sentença o valor mínimo para reparação dos danos causados pela infração, considerando os prejuízos por ele sofridos;

II – a inabilitação para o exercício de cargo, mandato ou função pública, pelo período de 1 (um) a 5 (cinco) anos;

III – a perda do cargo, do mandato ou da função pública.

Os efeitos previstos nos incisos II e III do *caput* do art. 4º são condicionados à ocorrência de reincidência em crime de abuso de autoridade e não são automáticos, devendo ser declarados motivadamente na sentença. As penas restritivas de direitos substitutivas das privativas de liberdade previstas na LAA são:

I – prestação de serviços à comunidade ou a entidades públicas;

II – suspensão do exercício do cargo, da função ou do mandato, pelo prazo de 1 (um) a 6 (seis) meses, com a perda dos vencimentos e das vantagens.

7.7. PARA SABER MAIS

O conteúdo deste capítulo encontra-se regulado pelo RITCU, bem como pelos diversos normativos citados.[12]

---

[12] Recomenda-se também a leitura do livro *Processos de controle externo*: estudos de ministros e conselheiros substitutos dos Tribunais de Contas (Belo Horizonte: Fórum, 2019), coordenado por mim e por Alexandre Sarquis.

Capítulo **8**

Processos de Contas

Acesse o *QR Code* e assista ao vídeo explicativo sobre este assunto.
> http://uqr.to/202b3

 Quais são os tipos de processos de contas? Como são organizados os processos de contas? O que determinam sobre contas a Lei nº 4.320/1964, a LOTCU e a LRF? Como são examinadas as contas de unidades relacionadas com a segurança nacional e as despesas de caráter sigiloso? O que é o Rol de Responsáveis? O que são indicadores de gestão? Quais são os tipos de decisões em processos de contas?

8.1. DEVER DE PRESTAR CONTAS

Os jurisdicionados ao TCU[1] submeterão anualmente suas contas ao julgamento do Tribunal, sob a forma de tomada ou de prestação de contas, organizadas de acordo com normas estabelecidas em instrução normativa (LOTCU: art. 7º). A finalidade dos processos de contas é a de possibilitar a verificação da regular aplicação dos recursos, à luz dos princípios da legalidade, legitimidade e economicidade.

Aguiar *et al.*[2] conceituam prestar contas como "demonstrar a correta e regular aplicação dos recursos sob sua responsabilidade".

---

[1] Indicados nos incisos I a VI do art. 5º da Lei nº 8.443/1992.
[2] *Convênios e Tomadas de Contas Especiais – Manual Prático*. 2. ed. rev. e ampl. Belo Horizonte: Fórum, 2005, p. 20.

Somente por decisão do TCU, tais administradores e responsáveis podem ser liberados dessa responsabilidade (LOTCU: art. 6º).

A omissão no dever de prestar contas implicará a instauração de tomada de contas especial (LOTCU: art. 8º), bem como, conforme visto no item 2.3, crime de responsabilidade e ato de improbidade administrativa.

> **JURISPRUDÊNCIA DO TCU**
>
> Acórdão nº 8.662/2013 – Primeira Câmara (Recurso de Reconsideração, Relator Ministro José Múcio Monteiro)
> Responsabilidade. Recurso de Reconsideração. Dever de prestar contas.
> O dever de prestar de contas é pessoal, cabendo ao responsável a obrigação de certificar-se de seu cumprimento, mesmo na hipótese de ter delegado a tarefa a outrem. Eventual delegação de tarefas acessórias ao dever de prestar contas não abrange a responsabilidade pela prestação de contas, que, por princípio, é indelegável.

Nas tomadas ou prestações de contas devem ser incluídos todos os recursos, orçamentários e extraorçamentários, utilizados, arrecadados, guardados ou geridos pela unidade ou entidade ou pelos quais ela responda (LOTCU: art. 7º, parágrafo único).

Quanto aos recursos federais repassados a Estados, Distrito Federal, Municípios e a pessoas físicas ou entidades privadas, incluindo auxílios, subvenções, contribuições ou outra forma de transferência voluntária de valores por intermédio de órgãos e entidades da administração federal direta, indireta, de fundações instituídas e mantidas pelo poder público federal e de suas entidades paraestatais, os beneficiários responderão perante o órgão ou entidade repassador pela boa e regular aplicação desses recursos, apresentando documentos, informações e demonstrativos necessários à composição dos relatórios de gestão e dos processos de contas das unidades jurisdicionadas repassadoras dos recursos.

> **IMPORTANTE**
>
> Nem todos os que têm o dever de prestar contas devem fazê-lo mediante a apresentação anual ao TCU de processos de tomadas ou prestações de contas. Uns porque podem ser dispensados pelo TCU; outros porque prestarão contas aos órgãos repassadores de recursos federais.

As tomadas ou prestações de contas, inclusive as tomadas de contas especiais, deverão conter os seguintes elementos (LOTCU: art. 9º):

I – relatório de gestão;

II – relatório do tomador de contas, quando couber;

III – relatório e certificado de auditoria, com o parecer do dirigente do órgão de controle interno, que consignará qualquer irregularidade ou ilegalidade constatada, indicando as medidas adotadas para corrigir as faltas encontradas;

IV – pronunciamento do Ministro de Estado supervisor da área ou da autoridade de nível hierárquico equivalente.

O conteúdo do relatório de gestão será detalhado mais adiante. A atuação do controle interno será analisada no Capítulo 12.

Destaca-se a importância do obrigatório pronunciamento do Ministro de Estado supervisor da área ou da autoridade de nível hierárquico equivalente, declarando ter tomado conhecimento das conclusões do controle interno e encaminhando o processo para a Corte de Contas. Nos exames preliminares realizados no TCU, os processos que não contiverem a manifestação ministerial são devolvidos à origem.

DÚVIDA FREQUENTE

Tendo em vista o princípio constitucional da publicidade na Administração Pública, como são examinadas as contas de unidades relacionadas à segurança nacional, bem como as despesas de caráter sigiloso?
A hipótese é prevista no art. 92 da LOTCU que prevê que os atos relativos a despesa de natureza reservada serão, com esse caráter, examinados pelo Tribunal, que poderá, à vista das demonstrações recebidas, ordenar a verificação *in loco* dos correspondentes documentos comprobatórios, na forma estabelecida no Regimento Interno. O art. 158 do RITCU assinala que os atos relativos a despesas de natureza reservada legalmente autorizadas terão tramitação sigilosa. As normas relativas a processos e documentos que contenham informações com restrição de acesso constam da Resolução TCU nº 259/2014.

O TCU tem procurado agregar informações relevantes nos processos de contas, a exemplo dos indicadores de desempenho, de modo a não apenas realizar o controle da conformidade como também o do desempenho da gestão e da avaliação de resultados, no intuito de contribuir para o aperfeiçoamento da gestão pública.

EXEMPLO DE INDICADORES DE DESEMPENHO

Acórdão nº 2.098/2020 – Plenário
Relator: Min. Augusto Nardes
Sumário: MONITORAMENTO. ACÓRDÃO 2.781/2018-TCU-PLENÁRIO. AUDITORIA. FUNDAÇÃO NACIONAL DE SAÚDE (FUNASA). AVALIAÇÃO DO PLANO ESTRATÉGICO E DO PLANO DE RESULTADOS DE 2018. INDICADORES DE DESEMPENHO DE SANEAMENTO INSUFICIENTES PARA MEDIR O ALCANCE DAS METAS DO PLANSAB E DA AGENDA 30. AUSÊNCIA DE ESTRATÉGIA ADEQUADA PARA ALOCAÇÃO DE RECURSOS PARA AS EMENDAS DESTINADAS AO SANEAMENTO. MODELO OPERACIONAL SEM SUSTENTABILIDADE ECONÔMICA. DETERMINAÇÕES. RECOMENDAÇÕES. CUMPRIMENTO DAS DETERMINAÇÕES PROFERIDAS PELOS ITENS 9.1 E 9.2.2. MEDIDAS DETERMINADAS PELO ITEM 9.2.1. EM IMPLEMENTAÇÃO. COMUNICAÇÃO.

É interessante notar que a prestação de contas também existe na esfera dos negócios privados, a exemplo dos arts. 550 a 553 do Código de Processo Civil e do art. 132, I, da Lei das Sociedades Anônimas (Lei nº 6.404/1976).

8.2. NORMAS LEGAIS SOBRE CONTAS

Diversas normas estipulam regras relativas às tomadas e prestações de contas. As mais relevantes são a Lei nº 4.320/1964, a LOTCU, a LRF e o RITCU.

8.2.1. Normas previstas na Lei nº 4.320/1964

Na Lei nº 4.320/1964, os dispositivos relativos à escrituração das contas encontram-se nos Títulos VIII – Do controle da execução orçamentária e IX – Da contabilidade. No Título VIII, prevê-se a atuação do controle interno de forma prévia, concomitante e subsequente. No Título IX, o art. 83 estipula que a contabilidade evidenciará perante a Fazenda Pública a situação de todos quantos, de qualquer modo, arrecadem receitas, efetuem despesas, administrem ou guardem bens a ela pertencentes ou confiados.

Assim, os serviços de contabilidade serão organizados de forma a permitirem o acompanhamento da execução orçamentária, o conhecimento da composição patrimonial, a determinação dos custos dos serviços industriais, o levantamento dos balanços gerais, a análise e a interpretação dos resultados econômicos e financeiros (art. 85). Há previsão de controle contábil dos direitos e obrigações oriundos de ajustes ou contratos em que a Administração Pública for parte (art. 87).

8.2.2. Normas previstas na LOTCU e no RITCU

Os processos de tomada ou prestação de contas ordinária conterão os elementos e demonstrativos especificados em ato normativo, que evidenciem a boa e regular aplicação dos recursos públicos e, ainda, a observância aos dispositivos legais e regulamentares aplicáveis (RITCU: art. 194).

Integrarão os processos de prestação de contas, em conformidade com o art. 9º da LOTCU:

I – o relatório de gestão, composto pelas informações do relato integrado constantes em decisão normativa do TCU;

II – o relatório de auditoria, que consignará os achados de auditoria relevantes, indicando as medidas adotadas para corrigir as falhas identificadas, e os certificados de auditoria com os pareceres do dirigente do órgão de controle interno;

III – o pronunciamento do Ministro de Estado supervisor da área ou da autoridade de nível hierárquico equivalente, na forma do art. 52 da LOTCU, no qual emitirá, sobre as contas e os pareceres do controle interno, expresso e indelegável pronunciamento, no qual atestará haver tomado conhecimento das conclusões neles contidas; e

IV – rol de responsáveis.

É incumbência do controle interno colocar à disposição do Tribunal, em cada exercício, por meio de acesso a banco de dados informatizado, o rol de responsáveis e suas alterações, com a indicação da natureza da responsabilidade de cada um, além de outros documentos ou informações necessários, na forma prescrita em ato normativo.

O relatório de auditoria poderá ser emitido tanto por unidade técnica do TCU quanto por órgão ou entidade do sistema de controle interno dos poderes, ou ainda conjuntamente pelos controles externo e interno, conforme planejado pelas unidades responsáveis pela execução dos trabalhos necessários para sua emissão, em processos de prestação de contas com a certificação a que se refere o art. 14 da IN TCU nº 84/2020.

No que concerne especificamente às contas dos órgãos supervisores, bancos operadores e fundos que tenham atribuição administrativa de conceder, gerenciar ou utilizar os recursos decorrentes de renúncias de receitas, os processos deverão ser acompanhados de demonstrativos que expressem as situações dos projetos e instituições beneficiadas por renúncia de receitas, bem como do impacto socioeconômico de suas atividades.

O RITCU também prevê a possibilidade de elastecer os prazos para apresentação de tomada ou prestação de contas ordinária (art. 192).

8.2.3. Normas da LRF sobre escrituração das contas

A LRF, no parágrafo único do seu art. 49, define que a prestação de contas da União conterá demonstrativos do Tesouro Nacional e das agências financeiras oficiais de fomento, incluído o Banco Nacional de Desenvolvimento Econômico e Social, especificando os empréstimos e financiamentos concedidos com recursos oriundos dos orçamentos fiscal e da seguridade social e, no caso das agências financeiras, avaliação circunstanciada do impacto fiscal de suas atividades no exercício. Trata-se de uma norma dirigida às contas do Poder Executivo Federal, aplicável, no que couber, aos Estados e Municípios.

Por sua vez, o art. 50 daquele diploma prevê regras mais gerais para a escrituração das contas públicas que, além de obedecer às demais normas de contabilidade pública, deverá observar:

I – a disponibilidade de caixa constará de registro próprio, de modo que os recursos vinculados a órgão, fundo ou despesa obrigatória fiquem identificados e escriturados de forma individualizada;

II – a despesa e a assunção de compromisso serão registradas segundo o regime de competência, apurando-se, em caráter complementar, o resultado dos fluxos financeiros pelo regime de caixa;

III – as demonstrações contábeis compreenderão, isolada e conjuntamente, as transações e operações de cada órgão, fundo ou entidade da administração direta, autárquica e fundacional, inclusive empresa estatal dependente;

IV – as receitas e despesas previdenciárias serão apresentadas em demonstrativos financeiros e orçamentários específicos;

V – as operações de crédito, as inscrições em Restos a Pagar e as demais formas de financiamento ou assunção de compromissos junto a terceiros deverão ser escrituradas de modo a evidenciar o montante e a variação da dívida pública no período, detalhando, pelo menos, a natureza e o tipo de credor;

VI – a demonstração das variações patrimoniais dará destaque à origem e ao destino dos recursos provenientes da alienação de ativos.

Os parágrafos desse artigo precisam que:

- no caso das demonstrações conjuntas, excluir-se-ão as operações intragovernamentais;
- a edição de normas gerais para consolidação das contas públicas caberá ao órgão central de contabilidade da União, enquanto não implantado o Conselho de Gestão Fiscal previsto no art. 67 da LRF; e
- a Administração Pública manterá sistema de custos que permita a avaliação e o acompanhamento da gestão orçamentária, financeira e patrimonial.

8.3. A IN TCU Nº 84/2020 E A NOVA DISCIPLINA NOS PROCESSOS DE CONTAS

Em 2020, foi editada a IN TCU nº 84/2020, com importantes alterações em relação à normatização anterior, prevista nas INs TCU nºs 63/2010 e 72/2013, integralmente revogadas. A IN TCU nº 84/2020 estabelece normas para a organização e a apresentação das contas dos administradores e responsáveis da administração pública federal e para o julgamento realizado pelo Tribunal de Contas da União (TCU), nos termos do art. 7º da LOTCU.

Entre os considerandos da nova IN, estão:

- atender o objetivo estratégico do TCU de aumentar a transparência, a credibilidade e a utilidade das contas públicas;
- os princípios de racionalização e da simplificação e a necessidade de estabelecer critérios de seletividade para a formalização e a instrução dos processos de contas tendo em vista a materialidade dos recursos públicos geridos, os riscos, a natureza e a importância socioeconômica dos órgãos e entidades;
- a necessidade de modernização dos instrumentos de controle para incorporar os avanços tecnológicos na área de transparência pública, para facilitar a atuação do controle social;
- a necessidade de regulamentar os conceitos, a forma, o conteúdo, os prazos e as responsabilidades das partes envolvidas na prestação de contas anuais, abrangendo as etapas de prestação, auditoria e julgamento de contas.

8.3.1. Prestação de contas e tomada de contas: novos conceitos

O art. 1º da IN TCU nº 84/2020 alterou os conceitos de prestação e de tomadas de contas. Assim, a partir de 2020 devem ser empregadas as novas definições.

Prestação de contas é o instrumento de gestão pública mediante o qual os administradores e, quando apropriado, os responsáveis pela governança e pelos atos de gestão de órgãos, entidades ou fundos dos poderes da União apresentam e divulgam informações e análises quantitativas e qualitativas dos resultados da gestão orçamentária, financeira, operacional e patrimonial do exercício, com vistas ao controle social e ao controle institucional previsto nos arts. 70, 71 e 74 da Constituição.

Tomada de contas é o instrumento de controle externo mediante o qual o TCU apura a ocorrência de indícios de irregularidades ou conjunto de irregularidades materialmente relevantes ou que apresentem risco de impacto relevante na gestão, que não envolvam débito, com a finalidade de apurar os fatos e promover a responsabilização dos integrantes do rol de responsáveis ou do agente público que tenha concorrido para a ocorrência, definido nos termos desta instrução normativa.

Portanto, a prestação de contas é feita pelos jurisdicionados enquanto a tomada de contas é executada pelo TCU.

Assim, haverá três tipos de processos de contas:

I – processo de prestação de contas: a ser devidamente formalizado para julgamento das contas dos responsáveis das Unidades Prestadoras de Contas – UPC significativas do Balanço Geral da União – BGU, bem como das empresas estatais selecionadas conforme a correspondente materialidade da participação acionária da União, a serem definidas pelo Tribunal em decisão normativa;

II – processo de tomada de contas: a ser devidamente formalizado para julgamento, nos termos do § 2º do art. 1º da IN TCU nº 84/2020; e

III – processo de tomada de contas especial: a ser devidamente formalizado, com rito próprio, nos termos da IN TCU nº 71/2012.[3]

Outro conceito importante é o de contas extraordinárias. As contas ordinárias são prestadas ao final de um exercício financeiro. Todavia, pode ocorrer que, durante o exercício, ocorra a extinção, liquidação, dissolução, transformação, fusão, incorporação ou desestatização de uma determinada Unidade Prestadora de Contas – UPC. Nesse caso, deve ser constituído um processo de contas extraordinárias, dispensada nos seguintes casos:

I – unidade prestadora de contas que, sem alteração de sua natureza jurídica e mantidas as atribuições anteriores, passe a integrar a estrutura de outro ministério ou órgão; ou

II – unidade prestadora de contas que sofra alteração de nome ou de estrutura, mas tenha preservada a continuidade administrativa e mantidas as atribuições similares às anteriores.

EXEMPLO DE CONTAS EXTRAORDINÁRIAS

Acórdão nº 2.907/2017 – Plenário
Relator: Min. Marcos Bemquerer Costa
Sumário: TOMADA DE CONTAS EXTRAORDINÁRIA. EXTINÇÃO DA SECRETARIA NACIONAL DE ESPORTE EDUCACIONAL DO MINISTÉRIO DO ESPORTE – SNEED/ME, OCORRIDA EM JULHO DE 2011. DANO AO ERÁRIO DECORRENTE DE REEQUILÍBRIO ECONÔMICO-FINANCEIRO IRREGULAR. CITAÇÃO. REVELIA DE UM RESPONSÁVEL. NÃO ACOLHIMENTO DAS ALEGAÇÕES DE DEFESA DA EMPRESA. CONTAS IRREGULARES. DÉBITO. MULTA.

---

[3] O Capítulo 9 é dedicado ao tema das tomadas de contas especiais.

8.4. NORMAS ESPECÍFICAS SOBRE PRESTAÇÕES DE CONTAS

8.4.1. Finalidades e princípios

Nos termos da referida IN TCU nº 84/2020, a prestação de contas tem como finalidade demonstrar, de forma clara e objetiva, a boa e regular aplicação dos recursos públicos federais para atender às necessidades de informação dos cidadãos e seus representantes, dos usuários de serviços públicos e dos provedores de recursos, e dos órgãos do Poder Legislativo e de controle para fins de transparência, responsabilização e tomada de decisão, em especial para:

I – **facilitar e incentivar** a atuação do controle social sobre a execução do orçamento federal e proteção do patrimônio da União, nos termos previstos no § 2º do art. 74 da Constituição;

II – **subsidiar** as unidades do sistema de controle interno dos poderes da União para avaliar o cumprimento das metas previstas no Plano Plurianual, a execução dos programas de governo e dos orçamentos da União, bem como comprovar a legalidade e avaliar a eficácia, a eficiência e a efetividade da gestão orçamentária, financeira e patrimonial nos órgãos e entidades da administração federal, nos termos dos incisos I e II do art. 74 da Constituição;

III – **subsidiar** os Ministros de Estado com informações para o exercício da orientação, coordenação e supervisão dos órgãos e entidades da administração federal na área de sua competência, bem como apresentar ao Presidente da República relatório anual de sua gestão no Ministério, consoante estabelecido nos incisos I e III do parágrafo único do art. 87 da Constituição l;

IV – **contribuir** para o acompanhamento e a fiscalização orçamentária pela comissão mista do Congresso Nacional de que trata o inciso II do § 1º do art. 166 da Constituição l; e

V – **possibilitar** ao TCU o julgamento das contas dos administradores e demais responsáveis, nos termos do inciso II do art. 71 da Constituição, e dos arts. 6º a 35 da LOTCU.

As contas devem expressar, de forma clara e objetiva, a exatidão dos demonstrativos contábeis, a legalidade, a legitimidade e a economicidade dos atos de gestão dos responsáveis que utilizem, arrecadem, guardem, gerenciem ou administrem dinheiros, bens e valores públicos ou pelos quais a União responda, ou que, em nome desta, assumam obrigações de natureza pecuniária, nos termos do parágrafo único do art. 70 da Constituição.

São definidos os seguintes princípios para a elaboração e a divulgação da prestação de contas:

I – **foco estratégico e no cidadão:** além de prestar contas sobre os fatos pretéritos, os responsáveis devem apresentar a direção estratégica da organização na busca de resultados para a sociedade, proporcionando uma visão de como a estratégia se relaciona com a capacidade de gerar valor público no curto, médio e longo prazos e demonstrar o uso que a UPC faz dos recursos, bem como os produtos, os resultados e os impactos produzidos;

II – **conectividade da informação:** as informações devem mostrar uma visão integrada da inter-relação entre os resultados alcançados, a estratégia de alocação dos recursos e os objetivos estratégicos definidos para o exercício; e da inter-relação e da dependência entre os fatores que afetam a capacidade de a UPC alcançar os seus objetivos ao longo do tempo;

III – **relações com as partes interessadas:** as informações devem prover uma visão da natureza e da qualidade das relações que a UPC mantém com suas principais partes interessadas, incluindo como e até que ponto a UPC entende, leva em conta e responde aos seus legítimos interesses e necessidades, considerando, inclusive, a articulação interinstitucional e a coordenação de processos para melhorar a integração entre os diferentes níveis e esferas do setor público, com vistas a gerar, preservar e entregar valor público;

IV – **materialidade:** devem ser divulgadas informações sobre assuntos que afetam, de maneira significativa, a capacidade de a UPC alcançar seus objetivos de geração de valor público no curto, médio e longo prazos e com conteúdo relevante para a sociedade, em especial para os cidadãos e usuários de bens e serviços públicos, provedores de recursos, e seus representantes;

V – **concisão:** os textos não devem ser mais extensos do que o necessário para transmitir a mensagem e fundamentar as conclusões;

VI – **confiabilidade e completude:** devem ser abrangidos todos os temas materiais, positivos e negativos, de maneira equilibrada e isenta de erros significativos, de modo a evitar equívocos ou vieses no processo decisório dos usuários das informações;

VII – **coerência e comparabilidade:** as informações devem ser apresentadas em bases coerentes ao longo do tempo, de maneira a permitir acompanhamento de séries históricas da UPC e comparação com outras unidades de natureza similar;

VIII – **clareza:** deve ser utilizada linguagem simples e imagens visuais eficazes para transformar informações complexas em relatórios facilmente compreensíveis, além de fazer uma distinção inequívoca entre os problemas enfrentados e os resultados alcançados pela UPC no exercício e aqueles previstos para o futuro;

IX – **tempestividade:** as informações devem estar disponíveis em tempo hábil para suportar os processos de transparência, responsabilização e tomada de decisão por parte dos cidadãos e seus representantes, dos usuários de serviços públicos e dos provedores de recursos, e dos órgãos do Poder Legislativo e de controle, incluindo as decisões relacionadas ao processo orçamentário e à situação fiscal, à alocação racional de recursos, à eficiência do gasto público e aos resultados para os cidadãos; e

X – **transparência:** deve ser realizada a comunicação aberta, voluntária e transparente das atividades e dos resultados da organização e a divulgação de informações de interesse coletivo ou geral, independentemente de requerimento.

8.4.2. Unidades Prestadoras de Contas, Unidades Apresentadoras de Contas e Rol de Responsáveis

Unidade Prestadora de Contas – UPC é uma unidade ou arranjo de unidades da administração pública federal que possua comando e objetivos comuns e que deverá prestar contas.

Unidade Apresentadora de Contas – UAC é uma unidade da administração pública federal cujo dirigente máximo deve organizar e apresentar ao Tribunal de Contas da União a prestação de contas de uma ou mais UPC, conforme indicado em decisão normativa.

O TCU, por meio de decisão normativa, divulgará a relação das UPC e a manterá atualizada, compatibilizando-a, entre outros, com as alterações realizadas na estrutura da administração pública federal.

A prestação de contas para as UPC de um mesmo segmento ou de natureza similar poderá ser adaptada, consoante disposições constantes de decisão normativa do TCU, com vistas a melhorar a comparabilidade, a transparência, a qualidade e a relevância das informações divulgadas.

São responsáveis pela gestão e comporão o rol de responsáveis os titulares e os respectivos substitutos que, durante o exercício ou período a que se referirem as contas, tenham ocupado os seguintes cargos ou equivalentes:

I – dirigente máximo da UPC;

II – membro de diretoria ou ocupante de cargo de direção no nível de hierarquia imediatamente inferior e sucessivo ao do dirigente de que trata o inciso anterior, com base na estrutura de cargos aprovada para a UPC; e

III – responsável, por definição legal, regimental ou estatutária, por ato de gestão que possa afetar o alcance de objetivos ou causar impacto na legalidade, economicidade, eficiência ou eficácia da gestão da UPC.

No caso das UPCs que são Ministérios ou órgãos equivalentes vinculados à Presidência da República, o rol de responsáveis deve conter todos os responsáveis correspondentes aos seguintes cargos:

I – ministro de Estado ou autoridade equivalente, como dirigente máximo; e

II – titulares da secretaria-executiva, das secretarias finalísticas e da unidade responsável pelo planejamento, orçamento e administração, ou cargos de natureza equivalente.

Os apresentadores de contas das UPCs cujos recursos sejam oriundos majoritariamente de fundos deverão acrescentar ao rol os responsáveis pela governança, pela gestão e pela operação dos fundos.

O TCU poderá, por iniciativa própria ou por provocação do órgão de controle interno, efetuar o detalhamento ou a alteração da composição do rol de responsáveis das UPCs.

As UPCs devem manter e disponibilizar em seu sítio na rede mundial de computadores (internet) informações sobre os integrantes do rol de responsáveis, observadas as normas de acesso à informação aplicáveis.

8.4.3. Conteúdo, forma, divulgação e prazos da prestação de contas

A prestação de contas das UPCs é constituída por:

I – informações;
II – demonstrações contábeis;
III – relatório de gestão; e
IV – rol dos responsáveis.

O rol de responsáveis foi apresentado no item anterior.

As **informações** compreendem:

a) os objetivos, as metas, os indicadores de desempenho definidos para o exercício e os resultados por eles alcançados, sua vinculação aos objetivos estratégicos e à missão da UPC, e, se for o caso, ao Plano Plurianual, aos planos nacionais e setoriais do governo e dos órgãos de governança superior;

b) o valor público em termos de produtos e resultados gerados, preservados ou entregues no exercício, e a capacidade de continuidade em exercícios futuros;

c) as principais ações de supervisão, controle e de correição adotadas pela UPC para a garantia da legalidade, legitimidade, economicidade e transparência na aplicação dos recursos públicos;

d) a estrutura organizacional, competências, legislação aplicável, principais cargos e seus ocupantes, endereço e telefones das unidades, horários de atendimento ao público;

e) os programas, projetos, ações, obras e atividades, com indicação da unidade responsável, principais metas e resultados e, quando existentes, indicadores de resultado e impacto, com indicação dos valores alcançados no período e acumulado no exercício;

f) os repasses ou as transferências de recursos financeiros;

g) a execução orçamentária e financeira detalhada;

h) as licitações realizadas e em andamento, por modalidade, com editais, anexos e resultados, além dos contratos firmados e notas de empenho emitidas;

i) a remuneração e o subsídio recebidos por ocupante de cargo, posto, graduação, função e emprego público, incluídos os auxílios, as ajudas de custo, os jetons e outras vantagens pecuniárias, além dos proventos de aposentadoria e das pensões daqueles servidores e empregados públicos ativos, inativos e pensionistas, de maneira individualizada; e

j) o contato da autoridade de monitoramento, designada nos termos do art. 40 da Lei nº 12.527/2011 – LAI, e telefone e correio eletrônico do Serviço de Informações ao Cidadão (SIC).

As informações que compõem as prestações de contas devem ser apresentadas por segmento e/ou de forma regionalizada, se for o caso, de modo a demonstrar a atuação das unidades ou de áreas que sejam relevantes para fornecer uma visão integrada e eficaz das atividades e operações da UPC.

As **demonstrações contábeis** são as exigidas pelas normas aplicáveis à UPC, acompanhadas das respectivas notas explicativas, bem como dos documentos e informações de interesse coletivo ou gerais exigidos em normas legais específicas que regem sua atividade.

O **relatório de gestão** deve ser apresentado na forma de relato integrado da gestão da UPC e elaborado em conformidade com os elementos de conteúdo estabelecidos em decisão normativa[4] e em acórdão específico do TCU, oferecendo uma visão clara e concisa sobre como a estratégia, a governança, o desempenho e as perspectivas da UPC, no contexto de seu ambiente externo, levam à geração de valor público em curto, médio e longo prazos, bem como se presta a demonstrar e a justificar os resultados alcançados em face dos objetivos estabelecidos, de maneira a atender às necessidades comuns de informação dos diversos segmentos de usuários.

Os elementos de conteúdo sugeridos no Anexo da DN TCU nº 198/2022 são:

- Mensagem do dirigente máximo;
- Visão geral organizacional e ambiente externo;
- Riscos, oportunidades e perspectivas;
- Governança, estratégia e desempenho;
- Informações orçamentárias, financeiras e contábeis.

IMPORTANTE

Os relatórios de gestão são peças de grande relevância e que cumprem diversos objetivos:
- ✓ Demonstram como a gestão foi conduzida;
- ✓ Permitem a análise da gestão dos dirigentes;
- ✓ Subsidiam a análise de conformidade;
- ✓ Propiciam maior transparência e controle social.

---

[4] DN TCU nº 198/2022.

Referido relatório deverá ser publicado até 31 de março ou, no caso das empresas estatais, até 31 de maio do exercício seguinte, ressalvado prazo diverso estabelecido em lei para publicação ou aprovação das demonstrações financeiras da UPC.

Os ministérios devem apresentar em seus relatórios de gestão informações consolidadas abrangendo todos os órgãos, fundos e entidades dependentes do Orçamento Fiscal e da Seguridade Social sob sua supervisão, contemplando recursos alocados, produtos e resultados decorrentes de suas atividades, de modo a evidenciar suas contribuições para a política de governo supervisionada pelo ministério.

CONCEITOS IMPORTANTES DA IN TCU Nº 84/2020

Demonstrações contábeis – representação estruturada de informações financeiras históricas, incluindo divulgações, com a finalidade de informar os recursos econômicos ou as obrigações da entidade em determinada data ou as mutações de tais recursos ou obrigações durante um período em conformidade com a estrutura de relatório financeiro. O termo "demonstrações contábeis" refere-se normalmente ao conjunto completo de demonstrações como determinado pela estrutura de relatório financeiro aplicável, mas também pode referir-se a quadros isolados das demonstrações contábeis (ISSAI 1200; ISA/NBCTA 200(R1)).

Impropriedade: falha de natureza formal de que não resulte dano ao erário, bem como aquela que tem o potencial de levar à inobservância de princípios e normas constitucionais e legais que regem a Administração Pública Federal na execução dos orçamentos da União e nas demais operações realizadas com recursos públicos federais.

Irregularidade: ato, comissivo ou omissivo, que caracterize ilegalidade, ilegitimidade, antieconomicidade ou qualquer infração à norma constitucional ou infraconstitucional de natureza contábil, financeira, orçamentária, operacional ou patrimonial, bem como aos princípios da Administração Pública.

Relato integrado: o Relato Integrado é uma nova abordagem para o processo de relatar. O produto desse processo será um relatório integrado, cujo objetivo é integrar informação financeira e não financeira. Esta informação deve ser concisa e abrangente, e compreender a estratégia, a governança, o desempenho e as perspectivas das organizações.

Valor público: produtos e resultados gerados, preservados ou entregues pelas atividades de uma organização que representem respostas efetivas e úteis às necessidades ou às demandas de interesse público e modifiquem aspectos do conjunto da sociedade ou de alguns grupos específicos reconhecidos como destinatários legítimos de bens e serviços públicos (Decreto nº 9.203/2017).

A prestação de contas ocorrerá:

I – durante o exercício financeiro, mediante a divulgação das informações previstas na IN TCU nº 84/2020;

II – após o encerramento do exercício financeiro, mediante a publicação das demonstrações contábeis e do relatório de gestão na forma de relato integrado, e, se aplicável, do certificado de auditoria, bem como dos documentos e informações de interesse coletivo ou gerais exigidos em normas legais específicas que regem a atividade da UPC;

III – a publicação e manutenção atualizada do rol de responsáveis no sítio oficial da UPC ou UAC, conforme o caso.

As informações e o relatório deverão ser publicados nos sítios oficiais das UPCs em seção específica com chamada na página inicial sob o título "Transparência e prestação de contas", devendo ser atendidos os requisitos estabelecidos no § 3º do art. 8º da LAI.

Essa seção deverá apresentar, também, links para todos os relatórios e informes de fiscalização produzidos pelos órgãos do sistema de controle interno e pelo controle externo durante o exercício financeiro, relacionados à UPC e que tenham sido levados a seu conhecimento, com as eventuais providências adotadas em decorrência dos apontamentos da fiscalização, bem como os resultados das apurações realizadas pelo TCU em processos de representação relativa ao exercício financeiro, relacionados à UPC, e as providências adotadas.

As UPCs que tenham informações relevantes protegidas sob sigilo legalmente previsto devem desenvolver, preferencialmente com o apoio do órgão de controle interno, programa/trilha de auditabilidade para que as contas sejam prestadas e certificadas nos termos desta instrução normativa.

A DN TCU nº 198/2022 fixou os critérios para a definição e seleção das UPCs, para a auditoria e certificação de contas pelo TCU e pelos órgãos de controle interno, estabeleceu os elementos de conteúdo do relatório de gestão e definiu os prazos de atualização das informações que integram a prestação de contas da administração pública federal.[5]

Desta forma, definiu como UPCs significativas para efeito de julgamento de contas (art. 12):

I – os Ministérios, enquanto órgãos supervisores, cujas despesas orçamentárias representem individualmente mais de 2% das despesas do Orçamento Fiscal e da Seguridade Social (OFSS) que, quando somadas, alcancem pelo menos 90% do total das despesas do OFSS, selecionados em ordem decrescente;

II – o Fundo do Regime Geral de Previdência Social;

III – as empresas estatais, dependentes ou independentes, cujas participações societárias somadas alcancem 90% das participações permanentes da União, selecionadas em ordem decrescente de participação; e

IV – o Banco Central do Brasil, em razão de suas relações financeiras com a União, reguladas pela Lei nº 13.820, de 2 de maio de 2019.

A relação de UPCs significativas do Balanço Geral da União (BGU) deve ser publicada pela Presidência do Tribunal até o final do mês de março do exercício a que se referem as contas, considerando os dados da Lei Orçamentária Anual do exercício vigente para despesas orçamentárias e os dados do BGU de 31 de dezembro do exercício anterior para ativos e participações em empresas estatais.

---

[5] Em situações excepcionais, tais prazos são prorrogados, a exemplo do que ocorreu com a situação de calamidade pública decorrente de evento climático extremo no Rio Grande do Sul, em maio de 2024 (Portaria TCU nº 85/2024).

As UPCs significativas do BGU integrantes do Poder Executivo Federal e as empresas estatais dependentes ou independentes significativas serão certificadas pelos órgãos do sistema de controle interno, com exceção daquelas avocadas pelo TCU.

Tanto a IN TCU nº 84/2020 como a DN TCU nº 198/2022 buscam a convergência com padrões internacionais de auditoria, notadamente as normas ISSAI, focando a certificação de contas na confiabilidade das demonstrações contábeis e na conformidade dos atos da gestão orçamentária, financeira e patrimonial.

No que concerne à transparência, as informações relativas a repasses ou às transferências de recursos financeiros; à execução orçamentária e financeira detalhada; às licitações realizadas e em andamento, contratos firmados e notas de empenho emitidas; e à remuneração, subsídio e outras despesas com pessoal deverão ser atualizadas em tempo real ou na periodicidade de ocorrência dos eventos. Especialmente quanto às despesas decorrentes de emendas parlamentares, devem constar de item específico, com a descrição, no mínimo, dos seguintes elementos: identificador de resultado primário, autor, unidade da Federação do autor, ação orçamentária, unidade da Federação da aplicação do recurso e valores empenhados, liquidados, pagos e inscritos em restos a pagar.

A não publicação das prestações de contas nos moldes definidos na IN TCU nº 84/2020 ou o descumprimento do prazo para sua divulgação de forma injustificada caracteriza a omissão no dever de prestar contas de que trata a alínea a do inciso III do art. 16 da LOTCU, e pode sujeitar os responsáveis da UPC à aplicação do disposto no art. 8º da mesma Lei.

8.5. TOMADAS DE CONTAS

A tomada de contas tem como finalidade promover a responsabilização dos integrantes do rol de responsáveis da UPC ou de agente público que tenha concorrido para a ocorrência de irregularidade ou conjunto de irregularidades materialmente relevantes ou que apresentem risco de impacto relevante na gestão, que cheguem ao conhecimento do TCU, de que não resulte dano ao erário.

A indicação da existência de indício de irregularidade ou conjunto de indícios de irregularidades materialmente relevantes ou que apresentem risco de impacto relevante na gestão, sem existência de débito, comunicada pelo sistema de controle interno ou identificada diretamente pelo controle externo, exige a autuação de processo de tomada de contas referente ao exercício financeiro.

Quando a irregularidade ou o conjunto de irregularidades não possuir materialidade suficiente e desde que não apresentem risco de impacto relevante na gestão, a apuração ocorrerá em processo próprio, não autuado como tomada de contas do exercício financeiro.

Uma irregularidade ou um conjunto de irregularidades serão considerados materialmente relevantes, para fins de autuação de processo de tomada de contas, quando se enquadrarem nos limites estabelecidos no Anexo II da IN TCU nº 84/2020, os quais poderão ser alterados mediante decisão normativa do TCU.

Níveis de materialidade conforme o Anexo II da IN TCU nº 84/2020

Orçamento da UPC (em reais)	Materialidade para identificação de irregularidades ou conjunto de irregularidades como relevantes
Até 10 milhões	5% da despesa
Entre 10 milhões e 100 milhões	R$ 500 mil acrescidos de 2% da despesa que ultrapassar R$ 10 milhões
Acima de 100 milhões	R$ 2,3 milhões acrescidos de 0,25% da despesa que ultrapassar R$ 100 milhões

Nos processos de tomada de contas do exercício financeiro, o relatório de auditoria, os certificados de auditoria e os pareceres do dirigente do órgão de controle interno serão substituídos pelos expedientes emitidos pelo sistema de controle interno ou pelos relatos dos trabalhos de controle externo que tenham apontado a existência de indícios de irregularidades ou conjunto de irregularidades materialmente relevantes ou que apresentem risco de impacto relevante na gestão.

Quando o fato noticiado tiver potencial de envolver ministros de Estado ou autoridade equivalente, titulares da secretaria-executiva, das secretarias finalísticas e da unidade responsável pelo planejamento, orçamento e administração, ou cargos de natureza equivalente, o expediente do controle interno deverá ser acompanhado por pronunciamento ministerial.

O TCU poderá, a qualquer tempo, autuar processo de tomada de contas referente ao exercício financeiro para um conjunto de irregularidades que isoladamente não forem materialmente relevantes, mas que identificadas ao longo do exercício financeiro e agrupadas superem os níveis referidos ou apresentem risco de impacto relevante na gestão.

Caberá ao relator ou ao colegiado avaliar a existência ou não de risco de impacto relevante na gestão para fins de prosseguimento do processo de tomada de contas, sem prejuízo de, na hipótese de não configurado o motivo da autuação, poder determinar a adoção das providências cabíveis.

Na hipótese de existência de débito ou de omissão no dever de prestar contas, será autuado processo de tomadas de contas especial.

As denúncias e as representações que atendam aos requisitos dispostos neste título serão convertidas em tomada de contas.

O TCU realizará a audiência dos responsáveis envolvidos, uma vez apurada a irregularidade e determinados e evidenciados seus elementos de responsabilização, em obediência aos princípios do contraditório e da ampla defesa, conforme padrões determinados em seus normativos específicos.

8.6. DECISÕES EM PROCESSOS DE CONTAS

A decisão em processo de tomada ou prestação de contas pode ser preliminar, definitiva ou terminativa (LOTCU: art. 10).

Preliminar é a decisão pela qual o Relator ou o Tribunal, antes de pronunciar-se quanto ao mérito das contas, resolve sobrestar o julgamento, ordenar a citação ou a audiência dos responsáveis ou, ainda, determinar outras diligências necessárias ao saneamento do processo.

Definitiva é a decisão pela qual o Tribunal julga as contas regulares, regulares com ressalva, ou irregulares. O julgamento de contas é o tema do Capítulo 10.

Terminativa é a decisão pela qual o Tribunal ordena o trancamento das contas que forem consideradas iliquidáveis, ou determina o seu arquivamento pela ausência de pressupostos de constituição e de desenvolvimento válido e regular do processo ou por racionalização administrativa e economia processual.

Somente há julgamento de mérito na decisão definitiva.

A única hipótese de deliberação monocrática em processo de contas é a decisão preliminar.

Será arquivada a tomada de contas do exercício quando, antes da realização da audiência, se conclua pela improcedência da possível irregularidade que deu origem ao processo ou pela inexistência ou insuficiência dos elementos de responsabilização para os integrantes do rol de responsáveis. Nessa hipótese, o processo de tomada de contas referente ao exercício financeiro será encerrado sem julgamento de mérito, sem prejuízo da utilização das informações em outras ações de controle externo.

Os processos de tomada de contas já julgados pelo TCU que comprovem a ocorrência de irregularidades materialmente relevantes ou que apresentem risco de impacto relevante na gestão em UPC significativas do BGU, de responsabilidade de integrantes do rol de responsáveis, deverão ser juntados ao respectivo processo de prestação de contas da UPC e subsidiarão a emissão do relatório e do parecer prévio sobre as contas do Presidente da República.

8.6.1. Sobrestamento de contas

Sobrestamento é a suspensão do julgamento ou apreciação de um processo, em razão do surgimento de matéria ou fato que obste o seu regular prosseguimento, como, por exemplo, a conexão dos assuntos em exame com os constantes de outro processo em tramitação no Tribunal, cujos resultados poderão influenciar o julgamento do processo sobrestado. O sobrestamento poderá ocorrer a juízo do Relator, das Câmaras ou do Plenário.

Nos termos da Resolução nº 259/2014, o despacho ou deliberação que determinar o sobrestamento especificará claramente a matéria objeto de sobrestamento ou os responsáveis que terão o julgamento de suas contas sobrestado, bem como o motivo justificador de tal providência.

O sobrestamento não prejudicará a adoção de providências com vistas ao saneamento do processo nem a apreciação de matéria diversa da que teve sua apreciação sobrestada ou o julgamento das contas dos demais responsáveis arrolados no processo. Cessado o motivo do sobrestamento, a unidade técnica deverá instruir o processo, submetendo-o imediatamente ao descortino do Relator com proposta de levantamento do sobrestamento.

> **EXEMPLO DE CONTAS SOBRESTADAS**
>
> Acórdão nº 412/2010 – Plenário
> Relator: Min. Raimundo Carreiro
> Sumário: REPRESENTAÇÃO. CONCESSÃO DE SERVIÇO PÚBLICO DE ENERGIA ELÉTRICA. SUPOSTAS IRREGULARIDADES NA GESTÃO DE DÍVIDAS DA COMPANHIA DE ELETRICIDADE DO AMAPÁ – CEA. CONHECIMENTO. DETERMINAÇÕES. SOBRESTAMENTO DOS AUTOS.

8.6.2. Contas diferidas

O processo de contas pode ser diferido. Nesse caso, a análise é sobrestada na Unidade Técnica por prazo determinado, findo o qual, inexistindo elementos supervenientes que infirmem o parecer do controle interno, será encaminhado ao Relator, após ouvido o Ministério Público, para julgamento por Relação (RITCU: art. 195).

São condições para o diferimento:

- parecer do controle interno pela regularidade ou regularidade com ressalva; e
- critérios de materialidade, relevância e risco.

Entre tais critérios, destaquem-se:

- unidades gestoras que não possuem determinações do TCU pendentes de atendimento;
- unidades que não possuem processos conexos com determinação de juntadas às contas para exame em conjunto ou com falhas que possam refletir nas contas.

Se em processos de fiscalização, representação ou denúncia forem constatados indícios de irregularidades, as contas poderão ser retiradas do diferimento, a qualquer tempo.

> **EXEMPLO DE CONTAS DIFERIDAS**
>
> Acórdão nº 2.284/2017 – Segunda Câmara
> Relator: Min.ª Ana Arraes
> Sumário: TOMADA DE CONTAS ESPECIAL. EXECUÇÃO PARCIAL DE CONVÊNIO PARA CONSTRUÇÃO DE MÓDULOS SANITÁRIOS. AUSÊNCIA DE APORTE DA CONTRAPARTIDA MUNICIPAL. REVELIA DOS RESPONSÁVEIS. CONCESSÃO DE NOVO E IMPRORROGÁVEL PRAZO PARA RECOLHIMENTO DO DÉBITO PELO ENTE FEDERADO. DIFERIMENTO DO JULGAMENTO DAS CONTAS. CIÊNCIA. RELATÓRIO.

8.7. PARA SABER MAIS

É recomendável a leitura dos atos normativos mencionados, bem como das sinopses das Atas do Plenário e das Câmaras do TCU.

Capítulo **9**

Tomadas de Contas Especiais

Acesse o *QR Code* e assista ao vídeo explicativo sobre este assunto.
> https://uqr.to/2046e

O que são as tomadas de contas especiais? Quais as suas diferenças com os demais processos de contas? E com os processos administrativos disciplinares? A quem compete instaurar e julgar as TCEs? Encerrado o mandato daquele que firmou o convênio, a quem compete realizar a prestação de contas? É possível a responsabilidade solidária de um ente político? Dano ao Erário e débito são a mesma coisa?

9.1. CONCEITO

A tomada de contas especial é o processo administrativo devidamente formalizado, com rito próprio, para apurar responsabilidade por ocorrência de dano à administração pública com apuração de fatos, quantificação do dano, identificação dos responsáveis e obtenção do respectivo ressarcimento (IN TCU nº 98/2024: art. 2º).

Tem como objetivo:

- apurar os fatos;
- identificar os responsáveis;
- quantificar o dano; e
- obter o ressarcimento.

É medida de exceção, somente devendo ser instaurada depois de esgotadas as providências administrativas internas sem a elisão do dano (IN TCU nº 98/2024: arts. 3º e 4º).

As TCEs encontram previsão legal na Constituição Federal (princípio da prestação de contas), LOTCU (art. 8º), Decreto-Lei nº 200/1967 (art. 84), Decreto nº 93.872/1986 (art. 148), RITCU (arts. 197 a 200), IN/STN nº 01/1997 e suas alterações e, principalmente, a IN TCU nº 98/2024. Sua finalidade precípua é buscar assegurar a integridade dos recursos públicos, perseguindo sua recomposição quando afetada por condutas ilegais, ilegítimas ou antieconômicas.

Jacoby Fernandes[1] identifica dois princípios específicos nos processos de TCEs: o **princípio da proteção ao erário e o princípio da razão suficiente ab-rogável**. Tais princípios implicam que, se o responsável promover o ressarcimento ou apresentar a prestação das contas omitidas, encerrar-se-á a TCE, por não mais subsistir a sua causa determinante, remanescendo, contudo, a possibilidade de sanções pelas irregularidades praticadas.

Há diferenças significativas entre os processos de TCEs e os processos ordinários de contas.

Em primeiro lugar, cada órgão ou entidade só constitui um processo anual de contas. Não há, entretanto, limite ao número de TCEs que poderão ser instaladas no mesmo exercício em cada órgão ou entidade. Sempre que se verificarem as hipóteses de instauração de TCE, esta deverá ser realizada, independentemente de encontrarem-se em curso uma ou mais TCEs no mesmo órgão ou entidade, desde que os fatos geradores não sejam os mesmos.

O rol dos responsáveis nos processos de contas é composto de indivíduos vinculados à administração pública federal, como dirigentes, membros de conselhos de administração e fiscais etc. Nas TCEs, os responsáveis podem ser quaisquer pessoas físicas ou jurídicas, públicas ou privadas, às quais possa ser imputada a obrigação de ressarcir o Erário. Assim, é comum observar em TCEs que o responsável é um Prefeito, um Secretário de Estado, um bolsista de doutorado, uma organização do Terceiro Setor ou uma empresa privada.

É particularmente importante a definição de eventuais responsáveis solidários. Por exemplo, quando da concessão de benefícios previdenciários fraudulentos podem ser arrolados os servidores responsáveis pela concessão irregular dos benefícios e os respectivos beneficiários.

Quadro-resumo de diferenças entre as TCEs e os demais processos de contas

Critério	Processos de contas	TCEs
Quantidade	Um só processo anual por órgão ou entidade	Possibilidade de várias TCEs no mesmo órgão ou entidade durante um exercício
Responsáveis	Responsáveis pertencem à administração pública	Responsáveis podem ser pessoas físicas ou jurídicas sem vínculo com a administração pública

---

[1] *Tomada de Contas Especial – processo e procedimento nos Tribunais de Contas e na Administração Pública*. 2. ed. atual., rev. e ampl. Brasília: Brasília Jurídica, 2004, p. 72.

Outra importante distinção a ser feita é entre a TCE e os processos administrativos disciplinares (PADs), regulados pela Lei nº 8.112/1990. Na TCE, o julgamento não é feito pela autoridade instauradora ou que a dirigiu, mas pelo Tribunal de Contas. E, ao passo que, nos PADs, somente servidores públicos são passíveis de sanções, nas TCEs as penalidades podem ser dirigidas a todas as pessoas físicas ou jurídicas arroladas como responsáveis.

Sublinhe-se que um mesmo fato pode ensejar a abertura de um PAD e de uma TCE.

Quadro-resumo de diferenças entre as TCEs e os PADs

Critério	TCEs	PADs
Finalidade	Apurar os fatos; identificar os responsáveis; e quantificar o dano	Apuração de irregularidade no serviço público
Normativo processual	IN TCU nº 98/2024 e suas alterações	Lei nº 8.112/1990
Sujeitos passíveis de sanções	Pessoas físicas ou jurídicas arroladas como responsáveis	Servidor público
Julgamento	Tribunal de Contas	Autoridade administrativa

Em 2007, no julgamento do MS 25.880 (Relator: Min. Eros Grau), o STF delimitou tais distinções:

> A tomada de contas especial não consubstancia procedimento administrativo disciplinar. Tem por escopo a defesa da coisa pública, buscando o ressarcimento do dano causado ao erário. Precedente [MS 24.961, Relator: Ministro CARLOS VELLOSO, DJ 4/3/2005].
>
> Não se impõe a observância, pelo TCU, do disposto nos arts. 148 a 182 da Lei nº 8.112/1990, já que o procedimento da tomada de contas especial está disciplinado na Lei nº 8.443/1992.
>
> O ajuizamento de ação civil pública não retira a competência do Tribunal de Contas da União para instaurar a tomada de contas especial e condenar o responsável a ressarcir ao erário os valores indevidamente percebidos. Independência entre as instâncias civil, administrativa e penal.

As TCEs devem pautar-se pelos princípios da racionalidade administrativa, do devido processo legal, da economia processual, da celeridade, da ampla defesa e do contraditório.

A importância das TCEs pode ser avaliada observando-se que, dos processos de controle externo apreciados pelo TCU em 2023, 3.308 foram TCEs ao passo que 112 foram de contas ordinárias.

9.2. HIPÓTESES DE INSTAURAÇÃO DE TCE

São hipóteses de instauração de TCE:

- omissão no dever de prestar contas;
- não comprovação de recursos repassados pela União mediante convênio, contrato de repasse, ou instrumento congênere;

- ocorrência de desfalque, alcance, desvio ou desaparecimento de dinheiro, bens ou valores públicos;
- prática de ato ilegal, ilegítimo ou antieconômico de que resulte dano ao Erário; e
- determinação pelo TCU.

À exceção da determinação direta do Tribunal de Contas, sempre que a autoridade administrativa competente verificar a ocorrência de alguma dessas hipóteses, deverá, sob pena de responsabilidade solidária, antes da instauração da tomada de contas especial, adotar medidas administrativas para caracterização ou elisão do dano, observados os princípios norteadores dos processos administrativos.

Conforme assinalado por Aguiar et al.,[2] o gestor poderá instaurar outro procedimento administrativo – sindicância, auditoria etc. – antes de formalizar o processo de TCE.

A ausência de adoção dessas providências no prazo de 180 (cento e oitenta) dias caracteriza grave infração a norma legal e sujeita a autoridade administrativa federal omissa à responsabilização solidária e às sanções cabíveis. Tal prazo deve ser contado:

I – nos casos de omissão no dever de prestar contas e da não comprovação da aplicação de recursos repassados pela União, da data fixada para apresentação da prestação de contas; e

II – nos demais casos, da data do evento, quando conhecida, ou da data de ciência do fato pela Administração.

Somente depois de esgotadas as providências administrativas internas sem obtenção do ressarcimento pretendido é que a tomada de contas especial deverá ser instaurada pela autoridade administrativa federal.

Considera-se instaurada a tomada de contas especial a partir da autuação de processo específico, em atendimento à determinação da autoridade administrativa competente.

9.2.1. Omissão no dever de prestar contas

O dever da prestação de contas, como visto no Capítulo 2, constitui um princípio constitucional. Ademais, é cláusula expressa em todos os instrumentos de descentralização de recursos e concessão de incentivos, tais como convênios, contratos de repasse, termos de parceria etc. A omissão na prestação de contas é, portanto, uma irregularidade grave, ensejadora da instauração de TCE. Ademais, para os agentes políticos é crime de responsabilidade (Lei nº 1.079/1950, art. 9º, II e Decreto-lei nº 201/1967, art. 1º, VI) e, para todos, ato de improbidade administrativa (Lei nº 8.429/1992, art. 11, VI).

---

[2] *Convênios e Tomadas de Contas Especiais – Manual Prático.* 2. ed. rev. e ampl. Belo Horizonte: Fórum, 2005, p. 101.

> **DÚVIDA FREQUENTE**
>
> **Encerrado o mandato daquele que firmou o convênio, a quem compete realizar a prestação de contas?**
> A resposta encontra-se na Súmula TCU nº 230:[3]
> Compete ao prefeito sucessor apresentar a prestação de contas referente aos recursos federais recebidos por seu antecessor, quando este não o tiver feito e o prazo para adimplemento dessa obrigação vencer ou estiver vencido no período de gestão do próprio mandatário sucessor, ou, na impossibilidade de fazê-lo, adotar as medidas legais visando ao resguardo do patrimônio público.

Em 2023, das contas julgadas irregulares pelo TCU, 10% tiveram como um dos motivos determinantes a omissão na prestação de contas.

> **EXEMPLO DE OMISSÃO NA PRESTAÇÃO DE CONTAS**
>
> Acórdão nº 10.908/2020 – 2ª Câmara
> Relator: Min.ª Ana Arraes
> Sumário: TOMADA DE CONTAS ESPECIAL. FINANCIADORA DE ESTUDOS E PROJETOS. CONVÊNIO. OMISSÃO NO DEVER DE PRESTAR CONTAS. CITAÇÃO. CONTAS IRREGULARES. DÉBITO. MULTA PROPORCIONAL AO DANO AO ERÁRIO. EMBARGOS DE DECLARAÇÃO. PEDIDO DE SUSTENTAÇÃO ORAL NÃO APRECIADO. NULIDADE DO ACÓRDÃO. EMBARGOS CONHECIDOS E ACOLHIDOS.

Sublinhe-se que, conforme dicção expressa do § 4º do art. 209 do RITCU, citado o responsável pela omissão de prestação de contas, bem como instado a justificar essa omissão, a apresentação posterior das contas, sem justificativa para a falta, não elidirá a respectiva irregularidade, podendo o débito ser afastado caso a documentação comprobatória das despesas esteja de acordo com as normas legais e regulamentares e demonstre a boa e regular aplicação dos recursos, sem prejuízo de aplicação de multa.

> **DÚVIDA FREQUENTE**
>
> **No caso de transição de mandatos, de quem é a responsabilidade pela prestação de contas?**
> Nos termos da IN TCU nº 98/2024, nos casos de omissão, a corresponsabilidade do sucessor não alcança débitos relacionados a recursos geridos integralmente por seu antecessor, sem prejuízo da sanção ao sucessor quando este for omisso em prestar, no prazo devido, as contas referentes aos atos de seu antecessor. Todavia, o sucessor poderá responder pelo débito, quando ele der causa à paralisação indevida da execução do objeto, iniciada pelo antecessor, a qual resulte em imprestabilidade total da parcela executada.
> Quando o período de gestão integral dos recursos não coincidir com o mandato em que ocorrer o vencimento da prestação de contas, havendo dúvidas sobre quem deu causa à omissão, antecessor e sucessor serão notificados para recolher o débito, prestar contas ou apresentar justificativas sobre a omissão, o primeiro por supostamente não ter deixado a documentação necessária para que o sucessor pudesse prestar contas e o segundo por ter descumprido o dever de apresentar a prestação de contas no prazo devido. Nesse caso, o sucessor poderá se eximir da responsabilidade sobre a omissão se, cumulativamente, demonstrar a adoção de medida legal de resguardo ao patrimônio público e apresentar justificativas que demonstrem a

---

[3] Redação atualizada pelo Acórdão nº 206/2020 – Plenário.

> impossibilidade de prestar contas no prazo legal, acompanhadas de elementos comprobatórios das ações concretas adotadas para reunir a documentação referente às contas.

9.2.2. Não comprovação da aplicação dos recursos

A não comprovação da boa aplicação dos recursos significa que houve a apresentação formal da prestação de contas dos recursos públicos federais, mas os documentos e elementos que dela constaram não foram suficientes ou convincentes para demonstrar a sua aplicação na finalidade contratada, com o atingimento dos resultados previstos e a observância dos princípios da legalidade, legitimidade e economicidade.

Exemplificando:

- Na prestação de contas de um convênio cujo objeto era a construção de uma creche para 100 crianças, verifica-se que a creche não foi construída: hipótese de dano ao erário no valor total do convênio;
- Na prestação de contas de um convênio cujo objeto era a prestação de cursos visando à inclusão digital de 200 adolescentes de famílias de baixa renda, comprova-se que apenas 80 jovens frequentaram as atividades: hipótese de dano ao erário em valor proporcional ao total do convênio.

Aguiar et al.[4] preceituam:

> Para comprovar a boa aplicação dos recursos é necessária a existência de uma série de nexos: o extrato bancário deve coincidir com a relação de pagamentos efetuados, que deve refletir as notas fiscais devidamente identificadas com o número do convênio, que espelham os cheques nominais emitidos, que devem ser coincidentes com a vigência do convênio e com as datas dos desembolsos ocorridos na conta específica.

IMPORTANTE

Quando se menciona a comprovação da boa aplicação dos recursos, não se consideram apenas os valores originais repassados. É que se deduz do parágrafo único do art. 19 do Decreto nº 11.531/2023:
"§ 1º Nas hipóteses de denúncia ou de rescisão do convênio ou do contrato de repasse, o convenente deverá devolver os saldos remanescentes no prazo de trinta dias, inclusive aqueles provenientes de rendimentos de aplicações no mercado financeiro".

Ao constatar que os recursos não foram, total ou parcialmente, aplicados no objeto acordado, deverá o órgão repassador proceder à instauração de TCE.

---

[4] *Convênios e Tomadas de Contas Especiais – Manual Prático.* 2. ed. rev. e ampl. Belo Horizonte: Fórum, 2005, p. 43.

> **EXEMPLO DE NÃO EXECUÇÃO DO OBJETO**
>
> Acórdão nº 2.288/2020 – Plenário
> Relator: Min. Bruno Dantas
> Sumário: TOMADA DE CONTAS ESPECIAL. FNDE. CONVÊNIO PARA A CONSTRUÇÃO DE ESCOLA DE ENSINO FUNDAMENTAL. NÃO EXECUÇÃO DO OBJETO PACTUADO NO AJUSTE. CITAÇÃO. REJEIÇÃO DAS ALEGAÇÕES DE DEFESA. CONTAS IRREGULARES. DÉBITO. MULTA. INABILITAÇÃO TEMPORÁRIA PARA O EXERCÍCIO DE FUNÇÃO PÚBLICA NA ADMINISTRAÇÃO FEDERAL. RECURSO DE RECONSIDERAÇÃO. CONHECIMENTO. PROVIMENTO PARCIAL. REDUÇÃO DO DÉBITO IMPUTÁVEL À RECORRENTE. EMBARGOS DE DECLARAÇÃO. AUSÊNCIA DE CONTRADIÇÃO, OBSCURIDADE OU OMISSÃO. CONHECIMENTO E REJEIÇÃO.

É frequente a ocorrência de desvio de finalidade, quando os recursos são empregados em áreas distintas de sua destinação original. Por hipótese: recursos destinados à saúde pública aplicados em melhorias urbanísticas. Tal fato é considerado uma grave infração à norma legal, ensejadora de julgamento pela irregularidade das contas.

> **DÚVIDA FREQUENTE**
>
> Qual é a diferença entre desvio de objeto e desvio de finalidade?
> O **desvio de objeto** se configura quando o convenente, sem autorização prévia do concedente, executa ações não previstas no plano de trabalho da avença, mas, em alguma medida, preserva o fim a que se destinam os recursos.
> O **desvio de finalidade** ocorre quando os recursos são aplicados em finalidade diversa daquela anteriormente pactuada ou, ainda, quando o escopo específico da avença não é atendido, em decorrência de irregularidades na execução do ajuste. (Acórdão nº 1.798/2016-TCU, 1ª Câmara, Rel. Min. Substituto Marcos Bemquerer)

9.2.3. Ocorrência de desfalque ou desvio de dinheiros, bens ou valores públicos

A ocorrência de desfalque ou desvio de dinheiros, bens ou valores públicos pode ocorrer, entre outras, nas seguintes hipóteses:

- desaparecimento de bens patrimoniais;
- utilização e consumo de bens públicos para finalidades particulares;
- concessão de benefícios fraudulentos; e
- desvio de recursos públicos para contas bancárias ou aplicações financeiras de particulares.

> **EXEMPLOS DE TCE POR DESFALQUE E DESVIO**
>
> **Acórdão nº 1.669/2014 – Plenário**
> Relator: Min. José Jorge
> Sumário: TOMADA DE CONTAS ESPECIAL. AUSÊNCIA DE COMPROVAÇÃO DO BOM E REGULAR EMPREGO DOS RECURSOS FEDERAIS REPASSADOS, CUMULADA COM O SAQUE DOS VALORES

> TRANSFERIDOS. ALEGAÇÕES DE DEFESA INSUFICIENTES PARA AFASTAR AS IRREGULARIDADES IDENTIFICADAS. INFRAÇÃO À NORMA REGULAMENTAR. DESVIO DE DINHEIROS PÚBLICOS. FRAUDES EM PROCEDIMENTO LICITATÓRIO. CONTAS IRREGULARES. DÉBITO. MULTA. DECLARAÇÃO DE INIDONEIDADE. INABILITAÇÃO PARA O EXERCÍCIO DE CARGO EM COMISSÃO OU FUNÇÃO DE CONFIANÇA. ACÓRDÃO 3.418/2010 – PLENÁRIO. RECURSOS DE RECONSIDERAÇÃO. CONHECIMENTO. NEGATIVA DE PROVIMENTO. CIÊNCIA AOS INTERESSADOS.
> **Acórdão nº 1.740/2015 – 1ª Câmara**
> Relator: Min. Walton Alencar Rodrigues
> Sumário: TOMADA DE CONTAS ESPECIAL. DESFALQUE. E/OU DESVIO DE DINHEIRO PÚBLICO. CITAÇÃO. REVELIA. CONTAS IRREGULARES. DÉBITO. MULTA.

9.2.4. Prática de ato ilegal, ilegítimo ou antieconômico com dano ao erário

Considerando o mencionado princípio de ressarcimento ao erário, somente os atos ilegais, ilegítimos ou antieconômicos que produzam dano ao erário ensejarão a instauração de TCE. Na hipótese de prática desses atos sem dano ao erário, os procedimentos corretivos e sancionatórios serão adotados, conforme o caso, pelo órgão repassador dos recursos, pelo controle interno ou pelo Tribunal de Contas sem, contudo, utilizar-se o procedimento da TCE.

A TCE será instaurada, sempre que caracterizado o dano, com a finalidade precípua de buscar a recuperação do prejuízo causado à Administração Pública.

> **DÚVIDA FREQUENTE**
>
> **Dano ao erário e débito são a mesma coisa?**
> Não. O dano é a lesão ao erário, o prejuízo ao patrimônio; o débito é a expressão monetária dessa lesão, sua quantificação em espécie.
> Todo débito tem origem em um dano ao Erário, mas há danos que não podem ser expressos por um débito.
> Podemos citar algumas hipóteses em que a quantificação precisa do dano revela-se impraticável de ser efetuada com suficiente grau de precisão:
> a) um agente público, atuando de má-fé, procede de modo a inviabilizar a arrecadação por meio eletrônico de determinada receita durante certo período: embora caracterizado o dano ao erário, dificilmente obter-se-ia uma adequada estimativa de seu valor;
> b) determinadas lesões ao patrimônio ambiental ou paisagístico representam, sem dúvida, danos ao erário, porém há grande dissenso entre os especialistas quanto aos métodos de valoração;
> c) em certas situações, a destruição física de documentos ou registros, embora suficiente para comprovar a ocorrência de prejuízo ao patrimônio público, torna impossível seu cálculo.
> Um exemplo de dificuldade na quantificação do débito foi registrado no Acórdão nº 1.112/2005 – Plenário (Rel.: Min. Benjamin Zymler):
>
>> TOMADA DE CONTAS ESPECIAL. EXISTÊNCIA DE DANO AO ERÁRIO DE DIFÍCIL QUANTIFICAÇÃO. CONTAS IRREGULARES.
>>
>> Quando a metodologia de cálculo de débito utilizada não atender às condições estabelecidas no art. 210, § 1º, do Regimento Interno, impõe o julgamento pela irregularidade das contas, mas sem imputação de débito aos responsáveis, ante a existência de um dano ao erário de difícil quantificação, aplicando-lhes, todavia, multa.

JURISPRUDÊNCIA DO TCU

Acórdão nº 321/2019 – Plenário
Relator Min.ª Ana Arraes
Sumário: INCIDENTE DE UNIFORMIZAÇÃO DE JURISPRUDÊNCIA COM O OBJETIVO DE DIRIMIR DIVERGÊNCIA DE ENTENDIMENTOS A RESPEITO DA COMPETÊNCIA DO TCU PARA JULGAR CONTAS DE TERCEIROS PARTICULARES QUE CAUSEM DANO AO ERÁRIO. FIXAÇÃO DE ENTENDIMENTO SOBRE O ASSUNTO. Compete ao TCU, de acordo com as disposições dos arts. 70, parágrafo único, e 71, inciso II, da Constituição de 1988 c/c os arts. 5º, inciso II, 16, § 2º, e 19 da Lei 8.443/1992 e o art. 209, § 6º, do Regimento Interno, julgar as contas de pessoa física ou jurídica de direito privado que causarem dano ao erário, **independentemente da coparticipação de servidor**, empregado ou agente público, desde que as ações do particular contrárias ao interesse público derivem de ato ou contrato administrativo sujeitos ao Controle Externo. (grifei)

IMPORTANTE

A instauração de TCE nas empresas estatais deve ser utilizada para buscar ressarcimento de prejuízos decorrentes de ato de gestão e não de ressarcimento de débitos trabalhistas decorrentes da execução do contrato de trabalho (Acórdão nº 153/2006 – Plenário; Ministro Relator: Benjamin Zymler).

9.2.5. Determinação pelo TCU

Ao exercer a fiscalização, se configurada a ocorrência de desfalque, desvio de bens ou outra irregularidade de que resulte dano ao Erário, o Tribunal ordenará, desde logo, a conversão do processo em TCE, hipótese em que tramitará em separado das respectivas contas anuais. Excetuam-se dessa regra as situações em que o custo da cobrança seja superior ao valor do ressarcimento, conforme previsão do art. 93 da LOTCU. A conversão em TCE será adotada por órgão colegiado: Plenário ou Câmaras.

EXEMPLO DE CONVERSÃO EM TCE

Acórdão nº 2.675/2024 – Plenário
Relator: Antonio Anastasia
VISTOS e relacionados estes autos de representação formulada pela então denominada Secex-Saúde (atual Unidade de Auditoria Especializada em Saúde), em face de possíveis irregularidades constantes de contratos emergenciais firmados sem licitação pelo Município de Guarujá (SP) com as Organizações Sociais (OS) Aceni (Contrato de Gestão 66/2020) e Pró Vida (Contratos de Gestão 68/2020 e 153/2020) e com a empresa AM da Silva Serviços Administrativos (Contrato Emergencial 140/2020), no contexto da pandemia de Covid-19, utilizando verbas repassadas pelo Governo Federal; (...)
Considerando que, a partir da análise feita nos Contratos de Gestão 68/2020 e 153/2020, observa-se a prática de irregularidades que geraram dano ao erário, consistentes, entre outras, na apresentação de notas fiscais sem a descrição adequada e o detalhamento necessário para a identificação dos serviços prestados; na execução de serviços sem previsão nos termos de referência e planos de trabalho; na realização de despesas com empresas estranhas aos contratos de gestão, sem a existência de contratos firmados e documentação fiscal que subsidiasse os

> pagamentos; na ausência de apresentação de documentação comprobatória do recolhimento de encargos sociais; na prática de sobrepreço para disponibilização das unidades móveis de saúde; bem como na ausência de documentação comprobatória hábil a justificar grande parte das despesas realizadas pela OS Pró Vida;
> Considerando que tais fatores redundaram na reprovação de 98,76% da prestação de contas do Contrato 68/2020 e de 89,88% do Contrato 153/2020 pela Comissão Permanente de Avaliação; e
> Considerando a presença dos pressupostos para instauração do processo de tomada de contas especial,
> ACORDAM os Ministros do Tribunal de Contas da União, reunidos em sessão do Plenário, com fundamento no art. 143, inciso V, alínea g, do Regimento Interno/TCU, em:
> a) conhecer da representação, satisfeitos os requisitos de admissibilidade previstos nos arts. 235 e 237, inciso VI, do Regimento Interno deste Tribunal, c/c o art. 103, § 1º, da Resolução-TCU 259/2014, para, no mérito, considerá-la procedente;
> b) determinar, nos termos do art. 47 da Lei 8.443/1992, a conversão do presente processo em tomada de contas especial, (...)

Outra hipótese é quando o TCU toma conhecimento da omissão da instauração da TCE pela autoridade administrativa competente. Neste caso, o Tribunal lhe determinará a instauração da TCE, fixando prazo para cumprimento da decisão.

Quanto ao controle interno, seus responsáveis, ao tomarem conhecimento de omissão no dever de instaurar a tomada de contas especial ou, ainda, de qualquer irregularidade ou ilegalidade, adotarão as medidas necessárias para assegurar o exato cumprimento da lei, sob pena de responsabilidade solidária.

9.2.6. Dispensa de instauração de TCE

Na ocorrência de perda, extravio ou outra irregularidade sem que se caracterize má-fé de quem lhe deu causa, se o dano for imediatamente ressarcido, a autoridade administrativa competente deverá, em sua tomada ou prestação de contas anual, comunicar o fato ao Tribunal, que deliberará acerca da dispensa de instauração da tomada de contas especial.

Ademais, dispõe a Súmula TCU nº 187:

> Sem prejuízo da adoção, pelas autoridades ou pelos órgãos competentes, nas instâncias, próprias e distintas, das medidas administrativas, civis e penais cabíveis, dispensa-se, **a juízo do Tribunal de Contas**, a tomada de contas especial, quando houver dano ou prejuízo financeiro ou patrimonial, **causado por pessoa estranha ao serviço público e sem conluio com servidor** da Administração Direta ou Indireta e de Fundação instituída ou mantida pelo Poder Público, e, ainda, de qualquer outra entidade que gerencie recursos públicos, independentemente de sua natureza jurídica ou do nível quantitativo de participação no capital social (grifos nossos).

Assim, quando a irregularidade é de responsabilidade exclusiva do particular, o juízo, quanto à dispensa, é do Tribunal de Contas.

De outro lado, a Súmula nº 186 estatui:

> Consideram-se sob a jurisdição do Tribunal de Contas da União os coautores, embora sem vínculo com o serviço público, de peculato praticado por servidores – quer sejam ou não Ordenadores de Despesas ou dirigentes de órgãos – da Administração Direta ou Indireta da União e Fundação instituída ou mantida pelo Poder Público, e, ainda, pertencentes a qualquer outra entidade, que gerencie recursos públicos, independentemente da sua natureza jurídica e do nível quantitativo da sua participação no capital social. A juízo do Tribunal, atentas as circunstâncias ou peculiaridades de cada caso, os aludidos coautores estão sujeitos à tomada de contas especial, em que se quantifiquem os débitos e se individualizem as responsabilidades ou se defina a solidariedade, sem prejuízo da adoção, pelas autoridades ou pelos órgãos competentes, das medidas administrativas, civis e penais cabíveis, nas instâncias próprias e distintas.

IMPORTANTE

Do estudo das duas Súmulas, depreende-se que, se o dano ao erário foi provocado por particular sem vínculo com a Administração e não sujeito ao dever legal de prestar contas, não se configura hipótese de instauração de TCE. Em tais situações, a Administração Pública deverá buscar a recomposição patrimonial pela via civil.
Exemplificando: um particular, infringindo as regras de trânsito, provoca uma colisão de veículos danificando aparelhos médicos de alta precisão que estavam sendo transportados para serem instalados em hospital público. Não é caso para TCE, mas para ação de reparação de danos, movida pelo órgão público, titular do patrimônio afetado, contra o particular causador do dano. Da mesma forma, fraudes à Previdência sem participação de agentes públicos acarretarão medidas na esfera penal, mas não a instauração de TCE.
Outra hipótese: se o mesmo acidente foi produzido por agente público, atuando sem observância das normas de segurança, a situação pode ensejar a instauração de TCE.
Finalmente, supondo-se o caso de particulares sem vínculo com a Administração Pública, mas beneficiários ou responsáveis por entidades beneficiárias de convênios, bolsas, auxílios, subvenções ou outras transferências – em suma, inclusos na previsão do parágrafo único do art. 70 da CF – tais pessoas estarão sujeitas à prestação de contas no que concerne à aplicação de tais recursos. Voltando ao exemplo anterior. Se um estudante de doutorado, beneficiário de bolsa de estudos financiada com recursos públicos, provocou o citado acidente de trânsito, não responderá pelo mesmo em sede de TCE. Todavia, se não efetuar a prestação de contas de sua bolsa ou não cumprir as cláusulas previstas no termo que a celebrou, estará sujeito à responsabilização em processo de TCE.

JURISPRUDÊNCIA DO TCU

Acórdão nº 2.160/2013 – Plenário (Relator Ministra Ana Arraes)
Obra. Monitoramento. Saneamento de defeitos construtivos.
Cabe aos gestores públicos, durante o prazo quinquenal de garantia, notificar a contratada para a correção de deficiências construtivas observadas em obras concluídas e, caso os reparos não sejam realizados, ajuizar o devido processo judicial. Nessas situações, não é cabível a instauração de Tomada de Contas Especial.

9.2.7. Solução consensual

Nos casos em que o dano preliminar apurado tiver por fundamento a inexecução parcial do objeto ou a execução total do objeto sem o alcance de funcionalidade adequada, em havendo boa-fé, poderá ser avaliada a adoção de solução consensual entre os órgãos e entidades repassadoras e os receptores de repasses públicos federais, pessoas físicas ou jurídicas, no âmbito das medidas administrativas prévias.

Considera-se solução consensual o ajuste realizado, por meio da celebração do termo de solução consensual, entre os órgãos e/ou entidades repassadoras e os receptores de recursos que vise à resolução de impasses que impedem a efetivação da política pública e à conclusão satisfatória do objeto, sem implicar prejuízo ao Erário.

A proposta de solução consensual deve ser apresentada por qualquer das partes envolvidas antes do envio da tomada de contas especial para apreciação do controle interno. Caso a solução consensual não seja viável, extrapole o prazo de 120 dias para sua celebração, ou não seja cumprida nos termos acordados, proceder-se-á com a imediata instauração da tomada de contas especial.

A adoção de solução consensual não exime os responsáveis da obrigação de prestar contas, nem afasta a apuração das responsabilidades por eventuais danos ao Erário.

9.3. PROCEDIMENTOS

9.3.1. Responsáveis pela instauração da TCE

São responsáveis pela instauração da TCE:

- a autoridade administrativa competente sob pena de responsabilidade solidária;
- o dirigente máximo da entidade ou o ordenador de despesa;
- o TCU, a qualquer tempo.

Ademais, compete aos órgãos e unidades integrantes do Sistema de Controle Interno do Poder Executivo Federal, no apoio ao controle externo, recomendar formalmente à autoridade administrativa competente para que instaure tomada de contas especial sempre que tiver conhecimento de qualquer das seguintes ocorrências:

- desfalque ou desvio de dinheiros, bens ou valores públicos;
- prática de qualquer ato ilegal, ilegítimo ou antieconômico de que resulte dano ao erário; e
- falta de prestação de contas.

IMPORTANTE

O TCU pode determinar a qualquer tempo a instauração de TCE pelo órgão ou entidade jurisdicionado, independentemente das medidas administrativas adotadas.
O TCU pode determinar a conversão em TCE de processo de fiscalização ou denúncia.
Nesses sentidos apenas é que ele é responsável pela instauração da TCE.
Os dirigentes dos órgãos do controle interno não instauram TCE.

9.3.2. Pressupostos para instauração de TCE

É pressuposto para instauração de tomada de contas especial a existência de elementos fáticos e jurídicos que indiquem a omissão no dever de prestar contas e/ou dano ou indício de dano ao erário. O ato que determinar a instauração da tomada de contas especial deverá indicar, entre outros:

- I – os agentes públicos omissos e/ou os supostos responsáveis (pessoas físicas e jurídicas) pelos atos que teriam dado causa ao dano ou indício de dano identificado;
- II – a situação que teria dado origem ao dano ou indício de dano a ser apurado, lastreada em documentos, narrativas e outros elementos probatórios que deem suporte à sua ocorrência;
- III – exame da adequação das informações contidas em pareceres de agentes públicos, quanto à identificação e quantificação do dano ou indício de dano;
- IV – evidenciação da relação entre a situação que teria dado origem ao dano ou indício de dano a ser apurado e a conduta da pessoa física ou jurídica supostamente responsável pelo dever de ressarcir os cofres públicos.

Na hipótese de se constatar a ocorrência de graves irregularidades ou ilegalidades de que não resultem dano ao erário, a autoridade administrativa ou o órgão de controle interno deverão representar os fatos ao Tribunal de Contas da União.

> **JURISPRUDÊNCIA DO TCU**
>
> Acórdão nº 6.567/2022 – Primeira Câmara (Tomada de Contas Especial, Relator Ministro-Substituto Augusto Sherman)
> Responsabilidade. Tomada de contas especial. Instauração. Contrato. Arrendamento. Inadimplência.
> Não é cabível a instauração de tomada de contas especial em decorrência do não pagamento, por particular, de dívida constituída em contrato de arrendamento, pois a responsabilização de particular perante o TCU não ocorre nas hipóteses de simples descumprimento de obrigações contratuais.

9.3.3. Prazo de instauração da TCE

Embora o art. 8º da LOTCU estabeleça que a autoridade competente deverá "imediatamente" adotar as providências para instauração da TCE, a IN TCU nº 98/2024 prevê que a instauração da tomada de contas especial não poderá exceder:

- I – o prazo máximo de 120 dias, nos casos de omissão no dever de prestar contas, contados do dia seguinte à data em que as contas deveriam ter sido prestadas;
- II – o prazo de 360 dias, nos casos em que os elementos constantes das contas apresentadas não permitirem a conclusão de que a aplicação dos recursos

observou as normas pertinentes e/ou atingiu os fins colimados, contados da data da apresentação da prestação de contas;

III – o prazo de 360 dias, nos demais casos, contados da data da ciência do fato pela administração.

O prazo é contado:

I – nos casos de omissão no dever de prestar contas, do primeiro dia subsequente ao vencimento do prazo para apresentação da prestação de contas;

II – nos casos em que os elementos constantes das contas apresentadas não permitirem a conclusão de que a aplicação dos recursos observou as normas pertinentes e/ou atingiu os fins colimados, da data-limite para análise da prestação de contas;

III – nos demais casos, da data do evento ilegítimo ou antieconômico, quando conhecida, ou da data da ciência do fato pela administração.

Em caso de autorização do parcelamento do débito, o prazo será suspenso até a quitação da dívida ou até o seu vencimento antecipado por interrupção do recolhimento.

A falta de instauração da tomada de contas especial no prazo previsto, sem motivo justo, poderá ensejar a aplicação da multa prevista no art. 58, II, da LOTCU à autoridade responsável pela omissão, sem prejuízo da aplicação das demais penalidades previstas em lei.

O Tribunal de Contas poderá, a qualquer tempo, determinar a instauração de tomada de contas especial, independentemente das medidas administrativas internas e judiciais adotadas, se entender que o fato motivador possui relevância para ensejar a apreciação por seus órgãos colegiados.

9.3.4. Etapas de instauração da TCE

A TCE compõe-se de duas fases ou etapas:

- a fase interna, que transcorre no órgão ou entidade em que ocorreu o fato ensejador de sua instauração; e
- a fase externa, na qual a TCE é encaminhada ao Tribunal de Contas para julgamento.

Para Jacoby Fernandes,[5] a TCE é, na fase interna de caráter excepcional, um procedimento que visa determinar a regularidade na guarda e aplicação de recursos públicos, diante da irregularidade; na fase externa, um processo para julgamento da conduta de agentes públicos.

---

[5] *Tomada de Contas Especial – processo e procedimento nos Tribunais de Contas e na administração pública.* 2. ed. atual., rev. e ampl. Brasília: Brasília Jurídica, 2004, p. 40-41.

A fase interna possui natureza verificadora e investigatória. Assim, nessa etapa, não há obrigatoriedade da observância dos princípios do contraditório e da ampla defesa. Nela não há julgamento, mas manifestação quanto à regularidade ou não da aplicação dos recursos públicos.

Não há norma disciplinando se a fase interna deve ser conduzida por uma Comissão, como é mais frequente, ou por apenas um servidor público.

A fase externa ocorre nos Tribunais de Contas.

Nos processos de fiscalização convertidos em TCE por decisão do Tribunal de Contas, não há a fase interna, passando-se diretamente ao processo de apuração dos fatos, identificação dos responsáveis, quantificação do dano e obtenção do ressarcimento.

9.3.5. Notificação

O procedimento seguinte à identificação do ato lesivo é a notificação do responsável, pela autoridade administrativa para a instauração da TCE, objetivando a regularização do fato, assim:

- em se tratando de omissão de contas ou não comprovação da aplicação dos recursos repassados mediante convênio, acordo, ajuste ou outros instrumentos congêneres, o responsável será notificado para que apresente a prestação de contas ou que proceda à devolução dos recursos recebidos, acrescidos dos encargos legais; e
- no caso de desfalque ou desvio de dinheiros, bens ou valores públicos, da prática de qualquer ato ilegal, ilegítimo ou antieconômico de que resulte dano ao Erário, o responsável será notificado para que recolha o valor do débito a ele imputado, acrescido de correção monetária e juros de mora (atualização pelo sistema Débito, disponível em www.tcu.gov.br), bem como para que apresente as justificativas e as alegações de defesa julgadas necessárias, nos casos em que a prestação de contas não tenha sido aprovada.

9.3.6. Peças básicas de uma TCE

O processo de TCE será constituído pelas peças definidas na IN TCU nº 98/2024:

I – relatório do tomador das contas, que deve conter:
    a) identificação do processo administrativo que originou a tomada de contas especial;
    b) número do processo de tomada de contas especial na origem;
    c) identificação dos responsáveis, compreendendo a qualificação e a individualização das condutas dos agentes públicos que praticaram ou concorreram para a prática do ato irregular, bem como dos terceiros que, como contratados ou partes interessadas, de qualquer modo hajam

concorrido para o cometimento do dano apurado ou dele tenham se beneficiado, nos termos do art. 16, § 2º, alíneas a e b, da Lei nº 8.443/92;
  d) quantificação do débito relativamente a cada um dos responsáveis;
  e) relato das situações e dos fatos, com indicação dos atos ilegais, ilegítimos ou antieconômicos de cada um dos responsáveis que deram origem ao dano;
  f) relato das medidas administrativas adotadas com vistas à elisão do dano;
  g) informação sobre eventuais ações judiciais pertinentes aos fatos que deram ensejo à instauração da tomada de contas especial;
  h) parecer conclusivo do tomador de contas especial quanto à comprovação da ocorrência do dano, à sua quantificação e à correta imputação da obrigação de ressarcir a cada um dos responsáveis;
  i) outras informações consideradas necessárias.
II – certificado de auditoria, acompanhado do respectivo relatório, em que o órgão de controle interno competente deve manifestar-se expressamente sobre:
  a) a adequação das medidas administrativas adotadas pela autoridade competente para a caracterização ou elisão do dano; e
  b) o cumprimento das normas pertinentes à instauração e ao desenvolvimento da tomada de contas especial.
III – parecer conclusivo do dirigente do órgão de controle interno;
IV – pronunciamento do Ministro de Estado supervisor da área ou da autoridade de nível hierárquico equivalente, atestando ter tomado conhecimento do relatório do tomador de contas especial e do parecer do órgão de controle interno.

O relatório do tomador de contas deve estar acompanhado das peças abaixo relacionadas:

  a) documentos utilizados para demonstração da ocorrência de dano;
  b) notificações remetidas aos responsáveis, acompanhadas dos respectivos avisos de recebimento ou de qualquer outro documento que demonstre a ciência dos responsáveis;
  c) pareceres emitidos pelas áreas técnicas do órgão ou entidade, incluída a análise das justificativas apresentadas pelos responsáveis; e
  d) outros documentos considerados necessários ao melhor julgamento da tomada de contas especial pelo Tribunal de Contas da União.

A identificação dos responsáveis será acompanhada de ficha de qualificação de cada responsável, pessoa física ou jurídica.

A quantificação do débito será acompanhada de demonstrativo financeiro que indique:

a) os responsáveis;
b) a síntese da situação caracterizada como dano ao erário;
c) o valor histórico e a data de ocorrência;
d) as parcelas ressarcidas e as respectivas datas de recolhimento.

O processo de tomada de contas especial formalizado em desacordo com essas normas deve ser restituído ao órgão de controle interno, para regularização. Em caso de restituição, o órgão de controle interno terá o prazo de sessenta dias para sanear o processo e devolvê-lo ao Tribunal de Contas da União.

Essas disposições não se aplicam aos processos convertidos em tomada de contas especial pelo Tribunal de Contas da União, com fulcro no art. 47 da LOTCU, sendo, nesse caso, obrigatória a cientificação do Ministro de Estado supervisor da área ou autoridade equivalente.

9.3.7. Valor mínimo e prazo máximo para instauração de TCE

Nos termos da IN TCU nº 98/2024, salvo determinação do TCU em contrário, fica dispensada a instauração da tomada de contas especial, nas seguintes hipóteses:

I – o valor do débito for inferior a R$ 120.000,00 (cento e vinte mil reais);

II – houver transcorrido prazo superior a dez anos entre a data provável de ocorrência do dano e a primeira notificação dos responsáveis pela autoridade administrativa competente;

A dispensa de instauração de tomada de contas especial de valor inferior ao mencionado não se aplica aos casos em que o somatório dos débitos de um mesmo responsável atingir o referido valor no âmbito do próprio repassador dos recursos ou, cumulativamente, em outros órgãos e ou entidades da Administração Pública Federal.

A dispensa de instauração de tomada de contas especiais não exime a autoridade administrativa de adotar outras medidas administrativas ao seu alcance ou requerer ao órgão jurídico pertinente as medidas judiciais e extrajudiciais cabíveis, com vistas à obtenção do ressarcimento do débito apurado, inclusive o protesto, se for o caso.

Todavia, instaurada a tomada de contas especial e citados os responsáveis, não se lhe admitirá o arquivamento, ainda na hipótese de o valor apurado como débito ser inferior ao limite fixado.

O Tribunal de Contas da União poderá, por meio de Decisão Normativa:

I – regulamentar, para casos específicos, os prazos e as peças que compõem as tomadas de contas especiais;

II – alterar o valor mínimo previsto para instauração de tomada de contas especial;

III – disponibilizar orientações relativas às medidas administrativas para caracterização ou elisão de dano, que poderão ser observadas, em caráter subsidiário e facultativo, a critério da autoridade administrativa, respeitados os normativos próprios de cada órgão ou entidade;

IV – dispor sobre critérios de priorização de processos de tomada de contas especial; e

V – dispor sobre procedimentos relacionados à implantação de sistema informatizado para a constituição, organização e tramitação do processo de tomada de contas especial.

VI – fixar a forma de apresentação das tomadas de contas especiais constituídas em razão do disposto no § 1º do art. 6º da IN TCU nº 71/2012[6].

A DN TCU nº 155/2016, entre outros, preceitua que o TCU disponibilizará sistema informatizado para a constituição e tramitação do processo de tomada de contas especial, que observará os princípios, diretrizes e requisitos dispostos em normativo próprio.

9.3.8. Arquivamento de TCE

Serão arquivadas as tomadas de contas especiais, antes do encaminhamento ao Tribunal de Contas da União, nas hipóteses de:

I – recolhimento do débito;

II – comprovação da não ocorrência do dano imputado aos responsáveis;

III – subsistência de débito inferior ao limite de R$ 120.000,00 (cento e vinte mil reais).

JURISPRUDÊNCIA DO TCU

Acórdão nº 10.894/2021 – Segunda Câmara (Recurso de Reconsideração, Relator Ministro Jorge Oliveira)
Direito Processual. Tomada de contas especial. Pressuposto processual. Ausência. Prescrição. Arquivamento. Débito.
A tomada de contas especial deve ser arquivada (art. 212 do Regimento Interno do TCU) se inexistente o débito e se verificada a ocorrência de prescrição da pretensão punitiva, uma vez que fica afastada a possibilidade de formulação de qualquer juízo de mérito acerca da conduta dos responsáveis, dada a ausência de pressupostos essenciais ao desenvolvimento válido e regular do processo.

9.4. ENCAMINHAMENTO DA TCE AO TRIBUNAL DE CONTAS DA UNIÃO

Ultrapassado o valor de referência, a TCE será elaborada de forma completa, constituindo um processo de tramitação independente. Considerar-se-á o valor atualizado na data em que o processo estiver concluso na esfera do órgão ou entidade instaurador.

---

[6] Acórdão nº 957/2017-TCU-Plenário.

Concluso o processo de TCE e devidamente procedidos os registros no SIAFI, para os efeitos de cadastro dos faltosos, omissos e/ou inadimplentes na comprovação ou pelo uso irregular dos recursos públicos, os autos serão encaminhados pelo controle interno (CGU) ao Tribunal para julgamento. Ressalte-se que o controle interno deverá emitir Certificado de Auditoria e providenciar o pronunciamento indelegável do Ministro de Estado ou autoridade de equivalente nível hierárquico.

Nos termos da DN TCU nº 155/2016, o certificado de auditoria deve expressar opinião sobre a regularidade das contas com base nas conclusões do relatório, referenciando as constatações nele evidenciadas e na matriz de responsabilização. Por sua vez, o pronunciamento do ministro de Estado supervisor da área ou autoridade equivalente deve declarar de forma expressa haver tomado conhecimento do relatório do tomador de contas especial e do parecer do dirigente do órgão de controle interno.

O prazo para encaminhamento ao TCU do processo de tomada de contas especial é de até cento e oitenta dias a contar de sua instauração, sendo que Decisão Normativa poderá fixar prazos diferentes.

Em caráter excepcional e mediante solicitação fundamentada, formulada, conforme o caso, pelo Presidente da Câmara dos Deputados, do Senado Federal, do Supremo Tribunal Federal, dos demais Tribunais Superiores, dos Tribunais Federais nos Estados e no Distrito Federal e do Tribunal de Contas da União; Procurador-Geral da República; Ministro de Estado, ou outras autoridades de nível hierárquico equivalente e, ainda, por Presidente de conselho federal de fiscalização profissional, o Plenário do TCU poderá prorrogar os prazos estabelecidos. Nos casos em que os trabalhos a cargo do órgão de controle interno não possam ser concluídos a tempo, o respectivo dirigente máximo poderá solicitar, mediante pedido fundamentado, a prorrogação de prazo para apresentação das peças que lhe são pertinentes.

O descumprimento dos prazos caracteriza grave infração à norma legal e sujeita a autoridade administrativa omissa às sanções legais.

No Tribunal de Contas, a instrução da unidade técnica poderá opinar:

- pelo arquivamento, quando não verificados os pressupostos legais de constituição do processo;
- por novas diligências necessárias ao saneamento dos autos;
- pela citação dos responsáveis, adotando-se os procedimentos descritos no Capítulo 13.

IMPORTANTE

Nos casos de falecimento do responsável, o pensamento dominante no Tribunal tem sido o seguinte: se o responsável faleceu antes da instauração da Tomada de Contas Especial, arquiva-se o processo.
Como exemplo, o Acórdão nº 1.886/2006 – 1ª Câmara (Relator: Ministro Valmir Campelo), cujo sumário é:

> "TOMADA DE CONTAS ESPECIAL. OMISSÃO NO DEVER DE PRESTAR CONTAS. RESPONSÁVEL FALECIDO. CONTAS ILIQUIDÁVEIS. TRANCAMENTO. ARQUIVAMENTO.
>
> Consideram-se iliquidáveis as contas, ordenando-se o seu trancamento, quando o exercício da ampla defesa fica comprometido, em razão do falecimento do responsável previamente à instauração da tomada de contas especial."
>
> Registram-se, todavia, diversos exemplos de citação de espólio, como no Acórdão nº 446/2007 – 2ª Câmara (Relator: Ministro Benjamin Zymler), cujo sumário é:
>
>> "É nula a citação, e em consequência o acórdão dela decorrente, feita a representante de empresa individual já falecido, sendo necessária a renovação dessa citação, desta feita ao espólio do responsável, em razão do recebimento por serviços não executados.
>> A não comprovação da regular aplicação dos recursos importa no julgamento pela irregularidade das contas, na condenação em débito e na aplicação de multa."
>
> Outro caso interessante ocorreu no Acórdão nº 668/2007 – 2ª Câmara (Relator: Ministro Aroldo Cedraz), cujo sumário é:
>
>> "Mesmo que falecido, o gestor continua titular das contas, pois foi ele quem assumiu os deveres de bem gerir e de prestar as contas da gestão dos bens ou valores públicos recebidos. Assim, cabe a este Tribunal julgar essas contas, apreciando, por meio dos documentos apresentados ou obtidos, os atos de gestão praticados pelo responsável sobre bens ou valores públicos, conforme critérios de legalidade, legitimidade e economicidade, visto que o julgamento ocorrerá sobre os atos de gestão praticados antes do evento morte.
>>
>> O gestor falecido, na hipótese de boa gestão dos bens ou valores públicos, é o beneficiário da quitação, porque ele, mesmo após a morte, continua a ser o titular das contas. Tendo ele cumprido, em vida, os deveres que lhe foram confiados de bem gerir os recursos e de prestar as contas, ser-lhe-á devida a quitação, ser-lhe-á, também, devida a declaração de que adimpliu os referidos deveres."

Os processos de TCE devem ser constituídos e encaminhados ao Tribunal de Contas da União em meio eletrônico, salvo impossibilidade devidamente justificada.

9.5. JULGAMENTO DAS TCES

O julgamento das TCEs obedece ao mesmo procedimento dos processos de contas, no que concerne à inclusão em pauta, em Relação, discussão e votação. Aplicam-se às TCEs os mesmos recursos admitidos para as tomadas e prestações de contas.

JURISPRUDÊNCIA DO TCU

Acórdão nº 1.608/2016 Primeira Câmara (Tomada de Contas Especial, Relator Ministro-Substituto Weder de Oliveira)
Direito Processual. Julgamento de contas. Tomada de contas especial. Débito. Ausência.
Uma vez instaurada a tomada de contas especial, o TCU deverá julgar as contas regulares, regulares com ressalvas ou irregulares, ainda que a imputação de dano ao erário venha a ser elidida, não havendo que se falar em extinção do processo sem julgamento de mérito por esse motivo.

> **EXEMPLO DE DELIBERAÇÃO SOBRE TCE**
>
> ACÓRDÃO nº 4.241/2029 – TCU – 1ª CÂMARA
> Relator: Min. Augusto Sherman
> Sumário: TOMADA DE CONTAS ESPECIAL. RECURSOS DO SUS PARA CUSTEIO DA CENTRAL DE REGULAÇÃO DO SERVIÇO DE ATENDIMENTO MÓVEL DE URGÊNCIA (SAMU) REPASSADOS APÓS DESABILITAÇÃO DO MUNICÍPIO DE BARRA DO CORDA/MA. RESPONSABILIDADE DO ENTE FEDERADO. CITAÇÃO. REVELIA. PRESUNÇÃO DE BOA-FÉ DE PESSOA JURÍDICA DE DIREITO PÚBLICO. CONCESSÃO DE NOVO E IMPRORROGÁVEL PRAZO PARA O RECOLHIMENTO DO VALOR. INÉRCIA DO MUNICÍPIO. CONTAS IRREGULARES. CONDENAÇÃO DO ENTE MUNICIPAL PELO DÉBITO.

O nome do responsável deve ser excluído do Cadastro Informativo dos débitos não quitados de órgãos e entidades federais – Cadin – quando houver recolhimento do débito, com os devidos acréscimos legais, no âmbito administrativo interno ou quando o TCU:

I – considerar elidida a responsabilidade pelo dano inicialmente imputada ao responsável;

II – considerar não comprovada a ocorrência de dano;

III – arquivar o processo por falta de pressupostos de instauração ou desenvolvimento regular;

IV – considerar iliquidáveis as contas;

V – der quitação ao responsável pelo recolhimento do débito; ou

VI – arquivar a tomada de contas especial com fundamento na comprovação da não ocorrência do dano imputado aos responsáveis.

Na hipótese de o Tribunal de Contas da União concluir por débito de valor diferente daquele originalmente apurado, incumbe à autoridade competente efetuar os ajustes adicionais que se façam necessários nos registros de devedores e sistemas de informações contábeis.

No caso de exclusão em razão de parcelamento de débito, o inadimplemento de qualquer parcela enseja a reinclusão do nome do responsável pela autoridade administrativa federal competente.

> **JURISPRUDÊNCIA DO STF**
>
> Em 2023, o STF julgou o Tema nº 1.257, fixando a tese:
> No âmbito da tomada de contas especial, é possível a condenação administrativa de Chefes dos Poderes Executivos municipais, estaduais e distrital pelos Tribunais de Contas, quando identificada a responsabilidade pessoal em face de irregularidades no cumprimento de convênios interfederativos de repasse de verbas, sem necessidade de posterior julgamento ou aprovação do ato pelo respectivo Poder Legislativo (ARE 1.436.197, Rel. Min. Luiz Fux, j. 19.12.2023).

9.6. REGRAS PARA A QUANTIFICAÇÃO E A ATUALIZAÇÃO DE DÉBITOS

Nos termos da IN TCU nº 98/2024, bem como do art. 210, § 1º do RITCU, a quantificação do débito far-se-á mediante:

I – verificação, quando for possível quantificar com exatidão o real valor devido; ou

II – estimativa, quando, por meios confiáveis, apurar-se quantia que seguramente não excederia o real valor devido.

A atualização monetária e os juros moratórios incidentes sobre o valor do débito devem ser calculados segundo o prescrito na legislação vigente, a partir:

I – da data do crédito na conta bancária específica, quando conhecida, ou da data do repasse dos recursos – no caso de omissão no dever de prestar contas ou de as contas apresentadas não comprovarem a regular aplicação dos recursos, exceto nas ocorrências previstas no item II a seguir;

II – da data do pagamento – quando houver impugnação de despesas específicas e os recursos tiverem sido aplicados no mercado financeiro ou quando caracterizada responsabilidade de terceiro;

III – da data do evento, quando conhecida, ou da data de ciência do fato pela administração – nos demais casos.

9.6.1. Recolhimento do débito

Em qualquer estágio da fase interna, o responsável pelo débito poderá recolher o valor principal integral atualizado monetariamente, sem a incidência de juros moratórios.

No caso de o recolhimento antecipado do débito ocorrer quando já instaurado o processo de tomada de contas especial, o tomador de contas instruirá os autos com as informações necessárias à verificação da boa-fé, da ocorrência de outras irregularidades nas contas, bem como o comprovante do recolhimento do débito apurado, e encaminhará imediatamente a tomada de contas especial para análise do TCU.

O recolhimento antecipado do débito acarretará a quitação provisória em benefício do responsável, sob condição resolutiva, no caso de o TCU não reconhecer a boa-fé do responsável ou identificar outras irregularidades nas contas.

Reconhecida, pelo TCU, a boa-fé do responsável, não havendo divergência quanto ao valor recolhido e desde que não haja outras irregularidades nas contas, o processo de tomada de contas especial restará sanado e as contas serão julgadas regulares ou regulares com ressalva, operando-se em definitivo a quitação dada ao responsável na fase interna.

Não reconhecida, pelo TCU, a boa-fé do responsável ou identificadas outras irregularidades nas contas, o processo seguirá seu curso, com a realização de citação e/ou audiência do(s) responsável(is) pelas irregularidades apuradas nos autos do processo de tomada de contas especial, com a cobrança do débito relativo aos juros de mora desde a ocorrência do fato gerador da irregularidade.

Em caso de solidariedade passiva, o recolhimento do débito por um responsável aproveita aos demais.

9.7. RESPONSABILIDADE SOLIDÁRIA DO ENTE POLÍTICO

Em 2004, uma importante Decisão Normativa, a DN TCU nº 57/2004, regulamentou a hipótese de responsabilização direta dos estados, do Distrito Federal e dos municípios, nos casos de transferência de recursos públicos federais.

Segundo a norma, nos processos de TCEs relativos a transferências de recursos públicos federais aos estados, ao Distrito Federal e aos municípios, ou a entidades de sua administração, as unidades técnico-executivas competentes verificarão se existem indícios de que esses entes da federação se beneficiaram com a aplicação irregular dos recursos. Configurada tal hipótese, a unidade técnico-executiva proporá que a citação seja feita também ao ente político envolvido, na pessoa do seu representante legal, solidariamente com o agente público responsável pela irregularidade.

Caso comprovado que o ente federado se beneficiou pela aplicação irregular dos recursos federais transferidos, o Tribunal, ao proferir o julgamento de mérito, condenará diretamente o estado, o Distrito Federal ou o município, ou a entidade de sua administração, ao pagamento do débito, podendo, ainda, condenar solidariamente o agente público responsável pela irregularidade e/ou cominar-lhe multa.

EXEMPLO DE RESPONSABILIZAÇÃO SOLIDÁRIA DE ENTE POLÍTICO

Acórdão nº 8.003/2020 – 2ª Câmara
Relator: Min. Marcos Bemquerer Costa
Sumário: TOMADA DE CONTAS ESPECIAL. CONVÊNIO. APOIO TÉCNICO E FINANCEIRO PARA REALIZAÇÃO DE CURSO DE CAPACITAÇÃO DE PROFISSIONAIS EM ATENÇÃO À SAÚDE DA PESSOA COM DEFICIÊNCIA, VISANDO AO FORTALECIMENTO DO SISTEMA ÚNICO DE SAÚDE. IMPUGNAÇÃO PARCIAL DAS DESPESAS REALIZADAS. NÃO DEVOLUÇÃO DO SALDO DE CONVÊNIO, INCLUINDO OS RENDIMENTOS DE APLICAÇÃO FINANCEIRA E O VALOR PROPORCIONAL À CONTRAPARTIDA PACTUADA. CITAÇÃO SOLIDÁRIA DO ENTE FEDERAL E DE DOIS RESPONSÁVEIS. AFASTAMENTO DA RESPONSABILIDADE DOS EX-GESTORES QUANTO AO DÉBITO. CONTAS REGULARES DE UM RESPONSÁVEL E REGULARES COM RESSALVA DE OUTRO. REJEIÇÃO DA DEFESA DO ENTE FEDERADO. IMPOSSIBILIDADE DE SE AFERIR A BOA-FÉ DE ENTE PÚBLICO. FIXAÇÃO DE NOVO E IMPRORROGÁVEL PRAZO PARA O RECOLHIMENTO DO DÉBITO.

9.8. PARA SABER MAIS

Acerca desse tema há uma obra de referência, cuja leitura é recomendada a todos que desejem aprofundar-se na matéria: *Tomada de Contas Especial*, do professor Jacoby Fernandes.

Em 2017, a CGU editou Manual no intuito de orientar os gestores e servidores públicos federais quanto às TCEs, considerando as suas características, os pressupostos para a instauração do procedimento, a sua formalização, o cálculo do débito e a legislação aplicável, além de outros elementos que possam, de algum modo, nortear as ações dos agentes públicos que irão atuar no processo.[7]

---

[7] Disponível em: http://www.cgu.gov.br/assuntos/auditoria-e-fiscalizacao/avaliacao-da-gestao-dos--administradores/tomadas-de-contas-especiais/arquivos/manual-2017-tce.pdf.

Capítulo **10**

Julgamento das Contas

Acesse o *QR Code* e assista ao vídeo explicativo sobre este assunto.

> http://uqr.to/202b4

Quais os critérios de julgamento de contas pelos Tribunais de Contas? Quais as consequências de contas julgadas irregulares? O que são contas iliquidáveis? Pode haver arquivamento sem julgamento do mérito? Quais as hipóteses de reabertura de contas? É possível haver débito e simultaneamente boa-fé?

O objetivo do julgamento em processo de contas do exercício financeiro é a decisão do TCU a respeito do mérito das contas dos responsáveis, com o seu enquadramento nos incisos I, II e III do art. 16 da LOTCU, e, conforme a competência atribuída pelo inciso II do art. 71 da Constituição, a apuração de responsabilidades por impropriedades ou irregularidades materialmente relevantes ou que apresentem risco de impacto relevante na gestão.[1]

10.1. CRITÉRIOS DE JULGAMENTO

Dispõe o § 1º do art. 1º da LOTCU que, no julgamento de contas e na fiscalização que lhe compete, o Tribunal decidirá sobre a legalidade, a legitimidade e a economicidade dos atos de gestão e das despesas deles decorrentes, bem como sobre a aplicação

---
[1] IN TCU nº 84/2020.

de subvenções e a renúncia de receitas. Saliente-se que em todas as etapas do processo de julgamento de contas será assegurada ao responsável ou interessado ampla defesa (LOTCU: art. 31).

Para Mileski:[2]

> (...) o julgamento realizado pelo Tribunal de Contas, em jurisdição administrativa própria e privativa, baseado em levantamentos contábeis, certificados de auditoria do controle interno e pronunciamento das autoridades administrativas, sem prejuízo das inspeções realizadas pelo próprio Tribunal de Contas, é procedimento de controle final que avalia a regularidade da gestão contábil, financeira, orçamentária, operacional e patrimonial, no sentido de dizer se os bens e os recursos financeiros foram convenientemente utilizados pelos administradores públicos, com direcionamento para o atendimento das necessidades coletivas.

As contas serão julgadas regulares, regulares com ressalvas ou irregulares.

Em determinadas hipóteses, poderá ser determinado o trancamento das contas, quando forem consideradas iliquidáveis; ou elas poderão ser sobrestadas ou diferidas.

O critério para julgamento das contas é estipulado pelo art. 16 da LOTCU:

> Art. 16. As contas serão julgadas:
>
> I – regulares, quando expressarem, de forma clara e objetiva, a exatidão dos demonstrativos contábeis, a legalidade, a legitimidade e a economicidade dos atos de gestão do responsável;
>
> II – regulares com ressalva, quando evidenciarem impropriedade ou qualquer outra falta de natureza formal de que não resulte dano ao Erário;
>
> III – irregulares, quando comprovada qualquer das seguintes ocorrências:
>
> a) omissão no dever de prestar contas;
>
> b) prática de ato de gestão ilegal, ilegítimo, antieconômico, ou infração à norma legal ou regulamentar de natureza contábil, financeira, orçamentária, operacional ou patrimonial;
>
> c) dano ao Erário decorrente de ato de gestão ilegítimo ou antieconômico;
>
> d) desfalque ou desvio de dinheiros, bens ou valores públicos.

Destaque-se que, conforme o § 3º do art. 1º da LOTCU, será parte essencial das decisões do Tribunal ou de suas Câmaras:

> I. o relatório do Ministro-Relator, de que constarão as conclusões da instrução (do Relatório da equipe de auditoria ou do técnico responsável pela análise do processo, bem como do parecer das chefias imediatas, da Unidade Técnica), e do Ministério Público junto ao Tribunal;

---

[2] *O controle da gestão pública*. São Paulo: RT, 2003, p. 289.

II. fundamentação com que o Ministro-Relator analisará as questões de fato e de direito;

III. dispositivo com que o Ministro-Relator decidirá sobre o mérito do processo.

Como bem analisado por Salustiano:[3]

> Esse juízo de mérito é formado a partir da cognição exercida sobre, basicamente, demonstrativos contábeis, informações prestadas pelos próprios administradores (relatórios de gestão) e resultados de verificações de legalidade e de avaliação de desempenho efetuadas pelos órgãos de controle interno (auditorias de gestão) e pelas próprias unidades técnicas do Tribunal (auditorias, inspeções, diligências). Por limitações de ordem prática, apenas pequena parcela dos atos administrativos é submetida a verificações de legalidade, economia, eficiência e eficácia, ou seja, a verificações da boa e regular aplicação dos recursos públicos.
>
> Portanto, em geral, se forma um juízo de mérito a partir de informações unilaterais dos gestores e de verificações de regularidade e adequação de parte, pequena, do conjunto de atos que compõem a gestão. A partir desses dados, faz-se uma presunção acerca do conjunto da gestão, um juízo de probabilidade e possibilidade, estende-se o juízo da parte para o todo.

Finalmente, assinale-se que é possível, no contexto das contas anuais de um órgão ou entidade, individualizar o julgamento de modo a fixar com maior precisão a responsabilidade de determinado gestor ou responsável. Assim, por exemplo, um mesmo processo poderá concluir pela regularidade das contas dos responsáveis A e B e pela irregularidade das contas de C e D.

10.1.1. Elementos de responsabilização

A IN TCU nº 84/2020 definiu elementos de responsabilização para subsidiar a avaliação, pelo Tribunal, de eventual responsabilidade por irregularidades, os quais deverão constar do relatório de auditoria do controle interno. São eles (art. 21, § 3º):

I – **indício de irregularidade**: descrição sucinta e objetiva do ato não conforme praticado, com indicação da data ou período de ocorrência, bem como da norma possivelmente infringida;

II – **eventual responsável**: indicação do nome e cargo/função, bem como número do CPF do eventual responsável integrante do rol ou não integrante do rol, mas que tenha agido em conluio com aquele integrante do rol, quando aplicável;

III – **conduta**: descrição da ação ou a omissão praticada pelo eventual responsável, dolosa ou culposa, devidamente caracterizada e individualizada;

---

[3] *A coisa julgada em tomadas e prestações de contas ordinárias*. Sociedade democrática, direito público e controle externo. Brasília: Tribunal de Contas da União, 2006, p. 507.

IV – **nexo de causalidade**: descrição da relação de causa e efeito entre a conduta do eventual responsável e o resultado ilícito apontado como indício de irregularidade; e

V – **culpabilidade**: avaliação sobre a reprovabilidade da conduta do eventual responsável, destacando situações atenuantes, como a adoção de medidas corretivas ou reparatórias adotadas, ou agravantes, como a existência de afirmações ou documentos falsos e a omissão proposital em tratar o indício de irregularidade apontado, além das circunstâncias práticas que houverem imposto, limitado ou condicionado a ação do agente, nos termos do art. 22 da Lei nº 13.655/2018.

10.1.2. O erro grosseiro

O conceito de erro grosseiro ganhou relevância no Direito Público brasileiro a partir do art. 28 da Lei nº 13.655/2018, que alterou a Lei de Introdução às Normas do Direito Brasileiro (Decreto-lei nº 4.657/1942).

> Art. 28. O agente público responderá pessoalmente por suas decisões ou opiniões técnicas em caso de dolo ou erro grosseiro.

O conceito foi retomado no art. 73 da Nova Lei de Licitações e Contratos (Lei nº 14.133/2021).

Naturalmente, o TCU amadureceu o entendimento sobre o conceito de erro grosseiro e seu impacto na avaliação de responsabilidades, que é bem expresso no seguinte trecho do voto do Ministro Benjamin Zymler:[4]

> (...) o **erro leve** é o que somente seria percebido e, portanto, evitado por pessoa de diligência extraordinária, isto é, com grau de atenção acima do normal, consideradas as circunstâncias do negócio.
>
> O **erro grosseiro**, por sua vez, é o que poderia ser percebido por pessoa com diligência abaixo do normal, ou seja, que seria evitado por pessoa com nível de atenção aquém do ordinário, consideradas as circunstâncias do negócio.
>
> Dito de outra forma, o erro grosseiro é o que decorreu de uma grave inobservância de um dever de cuidado, isto é, que foi praticado com culpa grave.

JURISPRUDÊNCIA DO TCU

Acórdão nº 2.699/2019 – Primeira Câmara (Relator: Ministro Vital do Rêgo)
Para fins de responsabilização perante o TCU, pode ser tipificada como erro grosseiro (art. 28 do Decreto-lei nº 4.657/1942 – Lei de Introdução às Normas do Direito Brasileiro) a autorização de pagamento sem a devida liquidação da despesa.

---

[4] Declaração de voto no julgamento que culminou no Acórdão nº 2.860/2018 – Plenário.

> Acórdão nº 2.459/2021 – Plenário (Relator: Ministro Augusto Nardes)
> Para fins do exercício do poder sancionatório do TCU, pode ser tipificada como erro grosseiro (art. 28 do Decreto-lei nº 4.657/1942 – LINDB) a elaboração de documentos que fundamentem a contratação de serviços sem justificativas para os quantitativos a serem adquiridos.
>
> Acórdão nº 778/2022 – Primeira Câmara (Relator: Ministro Benjamin Zymler)
> Para fins do exercício do poder sancionatório do TCU, pode ser tipificada como erro grosseiro (art. 28 do Decreto-lei nº 4.657/1942 – LINDB) a apresentação da prestação de contas somente depois de realizada pelo Tribunal a notificação do responsável, sem a devida justificativa para a falta.
>
> Acórdão nº 11.069/2019 – Primeira Câmara (Tomada de Contas Especial, Relator Ministro Benjamin Zymler)
> Responsabilidade. Convênio. Agente político. Culpa. Erro grosseiro. Parecer jurídico. Parecer técnico. Objeto do convênio.
> A existência de pareceres técnico e jurídico não exime a responsabilidade de agente político que, ao assinar convênio, permite o repasse de verbas federais a objeto não elegível pela política pública sobre a qual tem a obrigação precípua de promover e zelar, pois caracteriza conduta com erro grosseiro e culpa grave.
>
> Acórdão nº 3.768/2022 – Segunda Câmara (Tomada de Contas Especial, Relator Ministro Augusto Nardes)
> Responsabilidade. Culpa. Erro grosseiro. Liquidação da despesa. Atestação.
> Para fins de responsabilização perante o TCU, pode ser tipificado como erro grosseiro (art. 28 do Decreto-lei 4.657/1942 – LINDB) o ateste da execução de serviços em quantidades maiores que as efetivamente executadas.

10.2. CONTAS REGULARES

Conforme a LOTCU, são regulares as contas que expressarem, de forma clara e objetiva, a exatidão dos demonstrativos contábeis, a legalidade, a legitimidade e a economicidade dos atos de gestão do responsável. O julgamento pela regularidade das contas implica que o Tribunal dará quitação plena ao responsável (LOTCU: art. 17). A publicação da decisão nos órgãos oficiais constitui certificado de quitação plena. Em regra, os processos de contas com parecer pela regularidade são incluídos em Relação.

Nos termos da IN TCU nº 84/2020, as contas serão julgadas regulares pelo TCU quando não restarem caracterizados os elementos de responsabilização descritos no item 10.1.1.

10.3. CONTAS REGULARES COM RESSALVAS

Quando as contas evidenciarem impropriedade ou qualquer outra falta de natureza formal de que não resulte dano ao Erário serão consideradas regulares com ressalvas.

Para a IN TCU nº 84/2020 (art. 30, § 1º), as contas serão julgadas regulares com ressalva quando, apesar de evidenciados os elementos de responsabilização anteriormente descritos, o TCU concluir que a irregularidade apurada não se enquadra nas hipóteses previstas no art. 16, III, da Lei 8.443/1992 (julgamento pela irregularidade, conforme item a seguir).

O julgamento pela regularidade com ressalvas implica que o Tribunal dará quitação ao responsável e lhe determinará, ou a quem lhe haja sucedido, a adoção de medidas necessárias à correção das impropriedades ou faltas identificadas, de modo a prevenir a ocorrência de outras semelhantes. O acórdão de julgamento deverá indicar, resumidamente, os motivos que ensejam a ressalva das contas.

A outra hipótese de julgamento pela regularidade com ressalvas ocorrerá quando, ao examinar a resposta à citação, o Tribunal concluir pela boa-fé do responsável, bem como pela inexistência de outra irregularidade nas contas. Satisfeitos tais requisitos e subsistindo o débito, o Tribunal proferirá, mediante acórdão, deliberação de rejeição das alegações de defesa e dará ciência ao responsável para que, em novo e improrrogável prazo de quinze dias, recolha a importância devida. Em tal situação, a liquidação tempestiva do débito atualizado monetariamente saneará o processo e o Tribunal julgará as contas regulares com ressalva e dará quitação ao responsável.

EXEMPLO DE DÉBITO COM BOA-FÉ

Acórdão nº 3.454/2006 – 1ª Câmara
Município de Itatim/BA
Rel.: Min. Marcos Bemquerer
TOMADA DE CONTAS ESPECIAL ORIUNDA DE REPRESENTAÇÃO. DESVIO DE FINALIDADE NA APLICAÇÃO DE RECURSOS DO Fundef. REJEIÇÃO DE ALEGAÇÕES DE DEFESA DO MUNICÍPIO E FIXAÇÃO DE PRAZO PARA O RECOLHIMENTO DO DÉBITO.
1. Julgam-se regulares com ressalva as contas, quando evidenciarem impropriedade ou qualquer outra falta de natureza formal de que não resulte dano ao Erário.
2. O responsável cuja defesa foi rejeitada pelo Tribunal será cientificado para, em novo e improrrogável prazo, recolher a importância devida.

O entendimento do TCU tem sido que a boa-fé só existe quando os atos possam ser enquadrados em um modelo de prudência, diligência e cuidado que a sociedade espera daquele que usa dinheiro público.

Contas apresentadas em desacordo com as normas legais e regulamentares aplicáveis à matéria poderão ser julgadas regulares com ressalva, desde que se comprove, por outros meios, a boa e regular aplicação dos recursos.

10.4. CONTAS IRREGULARES

Nos termos da LOTCU, serão julgadas irregulares as contas em que for comprovada qualquer das seguintes ocorrências:

a) omissão no dever de prestar contas;

b) prática de ato de gestão ilegal, ilegítimo, antieconômico, ou infração à norma legal ou regulamentar de natureza contábil, financeira, orçamentária, operacional ou patrimonial;

c) dano ao Erário decorrente de ato de gestão ilegítimo ou antieconômico; e

d) desfalque ou desvio de dinheiros, bens ou valores públicos.

A IN TCU nº 84/2020 (art. 30, *caput*) estipulou que o TCU julgará irregulares as tomadas de contas referentes ao exercício financeiro dos responsáveis quando comprovada prática de ato de gestão ilegal, ilegítimo, antieconômico, ou infração à norma legal ou regulamentar de natureza contábil, financeira, orçamentária, operacional ou patrimonial, de responsabilidade de um ou mais agentes integrantes do rol de responsáveis ou do agente público que tenha concorrido para a ocorrência, conforme os elementos de responsabilização indicados no item 10.1.1.

> **EXEMPLOS DE CONTAS IRREGULARES**
>
> Acórdão nº 1.969/2006 – 2ª Câmara
> Prefeitura de Pedro Velho (RN)
> MINISTRO-RELATOR: WALTON RODRIGUES
> SUMÁRIO: RECURSO DE RECONSIDERAÇÃO. TOMADA DE CONTAS ESPECIAL. CONSTRUÇÃO DE ESCOLA. EXECUÇÃO PARCIAL. INUTILIDADE DA OBRA. IRREGULARIDADE. ALEGAÇÃO DE NULIDADE PROCESSUAL E DE INCOMPETÊNCIA DO TCU PARA PROFERIR DECISÃO DE MÉRITO. PERDA DE VALOR DOS RECURSOS FEDERAIS REPASSADOS, EM DECORRÊNCIA DE INFLAÇÃO. ALEGAÇÕES INSUFICIENTES PARA REFORMAR A DELIBERAÇÃO RECORRIDA. NEGATIVA DE PROVIMENTO.
> A execução parcial de obra pública da qual nenhum proveito resulta à municipalidade impõe a irregularidade das contas e a condenação em débito do gestor responsável, quando podendo evitar o dano, a ele deu causa por negligência e omissão voluntária.
>
> Acórdão nº 2.003/2006 – 1ª Câmara
> Prefeitura de Serraria (PB)
> MINISTRO-RELATOR: AUGUSTO NARDES
> SUMÁRIO: TOMADA DE CONTAS ESPECIAL. FNDE. DOCUMENTAÇÃO INCONSISTENTE. DESVIO DE FINALIDADE. CONTAS IRREGULARES.
> 1. A Prestação de Contas é ato formal, que deve ocorrer em conformidade com os normativos aplicáveis à espécie.
> 2. Julgam-se irregulares as contas, com condenação em débito e aplicação de multa ao responsável, quando não é apresentada documentação idônea e consistente para comprovar a boa e regular aplicação dos recursos e quando não fica comprovado o nexo de causalidade entre os recursos captados e o objeto do projeto.
>
> Acórdão nº 2.009/2006 – 1ª Câmara
> Prefeitura de São Bento (PB)
> MINISTRO-RELATOR: AUGUSTO NARDES
> SUMÁRIO: TOMADA DE CONTAS ESPECIAL. NÃO ATINGIMENTO DOS OBJETIVOS PACTUADOS. CONTAS IRREGULARES. APLICAÇÃO DE MULTA.
> 1. Aquisição de gêneros alimentícios em quantidades inferiores ao previsto no plano de trabalho prejudica a eficácia e efetividade do Programa, sendo motivo suficiente para julgar as contas irregulares e ensejar multa ao responsável.

Também poderão ser julgadas irregulares as contas no caso de reincidência no descumprimento de determinação de que o responsável tenha tido ciência, feita em processo de tomada ou prestação de contas.

De fato, dispõe a jurisprudência do TCU:

> A multiplicidade de falhas e irregularidades, avaliadas em conjunto e a repetição de algumas delas já apontadas em exercícios anteriores são fundamentos suficientes para a irregularidade das contas e aplicação de multa ao responsável. (Acórdão nº 3.137/2006 – 2ª Câmara – Rel.: Min. Ubiratan Aguiar)

Na hipótese de omissão no dever de prestar contas, a apresentação posterior das contas, sem justificativa para a falta, não elidirá a respectiva irregularidade, podendo o débito ser afastado caso a documentação comprobatória das despesas esteja de acordo com as normas legais e regulamentares e demonstre a boa e regular aplicação dos recursos, sem prejuízo da aplicação da multa prevista no art. 58 da LOTCU.

Nas hipóteses de dano ao Erário e desfalque ou desvio, o Tribunal, ao julgar irregulares as contas, fixará a responsabilidade solidária:

a) do agente público que praticou o ato irregular; e

b) do terceiro que, como contratante ou parte interessada na prática do mesmo ato, de qualquer modo haja concorrido para o cometimento do dano apurado.

A responsabilidade de terceiro derivará:

I. do cometimento de irregularidade que não se limite ao simples descumprimento de obrigações contratuais ou ao não pagamento de títulos de crédito ou;

II. da irregularidade no recebimento de benefício indevido ou pagamento superfaturado.

O débito será apurado mediante:

I. verificação, quando for possível quantificar com exatidão o real valor devido; e

II. estimativa, quando, por meios confiáveis, apurar-se quantia que seguramente não excederia o real valor devido (RITCU: art. 210, § 1º).

Se verificada essa ocorrência, o TCU providenciará a imediata remessa de cópia da documentação pertinente ao Ministério Público da União, para ajuizamento das ações civis e penais cabíveis.

JURISPRUDÊNCIA DO TCU

Acórdão nº 156/2015 – Segunda Câmara (Prestação de Contas, Relator Ministro-Substituto Marcos Bemquerer)
Processual. Julgamento de contas. Processo conexo.
Julgam-se irregulares as contas ordinárias do responsável em razão de ocorrências graves apuradas em processos conexos, com impacto negativo na gestão examinada, não cabendo, porém, apenação se já houve aplicação de sanção naqueles processos, em respeito ao princípio do *non bis in idem*.

Acórdão nº 1.483/2022 – Plenário (Recurso de Reconsideração, Relator Ministro Jorge Oliveira)
Direito Processual. Julgamento de contas. Contas ordinárias. Débito. Inexistência. Multa. Prescrição. Contas irregulares. Contas extraordinárias.
Em processo de prestação ou tomada de contas ordinária ou extraordinária, a inexistência de débito e a simultânea prescrição da pretensão punitiva do TCU não impedem o julgamento pela irregularidade das contas.

10.5. CONSEQUÊNCIAS DE IRREGULARIDADE

Como consequência da verificação de irregularidade nas contas, o Relator ou o Tribunal:

I. definirá a responsabilidade individual ou solidária pelo ato de gestão inquinado;

II. se houver débito, ordenará a citação do responsável para, no prazo estabelecido no Regimento Interno, apresentar defesa ou recolher a quantia devida;

III. se não houver débito, determinará a audiência do responsável para, no prazo estabelecido no Regimento Interno, apresentar razões de justificativa; e

IV. adotará outras medidas cabíveis.

O não atendimento à citação ou à audiência importará em que o responsável seja considerado revel pelo Tribunal, para todos os efeitos, dando-se prosseguimento ao processo.

No julgamento pela irregularidade das contas, havendo débito, o TCU condenará o responsável ao pagamento da dívida atualizada monetariamente, a partir da data da irregularidade, acrescida dos juros de mora devidos, podendo, ainda, aplicar-lhe a multa prevista no art. 57 da LOTCU, sendo o instrumento da decisão considerado título executivo para fundamentar a respectiva ação de execução.

Havendo débito, mas cuja autoria não tenha sido estabelecida, as contas serão julgadas irregulares, sem imputação de débito.

Se não houver débito, mas tiver sido comprovada a omissão na prestação de contas, a prática de ato de gestão ilegal, ilegítimo, antieconômico, ou infração à norma legal ou regulamentar de natureza contábil, financeira, orçamentária, operacional ou patrimonial ou dano ao Erário, o Tribunal aplicará ao responsável a multa prevista no art. 58 da LOTCU.

Ademais, para atender às exigências da Lei das Inelegibilidades (Lei Complementar nº 64/1990), em seu art. 1º, inciso I, alínea g, bem como no art. 3º, o TCU, com a devida antecedência ou quando solicitado, enviará ao Ministério Público Eleitoral, em tempo hábil, o nome dos responsáveis cujas contas houverem sido julgadas irregulares nos oito anos imediatamente anteriores àquele em que forem realizadas eleições no âmbito da União, dos estados, do Distrito Federal e dos municípios. Excetuam-se dessa medida os processos em que houver recurso com efeito suspensivo cuja admissibilidade tenha sido reconhecida pelo Relator.

A certidão negativa de contas julgadas irregulares para os responsáveis discriminados no rol das UPCs deverá apresentar informação dos acórdãos que as julgaram.

DÚVIDA FREQUENTE

Irregularidade é sinônimo de ilegalidade?
Não.
Toda ilegalidade também é uma irregularidade, mas nem toda irregularidade é uma ilegalidade.

> A ilegalidade é a ofensa ao direito positivo.
> A irregularidade é a falha – em sentido amplo – que pode resultar de negligência, imperícia, má-fé etc. Atos ilegítimos ou antieconômicos também são irregulares, embora não necessariamente ilegais.

10.6. FIXAÇÃO DA RESPONSABILIDADE SOLIDÁRIA

A responsabilidade solidária tem previsão constitucional, legal e regimental.

Na Constituição, constam as seguintes hipóteses:

> Art. 74
>
> § 1º Os responsáveis pelo controle interno, ao tomarem conhecimento de qualquer irregularidade ou ilegalidade, dela darão ciência ao Tribunal de Contas da União, sob pena de responsabilidade solidária.

Na LOTCU, a solidariedade é prevista nos seguintes dispositivos:

> Art. 5º A jurisdição do TCU abrange: (...)
>
> IX – os representantes da União ou do Poder Público na Assembleia Geral das empresas estatais e sociedades anônimas de cujo capital a União ou o Poder Público participem, solidariamente, com os membros dos Conselhos Fiscal e de Administração, pela prática de atos de gestão ruinosa ou liberalidade à custa das respectivas sociedades.
>
> Art. 8º Diante da omissão no dever de prestar contas, da não comprovação da aplicação dos recursos repassados pela União, na forma prevista no inciso VII do art. 5º desta Lei, da ocorrência de desfalque ou desvio de dinheiros, bens ou valores públicos, ou, ainda, da prática de qualquer ato ilegal, ilegítimo ou antieconômico de que resulte dano ao Erário, a autoridade administrativa competente, sob pena de responsabilidade solidária, deverá imediatamente adotar providências com vistas à instauração da tomada de contas especial para apuração dos fatos, identificação dos responsáveis e quantificação do dano.
>
> Art. 44. No início ou no curso de qualquer apuração, o Tribunal, de ofício ou a requerimento do Ministério Público, determinará, cautelarmente, o afastamento temporário do responsável, se existirem indícios suficientes de que, prosseguindo no exercício de suas funções, possa retardar ou dificultar a realização de auditoria ou inspeção, causar novos danos ao Erário ou inviabilizar o seu ressarcimento.
>
> § 1º Estará solidariamente responsável a autoridade superior competente que, no prazo determinado pelo Tribunal, deixar de atender à determinação prevista no *caput* deste artigo.

No RITCU:

> Art. 262. Quando o ato de concessão de aposentadoria, reforma ou pensão for considerado ilegal, o órgão de origem fará cessar o pagamento dos proventos ou

benefícios no prazo de quinze dias, contados da ciência da decisão do Tribunal, sob pena de responsabilidade solidária da autoridade administrativa omissa.

Ademais, na Lei de Licitações e Contratos Administrativos, estipula-se que, na hipótese de contratação direta indevida ocorrida com dolo, fraude ou erro grosseiro, o contratado e o agente público responsável responderão solidariamente pelo dano causado ao erário, sem prejuízo de outras sanções legais cabíveis (art. 73). Também os membros da comissão de contratação responderão solidariamente por todos os atos praticados pela comissão (art. 8º, § 2º), assim como os integrantes de consórcio pelos atos praticados tanto na fase de licitação quanto na de execução do contrato (art. 15, V).

Em outros diplomas legais, também se encontram hipóteses de responsabilidade solidária.

Assim, temos as seguintes previsões:

- responsáveis pelo controle interno que não derem ciência ao Tribunal de Contas de irregularidade ou ilegalidade de que tenham conhecimento (CF, art. 74, § 1º);
- membros dos Conselhos Fiscal e de Administração, bem como representantes da União ou do Poder Público na Assembleia Geral das empresas estatais e sociedades anônimas de cujo capital a União ou o Poder Público participem, pela prática de atos de gestão ruinosa ou liberalidade à custa das respectivas sociedades (LOTCU, art. 5º, IX);
- autoridade administrativa competente que não adotar providências com vistas à instauração de TCE nas hipóteses legais (LOTCU: art. 8º);
- autoridade superior competente que não atender à determinação de afastamento cautelar de subordinado (LOTCU: art. 44, § 1º); e
- autoridade administrativa omissa em fazer cessar o pagamento dos proventos ou benefícios cujo ato de concessão tenha sido considerado ilegal (RITCU: art. 262).

Na expressão de Almeida,[5] para configurar a responsabilidade solidária, basta que o terceiro tenha auferido benefícios a partir da conduta do responsável, não sendo necessário demonstrar que tivesse ciência da conduta irregular do agente público.

10.6.1. Responsabilidade solidária do parecerista jurídico

Em 2007, o Supremo Tribunal Federal alterou seu posicionamento a respeito da possibilidade de responsabilização solidária pelos Tribunais de Contas de parecerista jurídico que se manifeste acerca de editais e contratos por força da então vigente Lei nº 8.666/1993, exigência mantida na atual Lei nº 14.133/2021.

A decisão, por maioria (vencidos os Ministros Gilmar Mendes, Eros Grau e Cármen Lúcia), denegou o pedido explicitado no MS nº 24.584. Naquele processo, foi discutida

---

[5] *Lei Orgânica do Tribunal de Contas da União Anotada*. Belo Horizonte: Fórum, 2006, p. 39.

a possibilidade de se realizar a audiência de parecerista jurídico, instado a se manifestar acerca de termos de contrato, convênio etc. por força do disposto no parágrafo único do art. 38 da Lei nº 8.666/1993.[6]

Prevaleceu a tese do relator, Ministro Marco Aurélio, que proferiu voto "no sentido de indeferir o *writ*, por considerar que a aprovação ou ratificação de termo de convênio e aditivos, a teor do que dispõe o art. 38 da Lei nº 8.666/1993 e diferentemente do que ocorre com a simples emissão de parecer opinativo, possibilita a responsabilização solidária, já que o administrador decide apoiado na manifestação do setor técnico competente".

A conclusão de tal julgado representou o êxito da tese esposada pelo TCU, no sentido de possibilitar a responsabilização de parecerista jurídico, evitando que se chegue à situação na qual o gestor se escuda em parecer autorizativo e o parecerista alega a inviolabilidade da sua manifestação, com fulcro na Lei nº 8.906/1994 (Estatuto da Advocacia).

EXEMPLO DE RESPONSABILIZAÇÃO DE PARECERISTA

Acórdão nº 2.656/2015 – Plenário
Relator: Ministro-substituto Marcos Bemquerer
Ainda que a natureza opinativa do parecer jurídico afaste, em regra, a responsabilidade de seu emitente, essa subsiste, caso se demonstre culpa ou erro grosseiro.

Em relação à delegação de responsabilidade, o seguinte acórdão reflete a jurisprudência do TCU:

> Acórdão nº 9.547/2018 – Segunda Câmara
>
> Relator: Ministro-Substituto Marcos Bemquerer
>
> Sumário:
>
> [...] A delegação de poderes não exime a responsabilidade do gestor por atos de sua competência primária, pois, ao delegar suas atribuições, o administrador tem obrigação de escolher bem o subordinado e assume o ônus de supervisioná-lo.

JURISPRUDÊNCIA

Acórdão nº 3.694/2014 – Segunda Câmara (Tomada de Contas Especial, Relator Ministro-Substituto André de Carvalho)
Responsabilidade. Solidariedade passiva. Culpa.
Todos os que concorrerem para o cometimento de dano ao erário podem ser responsabilizados solidariamente, independentemente da existência de dolo ou má-fé, bastando a presença do elemento culpa, além do nexo de causalidade entre a ação omissivo-comissiva e o dano constatado.

Acórdão nº 362/2018 – Plenário (Prestação de Contas, Relator Ministro Augusto Nardes)
O parecerista jurídico pode ser responsabilizado solidariamente com o gestor quando, por dolo, culpa ou erro grosseiro, induz o administrador público à prática de ato grave irregular ou ilegal.

---

[6] Atualmente a análise jurídica prévia da contratação é determinada pelo art. 53 da Lei nº 14.133/2021.

10.6.2. Desconsideração da personalidade jurídica

O TCU tem adotado a teoria da desconsideração da personalidade jurídica de empresas, para alcançar os sócios responsáveis por atos irregulares, em caso de abuso de personalidade e de mau uso das finalidades da sociedade empresária, relacionados ao desvio de recursos públicos. Entendimento semelhante é esposado nas demais cortes de contas subnacionais.

Em importante decisão, no MS nº 35.506, o STF referendou a decisão original do TCU aplicando a desconsideração da personalidade jurídica, em virtude da presença de indícios robustos de que os administradores teriam se escondido por trás das empresas para maximizar lucros, às custas do patrimônio da Petrobras.

> **JURISPRUDÊNCIA**
>
> **Acórdão nº 8.987/2020-Primeira Câmara (Rel. Min. Bruno Dantas)**
> Quando o vínculo entre a Administração Pública e o particular deriva de um contrato, a responsabilidade é prioritariamente da pessoa jurídica contratada, por ter sido ela que se obrigou perante o Estado, não podendo o TCU atribuir a obrigação de indenizar às pessoas físicas que assinaram o termo contratual ou praticaram atos relacionados à avença na condição de representantes da contratada; salvo em hipóteses excepcionais relativas a conluios, abuso de direito ou prática de atos ilegais ou contrários às normas constitutivas ou regulamentares da entidade contratada, situações em que se aplica a desconsideração da personalidade jurídica para alcançar sócios ou administradores.
>
> **Acórdão nº 1.846/2020-Plenário (Rel. Min. Vital do Rego)**
> O instituto da desconsideração da personalidade jurídica deve incidir sobre os administradores e sócios que tenham algum poder de decisão na empresa, não alcançando, em regra, os sócios cotistas, exceto nas situações em que fica patente que estes também se valeram de forma abusiva da sociedade empresária para tomar parte nas práticas irregulares.
>
> **Acórdão nº 229/2023-Plenário (Rel. Min. Augusto Sherman)**
> Os efeitos da desconsideração da personalidade jurídica alcançam não apenas os sócios de direito, mas também os sócios ocultos que exerçam de fato a gerência da pessoa jurídica.
>
> **Acórdão nº 2419/2024-Primeira Câmara (Rel. Min. Benjamin Zymler)**
> A responsabilização pessoal do administrador em solidariedade com a pessoa jurídica participante do Programa Farmácia Popular do Brasil (PFPB) decorre da natureza convenial da relação jurídica estabelecida com o poder público, não havendo necessidade de o TCU recorrer ao instituto da desconsideração da personalidade jurídica. Ao assumir voluntariamente o encargo da gestão de recursos do PFPB, o particular se submete à obrigação de prestar contas (art. 70, parágrafo único, da Constituição Federal) e a eventual responsabilização em caso de mau uso dos recursos geridos (art. 71, inciso II, da Lei Maior).

10.7. LIQUIDAÇÃO TEMPESTIVA DO DÉBITO

Reconhecendo o Tribunal a boa-fé do responsável, a liquidação tempestiva do débito atualizado monetariamente sanará o processo, se não houver sido observada outra irregularidade nas contas. O procedimento é previsto nos §§ 2º a 5º do art. 202 do RITCU:

> § 2º – Na oportunidade da resposta à citação, será examinada a ocorrência de boa-fé na conduta do responsável e a inexistência de outra irregularidade nas contas.

§ 3º – Comprovados esses requisitos e subsistindo o débito, o Tribunal proferirá, mediante acórdão, deliberação de rejeição das alegações de defesa e dará ciência ao responsável para que, em novo e improrrogável prazo de quinze dias, recolha a importância devida.

§ 4º – Na hipótese do parágrafo anterior, a liquidação tempestiva do débito atualizado monetariamente saneará o processo e o Tribunal julgará as contas regulares com ressalva e dará quitação ao responsável.

§ 5º – O ofício que der ciência ao responsável da rejeição das alegações de defesa deverá conter expressamente informação sobre o disposto no parágrafo anterior.

Em suma, existe uma hipótese em que, mesmo ocorrendo débito, o julgamento será pela regularidade com ressalvas!

O tema é mais bem compreendido com a leitura do seguinte trecho do Acórdão nº 40/1999 – Plenário (Rel.: Min. Marcos Vilaça):

> O débito tem dupla natureza, punitiva e indenizatória. Punitiva, de modo idêntico à multa. Indenizatória, porque visa ao ressarcimento de eventuais prejuízos causados ao Erário.
>
> Reconhecida a boa-fé do agente, isto é, a não reprovabilidade de sua conduta, elide-se a função punitiva do débito, mas não a indenizatória, que permanece.

EXEMPLO DE REJEIÇÃO DAS ALEGAÇÕES DE DEFESA E FIXAÇÃO DE NOVO PRAZO PARA RECOLHIMENTO DO DÉBITO

Acórdão nº 10.282/2020 – 1ª Câmara
Rel.: Walton Alencar Rodrigues
Sumário: TOMADA DE CONTAS ESPECIAL. INCRA. CONVÊNIO 4.200/2005. HABILITAÇÃO DE JOVENS E ADULTOS DE ASSENTAMENTOS DE VÁRIAS REGIÕES DO ESTADO DE MINAS GERAIS. NÃO APROVAÇÃO DE PARTE DAS DESPESAS REALIZADAS COM RECURSOS DA 4ª PARCELA. CITAÇÕES. REVELIA DE ALGUNS RESPONSÁVEIS. REJEIÇÃO PARCIAL DAS ALEGAÇÕES DE DEFESA DE OUTRO. CONCESSÃO DE NOVO E IMPRORROGÁVEL PRAZO PARA O RECOLHIMENTO DA QUANTIA. ASSUNÇÃO DA DÍVIDA PELO ESTADO DE MINAS GERAIS. CONCESSÃO DE NOVO E IMPRORROGÁVEL PRAZO PARA O RECOLHIMENTO DA QUANTIA PELO ESTADO DE MINAS GERAIS. EMBARGOS DE DECLARAÇÃO. CONHECIMENTO. REJEIÇÃO.

É interessante assinalar que a LOTCU não menciona explicitamente a má-fé, mas apenas a boa-fé.

Se constatada a boa-fé, a liquidação tempestiva do débito e a inexistência de outra irregularidade conduzirá ao julgamento pela regularidade com ressalvas e à expedição de quitação ao responsável.

Ao contrário, não havendo boa-fé – e, por conseguinte, ocorrendo má-fé – as contas serão julgadas irregulares e, além do débito, o responsável será condenado a multa proporcional ao valor do débito.

> **DÚVIDA FREQUENTE**
>
> Há contradição entre o § 1º do art. 218 e o § 4º do art. 202 do RITCU? Qual a diferença entre os dois dispositivos?
> Não há contradição.
> O § 4º do art. 202 preceitua que a liquidação tempestiva do débito atualizado monetariamente saneará o processo e o TCU julgará as contas regulares com ressalva e dará quitação ao responsável.
> O § 1º do art. 218 estipula que o pagamento integral do débito ou da multa não importa em modificação do julgamento quanto à irregularidade das contas.
> Observe que são hipóteses que ocorrem em momentos processuais distintos.
> No caso do art. 202, a liquidação do débito ocorre após a rejeição das alegações de defesa, mas antes do julgamento definitivo das contas.
> A situação descrita no art. 218 é posterior ao julgamento das contas.

10.8. ARQUIVAMENTO SEM JULGAMENTO DE MÉRITO

Uma das hipóteses de decisão terminativa é o arquivamento das contas sem julgamento de mérito, com amparo no art. 93 da LOTCU que estabelece que, a título de racionalização administrativa e economia processual, e com o objetivo de evitar que o custo da cobrança seja superior ao valor do ressarcimento, o Tribunal poderá determinar, desde logo, o arquivamento do processo, sem cancelamento do débito, a cujo pagamento continuará obrigado o devedor, para que lhe possa ser dada quitação.

> **EXEMPLO DE ARQUIVAMENTO SEM JULGAMENTO DO MÉRITO**
>
> Acórdão nº 10.859/2020 – 2ª Câmara
> Rel.: Min. Augusto Nardes
> Sumário: TOMADA DE CONTAS ESPECIAL. CONVÊNIO. FALECIMENTO DO RESPONSÁVEL ANTES DA CITAÇÃO E JULGAMENTO DOS AUTOS. PRIMEIRA CITAÇÃO DA INVENTARIANTE POR EDITAL. REVELIA. LONGO DECURSO DE PRAZO ENTRE AS IRREGULARIDADES E A NOTIFICAÇÃO. PREJUÍZO AO CONTRADITÓRIO E À AMPLA DEFESA. ARQUIVAMENTO SEM O JULGAMENTO DE MÉRITO POR AUSÊNCIA DOS PRESSUPOSTOS DE CONSTITUIÇÃO E DESENVOLVIMENTO VÁLIDO E REGULAR DO PROCESSO.

São consideradas iliquidáveis as contas quando, caso fortuito ou de força maior, comprovadamente alheio à vontade do responsável, tornar materialmente impossível o julgamento de mérito (LOTCU: art. 20).

O TCU ordenará o trancamento das contas que forem consideradas iliquidáveis e o consequente arquivamento do processo.

Surgindo novos elementos, considerados suficientes, o Tribunal poderá, no prazo de cinco anos contados da publicação da decisão terminativa nos órgãos oficiais, autorizar o desarquivamento do processo e determinar que se ultime a respectiva tomada ou prestação de contas. Após esse prazo, se não houver nova decisão, as contas serão consideradas encerradas, com baixa na responsabilidade do administrador.

Uma das hipóteses mais frequentes de trancamento de contas é a do falecimento do responsável.

> **EXEMPLO DE CONTAS ILIQUIDÁVEIS**
>
> Acórdão nº 1.494/2020 – Plenário
> Rel.: Min. Raimundo Carreiro
> Sumário: TOMADA DE CONTAS ESPECIAL. FUNASA. CONVÊNIO. DRENAGEM DO CANAL CENTRAL. NÃO COMPROVAÇÃO DA BOA E REGULAR APLICAÇÃO DOS RECURSOS REPASSADOS. CONTAS IRREGULARES, DÉBITO E MULTA. RECURSO DE REVISÃO. CONHECIMENTO. CONTAS ILIQUIDÁVEIS QUANTO AO SUPERFATURAMENTO. SUBSISTÊNCIA DO JULGAMENTO QUANTO À IRREGULARIDADE REMANESCENTE. EXCLUSÃO DA MULTA PARA ALGUNS RESPONSÁVEIS. REDUÇÃO DA MULTA PARA RESPONSÁVEL PELA IRREGULARIDADE REMANESCENTE. CIÊNCIA.

Na hipótese de extravio ou a destruição de documentos, por exemplo, em virtude de incêndio ou outro sinistro, deve caracterizar-se que o fato ocorreu comprovadamente alheio à vontade do responsável, bem como não há possibilidade de reconstituição dos autos. Essa última circunstância torna-se cada vez menos frequente na medida em que é crescente a informatização dos processos administrativos e de transferências financeiras, permitindo seu registro em bancos de dados com cópias de segurança.

Quadro-resumo de julgamento das contas

Julgamento	Consequência	LOTCU
Regulares	quitação plena	Arts. 16 e 17
Regulares com ressalvas	quitação e determinações	Arts. 16 e 18
Irregulares	pagamento do débito e multa proporcional ao débito (art.57) **ou** multa do art. 58 **e** outras sanções	Arts. 16, 19, 57 e 58
Iliquidáveis	trancamento	Arts. 20 e 21

10.9. REABERTURA DE CONTAS

Mesmo contas com julgamento definitivo podem ser reabertas pelo próprio TCU, mediante recurso de revisão a ser interposto pelo MPTCU, na hipótese de indícios de elementos eventualmente não examinados pelo Tribunal. O tema será detalhado no Capítulo 13, item 13.11.

> **EXEMPLO DE REABERTURA DE CONTAS**
>
> Acórdão nº 1.336/2020 – Plenário
> Rel.: Min. Benjamin Zymler
> Sumário: TOMADA DE CONTAS. RECURSOS DE REVISÃO INTERPOSTOS PELO MINISTÉRIO PÚBLICO JUNTO AO TCU. REABERTURA DAS CONTAS DOS EXERCÍCIOS DE 2003 E 2004. AUDIÊNCIA. CONTAS TORNADAS IRREGULARES, SEM DÉBITO E COM MULTA, EM RELAÇÃO A ALGUNS RESPONSÁVEIS. RECURSOS DE RECONSIDERAÇÃO. PROVIMENTO DE PARTE DOS RECURSOS. NEGATIVA DE PROVIMENTO DOS DEMAIS. EMBARGOS DE DECLARAÇÃO. ACOLHIMENTO PARCIAL DOS EMBARGOS OPOSTOS POR UM DOS RESPONSÁVEIS, COM REDUÇÃO DO VALOR DA MULTA. TRÂNSITO EM

> JULGADO. RECOLHIMENTO INTEGRAL DA MULTA POR UM RESPONSÁVEL. RECOLHIMENTO PARCIAL DA MULTA POR OUTRO RESPONSÁVEL. RECURSO INOMINADO CONTRA DESPACHO DO RELATOR QUE NEGOU QUITAÇÃO. INTEMPESTIVIDADE. CONHECIMENTO COMO MERA PETIÇÃO. ORIENTAÇÃO PARA A SECRETARIA DO TRIBUNAL. MODULAÇÃO DOS EFEITOS DA DECISÃO. QUITAÇÃO AO RESPONSÁVEL.

10.10. JULGAMENTO PELO TCU E CONTROLE JURISDICIONAL

O julgamento das contas pelo TCU não pode ser alterado por via de controle jurisdicional.

Para Jacoby Fernandes:[7]

> Em ambas as hipóteses (contas anuais e contas especiais), a atividade de exame procedida pelo Tribunal de Contas é constitucionalmente considerada julgamento. É um ato que assume essa acepção não apenas no sentido formal, mas também material. No sentido formal, porque há a emissão de um juízo de valor sobre a conduta dos agentes envolvidos; no sentido material, porque firma um pronunciamento somente revisível pelo Poder Judiciário em restritíssimas hipóteses.

O julgamento poderá ser anulado, se comprovada a ocorrência de ilegalidade; por exemplo, se ficar demonstrado que não foram observados os princípios do contraditório, da ampla defesa ou do devido processo legal. Todavia, nenhuma decisão do Judiciário poderá modificar um julgamento pela irregularidade das contas em regularidade com ressalvas ou vice-versa.

Observe-se também que a aprovação de contas pelo TCU não impede que o Ministério Público da União apresente denúncia, se entender que há, em tese, crime em ato que integra a prestação de contas (RTJ 160/3 p. 900; RHC 71670; Rel.: Min. Moreira Alves).

Por fim, assinale-se que, conforme o art. 21 da Lei de Improbidade Administrativa (Lei nº 8.429/1992), a aplicação das sanções previstas naquele diploma independe da aprovação ou rejeição das contas pelo órgão de controle interno ou pelo Tribunal ou Conselho de Contas, sendo que as provas produzidas perante os órgãos de controle e as correspondentes decisões deverão ser consideradas na formação da convicção do juiz, sem prejuízo da análise acerca do dolo na conduta do agente. De igual modo, os atos do órgão de controle interno ou externo serão considerados pelo juiz quando tiverem servido de fundamento para a conduta do agente público.

10.11. REVISÃO DO JULGAMENTO PELO TCU

Se o Tribunal modificar o seu entendimento sobre determinado tema, tal fato não acarreta modificação nos julgamentos anteriormente realizados.

---

[7] *Tomada de Contas Especial* – processo e procedimento nos Tribunais de Contas e na Administração Pública. 2. ed. atual., rev. e ampl. Brasília: Brasília Jurídica, 2004, p. 31.

O Ministro Ubiratan Aguiar[8] argumenta em favor de tal posição:

> É inadmissível que o Tribunal venha a anular decisão pretérita ou proferir decisões com efeito retroativo, em decorrência de mudanças na forma de interpretar dispositivos legais, pois, em homenagem aos princípios da segurança jurídica e da irretroatividade das leis, faz-se mister conferir certeza das decisões normativas prolatadas por este Tribunal, como forma de resguardar as situações jurídicas que alcancem terceiros de boa-fé.

De outro lado, dispõe a Súmula TCU nº 145:

> O Tribunal de Contas da União pode alterar as suas Deliberações (Regimento Interno, art. 42, itens IV e V), para lhes corrigir, de ofício ou a requerimento da parte, da repartição interessada ou do representante do Ministério Público, inexatidões materiais ou erros de cálculo, na forma do art. 463, I, do Código de Processo Civil, ouvida previamente, nos dois primeiros casos, a Procuradoria junto ao Colegiado.

> **IMPORTANTE**
>
> O art. 206 do RITCU estipula que a decisão definitiva em processo de tomada ou prestação de contas ordinária não constituirá fato impeditivo da aplicação de multa ou imputação de débito em outros processos, salvo se a matéria tiver sido examinada de forma expressa e conclusiva, hipótese na qual o seu exame dependerá do conhecimento de eventual recurso interposto pelo Ministério Público.

10.12. EXECUÇÃO DAS DECISÕES

As decisões definitivas e terminativas expressam-se por meio de Acórdão que é publicado no Diário Oficial da União ou em diário eletrônico do Tribunal, disponibilizado no Portal do TCU. Referida publicação constitui, nos termos do art. 23 da LOTCU:

I – no caso de contas regulares, certificado de quitação plena do responsável para com o Erário;

II – no caso de contas regulares com ressalva, certificado de quitação com determinação para a adoção de medidas necessárias à correção das falhas ou impropriedades verificadas, de forma a prevenir a ocorrência de outras semelhantes;

III – no caso de contas irregulares:
a) obrigação de o responsável, no prazo de quinze dias, comprovar perante o Tribunal que recolheu aos cofres públicos a quantia correspondente ao débito que lhe tiver sido imputado ou da multa cominada;

---

[8] *Controle externo* – anotações à jurisprudência do Tribunal de Contas da União. Belo Horizonte: Fórum, 2006, p. 24.

b) título executivo bastante para a cobrança judicial da dívida decorrente do débito ou da multa, se não recolhida no prazo pelo responsável; e

c) fundamento para que a autoridade competente proceda, quando for o caso, à efetivação da sanção de inabilitação para o exercício de cargo em comissão ou função de confiança e da medida cautelar de arresto de bens.

Após a publicação da decisão, o responsável será notificado para, no prazo de quinze dias, efetuar e comprovar o recolhimento da dívida.

O responsável poderá solicitar que o pagamento seja feito parceladamente. Nos termos do art. 217 do RITCU, o parcelamento poderá ser concedido em até trinta e seis parcelas, desde que o processo não tenha sido remetido para cobrança judicial. Sobre cada parcela, corrigida monetariamente, incidirão os correspondentes acréscimos legais. Todavia, a falta de recolhimento de qualquer parcela importará no vencimento antecipado do saldo devedor.

Uma vez comprovado o recolhimento integral da dívida, o Tribunal expedirá quitação do débito ou da multa, desde que o processo não tenha sido remetido para cobrança judicial, hipótese em que a comunicação do pagamento da dívida será enviada ao órgão executor. Registre-se que o recolhimento integral do débito ou da multa não importa em modificação do julgamento quanto à irregularidade das contas.

Se após o prazo de quinze dias fixado pela notificação o responsável não se manifestar, o TCU poderá:

- se o responsável for servidor público, determinar o desconto integral ou parcelado da dívida nos vencimentos, salários ou proventos do responsável, observados os limites previstos na legislação pertinente, no caso o art. 46 da Lei nº 8.112/1990, que estabelece que as parcelas de indenização ao erário não serão inferiores a dez por cento da remuneração, provento ou pensão;[9]
- caso contrário, autorizar a cobrança judicial da dívida por intermédio do MPTCU que encaminhará os elementos necessários à Advocacia Geral da União ou aos dirigentes das entidades jurisdicionadas.

Caso o ressarcimento deva ser feito a estado ou município, o Tribunal remeter-lhes-á a documentação necessária à cobrança judicial da dívida (veja-se o item 3.3).

A título de racionalização administrativa e economia processual, e com o objetivo de evitar que o custo da cobrança seja superior ao valor do ressarcimento, o Tribunal poderá determinar, desde logo, o arquivamento do processo, sem cancelamento do débito, a cujo pagamento continuará obrigado o devedor, para que lhe possa ser dada quitação (LOTCU: art. 93).

---

[9] Os procedimentos para desconto, em folha de pagamento, de multas ou débitos aplicados por acórdãos proferidos pelo TCU estão definidos na DN TCU nº 189/2020.

Na hipótese de decisão terminativa (v. item 8.6), esta será publicada no DOU ou no Diário Eletrônico do Tribunal, sob a forma de acórdão, acompanhada de seus fundamentos.

> **EXEMPLO DE DECISÃO TERMINATIVA**
>
> Acórdão nº 4,584/2013 – 1ª Câmara
> Relator: Min.ª Ana Arraes
> Sumário: RECURSO DE RECONSIDERAÇÃO. ARQUIVAMENTO POR BAIXA MATERIALIDADE. DECISÃO DE CARÁTER TERMINATIVO. INVIABILIDADE RECURSAL. NÃO CONHECIMENTO. EXISTÊNCIA DE OUTRAS TOMADAS DE CONTAS ESPECIAIS INSTAURADAS PELO MESMO ÓRGÃO REPASSADOR CONTRA OS RESPONSÁVEIS. DECLARAÇÃO DE OFÍCIO DA NULIDADE DOS ACÓRDÃOS PROFERIDOS.

10.13. PARA SABER MAIS

Recomenda-se a leitura dos Boletins de Jurisprudência do TCU, disponíveis em www.tcu.gov.br.

Capítulo **11**

Fiscalização a Cargo do Tribunal de Contas e Exercício do Controle Externo

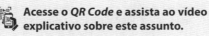

Acesse o *QR Code* e assista ao vídeo explicativo sobre este assunto.

> https://uqr.to/202b9

Quais os instrumentos de fiscalização dos Tribunais de Contas? Quais os limites ao poder de fiscalização dos Tribunais de Contas? O que são ressalvas nas Contas de Governo? É possível a fiscalização de Oscips e Organizações Sociais pelos Tribunais de Contas? Como ocorre a apuração de denúncias? Pode o Tribunal de Contas determinar a quebra do sigilo bancário e fiscal de responsável?

11.1. EVOLUÇÃO DA FISCALIZAÇÃO NOS TRIBUNAIS DE CONTAS

Como visto anteriormente, até a Constituição de 1988 as fiscalizações dos Tribunais de Contas restringiam-se a auditorias financeiras e orçamentárias. A partir da nova Carta, ampliaram-se as dimensões da fiscalização exercida pelo controle externo, cabendo-lhe examinar os aspectos de natureza contábil, financeira, orçamentária, patrimonial e operacional da gestão pública, sob os critérios da legalidade, legitimidade, economicidade, eficiência, eficácia e efetividade.

Para tanto, o TCU, assim como as demais Cortes de Contas do país, tem investido no desenvolvimento e no aprimoramento de técnicas e ferramentas de auditoria, inclusive mediante intercâmbio com as Entidades de Fiscalização Superior do Reino Unido (*National Audit Office*), Canadá (*Office of the Auditor General*) e Estados Unidos (*Government Accountability Office*).

Destacam-se as auditorias operacionais, que consistem nos processos de coleta e de análise sistemáticas de informações sobre características, processos e resultados de um programa, atividade ou organização, com base em critérios fundamentados, com o objetivo de aferir o desempenho da gestão governamental, com a finalidade de subsidiar os mecanismos de responsabilização por desempenho e contribuir para aperfeiçoar a gestão pública.

A fiscalização pelo TCU poderá ser exercida por iniciativa própria ou atendendo à solicitação do Congresso Nacional, por qualquer de suas casas ou respectivas comissões. Os pedidos de informações e solicitações encaminhados pelo CN serão apreciados com urgência, e importando na realização de fiscalizações, estas serão incluídas no plano do Tribunal.

No exercício de sua competência de fiscalização, o TCU terá irrestrito acesso a todas as fontes de informações disponíveis em órgãos e entidades da Administração Pública federal, mesmo a sistemas eletrônicos de processamento de dados (RITCU: art. 3º).

> **JURISPRUDÊNCIA DO STF**
>
> O STF julgou procedente a ADI 2.361/CE para declarar a inconstitucionalidade da legislação cearense que retirava do controle do Tribunal de Contas estadual o conteúdo de pesquisas e consultorias solicitadas pela Administração para direcionamento de suas ações, bem como de documentos relevantes, cuja divulgação possa importar em danos para o estado-membro. O Tribunal assentou a impropriedade de se inviabilizar o acesso, pela Corte de Contas, a documentos para fins de controle da Administração Pública. Rel. Min. Marco Aurélio, 24.9.2014.

No presente capítulo estudaremos como é feita a fiscalização a cargo dos Tribunais de Contas em cada espécie de matéria sujeita à sua competência.

11.2. INSTRUMENTOS DE FISCALIZAÇÃO

O RITCU define cinco instrumentos de fiscalização:

- levantamento;
- auditoria;
- inspeção;
- acompanhamento; e
- monitoramento.

Em outras Cortes de Contas, tais denominações poderão variar.

As ações de controle externo obedecerão ao sistema de planejamento e gestão, composto, no nível estratégico pelo Plano Estratégico; no nível tático pelo Plano de Gestão; e no nível operacional pelos planos ou ações operacionais das unidades do Tribunal.

Nos termos da Resolução nº 308/2019, o Plano Estratégico do Tribunal, aprovado pelo Plenário, possui periodicidade de seis anos, e tem por finalidade estabelecer as principais diretrizes de controle externo e de gestão para o período de sua vigência, além de direcionar as ações das unidades que compõem a Corte de Contas na busca por resultados mais efetivos para a sociedade.

Os objetivos estratégicos temáticos de controle externo e seus respectivos indicadores de desempenho constituem o plano de controle externo previsto no art. 188-A do Regimento Interno do Tribunal.

O Plano de Gestão, com periodicidade de dois anos, é instrumento de alinhamento institucional e tem a função de orientar e direcionar os demais planos ou ações operacionais, principalmente no desdobramento dos objetivos do Plano Estratégico.

As fiscalizações necessárias ao cumprimento do plano e estratégias de controle externo podem ser propostas a qualquer tempo pelo Presidente, por relator, pela Secretaria-Geral de Controle Externo ou por unidade técnica, com base em critérios de risco, materialidade, relevância e oportunidade.

As fiscalizações do Tribunal são compostas das fases de:

- planejamento:
- execução; e
- relatório.

11.2.1. Levantamento (RITCU: art. 238)

Levantamento é o instrumento de fiscalização utilizado pelo Tribunal para:

I – conhecer a organização e o funcionamento dos órgãos e entidades da administração direta, indireta e fundacional dos Poderes da União, incluindo fundos e demais instituições que lhe sejam jurisdicionadas, assim como dos sistemas, programas, projetos e atividades governamentais no que se refere aos aspectos contábeis, financeiros, orçamentários, operacionais e patrimoniais;

II – identificar objetos e instrumentos de fiscalização; e

III – avaliar a viabilidade da realização de fiscalizações.

Trata-se de um instrumento empregado para uma primeira aproximação com o órgão/entidade ou com o programa ou tema da fiscalização. Possibilita o acúmulo de conhecimento pelo Tribunal, a ser utilizado quando do planejamento ou da execução de trabalhos de maior fôlego.

A Portaria Segecex nº 5/2021 aprovou o Roteiro de Levantamento.

EXEMPLO DE LEVANTAMENTO

Acórdão nº 2.009/2020 – Plenário
Relator: Min. Aroldo Cedraz
Sumário: LEVANTAMENTO DE AUDITORIA. BLOCKCHAIN/DLT. IDENTIFICAÇÃO DE OPORTUNIDADES E RISCOS NA ADOÇÃO DA TECNOLOGIA. POSSÍVEIS IMPACTOS PARA O CONTROLE. DETERMINAÇÕES. EMBARGOS DE DECLARAÇÃO. AUSÊNCIA DE COMPETÊNCIA DE SUPERVISÃO DA SEST. ACOLHIMENTO PARCIAL DOS EMBARGOS. COMPLEMENTAÇÃO DA REDAÇÃO DE ITEM DO ACÓRDÃO RECORRIDO. CIÊNCIA.

11.2.2. Auditoria (RITCU: art. 239)

Auditoria é o instrumento de fiscalização utilizado pelo Tribunal para:

I – examinar a legalidade e a legitimidade dos atos de gestão dos responsáveis sujeitos a sua jurisdição, quanto ao aspecto contábil, financeiro, orçamentário e patrimonial;

II – avaliar o desempenho dos órgãos e entidades jurisdicionados, assim como dos sistemas, programas, projetos e atividades governamentais, quanto aos aspectos de economicidade, eficiência e eficácia dos atos praticados; e

III – subsidiar a apreciação dos atos sujeitos a registro.

Nos termos da Portaria Normativa nº 168/2011, que atualizou as Normas de Auditoria do TCU, as auditorias são classificadas em duas grandes categorias: as Auditorias Operacionais – ANOps e as Auditorias de Regularidade.

As últimas podem ser de conformidade ou contábeis. Nelas, o TCU examina a legalidade e a legitimidade dos atos de gestão dos responsáveis sujeitos a sua jurisdição, quanto ao aspecto contábil, financeiro, orçamentário e patrimonial.

Nas ANOps busca-se o exame independente, objetivo e confiável que analisa se empreendimentos, sistemas, operações, programas, atividades ou organizações do governo estão funcionando de acordo com os princípios de economicidade, eficiência, eficácia e efetividade e se há espaço para aperfeiçoamento (ISSAI 3000/17).[1]

Na auditoria de desempenho, examina-se a economicidade, eficiência e eficácia da ação governamental, a partir da análise da estratégia organizacional, da gestão e dos procedimentos operacionais.

Na auditoria de programas, examina-se a efetividade dos programas, políticas e projetos governamentais, avaliando-se a medida na qual produziram os efeitos desejados.

A classificação das auditorias como de regularidade ou operacional dependerá do objetivo prevalecente em cada trabalho de auditoria, já que elas constituem parte de um mesmo todo da auditoria governamental e, às vezes, integram o escopo de um mesmo trabalho de auditoria.

EXEMPLOS DE AUDITORIA DE CONFORMIDADE E DE AUDITORIA OPERACIONAL

Acórdão nº 2.616/2020 – Plenário
Relator: Min. Vital do Rêgo
Sumário: AUDITORIA DE CONFORMIDADE NA obra de ampliação e reforço da Subestação Farroupilha 230/69-13,8 kV. Companhia de Geração e Transmissão de Energia Elétrica do Sul do Brasil (CGT Eletrosul). Plano de Fiscalização Anual de Obras Públicas (Fiscobras 2019). RECOMENDAÇÃO. CIÊNCIA. ARQUIVAMENTO.
Acórdão nº 2.604/2020 – Plenário
Relator: Min. Augusto Nardes
Sumário: AUDITORIA OPERACIONAL. PROJETO DE INTEGRAÇÃO DO SÃO FRANCISCO. AVALIAÇÃO DO 1º E 4º ADITIVOS AO CONTRATO 12/2018-MI. ADITIVO SUPERIOR AOS LIMITES LEGAIS. INAPLICABILIDADE DA DECISÃO nº 215/1999-TCU-PLENÁRIO. CONSIDERAÇÃO DAS CIRCUNSTÂNCIAS PRÁTICAS DO CASO CONCRETO. NÃO APLICAÇÃO DE SANÇÃO. CIÊNCIA. ARQUIVAMENTO.

---

[1] Definição constante do Manual de Auditoria Operacional (Portaria Segecex nº 18/2020).

As equipes de fiscalização do TCU utilizam as Normas Brasileiras de Auditoria do Setor Público – NBASP, que tiveram como uma de suas fontes as Normas de Auditoria do TCU – NAT, aprovadas pela Portaria TCU nº 280/2010, e suas alterações posteriores[2], e complementadas por normas específicas, constantes de manuais, padrões, diretrizes e orientações. Os TCEs e TCMs utilizam também as NBASP e as Normas de Auditoria Governamental – NAGs aplicáveis ao controle externo brasileiro. Adicionalmente, são utilizadas as Normas Brasileiras de Contabilidade aplicadas ao setor público – NBC T e as normas ISSAI da INTOSAI. As NBASP podem ser encontradas nos portais do TCU e do Instituto Rui Barbosa.

Em 2022, a Portaria TCU nº 196/2022 formalizou a adesão do TCU às Normas Brasileiras de Auditoria no Setor Público (NBASP) editadas pelo Instituto Rui Barbosa com a participação do Tribunal, devendo as NAT do TCU guardar conexão com os Pronunciamentos Profissionais da INTOSAI e com as NBASP.

Cabe destacar que a NBASP 100 (correspondente à ISSAI 100) – Princípios Fundamentais de Auditoria do Setor Público define três tipos de auditoria.

A **auditoria financeira** foca em determinar se a informação financeira de uma entidade é apresentada em conformidade com a estrutura de relatório financeiro e o marco regulatório aplicável. Isso é alcançado obtendo-se evidência de auditoria suficiente e apropriada para permitir o auditor expressar uma opinião quanto a estarem as informações financeiras livres de distorções relevantes devido a fraude ou erro.

A **auditoria operacional** foca em determinar se intervenções, programas e instituições estão operando em conformidade com os princípios de economicidade, eficiência e efetividade, bem como se há espaço para aperfeiçoamento. O desempenho é examinado segundo critérios adequados, e as causas de desvios desses critérios ou outros problemas são analisados. O objetivo é responder a questões-chave de auditoria e apresentar recomendações para aperfeiçoamento.

A **auditoria de conformidade** foca em determinar se um particular objeto está em conformidade com normas identificadas como critérios. A auditoria de conformidade é realizada para avaliar se atividades, transações financeiras e informações cumprem, em todos os aspectos relevantes, as normas que regem a entidade auditada. Essas normas podem incluir regras, leis, regulamentos, resoluções orçamentárias, políticas, códigos estabelecidos, acordos ou os princípios gerais que regem a gestão financeira responsável do setor público e a conduta dos agentes públicos.

11.2.3. Inspeção (RITCU: art. 240)

Inspeção é o instrumento de fiscalização utilizado pelo Tribunal para suprir omissões e lacunas de informações, esclarecer dúvidas ou apurar denúncias ou representações quanto à legalidade, à legitimidade e à economicidade de fatos da administração e de atos administrativos praticados por qualquer responsável sujeito a sua jurisdição.

---

[2] A exemplo da Portaria nº 185/2020.

Usualmente, a necessidade da inspeção é constatada no momento da instrução de um processo, quando o auditor se depara com a ausência de informações ou elementos importantes para a formação de opinião sobre o assunto em exame, e quando a inspeção viabiliza a obtenção de tais elementos ou informações de modo mais completo, mais célere ou mais confiável do que uma diligência. Assim, a inspeção distingue-se dos demais instrumentos de fiscalização, pois não constitui um processo autônomo. Via de regra, a inspeção é realizada por equipes menores e por períodos menores que os das auditorias, levantamentos e monitoramentos.

11.2.4. Acompanhamento (RITCU: arts. 241 e 242)

Acompanhamento é o instrumento de fiscalização utilizado pelo Tribunal para:

> I – examinar, ao longo de um período predeterminado, a legalidade e a legitimidade dos atos de gestão dos responsáveis sujeitos a sua jurisdição, quanto ao aspecto contábil, financeiro, orçamentário e patrimonial; e
>
> II – avaliar, ao longo de um período predeterminado, o desempenho dos órgãos e entidades jurisdicionadas, assim como dos sistemas, programas, projetos e atividades governamentais, quanto aos aspectos de economicidade, eficiência e eficácia dos atos praticados.

As atividades dos órgãos e entidades jurisdicionadas ao Tribunal serão acompanhadas de forma seletiva e concomitante, mediante informações obtidas:

> I – pela publicação nos órgãos oficiais e mediante consulta a sistemas informatizados adotados pela administração pública federal:
>
> a) da lei relativa ao plano plurianual, da lei de diretrizes orçamentárias, da lei orçamentária anual e da abertura de créditos adicionais;
>
> b) dos editais de licitação, dos extratos de contratos e de convênios, acordos, ajustes, termos de parceria ou outros instrumentos congêneres, bem como dos atos sujeitos a registro.
>
> II – por meio de expedientes e documentos solicitados pelo Tribunal ou colocados à sua disposição;
>
> III – por meio de visitas técnicas ou participações em eventos promovidos por órgãos e entidades da administração pública;
>
> IV – pelo acesso a informações publicadas em sítio eletrônico do órgão ou entidade (RITCU, art. 242).

O acompanhamento poderá ser realizado sem a presença física da equipe responsável no órgão ou entidade ou local do empreendimento auditado, mediante a utilização de sistemas eletrônicos de informações e processamento de dados (SIAFI, Internet e outros), independendo da existência de processo autuado. Usualmente, o processo de acompanhamento é aberto no início de um exercício e encerrado ao seu final.

> **EXEMPLO DE ACOMPANHAMENTO**
>
> Acórdão nº 2.709/2020 – Plenário
> Relator: Min. Bruno Dantas
> Sumário: ACOMPANHAMENTO DA ATUAÇÃO DO BANCO CENTRAL DO BRASIL (BCB), EM SUA FUNÇÃO DE REGULAÇÃO DO SISTEMA FINANCEIRO NACIONAL (SFN), EM FACE DA CRISE PROVOCADA PELA PANDEMIA DA COVID-19. SEGUNDA ETAPA. Medidas de flexibilização de capital regulamentar e de incremento de liquidez. Afrouxamento das exigências de capital e aumento da oferta de crédito das instituições financeiras. Medidas direcionais de capital e de liquidez para fomento do crédito ao segmento das micro e pequenas empresas (MPE). Medidas adotadas pelo BCB, em conjunto com programas estatais (Pronampe, PEAC-FGI e CGPE), favoreceram o aumento da concessão de créditos às MPE. Compra definitiva de ativos pelo BCB. PEC do Orçamento de Guerra. Provimento de liquidez ao mercado de dívida privada. Aspectos operacionais da medida. Mitigadores de risco. Instituição da Linha Temporária Especial de Liquidez – Debêntures. Mitigação do potencial risco sistêmico associado à disfuncionalidade do mercado de debêntures. Instituição da Linha Temporária Especial de Liquidez – LFG. Ampliação da liquidez potencial do SFN. Universalização do crédito. Riscos mitigados da operação de aquisição definitiva de ativos financeiros. Operações compromissadas como importante instrumento de política monetária. Aderência às recomendações do Financial Stability Board (FSB). ENCAMINHAMENTO DO RELATÓRIO AOS ÓRGÃOS e entidades INTERESSADOS PARA CONHECIMENTO E MEDIDAS CABÍVEIS. CONTINUIDADE DO ACOMPANHAMENTO.

11.2.5. Monitoramento (RITCU: art. 243)

Monitoramento é o instrumento de fiscalização utilizado pelo Tribunal para verificar o cumprimento de suas deliberações e os resultados delas advindos. Usualmente, após as auditorias operacionais são realizados até três monitoramentos. Em geral, o monitoramento é realizado pelo menos um ano após a expedição do Acórdão que fixou as determinações cujo cumprimento se pretende verificar.

Registre-se que é item obrigatório nos relatórios do controle interno constantes das tomadas e prestações de contas anuais a verificação quanto ao cumprimento pelos gestores das determinações e recomendações do TCU expedidas em exercícios anteriores.

> **EXEMPLO DE MONITORAMENTO**
>
> Acórdão nº 2.698/2020 – Plenário
> Relator: Min. Raimundo Carreiro
> Sumário: MONITORAMENTO. ACÓRDÃO Nº 1.338/2013-TCU-PLENÁRIO. APURAÇÃO DE RESPONSABILIDADES E QUANTIFICAÇÃO DE DÉBITO RELATIVO A DANO CAUSADO POR EXECUÇÃO IMPRÓPRIA DE SERVIÇOS. DEFINIÇÃO DE REQUISITOS MÍNIMOS DE ACEITABILIDADE DE OBRAS RODOVIÁRIAS DE CONSTRUÇÃO, ADEQUAÇÃO E RESTAURAÇÃO. INSTAURAÇÃO DA DEVIDA TOMADA DE CONTAS ESPECIAL. INCLUSÃO A POSTERIORI E NÃO IMEDIATA DOS CRITÉRIOS NORMATIVOS EM EDITAIS E CONTRATAÇÕES FUTUROS. JURISPRUDÊNCIA QUE ISENTA DE RESPONSABILIDADE QUANDO O ATO ADMINISTRATIVO INQUINADO É DE COMPETÊNCIA TÉCNICA DE SUBORDINADOS HIERÁRQUICOS. CUMPRIMENTO DE DETERMINAÇÃO. ACATAMENTO DAS RAZÕES DE JUSTIFICATIVA. CIÊNCIA. ENCAMINHAMENTO DE CÓPIA DO ACÓRDÃO. ARQUIVAMENTO.

A Portaria Segecex nº 27/2009 normatizou a realização de monitoramentos.

Quadro-resumo dos instrumentos de fiscalização

Instrumento	Quem determina	Característica
Levantamento	Plenário, Câmara, Relator ou Presidente	Destina-se a acumular conhecimento sobre o órgão ou empreendimento
Auditoria	Plano de fiscalização	Procedimento de maior profundidade e dimensão
Inspeção	Plenário, Câmara, Relator ou Presidente	Medida adotada no curso de um processo
Acompanhamento	Plano de fiscalização	Não exige a presença *in loco* da equipe de fiscalização
Monitoramento	Plano de fiscalização	É consequência de uma deliberação do Tribunal

Em suma: a inspeção é pontual; o levantamento é prospectivo; o acompanhamento é concomitante; e o monitoramento é consequência de uma fiscalização anterior.

11.2.6. Auditorias coordenadas e Relatórios Sistêmicos de Fiscalização – FISC

A partir de 2013, o TCU passou a realizar auditorias coordenadas juntamente com outros Tribunais de Contas brasileiros. A auditoria coordenada é uma das modalidades das auditorias em cooperação existentes no âmbito da Intosai.[3] Nesta modalidade, que utiliza os procedimentos das auditorias operacionais, é definido um único tema como objeto da auditoria, bem como questões de auditoria comuns, e cada Corte de Contas executa o trabalho de forma independente no âmbito de sua jurisdição. Posteriormente, é feita a consolidação dos resultados.

Os trabalhos pioneiros envolveram um diagnóstico da gestão do ensino médio e da governança das unidades de conservação ambiental no Bioma Amazônia, gerando no âmbito do TCU os Acórdãos nº 618/2014 e nº 3.101/2013. No TCE/MT, a fiscalização do Bioma Amazônia gerou o Acórdão nº 5.644/2013, de minha relatoria. A Portaria Segecex nº 19/2019 aprovou o documento "Orientações sobre auditorias coordenadas".

Os Relatórios Sistêmicos de Fiscalização – FISC condensam os diagnósticos setorizados e ampliados produzidos nas auditorias coordenadas, nas auditorias de governança, nas fiscalizações de obras e nos demais trabalhos realizados; reúnem e dão visibilidade às propostas de melhoria para áreas vitais do desenvolvimento nacional; e possibilitam que a sociedade e seus representantes (no Congresso e no próprio Governo) avaliem e cobrem as melhorias propostas.

11.3. EXECUÇÃO DA FISCALIZAÇÃO

O servidor do TCU, quando credenciado pelo Presidente do Tribunal ou, por delegação deste, pelos dirigentes das Unidades Técnicas da Secretaria do Tribunal, para

---

[3] As outras modalidades são: auditoria conjunta e auditoria paralela.

desempenhar funções de auditoria, de inspeções e diligências expressamente determinadas pelo Tribunal ou por sua Presidência, terá asseguradas as seguintes prerrogativas:

I. livre ingresso em órgãos e entidades sujeitos à jurisdição do Tribunal de Contas da União;

II. acesso a todos os documentos e informações necessários à realização de seu trabalho, mesmo a sistemas eletrônicos de processamento de dados, que não poderão ser sonegados, sob qualquer pretexto;

III. competência para requerer, nos termos do Regimento Interno, aos responsáveis pelos órgãos e entidades objeto de inspeções, auditorias e diligências, as informações e documentos necessários para instrução de processos e relatórios de cujo exame esteja expressamente encarregado por sua chefia imediata, fixando prazo razoável para atendimento.

O credenciamento do servidor é formalizado mediante portaria de fiscalização.

Cabe ao órgão ou entidade jurisdicionada disponibilizar instalações físicas, equipamentos e acessos a sistemas informatizados adequados à execução da fiscalização (IN TCU nº 49/2005).

Conforme a LOTCU, nenhum processo, documento ou informação poderá ser sonegado ao Tribunal em suas inspeções ou auditorias, sob qualquer pretexto. A norma, evidentemente, aplica-se aos demais instrumentos de fiscalização.

No exercício de sua competência, o Tribunal terá irrestrito acesso a todas as fontes de informações disponíveis em órgãos e entidades jurisdicionados, inclusive às armazenadas em meio eletrônico, bem como àquelas que tratem de despesas de caráter sigiloso (RITCU: art. 3º).

JURISPRUDÊNCIA DO TCU

Acórdão nº 3.041/2014 – Plenário (Solicitação do Congresso Nacional, Relator Ministro-Substituto Marcos Bemquerer)
Competência do TCU. Despesa sigilosa. Abrangência.
A classificação de despesas como sigilosas, embora dificulte o controle social, não afasta a fiscalização por parte dos órgãos de controle.

Na hipótese de sonegação, o Tribunal assinará prazo para apresentação dos documentos, informações e esclarecimentos julgados necessários, comunicando o fato ao Ministro de Estado supervisor da área ou à autoridade de nível hierárquico equivalente, para as medidas cabíveis. Vencido o prazo e não cumprida a exigência, o Tribunal aplicará a sanção de multa pecuniária, com fulcro no inciso IV do art. 58 da LOTCU, bem como representará ao Presidente do Congresso Nacional sobre o fato, para as medidas cabíveis. Poderá também determinar, cautelarmente, o afastamento temporário do responsável, nos termos do art. 44 da LOTCU.

Ademais, o TCU para o exercício de sua competência institucional, poderá requisitar aos órgãos e entidades federais, sem quaisquer ônus, a prestação de serviços técnicos especializados, a serem executados em prazo previamente estabelecido, sob pena de aplicação da sanção prevista no mesmo art. 58 (LOTCU, art. 101).

Assim, as equipes de fiscalização poderão contar com a participação de especialistas externos que:

I. serão credenciados por portaria de fiscalização;

II. estarão sujeitos aos mesmos deveres impostos aos servidores do Tribunal de Contas da União quando na realização de trabalhos de fiscalização; e

III. reportar-se-ão ao coordenador da equipe de fiscalização.

A equipe de fiscalização, ao constatar procedimento de que possa resultar dano ao erário ou irregularidade grave, representará, desde logo, com suporte em elementos concretos e convincentes, ao dirigente da unidade técnica, o qual submeterá a matéria ao respectivo Relator, com parecer conclusivo. O Relator, considerando a urgência requerida, fixará prazo de até cinco dias úteis para que o responsável se pronuncie sobre os fatos apontados. A fixação de prazo para pronunciamento não impede que o Tribunal ou o Relator adote, desde logo, medida cautelar, independentemente do recebimento ou da análise prévia das justificativas da parte.

Conforme a IN TCU nº 49/2005, a natureza dos fatos apurados ensejará uma ou mais das seguintes providências:

I. **Arquivamento** do processo, ou seu apensamento às contas correspondentes, se útil à apreciação dessas, quando não apurada transgressão a norma legal ou regulamentar de natureza contábil, financeira, orçamentária, operacional ou patrimonial, ressalvado o caso de o relatório integrar processo de tomada ou prestação de contas.

II. **Determinação** ao responsável, ou a quem lhe haja sucedido, de adoção de medidas corretivas, e arquivamento ou apensamento do processo às respectivas contas, sem prejuízo do monitoramento do cumprimento das determinações, quando constatadas somente falhas de natureza formal ou outras impropriedades que não ensejem a aplicação de multa aos responsáveis ou que não configurem indícios de débito.

III. **Recomendação** ao responsável, ou a quem lhe haja sucedido, de adoção de providências quando verificadas oportunidades de melhoria de desempenho, e arquivamento ou apensamento do processo às respectivas contas, sem prejuízo do monitoramento do cumprimento das recomendações.

IV. **Audiência** do responsável para, no prazo de quinze dias, apresentar razões de justificativa, quando verificada ocorrência de irregularidades decorrentes de ato ilegal, ilegítimo ou antieconômico, bem como infração a norma legal ou regulamentar de natureza contábil, financeira, orçamentária ou patrimonial.

V. **Transformação do processo em tomada de contas especial**, para fins de citação, quando configurada ocorrência de desfalque, desvio de bens ou outra irregularidade de que resulte dano ao erário.

VI. **Oitiva** de terceiro envolvido que, como contratante ou parte interessada na prática do mesmo ato, haja contribuído para ocorrência de ilegalidades ou fraudes a licitações e contratos, objetivando a aplicação da sanção prevista no art. 46 da LOTCU; e

VII. **Determinação** de prazo de até quinze dias para que o responsável adote as providências necessárias ao exato cumprimento da lei, com indicação expressa dos dispositivos a serem observados, sem prejuízo do disposto no art. 45 da LOTCU.

A aplicação de multa em processo de fiscalização não implicará prejulgamento das contas ordinárias do responsável, devendo o fato ser considerado no contexto dos demais atos de gestão do período envolvido.

O Tribunal comunicará às autoridades competentes o resultado das fiscalizações que realizar, para as medidas saneadoras das impropriedades e faltas identificadas.

Qualquer processo de fiscalização pode ser convertido em TCE, caso presentes os pressupostos de constituição deste tipo de processo. Sublinhe-se que a citação não poderá ser feita imediatamente no processo de fiscalização. É necessário que seja aprovada a sua conversão em TCE para que a citação possa ser expedida.

IMPORTANTE

As deliberações do Tribunal de Contas da União em procedimentos de fiscalização não precisam garantir o contraditório e a ampla defesa, pois tais processos não têm litigantes. O entendimento é do Ministro Dias Toffoli nos autos do MS nº 32.492:

"(...) esta Corte já reconheceu que as deliberações do Tribunal de Contas da União, em sede de procedimento fiscalizatório, prescindem de observância aos postulados do contraditório e da ampla defesa, eis que inexistem litigantes. Sob essa premissa, também não há afronta ao enunciado da Súmula Vinculante nº 3.

Na verdade, está-se diante de determinação para que o Senado Federal identifique os servidores que incorreram nos casos das irregularidades constatadas, e apontados na deliberação ora impugnada a título de exemplo, com o intuito de que sejam promovidas medidas corretivas. Acrescente-se a tanto que pelo fato de tal deliberação incidir sobre norma com caráter de generalidade (artigo 37, inciso XI, da CF), nenhuma consideração particular deteria potencial para interferir na determinação adotada, a qual necessariamente surtirá efeitos uniformes para todos os interessados.
Nesse sentido:

MANDADO DE SEGURANÇA COLETIVO – LEGITIMAÇÃO – ASSOCIAÇÃO DE CLASSE – ALCANCE. O fato de haver o envolvimento de direito apenas de certa parte do quadro social não afasta a legitimação da associação.

(...) CONTRADITÓRIO – TRIBUNAL DE CONTAS – CONTROLE EXTERNO – INEXIGIBILIDADE. O contraditório pressupõe a existência de litigantes ou acusados, o que não ocorre quando o Tribunal de Contas atua no campo da fiscalização de órgãos e entes administrativos. (...) (MS nº 25.551, Relator o Min. Marco Aurélio, Primeira Turma, DJe de 4/8/16)".

> **JURISPRUDÊNCIA DO TCU**
>
> Acórdão nº 44/2019 – Plenário (Auditoria, Relator Ministro Bruno Dantas)
> Direito Processual. Coisa julgada. Auditoria. Irregularidade. Fato superveniente.
> As auditorias realizadas pelo TCU não conferem atestado de regularidade ao período ou ao objeto da fiscalização, pois apresentam exames específicos realizados de acordo com o escopo de cada trabalho. Julgamentos pretéritos não fazem coisa julgada administrativa em relação a irregularidades não identificadas, por quaisquer motivos, na auditoria apreciada e posteriormente verificadas em novas fiscalizações, podendo o Tribunal, inclusive, reexaminar atos de gestão sob outras perspectivas.

11.4. CONTAS DO PRESIDENTE DA REPÚBLICA

11.4.1. Normas de apresentação

Segundo a LOTCU, as contas prestadas pelo Presidente da República consistirão nos balanços gerais da União e no relatório do órgão central do sistema de controle interno do Poder Executivo sobre a execução dos orçamentos de que trata o § 5º do art. 165 da Constituição Federal (LOTCU: art. 36, parágrafo único). A LRF precisou que a prestação de contas da União conterá demonstrativos do Tesouro Nacional e das agências financeiras oficiais de fomento, incluído o BNDES, especificando os empréstimos e financiamentos concedidos com recursos oriundos dos orçamentos fiscal e da seguridade social e, no caso das agências financeiras, avaliação circunstanciada do impacto fiscal de suas atividades no exercício (LRF: art. 49, parágrafo único).

Por seu turno, a LRF introduziu substanciais modificações na apresentação e processamento das contas do governo. Tais inovações foram severamente criticadas por Furtado[4].

Nos termos do art. 58 da LRF as tomadas ou prestações de contas evidenciarão o desempenho da arrecadação em relação à previsão, destacando as providências adotadas no âmbito da fiscalização das receitas e combate à sonegação, as ações de recuperação de créditos nas instâncias administrativa e judicial, bem como as demais medidas para incremento das receitas tributárias e de contribuições.

Ademais, as contas prestadas pelos Chefes do Poder Executivo incluirão, além das suas próprias, as dos Presidentes dos órgãos dos Poderes Legislativo e Judiciário e do Chefe do Ministério Público, as quais receberão parecer prévio, separadamente, do respectivo Tribunal de Contas (LRF: art. 56). As demais contas incluirão quadro consolidado de gestão fiscal e relatório do respectivo órgão de controle interno contendo manifestação conclusiva acerca da conformidade da execução orçamentária e financeira no exercício com as metas fixadas no Plano Plurianual e com os dispositivos constitucionais e legais, em especial a Lei de Diretrizes Orçamentárias e a Lei Orçamentária Anual. Tal dispositivo da LRF (art. 56 e seus parágrafos) está com sua eficácia suspensa, por decisão liminar do Supremo Tribunal Federal, ao examinar a ADI 2.238, em agosto de

---

[4] Os regimes de contas públicas: contas de governo e contas de gestão. *Revista do TCU* nº 109, p. 61-89, maio/ago. 2007.

2007 (Rel.: Min. Sepúlveda Pertence). Por conseguinte, conforme a ordem jurídica em vigor, só há um parecer prévio.

A IN TCU nº 79/2018 estabelece normas de organização e apresentação da Prestação de Contas do Presidente da República e das peças complementares que constituirão o processo de Contas do Presidente da República, para apreciação do Tribunal de Contas da União, mediante parecer prévio, nos termos do art. 71, inciso I, da Constituição Federal. Nos seus termos, a Prestação de Contas do Presidente da República – PCPR será constituída das peças a seguir relacionadas:

I – relatório do órgão central do sistema de controle interno do Poder Executivo sobre a execução dos orçamentos da União de que trata o § 5º do art. 165 da Constituição Federal;

II – Balanço Geral da União, acompanhado de notas explicativas;

III – relatório com descrição das providências adotadas para atendimento das recomendações emitidas pelo Tribunal de Contas da União quando do exame das Contas do Presidente da República referentes aos exercícios anteriores.

Além dos elementos contidos na PCPR, o Relator poderá solicitar informações e esclarecimentos adicionais que entenda necessários para a instrução do processo de apreciação das contas do Presidente da República.

A organização do processo no âmbito do Poder Executivo é de responsabilidade do controle interno (Lei nº 10.180/2001). Segundo a Portaria CGU nº 3.266/2018, a Controladoria-Geral da União – CGU, como Órgão Central do Sistema de Gestão de Riscos e Controle Interno do Poder Executivo Federal, é responsável por elaborar a Prestação de Contas do Presidente da República e encaminhá-la à Casa Civil da Presidência da República para entrega ao Congresso Nacional, ficando a Secretaria Federal de Controle Interno – SFC responsável pela coordenação do processo de elaboração da PCPR, pela elaboração do Relatório do Órgão Central do Sistema de Controle Interno de que trata o parágrafo único do art. 36 da Lei nº 8.443/1992, e pelo monitoramento das recomendações do Tribunal de Contas da União,. As Secretarias de Controle Interno, órgãos setoriais do Sistema de Gestão de Riscos e Controle Interno, são responsáveis por apoiar o Órgão Central do Sistema de Controle Interno do Poder Executivo Federal na elaboração da Prestação de Contas do Presidente da República.

O processo é encaminhado pelo Presidente ao Congresso Nacional no prazo máximo de sessenta dias após o início da sessão legislativa. Imediatamente, o CN envia a documentação ao TCU, para efeito de elaboração do parecer prévio, no prazo máximo de sessenta dias do recebimento. Os procedimentos internos relativos ao processo de apreciação das Contas do Presidente da República e à emissão de parecer prévio pelo TCU são objeto da Resolução nº 291/2017.

Observe-se que a LRF admite, para estados e municípios, a fixação de prazos diferentes, desde que previstos nas respectivas Constituições e Leis Orgânicas, estipulando que, no caso de municípios que não sejam capitais e que tenham menos de duzentos mil habitantes, o prazo será de cento e oitenta dias (LRF: art. 57, § 1º). Tal dispositivo, no entanto, está com a sua validade suspensa pelo STF.

11.4.2. Exame pelo TCU

O RITCU estatui que o Relator deverá apresentar seu Relatório sobre as Contas e o Projeto de Parecer Prévio no prazo de cinquenta dias (RITCU: art. 223). Durante o exame, o Relator poderá solicitar esclarecimentos adicionais e efetuar, por intermédio de unidade própria, fiscalizações que entenda necessários à elaboração do seu relatório. Como assinala Speck,[5] o Tribunal tem produzido informações próprias, complementando os dados fornecidos pelo governo.

Conforme estudado no Capítulo 7, no item 7.1.4, o Relator das Contas do Governo do exercício subsequente é escolhido por sorteio, entre os Ministros, na primeira sessão ordinária do mês de julho. Assim, ele colabora na definição do plano de controle externo do Tribunal para o próximo exercício, propondo diretrizes para a apreciação das Contas e definindo as ações de fiscalização necessárias à sua instrução. Os nomes dos Relatores sorteados serão excluídos dos sorteios seguintes até que todos os demais Ministros tenham sido contemplados em iguais condições, exceto na hipótese de impedimento do ministro sorteado.

O Relatório que acompanhará o Parecer Prévio consignará apreciação acerca da observância das normas, do cumprimento dos programas de governo, previstos na lei orçamentária anual quanto à legitimidade, eficiência e economicidade, bem como o atingimento de metas e a consonância destes com o plano plurianual e com a lei de diretrizes orçamentárias; do reflexo da administração financeira e orçamentária federal no desenvolvimento econômico e social do País; e do cumprimento dos limites e parâmetros estabelecidos pela Lei de Responsabilidade Fiscal.

Sem prejuízo da análise de outros temas relevantes para subsidiar o julgamento das contas do Presidente da República pelo Congresso Nacional, o relatório que acompanha o parecer prévio conterá as informações relacionadas no Regimento Interno do TCU e em dispositivos legais específicos, e será estruturado nas seguintes seções:

I – conjuntura econômica, orçamentária e financeira;

II – resultados da atuação governamental;

III – embasamento para a opinião sobre a execução orçamentária e gestão dos recursos públicos federais;

IV – embasamento para a opinião sobre os balanços gerais da União;

V – monitoramento das deliberações constantes dos pareceres prévios de exercícios anteriores.

Além dos elementos contidos na prestação de contas do Presidente da República, o relator poderá solicitar esclarecimentos adicionais e determinar a realização de diligências e fiscalizações que entenda necessárias.

---

[5] *Inovação e rotina no Tribunal de Contas da União*. São Paulo: Fundação Konrad Adenauer, 2000, p. 103.

Identificados no relatório preliminar distorções ou indícios de irregularidades que possam ensejar a indicação pela rejeição das contas, o Tribunal poderá conceder prazo de até 15 (quinze) dias para a oitiva do Presidente da República, com vistas a apresentar contrarrazões. Nessa hipótese, o Tribunal deverá comunicar ao Congresso Nacional que as contas do Presidente da República não estão em condições de serem apreciadas no prazo estabelecido no art. 36 da LOTCU.

O exame das Contas do presidente da República é competência privativa do Plenário do TCU (RITCU: art. 15, I, *a*). A apreciação do Projeto de Parecer Prévio será realizada em sessão extraordinária a ser realizada com antecedência mínima de setenta e duas horas do término do prazo para a remessa do relatório e pareceres ao Congresso Nacional. Com antecedência de cinco dias da data prevista para essa sessão, o Relator distribuirá cópia do relatório e do parecer prévio ao Presidente, Ministros, Ministros Substitutos e ao representante do Ministério Público junto ao Tribunal.

O Parecer Prévio será conclusivo no sentido de exprimir se as contas prestadas pelo Presidente da República representam adequadamente as posições financeira, orçamentária, contábil e patrimonial, em 31 de dezembro, bem como sobre a observância dos princípios constitucionais e legais que regem a administração pública federal na execução dos orçamentos da União e nas demais operações realizadas com recursos públicos federais, em especial quanto ao que estabelece a lei orçamentária anual.

A conclusão do parecer prévio a ser emitido pelo Tribunal conterá indicação pela aprovação ou pela rejeição das contas prestadas pelo Presidente da República, considerando a materialidade, a gravidade e a repercussão negativa sobre a gestão governamental associadas às irregularidades ou distorções detectadas e, quando for o caso, a manifestação prevista no art. 4º da Resolução nº 291/2017.

Para a emissão da conclusão do parecer prévio sobre as contas prestadas pelo Presidente da República, serão considerados as opiniões sobre:

I – os balanços gerais da União;

II – a execução orçamentária e a gestão dos recursos públicos federais.

A opinião do Tribunal sobre os balanços gerais da União poderá ser sem ressalvas, com ressalvas ou adversa, considerando, em conjunto, os achados decorrentes da análise e das auditorias realizadas.

A opinião do Tribunal sobre a execução orçamentária e a gestão dos recursos públicos federais poderá ser sem ressalvas, com ressalvas ou adversa, considerando, em conjunto, os achados decorrentes da análise e das auditorias realizadas quanto à observância dos princípios e normas constitucionais e legais que regem a Administração Pública Federal na execução dos orçamentos da União e nas demais operações realizadas com recursos públicos federais, em especial quanto ao que estabelece a lei orçamentária anual.

O parecer conterá as ressalvas e irregularidades detectadas, as opiniões, a conclusão e a respectiva fundamentação, além de eventuais ciências de descumprimento de normativos e recomendações direcionadas à Presidência da República.

EXEMPLO DE IRREGULARIDADES, RESSALVAS E RECOMENDAÇÕES NAS CONTAS DO PRESIDENTE

Em 2022, o TCU emitiu parecer prévio pela aprovação com ressalvas das Contas do Presidente da República relativas ao exercício de 2021. Ao todo, foram seis ressalvas: três irregularidades e três impropriedades; além de oito distorções no Balanço Geral da União (BGU). O parecer traz, ainda, dez recomendações ao Executivo federal e cinco alertas. Entre as irregularidades se destacam:

– Desvio de finalidade reincidente de recursos vinculados à seguridade social para o custeio de ações típicas de manutenção e desenvolvimento do ensino alheias às políticas públicas abrangidas pelo conceito constitucional de seguridade social, em afronta aos princípios e regras previstos nos arts. 194, 195, 198 a 203 da Constituição Federal, ao § 4º do art. 76 do ADCT, à Lei 8.212/1991 (arts. 11, 16, 17 e 18), à Lei Complementar 141/2012 (arts. 2º e 3º).

– Inobservância de requisitos exigidos pelos arts. 113 do Ato das Disposições Constitucionais Transitórias (ADCT), 14 da Lei Complementar 101/2000 (LRF), e 125 a 129 e 137 da Lei 14.116/2020, alterada pela Lei 14.143/2021 (LDO 2021) para concessão ou ampliação de benefícios tributários de que decorra renúncia de receita.

Entre os alertas, constam:

– Alerta ao Presidente da República, no sentido de que a omissão quanto à regulamentação dos §§ 2º e 4º do art. 13 da Lei Complementar 141/2012, visando à identificação do credor final do recurso de natureza federal, quando aplicado diretamente pelos entes subnacionais ou por sub-repasse a entidades do terceiro setor, compromete o monitoramento e a avaliação da política nacional de saúde, assim como o controle da eficiência na alocação dos recursos de natureza federal, em desacordo com o disposto nos arts. 37, § 16, 163-A e 165, § 16, da Constituição Federal, no art. 27 da Lei Complementar 141/2012 e nos arts. 16 e 17 da Lei 14.194/2021.

– Alerta ao Presidente da República, acerca da necessidade de observar, por ocasião da elaboração do projeto de lei orçamentária e do exercício do poder-dever de sanção e/ou veto, o disposto no art. 167, inciso II, da Constituição Federal, a compatibilidade e adequação orçamentária, e a observância das regras e dos requisitos previstos nos arts. 5º, 16, 17, 24 e 45 da Lei de Responsabilidade Fiscal, e nos dispositivos da lei de diretrizes orçamentárias que estabelecem prioridades e metas fiscais, quando da proposição do projeto de lei orçamentária anual e da sanção/veto do seu autógrafo aprovado pelo Congresso Nacional, no sentido de assegurar programações orçamentárias necessárias e suficientes para a integridade das despesas obrigatórias assumidas pela União, para as despesas de conservação do patrimônio público priorizadas nos termos do art. 45 da LRF, assim como para outras despesas essenciais ao funcionamento dos órgãos e entidades federais priorizadas pela LDO, de forma a evidenciar, em homenagem aos princípios do realismo orçamentário e da transparência, a estrita observância do regime constitucional de Teto de Gasto e a consistência das metas fiscais com as premissas e os objetivos da política econômica nacional e a norma constitucional que preconiza a sustentabilidade da dívida pública (arts. 163, inciso VIII, e 164).

Entre as principais recomendações, registram-se:

– Ao Presidente da República, para que se abstenha de incluir, nos projetos de leis orçamentárias anuais, como fonte de recursos de ações de manutenção e desenvolvimento do ensino, receitas de contribuições sociais vinculadas ao financiamento de políticas públicas que integram a seguridade social, sob pena de desvio de finalidade e afronta aos arts. 194, 195 e 198 a 203 da Constituição Federal, ao § 4º do art. 76 do ADCT, à Lei 8.212/1991 (arts. 11, 16, 17 e 18), à Lei Complementar 141/2012 (arts. 2º e 3º).

> – Ao Ministério da Economia e à Casa Civil da Presidência da República para que sejam adotados mecanismos efetivos e racionais de monitoramento da execução financeira (pagamentos) descentralizada das emendas individuais e de bancada estadual pelos órgãos e entidades da administração pública federal, com vistas a assegurar a observância dos parâmetros mínimos estabelecidos pelo § 14 do art. 166 da Constituição Federal, com apresentação sistematizada de justificação para os impedimentos de ordem técnica, de forma que a soma dos valores executados com os valores dos referidos impedimentos perfaça a integridade dos montantes fixados nos termos dos §§ 9º, 11, 12 e 17 do mesmo artigo, observado o critério de correção previsto no inciso II do § 1º do art. 107 c/c art. 111 do Ato das Disposições Constitucionais Transitórias, com redação dada pela Emenda Constitucional 113/2021.

Os Tribunais de Contas não entrarão em recesso enquanto existirem contas de Poder, ou órgão referido no art. 20 da LRF, pendentes de parecer prévio (LRF: art. 57, § 2º).

Votado o Parecer Prévio, o Presidente do TCU encaminhará as Contas do Governo da República ao Congresso Nacional, a quem compete realizar o julgamento (CF: art. 49, IX)[6], onde serão distribuídas à CMO, acompanhadas do Parecer Prévio aprovado pelo Plenário, do relatório apresentado pelo Relator e das declarações de voto emitidas pelos demais Ministros e Ministros-Substitutos convocados. Na CMO, serão designados um ou mais Relatores para apresentar parecer, que concluirá por Projeto de Decreto Legislativo, ao qual poderão ser apresentadas emendas, na Comissão. No início dos trabalhos do segundo período de cada sessão legislativa, a Comissão realizará audiência pública com o Ministro Relator do Tribunal de Contas da União, que fará exposição do Parecer Prévio das contas do Governo da República.

Importante assinalar que, conforme o art. 16 da Resolução TCU nº 291/2017, não cabem recursos quanto ao teor do acórdão e do parecer prévio emitidos pelo Tribunal sobre as contas prestadas pelo Presidente da República.

No caso dos Tribunais de Contas dos Estados e TCMs, dispositivos semelhantes são aplicáveis às contas do Chefe do Poder Executivo.

11.4.3. Consequências da rejeição das contas

São bastante sérias as consequências da gestão das contas do Chefe do Poder Executivo. Embora o julgamento pelo Legislativo seja um ato político, a rejeição das contas de governo pode ensejar a abertura de um processo de *impeachment*, com fulcro no art. 85 da Constituição. Poderá, eventualmente, provocar a inelegibilidade do gestor, na forma da Lei Complementar nº 64/1990.[7] Também poderá acarretar consequências no

---

[6] Dois relevantes estudos sobre o tema são: Precisamos falar sobre contas... Uma nova perspectiva sobre a apreciação das contas anuais do Presidente da República pelo Congresso Nacional mediante parecer prévio do Tribunal de Contas da União, de Weder de Oliveira; e Relatórios e pareceres prévios sobre as contas do Governo da República: histórico da atuação do Tribunal de Contas da União nos últimos dez anos, de Marcos Bemquerer Costa e Patrícia Reis Leitão Bastos, ambos constantes de LIMA, Luiz Henrique; OLIVEIRA, Weder de; CAMARGO, João Batista de (Coord.). *Contas governamentais e responsabilidade fiscal*: desafios para o controle externo – estudos de ministros e conselheiros substitutos dos Tribunais de Contas. Belo Horizonte: Fórum, 2017.

[7] Vejam-se os comentários dos itens 5.8.1 e 5.8.1.1.

que concerne à Lei de Improbidade Administrativa (Lei nº 8.429/1992), se as irregularidades que deram ensejo à rejeição enquadrarem-se em alguma hipótese prevista nos arts. 9º a 11 daquele diploma.

> **EXEMPLO DE REJEIÇÃO DE CONTAS**
>
> Até 2014, apenas uma vez em sua história o TCU manifestou-se pela rejeição das contas do Presidente. Foi em 1937, conforme relata Silva:[8]
>
> > O Tribunal de Contas sentiu o peso do autoritarismo de Vargas antes mesmo da implantação do novo regime. As contas do exercício de 1936 – cujo Relator foi o ministro Francisco Thompson Flores – mereceram parecer contrário à aprovação, acolhido pelo Plenário da Corte em sessão de 26 de abril de 1937. Foi aquela a primeira e única vez em que tal fato ocorreu.
> >
> > A Câmara dos Deputados, entretanto, por força do Decreto Legislativo nº 101, de 25 de agosto seguinte, acolhendo Mensagem do presidente da República a ela encaminhada em 15 de maio pelo ministro da Fazenda, declarou-as aprovadas.
> >
> > A atitude, adotada com amparo em critérios estritamente técnicos, custaria caro ao ministro Thompson Flores. Por ato do governo foi ele posto em disponibilidade, não mais regressando ao Tribunal, vindo a ser aposentado anos depois, em 30 de outubro de 1950.
>
> Essa versão é contestada por Oliveira (2017), cuja pesquisa indica que no referido parecer não houve manifestação pela rejeição das contas.[9]
> Como a história registra, as contas de 2014 e 2015 receberam pareceres prévios contrários, cujos fundamentos foram considerados no processo de *impeachment* da Presidente da República em 2016.

11.4.4. Divulgação

Ao passo que na CF havia a previsão de que as contas dos municípios ficariam durante sessenta dias à disposição de qualquer contribuinte, para exame e apreciação, o qual poderá questionar-lhes a legitimidade, nos termos da lei (CF: art. 31, § 3º), a LRF ampliou significativamente a transparência da gestão pública, estabelecendo que as contas apresentadas pelo Chefe do Poder Executivo em todas as esferas ficarão disponíveis, durante todo o exercício, no respectivo Poder Legislativo e no órgão técnico responsável pela sua elaboração, para consulta e apreciação pelos cidadãos e instituições da sociedade (LRF: art. 49).

Adicionalmente, previu o § 3º do art. 57 da LRF que será dada ampla divulgação dos resultados da apreciação das contas, julgadas ou tomadas.

Alguns Tribunais têm procurado fazê-lo, não apenas expondo os Relatórios e Pareceres Prévios em suas páginas na Internet, mas procurando traduzi-los para uma linguagem menos técnica e mais compreensível ao leigo, por meio de publicações, cartilhas e outros meios de divulgação.

---

[8] O Tribunal de Contas da União na história do Brasil: evolução histórica, política e administrativa (1890-1998). Prêmio Serzedello Corrêa 1998 – Monografias Vencedoras. Brasília: TCU, 1999, p. 74.
[9] *Op. cit.*, p. 56-57.

11.5. ATOS SUJEITOS A REGISTRO

É muito expressivo o volume de despesas de pessoal da União. As Contas de Governo de 2023 informam que tais despesas ultrapassaram R$ 392 bilhões, envolvendo mais de dois milhões de indivíduos, entre servidores ativos e inativos e pensionistas. Portanto, é muito relevante a fiscalização dos atos de admissão de pessoal, bem como da concessão de aposentadorias, reformas e pensões. Como assinala Mileski:[10]

> O objetivo do exame de legalidade dos atos de admissão é estabelecer mecanismos de proteção à normalidade e à moralidade do ingresso no serviço público, tendo em conta a determinação constitucional que exige o cumprimento de algumas regras para este tipo de procedimento administrativo (concurso público – art. 37, I e II, e § 2º – e atendimento ao limite de despesa com pessoal – art. 169 – CF).

No que concerne às aposentadorias, Teixeira[11] esclarece que tal fiscalização envolve o exame de:

- preenchimento dos requisitos para a aposentadoria;
- composição dos proventos (valores e quantidade de vantagens);
- fundamentação do ato;
- data de início de sua eficácia;
- compatibilidade da aposentação com o pedido do servidor; e
- competência para a produção do ato de aposentamento.

Depois de praticado pelo setor de pessoal do órgão ou entidade, o ato, antes de ser encaminhado ao TCU, deve receber um parecer do controle interno. Se constatada ilegalidade, deve cessar todo e qualquer pagamento. Se verificado que ocorreu dolo na prática do ato – tanto do beneficiário, como do agente responsável – deve ser imediatamente instaurada uma TCE. De igual modo, se o pagamento ilegal não tiver sido suspenso, também deve ser instaurada TCE.

> **IMPORTANTE**
>
> Todos os atos de concessão passam por três apreciações: a primeira, na unidade de pessoal do órgão de origem do servidor; a segunda, pelo controle interno; e a terceira, pelo TCU.

A IN TCU nº 78/2018 regula o envio ao TCU pelos órgãos jurisdicionados de informações necessárias à apreciação e ao registro de atos de admissão e de concessões de aposentadorias, reformas e pensões, para fins de registro, no âmbito do Tribunal de Contas da União.

---

[10] *O controle da gestão pública.* São Paulo: RT, 2003, p. 295.
[11] *O controle das aposentadorias pelos Tribunais de Contas.* Belo Horizonte: Fórum, 2004, p. 205.

Configuram, entre outras, hipóteses que exigem o encaminhamento de ato de alteração de concessão à apreciação pelo Tribunal, sejam decorrentes de pedido do interessado, de decisão administrativa ou de ordem judicial:

a) modificações do fundamento legal;
b) revisões de tempo de serviço ou contribuição que impliquem alteração no valor dos proventos;
c) revisões de tempo de serviço ou contribuição que, mesmo não implicando alteração do valor dos proventos, modificarem a natureza dos tempos averbados do ato inicial;
d) melhorias posteriores decorrentes de inclusão ou majoração de parcelas, gratificações ou vantagens de qualquer natureza, que tenham caráter pessoal;
e) novos critérios ou bases de cálculo dos componentes do benefício, quando tais melhorias se caracterizarem como vantagem pessoal do servidor público civil ou militar e não tiverem sido previstas no ato concessório originalmente submetido à apreciação do Tribunal;
f) inclusão de novo beneficiário;
g) alteração do enquadramento legal do pensionista;
h) modificação da proporcionalidade da concessão;
i) alteração da forma de cálculo do benefício.

Não se encontra sujeito a registro, e, portanto, não deve ser remetido ao TCU, ato de alteração no valor dos proventos decorrente de acréscimo de novas parcelas, gratificações ou vantagens concedidas em caráter geral ao funcionalismo ou introduzidas por novos planos de carreira.

JURISPRUDÊNCIA DO TCU

Acórdão nº 2.162/2015 Plenário (Pedido de Reexame, Relatora Ministra Ana Arraes)
Pessoal. Admissão. Concurso público.
A competência do TCU para apreciar a legalidade dos atos de admissão de pessoal, para fins de registro, engloba a avaliação da legalidade do concurso público que lhes deu fundamento.

Assim como nos processos de contas, a instrução do processo será presidida pelo Relator, que poderá determinar, mediante despacho singular, por sua ação própria e direta, ou por provocação do órgão de instrução ou do Ministério Público junto ao Tribunal, a adoção das providências consideradas necessárias ao saneamento dos autos, fixando prazo para o atendimento das diligências, após o que submeterá o feito ao Plenário ou à Câmara respectiva para decisão de mérito (LOTCU: art. 40).

O exame procedido pelo TCU sobre os atos de aposentadorias e pensões caracteriza uma ação de fiscalização, voltada para a verificação da legalidade dessas concessões, não se sujeitando tal exame ao contraditório dos beneficiários, conforme jurisprudência do STF apresentada no Capítulo 2. Por conseguinte, nos processos relativos a atos sujeitos a registro, não são feitas audiências ou citações e o registro pode ser recusado, determinando-se a anulação do ato, sem necessidade de ouvir o seu beneficiário. O RITCU inclusive prevê no art. 263 que o Relator ou o Tribunal não conhecerá de requerimento que lhe seja diretamente dirigido por interessado na obtenção do registro, devendo a solicitação ser arquivada após comunicação ao requerente. Tais processos também não se encontram sujeitos ao prazo decadencial previsto na Lei do Processo Administrativo Federal (Lei nº 9.784/1999).

O Tribunal determinará ou recusará o registro dos atos de que trata este artigo, conforme os considere legais ou ilegais. Em 2023, de 97.741 atos apreciados conclusivamente, 4.772 foram considerados ilegais (4,9%).

Os atos que, a despeito de apresentarem algum tipo de inconsistência em sua versão submetida ao exame do Tribunal, não estiverem dando ensejo, no momento de sua apreciação, a pagamentos irregulares, serão considerados legais, para fins de registro, devendo ser consignadas no julgamento a ressalva em relação à falha e a determinação ao órgão ou à entidade de origem para adoção das medidas cabíveis com vistas à regularização da falha formal constante do ato apreciado pelo TCU. O TCU poderá considerar prejudicado, por perda de objeto, o exame dos atos de admissão e concessão cujos efeitos financeiros tenham se exaurido antes de sua apreciação. Será considerado prejudicado, por inépcia, o ato de admissão ou concessão que apresentar inconsistências nas informações prestadas pelo órgão de pessoal que impossibilitem sua análise, devendo ser determinado o encaminhamento de novo ato, livre de falhas.

Entre as características do controle de aposentadorias pelos Tribunais de Contas encontra-se a impossibilidade de alteração do ato aposentatório. Nesse sentido, o pronunciamento do STF nos autos do MS 20.038 (Rel.: Min. Moreira Alves):

> (O Tribunal de Contas) só tem uma alternativa: ou julga válida a aposentadoria voluntária nos termos em que foi concedida, ou julga nula, por ilegal.

De igual modo, a jurisprudência do TCU:

> Ao exercer a competência prevista no art. 71, inciso III, da Constituição Federal, o TCU só tem por alternativa considerar legal a aposentadoria nos termos em que ela foi concedida ou considerá-la ilegal, sendo-lhe defeso determinar o registro do ato em termos diferentes do que foi requerido e deferido pela Administração (Acórdão nº 4.606/2015, Primeira Câmara, Relator Ministro Benjamin Zymler).

EXEMPLO DE RECUSA DE REGISTRO

Acórdão nº 11.288/2020 – TCU – 1ª Câmara
Relator: Min. Marcos Bemquerer
Sumário: PESSOAL. APOSENTADORIA. PAGAMENTO DA VANTAGEM DE "QUINTOS" INCORPORADOS APÓS O ADVENTO DA LEI Nº 9.624/1998. AVERBAÇÃO DE TEMPO INDEVIDO PARA FINS DE ANUÊNIOS. DETERMINAÇÃO PARA INDICAR A PROCEDÊNCIA DA RUBRICA DE "QUINTOS", SE DECORRENTE DE DECISÃO JUDICIAL TRANSITADA EM JULGADO OU NÃO, OU AINDA DE DECISÃO ADMINISTRATIVA, BEM COMO PARA EXCLUIR A AVERBAÇÃO INDEVIDA DE TEMPO DE SERVIÇO. ILEGALIDADE DO ATO. RECUSA DO CORRESPONDENTE REGISTRO.

É entendimento do TCU que a recusa de registro de ato de concessão não configura ofensa ao princípio da segurança jurídica, uma vez que, anteriormente ao registro, não há ato jurídico perfeito e acabado capaz de gerar direitos adquiridos.

Ademais, conforme o § 2º do art. 260 do RITCU, o acórdão que considerar legal o ato e determinar o seu registro não faz coisa julgada administrativa e poderá ser revisto de ofício pelo Tribunal, com a oitiva do Ministério Público e do beneficiário do ato, dentro do prazo de cinco anos da apreciação, se verificado que o ato viola a ordem jurídica, ou a qualquer tempo, no caso de comprovada má-fé.

Identificada irregularidade em ato de concessão já cadastrado nos sistemas informatizados do TCU, poderá o Tribunal proceder ao exame do respectivo ato, dispensando a manifestação do órgão de controle interno respectivo (RITCU: art. 260, § 3º).

Na hipótese do ato cujo registro é negado ter sido determinado por decisão judicial, o Tribunal deve abster-se de determinar a suspensão dos pagamentos decorrentes do ato impugnado, em respeito à ordem judicial endereçada à concedente, mas mantendo sua manifestação pela recusa de registro ao ato.

Teixeira[12] assinala três efeitos do registro de aposentadoria:

- a indisponibilidade ou intangibilidade do ato pelo órgão emitente;
- a garantia da executoriedade ou eficácia incondicionada ou definitiva do ato, salvo decisão judicial em contrário; e
- a regularidade da despesa com a aposentadoria registrada.

A esse propósito, dispõe a Súmula TCU nº 199:

> Salvo por sua determinação, não podem ser cancelados pela autoridade administrativa concedente, os atos originários ou de alterações, relativos a aposentadoria, reformas e pensões, já registrados pelo Tribunal de Contas, ao apreciar-lhes a legalidade, no uso da sua competência constitucional.

EXEMPLO DE DELIBERAÇÃO SOBRE CONCESSÃO DE APOSENTADORIAS

Acórdão nº 1.994/2006 – 2ª Câmara: Fundação Coordenação de Aperfeiçoamento de Pessoal de Nível Superior
MINISTRO-RELATOR: BENJAMIN ZYMLER
SUMÁRIO: REPRESENTAÇÃO DO MINISTÉRIO PÚBLICO. PESSOAL. TEMPO RURAL. ACÓRDÃO nº 740/2006-PLENÁRIO. REVISÃO DE OFÍCIO DAS CONCESSÕES NAS QUAIS HOUVE UTILIZAÇÃO DE TEMPO RURAL SEM O RESPECTIVO PAGAMENTO DE CONTRIBUIÇÃO AO INSS. CONHECIMENTO. DETERMINAÇÃO À ORIGEM PARA PROCEDER À REMESSA DOS AUTOS DO PROCESSO DE APOSENTADORIA
1. É ilegal a utilização do tempo de serviço rural para fins de aposentadoria do regime próprio de previdência sem que tenha havido o respectivo pagamento de contribuição previdenciária.
2. É possível rever de ofício, no prazo de cinco anos, a apreciação da legalidade dos atos concessórios, com fulcro no § 2º do art. 260 do Regimento Interno.

---

[12] *O controle das aposentadorias pelos Tribunais de Contas*. Belo Horizonte: Fórum, 2004, p. 209.

Quando o Tribunal considerar ilegal ato de admissão de pessoal, o órgão de origem deverá, observada a legislação pertinente, adotar as medidas regularizadoras cabíveis, fazendo cessar todo e qualquer pagamento decorrente do ato impugnado. O responsável que injustificadamente deixar de adotar essas medidas no prazo de quinze dias, contados da ciência da decisão deste Tribunal, ficará sujeito à multa e ao ressarcimento das quantias pagas após essa data. Se houver indício de procedimento culposo ou doloso na admissão de pessoal, o Tribunal determinará a instauração ou conversão do processo em tomada de contas especial, para apurar responsabilidades e promover o ressarcimento das despesas irregularmente efetuadas.

Conforme a IN TCU nº 78/2018, a omissão de informações nos atos cadastrados ou o lançamento de dados falsos e/ou incorretos no sistema, ou o uso de perfil por terceiros, poderão ensejar a aplicação da multa no inciso II do art. 58 da Lei 8.443/1992 aos responsáveis, sem prejuízo de outras sanções de natureza administrativa, civil ou penal, que se revelarem pertinentes.

Se a ilegalidade for constatada em ato de concessão de aposentadoria, reforma ou pensão, o órgão de origem fará cessar o pagamento dos proventos ou benefícios no prazo de quinze dias, contados da ciência da decisão do Tribunal, sob pena de responsabilidade solidária da autoridade administrativa omissa. Caso não seja suspenso o pagamento, ou havendo indício de procedimento culposo ou doloso na concessão de benefício sem fundamento legal, o Tribunal determinará a instauração ou a conversão do processo em tomada de contas especial, para apurar responsabilidades e promover o ressarcimento das despesas irregularmente efetuadas.

Recusado o registro do ato, por ser considerado ilegal, a autoridade administrativa responsável poderá emitir novo ato, se for o caso, escoimado das irregularidades verificadas.

A exclusão posterior, pelo órgão de origem, de parcela irregularmente incluída nos proventos de aposentadoria não afasta a ilegalidade do ato concessório (Acórdão nº 401/2007 – Plenário; Ministro-Relator: Augusto Nardes).

Se o ato contiver omissão total ou parcial de vantagens a que faz jus o interessado, o Tribunal poderá considerar o ato legal, independentemente das comunicações que entender oportunas para cada caso.

Os procedimentos para exame, apreciação e registro dos atos de admissão de pessoal e de concessão de aposentadoria, reforma e pensão pelo TCU estão definidos na Resolução TCU nº 353/2023.

11.5.1. Súmula Vinculante nº 3 do STF

As súmulas vinculantes do STF foram introduzidas na Carta Magna pela EC nº 45/2004 e constam do art. 103-A, tendo sido disciplinadas pela Lei nº 11.417/2006. Em 2007, a Corte Suprema editou suas primeiras súmulas vinculantes, das quais a de nº 3 é de especial interesse para nossa disciplina:

> **SÚMULA VINCULANTE Nº 3:**
> **PROCESSO ADMINISTRATIVO NO TCU**
>
> Assunto: PROCESSO NO ÂMBITO DO TCU. DEVIDO PROCESSO LEGAL. CONTRADITÓRIO E AMPLA DEFESA DO INTERESSADO. NECESSIDADE DE OBSERVÂNCIA.
> Enunciado: "Nos processos perante o Tribunal de Contas da União asseguram-se o contraditório e a ampla defesa quando da decisão puder resultar anulação ou revogação de ato administrativo que beneficie o interessado, excetuada a apreciação da legalidade do ato de concessão inicial de aposentadoria, reforma e pensão."
> Precedentes: MS 24.268, rel. orig. Min. Ellen Gracie, rel. p/ o acórdão Min. Gilmar Mendes, DJ 17/09/2004; MS 24.728, rel. Min. Gilmar Mendes, DJ 09/09/2005; MS 24.754, rel. Min. Marco Aurélio, DJ 18/02/2005; MS 24.742, rel. Min. Marco Aurélio, DJ 11/03/2005.
> Legislação: CF, art. 5º, LIV e LV; 71, III, Lei nº 9.784/1999, art. 2º.

O enunciado da SV3 gerou bastante controvérsia. Alguns interpretaram a norma como inócua, alegando que o contraditório e a ampla defesa já são assegurados pela CF, LO e RI. Outros entenderam que ela iria inviabilizar trabalhos de fiscalização e literalmente paralisar o TCU. *Data venia*, discordo de ambas as análises.

Entendo que ela se aplica apenas aos processos de registro de atos de admissão de pessoal e de concessões de aposentadorias, reformas e pensões. Não se aplica, contudo, à apreciação inicial da concessão, conforme a parte final do texto: "excetuada a apreciação da legalidade do ato de concessão inicial de aposentadoria, reforma e pensão". Assim, sua aplicabilidade seria restrita a decisões posteriores que viessem a alterar atos já registrados "quando da decisão puder resultar anulação ou revogação" de benefício. Tal entendimento é corroborado por Custódio.[13]

> **EXEMPLO DE APLICAÇÃO DA SÚMULA VINCULANTE STF Nº 3**
>
> Acórdão nº 2.181/2007 – Plenário
> Rel.: Min. Guilherme Palmeira
> SUMÁRIO: AUDITORIA DE CONFORMIDADE. VERIFICAÇÃO DOS ATOS DE PESSOAL NA UFPB. PAGAMENTO INDEVIDO DE GRATIFICAÇÃO DE DEDICAÇÃO EXCLUSIVA A SERVIDOR CEDIDO A ÓRGÃO ESTADUAL/ MUNICIPAL. NÃO LANÇAMENTO NO SISAC DOS ATOS DE ADMISSÃO. INCIDÊNCIA DA SÚMULA VINCULANTE STF nº 3/2007. CIÊNCIA AOS SERVIDORES. DETERMINAÇÕES.
> – Deve-se viabilizar o contraditório e a ampla defesa de servidores, quando, da deliberação, puder resultar a supressão de vantagens indevidamente percebidas pelos beneficiários.

Ainda em 2007, o TCU firmou entendimento de que os atos de alteração de aposentadoria, pensão e reforma que alterem o fundamento legal dos atos concessórios iniciais têm a mesma natureza jurídica destes, aplicando a exceção prevista no enunciado da Súmula Vinculante nº 3 – STF (Acórdão nº 1.551/2007 – Plenário; Relator: Ministro Augusto Nardes).

---

[13] Registro de aposentadorias e pensões, o devido processo legal e a Súmula Vinculante nº 3. *Jus Navigandi*, 2008.

Em 2010, o TCU editou a Súmula nº 256 consolidando sua jurisprudência nesse sentido:

> Não se exige a observância do contraditório e da ampla defesa na apreciação da legalidade de ato de concessão inicial de aposentadoria, reforma e pensão e de ato de alteração posterior concessivo de melhoria que altere os fundamentos legais do ato inicial já registrado pelo TCU.

As decisões do STF modulando a aplicação da SV nº 3 são comentadas no Capítulo 13, dedicado ao tema do direito de defesa, no item 13.17.

11.5.2. Tema nº 445 de Repercussão Geral – STF

Ao julgar o RE 636.553 – Tema nº 445 de Repercussão Geral –, sob a relatoria do Ministro Gilmar Mendes, o STF fixou a seguinte tese: em atenção aos princípios da segurança jurídica e da confiança legítima, os tribunais de contas estão sujeitos ao prazo de cinco anos para o julgamento da legalidade do ato de concessão inicial de aposentadoria, reforma ou pensão, a contar da chegada do processo à respectiva Corte de Contas.

No Acórdão nº 53/2021 – Primeira Câmara (Relator Ministro Substituto Weder de Oliveira), o TCU entendeu que, se após esgotado o prazo para revisão de ofício do ato de concessão de pensão temporária, chegar ao conhecimento do TCU a existência de condição resolutiva que implique impedimento à continuidade da percepção do benefício, é cabível a conversão do processo de concessão em representação, com a finalidade de apurar a irregularidade, observado o direito ao contraditório e à ampla defesa.

11.6. FISCALIZAÇÃO DE ATOS E CONTRATOS

É no contexto da fiscalização de atos e contratos que o TCU exerce as competências que lhe foram atribuídas pela Lei de Licitações, entre outros diplomas mencionados no Capítulo 5.

A fiscalização de atos e contratos de que resulte receita ou despesa, praticados pelos responsáveis sujeitos à jurisdição do Tribunal de Contas efetuar-se-á pelo acompanhamento no DOU ou por outro meio das seguintes publicações:

a) lei relativa ao plano plurianual, a lei de diretrizes orçamentárias, a lei orçamentária anual e a abertura de créditos adicionais; e

b) editais de licitação, contratos, inclusive administrativos, e convênios, acordos, ajustes ou outros instrumentos congêneres.

Ademais, o TCU realizará, por iniciativa própria, as fiscalizações que entender necessárias, sempre realizadas por servidores da Secretaria do Tribunal. Os resultados dessas fiscalizações serão comunicados às autoridades competentes dos poderes da União, para as medidas saneadoras das impropriedades e faltas identificadas.

Ao proceder à fiscalização de atos e contratos, o Relator ou o Tribunal determinará as providências estabelecidas no RITCU, quando não apurada transgressão a norma legal ou regulamentar de natureza contábil, financeira, orçamentária, operacional e patrimonial, ou for constatada, tão somente, falta ou impropriedade de caráter formal.

Se verificada a ocorrência de irregularidade quanto à legitimidade ou economicidade, determinará a audiência do responsável para, no prazo de quinze dias, apresentar razões de justificativa (LOTCU: art. 43, II).

Quando verificada a ilegalidade de ato ou contrato, o Tribunal assinará prazo para que o responsável adote as providências necessárias ao exato cumprimento da lei, fazendo indicação expressa dos dispositivos a serem observados.

No caso de ato administrativo, o Tribunal, se não atendido, sustará a execução do ato impugnado, comunicando a decisão à Câmara dos Deputados e ao Senado Federal e aplicando ao responsável a multa prevista no inciso II do art. 58 da LOTCU.

IMPORTANTE

Na hipótese explicitada anteriormente, há uma diferença entre a LOTCU, cujo art. 45, § 1º, III prevê a aplicação da multa prevista no inciso II do art. 58 da Lei, e o RITCU, cujo art. 251, § 1º, III prescreve a aplicação da multa prevista no inciso VII do art. 268 do RITCU.
LOTCU: Art. 58 – (...)
II. ato praticado com grave infração à norma legal ou regulamentar de natureza contábil, financeira, orçamentária, operacional e patrimonial;
RITCU: Art. 268 – (...)
VII. descumprimento de decisão do Tribunal, salvo motivo justificado, (...)

Na hipótese de contrato, o Tribunal, se não atendido, comunicará o fato ao Congresso Nacional, a quem compete adotar o ato de sustação e solicitar, de imediato, ao Poder Executivo, as medidas cabíveis, conforme visto no Capítulo 2, item 2.5.

Ao longo de sua atuação, o Tribunal vem acumulando experiências e sedimentando jurisprudência acerca da interpretação das normas legais pertinentes em confronto com as situações habitualmente enfrentadas.

Por exemplo, o TCU tem entendido que o princípio constitucional da eficiência não conflita com o da licitação, não se admitindo o descumprimento das disposições do Estatuto das Licitações a título de economia dos prazos, nem o parcelamento de compras para fugir à modalidade mais demorada de licitações (Acórdão nº 2.923/2006 – TCU – 1ª Câmara).

A publicação "Informativo Licitações e Contratos" disponível no portal do TCU sintetiza a interpretação da Corte de Contas acerca de diversos pontos da legislação. Nos últimos anos foram editadas diversas novas Súmulas do TCU versando sobre o tema.

Recorde-se que, de acordo com a Súmula TCU nº 222:

> As Decisões do Tribunal de Contas da União, relativas à aplicação de normas gerais de licitação, sobre as quais cabe privativamente à União legislar, devem ser acatadas pelos administradores dos Poderes da União, dos Estados, do Distrito Federal e dos Municípios.

11.7. FISCALIZAÇÃO DE CONVÊNIOS E INSTRUMENTOS CONGÊNERES

A fiscalização dos convênios e instrumentos congêneres deriva da competência estabelecida no inciso VI do art. 71 da Constituição e envolve o exame de todas as suas etapas: celebração, execução e prestação de contas. São avaliados todos os elementos constantes do Plano de Trabalho apresentado quando da celebração, a saber:

- Justificativa;
- Descrição do Objeto;
- Metas (Qualitativas e Quantitativas);
- Etapas;
- Demonstração da compatibilidade de custos;
- Cronograma físico e financeiro; e
- Plano de Aplicação detalhado.

O tema atualmente é disciplinado pelo Decreto nº 11.531/2023, que define **convênio** como o instrumento que, na ausência de legislação específica, dispõe sobre a transferência de recursos financeiros provenientes do Orçamento Fiscal e da Seguridade Social da União para a execução de programas, projetos e atividades de interesse recíproco e em regime de mútua colaboração.

Por sua vez, o **contrato de repasse** é definido como o instrumento de interesse recíproco, por meio do qual a transferência dos recursos financeiros é processada por intermédio de instituição ou de agente financeiro oficial federal que atue como mandatário da União.

Pode ser convenente órgão ou entidade da administração pública estadual, distrital ou municipal, consórcio público, entidade privada sem fins lucrativos ou serviço social autônomo, com o qual a administração pública federal pactua a execução de programa, projeto, atividade, obra ou serviço de engenharia, por meio da celebração de convênio ou de contrato de repasse.[14]

A norma também regula parcerias sem transferências de recursos, por meio da celebração de acordos de cooperação técnica ou de acordos de adesão.

Entre outras, há vedação à celebração de convênios e contratos de repasse cuja vigência se encerre no último trimestre do mandato do Chefe do Poder Executivo do ente

---

[14] Redação dada pelo Decreto nº 11.845/2023.

federativo convenente ou no primeiro trimestre do mandato seguinte, bem como com entidades privadas sem fins lucrativos cujo corpo de dirigentes contenha pessoas que tiveram, nos últimos cinco anos, atos julgados irregulares por decisão definitiva do TCU, em decorrência das situações previstas no art. 16, III, da Lei nº 8.443/1992 – LOTCU.

Os órgãos e as entidades da administração pública federal cadastrarão os programas a serem executados de forma descentralizada, por meio da celebração de convênios e de contratos de repasse, no Transferegov.br. Após a divulgação do programa, o proponente manifestará o seu interesse em celebrar os convênios ou os contratos de repasse por meio do encaminhamento da proposta ou do plano de trabalho no Transferegov.br.

A prestação de contas será iniciada concomitantemente à liberação da primeira parcela dos recursos financeiros. A prestação de contas final será apresentada no prazo de sessenta dias, contado do término da vigência ou da consecução do objeto, o que ocorrer primeiro.

O concedente ou a mandatária efetuará o registro do convenente, em cadastros de inadimplência, nas seguintes hipóteses:

I – após o julgamento da tomada de contas especial ou de procedimento análogo pelo TCU, nas hipóteses de rejeição total ou parcial da prestação de contas; ou

II – após a notificação do convenente e o decurso do prazo previsto, nas hipóteses de omissão na apresentação da prestação de contas, independentemente de instauração ou de julgamento da tomada de contas especial.

O Decreto nº 11.531/2023 foi complementado pela Portaria Conjunta MGI/MF/CGU nº 33/2023,[15] que estabelece diversos requisitos para a celebração de convênios, a exemplo da regularidade na aplicação mínima de recursos na manutenção e desenvolvimento do ensino, nos termos do art. 212 da Constituição Federal, comprovada mediante apresentação de certidão emitida pelo Tribunal de Contas competente, dentro do seu período de validade.

Na hipótese de transferência voluntária, mediante convênio, da União para estado, Distrito Federal ou município, o § 1º do art. 91 da Lei nº 15.080/2024 (LDO para 2025) prescreveu que, sem prejuízo do disposto na LRF, constitui exigência para o recebimento das transferências voluntárias a observância das normas editadas pela União relativas à aquisição de bens e à contratação de serviços e obras, a serem realizadas preferencialmente em forma eletrônica, exceto quando a lei ou a regulamentação específica sobre o instrumento jurídico utilizado dispuser de forma diversa.

Finalmente, o art. 101 da referida LDO estipulou que as entidades públicas e privadas beneficiadas com recursos públicos a qualquer título submeter-se-ão à fiscalização do Poder Público, com a finalidade de verificar o cumprimento de metas e objetivos para os quais receberam os recursos, cabendo ao Poder Executivo adotar providências com vistas ao registro e divulgação, inclusive por meio eletrônico, das informações relativas às prestações de contas das transferências.

---

[15] Alterada pela Portaria Conjunta MGI/MF/CGU nº 29, de 22 de maio de 2024.

Quadro-resumo das transferências voluntárias da União

Modalidade	Celebrante	Normas legais
Convênio	Órgão ou entidade da administração pública estadual, distrital ou municipal, consórcio público, entidade privada sem fins lucrativos ou serviço social autônomo	Decreto nº 11.531/2023
Contrato de repasse	Envolve instituição financeira federal (ex.: Caixa Econômica Federal)	Decreto nº 11.531/2023
Contrato de gestão	OS	Lei nº 9.637/1998
Termo de parceria	OSCIP	Lei nº 9.790/1999
Acordo de colaboração	OSC	Lei nº 13.019/2014
Termo de colaboração	OSC	Lei nº 13.019/2014
Termo de fomento	OSC	Lei nº 13.019/2014

Os principais motivos da não aprovação das prestações de contas de convênios são:

- Inexecução do Objeto;
- Inexecução de Metas;
- Desvio de Finalidade;
- Impugnação de Despesas;
- Falta de Aplicação da Contrapartida; e
- Falta de Aplicação dos Rendimentos.

EXEMPLO DE DELIBERAÇÃO SOBRE CONVÊNIO

Acórdão nº 1.059/2009 – Segunda Câmara
Relator: Ministro André Luiz de Carvalho
Sumário – TOMADA DE CONTAS ESPECIAL. CONVÊNIO. DESVIO EM FAVOR DO ENTE FEDERADO. REJEIÇÃO DAS ALEGAÇÕES DE DEFESA. CONCESSÃO DE NOVO E IMPRORROGÁVEL PRAZO PARA O RECOLHIMENTO DA DÍVIDA.
Rejeitam-se as alegações de defesa da entidade que não consegue afastar a irregularidade concernente à utilização de recursos de convênio em outras finalidades, diversas das pactuadas, ainda que em prol dela mesma, fixando novo e improrrogável para o recolhimento da dívida.

JURISPRUDÊNCIA DO TCU

Acórdão nº 5.175/2013 – Primeira Câmara (Tomada de Contas Especial, Relator Ministro-Substituto Marcos Bemquerer)
Convênio. Tomada de Contas Especial. Execução parcial.
Quando o objeto é executado parcialmente e não se vislumbra a possibilidade de aproveitamento do que foi realizado para posterior conclusão, aduz-se que houve completo desperdício dos recursos repassados, os quais devem ser integralmente devolvidos aos cofres federais. Objeto do convênio não alcançado. Contas julgadas irregulares com condenação ao ressarcimento integral dos recursos repassados e multa.

> Acórdão nº 4.215/2014 – Segunda Câmara (Tomada de Contas Especial, Relator Ministro-Substituto Marcos Bemquerer)
> Convênio e congêneres. Responsabilidade do convenente. Execução intempestiva.
> O atingimento intempestivo da finalidade pactuada mediante convênio, com prejuízo à população em decorrência da demora para a conclusão do objeto, embora não configure débito, é ilícito grave, que enseja a responsabilização do gestor, com o julgamento pela irregularidade das contas, bem como sua apenação com multa.
>
> Acórdão nº 8.248/2013 – Primeira Câmara (Tomada de Contas Especial, Relator Ministro Walton Alencar Rodrigues)
> Convênio e Congêneres. Tomada de Contas Especial. Utilidade do objeto executado.
> A mera execução do objeto conveniado não é suficiente para aprovar as contas do gestor responsável, sendo necessário que a obra traga, de fato, benefícios à população e atinja os fins para os quais foi proposta. Aterro sanitário inoperante. Contas julgadas irregulares, com condenação ao ressarcimento do valor integral do convênio e aplicação de multa.

11.8. FISCALIZAÇÃO DE OBRAS

Como visto no item 5.8, o Congresso Nacional tem incluído dispositivos nas Leis de Diretrizes Orçamentárias, solicitando a manifestação do TCU acerca da regularidade das obras públicas financiadas com recursos federais. Em síntese, cabe ao TCU indicar as obras que apresentam indícios de irregularidades graves, opinando pela sua paralisação cautelar. Desse modo, o TCU orienta o Congresso Nacional a determinar a suspensão da execução orçamentária, física e financeira dos contratos, convênios, parcelas ou subtrechos questionados, até que o próprio TCU se manifeste acerca da adoção de medidas saneadoras.

No intuito de atender à solicitação do Congresso Nacional, constante nas sucessivas LDOs, o TCU organizou um grande programa anual de fiscalização de obras, denominado Fiscobras. Realizado em sua maior parte durante o primeiro semestre, o Fiscobras compreende auditorias, de diversas modalidades em centenas de empreendimentos ou Programas de Trabalho, destacando-se as obras de infraestrutura de transportes (rodoviárias, portuárias, ferroviárias e aeroportuárias); de saneamento e irrigação; e do setor energético (geração e transmissão de energia elétrica, produção, transporte e refino de petróleo e gás). As equipes que executam o Fiscobras utilizam aplicativos próprios que permitem a elaboração de relatórios *on-line* via internet, manual e treinamento específicos, entre outros recursos.

A Resolução nº 280/2016 disciplinou o Fiscobras como o plano de fiscalização de obras do TCU, de periodicidade anual, e que contempla fiscalizações selecionadas em conformidade com a LDO.

Em 2024, foram fiscalizados 23 empreendimentos de infraestrutura, envolvendo R$ 7 bilhões em recursos fiscalizados.

O art. 93 da Lei nº 13.146/2015 (Estatuto da Pessoa com Deficiência) determinou que na realização de inspeções e de auditorias pelos órgãos de controle interno e externo deve ser observado o cumprimento da legislação relativa à pessoa com deficiência e das normas de acessibilidade vigentes.

> **EXEMPLO DE DELIBERAÇÃO SOBRE FISCALIZAÇÃO DE OBRAS**
> Acórdão nº 2.718/2020 – Plenário
> Relator: Min. Marcos Bemquerer
> Sumário: RELATÓRIO DE AUDITORIA. FISCOBRAS 2020. CONCLUSÃO DAS OBRAS DE IMPLANTAÇÃO DO CORREDOR NORTE-SUL TRECHO 1 (ENTRE O TERMINAL CRUZEIRO E O TERMINAL ISIDÓRIA), NO MUNICÍPIO DE GOIÂNIA/GO. ATRASOS NO ANDAMENTO DAS OBRAS DECORRENTES DE INTERFERÊNCIAS URBANAS NÃO SOLUCIONADAS E DESAPROPRIAÇÕES NÃO EFETIVADAS. CIÊNCIA DESSAS DEFICIÊNCIAS CONSTATADAS.

11.9. FISCALIZAÇÃO DA DESESTATIZAÇÃO

O TCU tem atuado na fiscalização da prestação dos serviços públicos, mediante concessões, permissões e autorizações, nas áreas de energia elétrica, telecomunicações, serviços postais, portos, rodovias, ferrovias, transporte de passageiros interestaduais e internacionais, estações aduaneiras interiores, petróleo e gás natural.[16]

Com efeito, a Lei nº 13.334/2016, que criou o Programa de Parcerias de Investimentos, exige a articulação com os órgãos e autoridades de controle para aumento da transparência das ações administrativas e para a eficiência no recebimento e consideração das contribuições e recomendações. (art. 6º, IV). Por sua vez, a Lei nº 13.448/2017, que estabelece diretrizes gerais para prorrogação e relicitação dos contratos de parceria nos setores rodoviário, ferroviário e aeroportuário da administração pública federal, exige o encaminhamento ao TCU dos estudos para contratação de novas parcerias decorrentes de relicitações e prorrogações antecipadas de concessões em andamento (art. 11).

Por sua vez, a IN TCU nº 81/2018[17] dispõe sobre a fiscalização dos processos de desestatização compreendendo as privatizações de empresas, as concessões e permissões de serviço público, a contratação das Parcerias Público-Privadas (PPP) e as outorgas de atividades econômicas reservadas ou monopolizadas pelo Estado. Nos seus termos, o Poder Concedente deverá disponibilizar, para a realização do acompanhamento dos processos de desestatização, pelo Tribunal de Contas da União, os estudos de viabilidade e as minutas do instrumento convocatório e respectivos anexos, incluindo minuta contratual e caderno de encargos, já consolidados com os resultados decorrentes de eventuais consultas e audiências públicas realizadas.

> **JURISPRUDÊNCIA DO TCU**
> Acórdão nº 3.160/2020 – Plenário (Representação, Relator Ministro Vital do Rêgo)
> Desestatização. Concessão pública. Arbitragem. Agente privado.
> É lícita a utilização de câmaras privadas de arbitragem para a solução de conflitos em contratos de concessão.

---

[16] ZYMLER e ALMEIDA. *O controle externo das concessões de serviços públicos e das parecerias público-privadas*. Belo Horizonte: Fórum, 2005, p. 158.
[17] Alterada pelas INs TCU nºs 82/2018 e 86/2020.

11.10. FISCALIZAÇÃO DO TERCEIRO SETOR, SERVIÇOS SOCIAIS, CONSÓRCIOS PÚBLICOS, PARCERIAS PÚBLICO-PRIVADAS E FUNDAÇÕES DE APOIO A INSTITUIÇÕES FEDERAIS DE ENSINO

Conforme as sucessivas Leis de Diretrizes Orçamentárias, as entidades públicas e privadas beneficiadas com recursos públicos a qualquer título estarão submetidas à fiscalização do Poder Público, com a finalidade de verificar o cumprimento de metas e objetivos para os quais receberam os recursos, cabendo ao Poder Executivo adotar providências com vistas ao registro e à divulgação, inclusive por meio eletrônico, das informações relativas às prestações de contas de instrumentos de parceria, convênios ou instrumentos congêneres.

11.10.1. Organizações da Sociedade Civil de Interesse Público – Oscips

As organizações da sociedade civil de interesse público – Oscips – são pessoas jurídicas de direito privado, sem fins lucrativos, instituídas por particulares para desempenhar serviços sociais não exclusivos do Estado, com incentivo e fiscalização do Poder Público. Celebram termos de parceria com a Administração Pública. Não podem ser OSCIPS: entidades religiosas, partidárias, cooperativas, sindicatos etc. As principais áreas de atuação das Oscips são: assistência social, voluntariado, promoção da cultura, defesa do meio ambiente.

A Lei nº 9.790/1999, que trata das Oscips, traz alguns instrumentos que visam ao controle dessas organizações:

a) acompanhamento e fiscalização pelo órgão do Poder Público da área de atuação correspondente à atividade fomentada, bem como sujeição aos mecanismos de controle social previstos na legislação (art. 11, *caput* e § 3º);

b) necessidade de comunicação de irregularidades ao Tribunal de Contas respectivo e ao Ministério Público (art. 12);

c) prestação de contas relativa à execução do Termo de Parceria perante o órgão da entidade estatal parceira quanto à correta aplicação dos recursos públicos recebidos e ao adimplemento do objeto do Termo de Parceria (art. 15-B, incluído pela Lei nº 13.019/2014); e

d) livre acesso às informações dessas entidades (art. 17).

Por meio do Acórdão nº 1.777/2005 – Plenário (Redator: Min. Walton Alencar Rodrigues), o TCU fixou importante entendimento, sintetizado por Almeida:[18]

- as Oscips estão sujeitas à jurisdição do TCU;
- não é cabível a prestação de contas sistemática das Oscips ao TCU;
- as prestações de contas devem ser apresentadas aos órgãos concedentes;

---

[18] *Lei Orgânica do Tribunal de Contas da União anotada*. Belo Horizonte: Fórum, 2006, p. 19.

- é possível a instauração de tomada de contas especial, cujos responsáveis sejam os representantes das Oscips nos Termos de Parceria, inclusive em virtude da omissão de prestação de contas;
- ao TCU cabe realizar a fiscalização direta dos Termos de Parceria; e
- as Oscips, contratadas pela Administração Pública Federal, por intermédio de Termos de Parceria, submetem-se ao Regulamento Próprio de contratação de obras e serviços, bem como para compras com emprego de recursos provenientes do Poder Público, observados os princípios da legalidade, impessoalidade, moralidade, publicidade, economicidade e da eficiência.

JURISPRUDÊNCIA DO TCU

Acórdão nº 246/2015 – Plenário (Representação, Relator Ministro-Substituto Augusto Sherman) Convênio e Congêneres. Oscip. Termo de parceria.
A celebração de termo de parceria para execução de serviços de atividades meio, passíveis de serem licitados e prestados por meio de contrato administrativo, não se coaduna com as finalidades previstas nos arts. 3º e 9º da Lei nº 9.790/1999 e configura fuga à licitação. A lei estabelece como objetivo dos termos de parceria celebrados com Oscips a prestação de serviços públicos à sociedade, ou seja, a prestação de atividades finalísticas do Estado à população.

Acórdão nº 352/2016 – Plenário (Auditoria, Relator Ministro Benjamin Zymler) Convênio. Terceirização. Mão de obra. Termo de parceria. Termo de colaboração. Termo de fomento.
Não há amparo legal para a contratação de mão de obra mediante a celebração de termos de parceria com Oscip ou de instrumentos congêneres (convênios, termos de colaboração, termos de fomento) com entidades sem fins lucrativos.

11.10.2. Organizações Sociais

As Organizações Sociais – OSs – foram instituídas pela Lei nº 9.637/1998. Constituem pessoas jurídicas de direito privado sem fins lucrativos. Celebram com a Administração Pública contrato de gestão. Atuam nas áreas de ensino, pesquisa científica, desenvolvimento tecnológico, proteção ao meio ambiente, cultura e saúde. Absorverão atividades desenvolvidas por órgãos que serão extintos, podendo também absorver seus patrimônios. Recebem recursos públicos e prestam contas quanto às metas atingidas. Às Organizações Sociais poderão ser destinados recursos orçamentários e bens públicos necessários ao cumprimento do contrato de gestão. Tais bens serão destinados às Organizações Sociais, dispensada licitação, mediante permissão de uso, consoante cláusula expressa do contrato de gestão.

Conforme a Decisão nº 592/1998 – Plenário, as contas relativas aos contratos de gestão serão submetidas a julgamento pelo TCU.

Até a vigência da Decisão Normativa nº 81/2006, as OSs prestavam contas anualmente ao TCU. No entanto, tal exigência foi retirada pela Decisão Normativa nº 85/2007 e pelas subsequentes. Nada obstante, devem apresentar relatórios de gestão.

No Acórdão nº 5.236/2015 – Segunda Câmara (Relator Ministro Raimundo Carreiro) decidiu-se que as Organizações Sociais, em suas contratações mediante uso de verbas públicas, não estão sujeitas à observância dos estritos procedimentos das normas gerais de licitações e contratos aplicáveis ao Poder Público, e sim aos seus regulamentos próprios, pautados nos princípios gerais aplicáveis à Administração Pública. Neste sentido, também o julgamento da ADI 1.923/DF (Relator Ministro Luiz Fux).

> **JURISPRUDÊNCIA DO TCU**
>
> Acórdão nº 2.832/2014 – Plenário (Pedido de Reexame, Relator Ministro Walton Alencar Rodrigues) Competência do TCU. Sistema Único de Saúde. Contrato de gestão.
> A aplicação de recursos do Sistema Único de Saúde (SUS) por organização social que celebrou contrato de gestão com ente federativo (estado, município ou Distrito Federal) sujeita-se à fiscalização do TCU.
>
> Acórdão nº 1.786/2022 – Plenário (Representação, Relator Ministro Substituto Weder de Oliveira) Convênio. Organização social. Assistência à saúde. SUS. Legislação. Contrato de gestão.
> A Lei nº 9.637/1998, e não a Lei nº 13.019/2014, é a norma de regência a ser aplicada aos ajustes cujo objeto envolva parceria e fomento à atuação do setor privado sem fins lucrativos para a prestação de serviços de caráter complementar no SUS, sendo o contrato de gestão a única forma de se firmar a parceria entre as organizações sociais e o setor público.

11.10.3. Organizações da Sociedade Civil

A Lei nº 13.019/2014, alterada pela Lei nº 13.204/2015, estabelece o regime jurídico das parcerias voluntárias entre a administração pública e as organizações da sociedade civil, em regime de mútua cooperação, para a consecução de finalidades de interesse público e recíproco, mediante a execução de atividades ou de projetos previamente estabelecidos em planos de trabalho inseridos em termos de colaboração, em termos de fomento ou em acordos de cooperação; define diretrizes para a política de fomento, de colaboração e de cooperação com organizações da sociedade civil. A Lei é aplicável à administração pública federal, estadual, distrital e municipal e respectivas autarquias, fundações, empresas públicas e sociedades de economia mista prestadoras de serviço público, e suas subsidiárias.

As organizações da sociedade civil – OSC são conceituadas como entidades privadas sem fins lucrativos que não distribuem entre os seus sócios ou associados, conselheiros, diretores, empregados, doadores ou terceiros eventuais resultados, sobras, excedentes operacionais, brutos ou líquidos, dividendos, isenções de qualquer natureza, participações ou parcelas do seu patrimônio, auferidos mediante o exercício de suas atividades, e que os apliquem integralmente na consecução do respectivo objeto social, de forma imediata ou por meio da constituição de fundo patrimonial ou fundo de reserva; ou sociedades cooperativas; ou, ainda, organizações religiosas que se dediquem a atividades ou projetos de interesse público e de cunho social distintas das destinadas a fins exclusivamente religiosos.

Por sua vez, define-se parceria como um conjunto de direitos, responsabilidades e obrigações decorrentes de relação jurídica estabelecida formalmente entre a administração pública e organizações da sociedade civil, em regime de mútua cooperação, para a consecução de finalidades de interesse público e recíproco, mediante a execução de atividade ou de projeto expressos em termos de colaboração, em termos de fomento ou em acordos de cooperação.

A Lei prevê que as parcerias entre a administração pública e as OSCs para a consecução de finalidades de interesse público e recíproco poderão ser formalizadas mediante termos de colaboração, termos de fomento e acordo de cooperação.

Nos **termos de colaboração**, a iniciativa parte do poder público e as OSCs são selecionadas mediante chamamento público, cujos procedimentos diferem significativamente dos previstos na Lei nº 14.133/2021. Quando é a OSC que formula a proposta, o instrumento denomina-se **termo de fomento**, mas também exige a realização de chamamento público. O **acordo de cooperação** ocorre quando não há transferência de recursos financeiros e só exigirão chamamento público quando o objeto envolver a celebração de comodato, doação de bens ou outra forma de compartilhamento de recurso patrimonial.

São previstas prestações de contas das parcerias aos órgãos e entidades repassadores dos recursos no prazo de até 90 (noventa) dias a partir do término da vigência da parceria ou no final de cada exercício, se a duração da parceria exceder um ano. A prestação de contas apresentada pela organização da sociedade civil deverá conter elementos que permitam ao gestor da parceria avaliar o andamento ou concluir que o seu objeto foi executado conforme pactuado, com a descrição pormenorizada das atividades realizadas e a comprovação do alcance das metas e dos resultados esperados, até o período de que trata a prestação de contas. Ademais, são estipuladas normas de transparência para que a sociedade tenha acesso a informações sobre as parcerias efetuadas.

É cláusula essencial dos termos de colaboração ou de fomento o livre acesso dos agentes da administração pública, do controle interno e do Tribunal de Contas correspondente aos processos, aos documentos e às informações relacionadas a termos de colaboração ou a termos de fomento, bem como aos locais de execução do respectivo objeto. Haverá retenção na liberação dos recursos transferidos no âmbito da parceria quando a OSC deixar de adotar sem justificativa suficiente as medidas saneadoras apontadas pela administração pública ou pelos órgãos de controle interno ou externo.

O relatório técnico de monitoramento e avaliação da parceria, sem prejuízo de outros elementos, deverá conter análise de eventuais auditorias realizadas pelos controles interno e externo, no âmbito da fiscalização preventiva, bem como de suas conclusões e das medidas que tomaram em decorrência dessas auditorias.

A rejeição das contas de parceria por TC de qualquer esfera da federação impede a OSC de celebrar qualquer nova parceria pelo prazo de oito anos. Da mesma forma, a OSC estará impedida se contar entre seus dirigentes pessoa cujas contas relativas a parcerias tenham sido julgadas irregulares ou rejeitadas por Tribunal de Contas de qualquer esfera da Federação, em decisão irrecorrível, nos últimos oito anos. Outras hipóteses de impedimento de celebração de parceria são a omissão no dever de prestar contas de parceria anteriormente celebrada e a rejeição de contas pela administração pública nos últimos cinco anos, exceto nas hipóteses elencadas na lei.

Entre as principais inovações da norma está a previsão no art. 84 de que não se aplica às parcerias por ela regidas o disposto na Lei nº 8.666/1993, o que também é válido para a sua sucessora, a Lei nº 14.133/2021.

Em decorrência da pandemia da Covid-19, foi editada a Lei nº 14.215/2021, que instituiu normas de caráter transitório aplicáveis a parcerias celebradas pela administração pública durante a vigência de medidas restritivas relacionadas ao combate à pandemia. Entre as medidas, consta a possibilidade de redefinição, quando necessária, de metas, de resultados e de prazos para as prestações de contas.

JURISPRUDÊNCIA DO TCU

Acórdão nº 1.955/2023 – Plenário (Rel. Min. Vital do Rêgo)
A destinação alternativa das indenizações em dinheiro e das multas oriundas da aplicação da Lei nº 7.347/1985 (Lei da Ação Civil Pública), sem o recolhimento ao Fundo de Defesa de Direitos Difusos – FDD (art. 13 da mencionada lei e Decreto nº 1.306/1994), ressalvadas as hipóteses em que legislação especial lhes prescreva destinação específica, ofende os princípios e as regras pertinentes ao ciclo orçamentário (arts. 165, § 5º, e 167 da Constituição Federal; arts. 2º, 3º, 59, 60, 72 da Lei nº 4.320/1964; LC nº 101/2000 e Decreto nº 93.872/1986) e os critérios legais para a transferência de recursos da União (Lei nº 13.019/2014 e Decreto nº 11.531/2023).

11.10.4. Sistema S

Os Serviços Sociais Autônomos[19] são entidades paraestatais, sem finalidade lucrativa, criadas por lei. Não pertencem à Administração Pública, sendo considerados entes de cooperação com o Estado. Possuem autorização legal para arrecadar de forma compulsória recursos de parcela da sociedade para a manutenção de suas atividades: as denominadas contribuições parafiscais.

São unidades jurisdicionadas ao TCU, sujeitas à prestação de contas e à realização de fiscalizações. Todavia, como seus empregados não são servidores públicos, os atos de admissão e aposentadoria não são apreciados pelo TCU.

Ademais, nos termos das sucessivas LDOs, as entidades constituídas sob a forma de serviço social autônomo, destinatárias de contribuições dos empregadores, incidentes sobre a folha de salários, deverão divulgar, trimestralmente, na respectiva página na Internet, em local de fácil visualização, entre outras informações, os valores arrecadados com as referidas contribuições, especificando o montante transferido pela União e o arrecadado diretamente pelas entidades.

Destaque-se também que o TCU tem competência para apreciar representações em face de licitações conduzidas no âmbito do Sistema S, com fundamento no art. 170, § 4º, da Lei nº 14.133/2021. Para o TCU, o fato de as entidades integrantes do Sistema S terem regulamentos próprios de licitação não retira a possibilidade de controle dos atos da licitação, conferida aos licitantes e aos cidadãos (Acórdão nº 2.660/2014-TCU-Plenário).

---

[19] SESI, SENAI, SESC, SENAC, SEBRAE, SENAR, SENAT, SEST, SESCOOP. APEX-Brasil, ABDI, Rede SARAH.

> **JURISPRUDÊNCIA DO TCU**
>
> Acórdão nº 2.509/2014 – Plenário (Recurso de Reconsideração, Relator Ministro Benjamin Zymler) Responsabilidade. Sistema S. Desvio de finalidade.
> Os recursos geridos pelas entidades do Sistema S têm natureza pública e sua utilização deve estar vinculada aos objetivos institucionais da entidade, sob pena de desvio de finalidade, ocorrência que sujeita os responsáveis ao julgamento pela irregularidade de suas contas, com imputação de débito e aplicação de multa.

11.10.5. Consórcios públicos

Os consórcios públicos foram previstos pela Lei nº 11.107/2005, podendo ser pessoas jurídicas de direito público (nesse caso: associação pública que é uma "autarquia interfederativa") ou privado sem fins econômicos, com prazo de duração determinado. Celebrados entre entes federados, mediante contrato, com prévia subscrição de protocolo de intenções, ratificado mediante lei, têm a finalidade de promover a gestão associada de serviços públicos. Podem celebrar contrato de gestão ou termo de parceria.

A própria Lei nº 11.107/2005, no parágrafo único do art. 9º, prevê que o consórcio público está sujeito à fiscalização contábil, operacional e patrimonial pelo Tribunal de Contas competente para apreciar as contas do Chefe do Poder Executivo representante legal do consórcio, inclusive quanto à legalidade, legitimidade e economicidade das despesas, atos, contratos e renúncia de receitas, sem prejuízo do controle externo a ser exercido em razão de cada um dos contratos de rateio.

Um exemplo de consórcio público fiscalizado pelo TCU foi a Autoridade Pública Olímpica, resultante do Protocolo de Intenções[20] celebrado pela União, Estado do Rio de Janeiro e Município do Rio de Janeiro, com o objetivo de coordenar a participação da União, do Estado do Rio de Janeiro e do Município do Rio de Janeiro na preparação e realização dos Jogos Olímpicos e Paraolímpicos de 2016.

11.10.6. Parcerias Público-Privadas

As Parcerias Público-Privadas – PPPs foram instituídas pela Lei nº 11.079/2004. Segundo o art. 15 da norma, compete aos Ministérios setoriais e às agências reguladoras, nas suas respectivas áreas de competência, acompanhar e fiscalizar os contratos de PPP. Tais órgãos e entidades deverão encaminhar, semestralmente, ao Comitê Gestor de Parceria Público-Privada Federal – CGP –, relatórios circunstanciados sobre as execuções contratuais fiscalizadas. A atuação do CGP pode ser prévia (exame da outorga) ou posterior (relatório de execução dos contratos encaminhados pelos Ministérios e pelas agências reguladoras).

Por sua vez, o CGP, segundo determina o § 5º do art. 14, remeterá anualmente ao Congresso Nacional e ao TCU relatórios de desempenho da execução dos contratos de parceria público-privada.

Em 2024 o TCU publicou o Referencial para controle externo de concessões e parcerias público-privadas.

---

[20] Ratificado pela Lei nº 12.396/2011, revogada pela Lei nº 13.474/2017.

11.10.7. Agências reguladoras

A Lei nº 13.848/2019 dispõe sobre a gestão, a organização, o processo decisório e o controle social das agências reguladoras.

Conforme o art. 14 da norma, o controle externo das agências reguladoras será exercido pelo Congresso Nacional, com auxílio do Tribunal de Contas da União.

Além disso, as agências reguladoras devem adotar práticas de gestão de riscos e de controle interno e elaborar e divulgar programa de integridade, com o objetivo de promover a adoção de medidas e ações institucionais destinadas à prevenção, à detecção, à punição e à remediação de fraudes e atos de corrupção.

EXEMPLOS DE DELIBERAÇÃO SOBRE AGÊNCIAS REGULADORAS

Acórdão nº 1.369/2006 – Plenário (Pedido de reexame, Rel. Min. Valmir Campelo)
1. Ao exercer o controle externo das atividades finalísticas das agências reguladoras, a fiscalização do Tribunal dá-se em segundo plano.
2. Em se tratando de atos discricionários de agência reguladora, o TCU limita-se a recomendar a adoção de providências consideradas por ele mais adequadas.
3. Em se tratando de atos vinculados em que a agência tenha agido em violação à disposição legal ou tenha se omitido na prática de ato que lhe incumbe executar, o TCU exerce sua jurisdição plena, determinando as providências necessárias ao cumprimento da lei.

Acórdão nº 1.704/2018 – Plenário (Auditoria, Rel. Min.ª Ana Arraes)
Competência do TCU. Agência reguladora. Abrangência. Determinação. Ato normativo.
É possível a expedição de determinação pelo TCU para a correção de ato normativo elaborado por agência reguladora quando verificada ineficácia nas ações de regulação ou omissão no tratamento concedido à matéria sob sua tutela, sem que isso caracterize intromissão na autonomia funcional da agência, uma vez que é dever do Tribunal verificar se as agências estão a cumprir adequadamente seus objetivos institucionais, entre os quais o de fiscalizar e regular as atividades sob sua esfera de competência.

Acórdão nº 618/2020 – Plenário (Acompanhamento, Rel. Min. Bruno Dantas)
Competência do TCU. Agência reguladora. Abrangência. Termo de ajustamento de conduta. Princípio da motivação.
A celebração de termo de ajustamento de conduta por agência reguladora, em que a entidade, em vez de arrecadar as multas que lhe são devidas, negocia com a concessionária de serviço público para que haja o ajuste da conduta irregular e para que os valores envolvidos sejam convertidos em investimentos, por se tratar de transação envolvendo recursos públicos, está sujeita à jurisdição do TCU. A escolha dos compromissos que integrarão o TAC requer motivação demonstrando a presença do interesse público na aceitação dessa permuta.

Acórdão nº 2.090/2022 – Plenário (Representação, Rel. Min. Bruno Dantas)
Competência do TCU. Agência reguladora. Abrangência. Legislação. Interpretação.
Não compete ao TCU decidir sobre a interpretação mais adequada a ser dada a legislação específica de setor regulado, mas sim à respectiva agência reguladora, desde que dentro dos limites da redação da norma, da razoabilidade, da motivação e das suas competências legais.

11.10.8. Fundações de apoio a instituições federais de ensino

A Lei nº 8.958/1994 regulou as relações entre as instituições federais de ensino superior e de pesquisa científica e tecnológica e as suas fundações de apoio, estabelecendo que na execução de convênios, contratos, acordos e demais ajustes que envolvam a aplicação de recursos públicos, as fundações contratadas na forma desta lei serão obrigadas a prestar contas dos recursos aplicados aos entes financiadores e submeter-se ao controle finalístico pelo órgão de controle governamental competente. Na execução de convênios, contratos, acordos e demais ajustes abrangidos por esta Lei que envolvam recursos provenientes do poder público, as fundações de apoio adotarão regulamento específico de aquisições e contratações de obras e serviços, a ser editado por meio de ato do Poder Executivo de cada nível de governo (Redação dada pela Lei nº 13.243, de 2016).

Após diversas fiscalizações, o TCU deliberou no Acórdão nº 1.516/2005 – Plenário (Rel.: Min. Augusto Nardes):

> 9.1. determinar às Instituições Federais de Ensino Superior e de Pesquisa Científica e Tecnológica que observem, quando das contratações por dispensa de licitação com base no art. 1º da Lei nº 8.958/1994, os seguintes quesitos:
>
> 9.1.1. a instituição contratada deve ter sido criada com a finalidade de dar apoio a projetos de pesquisa, ensino e extensão e de desenvolvimento institucional, científico e tecnológico;
>
> 9.1.2. o objeto do contrato deve estar diretamente relacionado à pesquisa, ensino, extensão ou desenvolvimento institucional;
>
> 9.1.3. a Fundação, enquanto contratada, deve desempenhar o papel de escritório de contratos de pesquisa, viabilizando o desenvolvimento de projetos sob encomenda, com a utilização do conhecimento e da pesquisa do corpo docente das IFES, ou de escritório de transferência de tecnologia, viabilizando a inserção, no mercado, do resultado de pesquisas e desenvolvimentos tecnológicos realizados no âmbito das Universidades;
>
> 9.1.4. o contrato deve estar diretamente vinculado a projeto a ser cumprido em prazo determinado e que resulte produto bem definido, não cabendo a contratação de atividades continuadas nem de objeto genérico, desvinculado de projeto específico;
>
> 9.1.5. os contratos para execução de projeto de desenvolvimento institucional devem ter produto que resulte em efetivo desenvolvimento institucional, caracterizado pela melhoria mensurável da eficácia e eficiência no desempenho da instituição beneficiada;
>
> 9.1.6. a manutenção e o desenvolvimento institucional não devem ser confundidos e, nesse sentido, não cabe a contratação para atividades de manutenção da instituição, a exemplo de serviços de limpeza, vigilância e conservação predial.

Quadro-resumo da fiscalização em entidades paraestatais e no terceiro setor

	Apresentação de contas anuais	Sujeito a TCE	Obediência à Lei nº 14.133/2021	Obrigatoriedade de Concurso Público
Serviços Sociais	Sim	Sim	Não	Não[21]
Conselhos de Regulamentação profissional	Sim[22]	Sim[23]	Sim	Sim[24]
Organizações Sociais[25]	Não	Sim	Não[26]	Não
OSCIPs	Não	Sim	Não[27]	Não
Organizações da Sociedade Civil	Sim[28]	Sim	Não[29]	Não
Consórcios Públicos[30]	Sim	Sim	Sim	Sim
Contratos de Parcerias Público-Privadas	Sim[31]	Sim	Não	Não
Fundações de apoio às instituições federais de ensino superior e de pesquisa científica e tecnológica	Não	Sim	Não[32]	Não

---

[21] Os serviços sociais autônomos (Sistema S), embora não se sujeitem à exigência constitucional de concurso público, devem adotar processo seletivo público para admissão de pessoal.
[22] A partir da IN TCU nº 72/2013 e suas sucessoras.
[23] Jacoby Fernandes sustenta que tais conselhos não precisam seguir a Lei nº 8.666/1993 (*Contratação direta sem licitação*. 6. ed. Belo Horizonte: Fórum, 2005, p. 62). Todavia, é firme a jurisprudência do TCU no sentido da sujeição de tais entidades à Lei, tendo em vista a sua natureza autárquica (Acórdão nº 437/2004 – Plenário; Rel.: Min. Marcos Bemquerer).
[24] Conforme decisões do STF no MS 21.797 e no MS 32.912.
[25] Vide ADI 1923/DF (Redator do Acórdão: Min. Luiz Fux).
[26] Vide ADI 1923 (Rel.: Min. Ayres Britto) e Acórdão nº 5.236/2015 – Segunda Câmara (Rel.: Min. Raimundo Carreiro).
[27] Idem. Vide item 9.1.1 do Acórdão nº 1.777/2005 – Plenário (Rel.: Min. Marcos Vilaça).
[28] Em relação às parcerias celebradas com a administração pública (Lei nº 13.109/2014).
[29] Há obrigatoriedade de regulamento de compras e contratações aprovado para a consecução do objeto da parceria.
[30] Art. 6º da Lei nº 11.107/2005.
[31] Serão enviados anualmente ao TCU relatórios de desempenho dos contratos de PPP (§ 5º do art. 14 da Lei nº 11.079/2004).
[32] Idem.

11.11. APURAÇÃO DE DENÚNCIAS E REPRESENTAÇÕES

11.11.1. Denúncias

Conforme expressa previsão constitucional (art. 74, § 2º), qualquer cidadão, partido político, associação ou sindicato é parte legítima para denunciar irregularidades ou ilegalidades perante o TCU. O mesmo direito é extensivo aos Tribunais de Contas dos Estados e dos Municípios, no âmbito das respectivas jurisdições.

O TCU apurará a denúncia que preencha os requisitos de admissibilidade, a saber, deverá:

- versar sobre matéria de competência do Tribunal;
- referir-se a administrador ou responsável sujeito à sua jurisdição;
- ser redigida em linguagem clara e objetiva;
- existir interesse público no trato da suposta irregularidade ou ilegalidade;
- conter o nome legível do denunciante, sua qualificação e endereço; e
- estar acompanhada de indício concernente à irregularidade ou ilegalidade denunciada.

O Relator ou o Tribunal não conhecerá de denúncia que não observe esses requisitos e formalidades, devendo o respectivo processo ser arquivado após comunicação ao denunciante.

A denúncia será apurada em caráter sigiloso, até que se comprove a sua procedência, e somente poderá ser arquivada depois de efetuadas as diligências pertinentes, mediante despacho fundamentado do Relator.

> **IMPORTANTE**
> Em virtude de declaração de inconstitucionalidade em decisão definitiva do STF, nos autos do MS 24.405-4 – DF, a Resolução nº 16/2006 do Senado Federal suspendeu a execução da expressão "manter ou não o sigilo quanto ao objeto e à autoria da denúncia", constante do § 1º do art. 55 da LOTCU, que, quanto à autoria da denúncia, estabeleceu a manutenção do sigilo. O RITCU foi alterado em conformidade com o entendimento do STF.
> Posteriormente, a Lei nº 13.866/2019 acrescentou ao art. 55 da LOTCU o § 3º com o seguinte teor: "Ao decidir, caberá ao Tribunal manter o sigilo do objeto e da autoria da denúncia quando imprescindível à segurança da sociedade e do Estado".

O denunciante não se sujeitará a nenhuma sanção administrativa, cível ou penal em decorrência da denúncia, salvo em caso de comprovada má-fé.

Uma vez confirmada a existência de irregularidade ou ilegalidade, os demais atos do processo serão públicos, assegurando-se aos acusados oportunidade de ampla defesa.

Em resguardo dos direitos e garantias individuais, o tratamento sigiloso será mantido até a decisão definitiva sobre a matéria. Nos termos da Resolução nº 292/2018, a fim de resguardar o sigilo e a proteção do denunciante, o documento original da denúncia, bem como qualquer outro documento no qual conste sua identificação, serão juntados ao processo como peças sujeitas a sigilo, classificadas quanto à confidencialidade como informação pessoal, nos termos da Lei nº 12.527/2011, e delas não se concederá vista ou cópia durante o período de vigência da restrição, salvo nas hipóteses previstas em lei.

De acordo com o § 1º do art. 236 do RITCU, salvo expressa manifestação em contrário, o processo de denúncia tornar-se-á público após a decisão definitiva sobre a matéria. Todavia, a reclassificação do processo de denúncia como "público", após a decisão definitiva, não alcança as peças que contenham a identificação do denunciante, as quais permanecem classificadas como informação pessoal, nos termos da Lei nº 12.527/2011, e delas não se concederá vista ou cópia durante o prazo de vigência da restrição, salvo nas hipóteses legais.

Os processos concernentes a denúncias observarão, no que couber, os procedimentos prescritos relativos à fiscalização de atos e contratos, a saber: eventual realização de audiência, conversão em TCE, determinações etc.

JURISPRUDÊNCIA DO TCU

Acórdão nº 425/2014 – Plenário (Representação, Rel. Min. Benjamin Zymler)
Processual. Denúncia. Anonimato.
Não é nulo o processo no âmbito do TCU que se origina de denúncia anônima, desde que realizadas as diligências necessárias para verificação dos fatos e colação de provas.

Acórdão nº 277/2014 – Plenário (Pedido de Reexame, Rel. Min. Raimundo Carreiro)
Competência do TCU. Denúncia. Abrangência.
No cumprimento do poder-dever de fiscalizar a aplicação de quaisquer recursos repassados pela União mediante convênio ou instrumentos congêneres, o TCU não se atém aos termos da denúncia. Ao Tribunal não se aplica o princípio da inércia judicial, que restringe a apreciação do juiz ao que for relatado pelas partes.

11.11.2. Representações

As representações podem ser de origem externa ou de origem interna. As de **origem externa** podem ser formuladas por qualquer licitante, contratado ou pessoa física ou jurídica, com fulcro no art. 170 da Lei nº 14.133/2021, ou formuladas por órgãos governamentais, como o Ministério Público da União ou Tribunal de Contas estadual. As de **origem interna** podem ser de iniciativa de alguma unidade técnica do próprio TCU (Secex) ou do Ministério Público junto ao TCU. Dispõe o art. 237 do RITCU que têm legitimidade para representar ao Tribunal de Contas da União:

   I –   o Ministério Público da União, nos termos do art. 6º, inciso XVIII, alínea c, da Lei Complementar nº 75/1993;

   II – os órgãos de controle interno, em cumprimento ao § 1º do art. 74 da Constituição Federal;

   III – os senadores da República, deputados federais, estaduais e distritais, juízes, servidores públicos e outras autoridades que comuniquem a ocorrência de irregularidades de que tenham conhecimento em virtude do cargo que ocupem;

IV – os tribunais de contas dos estados, do Distrito Federal e dos municípios, as câmaras municipais e os ministérios públicos estaduais;

V – as equipes de inspeção ou de auditoria, nos termos do art. 246;

VI – as unidades técnicas do Tribunal; e

VII – outros órgãos, entidades ou pessoas que detenham essa prerrogativa por força de lei específica.

EXEMPLO DE REPRESENTAÇÃO AO TCU

Acórdão nº 655/2012 – Plenário
Relator: Min. Aroldo Cedraz
Sumário: REPRESENTAÇÃO FORMULADA PELO TRIBUNAL DE CONTAS DO ESTADO DO ESPÍRITO SANTO – TCE/ES. REPRESENTAÇÃO PROTOCOLIZADA NAQUELE TRIBUNAL PELA EMPRESA CANTEX COMÉRCIO, IMPORTAÇÃO E EXPORTAÇÃO DE MÁQUINAS E EQUIPAMENTOS LTDA., COM PEDIDO DE PROVIDÊNCIA CAUTELAR, EM FACE DE SUPOSTA ILEGALIDADE CONTIDA NO EDITAL DO PREGÃO PRESENCIAL 133/2011, DA PREFEITURA MUNICIPAL DE AFONSO CLÁUDIO – ES, CUJO OBJETO É A AQUISIÇÃO DE MÁQUINA PÁ CARREGADEIRA. ADOÇÃO DE MEDIDA CAUTELAR. OITIVA DA PREFEITURA MUNICIPAL DE CLÁUDIO/ES. ANULAÇÃO DE OFÍCIO DO CERTAME LICITATÓRIO. CONHECIMENTO DA REPRESENTAÇÃO. PERDA SUPERVENIENTE DE OBJETO. REVOGAÇÃO DA MEDIDA CAUTELAR. REPRESENTAÇÃO PROCEDENTE. ARQUIVAMENTO.

EXEMPLO DE REPRESENTAÇÃO FORMULADA PELO MPTCU

Acórdão nº 2.605/2020 – Plenário
Relator: Min. Augusto Nardes
Sumário: REPRESENTAÇÃO FORMULADA PELO MPTCU. VÍCIOS NA CONDUÇÃO DAS CONCESSÕES RODOVIÁRIAS DO PROCROFE. BAIXO DESEMPENHO DAS CONCESSIONÁRIAS. INCLUSÃO DE NOVOS INVESTIMENTOS. CONHECIMENTO. PROVIMENTO. DETERMINAÇÕES.

Os processos de denúncia e representação em que devam ser apreciadas medidas cautelares em que constem indícios de irregularidades graves, ou aqueles cujo retardamento possa acarretar significativo dano ao erário, são considerados urgentes e devem ter tramitação preferencial, nos termos do art. 159, V, VI e VII, do RITCU.

11.12. FISCALIZAÇÃO EM POLÍTICAS E PROGRAMAS DE GOVERNO

Por determinação das sucessivas LDOs desde 2018, o TCU elabora anualmente o Relatório de Fiscalizações em Políticas e Programas de Governo – RePP, de modo a subsidiar a discussão do Projeto da Lei Orçamentária Anual. O RePP reúne informações acerca da qualidade de implementação e do alcance de metas e objetivos dos programas e ações governamentais avaliados por auditorias operacionais realizadas pelo TCU nas áreas de políticas sociais, agroambientais, de infraestrutura e de ciência e tecnologia.

A análise consolidada das auditorias utiliza os oito componentes do Referencial de Avaliação de Governança em Políticas Públicas: institucionalização; planos e objetivos; participação; coordenação e coerência; capacidade organizacional e recursos; gestão de riscos e controle interno; monitoramento e avaliação; e *accountability* de políticas públicas.

É um documento cuja leitura é necessária para melhor conhecimento e tomada de decisões sobre políticas públicas.

11.13. OUTRAS FISCALIZAÇÕES

11.13.1. Benefícios fiscais

Os benefícios financeiros e creditícios e demais gastos tributários representam cerca de R$ 545 bilhões por ano[33] e são administrados, principalmente, pelo Banco Nacional de Desenvolvimento Econômico e Social (BNDES), pelo Banco do Brasil, pelo Banco da Amazônia (Basa) e pelo Banco do Nordeste do Brasil (BNB), pelo Banco do Brasil, pelo Banco da Amazônia (Basa) e pelo Banco do Nordeste do Brasil (BNB). Entre outros programas que concedem tais benefícios, destacam-se o Programa Nacional de Fortalecimento da Agricultura Familiar (Pronaf), o Programa de Financiamento às Exportações (Proex), o Fundo de Compensação das Variações Salariais (FCVS), o Fundo de Amparo ao Trabalhador (FAT) e os fundos constitucionais regionais (FCO, FNO, FNE).

Em 2022, o TCU elaborou o Referencial de Controle dos Benefícios Tributários (RC-BT).[34]

> **EXEMPLO DE DELIBERAÇÃO SOBRE BENEFÍCIOS FISCAIS**
>
> Acórdão nº 747/2010 – Plenário
> Relator: Min. Augusto Nardes
> Sumário: LEVANTAMENTO. EXAME DOS PROCEDIMENTOS DE CONTROLE DE CONCESSÃO E AMPLIAÇÃO DE BENEFÍCIOS TRIBUTÁRIOS DE QUE TRATA O ART. 14 DA LEI DE RESPONSABILIDADE FISCAL. DETERMINAÇÕES. RECOMENDAÇÕES.

> **JURISPRUDÊNCIA DO TCU**
>
> Acórdão nº 520/2014 – Plenário (Recurso de Reconsideração, Relator Ministro José Múcio Monteiro)
> Convênio e Congêneres. Lei Rouanet. Natureza dos recursos.
> Recursos captados com amparo da Lei Rouanet (Lei nº 8.313/1991) e não aplicados na realização do projeto incentivado têm natureza pública, e devem, por disposição legal, ser transferidos ao Fundo Nacional da Cultura (FNC).

---

[33] Receita Federal: Demonstrativo dos Gastos Tributários – PLOA 2025 (disponível em: www.receita.fazenda.gov.br. Acesso em: 8 jan. 2025).
[34] Aprovado pela Portaria nº 174/2022.

11.13.2. Declarações de bens e sigilo

Na forma do art. 104 da LOTCU, os ordenadores de despesas dos órgãos da administração direta, bem assim os dirigentes das entidades da administração indireta e fundações e quaisquer servidores responsáveis por atos de que resulte despesa pública, remeterão ao TCU, sob pena da multa prevista no art. 58 daquele diploma, por solicitação do Plenário ou de suas Câmaras, cópia das suas declarações de rendimentos e de bens. O dispositivo aplica-se, inclusive, a Ministro de Estado ou autoridade de nível hierárquico equivalente.

O Tribunal manterá em sigilo o conteúdo das declarações apresentadas e poderá solicitar os esclarecimentos que entender convenientes sobre a variação patrimonial dos declarantes. Se ficar comprovado enriquecimento ilícito por exercício irregular da função pública, o Plenário poderá decidir pela quebra do sigilo.

11.13.3. Entidades Fechadas de Previdência Privada

Após acesa discussão quanto à possibilidade de o TCU fiscalizar as Entidades Fechadas de Previdência Complementar – EFPC patrocinadas por Autarquias, Fundações, Empresas Públicas, Sociedades de Economia Mista e demais entidades controladas direta ou indiretamente pela União, prevaleceu o entendimento expresso no voto condutor do Acórdão nº 752/2004 – Plenário (Relator: Ministro Benjamin Zymler), segundo o qual a fiscalização do Tribunal deve se processar de forma indireta, isto é, por intermédio das contas da patrocinadora. Foram considerados os elevados montantes de recursos federais transferidos às EFPCs pelas patrocinadoras públicas federais; a circunstância em que a entidade estatal possui poder de direção sobre a EFPC a ela vinculada, devendo responder por culpa *in eligendo* pelos atos de gestão praticados por seus prepostos com violação dos estatutos; o art. 21 da LC nº 109/2001, que estabelece que os patrocinadores, participantes e assistidos serão responsáveis pelo equacionamento dos resultados deficitários das EFPCs; bem como o fato de que a fiscalização exercida pela Secretaria de Previdência Complementar não substitui aquela constitucionalmente atribuída ao TCU.

O debate também interessa aos Tribunais de Contas dos Estados e dos Municípios, pois há inúmeras EFPCs patrocinadas por entidades das administrações indiretas estaduais e municipais.

EXEMPLO DE DELIBERAÇÃO SOBRE PREVIDÊNCIA PRIVADA

Acórdão nº 650/2007 – Plenário
Relator: Min. Guilherme Palmeira
É ilegal a destinação de recursos públicos federais a entidades fechadas de previdência privada a título de patrocínio de previdência complementar de servidores submetidos ao Regime Jurídico Único – RJU – (Lei nº 8.112/1990), salvo na hipótese do § 16 do art. 40 da Constituição Federal, com a restrição imposta na parte in fine do § 14 do mesmo artigo da Carta Magna.

> **JURISPRUDÊNCIA DO TCU**
>
> Acórdão nº 2.072/2015 – Plenário (Solicitação do Congresso Nacional, Relator Ministro Vital do Rêgo)
> Competência do TCU. Entidade fechada de previdência complementar. Abrangência.
> O TCU tem competência para fiscalizar os recursos que integram as contas individuais dos participantes das entidades fechadas de previdência complementar patrocinadas por órgãos ou entidades públicas, uma vez que esses valores, enquanto administrados pelas EFPC, são considerados de natureza pública.
>
> Acórdão nº 3.151/2019 – Plenário (Monitoramento, Relator Ministro Raimundo Carreiro)
> Competência do TCU. Previdência complementar. Abrangência. Entidade fechada de previdência complementar. Tomada de contas especial. Instauração.
> O TCU tem competência para fiscalizar direta ou indiretamente as entidades fechadas de previdência complementar patrocinadas pelo poder público, pelas sociedades de economia mista e pelas empresas públicas federais, podendo determinar a instauração de tomada de contas especial em caso de operações que causem prejuízos ao erário.
>
> Acórdão nº 1.301/2021 – Plenário
> Relator: Min. Vital do Rêgo
> Responsabilidade. Débito. Agente privado. Entidade fechada de previdência complementar. Investimento. Prejuízo. Análise de riscos. Monitoramento.
> Os administradores de entidade fechada de previdência complementar patrocinada pelo poder público podem ser condenados a ressarcir dano à entidade decorrente de prejuízos financeiros em investimento feito sem avaliação e monitoramento de risco condizentes com as características e a materialidade do investimento. O gestor privado do investimento pode ser condenado solidariamente caso se comprove que o descumprimento de regulamentos pertinentes à aplicação financeira e o desrespeito a normativos da Comissão de Valores Mobiliários (CVM) contribuíram para o dano apurado.

11.13.4. Fiscalização de serventias extrajudiciais

A realização pelo TCE-SC de auditoria operacional envolvendo a avaliação da razoabilidade dos valores cobrados a título de emolumentos pelas serventias extrajudiciais, como tal fixados em lei de iniciativa do Tribunal de Justiça, provocou questionamento judicial do Colégio Registral, primeiramente junto ao TJ-SC e, após, ao STJ.

Em sua decisão nos autos do RMS 05925, o Ministro Humberto Martins concluiu que:

> (...) não se mostra possível negar o fornecimento dos dados ao Tribunal de Contas, em razão da Lei do Acesso à Informação e de diversos dispositivos legais que outorgam competência para que sejam realizados estudos em prol da melhoria da prestação dos serviços públicos. Por mais que os cartórios possuem um regime peculiar de prestação, é certo que tais serviços são públicos. Em síntese, se os tribunais de contas podem auxiliar a fiscalização das concessões sem se substituir ao poder concedente, parece razoável que possa coadjuvar a fiscalização sobre os valores dos emolumentos, levada a termo pelos tribunais de justiça (25/01/2017).

11.14. LIMITES AO PODER DE FISCALIZAÇÃO DOS TRIBUNAIS DE CONTAS

Jacoby Fernandes[35] relaciona as seguintes limitações ao poder de fiscalização das Cortes de Contas:

a) limitações decorrentes do dever de acatar o devido processo legal;
b) limitação decorrente do dever de garantir a ampla defesa e o contraditório; e
c) limitações específicas de órgãos de controle:
- o respeito ao poder decisório, quando houver teses juridicamente razoáveis; e
- a impossibilidade de criar procedimentos para a atividade-fim da Administração.

Algumas decisões do STF têm fixado como limite a impossibilidade de exercer o controle de mérito:

Concessão de Diárias: Discricionariedade

O Tribunal deferiu mandado de segurança para anular o ato do Tribunal de Contas da União que, nos autos de processo administrativo, determinara que os impetrantes, servidores do Tribunal Regional do Trabalho da 16ª Região, devolvessem ao Tesouro Nacional os valores atualizados relativos à concessão de diárias e passagens. O Tribunal, considerando que a concessão das diárias se deu de forma motivada, pela autoridade competente e para fins determinados, salientou que tal ato se insere no poder discricionário conferido ao administrador público, segundo critérios de conveniência e oportunidade na escolha de servidores para o desempenho de funções extraordinárias no interesse da administração, não sendo passível de controle, portanto, quanto ao mérito, pelo Tribunal de Contas. MS 23.981/DF, rel. Ministra Ellen Gracie, 19/02/2004 (INFO/STF 337, de 16-20/02/2004).

11.14.1. Sigilo bancário e fiscal

Em sucessivas decisões o STF tem negado ao TCU a possibilidade de acessar dados, sob a alegação de proteção aos sigilos bancário e fiscal.

Reproduzem-se, a seguir, os julgados, embora em nosso entendimento por vezes tais sigilos estejam sendo invocados de forma indevida e astuciosa, de modo a dificultar a ação fiscalizatória do controle externo. O primeiro caso diz respeito a *writ* impetrado pelo Banco Central; o segundo, pelo então Secretário da Receita Federal.

MS 22.801 MC/DF – DISTRITO FEDERAL – MEDIDA CAUTELAR NO MANDADO DE SEGURANÇA

DESPACHO: As teses suscitadas na presente sede mandamental revestem-se de inquestionável plausibilidade jurídica, pois concernem, de um lado, à discussão

---

[35] Os limites do poder fiscalizador do Tribunal de Contas do Estado. *Revista de Informação Legislativa*, a. 36, nº 142, abr./jun. 1999.

sobre a extensão dos poderes do TCU, em tema de sigilo bancário, e, de outro, referem-se à arguição incidental de inconstitucionalidade da norma inscrita no art. 44 da Lei nº 8.443/1992, que outorga ao Tribunal de Contas da União competência para impor o afastamento cautelar e temporário do agente público cuja presença *in officio* possa retardar ou dificultar o atendimento de diligência ordenada por aquela Corte. Os ora impetrantes, ao questionarem a própria juridicidade das resoluções emanadas do Tribunal de Contas da União, assim fundamentam a impugnação dirigida às deliberações em referência (fls. 19/20): "Tais disposições constitucionais estão incorporadas à Lei nº 8.443/1992 (Lei Orgânica do TCU), como nos arts. 1º, 4º, 5º, 19, 23, 38 e 45. Não é preciso, no entanto, descer às particularidades dessa lei; a partir dos mandamentos constitucionais citados, fica muito claro que as funções do TCU dizem respeito, exclusivamente, aos órgãos públicos, aos agentes públicos, aos bens públicos, genérica e amplamente consideradas essas expressões. Não se vislumbra, pois, em todos os dispositivos constitucionais e legais, permissão para que o TCU, ainda que no curso de auditorias ou inspeções no Banco Central, possa ter acesso a informações protegidas por sigilo bancário, sobretudo, repita-se, aquelas referentes a operações de instituições financeiras privadas. E aí está, certamente, a razão maior pela qual o TCU não foi contemplado dentre as exceções do art. 38 da Lei nº 4.595, como possível receptor de informações protegidas pelo sigilo bancário. Pelo exposto, não podem os Impetrantes ser coagidos a prestar ao TCU as informações requeridas e outras da espécie, como, por exemplo, aquelas referentes às operações de instituições financeiras entre si, no chamado 'interbancário', às contas de Reservas Bancárias e aos relatórios de fiscalização dessas mesmas instituições e outras análogas, que, além de sujeitas ao dever de segredo, não se inserem, como demonstrado, na esfera de competência daquela Corte de Contas. Seria de aditar que a ameaça ao Segundo Impetrante de afastamento cautelar do cargo é ilegal, quer porque decorrente de ordem igualmente ilegal, quer, sobretudo, pela flagrante inconstitucionalidade do art. 44 da Lei nº 8.443/1992 – inconstitucionalidade que pode e deve ser declarada, *incidenter tantum*, por esse Excelso Tribunal. Com efeito, a norma em causa comete ao TCU atribuição reservada com exclusividade à Autarquia Impetrante, integrante do Poder Executivo, pois somente a esta cabe afastar ou suspender seus servidores, isto após a instauração do necessário processo administrativo. Da mesma forma, a demissão de servidor somente pode ser efetuada pelo órgão que o admitiu – e de conformidade com os procedimentos previstos na Lei nº 8.112/1990 –, ressalvados casos excepcionais, como, por exemplo, os de demissão decorrente de sentença penal. No caso, o Segundo Impetrante, além de servidor concursado do Banco Central, exerce cargo de nomeação privativa pelo Presidente da República, após aprovação da escolha pelo Senado Federal, nos termos dos arts. 84, XIV, e 52, III, *d*, da Constituição. A norma legal questionada violaria, assim, o disposto no art. 2º da Constituição, que assegura a independência e a harmonia dos poderes da União, do qual decorre a proibição de interferência de um Poder em outro, salvo disposição expressa da própria Constituição." Controvérsia semelhante à ora registrada na presente causa, que emergiu de conflito entre o Tribunal de Contas da União e o Secretário da Receita Federal – que se recusou a romper o dever de sigilo em matéria fiscal –, levou o eminente Ministro Francisco

Rezek, então Relator do MS 22.617-0-DF, a conceder medida liminar com o objetivo de impedir que se consumasse, naquele caso, o afastamento cautelar do impetrante do cargo público por ele titularizado (fls. 64). Também entendo – presentes as razões expostas – que se justifica o deferimento da medida cautelar postulada, eis que concorrem, na espécie, os pressupostos essenciais da plausibilidade jurídica e do *periculum in mora*. Sendo assim, concedo a medida liminar, para, até final julgamento da presente ação mandamental, suspender a eficácia e execução da decisão emanada do E. Tribunal de Contas da União (fls. 53/59), consubstanciada no Acórdão nº 054/1997 (TCU – Plenário), "para que os Impetrantes (...) não sejam obrigados a prestar as informações requisitadas" (fls. 24), nem se exponha, o Presidente do Banco Central do Brasil, à possibilidade de afastamento cautelar e temporário do cargo que ocupa (Lei nº 8.443/1992, art. 44), ficando sustado, ainda, qualquer procedimento – de índole administrativa ou de caráter judicial – tendente a cobrar a multa a que se refere o art. 58, IV, da Lei nº 8.443/1992. Comunique-se, com urgência. 2. Requisitem-se informações ao E. Tribunal de Contas da União. Publique-se. Brasília, 22 de abril de 1997. Ministro Celso de Mello Relator.

MS 22.617/DF – DISTRITO FEDERAL – MANDADO DE SEGURANÇA
DECISÃO: Cuida-se de mandado de segurança impetrado por Everardo de Almeida Maciel, à época Secretário da Receita Federal junto ao Ministério da Fazenda, contra ato do Presidente do Tribunal de Contas da União – TCU, que na Decisão nº 577/1996 determinou, em grau de recurso de reexame, que o impetrante apresentasse informações de processos administrativos instaurados no âmbito daquela secretaria, protegidos pelo sigilo fiscal. 2. Alega que estaria desobrigado da prestação das informações processuais requeridas em virtude do disposto no art. 198 do CTN, visto que os processos solicitados versam sobre lançamentos tributários nos quais constam dados sobre as receitas ou rendimentos dos contribuintes, daí a justificativa do resguardo. Ressalta, ademais, que o TCU não figura entre as instituições a quem as informações sigilosas podem ser prestadas. 3. Foi concedida liminar em 2 de outubro de 1996 (fl. 69), para que o impetrante não ficasse obrigado a atender o Ofício nº 242/1996, que concedeu prazo de 15 (quinze) dias para que os dados fossem fornecidos àquela Corte, sob pena das sanções previstas nos arts. 44 e 58, VI, da Lei nº 8.443/1992, combinados com o art. 220, VI, do Regimento Interno. 4. Instado a manifestar-se, o TCU aduz que a requisição dos processos visa à auditoria operacional no âmbito da SRF, sem mencionar dados particulares de contribuintes, motivo pelo qual os dados poderiam ser fornecidos sem comprometimento do sigilo fiscal, amparando-se no disposto no art. 71, IV, da Constituição do Brasil e no art. 42 da Lei nº 8.443/1992 (fls. 73/100). 5. Argumenta que o sigilo fiscal possui natureza infraconstitucional, não absoluta, ante a prevalência do interesse público sobre o particular, acenando que os poderes outorgados pela Lei nº 8.730/1993 justificariam o manuseio e intercâmbio de informações protegidas pelo sigilo fiscal. 6. Por fim, alega que o art. 42 da Lei nº 8.443/1992 tem fundamento constitucional e não está hierarquicamente subordinado aos dispositivos do CTN, uma vez que não há falar em relação de hierarquia entre eles, além de o sigilo fiscal não constituir matéria reservada a lei complementar, inexistente previsão expressa no texto constitucional.

7. Às fls. 115/120 o MPF opina pela concessão da ordem. 8. É o quanto basta relatar. 9. Decido. 10. As determinações da decisão nº 577/1996, incluindo as de natureza penal, recaíram sobre a pessoa do então Secretário da Receita Federal, Everardo de Almeida Maciel. 11. Por força da liminar concedida à fl. 69, o impetrante ficou desobrigado da prestação das informações solicitadas pela Corte de Contas, não se aplicando, em consequência, qualquer tipo de penalidade por descumprimento de ordem administrativa. 12. Atualmente, a condução da Secretaria da Receita Federal cabe ao Senhor Jorge Antonio Deher Rachid, conforme verifiquei em consulta ao site do Ministério da Fazenda. 13. Vê-se para logo, a superveniência da perda do interesse de agir do impetrante, que não mais desempenha funções naquele órgão ministerial. Ante o exposto, julgo extinto o presente mandado de segurança, com base no art. 21, § 1º, do RISTF, c/c art. 267, VI, do Código de Processo Civil, sem a aplicação de qualquer penalidade ao impetrante, vez que permaneceu ao abrigo da medida liminar concedida até o término de suas funções como Secretário da Receita Federal. Publique-se. Brasília, 12 de agosto de 2004. Ministro Eros Grau – Relator.

Em 2007, em decorrência de auditoria realizada em OSCIP, após o gerente do Banco do Brasil da agência da conta específica do termo de parceria ter alegado sigilo bancário, o TCU firmou o seguinte entendimento:

O sigilo bancário de que trata a Lei Complementar nº 105/2001 não se aplica às informações referentes a contas específicas, abertas exclusivamente para movimentação de recursos descentralizados pela União, mediante convênios, acordos, ajustes, termos de parceria ou outros instrumentos congêneres federais, sendo inadmissível a sonegação de quaisquer processos, documentos ou informações solicitados no exercício das diversas fiscalizações realizadas pelo TCU, em face das normas constitucionais e legais em vigor (Constituição Federal, arts. 70, *caput*, e 71, incisos e parágrafos; e art. 42 da Lei nº 8.443/1992), sob pena das sanções previstas em lei (§§ 1º e 2º do art.42 c/c art.58, incisos IV e V, e art. 44 da Lei nº 8.443/1992) (Acórdão nº 877/2007 – Plenário; Relator: Ministro Valmir Campelo).

Todavia, em nova decisão o STF assim se pronunciou:

MS 22.801-DF

Relator: Min. MENEZES DIREITO

EMENTA Mandado de Segurança. Tribunal de Contas da União. Banco Central do Brasil. Operações financeiras. Sigilo. 1. A Lei Complementar nº 105, de 10/1/2001, não conferiu ao Tribunal de Contas da União poderes para determinar a quebra do sigilo bancário de dados constantes do Banco Central do Brasil. O legislador conferiu esses poderes ao Poder Judiciário (art. 3º), ao Poder Legislativo Federal (art. 4º), bem como às Comissões Parlamentares de Inquérito, após prévia aprovação do pedido pelo Plenário da Câmara dos Deputados, do Senado Federal ou do plenário de suas respectivas comissões parlamentares de inquérito (§§ 1º e 2º do art. 4º). 2. Embora as atividades do TCU, por sua natureza, verificação de contas e até mesmo o julgamento das contas das pessoas enumeradas no art. 71, II, da Constituição Federal, justifiquem a eventual quebra de sigilo, não houve essa determinação na lei específica que tratou do tema, não cabendo a interpretação extensiva, mormente porque há princípio constitucional que protege a intimidade e a vida privada, art. 5º, X, da Constituição Federal, no qual está inserida a garantia ao sigilo bancário. 3. Ordem concedida para afastar as determinações do Acórdão nº 72/1996 – TCU – 2ª Câmara (fl. 31), bem como as penalidades impostas ao impetrante no Acórdão nº 54/1997 – TCU – Plenário.

Ainda em 2007, o TCU aprovou a Resolução nº 207/2007, que estabelece procedimentos para solicitação de informações protegidas por sigilo fiscal à Fazenda Pública federal, estadual, distrital ou municipal, tendo em vista as alterações no art. 198 do Código Tributário Nacional introduzidas pela Lei Complementar nº 104/2001.

De outro lado, em 2018, foi aprovada a Resolução nº 301/2018, que disciplina a sistemática de solicitação de dados e informações ao Conselho de Controle de Atividades Financeiras – COAF, no âmbito do Acordo de Cooperação Técnica firmado com o TCU.

Importa ressaltar que o sigilo bancário não pode ser utilizado como escudo para sonegar ao controle externo informações referentes a operações sujeitas à sua fiscalização. Neste sentido, destaque-se o Acórdão TCU nº 715/2010 – Plenário (Rel.: Ministro Augusto Sherman):

> CONCESSÃO DE FINANCIAMENTOS PELO BNDES COM RECURSOS DO FUNDO DA MARINHA MERCANTE. INDÍCIOS DE FAVORECIMENTOS INDEVIDOS E DE SUPERFATURAMENTO NO CUSTO DAS EMBARCAÇÕES OBJETO DAS OPERAÇÕES. NÃO ENCAMINHAMENTO PELO BNDES DE INFORMAÇÕES REQUERIDAS PELA UNIDADE TÉCNICA, SOB O ARGUMENTO DE SIGILO BANCÁRIO. FIXAÇÃO DE PRAZO PARA QUE O PRESIDENTE DO BNDES ENCAMINHE AS INFORMAÇÕES REQUERIDAS. COMUNICAÇÃO AO MINISTRO DE ESTADO DO DESENVOLVIMENTO, INDÚSTRIA E COMÉRCIO EXTERIOR.
>
> 1. As disposições constitucionais atinentes ao sigilo bancário devem ser harmonizadas com as normas também de estatura constitucional referentes ao exercício do controle externo.
>
> 2. A não apresentação das informações mínimas necessárias à apuração de irregularidades na gestão de recursos públicos representa óbice ao exercício da competência constitucional deste Tribunal de realizar o controle externo em auxílio ao Congresso Nacional.
>
> 3. As pessoas que optam por celebrar contratos ou realizar operações financeiras com a Administração Pública Indireta se submetem a um regime de natureza pública, sujeitando-se, por conseguinte, aos controles atinentes à espécie, entre eles o controle externo a cargo deste Tribunal.

A amplitude do sigilo bancário foi mitigada por decisão da Primeira Turma do STF, que negou o MS 33.340, impetrado pelo Banco Nacional de Desenvolvimento Econômico e Social – BNDES contra acórdão do TCU que determinou o envio, pela instituição financeira, de informações sobre operações de crédito realizadas com o grupo JBS/Friboi. Por maioria, o colegiado seguiu o voto do Ministro Luiz Fux, no entendimento de que o envio de informações ao TCU relativas a operações de crédito, originárias de recursos públicos, não é coberto pelo sigilo bancário e que o acesso a tais dados é imprescindível à atuação do TCU na fiscalização das atividades do BNDES.

É relevante o paralelo traçado por Bandeira (2009)[36] entre o fisco e o controle externo no que concerne ao sigilo bancário:

> É estranho o fato de que foi autorizado ao fisco o acesso, sob certas condições, às informações bancárias protegidas pelo sigilo, mas não foi autorizado aos tribunais de contas o acesso às mesmas informações quando da fiscalização da despesa pública. Ao permitir o levantamento do sigilo bancário pelo fisco, a legislação instrumentaliza a fazenda pública com meios eficientes para fiscalização da arrecadação da receita pública, porém, quando da aplicação dessa receita, concernente aos gastos públicos, a lei reduz os instrumentos de investigação pelo órgão responsável pela sua fiscalização, ou seja, o tribunal de contas. É dizer que a fiscalização dos recursos públicos recebe tratamento diferenciado quando da arrecadação da receita ou da realização da despesa, vez que a legislação confere instrumentos mais efetivos para arrecadação do que para o controle da despesa pública. Se o interesse público autoriza a quebra de sigilo pelo fisco, com mais razão autoriza o levantamento do sigilo pelo tribunal de contas, pois o interesse social na regular realização dos gastos públicos é tão ou mais importante quanto o interesse na arrecadação da receita.

Finalmente, em 2020, ao julgar a SS 5.203, o STF também evoluiu no que concerne ao sigilo fiscal decidindo por unanimidade que:

> Agravo regimental na suspensão de segurança. Decisão de indeferimento do pleito suspensivo. Compartilhamento de informações fiscais entre secretaria de estado e tribunal de contas. Risco de lesão à ordem pública não demonstrado. Agravo regimental não provido.
>
> 1. Não há que se falar em ilegalidade, tampouco em inconstitucionalidade, de decisões proferidas pelas cortes regionais de contas solicitando informações fiscais, visto que, quando assim procedem, atuam no estrito exercício de sua função constitucional. (Rel. Min, Dias Toffoli)

É nossa convicção que a efetividade das ações de controle, mormente no combate à corrupção, cada vez mais sofisticada, exige muito maior integração entre os diversos órgãos estatais para uma atuação sistêmica que, sem invadir as competências específicas de cada um, permita o compartilhamento de informações e a sinergia de iniciativas.

---

[36] *Limites ao poder investigatório dos Tribunais de Contas brasileiros*: uma análise crítica em face do Direito Comparado e Internacional. Cuiabá: UFMT, 2009.

JURISPRUDÊNCIA DO TCU

Acórdão nº 2.462/2014 – Plenário (Relator Ministro Substituto Augusto Sherman)
Solicitação do Congresso Nacional. Competência do TCU. Acesso à informação. Sigilo.
As informações sobre operações financeiras que envolvam recursos públicos não estão abrangidas entre aquelas protegidas pelo sigilo bancário, visto que operações da espécie estão submetidas aos princípios constitucionais da Administração Pública. É prerrogativa do Tribunal o acesso a informações relacionadas a essas operações, independentemente de autorização judiciária ou legislativa.

Acórdão nº 131/2014 – Plenário (Tomada de Contas Especial, Relator Ministro-Substituto Augusto Sherman)
Convênio e Congêneres. Execução financeira. Sigilo bancário.
As contas bancárias específicas para movimentação de recursos públicos descentralizados pela União não se relacionam à intimidade ou à vida privada de qualquer pessoa, tampouco representam o patrimônio daqueles encarregados de geri-los. Assim, tais contas não se sujeitam ao sigilo bancário de que cuida a Lei Complementar nº 105/2001, de maneira que as informações nelas contidas, por se tratar de patrimônio público, não podem ser sonegadas aos Órgãos que, por missão constitucional e legal, exercem os controles interno e externo sobre os referidos recursos.

Acórdão nº 3.693/2013 – Plenário (Representação, Relator Ministro-Substituto Augusto Sherman)
Competência do TCU. Sigilo bancário. Financiamentos públicos.
Não cabe opor sigilo bancário às solicitações de informações do Tribunal acerca de operações financeiras relacionadas ao financiamento público de concessões de serviços públicos e de obras públicas.

Acórdão nº 977/2018 – Plenário (Relatório de Auditoria, Relator Ministro Vital do Rêgo)
Direito Processual. Acesso à informação. Sigilo. Sigilo fiscal. Requisição. Fiscalização. Anonimização.
Não viola o sigilo fiscal o fornecimento de dados anonimizados (mascarados) pela Secretaria da Receita Federal do Brasil ao TCU, em atendimento a requisição de equipe de fiscalização, pois a técnica de mascaramento resguarda a privacidade do contribuinte, constituindo alternativa capaz de compatibilizar a garantia de sigilo fiscal com a necessidade de controle da administração tributária, conferindo efetividade a ambas as previsões constitucionais, sem ferir o núcleo essencial de qualquer uma delas.

Acórdão nº 741/2019 – Plenário (Solicitação do Congresso Nacional, Relator Ministro Raimundo Carreiro)
Competência do TCU. Renúncia de receita. Sigilo fiscal. Receita tributária.
Não cabe oposição de sigilo fiscal às solicitações de informações do TCU quando no exercício da sua competência constitucional para fiscalizar renúncia de receitas tributárias.

Acórdão nº 1.015/2022 – Plenário (Acompanhamento, Relator Ministro Substituto Augusto Sherman)
Competência do TCU. Acesso à informação. Abrangência. Despesa com pessoal. Execução da despesa. Sigilo fiscal.
Eventual negativa de acesso do TCU aos dados da execução da despesa com o pagamento de agentes públicos ativos, bem como benefícios previdenciários e assistenciais, de todos os níveis de governo não encontra fundamento nas regras de sigilo fiscal em razão de: (i) o STF já ter assentado ser legítimo à Administração publicar vencimentos e vantagens pecuniárias pagas a seus servidores (Tema de Repercussão Geral 483); (ii) ser assegurado aos órgãos competentes acesso irrestrito e gratuito a sistemas ou informações para o acompanhamento e fiscalização do orçamento (arts. 144 e 145 da Lei nº 14.194/2021); e (iii) nenhum processo, documento ou informação poder ser sonegado ao Tribunal em suas inspeções ou auditorias, sob qualquer pretexto (art. 42 da Lei nº 8.443/1992).

O Decreto nº 10.209/2020 previu que os órgãos do Ministério da Economia compartilhariam com a CGU os dados e as informações necessários para a realização dos seus trabalhos ou atividades, inclusive aqueles protegidos pelo sigilo fiscal previsto no Código Tributário Nacional. O tema é desenvolvido no próximo capítulo, na seção 12.15. Nos termos do art. 9º, as disposições do Decreto se aplicam também às requisições e às solicitações de dados e de informações feitas pelo TCU.

Recente alteração no Código Tributário Nacional, por intermédio da Lei Complementar nº 187/2021, pode contribuir para dirimir o atrito entre órgãos de arrecadação e de controle.

> Art. 198. Sem prejuízo do disposto na legislação criminal, é vedada a divulgação, por parte da Fazenda Pública ou de seus servidores, de informação obtida em razão do ofício sobre a situação econômica ou financeira do sujeito passivo ou de terceiros e sobre a natureza e o estado de seus negócios ou atividades.
>
> (...)
>
> § 3º Não é vedada a divulgação de informações relativas a:
>
> (...)
>
> IV – incentivo, renúncia, benefício ou imunidade de natureza tributária cujo beneficiário seja pessoa jurídica.

11.15. CONSEQUÊNCIAS DA FISCALIZAÇÃO EXERCIDA PELOS TRIBUNAIS DE CONTAS

Em decorrência da atuação fiscalizatória do Tribunal de Contas, podem surgir as seguintes situações:

- se o processo não contém indícios de irregularidades, será arquivado ou juntado às contas anuais da entidade, conforme o caso;
- se forem detectadas falhas formais, serão determinadas medidas corretivas;
- se houver indícios de irregularidades, será realizada audiência dos responsáveis;
- na hipótese de ocorrência de dano ao Erário, o processo será convertido em tomada de contas especial;
- constatada ilegalidade, será fixado um prazo de até quinze dias para corrigi-la (RITCU: art. 251);
- em caso de não atendimento, se for ato administrativo, o Tribunal sustará a sua execução; se contrato, comunicará o fato ao Congresso Nacional; em ambos os casos, aplicando ao responsável a multa prevista no art. 58, § 1º, da LOTCU; e
- se oportuno, será recomendada a adoção de providências visando à melhoria de desempenho da entidade ou programa fiscalizado.

11.16. PARA SABER MAIS

Recomenda-se a leitura de publicações contendo sumários executivos de fiscalizações efetuadas pelo TCU, disponíveis na Internet (www.tcu.gov.br).

Uma publicação esclarecedora, disponível no portal do TCU, é "Transferências voluntárias da União – 7. ed., 2022".

O TCE-SP tem diversas publicações sobre temas relevantes de controle externo, disponíveis em sua página na Internet (www.tce.sp.gov.br).

Capítulo **12**

Controle Interno

 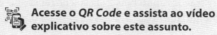

 O que é controle interno? Como se organiza o controle interno no Brasil? Qual a origem da Controladoria-Geral da União – CGU? Quais são as suas competências? Quais as técnicas que emprega? As contas aprovadas pelo controle interno podem ser consideradas irregulares pelos Tribunais de Contas?

12.1. CONCEITO

O controle interno é ferramenta de capital importância. Sua natureza eminentemente preventiva torna seu fortalecimento medida estratégica para a substancial redução de fraudes e irregularidades na gestão pública. Vejamos alguns conceitos de controle interno:

> É todo aquele realizado pela entidade ou órgão responsável pela atividade controlada, no âmbito da própria Administração (...) É, na sua plenitude, um controle de legalidade, conveniência, oportunidade e eficiência (Hely Lopes Meirelles).[1]
>
> Conjunto de procedimentos adotados no âmbito de cada um dos Poderes do Estado, ou órgãos e entidades que neles se integrem para, resumidamente, comprovar a legalidade e avaliar os resultados (Lincoln Magalhães da Rocha).[2]

---

[1] *Direito administrativo brasileiro*. 22. ed. atual. São Paulo: Malheiros, 1997, p. 577 e 608.
[2] A função controle na Administração Pública orçamentária. *O novo Tribunal de Contas: órgão protetor dos direitos fundamentais*. 2. ed. ampl. Belo Horizonte: Fórum, 2004, p. 126.

Controle interno da Administração Pública é a fiscalização que a mesma exerce sobre os atos e atividades de seus órgãos e das atividades descentralizadas que lhe estão vinculadas (Dias Costa).[3]

Controle de natureza administrativa, exercido sobre funcionários encarregados de executar programas orçamentários e de aplicação de dinheiros públicos, por seus superiores hierárquicos (José Afonso da Silva).[4]

O controle interno compreende o plano de organização e o conjunto coordenado dos métodos e medidas, adotados pela empresa para proteger seu patrimônio, verificar a exatidão e a fidedignidade de seus dados contábeis, promover a eficiência operacional e estimular a obediência às políticas administrativas estabelecidas. (American Institute of Certified Public Accountants – AICPA/Instituto Americano de Contadores Públicos Certificados)

O sistema contábil e de controles internos compreende o plano de organização e o conjunto integrado de método e procedimentos adotados pela entidade na proteção do seu patrimônio, promoção da confiabilidade e tempestividade dos seus registros e demonstrações contábeis, e da sua eficácia operacional. (CFC – Conselho Federal de Contabilidade)[5]

Há que diferenciar o controle interno dos controles internos administrativos.

Os controles internos administrativos consistem em um conjunto de atividades, planos, rotinas, métodos e procedimentos interligados, estabelecidos com vistas a assegurar que os objetivos das unidades e entidades da Administração Pública sejam alcançados, de forma confiável e concreta, evidenciando eventuais desvios ao longo da gestão, até a consecução dos objetivos fixados pelo Poder Público. Derivam do poder de autotutela da Administração. São executados de forma contínua pelos dirigentes e servidores dos órgãos e entidades do poder público. Os principais meios de controle administrativo são:

- fiscalização hierárquica;
- supervisão ministerial;
- recursos administrativos; e
- processos administrativos disciplinares.

Segundo a IN conjunta MP/CGU nº 01/2016, os controles internos de gestão constituem o conjunto de regras, procedimentos, diretrizes, protocolos, rotinas de sistemas informatizados, conferências e trâmites de documentos e informações, entre outros, operacionalizados de forma integrada pela direção e pelo corpo de servidores das organizações, destinados a enfrentar os riscos e fornecer segurança razoável de que, na consecução da missão da entidade, os seguintes objetivos gerais sejam alcançados:

---

[3] *Tribunal de Contas – evolução e principais atribuições no Estado Democrático de Direito*. Belo Horizonte: Fórum, 2006, p. 50.
[4] *Curso de direito constitucional positivo*. 24. ed. rev. e atual. São Paulo: Malheiros, 2004, p. 752.
[5] Disponível em: https://cfc.org.br/tecnica/normas-brasileiras-de-contabilidade/LHL.

a) execução ordenada, ética, econômica, eficiente e eficaz das operações;
b) cumprimento das obrigações de *accountability*;
c) cumprimento das leis e regulamentos aplicáveis; e
d) salvaguarda dos recursos para evitar perdas, mau uso e danos. O estabelecimento de controles internos no âmbito da gestão pública visa essencialmente aumentar a probabilidade de que os objetivos e metas estabelecidos sejam alcançados, de forma eficaz, eficiente, efetiva e econômica.

De outro lado, como assinala a Lei nº 10.180/2001, o Sistema de Controle Interno do Poder Executivo Federal visa à avaliação da ação governamental e da gestão dos administradores públicos federais, por intermédio da fiscalização contábil, financeira, orçamentária, operacional e patrimonial, e a apoiar o controle externo no exercício de sua missão institucional.

Ao longo de diversas reorganizações do Poder Executivo Federal, as responsabilidades de controle interno transitaram nos Ministérios da Fazenda, do Planejamento e na Casa Civil da Presidência. Atualmente, a Controladoria-Geral da União é o órgão central do sistema de gestão de riscos e controle interno do Poder Executivo Federal.

12.2. PRINCÍPIOS DO CONTROLE INTERNO

A doutrina tem consagrado alguns princípios básicos para a organização e o funcionamento do controle interno.

Em primeiro lugar, o princípio de **segregação das funções**.

De acordo com tal princípio, a mesma pessoa não pode ser responsável simultaneamente por funções nas quais possa cometer erros e irregularidades e por funções que lhe permitam dissimular ou esconder esses desvios. Assim, por exemplo, deve haver segregação entre a contabilização e as operações que geram os lançamentos contábeis. De modo geral, recomenda-se a separação entre as funções de autorização/aprovação de operações, execução, controle e contabilização.

Para tanto, a organização deve dispor de um planejamento de atividades, preferencialmente formalizado em um manual de procedimentos, que defina claramente as responsabilidades funcionais proporcionando adequada segregação de funções.

O princípio da **autorização hierárquica** consiste em sistematizar níveis de operações para as quais são necessárias autorizações de determinado escalão hierárquico. Associado a este, encontra-se o princípio da supervisão.

O princípio de **acesso limitado e autorizado ao ativo** busca protegê-lo e assegurar sua utilização eficaz e apenas pelo pessoal qualificado. Periodicamente, devem ser procedidas verificações físicas em confronto com os registros documentais.

A **análise da relação custo-benefício**, bem como a sistemática aferição de resultados, constitui outro princípio relevante.

O **controle sobre as transações** é o princípio que exige o acompanhamento dos fatos contábeis, financeiros e operacionais, verificando sua aderência a diretrizes e normas legais, bem como se foram devidamente autorizados.

Em relação a pessoal, impõe-se o princípio da **adequada seleção, qualificação e treinamento**, bem como do **rodízio de funções e férias**. Registre-se a importância da existência de um código de ética e de uma remuneração satisfatória.

Outro importante princípio é o da correção dos desvios identificados.

12.3. EVOLUÇÃO DO CONTROLE INTERNO

O sistema de controle interno da administração federal foi instituído pela Lei nº 4.320/1964.[6-7] Seu art. 76 previu que o Poder Executivo exerceria os três tipos de controle – prévio, concomitante e subsequente, sem prejuízo das atribuições do Tribunal de Contas. O art. 78 estabeleceu que além da prestação ou tomada de contas anual, quando instituída em lei, ou por fim de gestão, poderá haver, a qualquer tempo, levantamento, prestação ou tomada de contas de todos os responsáveis por bens ou valores públicos.

O Decreto-lei nº 200/1967 previu a existência em cada Ministério civil de um Órgão Central de planejamento, coordenação e controle financeiro, destinado a viabilizar a supervisão ministerial especialmente no que concerne a:

- assegurar a observância da legislação federal;
- coordenar as atividades dos órgãos supervisionados e harmonizar sua atuação com a dos demais Ministérios;
- fiscalizar a aplicação e utilização de dinheiros, valores e bens públicos;
- acompanhar os custos globais dos programas setoriais do Governo, a fim de alcançar uma prestação econômica de serviços;
- fornecer ao órgão próprio do Ministério da Fazenda os elementos necessários à prestação de contas do exercício financeiro; e
- transmitir ao Tribunal de Contas, sem prejuízo da fiscalização deste, informes relativos à administração financeira e patrimonial dos órgãos do Ministério.

Na Constituição de 1967, pela primeira vez é mencionado o controle interno, nos arts. 71 e 72, restrito, porém, ao âmbito do Poder Executivo e com as finalidades de:

- criar condições indispensáveis para eficácia do controle externo e para assegurar regularidade à realização da receita e da despesa;

---

[6] Ao contrário do propagado por alguns autores, a Lei nº 4.320/1964 não foi obra da ditadura militar, tendo a sua sanção sido um dos últimos atos do presidente João Goulart antes do golpe de 1º de abril de 1964.

[7] Assinale-se que o Código de Contabilidade da União, instituído pelo Decreto nº 4.536/1922 fixou normas básicas para o controle contábil.

- acompanhar a execução de programas de trabalho e do orçamento; e
- avaliar os resultados alcançados pelos administradores e verificar a execução dos contratos.

Na Carta Política de 1988, conforme vimos no Capítulo 2, o art. 74 estabeleceu a obrigatoriedade dos Poderes Legislativo, Executivo e Judiciário manterem, de forma integrada, sistema de controle interno com a finalidade de:

I – avaliar o cumprimento das metas previstas no plano plurianual, a execução dos programas de governo e dos orçamentos da União;

II – comprovar a legalidade e avaliar os resultados, quanto à eficácia e eficiência, da gestão orçamentária, financeira e patrimonial nos órgãos e entidades da administração federal, bem como da aplicação de recursos públicos por entidades de direito privado;

III – exercer o controle das operações de crédito, avais e garantias, bem como dos direitos e haveres da União; e

IV – apoiar o controle externo no exercício de sua missão institucional.

Na forma do § 1º, os responsáveis pelo controle interno, ao tomarem conhecimento de qualquer irregularidade ou ilegalidade, dela darão ciência ao Tribunal de Contas da União, sob pena de responsabilidade solidária.

O controle interno também foi abordado na LOTCU, cujo art. 49 reproduz o art. 74 da CF. Já o art. 50 prevê que, no apoio ao controle externo, os órgãos integrantes do sistema de controle interno deverão exercer, dentre outras, as seguintes atividades:

- realizar auditorias nas contas dos responsáveis sob seu controle, emitindo relatório, certificado de auditoria e parecer; e
- alertar formalmente a autoridade administrativa competente para que instaure tomada de contas especial, sempre que tiver conhecimento de qualquer das ocorrências referidas no *caput* do art. 8º da LOTCU (omissão no dever de prestar contas etc.).

Por sua vez, o § 1º do art. 51 da LOTCU estabelece, a propósito da obrigatória ciência ao TCU de qualquer irregularidade ou ilegalidade de que tenham tomado conhecimento os responsáveis pelo controle interno, que, na comunicação ao Tribunal, o dirigente do órgão competente indicará as providências adotadas para evitar ocorrências semelhantes. Dispõe o § 2º do mesmo artigo que verificada em inspeção ou auditoria, ou no julgamento de contas, irregularidade ou ilegalidade que não tenha sido comunicada tempestivamente ao Tribunal, e provada a omissão, o dirigente do órgão de controle interno, na qualidade de responsável solidário, ficará sujeito às sanções previstas para a espécie naquela Lei.

Ainda na LOTCU, o art. 52 define que o Ministro de Estado supervisor da área ou a autoridade de nível hierárquico equivalente emitirá, sobre as contas e o parecer do controle interno, expresso e indelegável pronunciamento, no qual atestará haver tomado conhecimento das conclusões nele contidas. Como observado no estudo sobre as tomadas e prestações de contas e TCEs, tal pronunciamento é peça indispensável na constituição do processo, cuja ausência (do pronunciamento) demanda a devolução do processo ao órgão de origem.

12.4. LRF E O CONTROLE INTERNO

A LRF também atribuiu importantes responsabilidades ao controle interno.

Assim, em seu art. 54 estabelece que os Relatórios de Gestão Fiscal, quadrimestrais, assinados pelos titulares dos Poderes e órgãos mencionados no seu art. 20 (Tribunal de Contas, Ministério Público e Tribunais Superiores) serão também assinados pelas autoridades responsáveis pela administração financeira e pelo controle interno.

Adiante, no art. 59, atribui ao Poder Legislativo, diretamente ou com o auxílio dos Tribunais de Contas, e o sistema de controle interno de cada Poder e do Ministério Público, a fiscalização do cumprimento das normas de gestão fiscal, com ênfase no que se refere a:

I – atingimento das metas estabelecidas na lei de diretrizes orçamentárias;

II – limites e condições para a realização de operações de crédito e inscrição em Restos a Pagar;

III – medidas adotadas para o retorno da despesa total com pessoal ao respectivo limite;

IV – providências tomadas para recondução dos montantes das dívidas consolidada e mobiliária aos respectivos limites;

V – destinação de recursos obtidos com a alienação de ativos, tendo em vista as restrições constitucionais e as da própria LRF; e

VI – cumprimento do limite de gastos totais dos legislativos municipais, quando houver.

Desse modo, cresceu a importância institucional do controle interno, tanto no que se refere às suas competências quanto em relação às suas responsabilidades, em caso de inobservância dos preceitos de gestão fiscal responsável.

12.5. ORGANIZAÇÃO DO CONTROLE INTERNO NO GOVERNO FEDERAL

A Lei nº 10.180/2001 organiza e disciplina os Sistemas de Planejamento e de Orçamento Federal, de Administração Financeira Federal, de Contabilidade Federal e de Controle Interno do Poder Executivo Federal, e dá outras providências. Tal diploma deve ser estudado em conjunto com o Decreto nº 3.591/2000, que dispõe sobre o Sistema de Controle Interno do Poder Executivo Federal e dá outras providências, bem como suas alterações, especialmente o Decreto nº 6.692/2008, e, ainda, com o Decreto nº 11.330/2023,[8] que aprovou a estrutura regimental da CGU.

No art. 21, a Lei estipula que o Sistema de Controle Interno do Poder Executivo Federal compreende as atividades de avaliação do cumprimento das metas previstas no plano plurianual, da execução dos programas de governo e dos orçamentos da União e de avaliação da gestão dos administradores públicos federais, utilizando como instrumentos a auditoria e a fiscalização.

A norma define como órgão central do controle interno a Secretaria Federal de Controle Interno, abrangendo todos os órgãos do Poder Executivo, à exceção dos que são vinculados a órgãos setoriais de controle interno que integram a estrutura do Ministério das Relações Exteriores, do Ministério da Defesa, da Advocacia-Geral da União, da Casa Civil da Presidência da República, cuja área de atuação alcança todos os órgãos integrantes da Presidência da República, da Vice-Presidência da República, além de outros determinados em legislação específica.

No entanto, o Decreto nº 3.591/2000, com as alterações do Decreto nº 4.304/2002, preceitua que integram o Sistema de Controle Interno do Poder Executivo Federal:

I – a Controladoria-Geral da União, como Órgão Central, incumbido da orientação normativa e da supervisão técnica dos órgãos que compõem o Sistema;

II – as Secretarias de Controle Interno (Ciset) da Casa Civil, da Advocacia-Geral da União, do Ministério das Relações Exteriores e do Ministério da Defesa, como órgãos setoriais; e

III – as unidades de controle interno dos comandos militares, como unidades setoriais da Secretaria de Controle Interno do Ministério da Defesa.

Assim, cabe à Secretaria Federal de Controle Interno o desempenho das funções operacionais de competência do Órgão Central do Sistema, além das atividades de controle interno de todos os órgãos e entidades do Poder Executivo Federal excetuados aqueles jurisdicionados pelos órgãos setoriais.

Compete à Secretaria de Controle Interno da Secretaria-Geral da Presidência da República atuar como órgão de controle interno da Controladoria-Geral da União no que diz respeito à sua auditoria.[9]

A Comissão de Coordenação de Controle Interno – CCCI – é órgão colegiado de função consultiva do Sistema de Controle Interno do Poder Executivo Federal, presidida pelo Ministro de Estado da Controladoria-Geral da União.

A Controladoria-Geral da União contará com o apoio dos Assessores Especiais de Controle Interno em cada Ministério, incumbidos de:

---

[8] Alterado pelo Decreto nº 11.824/2023.
[9] § 6º do art. 49 da Lei nº 14.600/2023.

I. assessorar o Ministro de Estado nos assuntos de competência do Sistema de Controle Interno;
II. orientar os administradores de bens e recursos públicos nos assuntos pertinentes à área de competência do Sistema de Controle Interno, inclusive sobre a forma de prestar contas;
III. submeter à apreciação do Ministro de Estado os processos de tomada e de prestação de contas;
IV. auxiliar nos trabalhos de elaboração da prestação de contas anual do Presidente da República;
V. acompanhar a implementação, pelos órgãos e pelas unidades, das recomendações do Sistema de Controle Interno do Poder Executivo Federal e do Tribunal de Contas da União; e
VI. coletar informações dos órgãos da sua jurisdição, para inclusão de ações de controle nos planos e programas do órgão central do Sistema de Controle Interno, com vistas a atender às demandas dos Ministérios.

O referido Decreto nº 3.591/2000 prevê ainda que as entidades da Administração Pública Federal indireta deverão organizar a respectiva unidade de auditoria interna, com o suporte necessário de recursos humanos e materiais, com o objetivo de fortalecer a gestão e racionalizar as ações de controle. A tais unidades de auditoria interna competirá o exame e a emissão de parecer sobre a prestação de contas anual da entidade e as tomadas de contas especiais.

Por sua vez, o Decreto nº 11.330/2023,[10] que aprovou a estrutura regimental da CGU, definiu que esta é o órgão central do Sistema de gestão de Riscos e Controle Interno do Poder Executivo Federal, do Sistema de Correição do Poder Executivo Federal, do Sistema de Ouvidoria do Poder Executivo federal, do Sistema de Transparência e do Sistema de Integridade Pública do Poder Executivo Federal, é dirigida pelo Ministro de Estado da Controladoria-Geral da União, e tem como áreas de competência:

I – defesa do patrimônio público;
II – controle interno e auditoria governamental;
III – fiscalização e avaliação de políticas públicas e programas de governo;
IV – integridade pública e privada;
V – correição e responsabilização de agentes públicos e de entes privados;
VI – prevenção e combate a fraudes e à corrupção;
VII – ouvidoria;
VIII – incremento da transparência, dos dados abertos e do acesso à informação;
IX – promoção da ética pública e prevenção do nepotismo e dos conflitos de interesses;

---

[10] Alterado pelo Decreto nº 11.824/2023.

X – suporte à gestão de riscos; e

XI – articulação com organismos internacionais e com órgãos e entidades, nacionais ou estrangeiros, nos temas que lhe são afetos.

As competências atribuídas à Controladoria-Geral da União compreendem:

I – avaliar, com base em abordagem baseada em risco, as políticas públicas e os programas de governo, a ação governamental e a gestão dos administradores públicos federais quanto à legalidade, à legitimidade, à eficácia, à eficiência e à efetividade e quanto à adequação dos processos de gestão de riscos e de controle interno, por meio de procedimentos de auditoria e de avaliação de resultados alinhados aos padrões internacionais de auditoria interna e de fiscalização contábil, financeira, orçamentária, operacional e patrimonial;

II – realizar inspeções, apurar irregularidades, instaurar sindicâncias, investigações e processos administrativos disciplinares, bem como acompanhar e, quando necessário, avocar tais procedimentos em curso em órgãos e entidades da administração pública federal para exame de sua regularidade ou condução de seus atos, podendo promover a declaração de sua nulidade ou propor a adoção de providências ou a correção de falhas;

III – instaurar processos administrativos de responsabilização de pessoas jurídicas com fundamento na Lei nº 12.846, de 1º de agosto de 2013, acompanhar e, quando necessário, avocar tais procedimentos em curso em órgãos e entidades da administração pública federal para exame de sua regularidade ou condução de seus atos, podendo promover a declaração de sua nulidade ou propor a adoção de providências ou a correção de falhas, bem como celebrar, quando cabível, acordo de leniência ou termo de compromisso com pessoas jurídicas;

IV – dar andamento a representações e denúncias fundamentadas relativas a lesão ou a ameaça de lesão à administração pública e ao patrimônio público federal, bem como a condutas de agentes públicos, velando por sua apuração integral;

V – monitorar o cumprimento da Lei nº 12.527, de 18 de novembro de 2011, no âmbito do Poder Executivo federal;

VI – promover a fiscalização e a avaliação do conflito de interesses, nos termos do disposto no art. 8º da Lei nº 12.813, de 16 de maio de 2013;

VII – analisar a evolução patrimonial dos agentes públicos federais e instaurar sindicância patrimonial ou, conforme o caso, processo administrativo disciplinar, caso haja indício fundado de enriquecimento ilícito ou de evolução patrimonial incompatível com os recursos e disponibilidades informados na declaração patrimonial;

VIII – requisitar a órgãos ou a entidades da administração pública federal servidores ou empregados necessários à constituição de comissões ou à instrução de processo ou procedimento administrativo de sua competência; e

IX – receber reclamações relativas à prestação de serviços públicos em geral e à apuração do exercício negligente de cargo, emprego ou função na administração pública federal, quando não houver disposição legal que atribua essas competências específicas a outros órgãos.

A IN SFC nº 13/2020 aprovou os requisitos mínimos a serem observados nos estatutos das Unidades de Auditoria Interna Governamental (UAIG) do Poder Executivo federal.

O Decreto nº 11.528/2023 instituiu o Conselho de Transparência, Integridade e Combate à Corrupção, órgão consultivo vinculado à Controladoria-Geral da União, com a competência de:

I – debater e sugerir medidas de aperfeiçoamento e fomento de políticas e estratégias, no âmbito da administração pública federal, sobre:
a) combate à corrupção;
b) controle social para acompanhamento e fiscalização da aplicação de recursos públicos;
c) governo aberto, transparência e acesso à informação pública; e
d) integridades pública e privada;

II – monitorar e avaliar políticas públicas e serviços públicos destinados à transparência, à integridade e ao combate à corrupção; e

III – sugerir ações que visem valorizar a troca de experiências, a transferência de tecnologia, a capacitação e a articulação intragovernamental no âmbito das competências de que tratam os incisos anteriores.

O TCU tem um representante no Conselho, na qualidade de convidado permanente, sem direito a voto.

Por seu turno, o Decreto nº 11.529/2023 institui o Sistema de Integridade, Transparência e Acesso à Informação da Administração Pública Federal e a Política de Transparência e Acesso à Informação da Administração Pública Federal. A CGU é designada como órgão central desse Sistema, além de responsável pelo Portal da Transparência do Poder Executivo Federal para divulgar dados e informações sobre a gestão de recursos públicos e sobre servidores públicos.

12.5.1. Competências legais do controle interno

De acordo com a Lei nº 14.600/2023, à CGU, no exercício de suas competências, cumpre, entre outras, **avaliar**, com base em abordagem baseada em risco, as políticas públicas, os programas de governo, a ação governamental e a gestão dos administradores públicos federais quanto à legalidade, à legitimidade, à eficácia, à eficiência e à efetividade e quanto à adequação dos processos de gestão de riscos e de controle interno, por intermédio de procedimentos de auditoria e de avaliação de resultados alinhados aos padrões internacionais de auditoria interna e de fiscalização contábil, financeira, orçamentária, operacional e patrimonial; **realizar** inspeções, apurar irregularidades, instaurar sindicâncias, investigações e processos administrativos disciplinares, bem como acompanhar e, quando necessário, avocar os referidos procedimentos em curso em órgãos e em entidades federais para exame de sua regularidade ou condução de seus atos, além de poder promover a declaração de sua nulidade ou propor a adoção de providências ou a correção de falhas; e **dar andamento** às representações ou às denúncias fundamentadas que receber, relativas a lesão ou ameaça de lesão ao patrimônio público, e velar por seu integral deslinde. Ademais, a CGU encaminhará à Advocacia-Geral da União e ao Ministério Público os casos que configurem improbidade administrativa e todos quantos recomendem a indisponibilidade de bens, o ressarcimento ao erário e outras providências a cargo daqueles órgãos, bem assim provocará, sempre que necessária, a atuação do TCU, da Secretaria da Receita Federal do Ministério da Fazenda, dos órgãos do Sistema de Controle Interno do Poder Executivo Federal e, quando houver indícios de responsabilidade penal, do Departamento de Polícia Federal do Ministério da Justiça e do Ministério Público, inclusive quanto a representações ou denúncias que se afigurarem manifestamente caluniosas.

Sempre que constatar omissão da autoridade competente, à CGU cumpre requisitar a instauração de sindicância, procedimentos e processos administrativos e avocar aqueles já em curso perante órgão ou entidade da administração pública federal, com vistas à correção do andamento, inclusive por meio da aplicação da penalidade administrativa cabível. Nessa hipótese, compete à CGU instaurar sindicância ou processo administrativo ou, conforme o caso, representar à autoridade competente para apurar a omissão das autoridades responsáveis.

Os procedimentos e os processos administrativos de instauração e avocação facultados à Controladoria-Geral da União incluem aqueles de que tratam o Título V da Lei nº 8.112/1990,[11] o Capítulo V da Lei nº 8.429/1992,[12] o Capítulo IV da Lei nº 12.846/2013[13] e outros a serem desenvolvidos ou já em curso em órgão ou entidade da administração pública federal, desde que relacionados a lesão ou a ameaça de lesão ao patrimônio público.

Segundo o art. 13 da estrutura regimental aprovada pelo Decreto nº 11.330/2023, compete à Secretaria Federal de Controle Interno:

I – exercer as competências de órgão central do Sistema de Gestão de Riscos e Controle Interno do Poder Executivo Federal;

II – propor ao Ministro de Estado a normatização, a sistematização e a padronização dos procedimentos operacionais dos órgãos e das unidades integrantes do Sistema de Controle Interno do Poder Executivo Federal;

III – coordenar as atividades que exijam ações integradas dos órgãos e das unidades do Sistema de Controle Interno do Poder Executivo Federal;

---

[11] Regime jurídico dos servidores civis da União.
[12] Lei de Improbidade Administrativa.
[13] Lei Anticorrupção.

IV – exercer a supervisão técnica das atividades desempenhadas pelos órgãos e pelas unidades integrantes do Sistema de Controle Interno do Poder Executivo Federal;

V – verificar a consistência dos dados constantes no Relatório de Gestão Fiscal previsto no art. 54 da Lei Complementar nº 101, de 4 de maio de 2000;

VI – coordenar a elaboração da prestação de contas anual do Presidente da República, a ser encaminhada ao Congresso Nacional, conforme disposto no inciso XXIV do *caput* do art. 84 da Constituição;

VII – realizar auditorias nos sistemas contábil, financeiro, orçamentário, de pessoal, de tecnologia da informação, de financiamento externo, de cooperação internacional e nos demais sistemas administrativos e operacionais de órgãos e entidades sob sua jurisdição;

VIII – realizar auditorias sobre a gestão dos recursos públicos federais sob a responsabilidade de órgãos e entidades públicos e privados, sobre a aplicação de subvenções e renúncia de receitas, e sobre obrigações de natureza pecuniária assumidas por pessoas físicas ou jurídicas, públicas ou privadas, em nome da União, e propor melhorias e aprimoramentos na gestão de riscos, nos processos de governança e nos controles internos da gestão;

IX – articular, coordenar, supervisionar e executar ações investigativas em trabalhos relacionados a operações especiais desenvolvidos em conjunto com órgãos de defesa do Estado;

X – avaliar o cumprimento das metas estabelecidas no plano plurianual e na lei de diretrizes orçamentárias;

XI – avaliar a execução dos orçamentos da União;

XII – fiscalizar e avaliar a execução dos programas de governo, inclusive ações descentralizadas realizadas à conta de recursos oriundos dos orçamentos da União, quanto ao nível de execução das metas e dos objetivos estabelecidos e à qualidade do gerenciamento;

XIII – apurar, em articulação com a Corregedoria-Geral da União e com a Secretaria de Integridade Privada, atos ou fatos ilegais ou irregulares praticados por agentes públicos ou privados na utilização de recursos públicos federais;

XIV – requisitar a agentes, órgãos e entidades públicas ou privadas, que gerenciam recursos públicos federais, dados, informações e documentos necessários ao exercício de suas competências;

XV – avaliar o desempenho e supervisionar o trabalho das unidades de auditoria interna dos órgãos e das entidades do Poder Executivo federal;

XVI – verificar a observância dos limites e das condições para a realização de operações de crédito e inscrição em restos a pagar;

XVII – verificar o cumprimento dos limites de despesa com pessoal e avaliar a adoção de medidas para a eliminação do percentual excedente, nos termos do disposto nos art. 22 e art. 23 da Lei Complementar nº 101, de 2000;

XVIII – verificar a adoção de providências para a recondução dos montantes das dívidas consolidada e mobiliária aos limites de que trata o art. 31 da Lei Complementar nº 101, de 2000;

XIX – verificar a destinação de recursos obtidos com a alienação de ativos, consideradas as restrições constitucionais e aquelas estabelecidas na Lei Complementar nº 101, de 2000;

XX – fornecer informações sobre a situação físico-financeira dos projetos e das atividades constantes dos orçamentos da União;

XXI – determinar ou avocar, quando necessário, a instauração de tomadas de contas especiais e promover o seu registro, para fins de acompanhamento;

XXII – elaborar o planejamento tático e operacional das atividades desenvolvidas pela Secretaria, em alinhamento com o planejamento estratégico da Controladoria-Geral da União;

XXIII – monitorar e avaliar qualitativa e quantitativamente os processos de trabalho desenvolvidos pela Secretaria;

XXIV – prospectar soluções tecnológicas, identificar oportunidades de melhoria e propor inovações para os processos de trabalho desenvolvidos pela Secretaria;

XXV – apoiar, no âmbito de suas competências, as comissões de sindicância e de processos administrativos disciplinares contra agentes públicos, de processos de responsabilização de entes privados e de negociação de acordos de leniência;

XXVI – promover capacitação em temas relacionados às atividades de auditoria interna governamental, governança, gestão de riscos e controles internos; e

XXVII – emitir parecer sobre a manifestação da Caixa Econômica Federal relativo ao reconhecimento da titularidade, do montante, da liquidez e da certeza da dívida, nos processos de novação de dívida de que trata a Lei nº 10.150, de 21 de dezembro de 2000.

Como se observa, no decreto as competências do controle interno são descritas de modo mais extensivo que na CF e na LOTCU.

Destaque-se que é responsabilidade do controle interno auxiliar o Ministro de Estado na elaboração da Prestação de Contas Anual do Presidente da República.

Outro ponto significativo é a atribuição de avaliar o desempenho das auditorias internas existentes em cada entidade da Administração Pública indireta, tais como o Banco do Brasil e a Petrobras. Essas entidades, em virtude da Lei das Sociedades Anônimas, do Estatuto das Estatais e de seus Estatutos Sociais, dispõem de departamentos de auditoria interna, subordinados aos respectivos Conselhos de Administração. A concepção do sistema de controle interno atrai as auditorias internas para a supervisão do órgão central, sujeitando-as às suas orientações.

No que diz respeito ao apoio ao controle externo, no Decreto nº 3.591/2000 define-se que ele, sem prejuízo do disposto em legislação específica, consiste no fornecimento de informações e dos resultados das ações do Sistema de Controle Interno do Poder Executivo Federal.

Registre-se que, na disciplina do art. 18 da IN TCU nº 49/2005, os órgãos e as unidades do sistema de controle interno, com o objetivo de dar cumprimento à finalidade de apoiar o controle externo no exercício de sua missão institucional, deverão:

    I –   realizar auditorias e fiscalizações solicitadas pelo Tribunal de Contas da União, em prazo previamente estabelecido; e

    II –   fornecer ao Tribunal de Contas da União informações relativas ao planejamento, execução e resultados de suas ações.

Ademais, dispõe a Súmula nº 111 do TCU:

SÚMULA nº 111

Aos órgãos próprios do Controle Interno cabe baixar Instruções e Recomendações para o regular funcionamento do Sistema de Administração Financeira, Contabilidade e Auditoria, de modo que se criem condições indispensáveis para assegurar eficácia ao Controle Externo.

EXEMPLOS DE RECOMENDAÇÃO DO TCU AO CONTROLE INTERNO

Acórdão nº 2.351/2006 – Plenário
Auditoria Operacional no Sistema de Contabilidade Federal
Relator: Min. Marcos Vilaça
9.8. Recomendar à Secretaria Federal de Controle Interno que:
9.8.1. Mantenha-se permanentemente informada das alterações realizadas no sistema contábil e nos sistemas operacionais que lhe dão suporte, com vistas ao pleno atendimento ao inciso VIII do art. 24 da Lei nº 10.180/2001;
Acórdão nº 412/2007 – Plenário
Relator: Min. Ubiratan Aguiar
9.1. Determinar à Controladoria-Geral da União, com base no art. 43, inciso I, da Lei nº 8.443/1992, que inclua no Programa de Sorteios Públicos todos os municípios da Federação, sem exceções com relação ao total da população, como vem ocorrendo atualmente com a exclusão prévia daqueles que possuem mais de 500 mil habitantes, redimensionando, se for o caso, a quantidade de municípios a serem fiscalizados em cada sorteio, de acordo com a capacidade operacional da Secretaria Federal de Controle Interno, a fim de que seja respeitado o princípio da impessoalidade inscrito no art. 37 da Constituição Federal;
9.2. Recomendar à Controladoria-Geral da União que:
9.2.1. Aperfeiçoe os métodos estatísticos de seleção de amostras na sistemática de avaliação de programas de governo, com vistas a produzir análises que permitam inferências válidas para cada programa como um todo (visão sistêmica da política pública), de modo a averiguar a boa e regular execução dos mesmos e os resultados alcançados;
9.2.2. Institua programa específico para fiscalização das empresas estatais, notadamente naquelas que administram ativos e executam despesas em montantes mais elevados, com vistas a focalizar o exercício do controle interno nas áreas de maior risco e materialidade;
[...] 9.2.4. Verifique quais são as possíveis formas de aumentar o potencial das auditorias de gestão para a detecção de irregularidades graves e danos ao erário, consignando, no Plano de Ação indicado no subitem 9.3 deste acórdão, as medidas concretas a serem adotadas pela entidade;

[...] 9.3. Determinar à Controladoria-Geral da União que encaminhe, no prazo de 60 (sessenta) dias, Plano de Ação contendo o cronograma de adoção das providências, com vistas à implementação das determinações e recomendações constantes neste Acórdão, e os dados de contato do responsável (e respectivo substituto) pela implementação de cada medida.

Os responsáveis pelo Sistema de Controle Interno do Poder Executivo Federal, ao tomarem conhecimento de qualquer irregularidade ou ilegalidade, dela darão ciência de imediato ao TCU, sob pena de responsabilidade solidária. Nessa comunicação ao Tribunal de Contas da União, bem como naquelas encaminhadas ao Ministério Público Federal, o dirigente do órgão do Sistema de Controle Interno do Poder Executivo Federal indicará as providências adotadas pelas unidades e entidades responsáveis pelo ato irregular ou ilegal.

Ainda, nos termos do § 3º do art. 49 da Lei nº 14.600/2023, os titulares dos órgãos do Sistema de Gestão de Riscos e Controle Interno do Poder Executivo federal cientificarão o Ministro de Estado da Controladoria-Geral da União acerca de falhas, irregularidades e alertas de risco que, registradas em seus relatórios, tratem de atos ou fatos atribuíveis a agentes da administração pública federal e das quais tenha resultado ou possa resultar prejuízo ao erário de valor superior ao limite estabelecido pelo TCU para fins da tomada de contas especial elaborada de forma simplificada.

EXEMPLO DE REPRESENTAÇÃO DO CONTROLE INTERNO AO TCU

Acórdão nº 411/2006 – Plenário
Relator: Min. Valmir Campelo
Irregularidades detectadas pela CGU. Relatório de Ação de Controle nº 00190. 002152/2004-1999. Contrato de Repasse nº 126.933/39-2001 (SIAFI nº 434618) PM Ariquemes/Ministério da Agricultura, Pecuária e Abastecimento. Fixação de prazo ao Ministério da Agricultura, Pecuária e Abastecimento.

Também no mencionado Decreto, prevê-se uma função orientadora para o controle interno, direcionada aos administradores de bens e recursos públicos nos assuntos pertinentes à área de competência do controle interno, inclusive sobre a forma de prestar contas, conforme exigência do art. 70 da CF.

JURISPRUDÊNCIA DO STF

O STF considerou que a Controladoria-Geral da União – CGU tem atribuição para fiscalizar a aplicação dos recursos públicos federais repassados, nos termos dos convênios, aos municípios. Ressaltou-se que a CGU poderia fiscalizar a aplicação de dinheiro da União onde quer que ele fosse aplicado, possuindo tal fiscalização caráter interno, porque exercida exclusivamente sobre verbas oriundas do orçamento do Executivo destinadas a repasse de entes federados. Afastou-se, por conseguinte, a alegada invasão da esfera de atribuições do TCU, órgão auxiliar do Congresso Nacional no exercício do controle externo, o qual se faria sem prejuízo do interno de cada Poder. "A Controladoria Geral da União (CGU) pode fiscalizar a aplicação de verbas federais onde quer que elas estejam sendo aplicadas, mesmo que em outro ente federado às quais foram destinadas.

A fiscalização exercida pela CGU é interna, pois feita exclusivamente sobre verbas provenientes do orçamento do Executivo" (RMS 25.943, Rel. Min. Ricardo Lewandowski, julgamento em 24/11/2010, Plenário, DJE 2/3/2011).

JURISPRUDÊNCIA DO TCU

Acórdão nº 1.195/2018 – Plenário (Prestação de Contas, Rel. Ministro-Substituto Augusto Sherman)
Direito Processual. Acesso à informação. Sigilo. CGU (2003-2016). Processo de controle externo. Não é cabível à Controladoria-Geral da União apor sigilo à identificação de responsáveis perante o TCU, ante os deveres atribuídos ao controle interno, pelo art. 74 da Constituição Federal, de apoiar o controle externo no exercício de sua missão institucional e de dar ciência ao Tribunal de irregularidades e ilegalidades constatadas.

12.5.2. Objetivos do controle interno

De acordo com o Decreto nº 3.591/2000, o Sistema de Controle Interno do Poder Executivo federal visa à avaliação da ação governamental e da gestão dos administradores públicos federais.

Assim, o objetivo da avaliação do cumprimento das metas do Plano Plurianual é comprovar a conformidade da sua execução.

A finalidade da avaliação da execução dos programas de governo consiste na comprovação do nível de execução das metas, do alcance dos objetivos e da adequação do gerenciamento.

Por seu turno, a avaliação da execução dos orçamentos da União visa a comprovar a conformidade da execução com os limites e destinações estabelecidos na legislação pertinente.

Quanto à avaliação da gestão dos administradores públicos federais, seu objetivo é comprovar a legalidade e a legitimidade dos atos e examinar os resultados no que concerne à economicidade, à eficiência e à eficácia da gestão orçamentária, financeira, patrimonial, de pessoal e demais sistemas administrativos e operacionais.

Já o controle das operações de crédito, avais, garantias, direitos e haveres da União tem por finalidade aferir a sua consistência e a adequação dos controles internos.

12.5.3. Prerrogativas do controle interno

A exemplo do controle externo, nenhum processo, documento ou informação poderá ser sonegado aos servidores dos Sistemas de Contabilidade Federal e de Controle Interno do Poder Executivo federal, no exercício das atribuições inerentes às atividades de registros contábeis, de auditoria, fiscalização e avaliação de gestão.

O agente público que, por ação ou omissão, causar embaraço, constrangimento ou obstáculo à atuação dos Sistemas de Contabilidade Federal e de Controle Interno, no desempenho de suas funções institucionais, ficará sujeito à pena de responsabilidade administrativa, civil e penal.

Aos dirigentes dos órgãos e das unidades do Sistema de Controle Interno do Poder Executivo Federal e dos órgãos do Sistema de Contabilidade Federal, no exercício de suas atribuições, é facultado impugnar, mediante representação ao responsável, quaisquer atos de gestão realizados sem a devida fundamentação legal.

12.5.4. Normas relativas a servidores do controle interno

Uma importante previsão do art. 29 da Lei nº 10.180/2001 é a vedação da nomeação para o exercício de cargo, inclusive em comissão, no âmbito do sistema de controle interno, de pessoas que tenham sido, nos últimos cinco anos:

I – responsáveis por atos julgados irregulares por decisão definitiva do Tribunal de Contas da União, do Tribunal de Contas de Estado, do Distrito Federal ou de Município, ou ainda, por Conselho de Contas de Município;

II – punidas, em decisão da qual não caiba recurso administrativo, em processo disciplinar por ato lesivo ao patrimônio público de qualquer esfera de governo;

III – condenadas em processo criminal por prática de crimes contra a Administração Pública, capitulados nos Títulos II e XI da Parte Especial do Código Penal Brasileiro, na Lei nº 7.492, de 16 de junho de 1986, e na Lei nº 8.429, de 2 de junho de 1992 (Lei de Improbidade Administrativa).

Por conseguinte, a norma impede a nomeação até mesmo de indivíduo que tenha sido aprovado em concurso público para a carreira de controle interno, no caso de enquadrar-se em alguma daquelas situações. Rigor semelhante tem sido observado em alguns editais de concursos públicos para Auditores e Procuradores de Tribunais de Contas Estaduais e Municipais.

O § 1º do mesmo artigo estende as vedações às nomeações para cargos em comissão que impliquem gestão de dotações orçamentárias, de recursos financeiros ou de patrimônio, na Administração direta e indireta dos Poderes da União, bem como para as nomeações como membros de comissões de licitações. O § 2º determina a exoneração dos servidores ocupantes de cargos em comissão que forem alcançados por aquelas hipóteses.

Ademais, prevê-se que o servidor atuando em órgão do sistema de controle interno deverá guardar sigilo sobre dados e informações pertinentes aos assuntos a que tiver acesso em decorrência do exercício de suas funções, utilizando-os, exclusivamente, para a elaboração de pareceres e relatórios destinados à autoridade competente, sob pena de responsabilidade administrativa, civil e penal.

Finalmente, registre-se que os integrantes da carreira de Finanças e Controle observarão código de ética profissional específico aprovado pelo Presidente da República.

12.5.5. Controle interno dos Poderes Legislativo e Judiciário e do Ministério Público

Recorde-se que o *caput* do art. 70 da CF menciona os sistemas de controle interno de cada Poder. Até aqui temos tratado exclusivamente do controle interno do Poder Executivo.

No Legislativo, não há uma unidade central, existindo uma Secretaria de Controle Interno da Câmara de Deputados, subordinada à Mesa Diretora; e outra de idêntica denominação no Senado Federal, subordinada à respectiva Mesa Diretora. O TCU possui uma Secretaria de Auditoria Interna, cuja atuação segue o Manual de Auditoria Interna do TCU, aprovado pela Portaria nº 70/2022.

No Judiciário, também não existe um sistema orgânico. O STF dispõe de uma Secretaria de Controle Interno, como órgão subordinado à sua Presidência. De igual modo, o STJ, o STM, o TSE e o TST. Inexiste articulação ou normatização de procedimentos entre essas unidades, em desacordo com a previsão constitucional.

Por sua vez, o Ministério Público da União conta com uma Auditoria Interna subordinada ao Procurador-Geral da República.

Em 1993, foi instituído o Conselho de Dirigentes do Controle Interno – DICON –, composto por representantes titulares de órgãos de Controle Interno dos Poderes Legislativo, Executivo e Judiciário, bem como do Ministério Público da União. Sua finalidade é promover a integração dos órgãos que o compõem mediante a padronização, a racionalização e a atualização das normas e procedimentos de controle interno, o exame de soluções para matérias controversas e outras medidas inerentes ao desempenho de suas funções.

12.5.6. Controle interno no Estatuto das Estatais (Lei nº 13.303/2016)

O Estatuto das Estatais (Lei nº 13.303/2016) atribuiu grande importância ao controle interno. Há previsão no art. 6º de que o estatuto da empresa pública, da sociedade de economia mista e de suas subsidiárias deverá observar regras de governança corporativa, de transparência e de estruturas, práticas de gestão de riscos e de controle interno, composição da administração e, havendo acionistas, mecanismos para sua proteção. As regras de estruturas e práticas de gestão de riscos e controle interno são previstas no art. 9º e incluem:

I – ação dos administradores e empregados, por meio da implementação cotidiana de práticas de controle interno;

II – área responsável pela verificação de cumprimento de obrigações e de gestão de riscos;

III – auditoria interna e Comitê de Auditoria Estatutário.

O § 3º desse dispositivo estabelece que a auditoria interna deverá:

I – ser vinculada ao Conselho de Administração, diretamente ou por meio do Comitê de Auditoria Estatutário;

II –   ser responsável por aferir a adequação do controle interno, a efetividade do gerenciamento dos riscos e dos processos de governança e a confiabilidade do processo de coleta, mensuração, classificação, acumulação, registro e divulgação de eventos e transações, visando ao preparo de demonstrações financeiras.

Ademais, a empresa pública e a sociedade de economia mista deverão possuir em sua estrutura societária Comitê de Auditoria Estatutário como órgão auxiliar do Conselho de Administração, ao qual se reportará diretamente. Entre outras atribuições, competirá ao Comitê de Auditoria Estatutário supervisionar as atividades desenvolvidas nas áreas de controle interno, de auditoria interna e de elaboração das demonstrações financeiras da empresa pública ou da sociedade de economia mista e monitorar a qualidade e a integridade dos mecanismos de controle interno, das demonstrações financeiras e das informações e medições divulgadas pela empresa pública ou pela sociedade de economia mista.

A empresa pública e a sociedade de economia mista deverão divulgar as atas das reuniões do Comitê de Auditoria Estatutário. Caso o Conselho de Administração considere que a divulgação da ata possa pôr em risco interesse legítimo da empresa pública ou da sociedade de economia mista, a empresa pública ou a sociedade de economia mista divulgará apenas o extrato das atas, mas tal restrição não será oponível aos órgãos de controle, que terão total e irrestrito acesso ao conteúdo das atas do Comitê de Auditoria Estatutário, observada a transferência de sigilo.

Por seu turno, o Decreto nº 8.945/2016 prevê que a empresa estatal deverá elaborar e divulgar Código de Conduta e Integridade.

12.6. REFERENCIAL TÉCNICO DA ATIVIDADE DE AUDITORIA INTERNA GOVERNAMENTAL

12.6.1. Inovações da IN CGU nº 3/2017: as linhas de defesa da gestão

A IN CGU nº 3/2017[14] aprovou o Referencial técnico da atividade de auditoria interna governamental do Poder Executivo Federal e revogou a conhecida IN SFC/MF nº 1/2001, que foi objeto de estudo nas sete primeiras edições desta obra.

De acordo com a norma, o Referencial Técnico posiciona-se como um instrumento de convergência dos procedimentos de auditoria interna governamental exercidos no âmbito do Poder Executivo Federal com normas, modelos e boas práticas internacionais e com a IN conjunta MP/CGU nº 1/2016, que determinou a sistematização de experiências relacionadas à governança, gestão de riscos e controles internos no Poder Executivo Federal.

Assim, o Referencial tem como propósitos definir princípios, conceitos e diretrizes que nortearão a prática da auditoria interna governamental e fornecer uma estrutura

---

[14]   Alterada pela IN CGU nº 7/2017.

básica para o aperfeiçoamento de sua atuação, com a finalidade de agregar valor à gestão dos órgãos e entidades do Poder Executivo Federal.

O Referencial define a auditoria interna governamental como uma atividade independente e objetiva de avaliação e de consultoria, desenhada para adicionar valor e melhorar as operações de uma organização. Deve buscar auxiliar as organizações públicas a realizarem seus objetivos, a partir da aplicação de uma abordagem sistemática e disciplinada para avaliar e melhorar a eficácia dos processos de governança, de gerenciamento de riscos e de controles internos.

O propósito da auditoria interna governamental é aumentar e proteger o valor organizacional das instituições públicas, fornecendo avaliação, assessoria e aconselhamento baseados em risco.

A estrutura de controles internos dos órgãos e entidades da Administração Pública Federal deve contemplar as três linhas de defesa da gestão ou camadas, a qual deve comunicar, de maneira clara, as responsabilidades de todos os envolvidos, provendo uma atuação coordenada e eficiente, sem sobreposições ou lacunas.

A **primeira linha de defesa** é responsável por identificar, avaliar, controlar e mitigar os riscos, guiando o desenvolvimento e a implementação de políticas e procedimentos internos destinados a garantir que as atividades sejam realizadas de acordo com as metas e objetivos da organização; e contempla os controles primários, que devem ser instituídos e mantidos pelos gestores responsáveis pela implementação das políticas públicas durante a execução de atividades e tarefas, no âmbito de seus macroprocessos finalísticos e de apoio.

A **segunda linha de defesa** está situada ao nível da gestão e objetiva assegurar que as atividades realizadas pela primeira linha sejam desenvolvidas e executadas de forma apropriada.

Finalmente, a **terceira linha de defesa** é representada pela atividade de auditoria interna governamental, que presta serviços de avaliação e de consultoria com base nos pressupostos de autonomia técnica e de objetividade.

A atividade de **avaliação** visa a fornecer opinião independente sobre governança, gerenciamento de riscos e estrutura de controles internos e a atividade de **consultoria** objetiva auxiliar as unidades auditadas nessas mesmas áreas, porém, por meio de assessoramento, aconselhamento, treinamento e facilitação.

12.6.2. Princípios e requisitos éticos

O Referencial estabelece princípios fundamentais para a prática da atividade de auditoria interna governamental. São eles:

a) integridade;
b) proficiência e zelo profissional;
c) autonomia técnica e objetividade;
d) alinhamento às estratégias, objetivos e riscos da Unidade Auditada;

e) atuação respaldada em adequado posicionamento e em recursos apropriados;
f) qualidade e melhoria contínua; e
g) comunicação eficaz.

Por sua vez, os requisitos éticos para a conduta dos auditores internos governamentais são:

a) integridade e comportamento;
b) autonomia técnica e objetividade;
c) sigilo profissional; e
d) proficiência e zelo profissional.

12.6.3. Técnicas de auditoria

Conforme o art. 4º do Decreto nº 3.591/2000, as técnicas de trabalho do sistema de controle interno do Poder Executivo Federal são a **auditoria** e a **fiscalização**. Nessa conceituação, a auditoria visa a **avaliar** a gestão pública, pelos processos e resultados gerenciais, e a aplicação de recursos públicos por entidades de direito privado; e a fiscalização visa a **comprovar** se o objeto dos programas de governo corresponde às especificações estabelecidas, atende às necessidades para as quais foi definido, guarda coerência com as condições e características pretendidas e se os mecanismos de controle são eficientes.

> **IMPORTANTE**
>
> Para o controle interno, os conceitos de auditoria e fiscalização são distintos dos do TCU. No TCU, como visto no Capítulo 11, item 11.2, a auditoria é um dos instrumentos de fiscalização. Para o controle interno, nos termos do Decreto nº 3.591/2000, auditoria e fiscalização são distintas técnicas de trabalho para a consecução de suas finalidades.
> Ademais, as espécies de auditoria para a CGU são diferentes das espécies de auditoria para o TCU!

Em 2017, foi editado o Manual de orientações técnicas da atividade de auditoria interna governamental do Poder Executivo Federal, aprovado por meio da IN CGU nº 8/2017.

As Técnicas de Auditoria são o conjunto de processos e ferramentas operacionais de que se serve o controle interno para a obtenção de evidências, as quais devem ser suficientes, adequadas, relevantes e úteis para conclusão dos trabalhos, podendo ser, de acordo com o referido Manual de 2017:

- Inspeção;
- Observação;
- Análise documental;
- Recálculo;
- Confirmação externa (circularização);

- Indagação;
- Procedimentos analíticos;
- Reexecução;
- Rastreamento e *vouching*;
- *Benchmarking*; e
- Técnicas de auditoria assistidas por computador.

12.7. ATUAÇÃO DO CONTROLE INTERNO EM PROCESSOS DE CONTAS E TOMADAS DE CONTAS ESPECIAIS

O órgão de controle interno competente encaminhará ou colocará à disposição do Tribunal, em cada exercício, por meio de acesso a banco de dados informatizado, o rol de responsáveis e suas alterações, com a indicação da natureza da responsabilidade de cada um, além de outros documentos ou informações necessários, na forma prescrita em ato normativo (RITCU: art. 190).

O mencionado ato é a IN TCU nº 84/2020 complementada pela DN TCU nº 198/2022.

O art. 12 da referida IN dispõe que a atuação dos órgãos e unidades do sistema de controle interno nos trabalhos de asseguração relacionados às prestações de contas dos responsáveis abrange:

I – a avaliação do cumprimento da obrigação de prestar contas, no atendimento das finalidades e dos critérios estabelecidos na IN;[15]

II – a certificação, consoante o disposto no inciso IV do art. 74 da Constituição e no art. 50 da LOTCU, realizada de acordo com as normas técnicas de auditoria, mediante auditoria integrada financeira e de conformidade nas UPC, unidades, contas contábeis ou ciclos de transações relacionados ao BGU; e

III – os demais trabalhos de avaliação e de outras naturezas, constantes nos planos anuais de atividades de auditoria interna ou de fiscalização dos órgãos de controle interno, nos termos dos incisos I a III do art. 74 da Constituição.

12.7.1. Auditoria nas contas

A auditoria nas contas tem por finalidade assegurar que as prestações de contas expressem, de forma clara e objetiva, a exatidão dos demonstrativos contábeis, a legalidade, a legitimidade e a economicidade dos atos de gestão subjacentes, em todos os aspectos relevantes, de acordo com os critérios aplicáveis.

---

[15] Veja-se seção 8.4.1.

Os trabalhos de auditoria nas contas devem ser realizados em conformidade com as normas e padrões nacionais e internacionais de auditoria do setor público.

Ao realizar auditorias nas contas dos responsáveis sob seu controle, os órgãos integrantes do sistema de controle interno deverão emitir relatório de auditoria e certificados de auditoria, estes contendo os pareceres do dirigente do órgão de controle interno responsável técnico pela condução da auditoria, nos termos do inciso III do art. 9º e do inciso II do art. 50 da LOTCU.

O TCU deve manter comunicação constante com os responsáveis pelos órgãos e unidades que compõem o sistema de controle interno dos poderes da União, visando ao aprimoramento de suas atuações relativamente às auditorias de contas.

No planejamento da auditoria nas contas, o TCU, os órgãos de controle interno e as unidades de auditoria interna devem considerar a materialidade, os riscos e a sensibilidade das operações, transações e/ou atos de gestão subjacentes.

Os relatórios de auditoria devem:

I – orientar-se pelos requisitos de clareza, convicção, concisão, completude, exatidão, relevância, tempestividade e objetividade;

II – detalhar a metodologia utilizada na definição do escopo, da natureza, época e extensão (tamanho das amostras) dos procedimentos de auditoria, utilizando, caso necessário, anexo para maior detalhamento da metodologia empregada; e

III – estar suportados por evidência de auditoria suficiente e apropriada e conter informações e elementos que possam subsidiar a avaliação, pelo TCU, de eventual responsabilidade por irregularidades e para quantificação de danos causados por atos comissivos ou omissivos, inclusive quanto a aspectos de governança de competência da alta administração que possam implicar opinião com ressalva, adversa ou abstenção de opinião nos certificados de auditoria.

Os órgãos dos Poderes Legislativo e Judiciário e do Ministério Público incluirão os respectivos certificados de auditoria na prestação de contas anual a ser publicada.

CONCEITOS IMPORTANTES DA IN TCU Nº 84/2020

Asseguração: nível de segurança fornecido por uma auditoria ou outro trabalho de asseguração, mediante expressão de uma conclusão baseada em evidência suficiente e apropriada, de forma a aumentar o grau de confiança dos usuários previstos sobre o resultado da mensuração ou avaliação do objeto, de acordo com os critérios que sejam aplicáveis. São dois os tipos de asseguração: asseguração razoável e asseguração limitada (ISSAI 100; IFAC/NBCTA Estrutura Conceitual para trabalhos de asseguração).

Certificação de contas: fiscalização contábil, financeira e orçamentária que assegura os níveis de confiabilidade das demonstrações contábeis divulgadas, a conformidade das transações subjacentes e dos atos de gestão relevantes dos responsáveis pela UPC.

Efeitos generalizados: são aqueles que no julgamento do auditor:

> a) não estão restritos a elementos, contas ou itens específicos das demonstrações contábeis; ou,
>
> b) se estiverem restritos, representam, ou poderiam representar, uma parcela substancial das demonstrações contábeis; ou,
>
> c) em relação às divulgações, são fundamentais para o entendimento das demonstrações contábeis.
>
> **Normas técnicas e profissionais de auditoria do setor público:** padrões de auditoria estabelecidos por entidades técnicas nacionais e internacionais, como o Conselho Federal de Contabilidade (CFC), a *International Organization of Supreme Audit Institutions* – INTOSAI (Organização Internacional de Entidades de Fiscalização Superior), *The Institute of Internal Auditors* – IIA (Instituto dos Auditores Internos), a *International Federation of Accountants* – IFAC (Federação Internacional de Contadores).

12.7.2. Certificação das contas

O TCU definirá em ato próprio a coordenação e a cooperação para os trabalhos de auditoria integrada financeira e de conformidade em UPC significativas do BGU e em empresas estatais, ouvidos os órgãos e as unidades do sistema de controle interno dos poderes da União e observadas sua independência e limitações em termos de disponibilidade de recursos, com vistas à integração das competências constitucional e legal de certificação das contas anuais e de governo.

A certificação das UPC significativas do BGU deverá ser planejada de modo a subsidiar a emissão do parecer prévio pelo TCU sobre as contas consolidadas de governo prestadas anualmente pelo Presidente da República para fins de julgamento pelo Congresso Nacional, nos termos do inciso I do art. 71 e do inciso IX do art. 49 da Constituição.

Os trabalhos de certificação de contas abrangerão empresas estatais, dependentes ou independentes, selecionadas conforme a correspondente materialidade da participação acionária da União, apurada pelo método da equivalência patrimonial e registrada no BGU.

O TCU pode avocar a realização da certificação de contas de qualquer órgão, entidade, fundo, unidade, conta contábil ou ciclo de transações caso avalie alguma restrição à independência ou a ausência das condições previstas nos §§ 1º, 3º ou 5º do art. 13 da IN TCU nº 84/2020.

As certificações das contas anuais das UPC devem ser concluídas até a data de publicação do relatório de gestão estabelecida no § 4º do art. 8º, com emissão dos certificados de auditoria, abrangendo os seguintes objetivos gerais de auditoria:

I – confiabilidade das demonstrações contábeis: assegurar que as demonstrações contábeis foram elaboradas e apresentadas de acordo com as normas contábeis e o marco regulatório aplicável e estão livres de distorções relevantes causadas por fraude ou erro; e

II – conformidade dos atos de gestão: assegurar que as transações subjacentes às demonstrações contábeis e os atos de gestão relevantes dos responsáveis pela UPC estão de acordo com as leis e regulamentos aplicáveis e com os princípios de administração pública que regem a gestão financeira responsável e a conduta dos agentes públicos.

As conclusões de auditoria relativamente aos objetivos gerais acima constarão dos relatórios das auditorias individuais que compuserem o escopo da auditoria nas contas anuais.

As opiniões de auditoria constarão de parecer do dirigente do órgão de controle interno.

As opiniões de auditoria expressas nos certificados de auditoria observarão as normas técnicas de auditoria aplicáveis, nacional e internacionalmente aceitas.

Na formação da opinião a ser expressa como parecer nos certificados de auditoria, o órgão de controle interno deve considerar a relevância dos achados e conclusões do relatório de auditoria acerca de eventuais distorções ou desvios de conformidade, individualmente ou em conjunto, em relação ao todo da gestão da UPC.

Em razão da natureza jurídica e econômica das UPCs, o arranjo institucional e a distribuição de competências para a certificação de contas devem considerar as atribuições constitucionais e legais de cada instituição certificadora.

Os órgãos e as unidades do sistema de controle interno dos poderes da União poderão utilizar o trabalho das auditorias internas ou de outros auditores em seus trabalhos de certificação, observadas as disposições das normas técnicas e profissionais de auditoria pertinentes.

A certificação da confiabilidade das demonstrações contábeis, no caso das empresas estatais, e nos termos do art. 7º da Lei nº 13.303/2016, compete aos auditores independentes registrados na Comissão de Valores Mobiliários.

As instituições certificadoras devem atender à regulação e às orientações dos órgãos reguladores e supervisores do Sistema Financeiro Nacional e dos órgãos de regulamentação técnico-profissional, bem como, no caso de auditorias de grupos realizadas segundo as normas técnicas de auditoria específicas, à supervisão do trabalho de auditoria do grupo BGU pelo Tribunal, com o intuito de garantir a qualidade, a independência e a padronização mínima necessária.

Os trabalhos produzidos por auditoria independente, em órgãos, entidades e fundos, elaborados por iniciativa institucional ou por demanda regulatória, poderão atender à certificação da confiabilidade das demonstrações contábeis, caso cumpram os requisitos estabelecidos na IN TCU nº 84/2020.

Na hipótese da utilização do trabalho da auditoria interna ou de outros auditores pelo órgão de controle, o relatório de auditoria nas contas deverá mencionar o tipo e a extensão do trabalho executado pelas unidades de auditoria interna ou por outros auditores.

Os certificados de auditoria devem expressar os seguintes tipos de opinião quanto à regularidade das contas anuais, conforme o caso:

I – opinião sem ressalvas: quando se conclui, com base em evidência de auditoria apropriada e suficiente, que as demonstrações contábeis estão livres de distorções relevantes; ou não há desvios de conformidade relevantes nas operações, transações ou atos subjacentes;

II – opinião com ressalvas:
   a) quando tendo obtido evidência de auditoria apropriada e suficiente se conclui que as distorções, individualmente ou em conjunto, são relevantes, mas não generalizadas nas demonstrações contábeis; ou foram identificados desvios relevantes de conformidade nas operações, transações ou atos subjacentes, mas não generalizados; ou
   b) quando não é possível obter evidência de auditoria suficiente e apropriada, mas se conclui que os possíveis efeitos das distorções não detectadas sobre as demonstrações contábeis ou dos desvios de conformidade nas operações, transações ou atos subjacentes, se houver, poderiam ser relevantes, mas não generalizados;

III – opinião adversa: quando tendo obtido evidência de auditoria apropriada e suficiente se conclui que as demonstrações contábeis apresentam distorções relevantes e com efeitos generalizados; ou os desvios de conformidade nas operações, transações ou atos subjacentes são relevantes e generalizados;

IV – abstenção de opinião: quando não é possível obter evidência de auditoria suficiente e apropriada e se conclui que os possíveis efeitos de distorções não detectadas sobre as demonstrações contábeis, se houver, poderiam ser relevantes e generalizados; ou os desvios de conformidade nas operações, transações ou atos subjacentes poderiam ser relevantes e com efeitos generalizados.

A opinião emitida na certificação de contas do exercício não vincula o julgamento pelo TCU.

DÚVIDA FREQUENTE

As contas aprovadas pelo controle interno podem ser consideradas irregulares pelos Tribunais de Contas?

Sim. Inexiste qualquer vinculação entre a manifestação do controle interno e o julgamento das contas pela Corte competente. Via de regra, ocorre a coincidência das conclusões entre os controles interno e externo, mas há total independência entre as instâncias.

"A aprovação de contas pelo Sistema de Controle Interno não afasta a atribuição constitucional deste Tribunal consistente na verificação da regularidade da utilização de recursos públicos federais. Esta Corte de Contas [...] não está adstrita ao juízo firmado pelo Controle Interno. Possui ampla capacidade de deliberação e exerce a privativa jurisdição sobre os responsáveis pelos valores repassados pela União, mediante convênio, acordo, ajuste ou outros instrumentos congêneres a estado, ao Distrito Federal ou a município, ex vi do disposto no art. 71, inciso VI, da Carta Política" (Acórdão nº 1.968/2006 – 1ª Câmara – Rel. Min. Augusto Nardes).

> **EXEMPLO DE JULGAMENTO PELO TCU DIVERGENTE DAS CONCLUSÕES DO CONTROLE INTERNO**
>
> Acórdão nº 3.095/2012 – TCU – Plenário
> Relator: Min. Marcos Bemquerer
> Sumário: AUDITORIA DE NATUREZA OPERACIONAL. ATUAÇÃO DOS ÓRGÃOS DE CONTROLE INTERNO DOS PODERES DA UNIÃO. DESCUMPRIMENTO DOS PRAZOS NORMATIVOS FIXADOS PARA A REMESSA DOS ATOS DE PESSOAL AO TRIBUNAL DE CONTAS DA UNIÃO. DIVERGÊNCIA SIGNIFICATIVA ENTRE O PARECER EMITIDO PELOS ÓRGÃOS DE CONTROLE INTERNO E A DELIBERAÇÃO ADOTADA PELO TRIBUNAL. AVALIAÇÃO DAS RESPECTIVAS CAUSAS DAS FALHAS CONSTATADAS. NÚMERO INSUFICIENTE DE PESSOAL. FALTA DE CAPACITAÇÃO DOS SERVIDORES. INCONSISTÊNCIAS DO SISAC. DIFICULDADES NO ACOMPANHAMENTO DA JURISPRUDÊNCIA DO TCU. DETERMINAÇÕES. RECOMENDAÇÕES.

12.7.3. Remessa das contas ao TCU

Os órgãos e as unidades do sistema de controle interno remeterão ao Tribunal:

I – o relatório e os certificados de auditoria, estes contendo os pareceres do dirigente do órgão de controle interno, relativamente às auditorias integradas financeiras e de conformidade em UPC significativas do BGU;

II – os resultados de eventuais auditorias realizadas nas contas de UPC que não tenham suas contas certificadas; e

III – comunicação acerca de quaisquer indícios de irregularidades que individualmente ou em conjunto sejam materialmente relevantes ou que apresentem risco de impacto relevante na gestão, decorrente de ato comissivo ou omissivo praticado por integrante do rol de responsáveis ou por eventual responsável não relacionado no rol, mas cuja eventual responsabilização em conjunto com aquele seja cabível.

A ausência da comunicação, quando a irregularidade for do conhecimento do órgão ou entidade do sistema de controle interno, implicará a responsabilidade solidária do dirigente do órgão ou entidade do sistema de controle interno, nos termos do § 1º do art. 74 da Constituição e do art. 51 da LOTCU.

Na comunicação, o dirigente do órgão em que os indícios de irregularidade tenham sido detectados indicará as providências adotadas para evitar ocorrências semelhantes.

A comunicação deverá estar acompanhada de evidências e todos os elementos que possam subsidiar a avaliação, pelo Tribunal, de eventual responsabilidade por irregularidades, os quais deverão constar do relatório de auditoria do controle interno da seguinte forma:

I – indício de irregularidade: descrição sucinta e objetiva do ato não conforme praticado, com indicação da data ou período de ocorrência, bem como da norma possivelmente infringida;

II – eventual responsável: indicação do nome e cargo/função, bem como número do CPF do eventual responsável integrante do rol ou não integrante do rol, mas que tenha agido em conluio com aquele integrante do rol, quando aplicável;

III – conduta: descrição da ação ou a omissão praticada pelo eventual responsável, dolosa ou culposa, devidamente caracterizada e individualizada;

IV – nexo de causalidade: descrição da relação de causa e efeito entre a conduta do eventual responsável e o resultado ilícito apontado como indício de irregularidade; e

V – culpabilidade: avaliação sobre a reprovabilidade da conduta do eventual responsável, destacando situações atenuantes, como a adoção de medidas corretivas ou reparatórias adotadas, ou agravantes, como a existência de afirmações ou documentos falsos e a omissão proposital em tratar o indício de irregularidade apontado, além das circunstâncias práticas que houverem imposto, limitado ou condicionado a ação do agente, nos termos do art. 22 da Lei nº 13.655/2018.

Os órgãos e as unidades do sistema de controle interno deverão, quando detectada eventual omissão dos responsáveis em cumprir a obrigação de prestação de contas, comunicar a autoridade administrativa competente para fins do disposto no art. 8º da LOTCU.

Os titulares dos órgãos do Sistema de Controle Interno do Poder Executivo federal cientificarão o Ministro de Estado da Controladoria-Geral da União acerca de irregularidades que, registradas em seus relatórios, tratem de atos ou fatos atribuíveis a agentes da administração pública federal e das quais tenha resultado ou possa resultar prejuízo ao erário de valor superior ao limite fixado pelo Tribunal de Contas da União para efeito da tomada de contas especial elaborada de forma simplificada.[16]

Segundo o art. 20-B do Decreto nº 3.591/2000, com as alterações do Decreto nº 5.481/2005, os órgãos e as entidades do Poder Executivo Federal, sujeitos à tomada e à prestação de contas, darão ampla divulgação, inclusive em meios eletrônicos de acesso público, ao relatório de gestão, ao relatório e ao certificado de auditoria, com parecer do órgão de controle interno, e ao pronunciamento do Ministro de Estado supervisor da área ou da autoridade de nível hierárquico equivalente, em até trinta dias após envio ao Tribunal de Contas da União. Essa divulgação deverá ressalvar a circunstância das contas estarem sujeitas a julgamento pelo Tribunal de Contas da União, independentemente das manifestações emanadas do órgão de controle interno; bem como assegurar aos dirigentes responsáveis pelos atos de gestão em que tenham sido apontadas irregularidades ou impropriedades a difusão, pelo mesmo meio adotado para a divulgação dos relatórios referidos no *caput*, dos esclarecimentos e justificativas prestados ao órgão de controle interno durante a fase de apuração.

Ademais, nos termos da IN TCU nº 78/2018, o órgão de controle interno deverá emitir parecer quanto à legalidade dos atos de admissão e de concessão informados pelos órgãos de pessoal a ele vinculados, cabendo-lhe diligenciar ao órgão de pessoal

---

[16] § 6º do art. 51 da Lei nº 13.844/2019.

quando verificar inexatidão ou insuficiência dos dados recebidos. Em seu exame, o órgão de controle interno deverá cotejar os dados previamente cadastrados pelo órgão de pessoal com aqueles constantes dos respectivos processos e nas correspondentes fichas financeiras referentes ao mês de emissão do ato.

12.8. OBRIGATORIEDADE DA ESTRUTURAÇÃO DO CONTROLE INTERNO NOS ESTADOS E MUNICÍPIOS

Jacoby Fernandes[17] sustenta a obrigatoriedade da instituição de sistemas de controle interno em todas as unidades federadas, com o que concordamos. Acentua, e com razão, que não basta uma estrutura formal dentro do organograma administrativo. É necessário, para efetivamente cumprir sua importante missão, que o controle interno esteja devidamente aparelhado, com servidores de carreira, adequadamente remunerados e motivados.

Nos últimos anos, diversos estados, a exemplo de Santa Catarina, estruturaram legalmente a carreira de controle interno e realizaram concursos públicos para o provimento dos cargos. O Município do Rio de Janeiro, em 1993, instituiu sua Controladoria com resultados positivos. O Estado do Rio de Janeiro, contudo, até 2006 manteve um simulacro de "Secretaria de Controle", a um só tempo ineficiente e burocrática, sem carreira e sem servidores concursados. No Rio Grande do Sul, a Contadoria e Auditoria-Geral do Estado tem a seu encargo o controle interno dos três poderes estaduais.

Diversos Tribunais de Contas dos Estados têm recomendado a adequada instituição do controle interno e até multado Chefes de Executivo que se omitiram desse dever.

É relevante destacar que a jurisprudência do STF e de diversos TJs não admite que as atividades de controle interno sejam exercidas por servidores em cargos comissionados ou funções gratificadas. A título de exemplo, veja-se o voto do Ministro Alexandre de Moraes no RE 1.264.676:

> Assim, considerando a natureza técnica do cargo de Controlador Interno criado pela Lei Complementar 22, de 3 de abril de 2017, do Município de Belmonte – SC, mostra-se inconstitucional sua investidura por meio de provimento em comissão ou função gratificada, sendo necessária, portanto, a observância da orientação prevista no art. 37, II, da Constituição da República, segundo a qual "a investidura em cargo ou emprego público depende de aprovação prévia em concurso público de provas ou de provas e títulos, de acordo com a natureza e a complexidade do cargo ou emprego, na forma prevista em lei".

12.9. CONTROLE INTERNO E AUDITORIAS PRIVADAS

O Decreto nº 3.591/2000 admite a hipótese de contratação de empresas privadas de auditoria pelos órgãos ou pelas entidades da Administração Pública Federal indireta

---

[17] *Op. cit.*, p. 90.

desde que comprovada, junto ao Ministro supervisor e ao Órgão Central do Sistema de Controle Interno do Poder Executivo Federal, a impossibilidade de execução dos trabalhos de auditoria diretamente pela Secretaria Federal de Controle Interno ou por órgãos setoriais do Sistema de Controle Interno do Poder Executivo Federal.

12.10. CGU E O ACESSO A INFORMAÇÕES (LEI Nº 12.527/2011)

A Lei de Acesso a Informações (Lei nº 12.527/2011) atribui à CGU a competência de decidir recursos apresentados caso seja negado o acesso à informação pelos órgãos ou entidades do Poder Executivo Federal. Verificada a procedência das razões do recurso, a Controladoria-Geral da União determinará ao órgão ou entidade que adote as providências necessárias para dar cumprimento ao disposto na LAI.

Por sua vez, o art. 7º, VII, *b*, da LAI assegura o direito à obtenção de informações relativas ao resultado de inspeções, auditorias, prestações e tomadas de contas realizadas pelos órgãos de controle interno e externo, incluindo prestações de contas relativas a exercícios anteriores.

A exemplo das anteriores, a LDO para 2025 (Lei nº 15.080/2024) fixou a obrigação de divulgação na Internet pelos Poderes, pelo Ministério Público da União e pela Defensoria Pública da União, no sítio de cada unidade jurisdicionada ao Tribunal de Contas da União, dos seguintes documentos: Relatório de Gestão, Relatório e Certificado de Auditoria, Parecer do órgão de controle interno e pronunciamento do Ministro de Estado supervisor, ou da autoridade de nível hierárquico equivalente responsável pelas contas, integrantes das respectivas tomadas ou prestações de contas, em até trinta dias após seu envio ao Tribunal.

JURISPRUDÊNCIA DO TCU

Acórdão nº 2.798/2022 Plenário (Representação, Relator Ministro-Substituto Augusto Sherman) Competência do TCU. Acesso à informação. Abrangência. Informação sigilosa. Classificação da informação.

Não compete ao TCU reclassificar o nível de acesso a informações qualificadas como sigilosas por órgão jurisdicionado, tampouco atuar como instância recursal de pedidos de acesso à informação. Todavia, em caso de ilegalidade na prática do ato de classificação da informação ou de inobservância de procedimento prescrito em lei, pode o Tribunal assinar prazo para anulação do ato (art. 71, inciso IX, da Constituição Federal).

12.11. CGU E O CONFLITO DE INTERESSES (LEI Nº 12.813/2013)

A Lei nº 12.813/2013 dispõe sobre o conflito de interesses no exercício de cargo ou emprego do Poder Executivo federal e impedimentos posteriores ao exercício do cargo ou emprego. A norma atribui à CGU competência para:

I – estabelecer normas, procedimentos e mecanismos que objetivem prevenir ou impedir eventual conflito de interesses;

II – avaliar e fiscalizar a ocorrência de situações que configuram conflito de interesses e determinar medidas para a prevenção ou eliminação do conflito;

III – orientar e dirimir dúvidas e controvérsias acerca da interpretação das normas que regulam o conflito de interesses;

IV – manifestar-se sobre a existência ou não de conflito de interesses nas consultas a elas submetidas;

V – autorizar o ocupante de cargo ou emprego no âmbito do Poder Executivo federal a exercer atividade privada, quando verificada a inexistência de conflito de interesses ou sua irrelevância;

VI – dispensar a quem haja ocupado cargo ou emprego no âmbito do Poder Executivo federal de cumprir o período de impedimento, quando verificada a inexistência de conflito de interesses ou sua irrelevância;

VII – dispor, em conjunto com o Ministério do Planejamento, Orçamento e Gestão, sobre a comunicação pelos ocupantes de cargo ou emprego no âmbito do Poder Executivo federal de alterações patrimoniais relevantes, exercício de atividade privada ou recebimento de propostas de trabalho, contrato ou negócio no setor privado; e

VIII – fiscalizar a divulgação da agenda de compromissos públicos.

Tais competências são compartilhadas com a Comissão de Ética Pública, instituída no âmbito do Poder Executivo federal, que atuará nos casos que envolvam os ocupantes dos seguintes cargos e empregos:

I – de ministro de Estado;

II – de natureza especial ou equivalentes;

III – de presidente, vice-presidente e diretor, ou equivalentes, de autarquias, fundações públicas, empresas públicas ou sociedades de economia mista; e

IV – do Grupo-Direção e Assessoramento Superiores – DAS, níveis 6 e 5 ou equivalentes.

A CGU atuará nos demais casos, a saber: ocupantes de cargos ou empregos cujo exercício proporcione acesso à informação privilegiada capaz de trazer vantagem econômica ou financeira para o agente público ou para terceiro.

Assim, o ocupante de cargo ou emprego no Poder Executivo federal deve agir de modo a prevenir ou a impedir possível conflito de interesses e a resguardar informação privilegiada e, em caso de dúvida sobre como prevenir ou impedir situações que configurem conflito de interesses, deverá consultar a Comissão de Ética Pública ou a Controladoria-Geral da União, conforme o caso.

Ademais, referidos agentes deverão enviar à Comissão de Ética Pública ou à Controladoria-Geral da União, conforme o caso, anualmente, declaração com informações sobre situação patrimonial, participações societárias, atividades econômicas ou profissionais e indicação sobre a existência de cônjuge, companheiro ou parente, por consanguinidade ou afinidade, em linha reta ou colateral, até o terceiro grau, no exercício de atividades que possam suscitar conflito de interesses.

Por seu turno, as unidades de recursos humanos, ao receber a comunicação de exercício de atividade privada ou de recebimento de propostas de trabalho, contrato ou negócio no setor privado, deverão informar ao servidor e à Controladoria-Geral da União as situações que suscitem potencial conflito de interesses entre a atividade pública e a atividade privada do agente.

12.12. CGU E A LEI ANTICORRUPÇÃO (LEI Nº 12.846/2013)

A Lei nº 12.846/2013, alcunhada como Lei Anticorrupção, dispõe sobre a responsabilização administrativa e civil de pessoas jurídicas pela prática de atos contra a administração pública, nacional ou estrangeira, e dá outras providências. Um dos seus principais aspectos a serem destacados é a possibilidade de punição às pessoas jurídicas, ou seja, as empresas, e não apenas às pessoas físicas de seus sócios, diretores, gerentes e funcionários. Assim, a empresa que se beneficiar de atos de corrupção de agentes públicos poderá ser duramente penalizada. Anteriormente, eventuais sanções só podiam ser imputadas aos prepostos de tais empresas.

São previstos como atos lesivos à administração pública, nacional ou estrangeira, para os fins desta Lei, todos aqueles praticados pelas pessoas jurídicas que atentem contra o patrimônio público nacional ou estrangeiro, contra princípios da administração pública ou contra os compromissos internacionais assumidos pelo Brasil, especialmente:

I - prometer, oferecer ou dar, direta ou indiretamente, vantagem indevida a agente público, ou a terceira pessoa a ele relacionada;

II - comprovadamente, financiar, custear, patrocinar ou de qualquer modo subvencionar a prática dos atos ilícitos previstos nesta Lei;

III - comprovadamente, utilizar-se de interposta pessoa física ou jurídica para ocultar ou dissimular seus reais interesses ou a identidade dos beneficiários dos atos praticados;

IV - no tocante a licitações e contratos:

   a) frustrar ou fraudar, mediante ajuste, combinação ou qualquer outro expediente, o caráter competitivo de procedimento licitatório público;

   b) impedir, perturbar ou fraudar a realização de qualquer ato de procedimento licitatório público;

   c) afastar ou procurar afastar licitante, por meio de fraude ou oferecimento de vantagem de qualquer tipo;

   d) fraudar licitação pública ou contrato dela decorrente;

   e) criar, de modo fraudulento ou irregular, pessoa jurídica para participar de licitação pública ou celebrar contrato administrativo;

   f) obter vantagem ou benefício indevido, de modo fraudulento, de modificações ou prorrogações de contratos celebrados com a administração pública, sem autorização em lei, no ato convocatório da licitação pública ou nos respectivos instrumentos contratuais; ou

g) manipular ou fraudar o equilíbrio econômico-financeiro dos contratos celebrados com a administração pública.

V – dificultar atividade de investigação ou fiscalização de órgãos, entidades ou agentes públicos, ou intervir em sua atuação, inclusive no âmbito das agências reguladoras e dos órgãos de fiscalização do sistema financeiro nacional.

Entre as penalidades previstas, estão: multa proporcional ao faturamento bruto da empresa no último exercício e nunca inferior à vantagem auferida, quando for possível sua estimação; perdimento dos bens, direitos ou valores que representem vantagem ou proveito direta ou indiretamente obtidos da infração, ressalvado o direito do lesado ou de terceiro de boa-fé; suspensão ou interdição parcial de suas atividades; e dissolução compulsória da pessoa jurídica.

A norma conferiu à CGU, no âmbito do Poder Executivo federal, competência concorrente com a autoridade máxima de cada órgão ou entidade para instaurar processos administrativos de responsabilização de pessoas jurídicas ou para avocar os processos instaurados com fundamento na Lei, para exame de sua regularidade ou para corrigir-lhes o andamento. Ademais, competem à CGU a apuração, o processo e o julgamento[18] dos atos ilícitos previstos nesta Lei, praticados contra a administração pública estrangeira, observado o disposto no art. 4º da Convenção sobre o Combate da Corrupção de Funcionários Públicos Estrangeiros em Transações Comerciais Internacionais, promulgada pelo Decreto nº 3.678/2000.

Um ponto bastante controverso da norma é a possibilidade de celebração de acordos de leniência com as pessoas jurídicas responsáveis pela prática dos atos previstos na Lei que colaborem efetivamente com as investigações e o processo administrativo, sendo que dessa colaboração resulte:

I – a identificação dos demais envolvidos na infração, quando couber; e

II – a obtenção célere de informações e documentos que comprovem o ilícito sob apuração.

A celebração do acordo de leniência isentará a pessoa jurídica das sanções previstas no inciso II do art. 6º (publicação extraordinária da decisão condenatória) e no inciso IV do art. 19 (proibição de receber incentivos, subsídios, subvenções, doações ou empréstimos de órgãos ou entidades públicas e de instituições financeiras públicas ou controladas pelo poder público, pelo prazo mínimo de um e máximo de cinco anos) e reduzirá em até 2/3 (dois terços) o valor da multa aplicável.

Todavia, o acordo de leniência não exime a pessoa jurídica da obrigação de reparar integralmente o dano causado. Em caso de descumprimento do acordo de leniência, a

---

[18] Há questionamentos quanto à constitucionalidade desta expressão.

pessoa jurídica ficará impedida de celebrar novo acordo pelo prazo de três anos contados do conhecimento pela administração pública do referido descumprimento.

Outra hipótese prevista é a celebração de acordo de leniência com a pessoa jurídica responsável pela prática de ilícitos previstos na Lei nº 8.666/1993, com vistas à isenção ou atenuação das sanções administrativas estabelecidas em seus arts. 86 a 88 (multa de mora, advertência, suspensão temporária de participação em licitação e impedimento de contratar com a Administração, por prazo não superior a dois anos; declaração de inidoneidade para licitar ou contratar com a Administração Pública enquanto perdurarem os motivos determinantes da punição ou até que seja promovida a reabilitação perante a própria autoridade que aplicou a penalidade. A partir de 2021, a previsão se aplica à Lei nº 14.133/2021, por força de seu art. 189.

Em relação aos acordos de leniência, a Lei definiu que a Controladoria-Geral da União – CGU é o órgão competente para celebrar os acordos de leniência no âmbito do Poder Executivo federal, bem como no caso de atos lesivos praticados contra a administração pública estrangeira. A Portaria Interministerial nº 2.278/2016 disciplinou os procedimentos de celebração de tais acordos.

Outro ponto polêmico da denominada Lei Anticorrupção é que ela em nenhum momento menciona os Tribunais de Contas. Assim, atribuiu funções de julgamento a um órgão de controle interno e desconsiderou a existência de Cortes especializadas em quantificar e determinar o ressarcimento de danos ao erário. Como assinalam Costa e Bastos, na vigente normatização, são oferecidos benefícios aos colaboradores antes de se obter a real dimensão dos delitos cometidos.[19]

A Lei nº 12.846/2013 foi regulamentada pelo Decreto nº 11.129/2022, que revogou o anterior Decreto nº 8.420/2015. Ademais, diversos de seus dispositivos foram alterados durante a vigência da Medida Provisória nº 703/2016, encerrada sem ter sido renovada ou merecido conversão em lei pelo Congresso Nacional.

Um episódio interessante foi o que, com base nessa MP, a CGU ingressou no STF o Mandado de Segurança 34.031 contra o TCU, que exigia informações sobre acordo de leniência em curso no âmbito da Operação Lava Jato. Em medida cautelar, o Ministro Gilmar Mendes concedeu a segurança.

JURISPRUDÊNCIA DO TCU

Acórdão nº 483/2017 – Plenário (Acompanhamento, Relator Ministro Bruno Dantas)
Sumário: ACOMPANHAMENTO. AUDITORIA DE CONFORMIDADE NOS CONTRATOS DE ELETROMECÂNICA DA UTN DE ANGRA 3. FRAUDE À LICITAÇÃO. ANÁLISE DAS AUDIÊNCIAS DAS EMPRESAS ENVOLVIDAS. CONFIRMAÇÃO DOS FATOS POR PARTE DE UMA DAS RESPONSÁVEIS E EFETIVA CONTRIBUIÇÃO PARA AS APURAÇÕES EM CURSO. CONSIDERAÇÕES ACERCA DO REFLEXO NOS PROCESSOS DE CONTROLE EXTERNO DOS ACORDOS FIRMADOS PELO MINISTÉRIO PÚBLICO

---

[19] O impacto do compartilhamento de provas obtidas pela Operação Lava Jato nos processos de controle externo do Tribunal de Contas da União. In: LIMA, Luiz Henrique; SARQUIS, Alexandre Manir Figueiredo (Coord.). *Processos de controle externo:* estudos de ministros e conselheiros substitutos dos Tribunais de Contas. Belo Horizonte: Fórum, 2019. p. 45-77.

FEDERAL. ATENUAÇÃO DA PENA EM VIRTUDE DA COLABORAÇÃO PARA AS APURAÇÕES EM CURSO. APLICAÇÃO ÀS EMPRESAS CONSTRUTORA QUEIROZ GALVÃO, EMPRESA BRASILEIRA DE ENGENHARIA, TECHINT ENGENHARIA E CONSTRUÇÃO E UTC ENGENHARIA DA SANÇÃO DE INIDONEIDADE PARA PARTICIPAR DE LICITAÇÕES PROMOVIDAS PELA ADMINISTRAÇÃO PÚBLICA FEDERAL PELO PRAZO DE CINCO ANOS. SOBRESTAMENTO DO JULGAMENTO EM RELAÇÃO ÀS EMPRESAS CONSTRUÇÕES E COMÉRCIO CAMARGO CORRÊA, CONSTRUTORA ANDRADE GUTIERREZ E CONSTRUTORA NORBERTO ODEBRECHT ATÉ QUE O TRIBUNAL APRECIE MANIFESTAÇÃO DO MINISTÉRIO PÚBLICO FEDERAL ACERCA DE COMPROMISSO DAS EMPRESAS DE COLABORAR COM OS PROCESSOS DE CONTROLE EXTERNO.
1. Os princípios da segurança jurídica e da proteção da confiança exigem que as instituições estatais atentem para o compromisso assumido nos acordos de colaboração e leniência celebrados com outros órgãos, considerando que a sanção premial estipulada é a contraprestação ao adimplemento da obrigação por parte do colaborador.
2. Além do nível de gravidade dos ilícitos, da materialidade envolvida, do grau de culpabilidade do agente e das circunstâncias do caso concreto, o Tribunal pode considerar na dosimetria da pena o fornecimento de informações que venham a contribuir com as apurações e o reconhecimento da participação nos ilícitos.
3. Com fundamento no art. 157, *caput*, do Regimento Interno, o Tribunal de Contas da União pode sobrestar a apreciação da matéria e, consequentemente, a aplicação da sanção de inidoneidade até que as empresas que celebraram acordo de leniência firmem novo compromisso junto ao Ministério Público Federal no intuito de contribuir com as apurações do processo de controle externo.

Acórdão nº 1.214/2018 – Plenário (Representação, Relator Ministro Benjamin Zymler)
Responsabilidade. Declaração de inidoneidade. Acordo de leniência. Delação premiada.
A fim de preservar a incolumidade do acordo de leniência e da delação premiada, pode o TCU, com base na aplicação analógica do art. 17 da Lei 12.846/2013 e do art. 4º, *caput* e § 2º, da Lei 12.850/2013, deixar de sancionar o colaborador com a penalidade especificada no art. 46 da Lei 8.443/1992, protegendo assim sua legítima expectativa de não ser prejudicado pelas provas que ele mesmo forneceu. Nada obsta a que o Tribunal utilize os elementos de prova fornecidos pelo colaborador, em razão daqueles institutos, para exercer suas atribuições sobre outros responsáveis e/ou apurar novos fatos.

Acórdão nº 2.329/2020 – Plenário (Recurso de Reconsideração, Relator Ministro Benjamin Zymler)
Competência do TCU. Administração federal. Delação premiada. Acordo de leniência. Abrangência.
A celebração de acordo de leniência, de colaboração premiada ou congêneres em outras instâncias de controle não interfere na atuação do TCU sobre irregularidades não abrangidas pelo acordo.

Acórdão nº 462/2022 – Plenário (Tomada de Contas Especial, Relator Ministro Benjamin Zymler)
Responsabilidade. Débito. Compensação. Requisito. Delação premiada. Acordo de leniência.
Os pagamentos efetuados no âmbito dos acordos de leniência e de colaboração premiada, a título de ressarcimento de danos, multas de natureza indenizatória ou confiscos, podem ser considerados para amortização dos valores dos débitos imputados pelo TCU contra os responsáveis colaboradores, desde que configurada a identidade dos fatos geradores e do cofre credor.

Acórdão nº 587/2022 – Plenário (Pedido de Reexame, Relator Ministro Bruno Dantas)
Responsabilidade. Multa. Circunstância atenuante. Declaração de inidoneidade. Delação premiada. Acordo de leniência. Dosimetria.
A celebração de acordo de leniência, de colaboração premiada ou congêneres em outras instâncias de controle, mesmo quando as informações lá colhidas não forem utilizadas para a instrução de processo no âmbito do controle externo, pode ser considerada como circunstância atenuante para fins de responsabilização perante o TCU. O fato de o Tribunal não se subordinar a tais ajustes não impede que sejam considerados no contexto da análise de condutas irregulares, em observância à uniformidade e à coerência da atuação estatal.

Em 2020, foi celebrado um Acordo de Cooperação Técnica entre o TCU, AGI, CGU, MPF e o Ministério da Justiça e Segurança Pública em matéria de combate à corrupção no Brasil, especialmente em relação aos acordos de leniência da Lei nº 12.846/2013, estabelecendo princípios e comprometendo-se com ações sistêmicas e operacionais.

Em 2021, ao deliberar sobre o MS 35.435, o STF decidiu afastar a possibilidade de o TCU declarar a inidoneidade das impetrantes pelos fatos abarcados por acordo de leniência firmado com a AGU/CGU ou com o MPF, considerando que, apesar de a Lei Anticorrupção (Lei nº 12.846/2013) não precluir a incidência da Lei nº 8.443/1992, nos casos concretos a imposição de inidoneidade pelo TCU poderia resultar em ineficácia das cláusulas dos acordos de leniência que preveem a isenção ou a atenuação das sanções administrativas estabelecidas na Lei de Licitações, por consequência, esvaziando a força normativa do art. 17 da Lei nº 12.846/2013. Ademais, diante da sobreposição fática entre os ilícitos admitidos pelas colaboradoras perante a CGU/AGU e o objeto de apuração do controle externo, a possibilidade de o TCU impor sanção de inidoneidade pelos mesmos fatos que deram ensejo à celebração de acordo de leniência com a CGU/AGU não é compatível com o princípio constitucional da segurança jurídica e com a noção de proporcionalidade da pena.

Em 2024, o TCU editou a IN TCU nº 94/2024, revogando integralmente a anterior IN TCU nº 83/2018, que dispôs sobre a fiscalização pelo Tribunal de Contas da União sobre os processos de celebração de acordo de leniência pela Administração Pública federal.

Por seu lado, a IN TCU nº 95/2024 disciplinou a atuação do Tribunal de Contas da União decorrente do Acordo de Cooperação Técnica (ACT) celebrado com a Controladoria-Geral da União (CGU), a Advocacia-Geral da União (AGU) e o Ministério da Justiça e Segurança Pública (MJSP), sob a coordenação do Presidente do Supremo Tribunal Federal, voltado ao combate à corrupção no Brasil, especialmente em relação aos acordos de leniência previstos na Lei nº 12.846/2013.

12.13. GOVERNANÇA E CONTROLE INTERNO (DECRETO Nº 9.203/2017)

O Decreto nº 9.203/2017 dispõe sobre a política de governança da administração pública federal direta, autárquica e fundacional. O dispositivo definiu o controle como um dos três mecanismos para o exercício da governança pública, conceituada como o conjunto de mecanismos de liderança, estratégia e controle postos em prática para avaliar, direcionar e monitorar a gestão, com vistas à condução de políticas públicas e à prestação de serviços de interesse da sociedade.

Para esse efeito, controle é compreendido como o conjunto de processos estruturados para mitigar os possíveis riscos com vistas ao alcance dos objetivos institucionais e para garantir execução ordenada, ética, econômica, eficiente e eficaz das atividades da organização, com preservação da legalidade e da economicidade no dispêndio de recursos públicos.

O decreto estabelece que uma das diretrizes da governança pública é implementar controles internos fundamentados na gestão de risco, que privilegiará ações estratégicas de prevenção antes de processos sancionadores. Por sua vez, gestão de riscos é o processo de natureza permanente, estabelecido, direcionado e monitorado pela alta administração, que contempla as atividades de identificar, avaliar e gerenciar potenciais eventos que possam afetar a organização, destinado a fornecer segurança razoável quanto à realização de seus objetivos.

Para isso, a alta administração das organizações da administração pública federal direta, autárquica e fundacional deverá estabelecer, manter, monitorar e aprimorar sistema de gestão de riscos e controles internos com vistas à identificação, à avaliação, ao tratamento, ao monitoramento e à análise crítica de riscos que possam impactar a implementação da estratégia e a consecução dos objetivos da organização no cumprimento da sua missão institucional, observados os seguintes princípios:

I – implementação e aplicação de forma sistemática, estruturada, oportuna e documentada, subordinada ao interesse público;

II – integração da gestão de riscos ao processo de planejamento estratégico e aos seus desdobramentos, às atividades, aos processos de trabalho e aos projetos em todos os níveis da organização, relevantes para a execução da estratégia e o alcance dos objetivos institucionais;

III – estabelecimento de controles internos proporcionais aos riscos, de maneira a considerar suas causas, fontes, consequências e impactos, observada a relação custo-benefício; e

IV – utilização dos resultados da gestão de riscos para apoio à melhoria contínua do desempenho e dos processos de gerenciamento de risco, controle e governança.

Assim, a auditoria interna governamental deverá adicionar valor e melhorar as operações das organizações para o alcance de seus objetivos, mediante a abordagem sistemática e disciplinada para avaliar e melhorar a eficácia dos processos de gerenciamento de riscos, dos controles e da governança, por meio da:

I – realização de trabalhos de avaliação e consultoria de forma independente, segundo os padrões de auditoria e ética profissional reconhecidos internacionalmente;

II – adoção de abordagem baseada em risco para o planejamento de suas atividades e para a definição do escopo, da natureza, da época e da extensão dos procedimentos de auditoria; e

III – promoção à prevenção, à detecção e à investigação de fraudes praticadas por agentes públicos ou privados na utilização de recursos públicos federais.

Os órgãos e as entidades da administração direta, autárquica e fundacional instituirão programa de integridade, com o objetivo de promover a adoção de medidas e ações institucionais destinadas à prevenção, à detecção, à punição e à remediação de fraudes e atos de corrupção, competindo à CGU estabelecer os procedimentos necessários à estruturação, à execução e ao monitoramento dos programas de integridade dos órgãos e das entidades da administração pública federal direta, autárquica e fundacional.

Nos termos da IN conjunta MP/CGU n° 01/2016, a CGU, no cumprimento de suas atribuições institucionais, poderá:

I – avaliar a política de gestão de riscos dos órgãos e entidades do Poder Executivo federal;

II – avaliar se os procedimentos de gestão de riscos estão de acordo com a política de gestão de riscos; e

III – avaliar a eficácia dos controles internos da gestão implementados pelos órgãos e entidades para mitigar os riscos, bem como outras respostas aos riscos avaliados.

12.14. LINDB E CONTROLE INTERNO – TERMOS DE AJUSTAMENTO DE GESTÃO (DECRETO Nº 9.830/2019)

O Decreto nº 9.830/2019 regulamentou o disposto nos arts. 20 a 30 do Decreto-Lei nº 4.657/1942, que institui a Lei de Introdução às Normas do Direito Brasileiro – LINDB. Os referidos artigos foram introduzidos pela Lei nº 13.655/2018.

Na regulamentação, o § 1º do art. 13 prescreve que a atuação de órgãos de controle privilegiará ações de prevenção antes de processos sancionadores.

Por seu turno, o art. 11 prevê que poderá ser celebrado termo de ajustamento de gestão entre os agentes públicos e os órgãos de controle interno da administração pública com a finalidade de corrigir falhas apontadas em ações de controle, aprimorar procedimentos, assegurar a continuidade da execução do objeto, sempre que possível, e garantir o atendimento do interesse geral. A decisão de celebrar o termo de ajustamento de gestão será motivada e não será celebrado termo de ajustamento de gestão na hipótese de ocorrência de dano ao erário praticado por agentes públicos que agirem com dolo ou erro grosseiro. Ademais, a assinatura de termo de ajustamento de gestão será comunicada ao órgão central do sistema de controle interno.

12.15. CGU E COMPARTILHAMENTO DE INFORMAÇÕES (DECRETO Nº 10.209/2020)

De acordo com o Decreto nº 10.209/2020, os órgãos do Ministério da Economia fornecerão à Controladoria-Geral da União os dados e as informações necessários para a realização dos seus trabalhos ou atividades, inclusive aqueles protegidos pelo sigilo fiscal previsto no art. 198 do Código Tributário Nacional. O compartilhamento não se aplica a dados e a informações:

I – decorrentes de transferência de sigilo bancário à administração tributária; ou

II – econômico-fiscais provenientes de acordo de cooperação internacional no qual tenha sido vedada a transferência deles a órgãos externos à administração tributária e aduaneira.

A CGU observará as normas, as condições e os requisitos de acesso definidos pelo gestor dos dados e fundamentará o pedido de acesso e a especificação dos dados com o maior nível de detalhamento possível. Todavia, são vedadas:

I – as solicitações de acesso de dados genéricos, desproporcionais, imotivados ou desvinculados dos procedimentos de auditoria ou inspeção;

II – as solicitações de acesso pela CGU que exijam trabalhos de consolidação de dados ou de informações cujos esforços operacionais, prazos de extração e consolidação ou custos orçamentários ou financeiros de realização sejam desarrazoados; e

III – a publicização de informações protegidas por sigilo fiscal ou por sigilo profissional ou o repasse das informações a terceiros.

Os dados e as informações sigilosos encaminhados à CGU permanecerão sob sigilo, vedada sua publicação sob qualquer forma ou utilização para finalidade diversa.

Os demais órgãos no âmbito do Poder Executivo federal fornecerão à Controladoria-Geral da União os dados e as informações necessários para a realização dos seus trabalhos ou atividades, observadas as regras de compartilhamento de dados no âmbito da administração pública federal

O Decreto aplica-se, no que couber, às requisições e às solicitações de dados e de informações feitas pelo Tribunal de Contas da União.

12.16. CONTROLE INTERNO NA LEI DO GOVERNO DIGITAL (LEI Nº 14.129/2021)

A Lei nº 14.129/2021 (Lei do Governo Digital) proclama o dever do gestor público de prestar contas diretamente à população sobre a gestão dos recursos públicos como um dos princípios e diretrizes do Governo Digital e da eficiência pública.

Os órgãos e as entidades da administração pública federal direta e indireta, excetuadas as empresas públicas e sociedades de economia mista não prestadoras de serviços públicos, deverão estabelecer, manter, monitorar e aprimorar sistema de gestão de riscos e de controle interno com vistas à identificação, à avaliação, ao tratamento, ao monitoramento e à análise crítica de riscos da prestação digital de serviços públicos que possam impactar a consecução dos objetivos da organização no cumprimento de sua missão institucional e na proteção dos usuários, observados os seguintes princípios (art. 48 da Lei nº 14.129/2021):

I – integração da gestão de riscos ao processo de planejamento estratégico e aos seus desdobramentos, às atividades, aos processos de trabalho e aos projetos em todos os níveis da organização, relevantes para a execução da estratégia e o alcance dos objetivos institucionais;

II – estabelecimento de controles internos proporcionais aos riscos, de modo a considerar suas causas, fontes, consequências e impactos, observada a relação custo-benefício;

III – utilização dos resultados da gestão de riscos para apoio à melhoria contínua do desempenho e dos processos de governança, de gestão de riscos e de controle;

IV – proteção às liberdades civis e aos direitos fundamentais.

Por seu turno, a auditoria interna governamental deverá adicionar valor e melhorar as operações das organizações para o alcance de seus objetivos, mediante a abordagem sistemática e disciplinada para avaliar e melhorar a eficácia dos processos de governança, de gestão de riscos e de controle, por meio da (**art. 49 da Lei nº 14.129/2021**):

I – realização de trabalhos de avaliação e consultoria de forma independente, conforme os padrões de auditoria e de ética profissional reconhecidos internacionalmente;

II – adoção de abordagem baseada em risco para o planejamento de suas atividades e para a definição do escopo, da natureza, da época e da extensão dos procedimentos de auditoria;

III – promoção da prevenção, da detecção e da investigação de fraudes praticadas por agentes públicos ou privados na utilização de recursos públicos federais.

12.17. CONTROLE INTERNO NA NOVA LEI DE LICITAÇÕES E CONTRATOS ADMINISTRATIVOS (LEI Nº 14.133/2021)

A Lei nº 14.133/2021, Nova Lei de Licitações e Contratos Administrativos, compreendeu a relevância estratégica da atuação do controle interno para assegurar a seleção da proposta apta a gerar o resultado de contratação mais vantajoso para a administração pública e evitar contratações com sobrepreço ou com preços manifestamente inexequíveis e superfaturamento na execução dos contratos.

Enquanto na Lei nº 8.666/1993 a expressão "controle interno" era mencionada apenas seis vezes, sempre de forma associada aos tribunais de contas, no texto da nova norma constam pelo menos 25 menções a "controle interno", "controles internos", "controle preventivo", "controle prévio" e "órgãos de controle".

Além disso, a Nova Lei dispõe explicitamente que a autoridade máxima de cada órgão deverá observar o princípio da segregação de funções, vedada a designação do mesmo agente público para atuação simultânea em funções mais suscetíveis a riscos, de modo a reduzir a possibilidade de ocultação de erros e de ocorrência de fraudes na respectiva contratação.

Ademais, imputa à alta administração do órgão ou entidade a responsabilidade pela gestão de riscos e controles internos.

Em pé de igualdade com os tribunais de contas, o sigilo não prevalecerá para os órgãos de controle interno.

Entre outras atribuições expressas na NLL, constam:

I – apoiar a atuação dos agentes de contratação e dos fiscais e gestores de contrato para o desempenho das funções essenciais à execução da lei;

II – auxiliar os fiscais de contrato, dirimindo dúvidas e subsidiando-os com informações relevantes para prevenir riscos na execução contratual;

III – fiscalizar a observância da ordem cronológica de pagamentos;

IV – auxiliar os órgãos da Administração com competências regulamentares relativas às atividades de administração de materiais, de obras e serviços e de licitações e contratos a instituir modelos de minutas de editais, de termos de referência, de contratos padronizados e de outros documentos;

V – fornecer orientações para o desenvolvimento pelos licitantes de programa de integridade;

VI – receber representações de licitante, contratado ou pessoa física ou jurídica contra irregularidades na aplicação da NLL.

Assim, verifica-se o destaque que uma lei nacional confere ao tratamento do gerenciamento de riscos, definindo-se que as contratações públicas deverão submeter-se a práticas contínuas e permanentes de gestão de riscos e de controle preventivo, cabendo aos controles internos administrativos a primeira linha de defesa, à unidade de controle interno de cada órgão ou entidade a segunda linha de defesa e ao órgão central de controle interno da administração a terceira linha de defesa, em conjunto com o respectivo tribunal de contas.

No que concerne aos programas de integridade, o Decreto nº 12.304/2024 regulamentou os dispositivos da Lei nº 14.133/2021, para dispor sobre os parâmetros e a avaliação dos programas de integridade, nas hipóteses de contratação de obras, serviços e fornecimentos de grande vulto, de desempate de propostas e de reabilitação de licitante ou contratado, no âmbito da administração pública federal direta, autárquica e fundacional. A norma prevê que ato do Ministro de Estado da CGU estabelecerá a metodologia de avaliação e os critérios mínimos para considerar o programa de integridade como implantado, desenvolvido ou aperfeiçoado.

Ademais, a CGU manterá rotina de recepção e tratamento das informações e dos documentos necessários para comprovar a implantação, o desenvolvimento ou o aperfeiçoamento do programa de integridade.

12.18. PARA SABER MAIS

Recomenda-se consultar a página na Internet da Controladoria-Geral da União (www.cgu.gov.br). É importante a leitura dos seguintes normativos:

- Lei nº 10.180/2001; e
- Instrução Normativa CGU nº 3/2017 e suas alterações.

Duas leituras recomendadas são *Os controles externo e interno da Administração Pública*, de Evandro Martins Guerra, Belo Horizonte: Fórum, 2005, e *Controladoria no setor público*, de Ana Carla Bliacheriene, Marcos Vinicius de Azevedo Braga e Renato Jorge Brown Ribeiro (coords.), Belo Horizonte: Fórum, 2016.

Capítulo **13**

Direito de Defesa e Recursos

Como se exerce o direito de defesa nos Tribunais de Contas? Que princípios são aplicáveis ao exercício do direito de defesa? Quais os recursos possíveis em processos no TCU? Existe direito de defesa em sede de parecer prévio sobre as Contas de Governo? O que significa exame de admissibilidade? Há prescrição nos processos de controle externo?

13.1. FUNDAMENTOS CONSTITUCIONAIS E PRINCÍPIOS

Em todos os processos julgados pelos Tribunais de Contas é assegurado o direito de defesa a todas as pessoas, físicas ou jurídicas, consideradas responsáveis por irregularidades ou por atos ilegais, ilegítimos e antieconômicos. O direito de defesa decorre diretamente dos preceitos democráticos expressos na Carta Magna, especialmente o inciso LV do art. 5º:

> aos litigantes, em processo judicial ou administrativo, e aos acusados em geral são assegurados o contraditório e ampla defesa, com os meios e recursos a ela inerentes.

No art. 31 da LOTCU tal princípio ficou assim explicitado:

> Art. 31. Em todas as etapas do processo de julgamento de contas será assegurada ao responsável ou interessado ampla defesa.

Desse modo, a ampla defesa é assegurada também ao interessado – ou seja, qualquer pessoa que possa ter direito afetado pela decisão, por exemplo, uma empresa contratada – e não apenas ao agente público responsável.

Neste capítulo estudaremos as diversas formas pelas quais poderá se manifestar o contraditório e exercer a ampla defesa nas diversas etapas do processo no TCU. Como assinala Ferraz:[1]

> o direito de defesa envolve a prática de uma série de atos que vão desde a informação sobre o andamento do processo, ao direito de recorrer da decisão que se lhe afigure desfavorável.

Dallari[2] enfatiza a necessidade de a defesa ser prévia, distinguindo-a do direito de recorrer:

> Sempre que o patrimônio jurídico e moral de alguém puder ser afetado por uma decisão administrativa deve a ele ser proporcionada a possibilidade de exercitar a ampla defesa, que só tem sentido em sua plenitude se for produzida previamente à decisão, para que possa ser conhecida e efetivamente considerada pela autoridade competente para decidir. O direito de defesa não se confunde com o direito de recorrer.

Acerca do direito de defesa nos Tribunais de Contas, assim manifestou-se o Excelso Pretório:

> A incidência imediata das garantias constitucionais referidas dispensariam previsão legal expressa de audiência dos interessados; de qualquer modo, nada exclui os procedimentos do Tribunal de Contas da aplicação subsidiária da lei geral de processo administrativo federal (Lei nº 9.784/1999), que assegura aos administrados, entre outros, o direito a "ter ciência da tramitação dos processos administrativos em que tenha a condição de interessado, ter vista dos autos (art. 3º, II), formular alegações e apresentar documentos antes da decisão, os quais serão objeto de consideração pelo órgão competente". A oportunidade de defesa assegurada ao interessado há de ser prévia à decisão, não lhe suprindo a falta a admissibilidade de recurso, mormente quando o único admissível é o de reexame pelo mesmo plenário do TCU, de que emanou a decisão (MS 23.550, Rel. Min. Sepúlveda Pertence, DJ 31/10/2001).

Destarte, caso haja determinação que afete a vida funcional de servidores/empregados públicos, como, por exemplo, supressão de vantagem ou anulação da admissão por ausência de prévio concurso, deverá haver notificação prévia dos afetados para o estabelecimento do contraditório.

---

[1] Poder de coerção e poder de sanção dos Tribunais de Contas: competência normativa e devido processo legal. *Revista Diálogo Jurídico*, Salvador: Centro de Atualização Jurídica – CAJ, nº 13, abr./maio 2002.

[2] Observância do devido processo legal pelo Tribunal de Contas. *Revista do TCE-MG*, nº 3, 2004.

Atente-se, todavia, para a peculiaridade que, consoante entendimento pacífico no TCU, fundamentado no parágrafo único do art. 70 da Constituição da República, compete ao gestor dos recursos públicos o ônus da prova. Tal interpretação encontra fundamento no art. 93 do Decreto-lei nº 200/1967 e no art. 66 do Decreto nº 93.872/1966, que dispõem:

Decreto-lei nº 200/1967:

> Art. 93. Quem quer que utilize dinheiros públicos terá de justificar seu bom e regular emprego na conformidade das leis, regulamentos e normas emanadas das autoridades competentes.

Decreto nº 93.872/1966:

> Art. 66. Quem quer que receba recursos da União ou das entidades a ela vinculadas, direta ou indiretamente, inclusive mediante acordo, ajuste ou convênio, para realizar pesquisas, desenvolver projetos, estudos, campanhas e obras sociais ou para qualquer outro fim, deverá comprovar o seu bom e regular emprego, bem como os resultados alcançados.

O posicionamento foi confirmado pela jurisprudência do STF, nos autos do MS 20.335/DF (Relator: Min. Moreira Alves):

> Mandado de segurança contra o Tribunal de Contas da União. Contas julgadas irregulares. Aplicação da multa prevista no artigo 53 do Decreto-lei 199/67. A multa prevista no artigo 53 do Decreto-lei 199/67 não tem natureza de sanção disciplinar. Improcedência das alegações relativas a cerceamento de defesa. Em **direito financeiro, cabe ao ordenador de despesas provar que não é responsável pelas infrações, que lhe são imputadas, das leis e regulamentos na aplicação do dinheiro público**. Coincidência, ao contrário do que foi alegado, entre a acusação e a condenação, no tocante a irregularidade da licitação. Mandado de segurança indeferido. (grifos nossos)

EXEMPLO DE CONDENAÇÃO POR NÃO COMPROVAÇÃO

Acórdão nº 497/2011 – Primeira Câmara (Município de Ibirataia/BA)
Relator: Min. Marcos Bemquerer
Sumário – TOMADA DE CONTAS ESPECIAL. NÃO COMPROVAÇÃO DA BOA E REGULAR APLICAÇÃO DOS RECURSOS REPASSADOS PELA FUNASA MEDIANTE CONVÊNIO. CONTAS IRREGULARES. DÉBITO E MULTA.
1. O ônus de comprovar a regularidade na aplicação dos recursos públicos compete ao gestor, por meio de documentação consistente, que demonstre cabalmente a regularidade dos gastos efetuados com os objetivos pactuados, bem assim o nexo de causalidade entre estes e as verbas federais repassadas.
2. Julgam-se irregulares as contas, com a imposição de débito e multa, quando o gestor não comprova o correto emprego dos dinheiros públicos na finalidade para a qual se destinavam.

Tal entendimento, todavia, não se aplica aos processos de fiscalização (Acórdão nº 1.619/2004 – Plenário; Ministro-Relator Walton Alencar Rodrigues).

> **EXEMPLO EM QUE O ÔNUS DA PROVA CABE AO TCU**
> Acórdão nº 721/2016 – Plenário (Auditoria, Relator Ministro Vital do Rêgo)
> Direito Processual. Prova (Direito). Ônus da prova. Auditoria. Fundamentação.
> Em processos de auditoria, o ônus da prova sobre ocorrências consideradas ilegais cabe ao TCU, devendo tais ocorrências estar acompanhadas de fundamentação que permita a identificação do dano, da ilegalidade, do responsável por sua autoria e da entidade ou empresa que tenha contribuído para a prática do ato ilegal.

Os princípios em que se fundamenta o exercício do direito de defesa são:

- **Devido Processo Legal**
- **Contraditório e Ampla Defesa**
- **Duplo Grau de Jurisdição** – Revisibilidade das decisões.
- **Publicidade** – Livre acesso aos autos do responsável ou interessado; ampla divulgação das pautas de votações e das atas de julgamento; publicidade das sessões.
- **Verdade Material** – O julgador não fica limitado ao exame das provas constantes dos autos.
- **Formalismo Moderado** – Dispensa de formas rígidas na aplicação das normas processuais, inclusive com a não obrigatoriedade de a parte ser representada por advogado.
- **Oficialidade** – É dever da Administração movimentar o processo, não cabendo paralisá-lo por inércia ou silêncio das partes.
- **Adequabilidade** – A lei disciplina a espécie de recurso indicada para cada situação, de modo a preservar a disciplina processual.
- **Fungibilidade Recursal** – Recebimento de um recurso interposto inadequadamente por outro adequado.
- *Non reformatio in pejus* – Somente é devolvida a matéria impugnada – limites do efeito devolutivo dos recursos.
- **Singularidade recursal** – Em cada processo somente pode ser interposto um recurso de cada espécie.

Importa esclarecer que o princípio do *non reformatio in pejus* implica que a situação do recorrente não será agravada como consequência da utilização do direito de recorrer. Por exemplo, se um gestor tiver suas contas julgadas regulares com ressalva e apresentar recurso, tais contas não poderão ser julgadas irregulares. Todavia, se um recurso referente a essas mesmas contas for impetrado pelo MPTCU, nada obsta a que haja reconsideração ou revisão concluindo pela irregularidade.

> **IMPORTANTE**
>
> O recurso interposto pelo MPTCU terá o mesmo tratamento do recurso apresentado pelas partes. Quando se tratar de recurso tendente a agravar a situação do responsável, será necessária a instauração do contraditório, mediante concessão de oportunidade para oferecimento de contrarrazões recursais.
> Havendo partes com interesses opostos, a interposição de recurso por uma delas enseja à outra a apresentação de contrarrazões, no mesmo prazo dado ao recurso.

São reconhecidas duas funções para os recursos:

a) **Rescindente** (*error in procedendo*), que pressupõe a ocorrência de grave falha na aplicação da lei processual, ensejando a nulidade da decisão atacada; e

b) **Substitutiva** (*error in judicando*), cujo objetivo consiste em uma reapreciação do juízo de valor expresso na decisão atacada.

Os recursos podem produzir efeitos de duas naturezas:

a) **Devolutivo**: abrindo a possibilidade de reapreciação de decisão emanada pela Corte de Contas, e cuja extensão poderá ser total ou parcial; e

b) **Suspensivo**: adiando a produção dos efeitos – total ou parcial – da decisão impugnada.

O Manual de Recursos do TCU[3] aduz:

> Há, por fim, uma terceira categoria de erro e de providência corretiva: quando se detecta omissão, obscuridade ou contradição na decisão impugnada, o recurso é interposto visando-se, de imediato, não a anulação ou a reforma do ato impugnado, mas sim sua integração, com vistas a torná-lo claro, completo e coerente.

> **JURISPRUDÊNCIA DO TCU**
>
> Acórdão nº 5.300/2013 – Primeira Câmara (Relator Ministro José Múcio Monteiro)
> Processual. Pedido de Reexame do MP/TCU em Representação. Limites do efeito devolutivo dos recursos.
> Na apreciação de recursos do Ministério Público em processos de controle externo, o TCU não está adstrito ao exame do pedido. A processualística do TCU regula-se por normas próprias, nas quais impera a prevalência do interesse público, e adota apenas subsidiariamente normas dos processos judiciais e administrativos. Pedido específico do MP, em sede recursal, para a fixação de prazo para anulação de contrato. Apesar de o recorrente não ter incluído no seu pedido a punição dos responsáveis, a nova discussão a respeito do assunto abre ao TCU a possibilidade de rever seu juízo sobre a ocorrência de irregularidade e eventual aplicação de penalidades, desde que reaberto o contraditório.

---

[3] Aprovado pela Portaria TCU nº 35, de 05/02/2014.

> **QUESTÃO POLÊMICA**
>
> Existe direito de defesa em sede de parecer prévio sobre as contas de Governo? Tal hipótese não está prevista na LOTCU ou no RITCU. Contudo, há previsão na Resolução TCU nº 291/2017.
>
> Houve precedentes na apreciação das contas do Presidente da República pelo TCU em 2014 e 2015, que resultaram em pareceres prévios contrários, ocasião em que foi assegurado amplo exercício do direito de defesa, inclusive com sustentação oral nas sessões plenárias.
>
> A Resolução TCU nº 291/2017 definiu que se forem identificados no relatório preliminar distorções ou indícios de irregularidades que possam ensejar a indicação pela rejeição das contas, o Tribunal poderá conceder prazo de até 15 (quinze) dias para a oitiva do Presidente da República, com vistas a apresentar contrarrazões.
>
> Ferraz[4] sustenta que, especialmente no caso dos municípios, o parecer prévio é quase vinculante, podendo conduzir a sérias consequências para o gestor. Apoia seus argumentos em decisão do Ministro Celso de Mello, do STF:
>
>> A análise da controvérsia instaurada no processo de mandado de segurança em referência, em cujo âmbito foi concedida a liminar ora questionada, evidencia a existência de tema de índole constitucional, eis que o impetrante, ao valer-se do *writ*, suscitou discussão concernente ao princípio da ampla defesa e à garantia do *due process of law*, sustentando que tais postulados são aplicáveis ao procedimento administrativo de elaboração, pelo Tribunal de Contas, de seu parecer prévio sobre as contas públicas do Governador do Estado. (...)
>>
>> A circunstância de o Tribunal de Contas exercer atribuições desinvestidas de caráter deliberativo **não exonera essa essencial instituição de controle – mesmo tratando-se da apreciação simplesmente opinativa das contas anuais prestadas pelo Governador do Estado – do dever de observar a cláusula constitucional que assegura o direito de defesa** e as demais prerrogativas inerentes ao *due process of law* aos que possam, ainda que em sede de procedimento administrativo, eventualmente expor-se aos riscos de uma sanção jurídica. Cumpre ter presente que o estado, em tema de sanções de natureza jurídica ou de limitações de caráter político-administrativo, não pode exercer a sua autoridade de maneira abusiva ou arbitrária, desconsiderando, no exercício de sua atividade institucional, o princípio da plenitude de defesa, pois – não custa enfatizar – o reconhecimento da legitimidade ético-jurídica de qualquer restrição imposta pelo Poder Público exige, ainda que se cuide de procedimento meramente administrativo (CF. art. 5º, LV), a fiel observância do postulado do devido processo legal... (SS 1197/PE, DJ 22/9/1997)
>
> De igual modo, o mesmo Relator deu provimento ao Recurso Extraordinário 682.011 interposto por ex-prefeito de Santos, cujas contas relativas ao exercício de 2002 foram rejeitadas pela Câmara de Vereadores de Santos sem que lhe fosse dado o exercício do direito de defesa. Segundo o ministro Celso de Mello: "A supressão da garantia do contraditório e o consequente desrespeito à cláusula constitucional pertinente ao direito de defesa culminam por fazer instaurar uma típica situação de ilicitude constitucional, apta a invalidar a deliberação estatal (a resolução da Câmara Municipal, no caso), que venha a ser proferida em desconformidade com tais parâmetros".

  A análise dos recursos compreende duas etapas: o exame de admissibilidade e o juízo de mérito.

---

[4] *Due Process of Law* e parecer prévio das Cortes de Contas. *Revista Diálogo Jurídico*, Salvador: Centro de Atualização Jurídica – CAJ, nº 9, dez. 2001.

> **IMPORTANTE**
>
> A partir do Decreto nº 7.153/2010, a Advocacia-Geral da União – AGU passou a exercer a representação e a defesa extrajudicial dos órgãos e entidades da administração federal perante o Tribunal de Contas da União, nos processos em que houver interesse da União, declarado expressamente pelo Advogado Geral da União, sem prejuízo do exercício do direito de defesa por parte dos agentes públicos sujeitos à sua jurisdição.

13.2. AUDIÊNCIA

A primeira possibilidade de exercício de direito de defesa é a audiência. A audiência é o expediente remetido pelo Tribunal em que o Relator ou o Tribunal, verificando irregularidade das contas sem ocorrência de débito, chamam o responsável para apresentar razões de justificativa no prazo de quinze dias. A audiência também ocorre em processos de fiscalização, denúncias e representações.

> **IMPORTANTE**
>
> Não se deve confundir o instituto de audiência, previsto na LOTCU e no RITCU, com o de audiência pública, constante de diversos normativos, como os de licitações e os relativos ao licenciamento ambiental de empreendimentos. Não se confunda também com o instituto de audiência do Código de Processo Civil, quando as partes e testemunhas comparecem perante o juiz; seja para conciliação, seja para instrução e julgamento.
> Em 2007, embora sem previsão regimental específica, pela primeira vez, o TCU realizou uma audiência pública, convocada pelo Ministro-Relator, Marcos Vilaça nos seguintes termos: "Na condição de relator do Pedido de Reexame, interposto pela Secretaria de Comunicação Social da Presidência da República, determino a realização de audiência pública, com o objetivo de propiciar a toda a sociedade o fornecimento de subsídios para a apreciação deste processo TC-019.444/2005-2, que trata da consolidação de auditorias executadas nos contratos de propaganda e publicidade em diversos órgãos e entidades da Administração Pública Federal."

Do ofício de audiência deve constar a descrição do fato, a acusação e demais elementos necessários para que o responsável possa exercer o seu direito de defesa.

De acordo com o RITCU, supre a falta da citação ou da audiência o comparecimento espontâneo do responsável, desde que havido após a determinação do Tribunal ou do Relator.

A resposta à audiência será feita por escrito, pelo responsável ou por procurador devidamente constituído, e recebe a denominação de razões de justificativa.

> **EXEMPLO DE ACATAMENTO DAS RAZÕES DE JUSTIFICATIVA**
>
> Acórdão nº 2.608/2020 – Plenário
> Relator: Min. Raimundo Carreiro
> Sumário: MONITORAMENTO. ACÓRDÃO 1.338/2013-TCU-PLENÁRIO. APURAÇÃO DE RESPONSABILIDADES E QUANTIFICAÇÃO DE DÉBITO RELATIVO A DANO CAUSADO POR EXECUÇÃO IMPRÓPRIA DE SERVIÇOS. DEFINIÇÃO DE REQUISITOS MÍNIMOS DE ACEITABILIDADE DE OBRAS RODOVIÁRIAS

DE CONSTRUÇÃO, ADEQUAÇÃO E RESTAURAÇÃO. INSTAURAÇÃO DA DEVIDA TOMADA DE CONTAS ESPECIAL. INCLUSÃO A POSTERIORI E NÃO IMEDIATA DOS CRITÉRIOS NORMATIVOS EM EDITAIS E CONTRATAÇÕES FUTUROS. JURISPRUDÊNCIA QUE ISENTA DE RESPONSABILIDADE QUANDO O ATO ADMINISTRATIVO INQUINADO É DE COMPETÊNCIA TÉCNICA DE SUBORDINADOS HIERÁRQUICOS. CUMPRIMENTO DE DETERMINAÇÃO. ACATAMENTO DAS RAZÕES DE JUSTIFICATIVA. CIÊNCIA. ENCAMINHAMENTO DE CÓPIA DO ACÓRDÃO. ARQUIVAMENTO.

JURISPRUDÊNCIA DO TCU

Acórdão nº 3.142/2020 – Plenário (Prestação de Contas, Relator Ministro Augusto Nardes)
Direito Processual. Audiência. Caráter personalíssimo. Falecimento de responsável. Trancamento das contas. Contas iliquidáveis.
O falecimento de responsável arrolado em processo de contas antes da realização de sua audiência (art. 12, inciso III, da Lei 8.443/1992) enseja o trancamento das suas contas, considerando-as iliquidáveis (arts. 20 e 21 da Lei 8.443/1992), em decorrência da impossibilidade de julgá-las no mérito, uma vez inviabilizado o exercício do contraditório e da ampla defesa diante do caráter personalíssimo da audiência.

13.3. CITAÇÃO

Na hipótese de débito, o relator, as Câmaras ou o Plenário determinarão a citação do responsável para que, no prazo de quinze dias, apresente suas alegações de defesa ou recolha a quantia devida, atualizada monetariamente e acrescida dos juros de mora até a data do efetivo pagamento. Se desejar, o responsável poderá recolher o valor do débito e apresentar suas alegações de defesa.

A citação ocorrerá somente em processos de tomadas ou prestações de contas e de tomadas de contas especiais. Recorde-se que, quando constatada a existência de débito em processos de fiscalização, representação ou denúncia, esse será convertido em tomada de contas especial para efeito de citação.

Na hipótese de responsável falecido, deve citar-se o espólio, por intermédio de seu representante legal, que é o inventariante, ou os herdeiros, caso já concluída a partilha. Em se tratando de responsáveis solidários, todos devem receber citação individual.

Nos termos da Resolução TCU nº 213/2008, nos casos em que a decisão que vier a ser exarada pelo Tribunal possua potencial lesivo a direito subjetivo de servidores e de empregados públicos que possuam associação representativa de notório conhecimento, a entidade deverá ser citada. Por sua vez, consideram-se processos com conjunto de interessados ainda não quantificados e identificados nos autos aqueles nos quais a decisão que vier a ser exarada pelo Tribunal possua potencial lesivo a direito subjetivo de servidores e de empregados públicos alcançados pelos efeitos de ato administrativo julgado nulo ou ilegal, integral ou parcialmente, ou simplesmente modificado, que não tenham nome e endereço constantes dos autos. Em tais situações, as comunicações processuais dirigidas aos interessados se darão por ciência da parte ou mediante carta registrada, para aqueles já identificados nos autos, e por edital, para aqueles cujos nomes e endereços não constem dos autos.

A resposta à citação será feita por escrito, pelo responsável ou por procurador devidamente constituído, e recebe a denominação de alegações de defesa.

Ao examinar a resposta à citação, o Tribunal avaliará a boa-fé na conduta do responsável e a inexistência de outra irregularidade nas contas. Satisfeitas tais condições, mesmo havendo rejeição das alegações de defesa, será reaberto um prazo de quinze dias para recolhimento da importância devida. Nesse caso, a liquidação tempestiva do débito saneará o processo, e as contas serão julgadas regulares com ressalva, dando-se quitação ao responsável (RITCU: art. 202, § 4º). Dessa forma, nem sempre a rejeição das alegações de defesa importará em julgamento pela irregularidade das contas.

As alegações de defesa e as razões de justificativa serão admitidas dentro do prazo determinado na citação ou na audiência (RITCU: art. 160).

> **IMPORTANTE**
>
> Nos Tribunais de Contas estaduais e municipais, é diversificada a denominação de institutos similares aos da audiência e citação no TCU.
> Na Lei Orgânica do TCE-SC, as citações são previstas apenas para processos de contas; e as audiências apenas nos processos de fiscalizações e de atos sujeitos a registro.
> No TCE-RS, ambas as hipóteses são conceituadas como intimação.
> No TCE-RJ e no TCE-AM, o que no TCU é audiência, denomina-se notificação.
> O TCE-CE e o TCE-RR utilizam a mesma denominação do TCU.
> Recomenda-se ao estudioso atentar para esse tema ao proceder à leitura das leis orgânicas e regimentos internos.

13.4. OITIVA

A oitiva é mencionada no art. 276 do RITCU, na hipótese em que o Plenário, o Relator ou o Presidente, em caso de urgência, de fundado receio de grave lesão ao erário, ao interesse público, ou de risco de ineficácia da decisão de mérito, poderá, de ofício ou mediante provocação, adotar medida cautelar, com ou sem a prévia oitiva da parte, determinando, entre outras providências, a suspensão do ato ou do procedimento impugnado, até que o Tribunal decida sobre o mérito da questão suscitada.

A oitiva é, portanto, facultativa antes da adoção da medida cautelar. Todavia, torna-se obrigatória uma vez expedida a medida cautelar, fazendo parte do próprio corpo da decisão (RITCU: art. 276, § 3º).

Sublinhe-se que a medida cautelar é decisão monocrática, devendo ser submetida ao Plenário na primeira sessão subsequente.

Por seu turno, o inc. V do art. 250 do RITCU dispõe que, ao apreciar processo relativo à fiscalização de atos e contratos, o relator ou o Tribunal determinará a oitiva da entidade fiscalizada e do terceiro interessado para, no prazo de quinze dias, manifestarem-se sobre fatos que possam resultar em decisão do Tribunal no sentido de desconstituir ato ou processo administrativo ou alterar contrato em seu desfavor. Se houver necessidade de urgente decisão de mérito, a unidade técnica responsável pela fiscalização dará a elas prioridade na instrução processual, deixando para propor outras medidas em momento posterior à deliberação do Tribunal sobre aquelas questões.

Assim, a oitiva caracteriza-se por ser uma oportunidade preliminar para que a parte possa prestar esclarecimentos e aduzir elementos e informações relativos a processos sob análise do Tribunal. Preliminar, na medida em que o TCU ainda não formou juízo acerca da ocorrência de irregularidade, descabendo, portanto, nesse momento processual, a realização de audiência ou citação. A resposta à oitiva poderá esclarecer dúvidas e afastar a ocorrência de irregularidade; caso contrário, será determinada a realização de audiência e/ou citação. Aplicam-se, no que couber, à oitiva as mesmas normas previstas para a audiência.

IMPORTANTE

A oitiva não tem significado de depoimento ou testemunho. Nos processos do TCU, ocorre exclusivamente por meio documental. O documento com os quesitos da oitiva é encaminhado à parte, de forma igual à diligência, audiência ou citação, apenas fixando prazo específico para resposta em razão da urgência da matéria. Por sua vez, a resposta à oitiva também é formalizada por escrito. Assim deve diferenciar-se este instituto da oitiva prevista no Código de Processo Penal.

Quadro-resumo do direito de defesa anterior ao julgamento

Modalidade	Fato motivador	Resposta
Audiência	Irregularidade sem débito	Razões de justificativa
Citação	Irregularidade com débito	Alegações de defesa
Oitiva	Caso de urgência, de fundado receio de grave lesão ao erário, ao interesse público, ou de risco de ineficácia da decisão de mérito, ou outras situações a critério do Relator	Resposta à oitiva

13.5. REVELIA

O responsável que não responder a uma audiência ou citação será considerado revel, para todos os efeitos, dando-se prosseguimento ao processo (RITCU, art. 202, § 8º).

Todavia, quando houver mais de um responsável pelo mesmo fato – por exemplo, membros de uma comissão de licitação –, a defesa apresentada por um deles aproveitará a todos, mesmo ao revel, no que concerne às circunstâncias objetivas, e não aproveitará no tocante aos fundamentos de natureza exclusivamente pessoal (RITCU, art. 161).

De igual modo, em sede de recurso, havendo mais de um responsável pelo mesmo fato, o recurso apresentado por um deles aproveitará a todos, mesmo àquele que houver sido julgado à revelia, no que concerne às circunstâncias objetivas, não aproveitando no tocante aos fundamentos de natureza exclusivamente pessoal (RITCU, art. 281).

Em hipótese oposta, havendo partes com interesses contraditórios, a interposição de recurso por uma delas enseja à outra a apresentação de contrarrazões, no mesmo prazo admitido para o recurso (RITCU: art. 284).

Registre-se, conforme observa Candeia[5] que a revelia não consiste em uma confissão de culpa ou de responsabilidade por eventual dano aos cofres públicos.

JURISPRUDÊNCIA DO TCU

Acórdão nº 5.163/2013 – Primeira Câmara (Relator Ministro Benjamin Zymler)
Processual. Tomada de Contas Especial. Revelia.
Nos processos que tramitam no TCU, a revelia, diferentemente do que ocorre no processo civil, não traz como efeito a presunção de veracidade dos fatos ilícitos imputados ao responsável. Desse modo, a avaliação da responsabilidade do agente não pode prescindir da análise das provas existentes no processo ou para ele carreadas. Contas irregulares. Débito. Multa.

13.6. PROCEDIMENTOS LEGAIS E REGIMENTAIS

Entre os procedimentos legais e regimentais à disposição das partes, encontram-se o pedido de vista e a juntada de documentos.

13.6.1. Pedido de vista

As partes poderão pedir vista ou cópia de peça de processo em andamento ou apensado a outro em tramitação mediante solicitação dirigida ao Relator.

Normalmente os Relatores delegam competência aos titulares de unidades técnicas para concessão de vista e cópia. Na inexistência de delegação e na ausência do Relator, por motivo de férias ou outro afastamento legal, os pedidos serão decididos pelo Presidente.

Os pedidos poderão ser indeferidos se existir motivo justo ou, estando no dia de julgamento do processo, não houver tempo suficiente para a concessão de vista ou extração de cópias. Cabe agravo do despacho que indeferir pedido de vista ou cópia de peça de processo.

O pedido de retirada de autos das dependências do Tribunal por parte de advogado, nos termos dispostos em lei, será atendido por meio de acesso aos autos eletrônicos, ou, na impossibilidade, pela concessão gratuita de cópia eletrônica armazenada em mídia digital.

Os pedidos de vista e de cópia facultados às partes serão atendidos por meio de acesso aos autos eletrônicos. Caso o processo objeto do pedido esteja em meio físico, o atendimento será precedido da conversão dos autos para o meio eletrônico, conforme procedimentos descritos em normativo específico.

---

[5] *Convênios celebrados com a União e suas prestações de contas*. São Paulo: Editora NDJ, 2005, p. 143-144.

Não será concedida vista ou fornecida cópia de peças da etapa de instrução antes do seu término, ou seja, somente após o titular da unidade técnica emitir seu parecer conclusivo.

As manifestações de unidade técnica e do Ministério Público que envolvam medida cautelar, análise de mérito e relatórios de fiscalização serão disponibilizadas após a análise de relator ou de colegiado e terão acesso assegurado com a edição do respectivo ato decisório, que, no caso de processo de controle externo, será acórdão do Tribunal ou despacho de relator (Resolução TCU nº 358/2023).

IMPORTANTE

Não confundir vista do Ministro e vista da parte.
Durante a discussão de uma matéria no Plenário e nas Câmaras, o Ministro ou o Ministro Substituto convocado, bem como o representante do Ministério Público, podem solicitar vista do processo (RITCU, art. 112), hipótese na qual deverão apresentar Voto Revisor, que poderá ou não acompanhar as conclusões do Relator. Neste caso, a vista é concedida de ofício e a discussão adiada.
É diferente o conceito de vista da parte. A vista de um processo pode ser pedida pelas partes (responsáveis ou interessados) ao Relator em qualquer de suas etapas de tramitação (RITCU, art. 163).

JURISPRUDÊNCIA DO TCU

Acórdão nº 576/2017 – Plenário (Administrativo, Relator Ministro Augusto Nardes)
Direito Processual. Acesso à informação. Legislação. Advogado. Processo de controle externo.
O direito de o advogado sem procuração nos autos examinar, obter cópias, fazer apontamentos ou ter vista de processos que estejam em andamento, com fundamento no art. 7º, incisos XIII e XV, da Lei nº 8.906/1994 (Estatuto da Advocacia), não se aplica aos processos de controle externo. No âmbito do TCU, apenas com a prolação da decisão de mérito surge o direito ao acesso à informação (art. 7º, inciso VII, alínea *b*, e § 3º, da Lei nº 12.527/2011 c/c o art. 4º, inciso VII, alínea *b*, e § 1º, da Resolução-TCU nº 249/2012).

13.6.2. Juntada de documentos

Desde a constituição do processo até o término da etapa de instrução, é facultada à parte a juntada de documentos novos. Mesmo encerrada essa etapa, é facultado à parte distribuir, após a inclusão do processo em pauta, memorial aos Ministros, Ministros Substitutos e ao representante do Ministério Público.

Somente serão admitidas as provas apresentadas de forma documental, mesmo as declarações pessoais de terceiros, sendo inadmissíveis aquelas obtidas por meios ilícitos.

JURISPRUDÊNCIA DO TCU

Acórdão nº 2.429/2021 – Plenário
Relator: Min. Augusto Nardes
Direito Processual. Princípio da ampla defesa. Memorial. Princípio do contraditório. Princípio do devido processo legal.

> Após o término da fase de instrução, que se caracteriza no momento em que o titular da unidade técnica emite o seu parecer conclusivo sobre o processo, documentação entregue pelos responsáveis tem natureza jurídica de memorial (art. 160, §§ 1º e 3º, do Regimento Interno do TCU). A ausência do exame de argumentos apresentados em sede de memorial não configura ofensa aos princípios do devido processo legal e do contraditório e ampla defesa, por não consistir tal peça, dada a sua natureza meramente informativa, em elemento de defesa nos processos do TCU.

13.7. MODALIDADES RECURSAIS

O TCU admite cinco modalidades recursais, a saber:

- recurso de reconsideração;
- pedido de reexame;
- embargo de declaração;
- recurso de revisão; e
- agravo.

À exceção dos agravos e embargos de declaração, o Presidente sorteará o Relator dos recursos, excluído o Ministro ou Ministro Substituto que tiver atuado como Relator ou Revisor ou tiver proferido o voto vencedor do Acórdão objeto do recurso. No caso de recurso de reconsideração ou pedido de reexame o sorteio ocorrerá entre os membros do colegiado que houver proferido a deliberação, excluído o autor do voto vencedor que fundamentou a deliberação recorrida.

Cada modalidade recursal possui características específicas, aplicando-se a determinadas espécies de processos, em determinados prazos. Ressalte-se que não se admitem recursos em processos de consulta.

A Portaria TCU nº 35/2014 aprovou o "Manual de Recursos" do Tribunal de Contas da União, consolidando normas e entendimentos do Tribunal de Contas da União (TCU) sobre o sistema recursal vigente nos processos de controle externo.

13.8. RECURSO DE RECONSIDERAÇÃO

O recurso de reconsideração é previsto para processos de tomada ou prestação de contas, bem como de tomada de contas especial.

Suas características são:

- terá efeito suspensivo;
- será apreciado pelo colegiado que houver proferido a decisão recorrida;
- poderá ser formulado por escrito uma só vez, pelo responsável ou interessado, ou pelo Ministério Público junto ao Tribunal; e
- o prazo para sua apresentação é de quinze dias, a partir da publicação no DOU da decisão recorrida.

Dispõe o RITCU que, se o recurso versar sobre item específico do acórdão, os demais itens não recorridos não sofrem o efeito suspensivo, caso em que deverá ser constituído processo apartado para prosseguimento da execução das decisões.

Não se conhecerá de recurso de reconsideração quando intempestivo, salvo em razão de superveniência de fatos novos e dentro do período de cento e oitenta dias contados do término do prazo inicialmente previsto, caso em que não terá efeito suspensivo.

Assinale-se que o recurso de reconsideração é aplicado a decisões definitivas: julgamentos pela regularidade, regularidade com ressalvas ou irregularidade das contas.

EXEMPLO DE RECURSO DE RECONSIDERAÇÃO
Acórdão nº 2.701/2020 – Plenário Relator: Min. Raimundo Carreiro Sumário: TOMADA DE CONTAS ESPECIAL. CONTAS IRREGULARES. DÉBITOS. MULTAS. RECURSOS DE RECONSIDERAÇÃO. CONHECIMENTO. RESPONSABILIDADE CONFIGURADA. NÃO PROVIMENTO EM RELAÇÃO AO SR. JOÃO PAULO BOIA. PROVIMENTO PARCIAL EM RELAÇÃO AOS RECURSOS INTERPOSTOS PELO SR. AMILTON DE ALBUQUERQUE SANTOS E PELA EMPRESA PRESCON. INCONGRUÊNCIA ENTRE OS TERMOS DA CITAÇÃO E OS FUNDAMENTOS DA CONDENAÇÃO. SUPRESSÃO PARCIAL DO DÉBITO. REDUÇÃO PROPORCIONAL DAS MULTAS. CIÊNCIAS. EMBARGOS DE DECLARAÇÃO INTERPOSTO PELO SR. JOÃO PAULO BOIA. CONHECIMENTO. PROVIMENTO. ALEGAÇÕES RECURSAIS E DOCUMENTOS ACOSTADOS AOS AUTOS AFASTAM A PRÁTICA DE ERRO GROSSEIRO PELO ORA DEFENDENTE. CONCESSÃO DE EFEITOS INFRINGENTES. AFASTAMENTO DO DÉBITO E DA MULTA IMPUTADOS AO RECORRENTE. CONTAS REGULARES COM RESSALVAS, COM QUITAÇÃO. CIÊNCIA AOS INTERESSADOS.

13.9. PEDIDO DE REEXAME

Em processos relativos a atos sujeitos a registro e à fiscalização de atos e contratos cabe pedido de reexame de decisão de mérito. Nesses processos, portanto, não cabe recurso de reconsideração.

O pedido de reexame terá efeito suspensivo e deverá ser interposto por escrito uma só vez pelo responsável ou interessado, ou pelo MPTCU, no prazo de quinze dias da publicação da decisão ou acórdão no *DOU*.

IMPORTANTE
Apesar de idêntica denominação, não se deve confundir o pedido de reexame – modalidade recursal interposta pela parte ou pelo MPTCU, prevista no art. 48 da LOTCU – do pedido de reexame formulado por Ministro ou Ministro Substituto convocado, com fulcro no art. 129 do RITCU, que foi descrito no Capítulo 7, no item 7.4.

Não se conhecerá do pedido de reexame interposto fora do prazo, salvo em razão da superveniência de fatos novos. Nessa hipótese, o pedido de reexame poderá ser formulado no prazo de cento e oitenta dias após o anterior prazo de quinze dias, não tendo, todavia, efeito suspensivo.

> **EXEMPLO DE PEDIDO DE REEXAME**
>
> Acórdão nº 11.2855/2020 –1ª Câmara
> Relator: Min. Marcos Bemquerer
> Sumário: PENSÃO CIVIL. INCAPACIDADE DA BENEFICIÁRIA DA PENSÃO. NÃO COMPROVAÇÃO DE QUE SUA INVALIDEZ ERA ANTERIOR AO ÓBITO DO INSTITUIDOR. ILEGALIDADE. PEDIDO DE REEXAME. ARGUMENTOS SUFICIENTES PARA ALTERAR O ACÓRDÃO RECORRIDO. PROVIMENTO.

Da mesma forma que os demais recursos, o pedido de reexame deve ser dirigido ao Presidente do Tribunal.

13.10. EMBARGOS DE DECLARAÇÃO

Os embargos de declaração aplicam-se às várias espécies de processos julgados ou apreciados pelo TCU.

Sua finalidade é corrigir obscuridade, omissão ou contradição da decisão recorrida. Suas características são:

- devem ser opostos por escrito pelo responsável ou interessado, ou pelo Ministério Público junto ao Tribunal;
- o prazo de apresentação é de dez dias, a partir da publicação no DOU da decisão recorrida; e
- possui efeito suspensivo, tanto para o cumprimento da decisão embargada, como para interposição dos demais recursos regimentalmente previstos.

O embargo de declaração será dirigido ao Relator ou Redator (quando houver) do acórdão atacado, que o submeterá à apreciação do colegiado competente.

> **EXEMPLO DE EMBARGOS DE DECLARAÇÃO**
>
> Acórdão nº 2.710/2020 – Plenário
> Relator: Min. Bruno Dantas
> Sumário: EMBARGOS DE DECLARAÇÃO. ALEGAÇÃO DE OBSCURIDADE E OMISSÃO NA RECOMENDAÇÃO CONTIDA NO ITEM 9.1 DO ACÓRDÃO 2026/2020-TCU-PLENÁRIO. CONHECIMENTO E REJEIÇÃO. AUTORIZAÇÃO EXCEPCIONAL DE UTILIZAÇÃO DO ESPAÇO DO TETO FISCAL MENCIONADO NO ITEM 9.1 DO ACÓRDÃO EMBARGADO PARA O CUSTEIO DE DESPESAS COM ABONO SALARIAL E SEGURO-DESEMPREGO. 4º RELATÓRIO DE ACOMPANHAMENTO ACERCA DOS REFLEXOS DAS MUDANÇAS NAS REGRAS ORÇAMENTÁRIAS E FISCAIS DECORRENTES DA PANDEMIA DE COVID-19. CONSIDERAÇÕES ACERCA DA DESVINCULAÇÃO DE RECURSOS ESTIPULADA PELA INTRODUÇÃO DO ART. 65, § 1º, II, À LEI DE RESPONSABILIDADE FISCAL. RESTRIÇÕES NAS CONDIÇÕES DE LIQUIDEZ QUE AFETAM O REFINANCIAMENTO DA DÍVIDA PÚBLICA MOBILIÁRIA FEDERAL INTERNA. INFORMAÇÕES AO MINISTÉRIO DA ECONOMIA, A COMISSÕES DO CONGRESSO NACIONAL, AO MINISTÉRIO PÚBLICO FEDERAL E À CASA CIVIL DA PRESIDÊNCIA DA REPÚBLICA.

Dispõe o RITCU que se o embargo versar sobre item específico do acórdão, os demais itens não embargados não sofrem o efeito suspensivo, caso em que deverá ser constituído processo apartado para prosseguimento da execução das decisões.

Os embargos de declaração não se prestam a rediscutir questões de mérito já devidamente apreciadas em etapa anterior do processo.

> **IMPORTANTE**
>
> Importante Acórdão do TCU repeliu a prática de recursos meramente protelatórios. No caso, um Acórdão foi prolatado condenando responsáveis em sede de TCE. A esse primeiro Acórdão foi oposto embargo de declaração, conhecido, mas cujo provimento foi negado, gerando um segundo Acórdão. Posteriormente, os responsáveis apresentaram recurso de reconsideração, também conhecido e cujo provimento também foi negado (terceiro Acórdão). Em nova investida, apresentou-se embargo de declaração contra esse terceiro Acórdão que denegara o recurso de reconsideração. Por meio do Acórdão nº 2.187/2006 – Plenário, de Relatoria do Ministro Ubiratan Aguiar, o TCU não conheceu desse último embargo, uma vez que "não se admite embargos de declarações manifestamente protelatórios cujas omissões e contradições arguidas referem-se a matéria abordada em outra decisão exarada no processo e não na deliberação mencionada na peça recursal." De outro lado, é possível opor embargos de declaração a Acórdão que apreciou embargos de declaração, a exemplo do Acórdão nº 1.352/2008 – Plenário (Rel.: Min. Raimundo Carreiro), que deu provimento parcial a embargos de declaração opostos ao Acórdão nº 1.220/2008 – Plenário, que julgara embargos de declaração ao Acórdão nº 544/2008 – Plenário.

Impende sublinhar que, conforme explicitado no Acórdão nº 1.067/2007 – Plenário (Relator: Ministro Aroldo Cedraz), a existência de divergência técnica nos pareceres exarados nos autos não caracteriza contradição; e possíveis omissões, contradições e obscuridades em parecer de unidade técnica não acolhido pelo relator ou pelo colegiado não autorizam provimento de embargos de declaração.

13.11. RECURSO DE REVISÃO

O recurso de revisão é modalidade recursal, de natureza similar à da ação rescisória, aplicável a decisão definitiva em processo de prestação ou tomada de contas, mesmo especial, e cujo julgamento é exclusivo do Plenário. Suas características são:

- não possui efeito suspensivo;
- deverá ser interposto por escrito, uma só vez, pelo responsável, seus sucessores, ou pelo Ministério Público junto ao Tribunal; e
- o prazo de sua apresentação é de cinco anos, a partir da publicação no DOU da decisão recorrida.

Além disso, o recurso de revisão deverá fundamentar-se:

I. em erro de cálculo nas contas;
II. em falsidade ou insuficiência de documentos em que se tenha fundamentado o acórdão recorrido; e
III. na superveniência de documentos novos com eficácia sobre a prova produzida.

O acórdão que der provimento a recurso de revisão ensejará a correção de todo e qualquer erro ou engano apurado.

Sublinhe-se que, no Acórdão nº 124/2007 – Plenário (Relator: Ministro Marcos Vilaça), definiu-se que não se admite recurso de revisão, segundo a hipótese de *"erro de cálculo nas contas*", prevista no inciso I do art. 35 da Lei nº 8.443/1992, para a contestação da metodologia de incidência dos acréscimos monetários legais sobre o débito constituído pelo acórdão condenatório.

Com respeito ao significado de "novos documentos", em 2007 o STF indeferiu o Mandado de Segurança nº 25.270, impetrado por dirigentes do Serviço Social do Comércio – Paraná (Sesc-PR), contra decisão do TCU, que não conheceu recurso relativo ao julgamento de prestação de contas da entidade. Conforme o relator, Ministro Ayres Britto, no entendimento do STF se considera novo o documento que "ou era ignorado pela parte, ou dele a parte não pôde fazer uso". No caso, os documentos novos apresentados eram, na verdade, acórdãos do próprio TCU, que sendo documentos públicos, não poderiam ser considerados como tais.

JURISPRUDÊNCIA DO TCU

Acórdão nº 155/2020 – Plenário (Embargos de Declaração, Relator Ministro Vital do Rêgo)
Direito Processual. Recurso de revisão. Documento novo. Admissibilidade.
Considera-se documento novo com eficácia sobre a prova produzida, para fins de admissibilidade de recurso de revisão (art. 35, inciso III, da Lei nº 8.443/1992), aquele ainda não examinado no processo, independentemente da data de sua constituição.

De outro lado, no Acórdão nº 37/2007 – Plenário (Relator: Ministro Benjamin Zymler), o TCU entendeu que "é possível, em caráter excepcional, relevar a ausência de preenchimento dos pressupostos de admissibilidade contidos no art. 35 da Lei nº 8.443/1992, com fundamento nos princípios do formalismo moderado e da verdade material, sobretudo se detectado rigor excessivo no julgamento pela irregularidade das contas."

E, ainda, considerou o TCU que argumento não apreciado na deliberação recorrida pode autorizar conhecimento de recurso intempestivo (Acórdão nº 403/2007 – Plenário; Ministro-Relator: Aroldo Cedraz).

É importante destacar a possibilidade de interposição de recurso de revisão pelo MPTCU, fundamentado em indícios de elementos eventualmente não examinados pelo Tribunal, e compreendendo o pedido de reabertura das contas e o pedido de mérito.

Uma vez admitido o pedido de reabertura das contas pelo Relator sorteado para o recurso de revisão, este ordenará, por despacho, sua instrução pela unidade técnica competente e a conseguinte instauração de contraditório, se apurados elementos que conduzam ao agravamento da situação do responsável ou à inclusão de novos responsáveis. A instrução do recurso de revisão abrange o reexame de todos os elementos constantes dos autos.

A interposição de recurso de revisão pelo Ministério Público dar-se-á em petição autônoma para cada processo de contas a ser reaberto. Se os elementos que deram ensejo ao recurso de revisão referirem-se a mais de um exercício, os respectivos processos serão conduzidos por um único Relator, sorteado para o recurso.

Tal possibilidade reveste-se de extrema importância, pois se determinadas contas tiverem sido julgadas regulares ou regulares com ressalva e havendo superveniência de provas de má gestão ou de atos danosos ao Erário, não seria de nenhum interesse do responsável ou de seus sucessores interpor o recurso de revisão. Assim, o MPTCU tem a oportunidade de propor nova avaliação dos fatos, permitindo uma análise à luz dos elementos subsequentes.

EXEMPLO DE RECURSO DE REVISÃO INTERPOSTO PELO MPTCU

Acórdão nº 2.609/2020 – Plenário
Relator: Min. Aroldo Cedraz
Sumário: RECURSO DE REVISÃO. TOMADA DE CONTAS ESPECIAL. IRREGULARIDADE NA CONTRATAÇÃO POR INEXIGIBILIDADE. SOBREPREÇO. PAGAMENTO POR PRODUTOS NÃO ENTREGUES. DÉBITO. MULTA. RECURSO DE REVISÃO. CONHECIMENTO. ABSOLVIÇÃO NA ESFERA PENAL. INDEPENDÊNCIA DAS INSTÂNCIAS. RESPONSABILIZAÇÃO CORRETAMENTE AVALIADA. ALEGAÇÕES INSUFICIENTES PARA ALTERAR O ACÓRDÃO RECORRIDO. NÃO PROVIMENTO. CIÊNCIA.

13.12. AGRAVO

O agravo é a modalidade recursal aplicável contra despacho decisório do Presidente do Tribunal, de Presidente de Câmara ou do Relator, desfavorável à parte, bem como contra medida cautelar adotada com fundamento no art. 276 do RITCU (em caso de urgência, fundado receio de grave lesão ao erário, ao interesse público, ou de risco de ineficácia de decisão de mérito).

O prazo para interposição do agravo é de cinco dias, a partir da ciência da parte, registrada em documento.

Interposto o agravo, o Presidente do Tribunal, o Presidente de Câmara ou o Relator poderá reformar o seu despacho ou submeter o feito à apreciação do colegiado competente para o julgamento de mérito do processo.

Quando o despacho agravado for do Presidente do Tribunal ou de presidente de câmara, o julgamento será presidido por seu substituto, computando-se o voto do Presidente agravado.

Caso a decisão agravada seja do Tribunal, o Relator do agravo será o mesmo que já atuava no processo ou o Redator do acórdão recorrido, se este houver sido o autor da proposta de medida cautelar.

EXEMPLO DE AGRAVO

Acórdão nº 2.552/2020 – Plenário
Relator: Min. Weder de Oliveira
Sumário: REPRESENTAÇÃO. PEDIDO DE CAUTELAR. SUPOSTAS IRREGULARIDADES PRATICADAS POR ÓRGÃO JURISDICIONADO NA APLICAÇÃO DE PENALIDADES E NA SUSPENSÃO DO CONTRATO POR INEXECUÇÃO DO OBJETO. CONCESSÃO DE MEDIDA CAUTELAR E DETERMINAÇÃO DE OITIVA. INTERPOSIÇÃO DE AGRAVO. DECLARAÇÃO DE SUSPEIÇÃO POR PARTE DO RELATOR

ORIGINAL. SORTEIO DE NOVO RELATOR. CONHECIMENTO DO AGRAVO. AUSÊNCIA DE INTERESSE PÚBLICO PREVISTO NO ART. 103, § 1º, DA RESOLUÇÃO TCU 259/2014. AUSÊNCIA DOS PRESSUPOSTOS PARA A CONCESSÃO DE MEDIDA CAUTELAR. PROVIMENTO. INSUBSISTÊNCIA DOS ITENS 9.1 E 9.2 E RESPECTIVOS SUBITENS DO ACÓRDÃO AGRAVADO. NÃO CONHECIMENTO DA REPRESENTAÇÃO. ARQUIVAMENTO.

A critério do Presidente do Tribunal, do Presidente de Câmara ou do Relator, conforme o caso, poderá ser conferido efeito suspensivo ao agravo. Isso, todavia, não se aplica no caso de agravo ou de outros recursos contra decisão de natureza cautelar, conforme aplicação subsidiária e supletiva do art. 1.012, § 1º, da Lei nº 13.105/2015 (CPC). A admissão de efeito suspensivo significaria, na prática, cancelar a medida acautelatória antes mesmo da apreciação dos argumentos apresentados pelos recorrentes (Acórdão nº 1.463/2022 – Plenário; Relator: Min. Aroldo Cedraz).

Quadro-resumo dos recursos

Modalidade	Objeto	Prazo	Efeito suspensivo	Quem pode interpor	Quem aprecia
Agravo	Despacho decisório e decisão que adota medida cautelar	5 dias	A critério do autor do despacho agravado	Partes	O autor do despacho agravado
Recurso de reconsideração	Decisão definitiva em processo de contas	15 dias	Sim	Partes e MPTCU	Colegiado que proferiu a deliberação
Recurso de reconsideração, hipótese especial em razão da superveniência de fatos novos	Decisão definitiva em processo de contas	180 dias contados do término do prazo anterior	Não	Partes e MPTCU	Colegiado que proferiu a deliberação
Pedido de reexame	Decisão de mérito em processo concernente a ato sujeito a registro e a fiscalização de atos e contratos	15 dias	Sim	Partes e MPTCU	Colegiado que proferiu a deliberação
Pedido de reexame, hipótese especial em razão da superveniência de fatos novos	Decisão de mérito em processo concernente a ato sujeito a registro e a fiscalização de atos e contratos	180 dias contados do término do prazo anterior	Não	Partes e MPTCU	Colegiado que proferiu a deliberação

Modalidade	Objeto	Prazo	Efeito suspensivo	Quem pode interpor	Quem aprecia
Embargo de declaração	Decisões em geral	10 dias	Sim	Partes e MPTCU	Colegiado que proferiu a deliberação
Recurso de revisão	Decisão definitiva em processo de contas	5 anos	Não	Responsável ou sucessores e MPTCU	Plenário

13.13. EXAME DE ADMISSIBILIDADE

Uma etapa preliminar na apreciação dos recursos é o exame de sua admissibilidade, em que são verificadas:

a) **a legitimidade do recorrente**, ou seja, se o autor do recurso possui competência legal e regimental para fazê-lo;

b) **a adequação do recurso**, visto que a peça recursal foi apresentada em conformidade com a previsão legal e regimental;

c) **a tempestividade do recurso**, isto é, se foi apresentado dentro do prazo prescrito na LOTCU e no RITCU;

d) **a singularidade do recurso**, verificando-se se não há outro de teor semelhante relacionado ao mesmo processo; e

e) **a recorribilidade da decisão**.

Não se conhecerá de recurso interposto fora do prazo, salvo em razão da superveniência de fatos novos (LOTCU: art. 32, parágrafo único).

Recorde-se que, à exceção de embargos de declaração, são irrecorríveis as decisões:

- em processos relativos a consultas (Acórdão nº 2.138/2005 – Plenário; Relator: Ministro Walton Alencar Rodrigues);
- quando for outro recurso da mesma espécie contra deliberação que apreciou o primeiro recurso interposto (art. 278, § 4º, do RITCU);
- que convertem processo em TCE (art. 279 do RITCU);
- que instauram TCE (art. 279 do RITCU);
- que determinam a realização de medidas preliminares (audiência, citação, diligência, fiscalizações) (art. 279 do RITCU); e
- que rejeitam alegações de defesa (art. 279 do RITCU).

Ademais, não se conhecerá de recurso contra deliberação proferida em sede de monitoramento de acórdão do Tribunal em que não tenham sido rediscutidas questões de mérito, nem imposto nenhum tipo de sanção (art. 278, § 5º, do RITCU).

O recurso poderá ser considerado prejudicado, sendo arquivado, em virtude da perda do seu objeto, que se verifica no caso de a matéria objeto da impugnação já ter sido enfrentada no mesmo processo em sede de recurso interposto por outra parte.

No que concerne à legitimidade para recorrer, sublinhe-se que tanto o denunciante, como o representante devem demonstrar razão legítima para intervir no processo ou possibilidade de lesão a direito subjetivo próprio (Acórdão nº 1.242/2007 – Plenário; Relator: Ministro Marcos Vilaça).

Cabe destacar que os sucessores dos responsáveis também podem interpor recursos. De outro lado, como anteriormente sublinhado, para interpor recurso não é necessário que a parte ou interessado esteja representado por advogado.

Ainda a esse respeito, o TCU entende que é necessário que a deliberação contestada tenha causado dano efetivo ao recorrente, ou seja, que tenha havido sucumbência.

Como consta do Manual de Recursos do TCU, a noção de sucumbência traduz a ideia de utilidade e necessidade do recurso. Há interesse recursal quando, do ponto de vista prático, a modificação da decisão pode proporcionar ao recorrente uma vantagem (utilidade) que restará inviabilizada se a decisão permanecer como se encontra (necessidade).

JURISPRUDÊNCIA DO TCU

Acórdão nº 4.869/2014 – Segunda Câmara (Embargos de Declaração, Relator Ministro-Substituto Marcos Bemquerer)
Processual. Recurso. Admissibilidade.
Não se conhece de recurso interposto por entidade contra decisão do TCU que julgou irregulares as contas de seu dirigente e a este aplicou multa, ante a falta de sucumbência da pessoa jurídica.

Uma vez preenchidos os requisitos de admissibilidade, o recurso pode ser conhecido pelo Tribunal, devendo o Relator determinar as providências para sua instrução, saneamento e apreciação, bem como para comunicação aos órgãos ou entidades pertinentes, se houver efeito suspensivo.

Entendendo não ser admissível, mesmo que por motivo decorrente de erro grosseiro, má-fé ou atitude meramente protelatória, o Relator, ouvido o MPTCU, quando cabível, não conhecerá do recurso mediante despacho fundamentado ou, a seu critério, submetê-lo-á ao colegiado.

A interposição de recurso, ainda que venha a não ser conhecido, gera preclusão consumativa (o ato, uma vez praticado, não pode ser repetido ou complementado).

Exceto nos embargos de declaração, no agravo e no pedido de reexame em processo de fiscalização de ato ou contrato, é obrigatória a audiência do MPTCU em todos os recursos, ainda que o recorrente tenha sido ele próprio. O Relator poderá deixar de encaminhar os autos ao MPTCU, solicitando sua manifestação oral na sessão de julgamento quando, nos recursos, apresentar ao colegiado proposta de:

I – não conhecimento;
II – correção de erro material;
III – evidente conteúdo de baixa complexidade que não envolva o mérito.

> **IMPORTANTE**
>
> Deverão ser remetidos para apreciação do Plenário os processos nos quais se entenda cabível, em grau de recurso, o exame de declaração de inidoneidade de licitante ou de inabilitação de responsável para o exercício de cargo em comissão ou função de confiança no âmbito da administração pública federal.

Quadro-resumo das hipóteses em que não se admite recurso

Hipóteses em que não cabe recurso	Previsão no RITCU
quando for outro recurso da mesma espécie, exceto embargos de declaração, contra deliberação que apreciou o primeiro recurso interposto.	art. 278, § 4º
contra deliberação proferida em sede de monitoramento de acórdão do Tribunal em que não tenham sido rediscutidas questões de mérito, nem imposto nenhum tipo de sanção.	art. 278, § 5º
contra decisão que rejeitou alegações de defesa (exceto embargos de declaração)	art. 279
contra decisão que determinou a instauração de TCE (exceto embargos de declaração)	art. 279
contra decisão que determinou a conversão em TCE (exceto embargos de declaração)	art. 279
contra decisão que determinou a realização de citação, audiência, diligência ou fiscalização (exceto embargos de declaração)	art. 279
quanto ao teor do acórdão e do parecer prévio emitidos pelo Tribunal sobre as contas prestadas pelo Presidente da República.	art. 16 da Resolução TCU nº 291/2017
em processos relativos a consultas (exceto embargos de declaração)	Acórdão nº 2.138/2005 – Plenário
contra decisões que forem proferidas nos autos de Solicitação de Solução Consensual	art. 15 da IN TCU nº 91/2022

13.14. OUTROS RECURSOS PREVISTOS EM NORMAS ESPECÍFICAS

Ademais dos recursos previstos na LOTCU e no RITCU, cumpre registrar a possibilidade de outras espécies recursais virem a ser apreciadas pelo TCU, desde que previstas em normas específicas. É o caso de recursos relativos ao cálculo dos percentuais de participação dos estados e do Distrito Federal na Contribuição de Intervenção no Domínio Econômico – Cide-Combustíveis, previsto na Lei nº 10.336/2001. Tal instrumento foi disciplinado no § 1º do art. 8º da IN TCU nº 75/2015, com o nome de "recurso de retificação", com prazo de quinze dias após a publicação pelo TCU dos seus cálculos, para apresentação pelas unidades federadas e municípios.

Outro exemplo é a chamada "contestação", prevista no § 2º do art. 4º e no § 1º do art. 6º da IN TCU nº 75/2015, que concede às unidades federadas e aos municípios o prazo de trinta dias após a publicação dos coeficientes individuais do FPE, do FPM e do IPI-exportação para apresentar contestação perante o TCU.

> **EXEMPLO DE RECURSO PREVISTO EM LEI ESPECÍFICA**
> Acórdão nº 1.258/2020 – TCU – Plenário
> Relator: Min. Benjamin Zymler
> Sumário: CONTESTAÇÃO DE COEFICIENTES DE TRANSFERÊNCIAS OBRIGATÓRIAS. DECISÃO NORMATIVA TCU 181/2020. PERCENTUAIS DE PARTICIPAÇÃO DOS ESTADOS E DO DISTRITO FEDERAL NA DISTRIBUIÇÃO DOS RECURSOS DA CONTRIBUIÇÃO DE INTERVENÇÃO NO DOMÍNIO ECONÔMICO – CIDE-COMBUSTÍVEIS PARA O EXERCÍCIO DE 2020. CONHECIMENTO. IMPROCEDÊNCIA.

13.15. SUSTENTAÇÃO ORAL

É facultado à parte, na sessão em que ocorrer o julgamento ou apreciação de processo, produzir sustentação oral, após a apresentação, ainda que resumida, do relatório e antes do voto do Relator. Todavia, não se admitirá sustentação oral no julgamento ou apreciação de consulta, embargos de declaração, agravo e medida cautelar. A sustentação oral poderá ser feita pessoalmente ou por procurador devidamente constituído, desde que a tenham requerido ao Presidente do respectivo colegiado até quatro horas antes do início da sessão. O Presidente do colegiado em cuja sessão esteja o processo incluído em pauta apreciará o pedido.

Após o pronunciamento, se houver, do representante do Ministério Público, a parte ou seu procurador falará uma única vez e sem ser interrompida, pelo prazo de dez minutos, podendo o Presidente do colegiado, ante a maior complexidade da matéria, prorrogar o tempo por até igual período, se previamente requerido.

No caso de procurador de mais de uma parte, aplica-se o prazo de dez minutos.

Havendo mais de uma parte com procuradores diferentes, o prazo será de vinte minutos e dividido em frações iguais entre estes, observada a ordem cronológica dos requerimentos.

Havendo no mesmo processo duas partes com interesses opostos, observar-se-á o prazo de vinte minutos dividido em frações iguais entre as partes para sustentação oral. Se houver mais de uma parte com o mesmo interesse, o tempo desse interesse (10 minutos) será dividido entre as partes. Assim, cada interesse terá 10 minutos e a divisão será feita dentro de cada interesse.

Quando se tratar de julgamento ou apreciação de processo em sessão de caráter reservado, as partes terão acesso à Sala das Sessões ao iniciar-se a apresentação do relatório e dela deverão ausentar-se ao ser concluído o julgamento.

Durante a discussão e o julgamento, por solicitação de Ministro, Ministro Substituto ou representante do Ministério Público, poderá ser concedida a palavra à parte ou a seu procurador para estrito esclarecimento de matéria de fato.

Como exposto nas seções 7.3.1 e 7.3.2, a sustentação oral também pode ocorrer nas sessões telepresenciais ou nas sessões virtuais.

Nas sessões telepresenciais, a parte ou o representante interessado em realizar sustentação oral deve fornecer endereço de e-mail válido para o recebimento do endereço eletrônico por meio do qual proferirá a sustentação, sendo que a manutenção da conexão com a internet durante a sustentação oral é de responsabilidade da parte ou do representante legal.

Por sua vez, nas sessões virtuais, os pedidos de sustentação oral referentes a processos incluídos em pauta deverão estar acompanhados de arquivo de áudio ou de vídeo, contendo as razões defendidas pelo requerente ou seu procurador, com a duração máxima de 10 minutos.

13.16. PRESCRIÇÃO

O tema da prescrição nos processos de controle externo tem sido objeto de acesos debates na doutrina. Com efeito, a LOTCU é silente sobre o tema e o Brasil ainda carece de um código processual de controle externo.

Ao longo do tempo, julgados do TCU, embora apontassem uma inclinação majoritária, refletiram as divergências na compreensão do tema. Como bem sintetizado por Santos,[6] a discussão surge da inexistência na LOTCU de uma previsão específica para a prescrição em processo de contas:

> No caso em estudo, o ordenamento legislativo atribui ao Tribunal de Contas da União o direito de imputar débito e multa [arts. 16, III, e 19, combinado com os arts. 57 e 58, todos da Lei nº 8.443/1992], mas não estabelece regra de prescrição ou decadência para a hipótese de sua inércia continuada, ou seja, do não exercício desse direito durante certo lapso de tempo. A par dessa lacuna, coexistem a imprescritibilidade da pretensão de ressarcimento da Fazenda Pública [art. 37, § 5º da Constituição], o prazo de dez anos fixado para a prescrição de todas as pretensões que não sejam reguladas com prazo inferior [art. 205 do Código Civil de 2002] e o prazo de cinco anos fixado para a prescrição e decadência de direitos exercitáveis pela Fazenda Pública, que se assemelham ao direito não regulado em questão [arts. 173 e 174 da Lei nº 5.172/1966; art. 1º da Lei nº 9.873/1999].

Em breve retrospectiva, o entendimento majoritário no TCU era no sentido da imprescritibilidade das ações de ressarcimento ao erário, com amparo no § 5º do art. 37 da Constituição, e da prescrição da pretensão punitiva no prazo de dez anos, seguindo a regra geral do art. 205 do Código Civil, nos termos do Acórdão nº 1.441/2016 – Plenário.

Em 2008, ao julgar o MS 26.210, o STF afastou a alegação de prescrição em sede de tomada de contas especial, invocando o § 5º do art. 37 da CF (Rel.: Min. Ricardo Lewandowski).

---

[6] O reconhecimento da prescrição pelo Tribunal de Contas da União. *Sociedade democrática, direito público e controle externo*. Brasília: Tribunal de Contas da União, 2006, p. 382.

Em 2012, o TCU editou a Súmula nº 282.

SÚMULA Nº 282
As ações de ressarcimento movidas pelo Estado contra os agentes causadores de danos ao erário são imprescritíveis.

A evolução jurisprudencial do STF e a edição da Resolução TCU nº 344/2022[7] conduzem a uma nova abordagem sobre o tema.

13.16.1. Decisão do STF no RE 636.886 – Tema nº 899 de Repercussão Geral

Nessa decisão, de relatoria do Ministro Alexandre de Moraes, o STF entendeu que a pretensão de ressarcimento ao erário em face de agentes públicos reconhecida em acórdão de Tribunal de Contas prescreve na forma da Lei nº 6.830/1980 (Lei de Execução Fiscal). Dessa forma, julgou não ser aplicável a tese da imprescritibilidade de ações de ressarcimento com amparo no § 5º do art. 37 da Constituição, salvo naquelas fundadas na prática de ato de improbidade administrativa doloso tipificado na Lei de Improbidade Administrativa – Lei nº 8.429/1992 (Tema nº 897 de Repercussão Geral).

O acórdão considerou que, no processo de tomada de contas, o TCU não apura a existência de dolo decorrente de ato de improbidade administrativa, mas, especificamente, realiza o julgamento técnico das contas a partir da reunião dos elementos objeto da fiscalização e apurada a ocorrência de irregularidade de que resulte dano ao erário, e profere o acórdão em que se imputa o débito ao responsável, para fins de se obter o respectivo ressarcimento. Assim, fixou a seguinte tese para o Tema nº 899:

> É prescritível a pretensão de ressarcimento ao erário fundada em decisão de Tribunal de Contas.

Por sua vez, no MS 32.201, o Acórdão foi assim ementado:

> Ementa: Direito administrativo. Mandado de segurança. Multas aplicadas pelo TCU. Prescrição da pretensão punitiva. Exame de legalidade. 1. A prescrição da pretensão punitiva do TCU é regulada integralmente pela Lei nº 9.873/1999, seja em razão da interpretação correta e da aplicação direta desta lei, seja por analogia. (...) (MS 32.201, Primeira Turma, Rel. Min. Roberto Barroso, j. 21/3/2017).

O entendimento foi retomado no julgamento da ADI 5509:

> (...) Com fundamento nesses precedentes, é possível, portanto, sintetizar a orientação aplicável para a fixação e a contagem dos prazos prescricionais das ações de competência do Tribunal de Contas.
> A atividade de controle externo equipara-se, para fins de contagem do prazo prescricional, ao poder de polícia do Estado e, como tal, nos termos do art. 1º da Lei

---

[7] Alterada pela Resolução TCU nº 367/2024.

9.873, de 1999, "Prescreve em cinco anos a ação punitiva da Administração Pública Federal, direta e indireta, no exercício do poder de polícia, objetivando apurar infração à legislação em vigor, contados da data da prática do ato ou, no caso de infração permanente ou continuada, do dia em que tiver cessado. (...)".

Por conseguinte, houve mudança na jurisprudência, não mais se cogitando de imprescritibilidade nos processos de controle externo.

13.16.2. Resolução TCU nº 344/2022

O TCU editou a Resolução TCU nº 344/2022[8] regulamentando, no âmbito dos seus processos, a prescrição para o exercício das pretensões punitiva, de ressarcimento e executória, alinhando-se com o entendimento do STF.

A norma estabelece que a prescrição nos processos de controle externo, em curso no Tribunal de Contas da União, exceto os de apreciação, para fins de registro, da legalidade dos atos de admissão de pessoal ou de concessão de aposentadorias, reformas e pensões, observará o disposto na Lei nº 9.873/1999, que estabelece prazo de prescrição para o exercício de ação punitiva pela Administração Pública Federal, direta e indireta, e dá outras providências.

Com isso, prescrevem em cinco anos as pretensões punitiva e de ressarcimento, contados do termo inicial.

O reconhecimento da prescrição da pretensão punitiva ou da pretensão ressarcitória não impede o julgamento das contas, mas apenas a imposição de sanção e de reparação de dano. Todavia, constatada a prescrição das pretensões punitiva e ressarcitória, pode o Tribunal deixar de prosseguir na análise das contas, como medida de racionalização administrativa e economia processual, extinguindo o feito na forma do art. 213 do RITCU, sem a manutenção do débito.

O termo inicial da prescrição será contado (art. 4º da Resolução TCU nº 344/2022):

I – da data em que as contas deveriam ter sido prestadas, no caso de omissão de prestação de contas;

II – da data da apresentação da prestação de contas ao órgão competente para a sua análise inicial;

III – do recebimento da denúncia ou da representação pelo Tribunal ou pelos órgãos de controle interno, quanto às apurações decorrentes de processos dessa natureza;

IV – da data do conhecimento da irregularidade ou do dano, quando constatados em fiscalização realizada pelo Tribunal ou pelos órgãos de controle interno;

V – no caso de irregularidade permanente ou continuada, do dia em que tiver cessado a permanência ou a continuidade.

---

[8] Alterada pela Resolução TCU nº 367/2024.

São causas interruptivas da prescrição (art. 5º da Resolução TCU nº 344/2022):

I – a notificação, oitiva, citação ou audiência do responsável, inclusive por edital;
II – qualquer ato inequívoco de apuração do fato;
III – qualquer ato inequívoco de tentativa de solução conciliatória;
IV – decisão condenatória recorrível.

A prescrição pode se interromper mais de uma vez por uma mesma causa que, por sua natureza, seja repetível no curso do processo. Interrompida a prescrição, começa a correr novo prazo a partir do ato interruptivo.

Não interrompem a prescrição o pedido e concessão de vista dos autos, a emissão de certidões, a prestação de informações, a juntada de procuração ou subestabelecimento e outros atos de instrução processual de mero seguimento do curso das apurações.

Não corre o prazo de prescrição (causas impeditivas ou suspensivas) (art. 7º da Resolução TCU nº 344/2022):

I – enquanto estiver vigente decisão judicial que determinar a suspensão do processo ou, de outro modo, paralisar a apuração do dano ou da irregularidade ou obstar a execução da condenação;
II – durante o sobrestamento do processo, desde que não tenha sido provocado pelo TCU, mas sim por fatos alheios à sua vontade, fundamentadamente demonstrados na decisão que determinar o sobrestamento;
III – durante o prazo conferido pelo Tribunal para pagamento da dívida na forma do art. 12, § 2º, da Lei 8.443, de 16 de julho de 1992;
IV – enquanto estiver ocorrendo o recolhimento parcelado da importância devida ou o desconto parcelado da dívida nos vencimentos, salários ou proventos do responsável;
V – no período em que, a juízo do Tribunal, justificar-se a suspensão das apurações ou da exigibilidade da condenação, quanto a fatos abrangidos em Acordo de Leniência, Termo de Cessão de Conduta ou instrumento análogo, celebrado na forma da legislação pertinente;
VI – sempre que delongado o processo por razão imputável unicamente ao responsável, a exemplo da submissão extemporânea de elementos adicionais, pedidos de dilação de prazos ou realização de diligências necessárias causadas por conta de algum fato novo trazido pelo jurisdicionado não suficientemente documentado nas manifestações processuais.

Incide a prescrição intercorrente se o processo ficar paralisado por mais de três anos, pendente de julgamento ou despacho, sem prejuízo da responsabilidade funcional decorrente da paralisação, se for o caso. A prescrição intercorrente interrompe-se por qualquer ato que evidencie o andamento regular do processo, excetuando-se pedido e concessão de vista dos autos, emissão de certidões, prestação de informações, juntada de procuração ou subestabelecimento e outros atos que não interfiram de modo relevante no curso das apurações. As causas impeditivas, suspensivas e interruptivas da prescrição principal também impedem, suspendem ou interrompem a prescrição intercorrente.

A interposição do recurso de revisão apresentado no item 13.11 dá origem a um novo processo de controle externo para fins de apuração da prescrição.

Ainda que verificada a prescrição, o Tribunal providenciará a remessa de cópia da documentação pertinente ao Ministério Público da União, para ajuizamento das ações cabíveis, se houver indícios de crime ou da prática de ato de improbidade administrativa.

Identificada a incidência da prescrição causada por omissão da autoridade administrativa competente ou do agente público no exercício da atividade de controle interno, o órgão de controle interno ou a autoridade superior competente deverá, ao ter ciência da irregularidade, promover a imediata apuração desse ilícito, sem prejuízo de dar a imediata ciência da falha ao TCU, sob pena de responsabilidade solidária.

O TCU poderá promover a apuração administrativa sobre a responsabilidade pela prescrição causada por omissão da autoridade administrativa competente ou do agente público no exercício da atividade de controle interno, sem prejuízo do envio do processo às instâncias judiciais competentes.

Os processos com maior risco de prescrição das pretensões punitiva, de ressarcimento ou executória terão andamento urgente e tratamento prioritário pelas unidades técnicas e pelos gabinetes.

Na IN TCU nº 98/2024, o TCU instituiu o Sistema de Prevenção à Prescrição, funcionalidade a ser gerida pelo TCU com o objetivo de registrar os dados relativos aos repasses de recursos federais realizados pelos órgãos e entidades da Administração Pública Federal e realizar notificações preventivas aos responsáveis pela prestação de contas desses recursos. O Sistema contará com funcionalidades analíticas que permitam ao TCU mapear e identificar os processos com maior risco de prescrição e outros critérios críticos, a fim de subsidiar a ação preventiva por parte do Tribunal.

Em decorrência da Resolução TCU nº 344/2022, em nosso entendimento, a anterior Súmula TCU nº 282 está tacitamente revogada.

JURISPRUDÊNCIA DO TCU

Acórdão nº 2.535/2022 – Plenário (Levantamento, Relator Ministro Benjamin Zymler)
Responsabilidade. Débito. Prescrição. Termo inicial. Contrato administrativo. Superfaturamento. Pagamento. Irregularidade continuada.
Na hipótese de pagamentos de valores superfaturados em contrato, o marco inicial da contagem do prazo prescricional é a data do último pagamento em benefício do contratado, tendo em vista a natureza continuada da irregularidade ensejadora do dano (art. 4º, inciso V, da Resolução TCU nº 344/2022).

Acórdão nº 6.867/2022 – Segunda Câmara (Recurso de Reconsideração, Relator Ministro Antonio Anastasia)
Responsabilidade. Débito. Prescrição. Pretensão punitiva. Fiscalização. Termo inicial. Relatório de fiscalização. Juntada.

A data de início da contagem do prazo prescricional na hipótese em que os fatos foram constatados em fiscalização do TCU (art. 4º, inciso IV, da Resolução TCU nº 344/2022) deve ser a da juntada do relatório de fiscalização ao processo.

Acórdão nº 6.866/2022 – Segunda Câmara (Tomada de Contas Especial, Relator Ministro Antonio Anastasia)
Responsabilidade. Débito. Prescrição. Interrupção. Pretensão punitiva.
O transcurso de mais de cinco anos entre duas causas de interrupção da contagem do prazo prescricional implica a incidência da prescrição das pretensões punitiva e ressarcitória do TCU. Não interrompem a prescrição atos de instrução processual de mero seguimento do curso das apurações, como solicitação de cópia dos autos pelo responsável, requerimento de informações pelo Poder Judiciário e seu respectivo fornecimento (art. 5º, §§ 2º e 3º, da Resolução TCU nº 344/2022).

Acórdão nº 7.861/2022 – Primeira Câmara (Embargos de Declaração, Relator Ministro Vital do Rêgo)
Responsabilidade. Débito. Prescrição. Interrupção. Tomada de contas especial. Fase interna.
A prescrição pode ser interrompida mais de uma vez por causa que seja repetível no curso da tomada de contas especial, começando a fluir novo prazo a partir de então. Procedimentos adotados na fase interna da TCE também podem constituir hipóteses de interrupção do prazo prescricional, a exemplo de atos inequívocos de apuração do fato ou de tentativa de solução conciliatória (art. 5º, §§ 1º, 2º e 4º, da Resolução TCU nº 344/2022).

Acórdão nº 2.381/2022 – Plenário (Embargos de Declaração, Relator Ministro Benjamin Zymler)
Responsabilidade. Débito. Prescrição. Pretensão punitiva. Prescrição intercorrente. Caracterização.
O transcurso de mais de três anos sem a prática de ato que evidencie o andamento regular do processo ou que interfira de modo relevante no curso das apurações implica a incidência da prescrição intercorrente, que atinge as pretensões punitiva e ressarcitória do TCU (art. 1º, § 1º, da Lei nº 9.873/1999 c/c art. 8º, *caput* e § 1º, da Resolução TCU nº 344/2022).

Acórdão nº 206/2022 – Plenário (Aposentadoria, Relator Ministro Augusto Nardes)
Ato sujeito a registro. Revisão de ofício. Decadência. Anistiado. Aposentadoria. Transposição de regime jurídico. Inconstitucionalidade.
A revisão de ofício de atos de aposentadorias, reformas ou pensões flagrantemente inconstitucionais não está sujeita ao prazo de cinco anos estabelecido no art. 260, § 2º, do Regimento Interno do TCU, pois não incide decadência em atos administrativos que violam diretamente a Constituição Federal, a exemplo de aposentadoria de servidor oriundo de empresa pública extinta que foi, com base na Lei nº 8.878/1994, anistiado e reintegrado com transposição do regime de trabalho, de celetista para estatutário, ato que viola o dispositivo constitucional que exige a aprovação em concurso público para a ocupação de cargo público, conforme entendimento do STF no MS 35.409/DF.

Acórdão nº 2.486/2022 – Plenário (Embargos de Declaração, Relator Ministro Antonio Anastasia)
Responsabilidade. Débito. Prescrição. Trânsito em julgado. Solidariedade.
O reconhecimento da prescrição em relação a um dos responsáveis solidários não alcança os demais quando, relativamente a estes, já tenha ocorrido o trânsito em julgado da decisão condenatória previamente à edição da Resolução TCU nº 344/2022 (art. 18).

Em diversos TCEs as Leis Orgânicas estabelecem regras próprias para a prescrição.

DÚVIDA FREQUENTE

Qual a regra para a prescrição nos TCs subnacionais?
Nos TCs subnacionais, a regra prescricional pode ser estabelecida por legislação própria.
É o que decidiu o STF na ADI 5.259 acerca da eficácia de Lei Complementar catarinense que instituíra prazo de prescrição quinquenal para processos administrativos submetidos à apreciação

do Tribunal de Contas estadual. Para o Relator, Ministro Marco Aurélio, o legislador estadual atuou com base em sua competência prevista no art. 24, I, da CF/1988, para disciplinar o funcionamento de órgão de sua estrutura e tratar de normas de direito financeiro. Ainda segundo o Ministro, as normas "visam atribuir maior responsabilidade ao Órgão de Contas, para que atue a modo e a tempo". Assim, a Corte considerou constitucional norma do Estado a fixar prazo para que o Tribunal de Contas atue nos processos administrativos a ele submetidos. No mesmo sentido, o julgamento da ADI. 5.384 (Rel. Min. Alexandre de Moraes).

13.17. DECADÊNCIA

No que concerne ao exame dos atos sujeitos a registro, tem sido observada uma evolução na jurisprudência do STF. Quando da primeira edição desta obra, estava assente que, para tais atos, o TCU não estava limitado ao prazo decadencial de cinco anos previsto no art. 54 da Lei nº 9.784/1999 (Lei do Processo Administrativo Federal), nem obrigado a ouvir o interessado, conforme as seguintes deliberações:

> O ato de aposentadoria configura ato administrativo complexo, aperfeiçoando-se somente com o registro perante o Tribunal de Contas. Submetido à condição resolutiva, não se operam os efeitos da decadência antes da vontade final da Administração. (MS 24.997, Rel. Min. Eros Grau, *DJ* 01/04/2005)

> O Tribunal de Contas, no julgamento da legalidade de concessão de aposentadoria ou pensão, exercita o controle externo que lhe atribui a Constituição Federal, art. 71, III, no qual não está jungindo a um processo contraditório ou contestatório. (MS 24.859, Rel. Min. Carlos Velloso, DJ 27/08/2004)

Com respeito ao contraditório, a edição da Súmula Vinculante nº 3 restringiu sua desnecessidade apenas aos casos de exame dos atos de concessão inicial, conforme visto no Capítulo 11.

Em 2007, a exceção prevista na SV nº 3 foi atenuada pelo Excelso Pretório no julgamento do MS 24.448 (Rel.: Min. Ayres Britto):

> A inércia da Corte de Contas, por sete anos, consolidou de forma positiva a expectativa da viúva, no tocante ao recebimento de verba de caráter alimentar. Este aspecto temporal diz intimamente com o princípio da segurança jurídica, projeção objetiva do princípio da dignidade da pessoa humana e elemento conceitual do Estado de Direito. O prazo de cinco anos é de ser aplicado aos processos de contas que tenham por objeto o exame de legalidade dos atos concessivos de aposentadorias, reformas e pensões. Transcorrido *in albis* o interregno quinquenal, é de se convocar os particulares para participar do processo de seu interesse, a fim de desfrutar das garantias do contraditório e da ampla defesa (inciso LV do art. 5º). Segurança concedida.

De outro lado, em abril de 2008, ao apreciar o MS 25.552 (Rel.: Min. Cármen Lúcia), o STF entendeu:

O Supremo Tribunal Federal pacificou entendimento de que, sendo a aposentadoria ato complexo, que só se aperfeiçoa com o registro no Tribunal de Contas da União, o prazo decadencial da Lei nº 9.784/1999 tem início a partir de sua publicação. Aposentadoria do Impetrante não registrada: inocorrência da decadência administrativa. A redução de proventos de aposentadoria, quando concedida em desacordo com a lei, não ofende o princípio da irredutibilidade de vencimentos.

Em suma, conforme tais julgados: ao apreciar o registro da concessão inicial de aposentadoria o TCU não está obrigado a assegurar o contraditório e a ampla defesa (exceção da Súmula Vinculante nº 3), exceto se transcorridos mais de cinco anos, caso em que não se opera decadência (MS 25.552), mas impõe-se a convocação dos interessados garantindo-se o contraditório e a ampla defesa (MS 24.448).

JURISPRUDÊNCIA DO TCU

Acórdão nº 7.751/2015 – Segunda Câmara (Pedido de Reexame, Relator Ministro Augusto Nardes)
Pessoal. Ato sujeito a registro. Princípio da ampla defesa.
O longo transcurso de tempo entre a edição do ato e sua apreciação pelo TCU não convalida a aposentadoria ilegal. Na hipótese de o ato haver ingressado no Tribunal há mais de cinco anos, é necessária a instauração do contraditório e da ampla defesa para a validade do processo.

Ademais, no julgamento do MS 25.116, o Relator, Ministro Ayres Britto, sustentou que a revogação da aposentadoria se deu somente após cinco anos e oito meses de gozo do benefício, o que fere o princípio da segurança jurídica. Segundo o Ministro, a manifestação do TCU sobre a legalidade da aposentadoria deve se formalizar em tempo razoável, sob risco de séria instabilidade das relações interpessoais ou coletivas. O Relator argumentou ser direito líquido e certo do servidor integrar a relação jurídica para garantia do contraditório e da ampla defesa, sempre que a Administração Pública deixar de apreciar a legalidade dentro do prazo de cinco anos. Como a tese foi vitoriosa, a tendência é no sentido de consolidar o entendimento da decisão MS 24.448.

Como assinalado no item 11.5.2, ao julgar o RE 636.553 – Tema nº 445 de Repercussão Geral –, sob a relatoria do Ministro Gilmar Mendes, o STF fixou a seguinte tese: em atenção aos princípios da segurança jurídica e da confiança legítima, os tribunais de contas estão sujeitos ao prazo de cinco anos para o julgamento da legalidade do ato de concessão inicial de aposentadoria, reforma ou pensão, a contar da chegada do processo à respectiva Corte de Contas. Após esse prazo, os atos serão considerados tacitamente registrados.

Quando se tratar de uma reapreciação de julgamento anterior que considerou legal o ato aposentatório, o STF considerou, nos autos do MS 25.963 (Rel.: Min. Cezar Peluso), que ocorre a decadência cinco anos após a manifestação inicial da Corte de Contas:

> SERVIDOR PÚBLICO. Funcionário. Aposentadoria. Cumulação de gratificações. Anulação pelo Tribunal de Contas da União – TCU. Inadmissibilidade. Ato julgado legal pelo TCU há mais de cinco (5) anos. Anulação do julgamento. Inadmissibilidade. Decadência administrativa. Consumação reconhecida. Ofensa a direito

líquido e certo. Respeito ao princípio da confiança e segurança jurídica. Cassação do acórdão. Segurança concedida para esse fim. Aplicação do art. 5º, inciso LV, da CF, e art. 54 da Lei federal nº 9.784/1999. Não pode o Tribunal de Contas da União, sob fundamento ou pretexto algum, anular aposentadoria que julgou legal há mais de 5 (cinco) anos.

Ou seja, o prazo decadencial de cinco anos constante da Lei nº 9.784/1999 inicia sua contagem a partir da manifestação inicial do TCU pela legalidade do ato.

Na realidade, o *decisum* deve ser interpretado como a negativa da possibilidade do TCU determinar a anulação de aposentadoria que julgou legal há mais de cinco anos, uma vez que em nenhuma hipótese pode o TCU anular ato praticado por outro órgão.

Em 2012, o TCU editou Súmula em consonância com a jurisprudência dominante do STF.

SÚMULA Nº 278

Os atos de aposentadoria, reforma e pensão têm natureza jurídica de atos complexos, razão pela qual os prazos decadenciais a que se referem o § 2º do art. 260 do Regimento Interno e o art. 54 da Lei nº 9.784/99 começam a fluir a partir do momento em que se aperfeiçoam com a decisão do TCU que os considera legais ou ilegais, respectivamente.

JURISPRUDÊNCIA DO TCU

Acórdão nº 44/2019 Plenário (Auditoria, Relator Ministro Bruno Dantas)
Responsabilidade. Decadência. Legislação. Processo de controle externo. Princípio da autotutela.
O prazo decadencial previsto no art. 54 da Lei nº 9.784/1999 é aplicável ao TCU apenas como meio de autotutela no desempenho de sua função administrativa, não se aplicando ao exercício de sua competência constitucional de controle externo e tampouco aos atos administrativos dos jurisdicionados que apenas cumprem as decisões do Tribunal para a correção de ilegalidades.

Acórdão nº 590/2022 – Plenário (Pensão Civil, Relator Ministro Substituto André de Carvalho)
Pessoal. Ato sujeito a registro. Revisão de ofício. Registro tácito. Princípio da boa-fé. Má-fé. Prazo.
O transcurso de mais de cinco anos desde o registro tácito do ato de pensão é fator impeditivo à sua revisão de ofício pelo TCU, salvo comprovada má-fé, a exemplo de simulação de casamento para a percepção do benefício.

JURISPRUDÊNCIA DO STF

TCU: auditoria e decadência
O disposto no art. 54 da Lei 9.784/99 ("Art. 54. O direito da Administração de anular os atos administrativos de que decorram efeitos favoráveis para os destinatários decai em cinco anos, contados da data em que foram praticados, salvo comprovada má-fé") aplica-se às hipóteses de auditorias realizadas pelo TCU em âmbito de controle de legalidade administrativa. Com base nesse entendimento, a 1ª Turma reconheceu a decadência e, por conseguinte, concedeu mandado de segurança para afastar a exigibilidade da devolução de certas parcelas. Tratava-se de writ impetrado contra ato do TCU que, em auditoria realizada no Tribunal Regional Eleitoral

> do Piauí, em 2005, determinara o ressarcimento de valores pagos em duplicidade a servidores no ano de 1996. Salientou-se a natureza simplesmente administrativa do ato. Dessa forma, a atuação do TCU estaria submetida à Lei 9.784/99, sob o ângulo da decadência e presentes relações jurídicas específicas, a envolver a Corte tomadora dos serviços e os prestadores destes. Consignou-se que a autoridade impetrada glosara situação jurídica já constituída no tempo. Aduziu-se que conclusão em sentido diverso implicaria o estabelecimento de distinção onde a norma não o fizera, conforme o órgão a praticar o ato administrativo. Destacou-se, por fim, que o caso não se confundiria com aquele atinente a ato complexo, a exemplo da aposentadoria, no que inexistente situação aperfeiçoada. MS 31.344/DF, rel. Min. Marco Aurélio, 23.04.2013.

Em outra decisão, a Ministra Rosa Weber do STF negou o MS 35.038, impetrado pela Fundação de Assistência e Previdência Social do BNDES (Fapes) contra decisão de ministro do Tribunal de Contas da União (TCU) que determinou ao BNDES Participações S.A. (BNDESPAR) e à Agência Especial de Financiamento Industrial (Finame) a suspensão temporária de pagamentos dos contratos de confissão de dívida celebrados com a fundação.

A Ministra Rosa Weber citou precedentes do STF no sentido da inaplicabilidade do prazo decadencial quinquenal previsto no artigo 54 da Lei nº 9.784/1999 para regular a atuação do TCU em processo de tomada de contas, que é regido por legislação especial (Lei nº 8.443/1992), argumentando que a fase embrionária das apurações na corte de contas não autoriza juízo antecipado sobre a configuração da decadência, ante a possível identificação de má-fé ou de medida impugnativa apta a impedir o decurso do prazo decadencial.

13.18. PARA SABER MAIS

Recomenda-se a leitura da bibliografia citada.

Capítulo **14**

Sanções Aplicáveis pelos Tribunais de Contas

Acesse o *QR Code* e assista ao vídeo explicativo sobre este assunto.

> http://uqr.to/202b8

 Quais as sanções que podem ser aplicadas pelos Tribunais de Contas? Quantas espécies de multas podem ser aplicadas pelo TCU? Como é feita a atualização monetária dos valores devidos? O falecimento do responsável elimina o débito? Pode o TCU processar e julgar o Presidente da República com fulcro na Lei nº 10.028/2000? Qual a diferença entre a indisponibilidade de bens, arresto de bens e sequestro de bens?

14.1. SANÇÕES EM PROCESSOS DE CONTAS

As sanções aplicadas pelas Cortes de Contas possuem fundamento na Constituição (CF: art. 71, VIII) e em diversas leis. Não se pode aplicar sanções sem a devida previsão legal. Não pode o Regimento Interno ou outras normas infralegais estabelecerem novas modalidades de sanções ou alterarem a gradação das punições.

A capacidade dos Tribunais de Contas aplicarem sanções já foi inúmeras vezes reconhecida pela Suprema Corte:

> Não é possível, efetivamente, entender que as decisões das Cortes de Contas, no exercício de sua competência constitucional, não possuam teor de coercibilidade. Possibilidade de impor sanções, assim como a lei disciplinar. Certo está que, na hipótese

de abuso no exercício dessas atribuições por agentes da fiscalização dos Tribunais de Contas, ou de desvio de poder, os sujeitos passivos das sanções impostas possuem os meios que a ordem jurídica contém para o controle de legalidade dos atos de quem quer que exerça parcela de autoridade ou poder, garantidos, a tanto, ampla defesa e o devido processo legal (RE 190.985, Rel. Min. Néri da Silveira, DJ 24/8/2001).

As principais sanções em processos de contas estão previstas nos arts. 57 e 58 da LOTCU. A multa do art. 58 também é aplicável a outras espécies de processos de controle externo.

14.1.1. Multa proporcional ao débito (LOTCU: art. 57)

Em processos de contas, inclusive TCEs, havendo débito, o Tribunal condenará o responsável ao pagamento da dívida, acrescida dos encargos legais, podendo ainda ser aplicada multa de até 100% do valor atualizado do dano (LOTCU: art. 57).

Se o débito decorrente de multa aplicada pelo TCU for pago após o seu vencimento, será atualizado monetariamente na data do efetivo pagamento. Comprovado o recolhimento integral, o Tribunal expedirá quitação do débito ou da multa que, no entanto, não importará em modificação do julgamento quanto à irregularidade das contas.

> **IMPORTANTE**
>
> A multa de até 100% é calculada sobre o valor atualizado do dano. Assim, por exemplo, se o dano de R$ 10.000,00 ocorreu em 01/01/2000, e o acórdão respectivo foi prolatado em 01/07/2004, a multa máxima não será de R$ 10.000,00, mas do valor atualizado até a data da deliberação. Para efetuar o cálculo, utiliza-se o aplicativo Débito, disponível no portal do TCU: www.tcu.gov.br. Na hipótese, o valor seria de R$ 21.299,74. Agora, suponha-se que o pagamento foi efetuado em 01/12/2004. Nesse caso, o valor do débito deve ser atualizado até essa data, ou seja, alcançará R$ 22.671,81.
> A multa, no entanto, não sofre a incidência de juros, mas apenas da atualização monetária. No exemplo, seu valor ficaria em R$ 21.957,90.
> Nos termos da Decisão nº 1.122/2000 – Plenário (Rel.: Min. Adhemar Ghisi), decidiu-se que o índice de atualização monetária dos débitos e multas imputados por este Tribunal, a partir de 27/10/2000, data da extinção da UFIR, seria o IPCA – Índice de Preços ao Consumidor Ampliado. Na Decisão nº 729/2002 – Plenário (Rel.: Min. Marcos Vilaça), o Tribunal firmou o entendimento de que cabe a atualização monetária de dívidas decorrentes de multa ou de ressarcimento impostas pelo Tribunal, durante o prazo de apreciação de recurso com efeito suspensivo, no caso de improvimento, a incidir desde a data do acórdão condenatório ou da ocorrência do dano, respectivamente, até o dia do efetivo pagamento.

A esse propósito, cumpre citar a Súmula – TCU nº 227:

> O recolhimento parcial do débito por um dos devedores solidários não o exonera da responsabilidade pela quantia restante.

Por conseguinte, na hipótese de um débito de R$ 100.000,00, de responsabilidade solidária dos gestores A e B, o recolhimento por A do valor de R$ 50.000,00 não o exonera da responsabilidade, em solidariedade com B, pelos restantes R$ 50.000,00.

> **JURISPRUDÊNCIA DO STF**
>
> **Mantida decisão do TCU que condenou ONG por superfaturamento em convênio com o MS**
> O ministro Luís Roberto Barroso, do Supremo Tribunal Federal, indeferiu pedido de liminar da Associação Beneficente Promocional Movimento Alpha de Ação Comunitária (MAAC), de Santos (SP), contra decisão do Tribunal de Contas da União (TCU) que determinou a restituição de R$ 141 mil e o pagamento de multa de R$ 50 mil por irregularidades na execução de convênio firmado com o Ministério da Saúde. O ministro é relator do Mandado de Segurança 33.027, impetrado pela MAAC contra o acórdão do TCU.
> O convênio firmado pela associação e o Ministério da Saúde tinha por finalidade a aquisição de unidades móveis de saúde (UMS) para fortalecer o Sistema Único de Saúde (SUS), mediante o repasse financeiro de R$ 960 mil. Segundo o TCU, porém, a entidade praticou "atos de gestão ilegítimos e antieconômicos" na condução do convênio (fraude à licitação e destinação incorreta dos bens, entre outros), contribuindo para o superfaturamento na aquisição das UMS.

Leis Orgânicas de TCEs ou TCMs podem estabelecer diferentes limites máximos de proporcionalidade em relação ao débito.

> **IMPORTANTE**
>
> Acórdão nº 5.547/2019 – Primeira Câmara (Embargos de Declaração, Relator Ministro Benjamin Zymler)
> Responsabilidade. Débito. Culpa. Dolo. Erro grosseiro. Lei de Introdução às Normas do Direito Brasileiro.
> A regra prevista no art. 28 da LINDB (Decreto-lei nº 4.657/1942), que estabelece que o agente público só responderá pessoalmente por suas decisões ou opiniões técnicas em caso de dolo ou erro grosseiro, não se aplica à responsabilidade financeira por dano ao erário. O dever de indenizar prejuízos aos cofres públicos permanece sujeito à comprovação de dolo ou culpa, sem qualquer gradação, tendo em vista o tratamento constitucional dado à matéria (art. 37, § 6º, da Constituição Federal).

14.1.2. Multa (LOTCU: art. 58)

A multa prevista no art. 58 da LOTCU possui um valor máximo, atualizado anualmente. A atualização do valor máximo é efetivada por portaria da Presidência do Tribunal, com base na variação acumulada, no período, pelo índice utilizado para atualização dos créditos tributários da União. Em 2025, o valor máximo foi fixado em R$ 86.646,75 (oitenta e seis mil, seiscentos e quarenta e seis reais e setenta e cinco centavos). A gradação em função desse valor encontra-se prevista no art. 268 do RITCU e será proposta pelo Relator conforme a gravidade e a quantidade de fatos que ensejaram a punição. O § 2º do art. 268 do RITCU prevê que nos casos em que ficar demonstrada a inadequação da multa, o Tribunal poderá revê-la, de ofício, diminuindo seu valor ou tornando-a sem efeito.

Na hipótese de débito decorrente de multa aplicada pelo TCU com fundamento no art. 58 da LOTCU, quando pago após o seu vencimento, o valor será atualizado monetariamente desde a data do acórdão condenatório até a data do efetivo pagamento (RITCU: art. 269).

Nos termos do referido artigo, a multa será aplicada aos responsáveis por:

I – contas julgadas irregulares de que não resulte débito, nas hipóteses de omissão no dever de prestar contas; prática de ato de gestão ilegal, ilegítimo, antieconômico, ou infração à norma legal ou regulamentar de natureza contábil, financeira, orçamentária, operacional e patrimonial;

II – ato praticado com grave infração à norma legal ou regulamentar de natureza contábil, financeira, orçamentária, operacional e patrimonial;

III – ato de gestão ilegítimo ou antieconômico de que resulte injustificado dano ao Erário;

IV – não atendimento, no prazo fixado, sem causa justificada, à diligência do Relator ou à decisão do Tribunal;

V – obstrução ao livre exercício das inspeções e auditorias determinadas;

VI – sonegação de processo, documento ou informação, em inspeções ou auditorias realizadas pelo Tribunal; e

VII – reincidência no descumprimento de determinação do Tribunal.

Logo, depreende-se que a sanção prevista no art. 58 é independente da ocorrência de dano ao Erário.

A hipótese do inciso II pode concretizar-se ainda que não se trate de um processo de contas. Tal penalidade foi aplicada, por exemplo, a licitantes fraudadores, em processo de representação formulada por parlamentar (Acórdão nº 100/2003, Rel.: Min. Marcos Bemquerer).

EXEMPLO DE MULTA POR GRAVE INFRAÇÃO

Acórdão nº 814/2007 – Plenário
Relator: Min. Ubiratan Aguiar
9.1. rejeitar as alegações de defesa apresentadas pelos Srs. LG, ex-Ministro de Estado, MVF, ex-Secretário-Adjunto da extinta Secom/PR, ECB, ex-Subsecretário de Publicidade da Secom/PR, JA, ex-Subsecretário de Publicações, Patrocínios e Normas da Secom e LAM, ex-Assessor da Subsecretaria de Publicações, Patrocínios e Normas da Secom, pelas subcontratações de serviços fora do objeto dos contratos de publicidade geridos pela Secom/PR e ausência e/ou deficiência no controle de veiculação nos diversos tipos de mídia, o que permitiu o atesto temerário da despesa pública;
9.2. aplicar aos responsáveis abaixo indicados a multa prevista no art. 58, II, da Lei nº 8.443/1992, c/c o art. 268, inciso II, do Regimento Interno, nos valores ali discriminados, fixando-lhes o prazo de 15 (quinze) dias, a contar da notificação, para comprovarem, perante o Tribunal (art. 214, inciso III, alínea "a" do Regimento Interno), o recolhimento das dívidas aos cofres do Tesouro Nacional, atualizadas monetariamente a partir do dia seguinte ao término do prazo ora estabelecido, até a data do efetivo recolhimento, na forma da legislação em vigor:
RESPONSÁVEL MULTA
LG R$30.000,00 (trinta mil reais)
MVF R$30.000,00 (trinta mil reais)
ECB R$15.000,00 (quinze mil reais)
JA R$15.000,00 (quinze mil reais)
LAM R$5.000,00 (cinco mil reais)

9.3. determinar o desconto das dívidas na remuneração dos responsáveis que permanecerem prestando serviços ao Governo, nos termos do art. 28, inciso I, da Lei nº 8.443/1992 c/c art. 219, inciso I, do Regimento Interno/TCU, observado o disposto no art. 46 da Lei nº 8.112, de 11 de dezembro de 1990, caso não atendidas as notificações;
9.4. no caso da impossibilidade de se proceder ao desconto em folha preconizado no subitem 9.3 supra, autorizar, desde logo, nos termos do art. 28, inciso II, da Lei nº 8.443/1992, a cobrança judicial das dívidas;
Comentário: como se observa, o valor das multas é graduado segundo a gravidade da conduta de cada responsável.

JURISPRUDÊNCIA DO TCU

Acórdão nº 638/2014 – Primeira Câmara (Tomada de Contas Especial, Relator Ministro-Substituto Augusto Sherman)
Responsabilidade. Multa. Pessoa jurídica.
A aplicação da multa prevista no art. 58, inciso II, da Lei nº 8.443/1992 requer análise da conduta do agente que praticou o ato tido como irregular. Não há como fazer avaliação de conduta em se tratando de pessoa jurídica. Só cabe a aplicação de multa à pessoa jurídica quando verificada a ocorrência de débito (art. 57 da Lei nº 8.443/1992).

Acórdão nº 1.874/2018 – Plenário (Auditoria, Relator Ministro Vital do Rêgo)
Responsabilidade. Multa. Agente privado. Contratado. Pessoa física.
Não é cabível a aplicação da multa prevista no art. 58, inciso III, da Lei nº 8.443/1992 à pessoa física contratada pela Administração para a prestação de serviços técnicos. Tal penalidade somente é aplicável a gestores, assim entendidos como aqueles responsáveis por atos de gestão da coisa pública.

No caso do inciso III, pode tratar-se de um dano ao Erário sem quantificação de débito, conforme visto no Capítulo 9. Em interessante debate, assim manifestou-se o Ministro Benjamin Zymler, em Voto Revisor do Acórdão nº 709/2003 – Plenário:

> O inciso III do art. 58 transcrito, de seu turno, permite duas interpretações.
>
> A primeira é a feita pelo eminente Relator e pelo representante do *Parquet*. É a de que o inciso contempla duas hipóteses: ato de gestão ilegítimo de que resulte dano injustificado ao Erário e ato de gestão antieconômico de que resulte injustificado dano ao Erário. Quer dizer, há de se ter presente, para a utilização deste inciso III, a figura do dano ao Erário.
>
> A segunda interpretação possível para o inciso III é a de que a lei refere-se a dois tipos de ato: ato de gestão ilegítimo e ato de gestão antieconômico de que resulte dano ao Erário. Dentro desta perspectiva, é possível utilizar o inciso III mesmo nos casos em que o elemento dano ao Erário não se encontra presente, como o destes autos.
>
> É esta segunda interpretação que perfilho. O melhor direito, não tenho dúvidas, sempre surge da interpretação sistemática. É por meio do confronto dos diversos dispositivos legais acerca de um determinado assunto que se atinge o maior grau de certeza quanto ao espírito e finalidades da lei. O inciso III do art. 58 deve ser interpretado em conjunto com o art. 43. Caso se adote a interpretação de que o inciso III do art. 58 trata exclusivamente de hipóteses onde há dano, há de se entender, forçosamente,

que as fiscalizações mencionadas no art. 43 não podem resultar em multa quando inexistir prejuízo ao Erário. É evidente que tal elucubração não é razoável. Destoa, ademais, do espírito da Lei nº 8.443/1992, que, em vários dispositivos, estabelece a possibilidade de apenação sem que tenha se verificado a ocorrência de dano.

JURISPRUDÊNCIA DO TCU

Acórdão nº 71/2014 – Plenário (Tomada de Contas Especial, Relator Ministro-Substituto Augusto Sherman Cavalcanti)
Processual. Multa. Não atendimento a diligência.
A aplicação da penalidade prevista no art. 58, inciso IV, da Lei nº 8.443/1992 não pressupõe o dolo específico de beneficiar ou prejudicar terceiros, basta o não atendimento à diligência do Tribunal sem causa justificada. O bem jurídico tutelado com essa sanção é a incolumidade da autoridade pública, a qual resta afetada com a simples negligência no atendimento à determinação do Tribunal.

A previsão dos incisos V e VI alcança também, além de inspeções e auditorias, as demais modalidades de fiscalização: levantamentos, acompanhamentos e monitoramentos.

EXEMPLO DE MULTA POR SONEGAÇÃO DE INFORMAÇÕES

Acórdão nº 1.386/2016 – Plenário
Relator: Min. André Luiz de Carvalho
Sumário: TOMADA DE CONTAS ESPECIAL. CONVERSÃO A PARTIR DE PROCESSO DE REPRESENTAÇÃO. TERMO DE PARCERIA CELEBRADO ENTRE O INCRA E A FUNDESA PARA A REALIZAÇÃO DE SERVIÇOS DE GEORREFERENCIAMENTO DE IMÓVEIS RURAIS. ESCOLHA DA OSCIP EM FLAGRANTE VIOLAÇÃO AOS PRINCÍPIOS CONSTITUCIONAIS DA ISONOMIA E DA MORALIDADE, COM A DELIBERADA INTENÇÃO DE FRUSTRAR O DEVIDO PROCEDIMENTO LICITATÓRIO. PRÁTICA DE ATOS DE GESTÃO TEMERÁRIA NO USO DOS RECURSOS PÚBLICOS. DANO AO ERÁRIO. CITAÇÃO DOS RESPONSÁVEIS, SOLIDARIAMENTE COM A OSCIP E SEU DIRIGENTE. AUDIÊNCIA DOS GESTORES RESPONSÁVEIS PELA PRÁTICA DE ATOS RELATIVOS À ESCOLHA DA ENTIDADE E AO ACOMPANHAMENTO E À FISCALIZAÇÃO DA EXECUÇÃO DO OBJETO PACTUADO. AUDIÊNCIA EM RAZÃO DA SONEGAÇÃO DE INFORMAÇÕES E DE DOCUMENTOS NO CURSO DA FISCALIZAÇÃO. ALEGAÇÕES DE DEFESA INSUFICIENTES PARA AFASTAR A OCORRÊNCIA DE DÉBITO. AFASTAMENTO DA RESPONSABILIDADE DE ALGUNS GESTORES POR PARTE DO DANO APURADO. RAZÕES DE JUSTIFICATIVA INSUFICIENTES PARA AFASTAR TODAS AS IRREGULARIDADES. CONTAS IRREGULARES. DÉBITO SOLIDÁRIO. MULTA. CONTAS REGULARES COM RESSALVAS DE DOIS RESPONSÁVEIS. INABILITAÇÃO DE GESTORES PARA O EXERCÍCIO DE CARGO EM COMISSÃO OU FUNÇÃO DE CONFIANÇA NA ADMINISTRAÇÃO FEDERAL. SOLICITAÇÃO DE ARRESTO DE BENS.

O inciso VII interpretado em conjunto com o § 1º do art. 58, tem ensejado a aplicação de multa tanto para as situações de descumprimento de determinação expedida pelo TCU, sem motivo justificado (RITCU: art. 268, VII), como de reincidência no descumprimento (RITCU: art. 268, VIII).

DÚVIDA FREQUENTE

Qual a diferença entre o descumprimento de decisão, previsto no § 1º do art. 58 da LOTCU, e a reincidência no descumprimento de determinação, constante do inciso VII do mesmo artigo?

Capítulo 14 • Sanções Aplicáveis pelos Tribunais de Contas

A despeito de redação semelhante, as hipóteses são distintas e, como consta do quadro-resumo a seguir, a reincidência é considerada mais grave, sujeita a multa numa faixa de valor superior. Conforme consta no Voto que embasou o Acórdão nº 153/1995 – Plenário (Rel.: Min. Homero Santos), o § 1º do art. 58 refere-se a decisões pontuais, em que o Tribunal determina que se tomem medidas específicas, geralmente mediante a fixação de prazo para o seu cumprimento. Refere-se à deliberação que impõe a adoção de providências efetivas, no intuito de regularizar uma situação específica ou fornecer dados para atender a uma necessidade esporádica, cujos resultados serão dados a conhecer ao Tribunal. Por sua vez, a hipótese do inciso VII do art. 58 corresponde à determinação que objetiva prevenir a ocorrência de atos semelhantes, em oportunidade futura.

Ademais, o § 1º do art. 104 da LOTCU estipula que o descumprimento da obrigação da remessa ao TCU, por solicitação do Plenário ou de suas Câmaras, de cópia das declarações de rendimentos e de bens de ordenadores de despesas dos órgãos da administração direta, bem assim dos dirigentes das entidades da administração indireta e fundações e de quaisquer servidores responsáveis por atos de que resulte despesa pública, ensejará a aplicação da multa estabelecida no art. 58 da LOTCU. Ressalve-se que o Tribunal deverá manter em sigilo o conteúdo das declarações apresentadas e poderá solicitar os esclarecimentos que entender convenientes sobre a variação patrimonial dos declarantes.

Esclareça-se que, conforme reza o § 5º do art. 250 do RITCU, mencionado no Capítulo 11, a aplicação de multa em processo de fiscalização não implicará prejulgamento das contas ordinárias da unidade jurisdicionada, devendo o fato ser considerado no contexto dos demais atos de gestão do período envolvido.

**Quadro-resumo da gradação da multa do art. 58
da LOTCU (art. 268 do RITCU)**

Hipótese	% do valor máximo
Reincidência no descumprimento de decisão do Tribunal	Entre 50% e 100%
Contas julgadas irregulares de que não resulte débito, nas hipóteses de omissão no dever de prestar contas; prática de ato de gestão ilegal, ilegítimo, antieconômico, ou infração à norma legal ou regulamentar de natureza contábil, financeira, orçamentária, operacional e patrimonial	Entre 5% e 100%
Ato praticado com grave infração a norma legal ou regulamentar de natureza contábil, financeira, orçamentária, operacional ou patrimonial	Entre 5% e 100%
Ato de gestão ilegítimo ou antieconômico de que resulte injustificado dano ao erário	Entre 5% e 100%
Obstrução ao livre exercício das auditorias e inspeções determinadas	Entre 5% e 80%
Sonegação de processo, documento ou informação, em auditoria ou inspeção	Entre 5% e 80%
Descumprimento, no prazo fixado, sem causa justificada, à diligência determinada pelo relator	Entre 5% e 50%
Descumprimento de decisão do Tribunal, salvo motivo justificado	Entre 5% e 50%

> **DÚVIDA FREQUENTE**
>
> Pode o mesmo responsável num único processo ser condenado às multas dos arts. 57 e 58 da LOTCU?
> Sim.
> Observem que no mesmo processo podem ocorrer inúmeras irregularidades. Àquelas que gerarem débito, aplicar-se-á o art. 57; às que não provocarem débito, a norma aplicável é o art. 58 da LOTCU.
> Acórdão nº 488/2008 – Plenário
> Relator: Min. Marcos Bemquerer
> 9.3 aplicar ao Sr. ARDD as multas previstas nos dispositivos da Lei nº 8.443/1992, a seguir indicados, fixando-lhe o prazo de 15 (quinze) dias, a contar da notificação, para que comprove, perante o Tribunal, o recolhimento da referida quantia ao Tesouro Nacional, atualizada monetariamente na data do efetivo recolhimento, se for paga após o vencimento, na forma da legislação em vigor:
> 9.3.1 art. 57, *caput*, no importe de R$ 100.000,00 (cem mil reais);
> 9.3.2 art. 58, inciso IV, no valor de R$ 5.000,00 (cinco mil reais);
> 9.3.3 art. 58, inciso VI, na importância de R$ 5.000,00 (cinco mil reais).

Em qualquer fase do processo, o Tribunal ou o relator poderá autorizar o pagamento parcelado da importância devida em até trinta e seis parcelas, desde que o processo não tenha sido remetido para cobrança judicial (RITCU: art. 217).

> **JURISPRUDÊNCIA DO TCU**
>
> Acórdão nº 1.967/2022 – Plenário (Embargos de Declaração, Relator Ministro Augusto Nardes)
> Direito Processual. Embargos de declaração. Omissão. Multa. Dosimetria. Critério.
> Não configura omissão apta ao acolhimento de embargos de declaração a ausência de indicação do critério utilizado para estipular o montante da multa, uma vez que, no âmbito do TCU, a dosimetria da pena tem como balizadores o nível de gravidade dos ilícitos apurados, com a valoração das circunstâncias fáticas e jurídicas envolvidas, e a isonomia de tratamento com casos análogos. O Tribunal não realiza dosimetria objetiva da multa, comum à aplicação de normas do Direito Penal, e não há um rol de agravantes e atenuantes legalmente reconhecido.

14.1.3. Encaminhamento dos autos ao Ministério Público da União (LOTCU: art. 16, § 3º)

No caso de contas julgadas irregulares em razão de dano ao Erário, decorrente de ato ilegítimo ou antieconômico ou de desfalque ou desvio de dinheiros, bens ou valores públicos, o TCU determinará a imediata remessa de cópia da documentação pertinente ao Ministério Público da União, para ajuizamento das ações civis e penais cabíveis (art. 16, § 3º, da Lei nº 8.443/1992). A mesma providência poderá ser adotada na hipótese de omissão no dever de prestar contas ou de prática de ato de gestão ilegal, ilegítimo ou antieconômico, ou infração a norma legal ou regulamentar de natureza contábil, financeira, orçamentária, operacional ou patrimonial (RITCU: art. 209, § 7º).

De modo análogo, estipulava o art. 102 da Lei nº 8.666/1993 que, quando em autos ou documentos de que conhecerem, os membros dos Tribunais ou Conselhos de Contas ou os titulares dos órgãos integrantes do sistema de controle interno de qualquer dos Poderes verificarem a existência dos crimes definidos naquela Lei, remeterão ao Ministério

Público as cópias e os documentos necessários ao oferecimento da denúncia. Na Lei nº 14.133/2021 inexiste dispositivo similar, o que, todavia, não impede que os órgãos de controle efetuem tal encaminhamento.

Igual procedimento é adotado quando se constatam indícios de crimes de improbidade administrativa (Lei nº 8.429/1992) e contra as finanças públicas (Lei nº 10.028/2000), ou ainda fraudes tributárias, contra a Previdência Social etc.

O encaminhamento dos autos ao MP deve ser proposto pelo Relator ou Revisor e constar do Acórdão que decidir acerca do processo em que constem tais documentos ou indícios. Não configura sanção, mas medida necessária para viabilizar a atuação institucional do MP.

14.2. SANÇÕES EM AÇÕES DE FISCALIZAÇÃO

14.2.1. Multa por sonegação de documentos ou informações (LOTCU: art. 42)

Nenhum processo, documento ou informação poderá ser sonegado ao Tribunal em suas inspeções ou auditorias, sob qualquer pretexto. Na hipótese de sonegação, o TCU assinará prazo para apresentação dos documentos, informações e esclarecimentos julgados necessários, comunicando o fato ao Ministro de Estado supervisor da área ou à autoridade de nível hierárquico equivalente, para as medidas cabíveis (LOTCU: art. 42, 1º). Em caso de não atendimento, será aplicada a multa prevista no art. 58 da LOTCU.

> **IMPORTANTE**
>
> Em caso de obstrução ao livre exercício de fiscalização, ou sonegação de processo, documento ou informação, a aplicação de multa prescinde de prévia audiência do responsável, desde que a possibilidade de sua aplicação tenha sido previamente comunicada (INTCU nº 49/2005, art. 5º, § 2º). O mesmo se aplica às multas por descumprimento, no prazo fixado, sem causa justificada, à diligência determinada pelo relator; descumprimento de decisão do Tribunal, salvo motivo justificado; e reincidência no descumprimento de decisão do Tribunal (RITCU: art. 268, § 3º).

Como visto no Capítulo 13, deve o Tribunal de Contas assegurar o direito de defesa e observar o contraditório e o devido processo legal. Ferraz,[1] entretanto, estabelece uma distinção entre o que denomina **multa-coerção** e **multa-sanção**:

> Os fundamentos são diversos e as repercussões no âmbito dos Tribunais de Contas, sobretudo no que respeita ao princípio do devido processo legal, são distintas. As primeiras (multas-coerção), repita-se, são aplicadas no intuito de forçar o cumprimento do ordenado, aproximando-se, na essência, das infrações impostas de Poder Público pelo descumprimento das medidas de polícia administrativa (v.g. multas de trânsito, posturas municipais, meio ambiente); as segundas (multas-sanção) possuem nítido caráter reparador do dano, com viés estritamente sancionatório. (...) Contudo, pode-se

---

[1] Poder de coerção e poder de sanção dos Tribunais de Contas, competência normativa e devido processo legal. *Revista Diálogo Jurídico*, nº 13, abr./maio 2002.

estabelecer, no que tange à garantia do contraditório, distinção entre multas-coerção e multas-sanção. As primeiras, por tutelarem o cumprimento de obrigações públicas, assemelhando-se às medidas de polícia, permitem o diferimento do contraditório, vale dizer, autorizam a sua instalação depois de consumada a coação. Já as segundas reclamam prévio contraditório para que a sanção a ser imposta seja legítima.

14.2.2. Multa por irregularidade constatada (LOTCU: art. 43)

Ao verificar a ocorrência de irregularidades em processos de fiscalização, o Relator ou o Tribunal determinará a audiência do responsável. Se as razões de justificativa não forem acolhidas, o TCU aplicará a multa prevista no art. 58, III, da LOTCU.

14.2.3. Inabilitação (LOTCU: art. 60 e RITCU: art. 270)

Sem prejuízo das penalidades administrativas aplicáveis pelas autoridades competentes, se o TCU, por maioria absoluta de seus membros, considerar grave a infração cometida, poderá declarar o responsável inabilitado, por um período que variará de cinco a oito anos, para o exercício de cargo em comissão ou função de confiança no âmbito da Administração Pública Federal.

Em 2023, 89 responsáveis foram inabilitados por decisões do TCU.

EXEMPLO DE INABILITAÇÃO

Acórdão nº 2.707/2020. TCU – Plenário
Relator: Min. Raimundo Carreiro
Sumário: MONITORAMENTO. DETERMINAÇÕES EM PROCESSO DE REPRESENTAÇÃO. DILIGÊNCIAS. AUDIÊNCIA. INJUSTIFICADO DANO AO ERÁRIO POR ATO DE GESTÃO ANTIECONÔMICA. MULTA. INABILITAÇÃO TEMPORÁRIA PARA O EXERCÍCIO DE FUNÇÃO PÚBLICA. CONVERSÃO EM PROCESSO DE TOMADA DE CONTAS ESPECIAL. INDISPONIBILIDADE DE BENS. DETERMINAÇÃO. EMBARGOS DE DECLARAÇÃO CONHECIDOS E REJEITADOS, RETIFICAÇÃO POR INEXATIDÃO MATERIAL. PEDIDO DE REEXAME. CONHECIMENTO. MULTA COM VALOR DENTRO DOS LIMITES NORMATIVOS. DOSIMETRIA ELABORADA DE ACORDO COM OS AUTOS. RAZOABILIDADE E PROPORCIONALIDADE DE SANÇÕES. ELEMENTOS INCAPAZES DE MODIFICAR O ACÓRDÃO RECORRIDO. NÃO PROVIMENTO. CIÊNCIA À INTERESSADA.

JURISPRUDÊNCIA DO TCU

Acórdão nº 1.885/2014 – Plenário (Tomada de Contas Especial, Relator Ministro-Substituto Augusto Sherman)
Convênio e Congêneres. Responsabilidade do convenente. Inabilitação.
A falsificação de extrato bancário que compõe a prestação de contas de convênio é causa para a inabilitação do responsável para o exercício de cargo em comissão ou função de confiança na Administração Pública Federal, nos termos do art. 60 da Lei nº 8.443/1992.

Acórdão nº 1.091/2018 – Plenário (Tomada de Contas Especial, Relator Ministro Walton Alencar Rodrigues)
Responsabilidade. Declaração de inidoneidade. Sobreposição de penas. Inabilitação de responsável. Limite. Cumprimento.
Não há impeditivo à aplicação de nova sanção de inidoneidade ou de inabilitação (arts. 46 e 60 da Lei nº 8.443/1992), haja vista que o limite cumulativo a ser observado, nos termos dos Acórdãos

nº 348/2016 e nº 714/2016 – Plenário, é o do cumprimento da pena, e não o da aplicação da pena em distintos processos pelo TCU.

Acórdão nº 93/2019 – Plenário (Tomada de Contas Especial, Relatora Ministra Ana Arraes) Responsabilidade. Inabilitação de responsável. Sobreposição de penas. Limite máximo. Cálculo. Declaração de inidoneidade.
Aplicam-se as regras de limitação temporal para cumulação de sanções de declaração de inidoneidade, definidas no Acórdão nº 348/2016 – Plenário, com as modificações feitas pelo Acórdão nº 2.702/2018 – Plenário, às sanções de inabilitação para o exercício de cargo em comissão e função de confiança no âmbito da Administração Pública Federal (art. 60 da Lei nº 8.443/1992), a serem cumpridas sucessivamente, observando-se o limite temporal de oito anos.

14.3. SANÇÕES RELATIVAS A LICITAÇÕES E CONTRATOS

14.3.1. Declaração de inidoneidade (LOTCU, art. 46)

Segundo o dispositivo, verificada a ocorrência de fraude comprovada à licitação, o Tribunal declarará a inidoneidade do licitante fraudador para participar, por até cinco anos, de licitação na Administração Pública Federal.

Tal penalidade não se confunde com a prevista no art. 156, IV, da Lei nº 14.133/2021, segundo o qual, em função de diversas hipóteses de irregularidades, a administração poderá declarar a inidoneidade do contratado para licitar ou contratar com a Administração Pública direta e indireta de todos os entes federativos pelo prazo mínimo de três anos e máximo de seis anos.

Nessa hipótese, a sanção, quando aplicada por órgão do Poder Executivo, será de competência exclusiva de Ministro de Estado, de secretário estadual ou de secretário municipal, e, quando aplicada por autarquia ou fundação, será de competência exclusiva da autoridade máxima da entidade. Por sua vez, quando aplicada por órgãos dos Poderes Legislativo e Judiciário, pelo Ministério Público e pela Defensoria Pública no desempenho da função administrativa, será de competência exclusiva de autoridade de nível hierárquico equivalente às autoridades suprarreferidas, na forma de regulamento.

Quadro-resumo da inidoneidade na LOTCU e na Lei nº 14.133/2021

	LOTCU	Lei nº 14.133/2021
Hipótese	Fraude comprovada à licitação	– apresentar declaração ou documentação falsa exigida para o certame ou prestar declaração falsa durante a licitação ou a execução do contrato; – fraudar a licitação ou praticar ato fraudulento na execução do contrato; – comportar-se de modo inidôneo ou cometer fraude de qualquer natureza; – praticar atos ilícitos com vistas a frustrar os objetivos da licitação; – praticar ato lesivo previsto no art. 5º da Lei nº 12.846/2013. – infrações administrativas previstas nos incisos II, III, IV, V, VI e VII do *caput* do art. 155 que justifiquem a imposição de penalidade mais grave que o impedimento de licitar e contratar.

	LOTCU	**Lei nº 14.133/2021**
Quem aplica a sanção	Plenário do TCU	I – quando aplicada por órgão do Poder Executivo, será de competência exclusiva de ministro de Estado, de secretário estadual ou de secretário municipal e, quando aplicada por autarquia ou fundação, será de competência exclusiva da autoridade máxima da entidade; II – quando aplicada por órgãos dos Poderes Legislativo e Judiciário, pelo Ministério Público e pela Defensoria Pública no desempenho da função administrativa, será de competência exclusiva de autoridade de nível hierárquico equivalente às autoridades suprarreferidas, na forma de regulamento.
Prazo	Até 5 (cinco) anos	Prazo mínimo de 3 (três) anos e máximo de 6 (seis) anos.
Alcance	Administração Pública Federal	Administração Pública direta e indireta de todos os entes federativos.
Dispositivo legal	LOTCU: art. 46	Lei nº 14.133/2021: art. 156, IV e §§ 5º e 6º.

Na página do TCU na Internet encontra-se disponível a relação das empresas julgadas inidôneas nos últimos exercícios. Em 2023, 49 pessoas jurídicas foram declaradas inidôneas para licitar ou contratar com a União.

EXEMPLO DE DECLARAÇÃO DE INIDONEIDADE

Acórdão nº 3.062/2018 – PLENÁRIO
Relator: BENJAMIN ZYMLER
Sumário: DENÚNCIA. EMPRESA BRASILEIRA DE CORREIOS E TELÉGRAFOS. LICITAÇÕES PARA A PRESTAÇÃO DE SERVIÇOS DE TRANSPORTE DE CARGA POSTAL. UTILIZAÇÃO DE EMPRESA PARA BURLAR A SANÇÃO APLICADA PELA ESTATAL EM OUTRAS ENTIDADES VINCULADAS. OITIVA DAS ENVOLVIDAS. REJEIÇÃO DAS JUSTIFICATIVAS APRESENTADAS POR TRÊS EMPRESAS. ACOLHIMENTO DA DEFESA DE UMA ENTIDADE. DECLARAÇÃO DE INIDONEIDADE. CIÊNCIA DAS IRREGULARIDADES AO MINISTÉRIO PÚBLICO FEDERAL, AO MINISTÉRIO PÚBLICO DO TRABALHO E À RECEITA FEDERAL. EMBARGOS DE DECLARAÇÃO. REJEIÇÃO.

Em 2006, o STF teve oportunidade de manifestar-se acerca de dúvida frequentemente suscitada, a saber, a de que a declaração de inidoneidade prevista na Lei nº 8.666/1993 teria ab-rogado o dispositivo da LOTCU. O entendimento permanece o mesmo para a Lei nº 14.133/2021, que a revogou e substituiu.

Conflito de Atribuição e Inexistência (Transcrições)

Pet 3606 AgR/DF (Rel.: Min. Sepúlveda Pertence)

RELATÓRIO: Esta a decisão pela qual neguei seguimento ao pedido:

"DECISÃO: Cuida-se de petição na qual a requerente suscita conflito de atribuição entre o Ministro de Estado dos Transportes e o Tribunal de Contas da União na aplicação da sanção de inidoneidade para licitar.

Aduz a suscitante, em resumo, que a competência para tanto, atribuída ao TCU no art. 46 da Lei nº 8443/1992, teria sido ab-rogada pela Lei nº 8.666/1993 (art. 87) – norma especial e posterior àquela –, que teria fixado a competência do Ministro de Estado no caso.

Sustenta também que a Constituição Federal não teria atribuído ao Tribunal de Contas da União competência para impor a sanção aplicada, cabendo-lhe apenas exigir do órgão competente a imposição da penalidade cabível caso verificada alguma ilegalidade; sendo que o Ministro dos Transportes já havia concluído o julgamento do processo administrativo que apurava o mesmo fato (fraude à licitação) no sentido da absolvição do requerente por falta de provas.

Diz, ainda, que a conclusão do processo administrativo nessa esfera não teria o condão de afastar o cabimento do conflito, o que somente ocorreria com a proclamação da prescrição punitiva do Estado, pois o Ministro dos Transportes, em sua decisão, teria ressalvado que "o processo administrativo deveria ser encaminhado a ele, novamente, 'CASO fosse encontrado fato novo, robusto, capaz de endossar a aplicação da pena de inidoneidade anteriormente sugerida'" (f. 24).

Pede, então, a concessão de liminar para que seja suspenso o processo TC 005.524/2003-7, perante o TCU, e fixada a competência do Ministro de Estado dos Transportes para proferir decisões sobre o caso até o julgamento final do conflito (f. 29), como "providência acauteladora instrumental para evitar que a decisão proferida por autoridade destituída de atribuição se perpetue no tempo de forma a agravar a situação conflitante entre as autoridades administrativas, em que cada qual busca – em processo de competição inidôneo – atribuir-se a competência para a prática de determinado ato".

No mérito, pugna pela nulidade dos atos praticados pelo TCU, por manifesta incompetência para aplicar a pena de inidoneidade prevista no art. 46 da sua Lei Orgânica (f. 30).

(...)

Daí o presente agravo regimental, no qual a requerente afirma que os precedentes citados foram superados dado o julgamento da PET 3.528 (Pleno, Marco Aurélio, DJ 3/03/2006), onde se teria admitido conflito de atribuições entre autoridades administrativas.

Insiste, ainda, na existência do conflito, pois "o pressuposto lógico para que o TCU pudesse aplicar sanção administrativa contra a agravante – como aplicou – é o exercício do poder de polícia e não o exercício do poder de fiscalização".

Ademais, "o mesmo fato não acarretou a aplicação da sanção de inidoneidade pelo Ministro dos Transportes, mas está acarretando a aplicação dessa sanção pelo TCU" (f. 646); certo, ainda, que o Ministro dos Transportes teria afirmado em suas informações que não cumprirá a determinação do TCU, por considerá-la ilegal.

(...)

De qualquer forma, o exame da questão dependeria da existência do próprio conflito, que penso não ocorrer na espécie.

É que, conforme ressaltei na decisão agravada, são diversas e inconfundíveis as áreas de atuação dos requeridos.

Vale recordar a lição do saudoso Victor Nunes Leal sobre o papel do Tribunal de Contas da União e a sua relação com a Administração Pública:

"... Cumpre notar, porém, que a doutrina mais segura, baseando-se na natureza de sua principal atribuição, não o considera integrante do aparelhamento administrativo em sentido estrito: coloca-o acima da administração propriamente dita, pela ação fiscalizadora que sobre ela exerce. (...)

Nas palavras de Francisco Campos, '... as funções de controle exercidas pelo Tribunal de Contas, ele as exerce em nome, por autoridade e com a sanção do Parlamento. São, conseguintemente, pela sua natureza e seus efeitos, funções congressionais ou parlamentares. Não é o seu controle um controle administrativo, mas constitucional'.

'O que torna ainda mais manifesta – escreve Guimarães Menegale – a natureza parlamentar ou congressional das funções do Tribunal de Contas é o fato de que a lei o coloca em relação direta com o Congresso, cominando-lhe a obrigação de a ele referir imediatamente os conflitos ocorridos entre o Tribunal e o Executivo'.

O Tribunal de Contas – diz Castro Nunes – 'não é uma jurisdição administrativa, senão em certo sentido, sem confusão possível, entretanto, com as instâncias administrativas que funcionam como órgãos subordinados do Poder Executivo (...)'".

Vê-se dos esclarecimentos do preclaro mestre – amparado em pronunciamentos de juristas de escol – que a atuação do Tribunal de Contas da União no exercício da fiscalização contábil, financeira, orçamentária, operacional e patrimonial das entidades administrativas não se confunde com aquela atividade fiscalizatória realizada pelo próprio órgão administrativo, uma vez que esta atribuição decorre do controle interno ínsito a cada Poder e aquela, do controle externo a cargo do Congresso Nacional (art. 70 da Constituição Federal).

Daí por que o poder outorgado pelo legislador ao TCU, de declarar, verificada a ocorrência de fraude comprovada à licitação, a inidoneidade do licitante fraudador para participar, por até cinco anos, de licitação na Administração Pública Federal (art. 46 da Lei nº 8.443/1992), não se confunde com o dispositivo presente na Lei das Licitações (art. 87), que – sendo dirigido apenas aos altos cargos do Poder Executivo dos entes federativos (§ 3º) – é restrito ao controle interno da Administração Pública e de aplicação mais abrangente, conforme esclarece a doutrina:

"... Mesmo na hipótese de se acreditar que o art. 46 da Lei nº 8.443/1992 não tenha sido derrogado pela Lei nº 8.666/1993, deve-se entendê-lo como de aplicação restrita ao TCU, em sua atuação fiscalizadora, e nunca como paradigma hermenêutico da declaração de inidoneidade nos moldes hoje postos no inciso IV do art. 87 da Lei nº 8.666/1993. A uma, porque trata apenas de fraudes praticadas nos processos licitatórios, sem se preocupar com os ilícitos que possam ocorrer durante a execução do contrato, ou mesmo da contratação com dispensa e inexigibilidade. A duas, porque estabelece o prazo da sanção, no caso por até 5 anos, enquanto a Lei nº 8.666/1993 determina que a sanção durará até que seja promovida a reabilitação junto a Administração. Como se percebe, a norma é outra e o espírito da lei é outro." (Inf. STF nº 621)

> **JURISPRUDÊNCIA DO TCU**
>
> Acórdão nº 1.986/2013 – Plenário (Relator Ministro Raimundo Carreiro)
> Responsabilidade. Representação. Inidoneidade. Requisitos.
> A declaração de inidoneidade (art. 46 da Lei nº 8.443/1992) independe da existência de prejuízo ao erário ou da obtenção de vantagem indevida, bastando para a aplicação da sanção a verificação de fraude a licitação. Declaração de inidoneidade das empresas envolvidas.
>
> Acórdão nº 834/2014 – Plenário (Tomada de Contas Especial, Relator Ministro-Substituto André de Carvalho)
> Processual. Prova. Indícios.
> Constitui prova a existência de indícios vários, convergentes e concordantes, o que, sinalizando para a manipulação de procedimento licitatório, autoriza o TCU a declarar a inidoneidade das empresas envolvidas na fraude, assim como multar os gestores públicos responsáveis.
>
> Acórdão nº 348/2016 – Plenário (Administrativo, Relator Ministro Walton Alencar Rodrigues)
> Responsabilidade. Declaração de inidoneidade. Abrangência. Licitação. Contratação direta. Estado-membro. Município. Transferências voluntárias.
> As sanções de declaração de inidoneidade impostas pelo TCU (art. 46 da Lei nº 8.443/1992) alcançam as licitações e contratações diretas promovidas por estados e municípios cujos objetos sejam custeados por recursos de transferências voluntárias da União.
>
> Acórdão nº 1.701/2022 – Plenário (Pedido de Reexame, Relator Ministro Bruno Dantas)
> Responsabilidade. Declaração de inidoneidade. Requisito. Dolo.
> A conduta dolosa é elemento subjetivo indispensável à configuração de fraude à licitação, sendo requisito essencial para a aplicação da sanção de inidoneidade prevista no art. 46 da Lei 8.443/1992.

14.4. SANÇÕES RELATIVAS A INFRAÇÕES ADMINISTRATIVAS CONTRA AS FINANÇAS PÚBLICAS (LRF E LEI Nº 10.028/2000)

A Lei nº 10.028/2000 definiu os crimes contra as finanças públicas, a partir dos princípios, conceitos e normas da LRF. Em seu art. 5º, a Lei caracterizou como infração administrativa contra as leis de finanças públicas:

I – deixar de divulgar ou de enviar ao Poder Legislativo e ao Tribunal de Contas o relatório de gestão fiscal, nos prazos e condições estabelecidos em lei;

II – propor lei de diretrizes orçamentárias anual que não contenha as metas fiscais na forma da lei;

III – deixar de expedir ato determinando limitação de empenho e movimentação financeira, nos casos e condições estabelecidos em lei; e

IV – deixar de ordenar ou de promover, na forma e nos prazos da lei, a execução de medida para a redução do montante da despesa total com pessoal que houver excedido a repartição por Poder do limite máximo.

O mesmo diploma atribuiu aos Tribunais de Contas a competência para processar e julgar tais infrações, fixando como penalidade uma multa de 30% dos vencimentos anuais do agente que lhe der causa, sendo o pagamento da multa de sua responsabilidade pessoal.

> **EXEMPLO DE SANÇÃO POR INFRAÇÃO CONTRA AS LEIS DE FINANÇAS PÚBLICAS**
>
> Acórdão nº 317/2003 – Plenário
> Relator: Min. Walton Alencar Rodrigues
> Entidade: Tribunal Regional Eleitoral do Amapá
> SUMÁRIO: LEI DE RESPONSABILIDADE FISCAL (LEI COMPLEMENTAR Nº 101, DE 4/05/2000). ACOMPANHAMENTO DAS PUBLICAÇÕES DOS RELATÓRIOS DE GESTÃO FISCAL. AUSÊNCIA DE CUMPRIMENTO DAS EXIGÊNCIAS LEGAIS DE EMISSÃO E PUBLICAÇÃO NOS PRAZOS. COMPETÊNCIA DO TCU PARA PROCESSAR E JULGAR INFRAÇÕES, COMETIDAS PELOS TITULARES DOS PODERES E ÓRGÃOS DA ESFERA FEDERAL, RELATIVAS À OMISSÃO NA DIVULGAÇÃO E ENCAMINHAMENTO DO RELATÓRIO DE GESTÃO FISCAL (LEI nº 10.028/2000). AUDIÊNCIA. REJEIÇÃO DAS RAZÕES DE JUSTIFICATIVA. MULTA. JUNTADA DOS AUTOS ÀS CONTAS DO TRE.

Saliente-se que, nesse exemplo, o Relator interpretou a lei no sentido de que a multa poderia ser aplicada até o valor de 30% dos vencimentos anuais do responsável, devendo a Corte de Contas fixar-lhe o valor, sopesando a gravidade de cada caso concreto. No referido Acórdão, a multa foi aplicada no montante de R$10.000,00.

> **QUESTÃO POLÊMICA**
>
> Pode o TCU processar e julgar o Presidente da República com fulcro na Lei nº 10.028/2000?
> Em princípio, entendemos que sim.
> Até onde pesquisamos, a hipótese ainda não foi enfrentada pelos principais doutrinadores dedicados ao tema da responsabilidade fiscal. No entanto, o inciso II do art. 5º da norma tem como destinatário o Chefe do Poder Executivo. É ele quem tem a prerrogativa de propor ao Legislativo o projeto de lei da LDO. Logo, a proposição de "lei de diretrizes orçamentárias anual que não contenha as metas fiscais na forma da lei" é infração de responsabilidade do Chefe do Poder Executivo.
> Poderia surgir a interpretação de que a hipótese enquadra-se como crime de responsabilidade, conforme previsão do art. 85 da CF, o que implicaria julgamento perante o Senado Federal. No entanto, o dispositivo identifica tais crimes como os atos que atentam contra a Constituição Federal e, especialmente, contra, entre outros: a probidade na administração (inciso V); a lei orçamentária (inciso VI); e o cumprimento das leis e das decisões judiciais (inciso VII). A rigor, a proposição de projeto de lei de LDO sem as necessárias metas fiscais não pode ser caracterizada como alguma dessas situações.
> De outro lado, nos termos do art. 102, I, b, da CF, é competência do STF processar e julgar originariamente nas "infrações penais comuns" o Presidente da República.
> Ora, o tipo previsto no inciso II do art. 5º da Lei nº 10.028/2000 não é crime de responsabilidade, nem infração penal comum: é "infração administrativa contra as leis de finanças públicas". Inexiste, portanto, em nosso entendimento, óbice a que o TCU processe e julgue o Presidente da República na hipótese de sua ocorrência.
> Curiosamente, logo após a 1ª edição deste livro, na qual constavam os comentários anteriores, surgiu um caso concreto, no qual o TCU confirmou a análise apresentada. Foi o Acórdão nº 1.285/2007 – Plenário (Relator: Ministro Benjamin Zymler), cujo sumário é:

> "REPRESENTAÇÃO DE UNIDADE TÉCNICA. RELATÓRIO DE GESTÃO FISCAL. PUBLICAÇÃO INCOMPLETA EM RAZÃO DA GREVE DOS SERVIDORES DO BACEN. VIOLAÇÃO À LRF QUE NÃO DECORREU DE CULPA DO CHEFE DO PODER EXECUTIVO. POSTERIOR PUBLICAÇÃO. DETERMINAÇÃO. ENCAMINHAMENTO DE CÓPIAS.
> 1. A publicação intempestiva do Demonstrativo da Dívida Consolidada Líquida constitui violação à LRF e pode resultar na aplicação de sanção e na vedação à contratação de novas operações de crédito.
> 2. A apenação dos responsáveis decorre do juízo de sua conduta e não apenas da verificação do descumprimento da norma complementar."
> Ora, se nesse caso, o juízo da conduta do Presidente da República conduziu à não aplicação da sanção prevista na Lei nº 10.028/2007, evidencia-se que a hipótese contrária também é possível.

14.5. OUTRAS MULTAS

Apesar de não haver expressa previsão legal, duas outras modalidades de multa têm sido registradas nas Cortes de Contas, mediante aplicação subsidiária do Código de Processo Civil.

A primeira é a multa por **efeito protelatório do recurso**, cabível quando os embargos de declaração apresentados forem considerados manifestamente protelatórios.

> **EXEMPLO DE MULTA POR CARÁTER PROTELATÓRIO**
>
> Acórdão nº 593/2017 – Plenário (Embargos de Declaração, Relator Ministro Bruno Dantas)
> Direito Processual. Embargos de declaração. Reiteração. Protelação. Multa. Valor.
> É possível a aplicação de multa em processos do TCU em razão de embargos de declaração com intuito manifestamente protelatório e, na hipótese de reiteração, a elevação do valor e a exigência de prévio recolhimento da multa para interposição de novos recursos (art. 298 do Regimento Interno do TCU c/c art. 1.026, §§ 2º e 3º, da Lei nº 13.105/2015).

A segunda é a denominada **multa *astreintes*[2] ou diária**, relativa à obrigação de fazer ou não fazer, de modo a compelir o responsável a cumprir rapidamente a medida imposta. É utilizada principalmente em decisões cautelares e seu fundamento é a previsão dos arts. 536 e 537 do Código de Processo Civil.

> **EXEMPLO DE MULTA ASTREINTES**
>
> Acórdão TCE-MT nº 650/2012 – TP (Representação de Natureza Interna – Homologação de Medida Cautelar; Relator Conselheiro Substituto Luiz Henrique Lima)
> (...) HOMOLOGAR a Medida Cautelar adotada singularmente pelo Conselheiro Relator, (...), que determinou nos autos da presente Representação de Natureza Interna à Prefeitura Municipal de Rondonópolis que no prazo de 10 (dez) dias, a contar da intimação da presente decisão, expeça ordem de serviço à Companhia de Desenvolvimento de Rondonópolis – CODER, para

---

[2] Como explicam Sarquis e Cestari, astreintes é uma palavra de origem latina, de etimologia idêntica a adstringentes. Significa causar constrição, aperto ou pressão em algo ou alguém (Direito Processual Moderno nos Tribunais de Contas: Poder Geral de Cautela e Astreintes. *Revista do Ministério Público de Contas do Estado do Paraná*, nº 1, 2014. p. 124-138).

> que esta retome a execução dos Contratos nº 173/2012 e nº 1.478/2012, nos estritos termos do Memorial Descritivo emitido pelo Engenheiro ASC, sob pena de aplicação de multa diária no valor equivalente a 05 UPFs/MT aos que derem causa ao descumprimento dessa determinação, ao fundamento do disposto no artigo 144 da Resolução nº 14/2007, c/c § 4º do artigo 461 do CPC; (...)

14.6. DETERMINAÇÕES, CIÊNCIAS E RECOMENDAÇÕES

A Resolução nº 315/2020 dispôs sobre a elaboração de deliberações que contemplem medidas a serem tomadas pelas unidades jurisdicionadas no âmbito do TCU.

O normativo conceitua **determinação** como deliberação de natureza mandamental que impõe ao destinatário a adoção, em prazo fixado, de providências concretas e imediatas com a finalidade de prevenir, corrigir irregularidade, remover seus efeitos ou abster-se de executar atos irregulares.

Ciência é a deliberação de natureza declaratória que cientifica o destinatário sobre a ocorrência de irregularidade, quando as circunstâncias não exigirem providências concretas e imediatas, sendo suficiente, para fins do controle, induzir a prevenção de situações futuras análogas.

Por seu turno, **recomendação** é a deliberação de natureza colaborativa que apresenta ao destinatário oportunidades de melhoria, com a finalidade de contribuir para o aperfeiçoamento da gestão ou dos programas e ações de governo.

As determinações, ciências e recomendações devem tratar de matéria inserida no âmbito das competências do Tribunal, refletir os fatos examinados no processo e identificar com precisão a unidade jurisdicionada destinatária das medidas.

As determinações devem ser formuladas para:

I – interromper irregularidade em curso ou remover seus efeitos; ou

II – inibir a ocorrência de irregularidade iminente.

As determinações devem indicar a ação ou a abstenção necessárias e suficientes para alcance da finalidade do controle, sem adentrar em nível de detalhamento que restrinja a discricionariedade do gestor quanto à escolha dos meios para correção da situação irregular, salvo se o caso exigir providência específica para o exato cumprimento da lei.

As determinações devem observar, ainda, as seguintes exigências:

I – conter prazo para cumprimento, salvo nos casos de obrigação de não fazer;

II – indicar o critério constitucional, legal ou regulamentar infringido e a base normativa que legitima o TCU a expedir a deliberação; e

III – possuir redação objetiva, clara, concisa, precisa e ordenada de maneira lógica.

As ciências se destinam a reorientar a atuação administrativa do jurisdicionado e evitar:

I – a repetição de irregularidade; ou

II – a materialização de irregularidade cuja consumação seja menos provável em razão do estágio inicial dos atos que a antecedem e desde que, para preveni-la, for suficiente avisar o destinatário.

As recomendações devem contribuir para o aperfeiçoamento da gestão e dos programas e ações de governo, em termos de economicidade, eficiência e efetividade, cabendo à unidade jurisdicionada avaliar a conveniência e a oportunidade de implementá-las.

As recomendações devem se basear em critérios, tais como leis, regulamentos, boas práticas e técnicas de comparação (*benchmarks*), e, preferencialmente, atuar sobre a principal causa do problema quando tenha sido possível identificá-la.

Não devem ser formuladas recomendações genéricas e distantes da realidade prática da unidade jurisdicionada, tampouco devem se basear exclusivamente em critérios que contenham elevada carga de abstração teórica ou conceitos jurídicos indeterminados, permitindo enquadrar achados de múltiplas espécies ou ordens.

Todas essas deliberações devem ser construídas de modo participativo, devendo a unidade técnica instrutiva oportunizar aos destinatários a apresentação de comentários sobre as propostas de determinação e/ou recomendação, solicitando, em prazo compatível, informações quanto às consequências práticas da implementação das medidas aventadas e eventuais alternativas.

As determinações, ciências e recomendações serão expedidas apenas quando imprescindíveis às finalidades do controle e para as deficiências identificadas que, se não tratadas, comprometam a gestão.

Os monitoramentos das deliberações observarão as orientações e os padrões aprovados para esse fim.

Embora as determinações exaradas nas diversas espécies de processos de controle externo não constituam sanções, propriamente ditas, a reincidência no seu descumprimento pode ensejar a aplicação de multa.

JURISPRUDÊNCIA DO TCU

Acórdão nº 4.428/2014 Primeira Câmara (Monitoramento, Relator Ministro Benjamin Zymler)
Competência do TCU. Determinação. Coercitividade.
As determinações do TCU não se encontram sujeitas ao juízo de conveniência dos gestores integrantes da Administração Pública, uma vez que se revestem de caráter coativo. Havendo dúvidas ou inconformismo em relação à deliberação do Tribunal, cabe ao órgão jurisdicionado interpor, tempestivamente, os recursos próprios previstos na Lei Orgânica do TCU e no seu Regimento Interno.

Acórdão nº 2.139/2022 – Plenário (Acompanhamento, Relator Ministro Bruno Dantas)
Responsabilidade. Determinação. Descumprimento. Termo de ajustamento de conduta. Competência do TCU.
Não encontra respaldo no ordenamento jurídico cláusula de termo de ajustamento de conduta (TAC) que obrigue a Administração a suspender o cumprimento de determinações expedidas

> pelo TCU, que têm caráter cogente e decorrem da Constituição Federal (art. 71, inciso IX). Além de ser inócua, cláusula dessa espécie pode ensejar condutas sujeitas à sanção dos responsáveis (art. 58, incisos IV e VII, da Lei nº 8.443/1992).
>
> Acórdão nº 73/2014 – Plenário (Monitoramento, Relator Ministro-Substituto Augusto Sherman Cavalcanti)
> Competência do TCU. Recomendação. Natureza.
> A recomendação emanada do Tribunal de Contas da União não representa mera sugestão, cuja implementação é deixada ao alvedrio do gestor destinatário da medida, pois tem como objetivo buscar o aprimoramento da gestão pública. Contudo, admite-se certa flexibilidade na sua implementação. Pode o administrador público atendê-la por meios diferentes daqueles recomendados, desde que demonstre o atingimento dos mesmos objetivos, ou, até mesmo, deixar de cumpri-la em razão de circunstâncias específicas devidamente motivadas. A regra, entretanto, é a implementação da recomendação, razão por que deve ser monitorada.
>
> Acórdão nº 8.528/2017 – Primeira Câmara (Recurso de Reconsideração, Relator Ministro Bruno Dantas)
> Direito Processual. Recurso. Recomendação. Sucumbência. Inexistência.
> As recomendações expedidas pelo TCU têm caráter informativo, colaborativo e não coercitivo, não impõem qualquer sucumbência aos seus destinatários, razão por que inexiste interesse recursal em desconstituí-las.

14.6.1. APLICAÇÃO DA TEORIA DO *DISGORGEMENT* (PRODUTO BRUTO MITIGADO)

Uma evolução recente na jurisprudência do TCU foi a aplicação da teoria do *disgorgement*, ou produto bruto mitigado. O tema foi tratado por Cavallari (2022) ao comentar o Acórdão nº 1.842/2022 – Plenário.

A aplicação dessa teoria não se confunde com uma sanção, tampouco com a determinação de restituição do débito.

Em síntese, o *disgorgement* é a restituição de lucros indevidos auferidos por empresa em virtude de contrato nulo, quando a nulidade foi provocada pela própria empresa. Tem fundamento nos princípios de vedação ao enriquecimento sem causa e de que ninguém pode se beneficiar de sua própria torpeza.

Não é uma sanção porque a restituição dos lucros ilegítimos não importa qualquer redução do patrimônio das empresas infratoras, mas apenas promove o seu retorno ao estado em que se encontrava antes da prática do ilícito.

E, nos termos da decisão citada, "o pagamento de lucros ilegítimos não é, a rigor, um dano ao erário, porquanto o Poder Público terá recebido, em contrapartida, o bem ou serviço que lhe foi prestado, não se podendo falar em diminuição patrimonial a ser recomposta".

Assim, quando verificados os pressupostos para a aplicação do instituto, o TCU tem determinado à unidade jurisdicionada adotar as devidas providências ao exato cumprimento da lei incidente na espécie (arts. 148 e 149 da Lei nº 14.133/2021 ou art. 884 do Código Civil).

> **JURISPRUDÊNCIA DO TCU**
>
> Acórdão nº 1.615/2023 – Plenário
> Relator: Min. Antonio Anastasia
> Sumário: Tomada de contas especial. Petróleo Brasileiro S.A. (Petrobras). Contratos de operação do navio-sonda Vitória 10.000. Direcionamento fraudulento. Potencial dano ao erário. Citação. Desconsideração da personalidade jurídica. Aplicação da teoria do disgorgement (teoria do produto bruto mitigado).

14.7. MEDIDAS CAUTELARES QUE AFETAM DIRETAMENTE OS GESTORES E RESPONSÁVEIS

No Capítulo 5, item 5.9, estudamos as medidas cautelares relativas a atos administrativos. Agora, examinaremos aquelas que afetam diretamente os gestores e responsáveis. Em comum com as anteriores, o fato de que são decisões exclusivas do Plenário; contudo, ao contrário daquelas, não podem ser adotadas em caráter de urgência pelo Relator ou pelo Presidente.

14.7.1. Afastamento temporário do responsável (LOTCU: art. 44)

Se entender que o responsável prosseguindo no exercício de suas funções possa retardar ou dificultar a realização de fiscalização, causar novos danos ao Erário ou inviabilizar o seu ressarcimento, o Tribunal de Contas, de ofício ou a requerimento do MPTCU, determinará cautelarmente o afastamento temporário do responsável, que deverá ser efetuado pela autoridade administrativa hierarquicamente superior ao responsável a ser afastado. Se tal autoridade competente deixar de atender, no prazo fixado, à determinação do TCU, será considerada solidariamente responsável. Há decisões do STF amparando tal dispositivo.

> Improcedência das alegações de ilegalidade quanto à imposição, pelo TCU, de multa e de afastamento temporário do exercício da Presidência ao Presidente do Conselho Regional de Medicina em causa (MS 22.643, Rel. Min. Moreira Alves, DJ 4/12/1998).

Há, todavia, limites para a aplicação dessa sanção. Conforme julgado do STF, tal penalidade não se aplica às sociedades civis, mas apenas às instituições de natureza pública.

> TRIBUNAL DE CONTAS DA UNIÃO – AUDITORIA E INSPEÇÃO – AFASTAMENTO DE DIRIGENTE – SOCIEDADE CIVIL. A norma inserta no art. 44 da Lei nº 8.443, de 16 de julho de 1992, não se aplica às sociedades civis. Pressupõe o exercício de função pública e o fato de a pessoa jurídica estar integrada à Administração. O simples recebimento de subvenção pública, como ocorre relativamente à Cruz Vermelha – alínea e do art. 33 do Estatuto aprovado mediante o Decreto nº 76.077/1975 e Lei nº 6.905/1981, não respalda o afastamento de qualquer dos seus dirigentes, sem que isto possa implicar prejuízo da atuação fiscalizadora do Tribunal de Contas da União quanto ao emprego de verbas públicas e correspondente

prestação de contas. Redação do acórdão em 3 de abril de 1995 em face do recebimento dos autos apenas em 30 de março imediatamente anterior (MS 21.636, Rel. Min. Marco Aurélio, j. 11/03/1993).

A medida, assim como a decretação de indisponibilidade de bens, tratada a seguir, reveste-se de natureza cautelar.

EXEMPLO DE AFASTAMENTO TEMPORÁRIO DE CARGO

Acórdão nº 1.813/2019 – Plenário
Relator: Min.ª Ana Arraes
Sumário: EMBARGOS DE DECLARAÇÃO. ACOMPANHAMENTO. NÃO ATENDIMENTO A DETERMINAÇÕES PROFERIDAS PELO TCU. APLICAÇÃO DA PENA DE MULTA PREVISTA NO ART. 58 DA LEI Nº 8.443/1992. INABILITAÇÃO PARA O EXERCÍCIO DE CARGO EM COMISSÃO OU FUNÇÃO DE CONFIANÇA NO ÂMBITO DA ADMINISTRAÇÃO PÚBLICA FEDERAL. ADOÇÃO DE MEDIDA CAUTELAR DE AFASTAMENTO DO CARGO DIANTE DAS CONDUTAS APURADAS NOS PRESENTES AUTOS. ALEGAÇÃO DE OCORRÊNCIA DE OMISSÃO. INEXISTÊNCIA. PRETENSÃO DE REEXAME DA MATÉRIA DECIDIDA NOS AUTOS. IMPOSSIBILIDADE. EMBARGOS CONHECIDOS E REJEITADOS.

14.7.2. Indisponibilidade dos bens (LOTCU: art. 44, § 2º)

Em circunstâncias iguais às do tópico anterior, o Tribunal poderá decretar, por prazo não superior a um ano, a indisponibilidade de bens do responsável, tantos quantos considerados bastantes para garantir o ressarcimento dos danos em apuração.

Registre-se que, nesse caso, o TCU decreta, isto é, emana diretamente ordenação, sem necessidade de solicitação de qualquer espécie ao Poder Judiciário ou ao Ministério Público da União, inclusive expedindo comunicação aos órgãos onde sejam localizados os bens objeto da decisão, tais como cartórios de registro de imóveis, bolsas de valores, instituições financeiras e departamentos estaduais de trânsito, de maneira a tornar efetiva a indisponibilidade desses bens.

EXEMPLO DE INDISPONIBILIDADE DE BENS:
O CASO DO TRT-SP

DECISÃO nº 026/2001-TCU-PLENÁRIO
Entidade: Tribunal Regional do Trabalho da 2ª Região, São Paulo-SP.
Relator: Ministro-Substituto Lincoln Magalhães da Rocha.
Decisão: O Tribunal Pleno, diante das razões expostas pelo Relator, com fulcro no art. 44, *caput* e § 2º, da Lei nº 8.443/1992 e arts. 30 e 31 da Resolução/TCU nº 136/2000, DECIDE:
8.2 – decretar, cautelarmente, pelo prazo de 01 (um) ano, a indisponibilidade de bens dos responsáveis, cuja citação foi determinada pela Decisão nº 591/2000 – Plenário, tantos quantos bastantes para garantir o ressarcimento do débito, Srs. Nicolau dos Santos Neto, Antônio Carlos da Gama e Silva, Délvio Buffulin, Gilberto Morand Paixão, Fábio Monteiro de Barros Filho, José Eduardo Corrêa Teixeira Ferraz e Luiz Estevão de Oliveira Neto, bem como da Incal Incorporações S/A e do Grupo OK Construções e Incorporações S/A; e
8.3 – determinar à Secex/SP que proceda ao levantamento dos bens dos responsáveis solidários arrolados no item anterior, indicando os bens e respectivos valores necessários para garantir o ressarcimento do débito.

Todavia, o prazo máximo fixado pela lei, de um ano para a sanção de indisponibilidade, poderá, muitas vezes, mercê de manobras protelatórias, não ser suficiente para a consecução do objetivo da norma, que é preservar de dilapidação o patrimônio dos responsáveis, de modo a assegurar que mantenham a posse de volume de recursos suficiente para fazer frente ao ressarcimento do débito potencial. Chaves[3] sustenta a possibilidade de renovação contínua dessa cautelar, mediante novas deliberações do TCU. Em 2020, no Acórdão nº 3.172/2020 – Plenário (Rel. Min. Augusto Sherman), o TCU admitiu "a decretação de nova medida cautelar de indisponibilidade de bens quando, transcorrido o prazo de um ano da decretação anterior, permanecerem presentes os requisitos legais para a adoção da medida, de modo a assegurar o ressarcimento dos danos em apuração".

JURISPRUDÊNCIA DO STF

Negada liminar para suspender bloqueio de bens de ex-presidente da Petrobras
Determinada pelo Tribunal de Contas da União (TCU), a indisponibilidade dos bens do ex-presidente da Petrobras SG e outros nove executivos da estatal, foi mantida em decisão proferida pelo ministro do Supremo Tribunal Federal (STF) Gilmar Mendes. O ministro negou pedido de liminar formulado no Mandado de Segurança 33.092/DF, o qual sustentava a ilegalidade do ato proferido pelo TCU.
A decisão do TCU, relacionada à apuração de irregularidades na aquisição da refinaria de Pasadena, nos EUA, celebrada em 2007, foi considerada acertada pelo ministro. "A decisão cautelar da indisponibilidade dos bens dos administradores envolvidos, em análise inicial, típica de exame liminar, mostra-se cabível e até mesmo recomendável na hipótese em exame", afirma a decisão.

Contrariando a jurisprudência dominante do STF,[4] em 2016, o Ministro Marco Aurélio, em sucessivas decisões monocráticas nos Mandados de Segurança 34.357 (31/08/2016), 34.392 (06/09/2016) e 34.410 (14/09/2016), concedeu pedidos liminares autorizando a livre movimentação de bens cuja indisponibilidade havia sido decretada pelo TCU. De acordo com o ministro, o poder geral de cautela do TCU "possui limites, dentro dos quais não se encontra o de bloquear, por ato próprio, dotado de autoexecutoriedade, os bens de particulares contratantes com a Administração".

Já em 2022, decisão similar do Ministro Marco Aurélio foi derrubada no Plenário. No julgamento do MS 35.506, oito Ministros entenderam que as cortes de contas, no desempenho regular de suas competências detêm o poder geral de cautela para decretar a indisponibilidade de bens em tomada de contas especial, desde que fundamentem sua decisão.

DÚVIDA FREQUENTE

Qual a diferença entre indisponibilidade de bens, arresto de bens e sequestro de bens?
O **arresto de bens** é a apreensão de bens do devedor para garantia da futura execução, quando, sendo a dívida líquida e certa, embora ainda não vencida, haja probabilidade de que antes

---

[3] *Controle externo da gestão pública*. Niterói: Impetus, 2007, p. 318.
[4] MS 24.379 – Primeira Turma; MS 33.092 – Segunda Turma; MS 24.510 – Plenário.

da decisão ocorram atos capazes de causar lesões, de incerta ou difícil reparação ao direito de uma das partes.

O **sequestro de bens** é medida cautelar que visa apreender o objeto em torno do qual se litiga para assegurar a sua entrega para aquele que vencer a causa. A diferença principal entre o sequestro e o arresto radica em que neste se apreende qualquer bem do patrimônio do devedor que possa garantir o pagamento em futura ação de execução, ao passo que naquele se apreende o próprio bem objeto do litígio.

A **indisponibilidade de bens** é a definição de que determinados bens não podem ser objeto de alienação ou transferência, de modo a garantir a futura execução de dívida.

O TCU pode decretar a indisponibilidade de bens (LOTCU, art. 44, § 2º) e solicitar o arresto de bens (LOTCU, art. 61).

JURISPRUDÊNCIA DO TCU

Acórdão nº 127/2019 – Plenário (Indisponibilidade de Bens, Relator Ministro-Substituto André de Carvalho)

Direito Processual. Indisponibilidade de bens. Perda de objeto. Delação premiada. Acordo de leniência.

A existência de acordo de colaboração premiada junto aos órgãos competentes, com benefício comprovado para o controle externo, leva o TCU a considerar prejudicada, por perda de objeto, a medida cautelar de indisponibilidade de bens por ele decretada, subsistindo, no entanto, a obrigação de ressarcimento ao erário.

Na hipótese de a pessoa jurídica estar em recuperação judicial, a competência para decidir sobre a indisponibilidade de bens é exclusiva do Poder Judiciário.

JURISPRUDÊNCIA DO TCU

Acórdão nº 1.563/2020 – Plenário
Relator: Min. Vital do Rêgo
Direito Processual. Indisponibilidade de bens. Abrangência. Empresa privada. Recuperação judicial. Poder Judiciário. Competência exclusiva.

Não é possível ao TCU decretar medida cautelar de indisponibilidade de bens (art. 44, § 2º, da Lei nº 8.443/1992) de empresa em situação de recuperação judicial, em razão da indivisibilidade e da universalidade do juízo de recuperação judicial (Lei nº 11.101/2005), que tem competência exclusiva para promover medidas constritivas do patrimônio de empresa submetida a esse regime e para o qual, se for o caso, devem ser encaminhados, por intermédio da AGU, os pedidos de bloqueio de bens formulados pelo Tribunal para assegurar o ressarcimento dos danos ao erário em apuração.

Em 2024, foi editada a Resolução TCU nº 370/2024, dispondo sobre as medidas cautelares de indisponibilidade e de arresto de bens por decisão do TCU. O normativo prevê que a indisponibilidade de bens não será decretada antes da conversão do processo de fiscalização em tomada de contas especial.

14.7.3. Arresto dos bens (LOTCU: art. 61)

Segundo o dispositivo, o Tribunal poderá, por intermédio do MPTCU, solicitar à Advocacia Geral da União ou, conforme o caso, aos dirigentes das entidades que lhe sejam jurisdicionadas, as medidas necessárias ao arresto dos bens dos responsáveis julgados em débito, devendo ser ouvido quanto à liberação dos bens arrestados e sua restituição. Sublinhe-se que, diferentemente da indisponibilidade dos bens, a decisão relativa ao arresto somente ocorre quando já há juízo definitivo fixando o débito e indicando o responsável. Não há prazo para a validade de tal decisão.

A decretação e a implementação da indisponibilidade de bens de responsáveis, assim como a solicitação, às unidades jurisdicionadas, de medidas necessárias ao arresto são objeto da Resolução TCU nº 370/2024.

A indisponibilidade de bens não será decretada antes da conversão do processo de fiscalização em tomada de contas especial.

São requisitos para a decretação da indisponibilidade de bens:

I – indícios suficientes da existência do dano;
II – quantificação do dano, na forma prevista no regimento interno;
III – evidências da responsabilidade do agente a ser alcançado pela medida;
IV – risco ao resultado útil do processo, caracterizado por circunstâncias que denotem fundado receio de frustração do ressarcimento.

A decisão que decretar a medida indicará o valor a ser indisponibilizado, em montante suficiente para garantir o ressarcimento do débito, atualizado monetariamente e acrescido de juros de mora, assim como os responsáveis a serem alcançados pela medida.

Estão sujeitos à indisponibilidade todos os bens e direitos do responsável, exceto os que a lei considere impenhoráveis ou inalienáveis, a exemplo dos previstos no art. 833 do Código de Processo Civil.

A decisão relativa à indisponibilidade poderá ser revogada ou modificada a qualquer tempo, de ofício ou a requerimento do responsável, se cessarem ou se alterarem as circunstâncias que a motivaram.

EXEMPLO DE ARRESTO DE BENS

Acórdão nº 2.694/2020 – Plenário
Relator: Min.ª Ana Arraes
Sumário: TOMADA DE CONTAS ESPECIAL. IRREGULARIDADES NA APLICAÇÃO DE RECURSOS DE CONVÊNIO CELEBRADO ENTRE A UNIVERSIDADE FEDERAL DA PARAÍBA E A FUNDAÇÃO JOSÉ AMÉRICO PARA REALIZAÇÃO DE PROJETO. CITAÇÃO. REVELIA DA FUNDAÇÃO. ACOLHIMENTO DAS ALEGAÇÕES DE FISCAIS DO CONVÊNIO. REJEIÇÃO DAS ALEGAÇÕES DOS DIRIGENTES DA ENTIDADE. CONTAS IRREGULARES. DÉBITO. MULTA. ARRESTO DE BENS.

Quadro-resumo das sanções e cautelares

Sanção/cautelar	Causa	Dispositivo legal
Multa de até 100% do valor do débito	Responsável julgado em débito	LOTCU: art. 57
Multa de valor máximo fixado anualmente	Incisos I a VII do art. 58, art. 42, art. 43 e art. 104, § 1º, todos da LOTCU	LOTCU: art. 58
Multa de 30% dos vencimentos anuais	Infração contra as leis de finanças públicas	Lei nº 10.028/2000: art. 5º, § 1º
Declaração de inidoneidade	Fraude comprovada à licitação	LOTCU: art. 46
Inabilitação para o exercício de cargo em comissão ou função de confiança	Gravidade da infração	LOTCU: art. 60
Afastamento temporário do responsável	Indícios de que o responsável possa retardar ou dificultar a realização de fiscalização, causar novos danos ao Erário ou inviabilizar o seu ressarcimento	LOTCU: art. 44
Indisponibilidade de bens	Indícios de que o responsável possa retardar ou dificultar a realização de fiscalização, causar novos danos ao Erário ou inviabilizar o seu ressarcimento	LOTCU: art. 44, § 2º
Arresto dos bens	Responsáveis em débito	LOTCU: art. 61

> **DÚVIDA FREQUENTE**
> Quantas espécies de multas podem ser aplicadas pelo TCU?
> Cuidado com as pegadinhas.
> Se o enunciado da questão mencionar a LOTCU, são duas: a do art. 57, que poderá ser de até 100% do valor do débito; e a do art. 58, cujo valor máximo é fixado anualmente por portaria do Presidente do TCU.
> Se o enunciado for em aberto, a resposta correta é três: além as duas da LOTCU, a multa prevista na Lei nº 10.028/2000 por infrações contra as leis de finanças públicas.

14.8. INDEPENDÊNCIA DAS INSTÂNCIAS

Segundo o princípio de independência das instâncias, mencionado no Capítulo 4, é possível que uma mesma ocorrência possa acarretar punições na esfera civil ou penal e ainda pelo Tribunal de Contas competente. Um exemplo de tal situação foi enfrentado no Acórdão nº 3.132/2006 – 2ª Câmara, de relatoria do Ministro Lincoln Magalhães da Rocha:

> É legal a aplicação de multa pelo TCU e pelo Poder Judiciário por um mesmo fato, em decorrência da independência das instâncias e da natureza das apenações, não constituindo esse procedimento ferimento ao princípio constitucional do *non bis in idem* (Ata 40/2006 – 2C).

Posteriormente, o princípio foi reafirmado:

> Acórdão nº 680/2015 – Plenário (Embargos de Declaração, Relator Ministro Substituto André de Carvalho)
>
> Processual. Independência das instâncias. Litispendência.
>
> Não existe litispendência entre processo do TCU e outro versando sobre idêntica matéria no âmbito do Poder Judiciário. À luz do princípio da independência das instâncias, o TCU exerce sua jurisdição independentemente das demais, gozando de competências próprias, estatuídas pela Constituição Federal e pela sua Lei Orgânica.
>
> Acórdão nº 3.159/2020 – Plenário (Pedido de Reexame, Relator Ministro Bruno Dantas)
>
> Direito Processual. Princípio da independência das instâncias. Decisão judicial. Mandado de segurança.
>
> Decisão proferida em mandado de segurança impetrado contra autoridade administrativa estranha ao TCU a este não obriga, uma vez que os seus efeitos se restringem às partes que integram a relação processual no âmbito do Poder Judiciário (Súmula TCU nº 123).

O STF também já se pronunciou a respeito:

> Igualmente sem razão a impetrante ao sustentar que a aplicação da pena de cassação da aposentadoria estaria a configurar *bis in idem* em razão de multa que lhe fora anteriormente aplicada pelo Tribunal de Contas da União com base nos mesmos fatos que motivaram a cassação de sua aposentadoria. O julgamento a cargo da Corte de Contas acerca da gestão orçamentária e financeira da Coordenação de Serviços Gerais do MEC, órgão pelo qual era responsável a impetrante no exercício de 1991 não se confunde, à evidência, com a apuração e consequente punição de possíveis infrações disciplinares pela Administração Pública. São independentes entre si a responsabilização administrativa dos servidores públicos faltosos e a atuação do Tribunal de Contas da União, no exercício do controle externo das contas públicas como órgão auxiliar do Poder Legislativo.
>
> Não tem aplicação ao caso, como quer a impetrante, o entendimento consagrado nesta Egrégia Suprema Corte no sentido de que "é inadmissível segunda punição de servidor público, baseada no mesmo processo em que se fundou a primeira" (Súmula nº 19). Como é evidente, a multa aplicada pelo Tribunal de Contas da União não teve por fundamento o procedimento administrativo disciplinar instaurado contra a impetrante, mais sim a verificação, através de inspeção promovida pela Corte, de graves irregularidades em sua gestão à frente da Coordenação de Serviços Gerais do MEC. E a súmula acima citada só tem pertinência quando há duplicidade de punições no âmbito administrativo, o que não se verificou no caso em apreço (MS 22.728.1/PR; Rel.: Min. Moreira Alves).

Ressalte-se que o inverso também é verdadeiro, ou seja, o fato de as contas terem sido aprovadas pelo Tribunal de Contas não elimina a hipótese de o gestor vir a ser condenado em outra esfera, conforme testemunha a seguinte decisão da segunda Turma do STF:

> Entendeu-se que não mereceria reparo a conclusão do STJ, segundo a qual o fato do Tribunal de Contas da União, eventualmente, aprovar as contas a ele submetidas, não obstaria, em princípio, a persecução penal promovida pelo Ministério Público. Explicitou-se que a jurisprudência do STF seria no sentido da independência entre as esferas de contas e a judicial penal, de sorte a ser desnecessário que o inquérito policial ou a denúncia aguardem a conclusão do processo de contas em qualquer das instâncias dos Tribunais de Contas. (HC 103.725/DF, rel. Min. Ayres Britto, 14/12/2010, Informativo 613).

JURISPRUDÊNCIA DO TCU

Acórdão nº 1.928/2014 – Plenário (Embargos de Declaração, Relator Ministro-substituto Weder de Oliveira)
Processual. Coisa julgada. Decisão judicial.
A existência de sentença judicial suspendendo os efeitos de decisão do TCU constitui motivo suficiente para afastar a obrigação de dar cumprimento a esta, não sendo, contudo, necessária a alteração da deliberação alcançada, cuja eficácia há que se ter por suspensa enquanto durarem os efeitos do provimento expedido pelo Poder Judiciário.

Acórdão nº 240/2014 – Segunda Câmara (Aposentadoria, Relator Ministro José Jorge).
Pessoal. Apreciação do ato. Decisão judicial.
A existência de decisão judicial não impede a livre apreciação dos atos de concessão pelo TCU, que pode promover a apreciação de mérito pela ilegalidade do ato, em posição contrária ao decidido no âmbito do Poder Judiciário, sem, contudo, determinar a suspensão do pagamento da verba tida por irregular, enquanto protegida por decisão judicial.

Acórdão nº 961/2018 – Plenário (Embargos de Declaração, Relator Ministro Benjamin Zymler).
Responsabilidade. Declaração de inidoneidade. Princípio do *non bis in idem*. TCU. CGU (2003-2016). Princípio da independência das instâncias.
Não configura violação ao princípio do *non bis in idem* o TCU declarar a inidoneidade para licitar com a Administração Pública Federal (art. 46 da Lei nº 8.443/1992) de empresa que foi declarada inidônea pela CGU para licitar ou contratar com a Administração Pública (art. 87, inciso IV, da Lei nº 8.666/1993), uma vez que eventuais sanções aplicadas no âmbito da Administração não condicionam ou vinculam a atuação do TCU no bojo de suas atribuições constitucionais, inclusive aquelas de cunho sancionatório, em razão do princípio da independência das instâncias.

Acórdão nº 1.256/2019 – Plenário (Representação, Relator Ministro Benjamin Zymler).
Competência do TCU. Princípio da independência das instâncias. CADE. Fraude. Cartel. Licitação.
A combinação entre empresas com o objetivo de obter vantagens indevidas em licitações por meio de supressão da livre concorrência e de elevação artificial de preços constitui, simultaneamente, infração à ordem econômica sujeita à competência do Conselho Administrativo de Defesa Econômica – Cade (art. 36, § 3º, inciso I, alínea d, da Lei nº 12.529/2011) e ilícito administrativo-financeiro sujeito à competência do TCU, na sua função de apreciar a regularidade da aplicação de recursos federais (art. 70 da Constituição Federal).

Acórdão nº 3.397/2022 – Segunda Câmara (Recurso de Reconsideração, Relator Ministro Aroldo Cedraz)
Direito Processual. Princípio da independência das instâncias. Princípio do *non bis in idem*. Decisão judicial. Improbidade administrativa. Ressarcimento ao erário.

> Não configura *bis in idem* a coexistência de acórdão do TCU e sentença condenatória em ação de improbidade administrativa que determinam o ressarcimento ao erário de débitos decorrentes dos mesmos fatos, ainda que imputados a pessoas distintas. Ocorrendo ressarcimento em uma instância, basta que o responsável apresente a comprovação perante o juízo de execução para evitar o duplo pagamento.
>
> Acórdão nº 2.886/2022 – Primeira Câmara (Recurso de Reconsideração, Relator Ministro Walton Alencar Rodrigues)
> Competência do TCU. Princípio da independência das instâncias. Decisão judicial. Homologação. Acordo. Ressarcimento ao erário. Ministério Público Federal.
> A existência de acordo de não persecução penal e cível, firmado com o Ministério Público Federal e homologado pelo Poder Judiciário, por meio do qual o responsável se compromete a reparar integralmente o dano ao erário, não afasta a jurisdição do TCU, diante do princípio da independência de instâncias. Eventual ressarcimento do débito no âmbito do acordo pode ser aferido na fase de cobrança executiva do título condenatório do Tribunal.

14.9. RESPONSÁVEL FALECIDO

Na hipótese de falecimento do responsável, não é mais aplicável a multa, pois esta tem caráter personalíssimo. Subsiste, no entanto o débito. O julgado seguinte exemplifica a situação:

> A ausência de comprovação da boa e regular aplicação dos recursos recebidos à conta de convênio importa no julgamento pela irregularidade das contas do responsável falecido, imputando-se o débito, até que haja a partilha, à personalidade jurídica do espólio, na figura de seu representante legal (Acórdão nº 3.039/2006 – 1ª Câmara; Rel.: Min. Valmir Campelo).

Contudo, o falecimento do responsável após o trânsito em julgado do acórdão que lhe condenou em débito ou aplicou multa não impede a constituição nem o curso do processo de cobrança executiva, nos termos do § 1º do art. 3º da Resolução TCU nº 178/2005.[5]

14.10. PARA SABER MAIS

Recomenda-se a leitura dos Boletins de Jurisprudência do TCU e dos Tribunais de Contas dos Estados e Municípios, disponíveis nos respectivos portais na internet.

---

[5] Com a redação da Resolução TCU nº 235/2010.

Palavras Finais

Ao concluir o presente estudo, desejo sinceramente que o leitor esteja familiarizado com o controle externo em nosso País, preparado para ter êxito nos cada vez mais concorridos concursos públicos para os Tribunais de Contas e Controladorias, e decidido a ser um profissional exemplar, cuja atuação no serviço público, pautada pela eficiência e pelo compromisso ético, contribuirá significativamente para o Brasil alcançar o desenvolvimento com justiça social, democracia e respeito ao meio ambiente.

Um professor se realiza quando tem a ventura de presenciar o sucesso de seus alunos e sentir-se, um pouco, partícipe das respectivas vitórias. Assim, mais uma vez, boa sorte, amigo leitor, nas provas e na vida!

Feliz aquele que transfere o que sabe e que aprende o que ensina.
Cora Coralina

Miniglossário

O presente glossário resumido visa facilitar o trabalho de pesquisa e fixação dos principais conceitos e expressões úteis para o domínio da disciplina. Foram utilizados como fontes de pesquisa a Lei Orgânica e o Regimento Interno do TCU, diversos atos normativos e publicações do TCU, o Manual do SIAFI, definições legais constantes da Lei nº 4.320/1964, do Decreto-Lei nº 200/1967, do Decreto nº 93.872/1986, bem como elaboração própria do autor. Foram também utilizados a publicação *Termos técnicos – glossário do Instituto Ruy Barbosa,* a *Enciclopédia Jurídica Soibelman* e o *Dicionário Técnico Jurídico,* de Deocleciano Torrieri Guimarães. Anote-se que o portal do TCU na internet também dispõe de glossário semelhante, bem como uma publicação intitulada *Vocabulário de Controle Externo.*

Accountability pública – Obrigação que têm as pessoas ou entidades às quais se tenham confiado recursos, incluídas as empresas e corporações públicas, de assumir as responsabilidades de ordem fiscal, gerencial e programática que lhes foram conferidas, e de informar a quem lhes delegou essas responsabilidades. E, ainda, obrigação imposta, a uma pessoa ou entidade auditada, de demonstrar que administrou ou controlou os recursos que lhe foram confiados em conformidade com os termos segundo os quais lhe foram entregues.

Acompanhamento – É o instrumento de fiscalização utilizado pelo TCU para:

I – examinar, ao longo de um período predeterminado, a legalidade e a legitimidade dos atos de gestão dos responsáveis sujeitos a sua jurisdição, quanto ao aspecto contábil, financeiro, orçamentário e patrimonial; e

II – avaliar, ao longo de um período predeterminado, o desempenho dos órgãos e entidades jurisdicionadas, assim como dos sistemas, programas, projetos e atividades governamentais, quanto aos aspectos de economicidade, eficiência e eficácia dos atos praticados.

Acórdão – Forma de deliberação do Plenário ou das Câmaras do TCU em matéria da competência do Tribunal.

Agente responsável – Corresponde a pessoa física que utilize, arrecade, guarde, gerencie ou administre dinheiros, bens e valores públicos da União e das Entidades da Administração Indireta ou pelos quais estas respondam, ou que, em nome destas, assuma obrigação de natureza pecuniária. Caracteriza também o gestor de quaisquer recursos repassados pela União, mediante convênio, acordo, ajuste ou outros instrumentos congêneres, a Estado, ao Distrito Federal, a Município, a Entidades Públicas ou Organizações Particulares.

Agravo – Modalidade recursal contra despacho decisório do Presidente do TCU, de Presidente de Câmara ou do Relator, desfavorável à parte, e contra medida cautelar, devendo ser impetrado no prazo de cinco dias.

Alcance – Diferença para menos nas contas de encarregados pelos dinheiros públicos.

Apensamento – Junção de dois ou mais processos para tramitação em conjunto.

Aresto – Sinônimo de acórdão; decisão definitiva de tribunal.

Arresto de bens – (Não confundir com sequestro de bens e indisponibilidade de bens) Apreensão de bens do devedor para garantia da futura execução, quando, sendo a dívida líquida e certa, embora ainda não vencida, haja probabilidade de que antes da decisão ocorram atos capazes de causar lesões, de incerta ou difícil reparação ao direito de uma das partes.

Asseguração – nível de segurança fornecido por uma auditoria ou outro trabalho similar, mediante expressão de uma conclusão baseada em evidência suficiente e apropriada, de forma a aumentar o grau de confiança dos usuários previstos sobre o resultado da mensuração ou avaliação do objeto, de acordo com os critérios que sejam aplicáveis. São dois os tipos de asseguração: razoável e limitada.

Asseguração limitada – nível de asseguração mais baixo do que o nível razoável, embora, no julgamento profissional do auditor, espera-se que seja uma segurança significativa para os usuários previstos.

Asseguração razoável – um nível de asseguração alto, mas não absoluto, uma vez que devido às limitações que lhes são inerentes, as auditorias e outros trabalhos de asseguração nunca poderão oferecer uma segurança absoluta.

Atividade – Instrumento de programação orçamentária destinado a alcançar os objetivos de um programa, envolvendo um conjunto de operações que se realizam de modo contínuo e permanente, necessárias à manutenção da ação do Governo.

Ato de gestão – Ato de gerir a parcela do patrimônio público, sob a responsabilidade de determinada unidade.

Audiência – Procedimento pelo qual o Relator ou o TCU, verificada irregularidade das contas sem ocorrência de débito, chama o responsável para apresentar razões de justificativa.

Auditor – Cargo previsto na CF, a ser provido mediante concurso público de provas e títulos dentre brasileiros que satisfaçam as exigências do § 1º do art. 73 da CF. Os Auditores substituem os Ministros nas hipóteses legais, são nomeados pelo Presidente da República e relatam os processos que lhes forem distribuídos. Em número de quatro no TCU, são também denominados de Ministros-Substitutos. Nos demais Tribunais de

Contas, atuam como Substitutos de Conselheiros e variam o seu número e a denominação do cargo. Não se deve confundir o Auditor constitucional com outros cargos de denominação semelhante, como auditores da Receita ou de controle externo e interno.

Auditoria – É um dos cinco instrumentos de fiscalização utilizados pelo TCU e destina-se a:

I – examinar a legalidade e a legitimidade dos atos de gestão dos responsáveis sujeitos a sua jurisdição, quanto ao aspecto contábil, financeiro, orçamentário e patrimonial;

II – avaliar o desempenho dos órgãos e entidades jurisdicionados, assim como dos sistemas, programas, projetos e atividades governamentais, quanto aos aspectos de economicidade, eficiência e eficácia dos atos praticados; e

III – subsidiar a apreciação dos atos sujeitos a registro.

Auditoria de conformidade – foca em determinar se um particular objeto está em conformidade com normas identificadas como critérios. A auditoria de conformidade é realizada para avaliar se atividades, transações financeiras e informações cumprem, em todos os aspectos relevantes, as normas que regem a entidade auditada. Essas normas podem incluir regras, leis, regulamentos, resoluções orçamentárias, políticas, códigos estabelecidos, acordos ou os princípios gerais que regem a gestão financeira responsável do setor público e a conduta dos agentes públicos.

Auditoria financeira – foca em determinar se a informação financeira de uma entidade é apresentada em conformidade com a estrutura de relató-rio financeiro e o marco regulatório aplicável. Isso é alcançado obtendo-se evidência de auditoria suficiente e apropriada para permitir ao auditor expressar uma opinião quanto a estarem as informações financeiras livres de distorções relevantes devido a fraude ou erro.

Auditoria operacional – O processo de coleta e de análise sistemáticas de informações sobre características, processos e resultados de um programa, atividade ou organização, com base em critérios fundamentados, com o objetivo de aferir o desempenho da gestão governamental, com a finalidade de subsidiar os mecanismos de responsabilização por desempenho e contribuir para aperfeiçoar a gestão pública. Suas duas modalidades são: auditoria de desempenho e auditoria de programa.

Câmaras – Colegiados do Tribunal de Contas da União, em número de duas, compostas por quatro Ministros e com competência para proferir deliberações definitivas acerca de matérias de menor complexidade, conforme especificado no RITCU.

Certificação de contas – fiscalização contábil, financeira e orçamentária que assegura os níveis de confiabilidade das demonstrações contábeis divulgadas, a conformidade das transações subjacentes e dos atos de gestão relevantes dos responsáveis.

Citação – No TCU, é o procedimento pelo qual o Relator ou o Tribunal, verificada irregularidade nas contas com ocorrência de débito, chama o responsável para apresentar defesa ou recolher a quantia devida. No Código de Processo Civil, é o ato pela qual se integra o demandado à relação processual.

Comissão mista – Comissão permanente composta de membros da Câmara dos Deputados e do Senado Federal, a qual cabe examinar e emitir parecer sobre os projetos do PPA, LDO, LOA, e Créditos Adicionais, examinar e emitir parecer sobre planos e programas nacionais, regionais e setoriais previstos na Constituição Federal e ainda exercer o acompanhamento e a fiscalização orçamentária (CF: arts. 58 e 166).

Contas – Conjunto de informações que se possa obter, direta ou indiretamente, a respeito de uma dada gestão, desde que garantida a sua confiabilidade (veracidade e representatividade) e permitida a avaliação da legalidade, eficácia, eficiência e economicidade dessa gestão.

Contas diferidas – contas para as quais foi determinado o sobrestamento da análise na unidade técnica por prazo determinado, findo o qual, inexistindo elementos supervenientes que infirmem o parecer do controle interno, serão encaminhadas ao Relator, depois de ouvido o Ministério Público, para julgamento por Relação.

Contas extraordinárias – Processo organizado e apresentado quando da extinção, liquidação, dissolução, transformação, fusão, incorporação ou desestatização de unidades jurisdicionadas.

Contas iliquidáveis – Denominação dada às contas quando, caso fortuito ou de força maior, comprovadamente alheio à vontade do responsável, tornar materialmente impossível o julgamento de mérito.

Contas irregulares – As contas em que for comprovada qualquer das seguintes ocorrências:

a) omissão no dever de prestar contas;
b) prática de ato de gestão ilegal, ilegítimo, antieconômico, ou infração à norma legal ou regulamentar de natureza contábil, financeira, orçamentária, operacional ou patrimonial;
c) dano ao Erário decorrente de ato de gestão ilegítimo ou antieconômico; e
d) desfalque ou desvio de dinheiros, bens ou valores públicos.

Contas regulares – As contas que expressarem, de forma clara e objetiva, a exatidão dos demonstrativos contábeis, a legalidade, a legitimidade e a economicidade dos atos de gestão do responsável.

Contas regulares com ressalva – As contas que evidenciarem impropriedade ou qualquer outra falta de natureza formal de que não resulte dano ao Erário.

Controles internos – Conjunto de atividades, planos, métodos e procedimentos interligados utilizados com vistas a assegurar que os objetivos dos órgãos e entidades da Administração Pública sejam alcançados, de forma confiável e concreta, evidenciando eventuais desvios ao longo da gestão, até a consecução dos objetivos fixados pelo Poder Público.

Convênio – Instrumento que, na ausência de legislação específica, dispõe sobre a transferência de recursos financeiros provenientes do Orçamento Fiscal e da Seguridade

Social da União para a execução de programas, projetos e atividades de interesse recíproco e em regime de mútua colaboração.

Crédito adicional – Destina-se a atender despesas não computadas ou insuficientemente dotadas na LOA, podendo ser caracterizados como especial, extraordinário e suplementar.

Dano – Juridicamente, dano "significa todo mal ou ofensa que tenha uma pessoa causado a outrem, da qual possa resultar uma deterioração ou destruição à coisa dele ou um prejuízo a seu patrimônio" (Plácido e Silva, 1993). Por sua vez, Aguiar Dias (1960) esclarece que "o dano se estabelece mediante o confronto entre o patrimônio realmente existente após o dano e o que possivelmente existiria, se o dano não se tivesse produzido". O dano ao Erário consiste em ato ou fato gerador de redução do patrimônio público.

Débito – Prejuízo ao Erário quantificado em valores monetários.

Decisão definitiva – A decisão pela qual o TCU julga as contas regulares, regulares com ressalva ou irregulares.

Decisão preliminar – A decisão pela qual o TCU, antes de pronunciar-se quanto ao mérito das contas, resolve sobrestar o julgamento, determinar diligência, ou ordenar a citação ou a audiência dos responsáveis ou, ainda, determinar outras diligências necessárias ao saneamento do processo.

Decisão terminativa – A decisão pela qual o TCU ordena o trancamento das contas que forem consideradas iliquidáveis.

Despesa corrente – Representa encargo que não produz acréscimo patrimonial, respondendo assim, pela manutenção das atividades de cada Órgão/Entidade.

Despesa de capital – É a despesa que resulta no acréscimo do patrimônio do Órgão ou Entidade que a realiza, aumentando, dessa forma sua riqueza patrimonial.

Despesas de exercícios anteriores – São despesas de exercícios encerrados, para os quais o orçamento respectivo consignava crédito próprio, com saldo suficiente para atendê-las, mas que não tenham sido processados na época própria. Representam, ainda, os Restos a Pagar com prescrição interrompida e os compromissos reconhecidos após o encerramento do exercício correspondente, que poderão ser pagos a conta de dotação especifica consignada no orçamento, discriminada por elementos, obedecida, sempre que possível, a ordem cronológica (Lei nº 4.320/1964: art. 37).

Diligência – Procedimento mediante o qual o Relator ou o TCU, previamente à decisão de mérito de um processo e visando o seu saneamento, determina o levantamento de informações para esclarecer dúvidas, suprir lacunas ou ampliar o escopo da análise.

Dívida ativa – É a inscrição que se faz em conta de devedores, relacionada a tributos, multas e créditos da Fazenda Pública, lançados, mas não cobrados ou não recolhidos no exercício de origem (Lei nº 4.320/1964: art. 39).

Economicidade – Minimização dos custos dos recursos utilizados na consecução de uma atividade, sem comprometimento dos padrões de qualidade. Refere-se à capacidade de uma instituição gerir adequadamente os recursos colocados à sua disposição.

Efetividade – Relação entre os resultados (impactos observados) e os objetivos (impactos esperados).

Eficácia – Grau de alcance das metas programadas em um determinado período, independentemente dos custos implicados.

Eficiência – Relação entre os produtos (bens e serviços) gerados por uma atividade e os custos dos insumos empregados em um determinado período.

Embargo de declaração – Modalidade recursal cabível quando houver obscuridade, omissão ou contradição em acórdão do TCU. Possui efeito suspensivo, podendo ser apresentado pela parte ou pelo MPTCU.

Empenho de despesa – Ato emanado de autoridade competente, que cria para o Estado obrigação de pagamento pendente ou não de implemento de condição. (Lei nº 4.320/1964: art. 58).

Empenho por estimativa – Representa a reserva de recursos orçamentários destinada a atender despesas cujo montante não se possa determinar previamente, tais como serviços de telefone, reprodução de documento, diárias e gratificações e assemelhados (Lei nº 4.320/1964: art. 60, § 2º).

Erário – Tesouro ou Fazenda Pública.

Exame de admissibilidade – análise realizada em expediente apresentado ao Tribunal, com o objetivo de verificar a existência dos requisitos genéricos e específicos referentes à matéria a que se refira, de forma a subsidiar a decisão quanto ao conhecimento ou não pelo relator ou colegiado

Gestão – É o ato de gerir certos recursos.

Governança – Governança no setor público compreende essencialmente os mecanismos de liderança, estratégia e controle postos em prática para avaliar, direcionar e monitorar a atuação da gestão, com vistas à condução de políticas públicas e à prestação de serviços de interesse da sociedade.

Impropriedades – Falhas de natureza formal de que não resulte dano ao erário e outras que têm o potencial para conduzir à inobservância aos princípios de Administração Pública ou à infração de normas legais e regulamentares, tais como deficiências no controle interno, violações de cláusulas, abuso, imprudência, imperícia.

Incidente de uniformização de jurisprudência – Procedimento formal visando à uniformização da jurisprudência do TCU.

Indisponibilidade de bens – (Não confundir com sequestro de bens e arresto de bens) É o que não pode ser objeto de alienação ou transferência.

Inspeção – É o instrumento de fiscalização utilizado pelo TCU para suprir omissões e lacunas de informações, esclarecer dúvidas ou apurar denúncias ou representações quanto à legalidade, à legitimidade e à economicidade de fatos da administração e de atos administrativos praticados por qualquer responsável sujeito à sua jurisdição.

Interessado – Aquele que, em qualquer etapa do processo, tenha reconhecida, pelo relator ou pelo Tribunal, razão legítima para intervir no processo.

Investimento – Denominação de despesa destinada ao planejamento e execução de obras, inclusive as destinadas a aquisição de imóveis considerados necessários à realização de obras, bem como a programas especiais de trabalho, aquisição de instalações, equipamentos e material permanente e constituição ou aumento de capital de empresas que não sejam de caráter comercial ou financeiro.

Irregularidades – Prática de ato de gestão ilegal, ilegítimo, antieconômico, ou infração à norma legal ou regulamentar de natureza contábil, financeira, orçamentária, operacional ou patrimonial; dano ao erário decorrente de ato de gestão ilegítimo ao antieconômico; desfalque ou desvio de dinheiros, bens ou valores públicos; tais como fraudes, atos ilegais, omissão no dever de prestar contas e violações aos princípios de Administração Pública.

Juntada – Ato de inserir documentos em um processo.

Legalidade – Refere-se ao controle da obediência das normas legais pelo responsável fiscalizado.

Legitimidade – Apreciação que envolve uma avaliação das circunstâncias em que o ato foi praticado, uma ponderação da prioridade relativa entre a despesa efetuada e as outras necessidades da comunidade.

Lei de Diretrizes Orçamentárias (LDO) – Compreende o conjunto de metas e prioridades da Administração Pública Federal, estabelecendo as diretrizes de política fiscal e respectivas metas, em consonância com trajetória sustentável da dívida pública, orientando a elaboração da Lei Orçamentária Anual, dispondo sobre as alterações na legislação tributária e estabelecendo a política de aplicação das agências financeiras oficiais de fomento (CF: art. 165, § 2º).

Lei Orçamentária Anual (LOA) – Compreende:

I – o orçamento fiscal referente aos Poderes da União, seus fundos, órgãos e entidades da administração direta e indireta, inclusive fundações instituídas e mantidas pelo Poder Público;

II – o orçamento de investimento das empresas em que a União, direta ou indiretamente, detenha a maioria do capital social com direito a voto;

III – o orçamento da seguridade social, abrangendo todas as entidades e órgãos a ela vinculados, da administração direta ou indireta, bem como os fundos e fundações instituídos e mantidos pelo Poder Público. (CF: art. 165, § 5º).

Levantamento – É o instrumento de fiscalização utilizado pelo TCU para:

I – conhecer a organização e o funcionamento dos órgãos e entidades da administração direta, indireta e fundacional dos Poderes da União, incluindo fundos e demais instituições que lhe sejam jurisdicionadas, assim como dos sistemas, programas, projetos e atividades governamentais no que se refere aos aspectos contábeis, financeiros, orçamentários, operacionais e patrimoniais;

II – identificar objetos e instrumentos de fiscalização; e

III – avaliar a viabilidade da realização de fiscalizações.

Liquidação de despesa – Consiste na verificação do direito adquirido pelo credor, tendo por base os títulos e documentos comprobatórios do respectivo crédito (Lei nº 4.320/1964: art. 63).

Medida cautelar – É uma medida de precaução, que tem como objetivo prevenir, conservar, defender ou assegurar a eficácia de um direito e pode ser adotada pelo Plenário do TCU, pelo Relator, ou pelo Presidente, quando houver indício de irregularidade, fundado receio de grave lesão ao erário, ao interesse público, ou de risco de ineficácia da decisão de mérito a ser adotada pelo Tribunal.

Monitoramento – É o instrumento de fiscalização utilizado pelo TCU para verificar o cumprimento de suas deliberações e os resultados delas advindos.

Notificação – Comunicação processual por meio da qual o responsável é chamado para efetuar e comprovar o recolhimento do débito imputado ou da multa cominada.

Oitiva – Oportunidade concedida discricionariamente pelo Relator ou pelo TCU para manifestação do responsável, entidade ou parte, antes da adoção de medidas cautelares. Uma vez decidida a medida cautelar, a oitiva é obrigatória.

Orçamento fiscal – Engloba os recursos dos Poderes da União, representado pelos Fundos, Órgãos e Entidades da Administração Direta e Indireta, inclusive Fundações instituídas e mantidas pelo Poder Público (CF: art. 165, § 5º, inciso I).

Orçamento da Seguridade Social – Abrange os recursos dos Órgãos e Entidades que respondem pela função de Seguridade Social da administração direta ou indireta, bem como os Fundos e Fundações instituídos e mantidos pelo Poder Público (CF: art. 165, § 5º, inciso III).

Orçamento de investimento das estatais – Compreende o orçamento de investimento das empresas em que a União, direta ou indiretamente, detenha a maioria do capital social com direito a voto (CF: art. 165, § 5º, inciso II).

Ordenador de despesa – Toda e qualquer autoridade de cujos atos resultarem emissão de empenho, autorização de pagamento, suprimento ou dispêndio de recursos da União ou pela qual esta responda (Decreto-lei nº 200/1967: art. 80, § 1º). Em obediência ao art. 43 do Decreto nº 93.872/1986, e ao princípio da Segregação de Funções, o cargo de Gestor Financeiro não poderá ser exercido pela mesma pessoa que ocupa o cargo de Ordenador de Despesa.

Papéis de trabalho – Documentação que constitui o suporte de todo o trabalho desenvolvido pelo auditor, contendo o registro de todas as informações utilizadas, das verificações a que procedeu e das conclusões a que chegou, independentemente da forma, do meio físico ou das características. Consideram-se papéis de trabalho, entre outros: planilhas, formulários, questionários preenchidos, fotografias, arquivos de dados, de vídeo ou de áudio, ofícios, memorandos, portarias, cópias de contratos ou termos de convênio, matrizes de planejamento, de achados e de responsabilização.

Parecer – No TCU, existe o Parecer Prévio sobre as contas do Governo, encaminhado para subsidiar o julgamento a cargo do Congresso Nacional; e os pareceres do MPTCU, dos titulares das unidades técnicas e das Comissões de Regimento e de Jurisprudência emitidos sobre matérias encaminhadas à sua apreciação.

Pedido de reexame – Modalidade de recurso contra decisão de mérito proferida em processo concernente a ato sujeito a registro e a fiscalização de atos e contratos. Possui efeito suspensivo.

Plenário – Colegiado máximo do Tribunal de Contas da União, presidido pelo Presidente do TCU e integrado por todos os Ministros. Possui competências privativas definidas no Regimento Interno, entre as quais a de apreciar as contas do Governo. Em alguns Tribunais de Contas estaduais, o colegiado equivalente é denominado Pleno.

Processos de contas – Processo de trabalho do controle externo, destinado a avaliar e julgar o desempenho e a conformidade da gestão das pessoas abrangidas pelos incisos I, III, IV, V e VI do art. 5º da Lei nº 8.443/1992, com base em documentos, informações e demonstrativos de natureza contábil, financeira, orçamentária, operacional ou patrimonial, obtidos direta ou indiretamente.

Projeto – Conjunto de operações limitadas no tempo, das quais, normalmente, resultam produtos quantificáveis física e financeiramente, que concorrem para a expansão ou para o aperfeiçoamento da ação governamental.

Recurso de reconsideração – Modalidade de recurso contra decisão definitiva em processo de prestação ou tomada de contas, mesmo especial, com efeito suspensivo, para apreciação do colegiado que houver proferido a decisão recorrida, podendo ser formulado uma só vez e por escrito, pela parte ou pelo Ministério Público junto ao TCU, dentro do prazo de quinze dias.

Recurso de revisão – Modalidade de recurso ao Plenário contra decisão definitiva em processo de prestação ou tomada de contas, de natureza similar à da ação rescisória, sem efeito suspensivo, interposto uma só vez e por escrito pela parte, seus sucessores, ou pelo Ministério Público junto ao Tribunal, dentro do prazo de cinco anos e fundar-se-á:

I – em erro de cálculo nas contas;

II – em falsidade ou insuficiência de documentos em que se tenha fundamentado o acórdão recorrido;

III – na superveniência de documentos novos com eficácia sobre a prova produzida.

Redator – Denominação do Ministro que foi o primeiro a formular a proposta de deliberação vitoriosa, divergente da apresentada pelo Relator, e que fica responsável por redigi-la na sua forma definitiva.

Relação – Conjunto de processos que, a critério do Relator, são submetidos em conjunto à deliberação do colegiado. O RITCU estabelece as condições que autorizam a inclusão de um processo em Relação, bem como define as situações em que tal inclusão é vedada.

Relator – O Relator presidirá a instrução do processo, determinando, mediante despacho singular, de ofício ou por provocação do órgão de instrução ou do MPTCU, o sobrestamento do julgamento, a citação ou a audiência dos responsáveis, ou outras providências consideradas necessárias ao saneamento dos autos, fixando prazo, na forma estabelecida no regimento interno, para o atendimento das diligências, após o que submeterá o feito ao Plenário ou à Câmara respectiva para decisão de mérito.

Relatórios de gestão – Conjunto de documentos, informações e demonstrativos de natureza contábil, financeira, orçamentária, operacional ou patrimonial, organizado para permitir a visão sistêmica do desempenho e da conformidade da gestão dos responsáveis por uma ou mais unidades jurisdicionadas durante um exercício financeiro.

Representação – Trata-se da prerrogativa dos órgãos, entidades ou pessoas relacionadas no art. 237 do RITCU de levarem ao conhecimento do Tribunal irregularidades ou ilegalidades praticadas por administrador ou responsável sujeito à sua jurisdição. Para ser conhecida a representação deve referir-se à matéria de competência do Tribunal, ser redigida em linguagem clara e estar acompanhada de indício concernente à irregularidade ou ilegalidade denunciada.

Reserva de contingência – Dotação não especificamente destinada a determinado órgão, unidade orçamentária, programa ou categoria econômica, constante do orçamento anual cujos recursos serão utilizados para abertura de créditos adicionais (Decreto-lei nº 200/1967: art. 91). Dotação constante do projeto de lei orçamentária anual, cuja forma de utilização e montante, definido com base na receita corrente líquida, serão estabelecidos na LDO, destinada ao atendimento de passivos contingentes e outros riscos e eventos fiscais imprevistos (LRF, art. 5º).

Responsabilidade solidária – A solidariedade ocorre quando na mesma obrigação concorre mais de um credor, ou mais de um devedor, cada um com direito, ou obrigação, à dívida toda (art. 264, C.Civil); não se presume, resulta da lei ou da vontade das partes (art. 265, CC).

Responsável – ver Agente responsável.

Restos a pagar – Representam as despesas empenhadas e não pagas até 31 de dezembro, distinguindo-se as despesas processadas das não processadas. Entende-se por processadas e não processadas, respectivamente, as despesas liquidadas e as não liquidadas. (Decreto nº 93.872/1986: art. 67).

Revisor – Denominação do Ministro que solicita vistas de uma matéria submetida pelo Relator à apreciação de colegiado.

Segregação de funções – Princípio básico do sistema de controle interno que consiste na separação de funções, normalmente de autorização, aprovação, execução, controle e contabilização das operações, evitando o acúmulo de funções por parte de um mesmo servidor.

Sequestro de bens – (Não confundir com arresto de bens e indisponibilidade de bens) O sequestro é medida cautelar que visa apreender o objeto em torno do qual se litiga para assegurar a sua entrega para aquele que vencer a causa. A diferença principal entre o sequestro e o arresto radica em que neste se apreende qualquer bem do patrimônio do devedor que possa garantir o pagamento em futura ação de execução, ao passo que naquele se apreende o próprio bem objeto do litígio.

Significância – Conceito que engloba os atributos de relevância, materialidade e risco.

Sobrepreço – Irregularidade que ocorre quando o preço global de um contrato ou preços unitários constantes de sua composição encontram-se injustificadamente superiores aos preços praticados no respectivo mercado. O inciso LVI do art. 6º da Lei nº 14.133/2021 considera que o sobrepreço ocorre quando o preço orçado para licitação ou contratado tem valor expressivamente superior aos preços referenciais de mercado, seja de apenas 1 (um) item, se a licitação ou a contratação for por preços unitários de serviço, seja do valor global do objeto, se a licitação ou a contratação for por tarefa, empreitada por preço global ou empreitada integral, semi-integrada ou integrada.

Sobrestamento – Suspensão do julgamento ou apreciação de um processo, em razão do surgimento de matéria ou fato que obste o seu regular prosseguimento, como, por exemplo, a conexão dos assuntos em exame com os constantes de outro processo em tramitação no Tribunal, cujos resultados poderão influenciar o julgamento do processo sobrestado.

Superfaturamento – Irregularidade que ocorre quando se faturam serviços de uma obra ou contrato com sobrepreço ou quando se faturam serviços que não foram executados, total ou parcialmente (cujos quantitativos medidos são superiores aos efetivamente executados). O inciso LVII do art. 6º da Lei nº 14.133/2021 considera que o superfaturamento ocorre quando houver dano provocado ao patrimônio da Administração, caracterizado, entre outras situações, por:

a) medição de quantidades superiores às efetivamente executadas ou fornecidas;
b) deficiência na execução de obras e de serviços de engenharia que resulte em diminuição da sua qualidade, vida útil ou segurança;
c) alterações no orçamento de obras e de serviços de engenharia que causem desequilíbrio econômico-financeiro do contrato em favor do contratado;
d) outras alterações de cláusulas financeiras que gerem recebimentos contratuais antecipados, distorção do cronograma físico-financeiro, prorrogação injustificada do prazo contratual com custos adicionais para a Administração ou reajuste irregular de preços.

Termo de parceria – Instrumento de cooperação firmado entre o Poder Público e entidades qualificadas como Organizações da Sociedade Civil de Interesse Público – Oscip, para o fomento e a execução de atividades de interesse público como assistência social, saúde, cultura etc.

Tomada de contas especial – É o processo devidamente formalizado, dotado de rito próprio, que objetiva apurar a responsabilidade daqueles que derem causa a perda, extravio ou outra irregularidade de que resulte dano ao Erário. É medida de exceção, somente devendo ser instaurada depois de esgotadas as providências administrativas internas com vistas à recomposição do Erário.

Trancamento das contas – Decisão terminativa adotada por colegiado do TCU na hipótese das contas serem consideradas iliquidáveis, quando caso fortuito ou de força maior, comprovadamente alheio à vontade do responsável, tornar materialmente impossível o julgamento de mérito.

Referências

AGUIAR, Ubiratan. *Controle externo* – anotações à jurisprudência do Tribunal de Contas da União. Belo Horizonte: Fórum, 2006.

AGUIAR, Ubiratan et al. *Convênios e tomadas de contas especiais* – manual prático. 2. ed. rev. e ampl. Belo Horizonte: Fórum, 2005.

AGUIAR DIAS, José de. *Da responsabilidade civil*. 4. ed. Rio de Janeiro: Forense, 1960. v. II.

ALMEIDA, Francisco Carlos Ribeiro de. Uma abordagem estruturada da renúncia de receita pública federal. *Revista do TCU*, nº 84, abr./jun. 2000, p. 19-62.

ALMEIDA, Guilherme Henrique de La Rocque. *Lei Orgânica do Tribunal de Contas da União anotada*. Belo Horizonte: Fórum, 2006.

ALVES, Maria Fernanda Colaço. *Múltiplas Chibatas? Institucionalização da política de controle da gestão pública federal 1998-2008*. Dissertação apresentada ao programa de Pós-Graduação em Administração – PPGA – da Faculdade de Economia, Administração, Contabilidade e Ciência da Informação e Documentação (FACE) da Universidade de Brasília (UnB) como requisito parcial à obtenção do título de Mestre em Administração. Brasília: 2009.

ARISTÓTELES. *Política*. São Paulo: Martin Claret, 2010.

BALEEIRO, Aliomar. *Uma introdução à ciência das finanças*. 16. ed. Rio de Janeiro: Forense, 2003.

BANDEIRA, Bruno Anselmo. *Limites ao poder investigatório dos Tribunais de Contas brasileiros: uma análise crítica em face do Direito Comparado e Internacional*. Monografia apresentada à banca examinadora da Faculdade de Direito da Universidade Federal de Mato Grosso, como exigência parcial para obtenção do grau de bacharel em Direito. Cuiabá: 2009.

BANDEIRA DE MELLO, Celso Antônio. *Curso de direito administrativo*. 20. ed. São Paulo: Malheiros, 2006.

BANDEIRA DE MELLO, Celso Antônio. Funções do Tribunal de Contas. *Revista de Direito Público*, nº 72, ano XVII, out./dez. 1984, p. 133-150.

BARRETO, Pedro Humberto Teixeira. *O Sistema Tribunais de Contas e instituições equivalentes* – um estudo comparativo entre o modelo brasileiro e o da União Europeia. Rio de Janeiro: Renovar, 2004.

BARROSO FILHO, Angerico Alves. O Controle Externo versus o Controle Interno e Administrativo: análise do suposto conflito de competência. Revista do TCU, nº 139, ago. 2017, p. 52-71.

BARROSO, Luís Roberto. *Constituição da República Federativa do Brasil anotada*. 3. ed., amplamente revista e atualizada até a EC nº 32/2001. São Paulo: Saraiva, 2001.

BARROSO, Luís Roberto. Tribunais de Contas: algumas incompetências. *Revista de Direito Administrativo*, nº 203, 1996, p. 131-140.

BIM, Eduardo Fortunato. O poder geral de cautela dos Tribunais de Contas nas licitações e contratos administrativos. *Revista Interesse Público*, nº 36, 2006, p. 363-388.

BLIACHERIENE, Ana Carla; BRAGA, Marcos Vinicius de Azevedo; RIBEIRO, Renato Jorge Brown (coords.). *Controladoria no setor público*. Belo Horizonte: Fórum, 2016.

BRASIL. Tribunal de Contas da União. *Prêmio Serzedello Corrêa 1998: monografias vencedoras*. Brasília: TCU, Instituto Serzedello Corrêa, 1999. 281 p.

BRASIL. Tribunal de Contas da União. *Competências constitucionais e legais do TCU*. Brasília: TCU, Secretaria de Planejamento e Gestão, 2003.

BRASIL. Tribunal de Contas da União. *Transferências governamentais constitucionais e legais: orientações fundamentais*. Brasília: Tribunal de Contas da União, Instituto Serzedello Correêa, 2005.

BRASIL. Tribunal de Contas da União. *Glossário de Termos de Controle Externo*. Brasília: Tribunal de Contas da União, SEGECEX/ADPLA/DIPRO 2010.

BRASIL. Tribunal de Contas da União. *Transferências voluntárias da União*. 7. ed. Brasília: Tribunal de Contas da União, 2022.

BRASIL. Tribunal de Contas da União. *Referencial para controle externo de concessões e parcerias público privadas*. Brasília: TCU, Secretaria-Geral de Controle Externo, 2024.

BRASIL. Tribunal de Contas da União. *Referencial sobre participação cidadã no âmbito do TCU*. Brasília: TCU, Secretaria-Geral da Presidência (Segepres), Secretaria-Geral de Controle Exerno (Segecex), Secretaria-Geral de Administração (Segedam), 2025.

BRITTO, Carlos Ayres. O regime constitucional dos Tribunais de Contas. *Revista Diálogo Jurídico*, Salvador: Centro de Atualização Jurídica – CAJ, v. I, nº 9, dez. 2001. Disponível em: http://www.direitopublico.com.br. Acesso em: 28 jul. 2006.

BUGARIN, Maurício Soares; VIEIRA, Laércio Mendes; GARCIA, Leice Maria. *Controle dos gastos públicos no Brasil*: instituições oficiais, controle social e um mecanismo para ampliar o envolvimento da sociedade. Rio de Janeiro: Konrad-Adenauer-Stiftung, 2003.

BUGARIN, Paulo Soares. *O princípio constitucional da economicidade na jurisprudência do Tribunal de Contas da União*. Belo Horizonte: Fórum, 2004.

CANDEIA, Remilson Soares. *Convênios celebrados com a União e suas prestações de contas*. São Paulo: Editora NDJ, 2005.

CARVALHO FILHO, José dos Santos. *Manual de direito administrativo*. 14. ed. rev. e ampl. Rio de Janeiro: Lumen Juris, 2005.

CASTRO, Flávio Régis Xavier de Moura e. O novo Tribunal de Contas – visão sistêmica das Leis Orgânicas dos Tribunais de Contas dos Estados e Municípios do Brasil. *Revista do TCE-MG*, ano XXI, nº 3, 2005.

CASTRO, Flávio Régis Xavier de Moura e. Os Tribunais de Contas e sua jurisdição. *Revista do TCE-MG*, nº 1, 2005.

CASTRO, José Nilo de. *Direito municipal positivo*. 5. ed. rev., ampl. e atual. Belo Horizonte: Del Rey, 2001.

CAVALLARI, Odilon. TCU decide sobre a aplicação do instituto do disgorgement. *Revista Consultor Jurídico*, 29 ago. 2022. Disponível em https://www.conjur.com.br/2022-ago-29/odilon-cavallari-tcu-decide-disgorgement/. Acesso em: 8 jan. 2025.

CHAVES, Francisco Eduardo Carrilho. *Controle externo da gestão pública* – a fiscalização pelo Legislativo e pelos Tribunais de Contas – teoria e jurisprudência. Niterói: Impetus, 2007.

CHIAVENATO, Idalberto. *Administração geral e pública*. Rio de Janeiro: Elsevier, 2006.

COSTA, Luiz Bernardo Dias. *Tribunal de Contas* – evolução e principais atribuições no Estado Democrático de Direito. Belo Horizonte: Fórum, 2006.

COSTA, Marcos Bemquerer. O impacto do compartilhamento de provas obtidas pela Operação Lava Jato nos processos de controle externo do Tribunal de Contas da União. In: LIMA, Luiz Henrique; SARQUIS, Alexandre Manir Figueiredo (coord.). *Processos de controle externo*: estudos de ministros e conselheiros substitutos dos Tribunais de Contas. Belo Horizonte: Fórum, 2019.

COSTA, Marcos Bemquerer; BASTOS, Patrícia Reis Leitão. Relatórios e pareceres prévios sobre as contas do Governo da República: histórico da atuação do Tribunal de Contas da União nos últimos dez anos. In: LIMA, Luiz Henrique; OLIVEIRA, Weder de; CAMARGO, João Batista de (coord.). Contas governamentais e responsabilidade fiscal: desafios para o controle externo – estudos de ministros e conselheiros substitutos dos Tribunais de Contas. Belo Horizonte: Fórum, 2017.

COUR DES COMPTES. *La Cours des Comptes*. Paris: La Documentation Française, 2014.

CRETELLA JR., José. *Curso de direito administrativo*. 11. ed. rev. e atual. Rio de Janeiro: Forense, 1991.

CUSTÓDIO, Antonio Joaquim Ferreira. Registro de aposentadorias e pensões, o devido processo legal e a Súmula Vinculante nº 3. *Jus Navigandi*, Teresina, ano 12, nº 1947, 30 out. 2008. Disponível em: http://jus2.uol.com.br/doutrina/ texto.asp?id=11904.

DALLARI, Adilson Abreu. Observância do devido processo legal pelo Tribunal de Contas. *Revista do TCE-MG*, nº 3, 2004.

DECOMAIN, Pedro Roberto. *Tribunais de Contas no Brasil*. São Paulo: Dialética, 2006.

DI PIETRO, Maria Sylvia Zanella. Coisa julgada – aplicabilidade a decisões do Tribunal de Contas da União. *Revista do TCU*, nº 70, out./dez. 1996, p. 23-36.

DI PIETRO, Maria Sylvia Zanella. *Direito administrativo*. 19. ed. São Paulo: Atlas, 2006.

DI PIETRO, Maria Sylvia Zanella. O papel dos Tribunais de Contas no controle dos contratos administrativos. *Interesse Público – IP*, Belo Horizonte, ano 15, nº 82, nov./dez. 2013, p. 15-48.

FAGUNDES, Miguel de Seabra. *O controle dos atos administrativos pelo Poder Judiciário*. 4. ed. Rio de Janeiro: Forense, 1967.

FARIAS, Luciano Chaves. O poder dos Tribunais de Contas de examinar a constitucionalidade das leis e normas. *Boletim de Direito Administrativo*, ano XXII, nº 10, out. 2006, p. 1.137-1.144.

FARIAS, Márcia Ferreira Cunha. O controle de constitucionalidade nos Tribunais de Contas. *Revista Interesse Público*, nº 18, 2003 p. 201-206.

FERNANDES, Jorge Ulisses Jacoby. *Contratação direta sem licitação*. 6. ed. Belo Horizonte: Fórum, 2005.

FERNANDES, Jorge Ulisses Jacoby. Limites à revisibilidade judicial das decisões dos Tribunais de Contas. *Revista do TCU*, nº 70, out./dez. 1996, p. 39-71.

FERNANDES, Jorge Ulisses Jacoby. Os limites do poder fiscalizador do Tribunal de Contas do Estado. *Revista de Informação Legislativa*, a. 36, nº 142, abr./jun. 1999, p. 167-189.

FERNANDES, Jorge Ulisses Jacoby. Sustação de contratos administrativos pelos Tribunais de Contas. *Revista Interesse Público*, ano VI, nº 29, 2005, p. 303-308.

FERNANDES, Jorge Ulisses Jacoby. *Tomada de Contas Especial* – processo e procedimento nos Tribunais de Contas e na Administração Pública. 2. ed. atual., rev. e ampl. Brasília: Brasília Jurídica, 2004.

FERNANDES, Jorge Ulisses Jacoby. *Tribunais de Contas do Brasil* – jurisdição e competência. 3. ed. rev., atual. e ampl. Belo Horizonte: Fórum, 2012.

FERRAZ, Luciano. *Controle pelos Tribunais de Contas da Eficiência e Eficácia dos Serviços Concedidos*. Palestra no III Seminário de Direito Administrativo do TCM-SP. Disponível em: http://www.tcm.sp.gov.br/legislacao/doutrina/27_10_04/luciano_ ferraz1.htm. Acesso em: 22 ago. 2006.

FERRAZ, Luciano. *Due Process of Law* e parecer prévio das Cortes de Contas. *Revista Diálogo Jurídico*, Salvador: Centro de Atualização Jurídica – CAJ, nº 9, dez. 2001. Disponível em: http://www.direitopublico.com.br. Acesso em: 9 out. 2006.

FERRAZ, Luciano. Poder de coerção e poder de sanção dos Tribunais de Contas – competência normativa e devido processo legal. *Revista Diálogo Jurídico*, Salvador: Centro de Atualização Jurídica – CAJ, nº 13, abr./maio 2002. Disponível em: http://www.direitopublico.com.br. Acesso em: 19 jul. 2006.

FERREIRA, José Nunes. *Súmulas do Supremo Tribunal Federal*. São Paulo: Saraiva, 1977.

FERREIRA FILHO, Manoel Gonçalves. *Comentários à Constituição Brasileira de 1988*. São Paulo: Saraiva, 1992.

FERREIRA JÚNIOR, Adircélio de Moraes. *O bom controle público e as cortes de contas como tribunais da boa governança*. Dissertação (Mestrado em Direito) – Programa de Pós-Graduação, Universidade Federal de Santa Catarina, Florianópolis, 2015.

FREITAS, Juarez. *O controle dos atos administrativos e os princípios fundamentais*. 3. ed. rev. e ampl. São Paulo: Malheiros, 2004.

FURTADO, José de Ribamar Caldas. O controle da legitimidade do gasto público. *Fórum de Contratação e Gestão Pública – FCGP*, Belo Horizonte, ano 5, nº 54, jun. 2006, p. 7.298-7.301.

FURTADO, José de Ribamar Caldas. Os regimes de contas públicas: contas de governo e contas de gestão. *Revista do TCU*, nº 109, maio/ago. 2007, p. 61-89.

FURTADO, Lucas Rocha. *Curso de direito administrativo*. Belo Horizonte: Fórum, 2007.

GODINHO, Heloísa Helena Antonacio Monteiro. Disfuncionalidade do processo de julgamento das contas anuais de gestão pelos tribunais de contas. Dissertação (Mestrado em Administração Pública) – Instituto Brasiliense de Direito Público, Brasília, 2018.

GUALAZZI, Eduardo Lobo Botelho. Regime Jurídico dos Tribunais de Contas. São Paulo: RT, 1992.

GUERRA, Evandro Martins. *Os controles externo e interno da Administração Pública*. 2. ed. Belo Horizonte: Fórum, 2005.

GUIMARÃES, Deocleciano Torrieri (org.). *Dicionário técnico jurídico*. 8. ed. São Paulo: Rideel, 2006.

GUIMARÃES, Fernando Augusto Mello. Rui: uma visão do controle do dinheiro público – uma análise contemporânea. TCU, *Rui Barbosa, uma visão do controle do dinheiro público*, Brasília: Tribunal de Contas da União, 2000.

INSTITUTO RUY BARBOSA. *Termos técnicos*: glossário. Rio de Janeiro: IRB/TCMRJ, 2005.

INTOSAI. *The Lima Declaration of Guidelines on Auditing Precepts*. Viena: Intosai, 1977.

INTOSAI. México Declaration on SAI Independence. Viena: Intosai, 2007.

LEAL, José Silva de Souza. Os limites do controle externo da União sobre as empresas controladas direta ou indiretamente por sociedades de economia mista. In: SOUSA JUNIOR, José Geraldo de (org.). *Sociedade democrática, direito público e controle externo*. Brasília: Tribunal de Contas da União, 2006.

LIMA, Luiz Henrique. *Controle do patrimônio ambiental brasileiro*. Rio de Janeiro: Editora da UERJ, 2001.

LIMA, Luiz Henrique. *O Tribunal de Contas da União e o controle externo da gestão ambiental*. Tese (Doutorado em Ciências em Planejamento Ambiental) – COPPE-UFRJ, Rio de Janeiro, 2009.

LIMA, Luiz Henrique. *Sementes republicanas*. Cuiabá: Entrelinhas, 2014.

LIMA, Luiz Henrique. Composição e funcionamento dos Tribunais de Contas: anotações à jurisprudência do Supremo Tribunal Federal. In: LIMA, Luiz Henrique. *Tribunais de Contas*: temas polêmicos na visão de Ministros e Conselheiros Substitutos. 2. ed. rev. ampl. e atual. Belo Horizonte: Fórum, 2018.

LIMA, Luiz Henrique. As novas tecnologias e as contas públicas. In: FEITOSA, Gustavo. *Curso controle cidadão*. Fortaleza: Fundação Demócrito Rocha/Universidade Aberta do Nordeste, 2015.

LIMA, Luiz Henrique. *Construtores de catedrais*. Cuiabá: Entrelinhas, 2017.

LIMA, Luiz Henrique. Direito público de emergência e controle externo na pandemia da Covid-19: lições para o futuro? In: LIMA, Luiz Henrique; GODINHO, Heloísa Helena Antonacio M.; SARQUIS, Alexandre Manir Figueiredo (coord.). *Os desafios do controle externo diante da pandemia da Covid-19: estudos de ministros e conselheiros substitutos dos Tribunais de Contas*. Belo Horizonte: Fórum, 2021a.

LIMA, Luiz Henrique. *Controle Externo contemporâneo*: reflexões, debates e polêmicas sobre o futuro dos Tribunais de Contas no Estado Democrático. Belo Horizonte: Fórum, 2021b.

LIMA, Luiz Henrique. Lei de responsabilidade fiscal: alterações de natureza permanente e provisória efetuadas pelas Leis Complementares nº 173/2020 e nº 176/2021 e seus impactos na atuação dos Tribunais de Contas. In: LIMA, Edilberto Carlos Pontes (coord.). *Os Tribunais de Contas, a pandemia e o futuro do controle.* Belo Horizonte: Fórum, 2021c.

LIMA, Luiz Henrique. Quem alerta amigo é. Disponível em: https://www.audicon.org.br/site/quem-alerta-amigo-e-por-luiz-henrique-lima/. Acesso em: 6 dez. 2022.

LIMA, Luiz Henrique; OLIVEIRA, Weder de; CAMARGO, João Batista de (coord.). *Contas governamentais e responsabilidade fiscal*: desafios para o controle externo – estudos de ministros e conselheiros substitutos dos Tribunais de Contas. Belo Horizonte: Fórum, 2017.

LIMA, Luiz Henrique; SARQUIS, Alexandre Manir Figueiredo (coord.). *Controle externo dos regimes próprios de previdência social*: estudos de ministros e conselheiros substitutos dos Tribunais de Contas. Belo Horizonte: Fórum, 2016.

LIMA, Luiz Henrique; SARQUIS, Alexandre Manir Figueiredo (coord.). *Processos de controle externo*: estudos de ministros e conselheiros substitutos dos Tribunais de Contas. Belo Horizonte: Fórum, 2019.

MAGALHÃES, Fernando Antonio Dorna. Federalismo e o controle pelo TCU das transferências fundo a fundo: o caso do Sistema Único de Saúde. In: SOUSA JUNIOR, José Geraldo de (org.). *Sociedade democrática, direito público e controle externo*. Brasília: Tribunal de Contas da União, 2006.

MARANHÃO, Jarbas. Heraclio Salles e o Tribunal de Contas. *Revista de Informação Legislativa*, a. 38, nº 149, jan./mar. 2001, p. 53-60.

MEDAUAR, Odete. *Direito administrativo moderno*. 6. ed. rev. e atual. São Paulo: RT, 2002.

MEIRELLES, Hely Lopes. *Direito administrativo brasileiro*. 22. ed. atual. São Paulo: Malheiros, 1997.

MELO, Renato Sérgio Santiago. Tribunais de Contas: uma teoria geral. *Boletim de Direito Administrativo*, nov. 2005, p. 1.267-1.281.

MESQUITA, Patrick Bezerra. Conceitos jurídicos indeterminados e a escolha dos membros dos Tribunais de Contas brasileiros. Lições de Júlio César à pátria tupiniquim. *Jus Navigandi*, Teresina, ano 19, n. 3998, 12 jun. 2014. Disponível em: http://jus.com.br/artigos/28235. Acesso em: 14 set. 2014.

MILESKI, Hélio Saul. Controle social: um aliado do controle oficial. *Revista Interesse Público*, nº 36, 2006, p. 85-98.

MILESKI, Hélio Saul. *O controle da gestão pública*. São Paulo: RT, 2003.

MIRANDA, Jorge. *Teoria do Estado e da Constituição*. Rio de Janeiro: Forense, 2002.

MOREIRA NETO, Diogo de Figueiredo. O parlamento e a sociedade como destinatários do trabalho dos Tribunais de Contas. *Revista do TCE-SC*, jul. 2004, p. 113-146.

MOTTA, Fabrício; GODINHO, Heloísa Helena. Processo de modernização e novas funções dos Tribunais de Contas. *Revista Consultor Jurídico*, 4 ago. 2022. Disponível em: https://www.conjur.com.br/2022-ago-04/interesse-publico-processo-modernizacao-novas-funcoes-tribunais-contas. Acesso em: 19 set. 2022.

MOUTINHO, Donato Volkers. *Contas dos governantes* – apreciação das contas dos chefes do poder executivo pelos tribunais de contas do Brasil. São Paulo: Blucher Open Access, 2020.

MUKAI, Toshio. Os Tribunais de Contas no Brasil e a coisa julgada. *Revista do TCU*, nº 70, out./dez. 1996, p. 83-86.

NAGATA, Bruno Mitsuo. A limitação da discricionariedade em matéria orçamentária pelos princípios da legalidade, legitimidade e economicidade. In: CONTI, José Maurício; SCAFF, Fernando Facury (coord.) Orçamentos Públicos e Direito Financeiro. São Paulo: Editora Revista dos Tribunais, 2011.

NAGEL, José. A fisionomia distorcida do controle externo. *Revista do TCE-MG*, nº 4, 2000.

OLIVEIRA, Weder de. Precisamos falar sobre contas... Uma nova perspectiva sobre a apreciação das contas anuais do Presidente da República pelo Congresso Nacional mediante parecer prévio do Tribunal de Contas da União. In: LIMA, Luiz Henrique; OLIVEIRA, Weder de; CAMARGO, João Batista de (coord.). Contas governamentais e responsabilidade fiscal: desafios para o controle externo – estudos de ministros e conselheiros substitutos dos Tribunais de Contas. Belo Horizonte: Fórum, 2017.

PARDINI, Frederico. *Tribunal de Contas da União: órgão de destaque constitucional*. Tese apresentada no Curso de Doutorado da Faculdade de Direito da Universidade Federal de Minas Gerais. Belo Horizonte: Faculdade de Direito da UFMG, 1997.

PASCOAL, Valdecir. *Direito financeiro e controle externo* – teoria, jurisprudência e 370 questões (atualizado de acordo com a Lei de Responsabilidade Fiscal – LRF). 5. ed. Rio de Janeiro: Elsevier, 2006.

PAULINO, Jacques. *Curso de direito constitucional*. 3. ed. Rio de Janeiro: Forense, 1961.

PLÁCIDO E SILVA. *Vocabulário jurídico*. 12. ed. Rio de Janeiro: Forense, 1993.

POMPEU, Carolina Gutierrez; COSTA, Júlia Câmara da (coords.). *Histórico do controle de contas em Portugal e no Brasil*: do século XIII ao XIX. Brasília: TCU, 2014.

PONTES DE MIRANDA, Francisco Cavalcanti. *Comentários à Constituição de 1967, com a emenda nº 1, de 1969*. 2. ed. rev. São Paulo: RT, 1970.

RIBEIRO, Renato Jorge Brown. *Controle externo da Administração Pública Federal no Brasil* – o Tribunal de Contas da União – uma análise jurídico-administrativa. Rio de Janeiro: América Jurídica, 2002.

ROCHA, Lincoln Magalhães da. A função controle na Administração Pública orçamentária. *O novo Tribunal de Contas*: órgão protetor dos direitos fundamentais. 2. ed. ampl. Belo Horizonte: Fórum, 2004.

SALUSTIANO, Sérgio Ricardo de Mendonça. A coisa julgada em tomadas e prestações de contas ordinárias. In: SOUSA JUNIOR, José Geraldo de (org.). *Sociedade democrática, direito público e controle externo*. Brasília: Tribunal de Contas da União, 2006.

SANT'ANNA, Reynaldo. *Aspectos do direito público no Tribunal de Contas*. Rio de Janeiro: Tribunal de Contas do Estado do Rio de Janeiro, 1992.

SANTOS, Arides Leite. O reconhecimento da prescrição pelo Tribunal de Contas da União. In: SOUSA JUNIOR, José Geraldo de (org.). *Sociedade democrática, direito público e controle externo*. Brasília: Tribunal de Contas da União, 2006.

SANTOS, Homero. O controle da Administração Pública. *Revista do TCU*, nº 74, out./dez. 1997, p. 17-26.

SANTOS, Jair Lima. O TCU e os controles estatal e social da Administração Pública. *Revista do TCU*, nº 94, out./dez. 2002, p. 13-47.

SANTOS, Luis Wagner Mazzaro Almeida. Parcerias público-privadas – o controle externo atuando em críticas e polêmicas fronteiras. *Revista do TCM-RJ*, nº 32, abr. 2006, p. 58-71.

SARQUIS, Alexandre Manir Figueiredo; CESTARI, Renata Constante. Direito processual moderno nos Tribunais de Contas: poder geral de cautela e astreintes. *Revista do Ministério Público de Contas do Estado do Paraná*, nº 1, 2014, p. 124-138.

SARQUIS, Alexandre Manir Figueiredo; COSTA, Rafael Neubern Demarchi. A composição dos Tribunais de Contas municipais de São Paulo e do Rio de Janeiro. In:

LIMA, Luiz Henrique (coord.). *Tribunais de Contas*: temas polêmicos na visão de ministros e conselheiros substitutos. 2. ed. rev. ampl. e atual. Belo Horizonte: Fórum, 2018.

SCAPIN, Romano. *A expedição de provimentos provisórios pelos Tribunais de Contas: das medidas cautelares à técnica antecipatória no controle externo brasileiro*. Dissertação apresentada como requisito para obtenção do título de Mestre em Direito pela Universidade Federal do Rio Grande do Sul – UFRGS, Porto Alegre, 2016.

SCLIAR, Wremyr. *Democracia e controle externo da administração pública*. Dissertação (Mestrado) – Faculdade Direito, PUCRS, Porto Alegre, 2007.

SCLIAR, Wremyr. *Tribunal de Contas: do controle na Antiguidade à instituição independente do Estado Democrático de Direito*. Tese (Doutorado) – Faculdade Direito, PUCRS, Porto Alegre, 2014.

SILVA, Artur Adolfo Cotias e. O Tribunal de Contas da União na história do Brasil: evolução histórica, política e administrativa (1890-1998). *Prêmio Serzedello Corrêa 1998 – Monografias Vencedoras*. Brasília: TCU, 1999.

SILVA, Artur Adolfo Cotias e. Rui Barbosa e as finanças públicas brasileiras. TCU, *Rui Barbosa, uma visão do controle do dinheiro público*. Brasília: Tribunal de Contas da União, 2000.

SILVA, José Afonso da. *Curso de direito constitucional positivo*. 24. ed. rev. e atual. São Paulo: Malheiros, 2004.

SOIBELMAN, Leib. *Enciclopédia Jurídica Soibelman*. Versão eletrônica em: www.tcu.gov.br. Acesso em: 30 out. 2006.

SOUZA JÚNIOR, José Geraldo (org.). *Sociedade democrática, direito público e controle externo*. Brasília: Tribunal de Contas da União, 2006.

SPECK, Bruno Wilhelm. *Inovação e rotina no Tribunal de Contas da União*. São Paulo: Fundação Konrad Adenauer, 2000.

TEIXEIRA, Carlos Borges. *Competências do Conselho Nacional de Justiça – CNJ vis-à-vis as do Tribunal de Contas da União – TCU*. Rio de Janeiro: mimeo, 2007.

TEIXEIRA, Flávio Germano de Sena. *O controle das aposentadorias pelos Tribunais de Contas*. Belo Horizonte: Fórum, 2004.

THOMAS, Claudio Augusto Prates. *Princípio da sustentabilidade e direito ao desenvolvimento sustentável: aplicação no controle externo do planejamento logístico de transportes*. 2023. Monografia (Especialização em Controle da Desestatização e da Regulação) – Instituto Serzedello Corrêa, Escola Superior do Tribunal de Contas da União, Brasília DF.

TORRES, Ricardo Lobo. *Curso de direito financeiro e tributário*. 14. ed. Rio de Janeiro: Renovar, 2007.

TORRES, Ricardo Lobo. *O orçamento na Constituição*. Rio de Janeiro: Renovar, 1995.

TORRES, Ricardo Lobo. *Tratado de direito constitucional financeiro e tributário.* 2. ed. Rio de Janeiro: Renovar, 2000. vol. V.

WILLEMAN, Mariana Montebello. Accountability democrática e o desenho institucional dos Tribunais de Contas no Brasil. Belo Horizonte: Fórum, 2017.

XXIII CONGRESSO INTERNACIONAL DAS ENTIDADES FISCALIZADORAS SUPERIORES (INCOSAI). Declaração de Moscou. 2019. Disponível em: https://irbcontas.org.br/a-declaracao-de-moscou-2019-e-os-desafios-para-o-controle-externo-brasileiro/. Acesso em: 9 ago. 2020.

ZYMLER, Benjamin. *Direito administrativo e controle*. Belo Horizonte: Fórum, 2005.

ZYMLER, Benjamin; ALMEIDA, Guilherme Henrique de La Rocque. *O controle externo das concessões de serviços públicos e das parecerias público-privadas*. Belo Horizonte: Fórum, 2005.